COLLECTION
FOLIO CLASSIQUE

Cervantès

L'Ingénieux Hidalgo Don Quichotte de la Manche

DEUXIÈME PARTIE

Traduction
de François de Rosset
revue par Jean Cassou

Notes de Jean Cassou

Gallimard

L'Ingénieux Hidalgo Don Quichotte de la Manche

DEUXIÈME PARTIE

DÉDICACE
AU COMTE DE LEMOS[1]

En envoyant à V. E., ces jours passés, mes comédies imprimées avant d'être jouées, je lui dis, s'il m'en souvient bien, que don Quichotte avait déjà chaussé ses éperons pour aller baiser les mains à V. E. ; et maintenant j'ajoute qu'il les a chaussés et s'est mis en chemin, et s'il arrive, il me semble que j'aurai été de quelque utilité à V. E., parce qu'on me presse de tous côtés de l'envoyer pour arrêter le dégoût et les nausées qu'a causés l'autre don Quichotte qui s'est déguisé sous le nom de seconde partie pour courir le monde[2]. Celui qui a montré le plus vif désir de l'avoir a été le grand empereur de la Chine, puisqu'il y aura bientôt un mois qu'il m'a envoyé, par exprès, une lettre en langue chinesque où il me demandait, ou, pour mieux dire, me suppliait de le lui expédier, parce qu'il voudrait fonder un collège où on lirait la langue espagnole, et avait résolu que le livre d'étude ce serait celui de l'histoire de don Quichotte, ajoutant qu'il désirait que je fusse le recteur de ce collège. Je demandai au porteur si Sa Majesté lui avait donné pour moi de quoi faire le voyage. Il me répondit qu'il n'y avait même point pensé. « Eh bien, frère, lui répondis-je, vous pouvez vous en retourner dans votre Chine à dix ou vingt lieues par jour, ou dans le délai qu'on a fixé à votre mission : ma santé ne me permet pas d'entreprendre une si longue route. Outre ce motif de santé, je suis fort désargenté, et, empereur pour empereur, monar-

que pour monarque, j'ai à Naples le grand comte de Lemos qui, sans tant de titrailles de collèges et de rectorats, me soutient, me protège et me fait plus de grâces que je ne songe à en désirer. » Sur ce je l'expédiai et je m'expédie moi-même en offrant à Votre Excellence LES TRAVAUX DE PERSILÈS ET DE SIGISMONDE[3], *livre que je finirai d'ici quatre mois* Deo volente, *et qui doit être ou le pire ou le meilleur qui se soit fait en notre langue, parmi les livres d'agrément, veux-je dire. J'ajoute que je me repens d'avoir dit le pire, parce que, suivant l'opinion de mes amis, il atteindra toute la perfection possible. Vienne Votre Excellence avec la santé qu'on lui désire, voici Persilès prêt à lui baiser les mains et moi les pieds. Madrid, le dernier d'octobre de l'an mil six cent quinze.*

Le serviteur de Votre Excellence,

MIGUEL DE CERVANTÈS SAAVEDRA.

PROLOGUE AU LECTEUR

Dieu m'assiste ! avec quelle avidité tu dois maintenant, Lecteur illustre ou plébéien, attendre ce prologue, dans la conviction d'y trouver des représailles, des querelles et des reproches contre l'auteur du second *Don Quichotte*, j'entends de celui qui s'est, dit-on, engendré à Tordésillas et est né à Tarragone[1]. En vérité, je ne te saurais donner cette satisfaction ; car, si les injures éveillent la colère aux cœurs les plus humbles, le mien fait exception à cette règle. Tu voudrais peut-être que je lui donnasse de l'âne, du sot, de l'insolent ; mais cela ne me passe point par le cerveau ; que son péché soit son châtiment, qu'il ronge sa croûte, et n'en demande pas plus. Mais ce que je n'ai pu laisser que de sentir, c'est qu'il me traite de vieux et de manchot, comme si j'étais maître d'arrêter le temps, de faire qu'il ne passât point pour moi, et comme si ma manchotterie eût pris naissance en quelque taverne, et non dans l'affaire la plus glorieuse que virent les siècles passés, le siècle présent, et que verront les siècles à venir.

Si mes blessures ne brillent pas aux yeux de qui les considère, au moins sont-elles estimées dans la conscience de ceux qui savent où on les a gagnées. Le soldat a meilleur air mort au combat que libre par la fuite ; et j'en suis si convaincu que, si l'on me proposait et l'on m'assurait une chose impossible, je préférerais de beaucoup m'être trouvé à cette action prodigieuse qu'exempt de mes blessures et n'y avoir pas été. Celles que le soldat montre sur son visage et sur sa poitrine sont des étoiles qui guident les autres au ciel de l'honneur et au désir d'une juste louange ; et l'on doit savoir que ce n'est point avec les cheveux blancs qu'on écrit, mais avec l'intelligence qui d'ordinaire se perfectionne par les années.

Ce qui m'a fâché aussi, c'est de m'entendre traiter d'envieux, et qu'on me peigne, comme à qui l'ignorerait, ce que c'est que l'envie : en vérité vraie, des deux sortes qu'il y en a je ne connais que la noble, sainte et pleine de bonne volonté. S'il en est ainsi, comment irais-je poursuivre un prêtre, et encore familier du Saint-Office[2] ? Et s'il l'a dit pour celui auquel il paraît faire allusion, il s'est trompé du tout au tout, car celui-là, j'adore son génie, j'admire ses ouvrages et son étude vertueuse et continue. Mais je remercie en réalité monsieur cet auteur de dire que mes *Nouvelles* sont plutôt satiriques qu'exemplaires, mais qu'elles sont bonnes : eh ! elles ne sauraient l'être si elles en contenaient de tout.

Il me semble que tu me reproches de trop me restreindre et que je me renferme trop dans les limites de la modestie, parce que je sais qu'il ne faut point ajouter d'afflictions à l'affligé, et que celle que doit avoir ce monsieur est grande sans doute, puisqu'il n'ose se montrer à découvert, cachant son nom, déguisant sa patrie, comme s'il avait commis quelque crime de lèse-majesté. Si par hasard tu viens à le connaître, dis-lui de ma part que je ne me tiens pas pour offensé, que je sais bien qu'il y a des tentations du démon, et que l'une des plus grandes est de mettre dans la tête d'un homme qu'il peut composer et imprimer un livre qui lui vaudra autant de réputation que d'argent et autant d'argent que de réputation, et pour le prouver je veux qu'avec ton esprit et ta bonne grâce tu lui fasses ce conte.

Il y avait à Séville un fou qui donna dans la plus étrange

extravagance dont fou du monde fût atteint. Et ce fut de faire un tube de jonc aigu par un bout, et, lorsqu'il attrapait un chien dans la rue ou quelque autre part, il lui prenait une patte sous son pied, et lui levait l'autre avec la main, et du mieux qu'il pouvait, il lui ajustait le roseau en un certain endroit, puis en soufflant, il l'arrondissait comme une boule, et, une fois arrangé ainsi, lui donnait deux petites tapes sur la panse et le lâchait en disant aux spectateurs toujours fort nombreux : « Vos Grâces pensent-elles maintenant que ce soit si peu que d'enfler un chien ? » Votre Grâce pense-t-elle aujourd'hui que ce soit si peu que de faire un livre ? Et si ce conte ne lui convenait pas, tu lui dirais, ami lecteur, celui-ci, qui est aussi d'un fou et d'un chien.

Il y avait à Cordoue un autre fou qui avait l'habitude de porter sur la tête un morceau de marbre poli ou une pierre d'un poids raisonnable, et s'il rencontrait quelque chien qui ne s'y attendît pas, il se mettait auprès de lui, et lui laissait tomber le poids dessus à plomb. Le chien s'emportait, et, poussant des cris et des hurlements, courait plus de trois rues sans s'arrêter. Il arriva que parmi les chiens sur lesquels il laissa tomber sa charge fut celui d'un bonnetier, et son maître l'aimait beaucoup. Il lui déchargea sa pierre sur la tête ; le chien à moitié écrasé se mit à hurler ; son maître le vit, devint furieux, empoigna une aune à mesurer, s'élança sur le fou et ne lui laissa pas un os de sain. Et, à chaque coup qu'il lui donnait, il disait : « Chien de voleur, mon lévrier ! N'as-tu pas vu, cruel, que mon chien était un lévrier ? » Et, lui répétant cent fois le mot de lévrier, il renvoya le fou battu comme plâtre. Le fou profita de la leçon, il se retira et fut plus d'un mois sans mettre le nez dehors : au bout de ce temps il revint à son invention avec une plus forte charge. Il revenait à l'endroit où était le chien, et, le regardant fort attentivement sans oser décharger sa pierre, il disait : « C'est un lévrier, gare ! » En effet, tous les chiens qu'il rencontrait, que ce fussent des roquets ou des dogues, il disait que c'étaient des lévriers, et par suite ne lâchait pas davantage la pierre.

Peut-être en arrivera-t-il autant à cet historien qui ne se risquera plus à lâcher le poids de son esprit en des livres plus mauvais et plus durs que le roc. Dis-lui aussi que la menace qu'il me fait de me couper les vivres avec son livre, je ne m'en soucie pas pour un liard, parce qu'en me conformant au fameux intermède de la *Perendenga,* je lui réponds : Vivent pour moi les Vingt-Quatre[3], et le Christ pour tous ! Vive le grand comte de Lemos dont la vertu chrétienne et la libéralité bien connues me garantiront de tous les coups de ma mauvaise fortune, et vive l'extrême charité de l'illustrissime archevêque de Tolède, don Bernard de Sandoval y Rojas, quand même il n'y aurait plus d'imprimeries au monde, ou qu'on imprimerait contre moi plus de livres que n'ont de lettres les chansons de Mingo Révulgo[4]. Ces deux princes, sans en être sollicités par aucune adulation ni autre genre d'applaudissement, de leur seule bonté se sont chargés de me protéger, ce qui me rend plus heureux et plus riche que si la fortune m'eût placé au faîte par sa route ordinaire. Le pauvre peut avoir de l'honneur, mais non le pervers : la pauvreté peut couvrir d'un nuage la noblesse, mais non l'obscurcir tout à fait, et comme la vertu est lumineuse de soi, bien qu'à travers les fautes et les fentes de la détresse, elle finit par être estimée, et par conséquent favorisée des grands et nobles esprits.

Ne lui en dis pas davantage, et je ne t'en veux pas dire davantage non plus, mais t'avertir de considérer que cette seconde partie de *Don Quichotte,* que je t'offre, est coupée à la même étoffe que la première, que je t'y donne un don Quichotte développé, et enfin mort et enterré, afin que personne n'ose élever contre lui de nouveaux témoignages, puisque ceux du passé suffisent, et il suffit aussi qu'un homme d'honneur ait donné connaissance de ces aimables folies, sans que d'autres y veuillent ajouter leur grain de sel.

L'abondance des choses, si bonnes qu'elles soient, empêche qu'on ne les estime, et leur rareté, fussent-elles mauvaises, leur vaut quelque estime. J'oubliais de te dire d'attendre *Persilès,* que je suis en train d'achever, et la seconde partie de *Galathée.*

CHAPITRE PREMIER

DE CE QUI SE PASSA ENTRE LE CURÉ, LE BARBIER ET DON QUICHOTTE, TOUCHANT SA MALADIE

Cid Hamet Ben Engeli raconte en la seconde partie de cette histoire et troisième sortie de don Quichotte, que le curé et le barbier demeurèrent près d'un mois sans le visiter, de peur de lui renouveler la mémoire des choses passées. Toutefois ils ne laissaient pas de voir souvent sa nièce et sa gouvernante et de leur recommander de le bien traiter, lui donnant à manger des choses fortifiantes et bonnes pour le cœur et pour le cerveau, d'où procédait, selon qu'on en pouvait raisonnablement juger, toute sa mésaventure. Elles leur dirent qu'elles ne manqueraient pas d'y apporter tout le soin possible, d'autant plus qu'elles voyaient que leur maître avait des intervalles où il paraissait posséder tout son jugement. De quoi les deux compères eurent un grand contentement. Il leur semblait avoir tapé juste lorsqu'ils l'avaient fait emmener comme enchanté dans le char à bœufs de la sorte que vous avez pu voir au dernier chapitre de la première partie de cette non moins grande que ponctuelle histoire. C'est pourquoi ils résolurent de le visiter et de faire expérience de son amendement, quoiqu'ils le jugeassent presque impossible. Mais auparavant ils convinrent entre eux qu'ils ne lui toucheraient aucun mot de la chevalerie errante, afin de ne point courir le risque de découdre les fils de la blessure qui étaient encore tout frais.

Ils allèrent donc enfin le voir et le trouvèrent assis dans son lit avec une camisole de frise verte et un bonnet rouge à la façon de Tolède. Au reste, il était si sec et si maigre qu'on ne l'eût guère pris que pour une momie. Ils furent fort bien reçus, et, s'étant informés comment il se portait, il leur rendit raison de sa personne et de sa santé de sens bien rassis et avec des paroles fort élégantes. De propos en propos, ils tombèrent sur ce point que l'on nomme maximes d'État et procédés de gouvernement, corrigèrent tel abus et condamnèrent tel autre, réformant une coutume, en rejetant une autre, chacun d'eux faisant du législateur, du Lycurgue moderne et du Solon flambant neuf. Enfin ils renouvelèrent de telle sorte la république que l'on eût dit qu'ils l'avaient mise dans un feu de forge, et l'en avaient retirée tout autre qu'elle n'était auparavant. Or, notre don Quichotte parla si pertinemment en toutes les matières auxquelles on toucha que les deux examinateurs ne firent point de doute qu'il avait recouvré son bon sens et son parfait jugement.

Sa nièce et sa gouvernante étaient présentes à ces discours, et elles ne se lassaient point de remercier Dieu, voyant leur maître avec un si bon entendement. Cependant le curé, changeant sa résolution première, qui était de ne parler ni en mal ni en bien des choses de la chevalerie, voulut faire une complète expérience et découvrir si la guérison de don Quichotte était fausse ou véritable. Ainsi, de sujet en sujet, il vint à raconter certaines nouvelles qui étaient venues de la cour. Entre autres choses, il dit que l'on tenait pour certain que le Turc descendait avec une puissante flotte, et qu'on ne connaissait ni son dessein, ni où devait fondre un si gros nuage ; que toute la chrétienté en était alarmée et possédée de la crainte que cet infidèle nous donne presque tous les ans ; le curé disait encore que Sa Majesté Catholique avait fait armer les côtes de Naples et de la Sicile, et l'île de Malte.

« Sa Majesté, repartit don Quichotte, a fait ce qu'un prudent guerrier doit faire en pourvoyant de bonne heure à ses États, pour que l'ennemi ne le prenne pas au dépourvu. Toutefois, si l'on voulait suivre mon conseil, on userait d'un moyen et d'une précaution à laquelle Sa Majesté est à cette heure bien loin de penser. » A peine le curé ouït ces paroles qu'il dit entre ses dents : « Dieu te veuille assister, pauvre don Quichotte, car il me semble que tu descends du haut sommet de ta folie au profond abîme de ta simplicité. » Et le barbier, qui avait déjà donné dans la pensée du curé, demanda à don Quichotte quelle était la précaution dont il venait de parler : peut-être cet avertissement était tel qu'on le pourrait mettre sur la liste de tant d'avis impertinents que l'on donne ordinairement aux princes[1]. « Monsieur du blaireau, répliqua don Quichotte, mon avis n'est point impertinent, mais au contraire fort pertinent. — Je n'ai rien voulu dire de tel, fit le barbier, mais l'expérience nous apprend que tous ou la plus grande partie des avis que l'on donne à Sa Majesté sont ou impossibles ou extravagants, ou bien au dommage du roi et du royaume. — Le mien, répondit don Quichotte, n'est ni impossible ni extravagant, mais le plus facile, le plus juste, le plus propre et le plus court qui puisse venir à la pensée de tous ceux qui se mêlent de donner des avis. — Vous tardez bien à nous l'apprendre, seigneur don Quichotte, dit le curé. — Je ne voudrais pas, répondit don Quichotte, le dire maintenant, et qu'il fût demain matin rapporté aux oreilles de messieurs du conseil, et qu'un autre eût le remerciement et la récompense de mon travail. — Quant à moi, dit le barbier, je vous donne ma parole devant Dieu et devant les hommes que je ne dirai jamais ni à Roi, ni à Roch, ni à homme mortel, ce que vous daignerez nous en apprendre, serment que j'ai appris dans la romance du *Curé*, lequel, en sa préface, avertit le roi du larron qui lui avait dérobé les cent pistoles et sa mule qui allait si bien l'amble. — Je ne connais pas ces histoires, dit don Quichotte ; néanmoins je sais que ce serment est bon, étant monsieur le barbier fort homme de bien. — Quand cela ne serait pas, dit le curé, je le fais bon et j'en réponds pour lui, et promets qu'en ce sujet il ne parlera non plus qu'un muet, à peine d'en payer les épices. — Et qui sera caution pour Votre Seigneurie ? dit don Quichotte. — Ma profession, répondit le curé, qui est d'être secret.

— Corbleu ! dit alors don Quichotte, il ne faudrait sinon que Sa Majesté fît proclamer à son de trompe que tous les chevaliers errants qui vagabondent à travers l'Espagne se rendissent à sa cour à un jour assigné. Quand il n'y en viendrait qu'une demi-douzaine, tel d'entre eux pourrait s'y trouver, qui à lui seul serait capable de ruiner toute la puissance du Turc. Je vous prie, un peu de patience, et entendez mes raisons. Est-ce chose nouvelle par aventure qu'un seul chevalier errant ait mis en déroute une armée de deux cent mille hommes, comme si tous ensemble n'avaient qu'un gosier ou n'étaient faits que de pâtes d'amandes. Mais dites-moi, de grâce, combien d'histoires sont pleines de semblables merveilles ! Si aujourd'hui, à la male heure pour moi ! car je ne veux point dire pour un autre, vivait le fameux don Bélianis, ou tel de l'innombrable lignée d'Amadis de Gaule, si quelqu'un d'eux vivait et qu'il attaquât le Turc, je ne parierais pas pour ce dernier. Toutefois, Dieu regardera en pitié son pauvre peuple, et suscitera quelqu'un, sinon aussi vaillant que les anciens chevaliers errants, au moins qui les égalera en courage ; et Dieu m'entend bien, et je n'en dis pas plus. — Hélas ! soupira la nièce, que je meure si mon oncle ne désire être encore chevalier errant ! » Lors don Quichotte : « Chevalier errant je mourrai, et que le Turc descende ou monte quand il voudra, et avec telle puissance qu'il pourra, je vous dis encore un coup que Dieu m'entend. — Je supplie Vos Grâces, dit alors le barbier, de me donner permission de lui faire en peu de mots un conte d'une chose arrivée à Séville. Il vient ici comme un gant, si bien que je n'hésite pas à vous le dire. » Don Quichotte accepta, les autres assistants y prêtèrent attention, et le barbier commença :

« Il y avait, dit-il, dans l'hôpital des fous de Séville, un homme que ses parents y avaient enfermé parce qu'il avait perdu l'entendement. Il avait pris ses degrés en droit canon à Osuna[2] ; mais, quand il eût été gradué de Salamanque, il n'eût pas laissé d'être toujours fou, suivant l'opinion de plusieurs. Ce gradué, au bout de quelques années de retraite en ce lieu, se fit accroire qu'il était sage et de jugement rassis. Dans cette imagination, il écrivit à son archevêque, le suppliant instamment et avec de belles et bonnes raisons que par son commandement on eût à le tirer de cette misère où il vivait, puisque par la miséricorde de Dieu il avait recouvré son jugement perdu ; que néanmoins ses parents, pour jouir de son bien, le détenaient en ce lieu, et voulaient, en dépit de la vérité, qu'il fût fou jusqu'à la mort. L'archevêque, persuadé par plusieurs lettres que ce licencié lui écrivit, et qui, en effet, étaient assez bien disposées et pleines de jugement, commanda à l'un de ses aumôniers qu'il s'informât du recteur de cet hôpital si ce que ce docteur lui écrivait était véritable ; qu'il parlât aussi avec ce fou, et, s'il trouvait qu'il eût son jugement rassis, qu'il le mît en liberté. L'aumônier le fit, et le recteur lui apprit que cet homme était encore fou : car, bien qu'il parlât quelquefois comme une personne douée de grand entendement, néanmoins il tombait enfin en de si grandes folies qu'elles égalaient en nombre et en grandeur ses premiers traits de sagesse, comme on en pourrait faire l'expérience en lui parlant. L'aumônier, pour en faire l'épreuve, se fit amener le fou, et lui parla une heure et plus. Durant tout ce temps-là, cet homme ne proféra jamais parole mal à propos ni extravagante ; au contraire, il discourait si discrètement que l'aumônier fut forcé de croire que le fou était de bon sens. Et, entre autres choses, le fou lui dit que le recteur lui en voulait et le desservait pour ne point perdre les cadeaux que ses parents lui faisaient afin qu'il dît qu'il était encore fou avec, quelquefois, des intervalles de lucidité. Il remontrait aussi à cet aumônier que le plus grand ennemi qu'il eût en sa disgrâce était le grand bien qui lui appartenait, puisque, pour en avoir la jouissance, ses ennemis usaient de fraude et doutaient de la grâce que Notre-Seigneur lui avait faite en le ramenant de l'état de bête à celui d'homme. Enfin il parla si bien qu'il inspira des soupçons sur le recteur, fit passer pour convoiteux et sans âme ses parents, et lui pour si sage que l'aumônier résolut de l'emmener avec lui et de le présenter à l'archevêque, afin qu'il touchât du doigt la vérité de cette affaire. Plein de cette confiance, le bon chapelain dit au recteur qu'il fît donner à ce licencié les habits qu'il portait lorsqu'il entra en ce lieu. Le recteur lui répondit qu'il regardât bien à ce qu'il faisait, parce que, sans aucun doute, le licencié était encore fou. Toutes ces préventions et ces avertissements du recteur ne purent empêcher que l'aumônier n'emmenât le malade. Le recteur obéit donc lorsqu'il eut vu que c'était ordre de l'archevêque. On rendit au docteur ses vêtements, qui étaient tout neufs et bienséants. Et, quand il se vit ainsi accoutré en homme sage et dépouillé de son uniforme de fou, il supplia monsieur l'aumônier que par charité il lui permît d'aller prendre congé des autres fous ses compagnons. Le chapelain lui dit qu'il le voulait accompagner et voir les insensés qu'il y avait en cet hôpital. Ils montèrent donc, et avec eux quelques personnes qui se trouvaient présentes. Le licencié, étant parvenu à une cage où était détenu un fou furieux, bien qu'il eût alors quelque répit en sa folie, lui dit : « Frère, regarde si tu veux me commander quelque chose, car je m'en vais chez moi. Dieu par sa bonté et sa miséricorde infinies, sans que je le méritasse, m'a redonné mon jugement. Je suis maintenant sain d'esprit, car au pouvoir de Dieu il n'y a rien d'impossible. Mets ton espérance et ta confiance en lui, et assure-toi que, puisqu'il m'a fait retourner en mon premier état, il te redonnera aussi le tien. J'aurai soin de t'envoyer certaines choses bonnes et délicieuses à manger, et mange-les sans scrupule : car je t'apprends, comme celui qui en peut parler par expérience, que toutes nos folies procèdent de ce que nous avons l'estomac vide et le cerveau rempli d'air. Bon courage, bon courage : la défaillance aux infortunes diminue la santé et amène la mort. »

Un autre fou qui était en une autre geôle, vis-à-vis de celle du furieux, écoutait tous ces discours du licencié, et lors, se levant de dessus une vieille natte où il était couché et tout nu, demanda à haute voix qui était celui qui s'en allait ainsi après avoir recouvré son bon sens. « Frère, répondit le licencié, c'est moi qui m'en vais ; je n'ai plus besoin de demeurer davantage en ce lieu, ce dont je rends grâces infinies au ciel, qui m'a fait une si grande faveur. — Regardez bien à ce que vous dites, licencié, répliqua le fou, et que le diable ne vous trompe point. Arrêtez-vous et demeurez tout doucement en votre demeure, et vous épargnerez le retour. — Je sais, répliqua le licencié, que je me porte bien, et je n'aurai pas besoin de revenir faire des stations. — Vous, en votre bon sens ? dit le fou ; vous le verrez tout présentement, allez, et Dieu vous conduise. Toutefois je fais vœu à Jupiter, dont je représente en terre la majesté, que je dévorerai Séville pour le péché qu'elle commet en vous tirant de cet hôpital et vous tenant au nombre des sages. J'exercerai un tel châtiment sur elle qu'on s'en ressouviendra par tous les siècles. Amen. Ne sais-tu pas, petit avorton de licencié, que j'ai le pouvoir de le faire, puisque, comme je dis, je suis Jupiter Tonnant qui tiens en mes mains le foudre brûlant, dont j'ai accoutumé de menacer et détruire le monde ? Néanmoins je veux châtier ce peuple ignorant avec une seule chose. C'est que je ne ferai nullement pleuvoir sur lui ni en tout son terroir et ses environs l'espace de trois ans entiers, qui se doivent compter depuis le jour et le moment où cette menace aura été proférée. Toi libre, toi sain, toi sage, et moi fou, malade et attaché ! Je compte aussi peu pleuvoir que m'aller pendre. » Tous les assistants écoutaient attentivement le discours de cet insensé, lorsque notre licencié, se retournant vers le chapelain et lui saisissant les mains, lui dit : « Monsieur l'aumônier, ne soyez pas en peine, ni faites cas des paroles de ce fou ; car, s'il est Jupiter et qu'il ne veuille point pleuvoir, moi, qui suis Neptune, le père et le dieu des eaux, je ferai pleuvoir toutes les fois que je voudrai et qu'il sera nécessaire. » Là-dessus, l'aumônier fit cette réponse : « Eh bien ! seigneur Neptune, il n'est pas bon de fâcher le seigneur Jupiter. Demeurez donc dans votre logis. Un autre jour nous reviendrons ici pour vous avec plus de commodité et de loisir. » Le recteur de l'hôpital et les assitants se mirent à rire, dont l'aumônier se sentit un peu confus. On dévêtit le licencié, il demeura dans l'hôpital, et j'ai achevé mon conte.

— Monsieur le barbier, dit alors don Quichotte, c'est donc là le conte que, pour venir ici à propos, comme s'il avait été jeté au moule, vous ne pouviez vous empêcher de nous faire ? Ah ! monsieur du rasoir, monsieur du rasoir, bien aveuglé celui qui ne voit point à travers le tamis ! Est-il possible que vous ne sachiez pas que les comparaisons qui se font d'entendement à entendement, de valeur à valeur, de beauté à beauté et de lignage à lignage, sont toujours odieuses et mal reçues ? Moi, monsieur le barbier, je ne suis point Neptune le dieu des eaux, et ne désire point que l'on me tienne pour un homme sage, puisque je ne le suis pas. Je m'épuise seulement à faire entendre au monde l'erreur où il est de ne renouveler pas le bienheureux temps où l'on voyait courir la campagne à l'ordre de la chevalerie errante ; mais la perversité de notre siècle ne mérite pas la jouissance d'un si grand bien duquel jouissaient les siècles où les chevaliers errants entreprenaient et portaient sur leurs épaules la défense des royaumes, la protection des dames, le secours des orphelins et des pupilles, le châtiment des superbes et la récompense des humbles. La plupart des chevaliers dont on use à présent font plutôt craquer le damas, le drap d'or et autres brocarts dont ils se parent que la cotte de maille dont ils s'arment. Il n'est plus maintenant de chevalier qui dorme en rase campagne, à la rigueur du ciel, armé de toutes armes, depuis les pieds jusqu'à la tête. Il n'y en est pas un qui aujourd'hui, sans tirer le pied de l'étrier, appuyé sur sa lance, tâche seulement de couper la tête au sommeil, ainsi que faisaient les chevaliers d'antan. Pas un qui, maintenant, sortant d'un bois, passe par une montagne, et puis marche sur une déserte plage de la mer, le plus souvent altérée de tempêtes et qui, trouvant en ce rivage un petit bateau sans voile, sans rame, sans mâts et sans cordages, s'y élance néanmoins d'un cœur intrépide, se livrant aux impitoyables vagues de la mer profonde, qui tantôt l'élèvent jusqu'au ciel, tantôt le descendent en l'abîme, cependant que lui, opposant sa poitrine à l'invincible tempête, se retrouve, quand il y pense le moins, à plus de trois mille lieues d'où il s'était embarqué ; et, tombant sur une terre inconnue, il lui arrive des choses dignes d'être écrites, non pas sur parchemin, mais en bronze. Mais maintenant la paresse triomphe de la diligence, l'oisiveté du travail, le vice de la vertu, l'arrogance de la valeur, et la théorie de la pratique des armes, qui ne vivaient et ne reluisaient qu'au siècle d'or des chevaliers errants. Or dites-moi, je vous prie, trouveriez-vous un chevalier plus honnête et plus vaillant que le fameux Amadis de Gaule ? Quelqu'un plus sage et plus discret que Palmerin d'Angleterre ? Plus gentil et plus traitable que Tiran le Blanc ? Plus galant que Lisuart de Grèce ? Plus balafré et balafreur que don Belianis ? Vit-on homme plus intrépide que Périon de Gaule ? Qui s'exposa à plus de périls que Félix Mars d'Hyrcanie ? Plus sincère qu'Esplandian ? Plus hasardeux que don Cirongile de Thrace ? Plus brave que Rodomont ? Qui plus prudent que le roi Sobrin ? Qui plus hardi que Renaud ? Qui plus invincible que Roland ? Qui plus gaillard et plus courtois que Roger, dont descendent aujourd'hui les ducs de Ferrare, selon Turpin en sa *Cosmographie*[3]. Tous ces chevaliers et plusieurs autres que je pourrais ici mettre en avant, seigneur curé, furent chevaliers errants, la lumière et la gloire de la chevalerie. Tels ou pareils je voudrais que fussent ceux de mon choix, et, s'il en était ainsi, Sa Majesté se trouverait bien servie, elle épargnerait de grandes dépenses, et le Turc s'en arracherait la barbe ; et avec tout cela je me veux tenir chez moi, puisque le chapelain ne m'en fait point sortir, et si Jupiter, comme dit le barbier, ne fait point pleuvoir, ce sera moi qui le ferai quand il me plaira. Je tiens ce langage afin que monsieur du bassin sache que j'entends le sien. — En vérité, seigneur don Quichotte, dit alors le barbier, je n'en ai pas voulu tant dire, et Dieu me soit en aide comme mon intention était bonne, et que vous ne vous en devez point ressentir. — Si je m'en puis ressentir ou non, répondit don Quichotte, c'est mon affaire. » Lors le curé : « Encore que je n'aie presque dit mot jusqu'ici, je ne voudrais pas pourtant demeurer avec un scrupule qui me ronge et mine la conscience, et qui vient de ce que le seigneur don Quichotte a dit. — Monsieur le curé, répliqua don Quichotte, vous avez permission en de plus grandes choses : aussi pouvez-vous exposer votre scrupule. Il n'y a pas de plaisir à vivre en scrupule de conscience. — Puisque c'est avec votre bon plaisir, repartit le curé, je dis que je ne me puis nullement persuader que tout ce bataillon de chevaliers errants que vous avez ici rapportés aient vraiment et réellement été personnes de chair et d'os, et vivant dans le monde. Je m'imagine plutôt que tout cela n'est que fiction, fable et mensonge, et songes que nous content des hommes éveillés, ou pour mieux dire à moitié endormis. — Autre erreur, répondit don Quichotte, où beaucoup sont tombés. Et cependant j'ai tâché souventes fois de faire voir à plusieurs personnes, et en diverses occasions, cette illusion presque générale. Quelquefois je n'ai rien gagné, et d'autres fois cela m'a réussi selon mon intention : car je la portais sur les épaules de la vérité. Et cette vérité est si certaine que je puis dire que de mes propres yeux j'ai vu Amadis de Gaule. C'était un homme de fort belle taille, blanc de visage, qui avait la moustache bien relevée et fort belle à voir, encore qu'elle fût noire, le regard mi-doux, mi-sévère, le parler bref, lent à se mettre en colère, et prompt à s'apaiser. Or, de la sorte que j'ai représenté Amadis, je pourrais, à mon opinion, peindre et représenter tout autant de chevaliers errants qui, dans les histoires, vont par le monde : car, par la vive appréhension que j'en ai faite en ma cervelle, selon que leurs histoires les dépeignent, et par les hauts faits d'armes qu'ils ont accomplis, et l'humeur dont ils étaient composés, l'on peut, par bonne philosophie, juger des traits de leurs visages, de leur couleur et de leur stature. — Mon bon seigneur don Quichotte, dit alors le barbier, de quelle grandeur vous semble-t-il que devait être le géant Morgant ? — Pour les géants, reprit don Quichotte, les opinions en sont diverses : car d'aucuns croient qu'il y en a eu au monde, et d'autres ne le croient pas ; néanmoins la sainte Écriture, qui ne peut manquer d'un seul atome en la vérité, nous apprend qu'il y en eut. Elle nous raconte l'histoire de ce grand Philistin Goliath, lequel avait sept coudées et demie de haut, qui est une grandeur démesurée. De même, en l'île de Sicile, on a trouvé des ossements et des épaules si grandes que cette grandeur nous témoigne que ceux qui autrefois les possédaient étaient des géants et grands autant que de hautes tours ; et la géométrie met cette vérité hors de doute. Malgré tout cela, je ne vous saurais dire bien assurément quelle était la taille de Morgant, encore que je m'imagine qu'il n'était guère grand. Cette opinion est fondée sur ce que je trouve en l'histoire, où il est parlé particulièrement de ses hauts faits, que bien souvent il couchait sous le toit d'une maison ; et, puisqu'il trouvait des maisons à sa taille, c'est chose claire que celle-ci n'était pas démesurée. — C'est juste, dit le curé, lequel, prenant plaisir d'ouïr de si grandes extravagances, lui demanda quelle opinion il avait du visage de Renaud de Montauban et de celui de Roland, ensemble des douze autres pairs de France, puisque tous avaient été chevaliers errants. — Pour Renaud, repartit don Quichotte, j'ose dire qu'il avait la face large, de couleur vermeille, les yeux à fleur de tête et mouvants. Au reste, il était pointilleux et extrêmement colérique, ami des larrons et des gens débauchés.

Quant à Roland, ou Rotoland, ou Orland, puisque les histoires lui donnent tous ces noms, je crois pouvoir affirmer qu'il était de moyenne taille, large d'épaules et quelque peu voûté, la face brune, la barbe rouge, le corps velu, le regard furieux et menaçant. Il parlait peu, et néanmoins il était fort courtois et bien élevé. — Si Roland, répliqua le curé, ne fut point autrement gentilhomme que Votre Grâce ne l'a dit, je ne m'étonne pas que madame Angélique la belle l'ait dédaigné et quitté pour la galanterie, l'entrain et la bonne mine que devait avoir ce petit blanc-bec de Maure, à qui elle s'abandonna : aussi fit-elle fort sagement quand elle s'éprit plutôt de la délicatesse de Médor que de l'âpreté de Roland. — Cette Angélique, seigneur curé, dit don Quichotte, fut une dame dévoyée, coureuse et quelque peu fantasque, et elle remplit le monde autant de ses impertinences que du bruit de sa beauté. Elle méprisa mille princes, mille vaillants et prudents guerriers, et puis se contenta d'un petit page imberbe, lequel ne possédait rien au monde, et ne se pouvait attribuer autre renom que celui de reconnaissant, que lui valut l'amitié qu'il portait à son ami Dardinel. Aussi le grand chantre de sa beauté, le fameux Arioste, pour n'oser, ou plutôt pour ne vouloir chanter ce qui arriva à cette dame Angélique, après qu'elle se fut si indignement abandonnée, et sans doute la fin de ses dernières aventures ne fut guère honnête, la laissa sans parler plus d'elle, ainsi que ces vers le témoignent :

Quelque autre chantera d'une plus douce lyre
Comme quoi du Catay elle reçut l'empire.

Et sans doute ce fut une espèce de divination, parce que les poètes se nomment aussi *vates,* qui veut dire devins. Or, cette vérité paraît clairement, puisque, après le trépas de l'Arioste, un fameux poète d'Andalousie a pleuré et chanté les larmes d'Angélique, et qu'un autre fameux et unique poète castillan [4] a publié sa beauté. — Seigneur don Quichotte, dit alors le barbier, parmi tant de poètes qui ont loué cette dame Angélique, n'y en a-t-il pas eu quelqu'un qui ait composé des vers satiriques contre elle ? — Je pense bien, repartit don Quichotte, que si Roland ou Sacripant eussent été poètes, ils n'auraient pas manqué de me savonner la damoiselle : car les poètes qui sont dédaignés et rigoureusement traités de leurs maîtresses, feintes ou non, et qu'ils ont choisies pour dames de leurs pensées, ont accoutumé de se venger par des satires et des libelles diffamatoires. Vengeance, à coup sûr, indigne de cœurs généreux. Toutefois je ne sache pas qu'aucun vers diffamatoire composé contre Angélique la belle ait encore vu la lumière du jour. — Miracle ! » dit le curé ; et sur cela ils ouïrent que la gouvernante et la nièce, qui avaient quitté la compagnie, faisaient là-bas, dans la cour du logis, un grand vacarme. Ils y coururent.

CHAPITRE II

QUI TRAITE DE LA MÉMORABLE QUERELLE QUI INTERVINT ENTRE SANCHO PANÇA ET LA GOUVERNANTE ET LA NIÈCE DE DON QUICHOTTE, AVEC D'AUTRES SUJETS PLAISANTS

Notre histoire nous apprend que le bruit qu'ouïrent don Quichotte, le curé et le barbier procédait de la nièce et de la gouvernante : car Sancho Pança, qui frappait rudement à la porte, voulait entrer, et elles ne voulaient pas ouvrir. « Qu'a-t-il affaire, disaient-elles, ce vagabond, dans cette maison ? Retournez, frère, à la vôtre. N'êtes-vous pas celui-là qui débauche notre maître et le fait courir par tous ces grands chemins ? — Gouvernante du diable, répondait Sancho, le séduit et le débauché, celui que l'on mène par les déserts, c'est moi, et non pas ton maître. C'est lui qui me fait courir à travers ce vaste monde et vous vous trompez de la moitié du juste prix : c'est lui qui m'a tiré, avec de belles et abusives paroles, de ma maison, en me promettant une île, que j'attends, et qui n'est pas encore venue. — De méchantes îles t'étouffent, maudit Sancho ! répliqua la nièce. Et que diable est-ce là, que ces îles ? Est-ce quelque chose à manger, grand goulu, grand vorace que tu es ? — Elles ne sont point, dit-il, à manger, mais plutôt à gouverner mieux que quatre villes ou que quatre prévôtés de cour. — Avec tout cela, disait la gouvernante, tu n'entreras point céans, sac de méchancetés et bissac de malices. Allez gouverner votre maison, allez labourer votre brin de terre, et quittez toute cette prétention d'îles et de presqu'îles ! »

Oh ! le grand plaisir que recevaient alors le curé et le barbier d'ouïr le devis de ces trois personnes ! Néanmoins don Quichotte, craignant que Sancho ne se décousît la langue, et qu'en lâchant quelque monceau de malicieuses simplesses il ne touchât quelque point qui ne lui fût guère honorable, l'appela, et, ayant imposé silence à sa nièce et à sa gouvernante, fit qu'elles le laissèrent entrer. Sitôt que Sancho fut dedans, le curé et le barbier prirent congé de don Quichotte, dont ils tinrent la maladie pour incurable, voyant combien ses pensées extravagantes l'emportaient, et combien il était pénétré de la folie de ses mal errantes chevaleries. C'est pourquoi le curé dit au barbier : « Compère, vous verrez que, lorsque moins nous y penserons, notre gentilhomme ira encore battre la campagne. — Je n'en fais point de doute, repartit le barbier, et cependant je ne m'étonne pas autant de la folie du maître que de la simplicité de l'écuyer, qui tient ce qui regarde son île pour si assuré qu'il n'y a désillusion capable de le lui ôter de la caboche. — Dieu les guérisse, dit le curé ; néanmoins tenons l'œil dessus, et nous verrons ce que deviendra toute cette machine d'extravagances d'un tel chevalier et d'un tel écuyer. Vous diriez qu'on les a fondus dans un même moule, et que les folies du maître sans les niaiseries du valet ne vaudraient pas un liard. — Il est vrai, dit le barbier, et je serais bien aise de savoir de quoi ils peuvent parler maintenant. — Je vous assure que la nièce ou la gouvernante nous le pourront apprendre : car elles ne sont pas d'un caractère à s'interdire de les écouter. »

Cependant, don Quichotte s'étant enfermé dans sa chambre avec Sancho et étant tous deux seuls, il lui dit : « Il me fâche fort, Sancho, que tu aies dit et que tu dises que c'est moi qui t'ai fait sortir de ta cabane, puisque tu sais bien que je ne suis pas demeuré dans mon logis. Nous sortîmes de compagnie, et nous allâmes de compagnie, et de compagnie nous avons voyagé. Nous avons couru une même fortune et éprouvé un même sort. Si tu as été berné une fois, j'ai été moulu plus de cent, et en cela j'ai sur toi de l'avantage. — La raison aussi le voulait, répliqua Sancho, puisque, Votre Seigneurie le dit elle-même, les disgrâces sont plus attachées aux chevaliers errants qu'à leurs écuyers. — Tu te trompes, Sancho, dit don Quichotte, suivant ce proverbe : *Quando caput dolet* [1], etc. — Je n'entends point d'autre langue que la mienne, répondit Sancho. — Je te veux dire, repartit don Quichotte, que, quand la tête est malade, tous les autres membres le sont. Ainsi, étant comme je suis ton maître et seigneur, je suis la tête et tu es une de mes parties, étant mon serviteur. C'est pourquoi le mal qui me touche, ou me touchera, tu dois t'en ressentir, de même que moi du tien. — Cela doit être ainsi, dit Sancho. Néanmoins, quand on me bernait comme membre, ma tête se tenait derrière les grilles, et, sans ressentir aucune douleur, me regardait voler par les airs ; que si les membres sont obligés de souffrir de la douleur de la tête, elle avait pareillement à souffrir de la douleur de ses membres. — Tu voudrais dire maintenant, répliqua don Quichotte, que je ne sentais point de douleur quand on te bernait ? Je te prie, ne le dis ni le pense : car alors mon esprit ressentait plus de douleur que ton corps. Mais brisons pour cette heure, il viendra un temps où nous aurons assez de loisir pour l'examiner et le mettre à son point. Dis-moi, Sancho, mon ami, que dit-on de ma personne en ce village, et en quelle opinion m'a le vulgaire ? Et les gentilshommes et les cavaliers ? Que dit-on de ma valeur, de mes hauts faits d'armes, de ma courtoisie ? Quel discours tient-on de l'entreprise que j'ai faite de ressusciter et faire revenir au monde l'errante chevalerie dont on avait perdu la mémoire ? Enfin, je désire, Sancho, que tu me dises franchement, à ce propos, ce qui est parvenu à tes oreilles. Et tu me dois apprendre ceci sans ajouter au bien ni ôter au mal chose aucune. Les vassaux loyaux et fidèles sont obligés de dire à leurs seigneurs la vérité en son essence propre, sans que la flatterie l'accroisse ou que quelque autre vain respect la diminue ; et sache, ami Sancho, que si la vérité parvenait toute nue aux oreilles des princes, sans les déguisements de la flatterie, d'autres siècles s'écouleraient, et d'autres âges seraient tenus pour plus de fer que le nôtre, lequel je veux considérer comme âge d'or. Que cet avertissement te serve, Sancho, afin qu'avec non moins de jugement que de bonne volonté tu fasses entendre à mes oreilles la vérité des choses que tu sauras sur ce que je t'ai demandé.

— Mon cher seigneur, répliqua Sancho, je le ferai de fort bon gré, à condition que vous ne vous fâcherez point de ce que je dirai, puisque vous désirez que je dise la vérité toute nue, sans la revêtir d'autres robes que de celles qui sont parvenues à ma connaissance. — Je ne m'en fâcherai nullement, répondit don Quichotte, et tu peux, Sancho, parler librement et sans détour. — La première chose donc, repartit Sancho, que je dirai, est que le vulgaire vous tient pour un grand fou, et dit que je ne suis pas moins insensé. Les hidalgos disent que, ne se contenant point dans les bornes de sa noblesse, Votre Grâce s'est attribué le titre de Don[2], et qu'elle a osé se publier chevalier avec quatre journaux de vigne et deux arpents de terre, un chiffon derrière et un autre devant. Les gentilshommes disent pareillement qu'ils ne prennent pas plaisir que les petits hidalgos s'égalent à eux, et principalement ces hidalgosécuyers qui enfument et noircissent leurs souliers et ravaudent leurs bas noirs avec de la soie verte. — Cela n'a rien à faire avec moi, dit don Quichotte, puisque je vais toujours bien vêtu, et jamais ravaudé. Déchiré il se pourrait, mais par les armes plus que par le temps. — Quant à la vaillance, poursuivit Sancho, à la courtoisie, aux actions et aux entreprises de Votre Grâce, il y a diverses opinions. Les uns disent : « Fou, mais drolatique. » D'autres : « Vaillant, mais malchanceux. » D'autres encore : « Courtois, mais impertinent. » Et là-dessus ils vont discourant, si bien que ni à vous ni à moi ils ne laissent un os sans y mettre les dents. — Écoute, Sancho, répliqua don Quichotte, partout où la vertu paraît à un degré éminent, elle est persécutée. Peu ou nul des hommes illustres du temps passé a pu échapper aux calomnies de la malice. Jules César, courageux, prudent et vaillant capitaine, fut taxé d'ambition et on trouva à redire et à la netteté de ses accoutrements et à celle de ses mœurs. Alexandre qui, par ses exploits, acquit le surnom de Grand, on dit qu'il eut ses petits côtés d'ivrogne. Hercule, l'homme aux travaux, on conte qu'il fut lascif et voluptueux. De don Galaor, frère d'Amadis de Gaule, on murmure qu'il fut trop querelleur ; et de son frère qu'il fut pleurard. C'est pourquoi, ô Sancho, parmi tant de calomnies sur les gens de bien, celles contre moi peuvent bien passer, pourvu qu'il n'y en ait pas plus que tu ne viens d'en dire. — C'est là le *hic,* corps de mon père, répliqua Sancho. — Y a-t-il davantage ? dit don Quichotte. — La queue manque encore à écorcher, repartit Sancho. Les choses que je vous ai dites jusqu'ici ne sont que gâteaux et pain bénit. Toutefois, si vous désirez savoir tout ce que l'on en publie, touchant les calomnies qu'on vous attribue, je vous amènerai céans un homme qui vous les dira toutes sans y manquer d'un sou. Hier au soir, arriva le fils de Barthélemy Carrasco, qui vient d'étudier à Salamanque et qui est reçu bachelier. Comme j'allais chez lui pour lui donner la bienvenue, il m'apprit que déjà l'histoire de Votre Seigneurie courait par le monde, sous le nom de l'*Ingénieux*

Chevalier don Quichotte de la Manche. Il me dit encore qu'on m'y avait mis avec mon propre nom de Sancho Pança et madame Dulcinée du Toboso, avec d'autres choses qui se sont passées entre nous deux seuls. J'en fis, tout étonné, mille signes de croix, ne pouvant imaginer comment a pu les savoir celui qui les a écrites.

— Je t'assure, Sancho, dit don Quichotte, que l'auteur de notre histoire doit être quelque sage enchanteur ; et à de telles gens rien n'est caché de ce qu'ils ont envie d'écrire. — Et assurément, répliqua Sancho, il était sage et enchanteur, puisque, selon que disait le bachelier Samson Carrasco (ainsi se nomme celui dont je parle), l'auteur de cette histoire s'appelle Cid Hamet Aubergine[3]. — C'est un nom de Maure, dit don Quichotte. — C'est cela, repartit Sancho, j'ai souvent ouï dire que les Maures aiment les aubergines. — Tu dois, Sancho, dit don Quichotte, t'abuser sur le nom de ce Cid, qui en arabe signifie *seigneur.* — Cela pourrait être, répliqua Sancho ; mais, si Votre Grâce veut que je le fasse venir ici, je l'irai chercher à tire-d'aile. — Tu m'obligeras fort, mon ami, dit don Quichotte, car ce que je viens d'apprendre me tient en suspens, et je ne saurais manger morceau qui me fasse plaisir jusqu'à ce que je sois informé de tout. — Je m'en vais donc le chercher », répliqua Sancho. Et, quittant son maître, il alla trouver le bachelier, avec lequel il revint quelque temps après. Et ils eurent entre eux trois un très plaisant colloque.

CHAPITRE III

DU RIDICULE ENTRETIEN QUI EUT LIEU ENTRE DON QUICHOTTE, SANCHO PANÇA ET LE BACHELIER SAMSON CARRASCO

Don Quichotte demeura extrêmement pensif en attendant le bachelier Carrasco, de qui il espérait apprendre des nouvelles de lui-même couchées dans un livre, ainsi que le lui avait dit Sancho. Et il ne se pouvait persuader qu'il y eût une telle histoire, puisque sur la lame de son épée le sang des ennemis qu'il avait mis à mort n'était pas encore séché, et l'on voulait déjà imprimer ses hauts faits de chevalerie. Néanmoins il s'imagina que quelque sage, son ami ou ennemi, par art d'enchantement, les avait fait imprimer. Que s'il l'avait fait comme ami, c'était pour les grandir et les élever au-dessus des plus signalées prouesses de tous les chevaliers errants ; et si comme ennemi, pour les ravaler au-dessous des plus viles actions qui se fussent écrites du plus chétif écuyer qui fût jamais au monde, étant reconnu, comme il disait en lui-même, que jamais on n'écrivit les exploits d'un écuyer ; et quand il serait véritable qu'il y eût une telle histoire, puisque c'était celle d'un chevalier errant, il fallait absolument qu'elle fût pompeuse, haute, insigne, magnifique et véritable. C'est ce qui lui donna quelque consolation, quoiqu'il fût fâché que son auteur fût Maure, selon que le nom de Cid l'apprenait, et il ne faut attendre des Maures aucune vérité, parce qu'ils sont tous grands bailleurs de billevesées, faussaires et chimériques. Il craignait que cet auteur n'eût traité ses amours avec une indécence qui tournât au mépris et au grand préjudice de l'honnêteté de sa dame Dulcinée du Toboso. Il désirait qu'il eût déclaré la fidélité et le respect qu'il lui avait toujours gardés, méprisant les reines, les impératrices et les damoiselles de toute qualité, et tenant en bride les impétuosités de sa chair.

Comme il était au milieu de ces pensées et de beaucoup d'autres imaginations, voici arriver Sancho et Carrasco, que don Quichotte reçut fort courtoisement. Ce bachelier, quoiqu'il se nommât Samson, n'était pas de trop grande stature, mais un grand matois et un dessalé ; au reste il avait un teint hâve et néanmoins un fort bon entendement. Son âge pouvait être de quelque vingt-quatre ans. Sa face était ronde, son nez plat et sa bouche grande, tous signes d'un naturel malicieux et ami de cassades et de bourles, ainsi qu'il le fit bien paraître quand, voyant don Quichotte, il se mit à genoux devant lui et lui tint ce langage : « Seigneur don Quichotte de la Manche, que Votre Grandeur me donne les mains ; car, par l'habit de saint Pierre que je porte, et encore que je n'aie que les quatre premiers ordres, Votre Seigneurie est l'un des plus fameux chevaliers errants que l'on ait à jamais vus, ni que l'on verra par tout le globe de la terre. Dieu garde de mal Cid Hamet Ben Engeli, qui a laissé par écrit l'histoire de vos hauts faits, et Dieu conserve pareillement le curieux qui a pris soin de les faire traduire de l'arabe en notre castillan, pour l'entretien universel des peuples. »

Don Quichotte le fit lever et lui dit : « Il est donc véritable que l'on a composé mon histoire, et que l'auteur était Maure et savant homme ? — Cela est si véritable, repartit Samson, que je tiens pour assuré que dès aujourd'hui même il y a plus de douze mille exemplaires imprimés de cette histoire. J'en prends à témoin le Portugal, Barcelone et Valence, où on l'a imprimée ; bien plus, le bruit court qu'on l'imprime à Anvers ; et pour moi je crois fermement qu'il n'y a nation ni langue qui ne la traduise. — Un des plus grands contentements, répliqua à ce moment don Quichotte, que puisse recevoir un homme vertueux et éminent, c'est de se voir, de son vivant, en bonne réputation et loué par les langues des hommes, et imprimé et mis sous presse. J'ai dit avec bonne réputation, parce que, s'il en était autrement, ce serait pire que la mort. — S'il s'agit de renommée et de réputation, dit alors le bachelier, il n'est que Votre Grandeur pour enlever la palme à tous les chevaliers errants. Car le Maure a été curieux de nous dépeindre au vif en sa langue, et le chrétien en la sienne, la gaillardise de Votre Grâce, son grand cœur à braver les dangers, sa patience aux adversités, et son courage aussi bien aux infortunes qu'aux blessures, sans parler de l'honnêteté et de la continence de ses amours platoniques avec la señora doña Dulcinée du Toboso. — Jamais, dit là-dessus Sancho Pança, je n'ouïs appeler de ce titre de *don* la señora Dulcinée, mais seulement la señora Dulcinée du Toboso, et certes l'histoire se trompe en ce point.

— Cette objection, répondit Carrasco, n'est pas de grande importance. — Non certes, dit don Quichotte ; mais dites-moi, je vous prie, monsieur le bachelier, quelles sont celles de mes prouesses que l'on prise le plus en cette histoire ? — En cela, répondit le bachelier, comme les goûts sont différents, les opinions sont pareillement diverses. Les uns s'arrêtent à l'aventure des moulins à vent que Votre Grâce prit pour des Briarées et des géants ; d'autres, à celle des marteaux à foulons ; celui-ci prise la description des deux armées qu'on reconnut après pour deux troupeaux de brebis ; celui-là, l'aventure du mort que l'on allait enterrer à Ségovie. L'un dit que la plus belle aventure est celle où vous donnâtes la liberté aux prisonniers que l'on menait aux galères ; un autre assure que rien n'égale celle des deux géants bénédictins, avec l'affaire du valeureux Biscaïen. — Mais dites-moi, monsieur le bachelier, dit alors Sancho, n'y a-t-on point fait entrer l'aventure des Yangois, lorsque notre bon Rossinante s'avisa d'aller cueillir topinambours en mer ? — Le savant homme, répondit Samson, n'a rien oublié dans l'écritoire. Il dit tout, tout est rapporté, et même les cabrioles que le bon Sancho fit dans la couverture. — Ce ne fut pas dans la couverture, repartit Sancho, que je fis les cabrioles, mais bien en l'air, et plus que je n'eusse voulu. — A ce que je crois, dit don Quichotte, il n'y a histoire humaine au monde qui n'ait ses hauts et ses bas, et surtout celles qui traitent de chevalerie, lesquelles ne peuvent être toujours remplies de prospérités.

— Avec tout cela, dit le bachelier, quelques-uns qui ont lu l'histoire disent qu'ils eussent été fort aises si les auteurs qui l'ont écrite eussent omis d'y insérer les innombrables coups de bâton qu'en diverses rencontres on donna au seigneur don Quichotte. — C'est là suivre la vérité de l'histoire, dit Sancho. — Toutefois par équité on les pouvait taire, dit don Quichotte, puisque l'on n'est pas forcé d'écrire les actions qui ne changent ni n'altèrent la vérité de l'histoire ; principalement on les doit passer sous silence quand elles doivent contribuer au mépris de celui qui en est le sujet. Et je vous jure qu'Énée ne fut pas aussi pieux que Virgile nous le dépeint, ni Ulysse aussi prudent que nous le fait Homère. — Il est vrai, répliqua Samson ; mais c'est tout autre chose d'écrire en historien et tout autre en poète. Le poète peut conter ou chanter les choses, non comme elles ont été, mais comme elles devaient être, au lieu que l'historien les doit écrire, non comme elles devaient être, mais comme elles ont été, sans ajouter ni ôter à la vérité quoi que ce soit. — Puis donc, dit Sancho, que ce seigneur maure se met en tête de dire la vérité, sûr que parmi les coups de bâton que reçut mon maître se trouvent les miens : car jamais on ne prit à Sa Grâce la mesure de ses épaules que l'on ne me prît à moi, celle de tout le corps. Toutefois ce n'est pas merveille, puisque, comme dit mon seigneur lui-même, les membres se doivent ressentir de la douleur de la tête. — Vous êtes un finaud, Sancho, répondit don Quichotte, je vois bien que vous ne manquez pas de mémoire quand vous en voulez avoir. — Quand je ne voudrais point me ressouvenir, repartit Sancho, des bastonnades que l'on m'a données, les cicatrices qui sont encore toutes fraîches sur mes côtes ne le permettraient pas. — Taisez-vous, Sancho, dit don Quichotte, et n'interrompez point monsieur le bachelier, que je supplie de passer outre au récit de ce qu'on dit de moi en cette histoire. — Et de moi, répliqua Sancho, puisque l'on dit aussi que j'en suis l'un des principaux parsonnages. — Personnages, ami Sancho, dit Samson, et non parsonnages.

— Encore un éplucheur de syllabes ? fit Sancho. Eh bien ! allons-y, et nous n'aurons achevé de toute notre vie. — Dieu me punisse, Sancho, repartit le bachelier, si vous n'êtes la seconde personne de l'histoire, et s'il n'y a tel qui aime mieux vous y ouïr discourir que le plus huppé de tout cet ouvrage, en admettant qu'il en est aussi qui vous trouvent outrageusement crédule de croire qu'il pouvait y avoir de la vérité dans le gouvernement de cette île que le seigneur don Quichotte ici présent vous offrit. — Il y a encore du soleil sur le toit, dit don Quichotte, et, lorsque le bon Sancho sera plus avancé en âge, avec l'expérience que donnent les années, il sera pour être gouverneur plus propre et plus capable qu'il n'est maintenant.

— Pardieu, seigneur, dit alors Sancho, l'île que je ne gouvernerais point avec les ans que j'ai, je la gouvernerai encore moins avec les ans de Mathusalem. Le pis est que cette même île se cache je ne sais où, et non pas à manquer de cervelle pour la gouverner. — Recommande l'affaire à Dieu, Sancho, dit don Quichotte, et tout ira bien, et peut-être mieux que tu ne penses, car la feuille ne se meut point en l'arbre sans la volonté de Dieu. — Cela est vrai, dit Samson, que, si Dieu veut, Sancho ne manquera pas de mille îles à gouverner, et à plus forte raison d'une seule. — J'ai vu par là des gouverneurs, dit Sancho, qui, à mon avis, n'arrivent point à la semelle de mon soulier, et malgré cela on leur donne de la seigneurie, et on les sert en vaisselle d'argent. — Ce ne sont point gouverneurs d'îles, répliqua Samson, mais d'autres gouvernements plus maniables : au moins ceux qui gouvernent les îles doivent-ils savoir la grammaire. — Je m'accorderais bien avec la *Grama*, dit Sancho, mais quant à la *Tique*[1], je ne m'en paye nullement, parce que je ne l'entends pas. Toutefois, remettant cette affaire de gouvernement entre les mains de Dieu, qui m'établira là où il se voudra le mieux servir de moi, je vous dis, seigneur bachelier Samson Carrasco, que je suis infiniment aise que l'auteur de l'histoire ait parlé de telle sorte que les choses qu'on raconte de moi ne soient point ennuyeuses. Et sur ma foi de bon écuyer, s'il avait dit de moi des choses qui ne fussent point convenables à un vieux chrétien tel que je suis, j'eusse crié si haut que les sourds nous eussent entendus. — Ce serait là faire des miracles, repartit Samson. — Miracles ou non, dit Sancho, que chacun regarde comme il parle ou comme il écrit des parsonnes, et qu'il ne mette point à tort et travers tout ce qui lui passe par la cervelle. — L'un des défauts de cette histoire, dit le bachelier, c'est que son auteur y a mis une nouvelle intitulée : *le Curieux impertinent*. Ce n'est point qu'elle soit mauvaise ni mal faite, mais parce qu'elle n'est pas de ce lieu, et n'a que voir avec l'histoire du seigneur don Quichotte. — Je gagerai, repartit Sancho, que ce fils de chien y a encore entremêlé les choux et les raves. — Je dis maintenant, reprit don Quichotte, que l'auteur de mon histoire ne s'est pas montré savant homme, mais un discoureur ignorant qui s'est mis à l'écrire à tâtons et vienne que vienne, sans ordre aucun. Il a fait comme faisait Orbaneja, peintre d'Ubeda, lequel, quand on lui demandait ce qu'il peignait : « Ce qui viendra », répondait-il. Il peignait quelquefois un coq de telle sorte qu'il était nécessaire qu'auprès de cette peinture il mît un écriteau en lettres gothiques : *Ceci est un coq*. Ainsi doit-il en être de mon histoire, elle aura besoin de commentaire pour être entendue. — Rien de moins, repartit Samson, elle est si claire qu'on n'y trouve rien de difficile. Les enfants la feuillettent, les garçons la lisent, les hommes l'entendent, et les vieillards la célèbrent. Finalement toutes sortes de gens la mâchent et remâchent, et la savent de telle sorte qu'à peine voit-on un roussin efflanqué que l'on dit incontinent : « Voilà Rossinante. » Mais ceux qui se sont le plus appliqués à la lecture de cette histoire, ce sont les pages. Il n'est antichambre de gentilhomme où l'on ne trouve un *Don Quichotte*. Si quelques-uns le laissent, d'autres soudain le prennent ; les uns s'en saisissent, et les autres le demandent. Enfin une telle histoire, comme elle est la plus agréable du monde, est aussi de meilleur entretien qu'autre qu'on ait vue jusqu'à présent : car on n'y découvre jamais parole déshonnête, ni pensée qui soit moins que catholique. — Si l'on écrivait autrement, dit don Quichotte, ce serait écrire mensonges, et non vérités, et les historiens qui ne craignent pas de mentir devraient être brûlés aussi bien que ceux qui font de la fausse monnaie. Mais je ne sais pas ce qui a poussé l'auteur à s'avantager de nouvelles et de contes étrangers, puisqu'il avait tant de matière à écrire les miens. Sans doute s'est-il rappelé ce que dit le proverbe : *De paille et de foin le ventre devient plein.* Aussi, à la vérité, quand il n'eût seulement publié que mes pensées, mes soupirs, mes larmes, mes chastes désirs et mes entreprises, il eût pu en faire un volume beaucoup plus grand, ou pour le moins aussi grand que celui que peuvent faire toutes les œuvres du Tostado[2]. De tout cela, je conclus, monsieur le bachelier, que, pour composer des histoires et des livres de quelque sorte qu'ils soient, il faut avoir un grand jugement et un entendement mûr. Dire des finesses et avec grâce plaisante, cela n'appartient qu'aux grands esprits. Le plus judicieux personnage de la comédie est celui du bouffon, et il ne faut pas l'être pour jouer les sots. L'histoire est comme une chose sacrée : elle doit être véritable ; or, là où est la vérité, Dieu y est pareillement, en tant qu'il est la vérité même. Néanmoins, il se trouve des hommes qui composent et publient des livres de même que si c'étaient des beignets. — Il n'y a livre si mauvais, dit le bachelier, qui n'ait quelque chose de bon. — Je n'en doute point, répliqua don Quichotte ; toutefois il arrive bien souvent que ceux qui avaient à juste titre acquis une grande renommée par leurs écrits l'ont perdue complètement ou amoindrie en quelque sorte en les faisant imprimer. — C'est, dit Samson, que, comme on considère attentivement et à loisir les œuvres imprimées, on voit aisément les fautes de l'auteur, et on les examine d'autant plus que la réputation de celui qui les a composées est plus grande. Les hommes renommés pour leur génie, les grands poètes, et les historiens illustres, sont toujours, ou le plus souvent, enviés de ceux qui prennent leur plaisir et leur passe-temps à juger des écrits d'autrui, sans qu'eux-mêmes aient jamais rien produit au monde. — Il ne s'en faut pas étonner, repartit don Quichotte, car il y a force théologiens qui ne sont nullement bons pour la chaire ; au lieu qu'ils sont extrêmement bons pour connaître les fautes ou les superfluités de ceux qui prêchent. — Seigneur don Quichotte, dit Carrasco, cela est vrai ; toutefois, je désirerais que de tels censeurs fussent plus miséricordieux et moins scrupuleux, sans s'arrêter aux atomes du soleil éblouissant de l'ouvrage dont ils murmurent. Car si

... aliquando bonus dormitat Homerus,

qu'ils considèrent le long temps qu'il a demeuré sans dormir pour exposer en lumière son ouvrage avec le moins d'ombre qu'il lui était possible. Et d'aventure pourrait-il être que ce qui semble mal à ces censeurs fût quelque tache qui parfois sert à accroître la beauté du visage qui la porte. Aussi dis-je que celui-là se met en un grand péril qui fait imprimer un livre : car il est du tout impossible qu'il puisse satisfaire et contenter tous ceux qui le lisent. — Le livre qui traite de mes actions, dit don Quichotte, aura contenté fort peu de gens. — C'est tout le contraire, dit le bachelier, parce que, comme *stultorum infinitus est numerus*, il y a une infinité de personnes qui ont pris plaisir à une telle histoire. Mais quelques-uns accusent son auteur de peu de mémoire, ou bien de malice, en ce qu'il oublie de nous dire qui fut le larron qui déroba l'âne de Sancho, car ce n'est pas déclaré en cet endroit-là, et on l'infère seulement du récit qu'on le lui vola : et peu de temps après on le voit à cheval sur le même baudet, sans qu'il ait reparu. On dit pareillement que le même auteur a oublié d'écrire ce que Sancho fit des cent écus qu'il trouva en une mallette dans la Sierra Morena, dont il ne parle plus, et il y a bien des gens qui désirent savoir ce qu'il en fit et à quoi il les dépensa. C'est un des points essentiels qui manquent en cet ouvrage. » Sancho répondit : « Seigneur Samson, je ne suis pas maintenant en humeur de m'occuper de contes ni de comptes. Il m'a pris une telle faiblesse d'estomac que, si je n'y remédie avec deux gorgées de l'an passé, cela me mettra sur l'épine de sainte Lucie. Je l'ai à la maison, où ma ménagère m'attend. Sitôt que j'aurai dîné, je reviendrai céans, et satisferai à ce que demande Votre Grâce et à tout ce qu'on voudra me demander, tant sur la perte de l'âne comme sur la dépense que j'ai faite des cent écus. » Et, sans attendre réponse ni dire autre parole, il prit le chemin de sa maison. Don Quichotte pria le bachelier de demeurer avec lui pour faire un peu pénitence. Le bachelier accepta l'invitation et l'on ajouta à l'ordinaire une paire de pigeons. Durant le repas, on discourut de chevalerie. Carrasco s'accommoda à l'humeur de son hôte, le festin s'acheva, on fit la sieste ; cependant Sancho revint, et l'on reprit la conversation.

CHAPITRE IV

OÙ SANCHO PANÇA SATISFAIT LE BACHELIER SAMSON CARRASCO SUR SES DOUTES ET SES DEMANDES AVEC D'AUTRES ÉVÉNEMENTS DIGNES D'ÊTRE SUS ET CONTÉS

Sancho Pança revint au logis de don Quichotte, et, reprenant le discours passé : « Puisque le bachelier Samson désirait savoir qui, comment ou quand on m'avait dérobé ma bête, je répondrai ceci, que la nuit même, où, fuyant la Sainte-Hermandad, nous entrâmes en la Sierra Morena, après l'aventure ou mésaventure des galériens, et celle du mort que l'on portait à Ségovie pour l'enterrer, mon seigneur et moi, nous entrâmes dans un bois. Il était appuyé sur sa lance, et moi j'étais sur ma bête ; et tous deux, froissés et moulus des dernières frottées, nous nous mîmes à dormir comme si nous eussions été couchés sur quatre oreillers de plume. Moi surtout je dormis d'un si profond sommeil que qui que ce fût trouva moyen de me venir suspendre sur quatre pieux qu'il mit aux quatre coins du bât, de sorte qu'il m'y laissa à cheval et tira si doucement mon grison de dessous moi que je n'en eus jamais aucun sentiment. — C'est chose facile, dit don Quichotte, et une aventure qui n'est pas nouvelle, puisque la même arriva à Sacripant, lorsque, étant devant Albraque, ce fameux larron appelé Brunel, usant d'une invention pareille, lui tira son cheval d'entre les jambes. — Le jour vint, poursuivit Sancho, et à peine me fus-je un peu remué que, les piquets venant à manquer, je tombai lourdement à terre ; je cherchai mon âne, et ne le vis point. Lors les larmes me vinrent aux yeux, et je fis une grande lamentation. Que si l'auteur de notre histoire ne l'a point mise par écrit, il peut faire compte qu'il n'a pas bien fait. Au bout de je ne sais combien de jours, comme nous marchions en la compagnie de madame la princesse Micomicona, je reconnus mon âne, et que celui qui était dessus, habillé en Égyptien, c'était ce coquin, ce scélérat de Ginès de Passamont, que mon seigneur et moi avions délivré de la chaîne. — Là n'est pas l'erreur, répliqua Samson, mais en ce qu'ayant fait reparaître l'animal, l'auteur dit que Sancho allait à cheval sur le même grison. — Je ne sais que répondre là-dessus, dit Sancho, si ce n'est que l'historien s'est trompé, ou bien que c'est une négligence de l'imprimeur. — Il en est sans doute ainsi, reprit Samson ; mais qu'a-t-on fait des cent écus ? — Qu'en a-t-on fait ? On les a défaits, répondit Sancho, je les ai employés pour moi, pour ma femme et pour mes enfants ; et ils ont été cause que ma femme a supporté en patience les courses sans fin que j'ai faites au service de mon seigneur don Quichotte. Que si, au bout d'un si long temps, je fusse revenu sans le sou et sans bête chez moi, je n'aurais pas été blanc. Et si vous avez envie d'en savoir davantage, me voici présent pour répondre au roi en parsonne, et nul n'a le droit de me demander si j'ai rapporté ou pas rapporté, si j'ai dépensé ou pas dépensé ; que si les coups de bâton que j'ai reçus en ces voyages se payaient à beaux deniers, encore qu'ils ne fussent taxés qu'à quatre maravédis la pièce, il faudrait cent autres écus pour me payer la moitié de ce qui me serait dû. Mais que chacun se mette la main à la conscience, et ne prenne point le blanc pour le noir, ni le noir pour le blanc, parce que chacun est comme Dieu l'a fait, et encore pire bien souvent. — J'aurai soin, dit Carrasco, que l'auteur de l'histoire, à la première impression qu'il fera de son livre, n'oublie pas de mettre ce que le bon Sancho vient de dire : ce sera un bon moyen de rehausser son ouvrage d'un bon cran plus haut qu'il n'est. — Y a-t-il quelque autre chose à corriger en ce livre, seigneur bachelier ? demanda don Quichotte. — Il y en doit avoir quelques autres, répondit-il, mais aucune d'aussi grande importance que celles que je vous ai déjà dites. — Et par hasard, répliqua don Quichotte, l'auteur promet-il une seconde partie ? — Il en promet une, dit Samson : si est-ce pourtant qu'il nous assure qu'il ne l'a point trouvée, et qu'il ne sait pas qui la peut avoir. C'est pourquoi nous sommes en doute si elle sera publiée ou non. Et ainsi tant pour ce motif que parce que quelques-uns disent : « Jamais les secondes parties d'un ouvrage ne furent bonnes », et d'autres : « Des histoires de don Quichotte ce qui est écrit suffit », on croit qu'il n'y aura point de seconde partie. Toutefois, plusieurs personnes, plus joviales que saturniennes, disent tout haut : « Qu'on nous donne encore des Quichotades ; que don Quichotte se batte, et que Sancho Pança parle, et advienne que pourra, nous ne demandons autre chose. » — Et à quoi se résout l'auteur ? — A quoi ? répondit Samson. C'est qu'aussitôt qu'il aura trouvé l'histoire qu'il va cherchant avec une extrême diligence, il la fera imprimer ; et, en cela, il est plus porté de l'intérêt qu'il en pourra tirer que de toute autre louange. — Donc, dit Sancho, cet auteur regarde plutôt à l'argent et à l'intérêt ? Ce sera merveille s'il réussit : car il ne fera justement que cousasser à grands points, comme un tailleur à la veille de Pâques ; et les œuvres qui se font à la hâte ne s'achèvent jamais avec la perfection requise. Que ce maître maure, ou quoi que ce soit, regarde à ce qu'il fait, car mon seigneur et moi lui mettrons tant de mortier en la truelle en matière d'aventures et d'événements divers qu'il en pourra composer non seulement une seconde partie, mais encore cent. Le bonhomme doit penser sans doute que nous dormons ici sur la paille ; mais qu'il nous vienne un peu tenir le pied chez le maréchal, et il verra d'où nous boitons. Tout ce que je puis dire, c'est que si mon seigneur me voulait croire, nous serions déjà sur les champs à soulager les injures et redresser les torts, selon l'us et coutume des bons chevaliers errants. »

A peine Sancho Pança avait achevé de proférer ces paroles que Rossinante commença de hennir. Ces hennissements, don Quichotte les prit pour un très bon augure, si bien qu'il résolut de faire une autre sortie à trois ou quatre jours de là. Ayant déclaré son intention au bachelier, il lui demanda conseil sur le chemin qu'il devait prendre pour commencer son voyage. L'autre lui répondit qu'il trouvait bon que don Quichotte tirât vers le royaume d'Aragon et s'acheminât à la ville de Saragosse, où dans peu de jours, pour la fête de saint Georges, on devait célébrer de solennelles joutes, dans lesquelles il pourrait gagner renom sur tous les chevaliers d'Aragon, ce qui était en gagner sur tous ceux du monde. Et il loua sa résolution comme digne d'un homme d'honneur et valeureux, et l'avertit d'être désormais plus retenu à s'exposer aux périls, parce que sa vie n'était pas à lui, mais à tous ceux qui avaient besoin de son assistance en leurs infortunes. « C'est ce dont je me fâche, seigneur Samson, dit là-dessus Sancho, parce que mon seigneur fait aussi peu de cas d'attaquer cent hommes armés qu'un jeune gourmand une demi-douzaine de melons. Corbleu, monsieur le bachelier, il y a temps d'assaillir et temps de se retirer, et dans la vie tout n'est pas : *Saint Jacques et tiens ferme Espagne* [1] *!* D'autant plus que j'ai ouï dire, et je crois à mon seigneur don Quichotte même, si j'ai bonne mémoire, qu'entre les deux extrémités de couard et de téméraire la valeur tient le milieu. Or, si cela est, je ne veux pas qu'il fuie sans motif, mais non plus qu'il assaille quand c'est folie. Surtout j'avise mon maître que s'il doit m'emmener avec lui, ce soit à la condition qu'il se charge de tout ce qui est bataille, et que je ne sois obligé qu'à m'occuper de sa personne en ce qui touchera sa toilette et son entretien. En ce point je serai pour lui aux petits soins ; mais de penser que j'aille mettre la main à l'épée, fût-ce contre des malandrins portant hache au poing et pot en tête, c'est rêverie. Moi, seigneur Samson, je ne désire point acquérir le renom de valeureux, mais celui du meilleur et du plus loyal écuyer qui jamais servît chevalier errant. Que si mon seigneur don Quichotte, reconnaissant de mes nombreux et bons services, veut me donner quelqu'une des nombreuses îles que sa Grâce assure qu'il ramassera par là, il m'obligera beaucoup. Et, quand il ne me la donnerait pas, je suis né, et l'homme ne vit point dans d'autre giron que celui de Dieu ; et peut-être le pain que je mangerai sans gouvernement me semblera plus savoureux que celui que je pourrais manger étant gouverneur. Et que sais-je, moi, si par aventure en ces gouvernements le diable ne me tient point préparé quelque croc-en-jambe où je trébuche et me casse la mâchoire ? Sancho je naquis, et Sancho je pense mourir. Toutefois, si avec cela le Ciel me donnait de la main à la main, sans beaucoup de travail ni beaucoup de risque, quelque île ou autre chose semblable, je ne suis pas si sot que de la refuser, selon qu'on dit aussi : lorsqu'on te donnera la génisse, cours lui mettre au cou la cordelette, et quand le bien vient, mets-le aussitôt dans ta maison. — Mon frère Sancho, dit alors Carrasco, vous avez parlé comme un docteur en chaire ; mais avec tout cela confiez-vous en Dieu et dans le seigneur don Quichotte, qui vous donnera non seulement une île, mais encore un royaume. — Autant vaut le plus que le moins, répondit

Sancho ; encore que je puis bien le dire à monsieur le bachelier que le royaume que mon maître me donnera, il ne le jettera pas dans un sac percé. Je me suis tâté le pouls et me trouve assez de santé pour régir des royaumes et gouverner des îles, et je l'ai déjà dit quelquefois à mon seigneur. — Prenez garde, Sancho, dit Samson, que les offices changent les mœurs, et il pourrait être que, vous voyant gouverneur, vous méconnussiez la mère qui vous a enfanté. — On doit entendre cela, répliqua Sancho, de ceux qui naissent parmi les fleurs de la route, et non de ceux qui ont sur l'âme quatre doigts de graisse de vieux chrétien[2], comme je les ai. Non, tâtez un peu de mon humeur, et vous verrez si je suis de nature à user d'ingratitude envers personne ! — Dieu le veuille, dit don Quichotte, et nous le verrons lorsque viendra le gouvernement qu'il me semble avoir déjà devant les yeux. » Ce disant, il pria le bachelier que, s'il était poète, il lui fît cette faveur de composer des vers qui parlassent du congé qu'il pensait prendre de sa maîtresse Dulcinée du Toboso, et qu'il prît garde qu'au commencement de chaque vers il y eût une lettre de son nom, de sorte qu'à la fin de la pièce, en joignant les premières lettres, on pût lire : *Dulcinée du Toboso.* Le bachelier lui répondit que, encore qu'il ne fût pas des fameux poètes qu'il y avait en Espagne, qui, disait-on, n'étaient que trois et la moitié d'un[3], il ne laisserait point de composer de tels vers, bien qu'il trouvât une grande difficulté en cette composition, parce que les lettres que contenait ce nom étaient au nombre de dix-sept, et que, s'il faisait quatre stances à la castillane de quatre vers chacune, une lettre resterait. Que si la stance était de cinq de celles qu'on appelle dizaine ou rondeaux, il y manquerait trois lettres ; néanmoins avec tout cela il tâcherait d'y faire couler une lettre le mieux qu'il pourrait, de façon qu'aux quatre stances castillanes, composées chacune de quatre vers, fût renfermé le nom de Dulcinée du Toboso. — Il le faut ainsi en tout cas, dit don Quichotte, parce que, si le nom n'y est apparent et manifeste, il n'y a femme qui croie que les vers aient été composés pour elle. » Ils en restèrent là et fixèrent le départ à huit jours. Don Quichotte recommanda au bachelier de tenir secret son départ, surtout devant le curé et maître Nicolas, et sa nièce et sa gouvernante, de peur qu'ils ne missent empêchement à son honorable et valeureuse résolution. Carrasco promit tout ce qu'il voulut et prit congé de lui, en le priant de lui donner avis de tous ses bons ou mauvais succès, lorsqu'il en aurait la commodité. C'est ainsi qu'ils se quittèrent, et Sancho alla mettre en ordre tout ce qui était nécessaire pour le voyage.

CHAPITRE V

DU SAGE ET PLAISANT DEVIS QU'EUT SANCHO PANÇA AVEC SA FEMME THÉRÈSE PANÇA, ET AUTRES ÉVÉNEMENTS DIGNES D'HEUREUSE MÉMOIRE

Le traducteur de cette histoire, venant à écrire ce cinquième chapitre, dit qu'il le tient pour apocryphe parce que Sancho Pança y parle d'un style contraire à celui que l'on pouvait attendre de sa courte intelligence, et dit des choses si subtiles qu'il regarde comme impossible qu'un tel homme en eût connaissance. Toutefois, il ajoute qu'il n'a pas laissé de le traduire, pour accomplir ce à quoi il était obligé, et, poursuivant ainsi son récit, il dit :

Sancho arriva en son logis si content et si joyeux que sa femme, qui reconnut son allégresse à tir d'arbalète, se crut obligée de lui en demander la cause : « Qu'as-tu, mon ami Sancho, que tu viens si joyeux ? » A quoi il fit cette réponse : « Ma femme, si Dieu voulait, je serais bien aise de n'être pas aussi content que je le fais paraître. — Mon mari, répliqua-t-elle, je ne vous entends point, et je ne sais ce que vous voulez dire avec votre : « Si Dieu voulait, vous seriez bien aise de n'être pas si content. » Car, encore que bien sotte, je ne pense pas qu'il y ait homme qui soit aise de n'être pas content. — Il faut, Thérèse, que tu saches, répondit Sancho, que je suis joyeux parce que j'ai résolu de retourner au service de mon maître don Quichotte, qui désire sortir pour la troisième fois afin d'aller courir les aventures. Et je sortirai encore avec lui, parce que ma pauvreté le veut ainsi, jointe à l'espérance qui me réjouit à penser que je pourrai trouver cent autres écus comme ceux qui sont déjà dépensés. Cependant je m'attriste de ce qu'il faut que je me sépare de toi et de mes enfants, et, si Dieu voulait me donner de quoi manger à pied sec et en ma maison, sans me faire aller parmi les broussailles et les carrefours, puisqu'il le pourrait faire à peu de frais et par sa seule volonté, il est clair que mon allégresse en serait plus ferme et plus durable, puisque celle que j'ai est mêlée de la tristesse que j'ai de te quitter. Ainsi j'ai fort bien dit que je serais aise si Dieu voulait que je ne fusse pas content. — Prenez garde, Sancho, répliqua Thérèse, que, depuis que vous vous êtes fait membre de chevalier errant, vous parlez avec tant de détours qu'il n'y a nul qui vous entende. — Suffit que Dieu m'entende, ma femme, dit Sancho, car Il est celui qui entend toutes choses. Mais brisons-là, et souvenez-vous, ma fille, qu'il faut que durant ces trois jours vous ayez soin du grison de sorte qu'il soit en état de porter les armes. Doublez sa ration, visitez son bât et tout le reste de son attirail : car ce n'est pas à des noces que nous allons, mais courir le monde et nous gourmer avec des géants, des andriagues et des spectres, ouïr des sifflements, des rugissements, des mugissements et des beuglements. Mais tout cela ne serait que roses et fleurettes, si nous n'avions affaire avec des Yangois et des Maures enchantés. — Je pense bien, mon mari, répliqua Thérèse, que les écuyers errants ne mangent pas gratis le pain de leur maître. C'est pourquoi je prierai Notre-Seigneur qu'il vous retire bien vite d'une si mauvaise aventure. — Je vous dis, ma femme, repartit Sancho, que, si je ne pensais dans peu de temps me voir gouverneur d'une île, je tomberais ici raide mort. — Non pas, mon mari ! s'écria Thérèse. Vive la poule, eût-elle la pépie. Vivez d'abord et que le diable emporte tous les gouvernements du monde. Vous sortîtes sans gouvernement du ventre de votre mère ; vous avez vécu jusqu'ici sans gouvernement, et sans gouvernement vous irez où l'on vous donnera sépulture quand il plaira à Dieu. Combien d'hommes y a-t-il au monde qui vivent sans gouvernement, et pour tout cela ne laissent pas de vivre, et d'être comptés au nombre des gens ! La meilleure sauce du monde, c'est la faim, et, comme elle ne manque jamais aux pauvres, ils mangent toujours avec appétit. Cependant, Sancho, si par aventure vous vous voyez avec quelque gouvernement, ne nous oubliez, ni moi, ni vos enfants. Faites bien attention que notre Sanchico a déjà quinze ans accomplis, et qu'il est raisonnable qu'il aille à l'école, s'il est convenu que son oncle l'abbé le doive faire d'église. Considérez pareillement que Mari-Sancha, votre fille, n'en mourra point si nous la marions. J'ai quelques indices qu'elle ne désire pas moins d'avoir un mari que vous ne souhaitez de vous voir gouverneur. Enfin, il vaut mieux voir sa fille en puissance de mauvais mari que de bon amant. — Sur ma foi, repartit Sancho, si Dieu me donne la grâce d'avoir quelque gouvernement, je marierai si hautement Mari-Sancha qu'on ne puisse s'en faire écouter sans lui donner de la seigneurie. — Non, pas cela, dit Thérèse, mariez-la plutôt avec son égal, c'est le plus assuré. Que si des sabots vous la faites passer aux escarpins et du cotillon gris de futaine au vertugadin et au satin de Savoie, du *Marion* et du *tu* à la *doña un tel, madame, Sa Seigneurie,* la fillette ne s'y retrouvera plus et à chaque pas elle tombera en mille bévues et découvrira la filasse de sa toile rustique et grossière. — Tais-toi, bête, dit alors Sancho, ce sera l'affaire de deux ou trois ans : car, après ce temps, la seigneurie et la gravité lui viendront, comme au moule. Et, quand cela ne serait pas, qu'importe, pourvu qu'elle soit seigneurie, et vienne que pourra. — Sancho, repartit Thérèse, mesurez-vous à votre état, et ne vous frottez pas à plus haut que vous. Souvenez-vous du proverbe qui dit : l'enfant de ton voisin, mouche-lui le nez et le mets en ta maison. Vraiment ce serait gentil si nous mariions notre Marie à quelque méchant comte ou gentillâtre, qui, lorsqu'il lui viendrait en fantaisie, la traiterait de vilaine fraîche débarbouillée, fille de gratte-fumier et de fileuse de quenouille. Non, jour de ma vie, mon mari, je n'ai pas nourri notre fille à cette intention. Apportez seulement de l'argent et me laissez la charge de la marier. Vous avez ici Lopez Tocho, le fils de Jean Tocho. C'est un fort bon garçon, et bien portant, et que nous connaissons, et je sais qu'il ne voit pas la fillette de mauvais œil. Et avec cela qu'il est notre égal, elle sera bien mariée avec lui. Nous l'aurons toujours sous les yeux, et nous serons pères et enfants, gendres et petits-enfants tous ensemble, et la paix et la bénédiction de Dieu seront parmi nous. Mais ne me la mariez pas à la cour et dans ces grands palais, où on ne l'entendra pas, et où elle ne s'entendra point elle-même. — Viens çà, bête brute et femme de Barrabas, répliqua Sancho, pourquoi me veux-tu maintenant, sans nul motif, empêcher de marier ma fille à un homme qui me donne des petits-enfants qui portent quand et eux la seigneurie ? Écoute, Thérèse : j'ai toujours ouï dire à mes parents que celui qui ne sait pas profiter de la fortune quand elle vient à lui ne doit pas se plaindre quand elle lui passe devant, et il ne serait pas bon qu'à présent qu'elle y frappe, nous lui fermions la porte au nez. Laissons-nous porter de ce vent favorable qui nous souffle. »

Par cette manière de parler et par les discours que tient Sancho un peu plus bas, le traducteur de cette histoire tient pour apocryphe ce chapitre.

— Mais ne te semble-t-il pas bon, poursuivit Sancho, bête que tu es, que je me mette en quelque gouvernement profitable, qui nous tire le pied hors de la crotte, et que je marie notre Mari-Sancha à celui qu'il me plaira ? Tu verras que l'on t'appellera doña Thérèse Pança, et tu seras assise sur des carreaux de velours pour le plus grand dépit des demoiselles de notre village. Sinon, demeurez toujours en même état, sans croître ni diminuer, comme figures de tapisserie. Et, sur ce, n'en parlons plus ; Sanchica sera comtesse, quoi que tu en puisses dire. — Regardez bien à ce que vous dites, répondit Thérèse. Avec tout cela j'ai peur que ce comté ne soit la perdition de ma fille. Quant à vous, mon mari, faites-la ce que vous voudrez, et s'il vous plaît encore, duchesse ou princesse ; mais je vous proteste que ce ne sera jamais ni de mon vouloir ni de mon consentement. Mon ami, j'ai toujours été pour l'égalité, et il m'est impossible de voir des embarras sans fondement. Au baptême, on me donna le nom de Thérèse, nom honnête et simple, sans y ajouter toute cette rallonge ni fioriture de *don* et de *doña.* Cascajo se nommait mon père, et moi, parce que je suis votre femme, on m'appelle Thérèse Pança, encore qu'à bon droit on me devrait nommer Thérèse Cascajo, mais les rois vont comme les lois. Et de ce nom je me contente sans que l'on y mette un *don* par-dessus, qui pèse tellement que je ne le puisse porter, et je ne veux point donner sujet de parler à ceux qui me verraient aller vêtue en comtesse, ou en gouvernante, qui tiendraient soudain ce langage : « Regardez cette grosse truie, comme elle s'enfle ! Hier elle tiraillait sans se lasser un flocon d'étoupes, ou bien elle allait à la messe, la tête couverte d'un bout de sa jupe en guise de cape, et aujourd'hui elle marche avec le vertugadin, la broderie et la piaffe, comme si nous ne la connaissions pas ! » Si Dieu me conserve mes sept ou mes cinq sens, ou ceux que j'ai, je ne pense point donner occasion de me voir en pareille passe. Pour vous, frère, soyez tant que vous voudrez gouverneur ou insulaire, et donnez-vous du *don* tant que vous voudrez, je vous jure par la vie de ma mère, que ni moi ni ma fille ne quitterons point d'un pas notre toit de chaume. Femme de bonne renommée, jambe cassée, et à la maison, et la fille honnête de travailler se fait fête. Allez avec votre don

Quichotte courir la bonne aventure, et laissez-nous à notre mauvaise. Dieu nous la changera en félicité suivant que nous serons bonnes. Mais je ne sais qui a donné à votre maître ce titre de *don* que son père ni aucun de ses aïeux n'ont jamais porté. — C'est maintenant, repartit Sancho, que je dis que tu as dans le corps un esprit familier. Dieu te soit en aide, la femme ! Combien d'histoires tu as enfilées les unes dans les autres, sans garder queue ni tête ! Qu'ont de commun les pierreries, les broderies, les proverbes et la piaffe avec ce que je dis ? Viens çà, sans cervelle et ignorante (car c'est ainsi que je te peux nommer, puisque tu n'entends point mes raisons et que tu fuis le bonheur). Si je disais que ma fille se précipitât d'une tour en bas, ou qu'elle s'en allât courir le monde comme le fit l'infante Urraque[1], tu aurais raison de ne suivre point mon avis. Mais si en deux coups de pinceau et en moins d'un clin d'œil, je la coiffe d'un « madame » et la retire de l'éteule et du chaume pour la mettre sous le dais et sur un trône, voire même sur des carreaux de velours les plus riches qu'aient jamais eus les Almohades du Maroc, pourquoi y refuser ton consentement, et ne vouloir pas ce que je veux ? — Mon mari, repartit Thérèse, en voulez-vous savoir la cause ? C'est parce qu'il me ressouvient du proverbe : Qui te couvre et découvre. Tout le monde jette les yeux comme en courant sur le pauvre au lieu qu'on les arrête sur le riche. Et si un tel riche fut un temps pauvre, chacun parle et médit de lui ; mais le pire, c'est que les médisants persévèrent en leurs médisances, et en discourent en troupe, par les rues, aussi dru et menu qu'essaims d'abeilles. — Écoute, Thérèse, répliqua Sancho, et entends maintenant ce que je te veux dire, et peut-être ne l'as-tu jamais entendu durant toute ta vie. Or, je ne parle pas maintenant de moi-même puisque les paroles que je veux proférer sont sentences que j'ai apprises du père prédicateur qui prêcha le dernier carême en ce village. Ce bon père, si j'ai bonne mémoire, disait que, toutes les choses qui se présentent et que les yeux contemplent, se présentent, sont et demeurent mieux en notre mémoire et avec plus de véhémence que les choses passées. »

Toutes ces raisons que Sancho dit maintenant ici sont celles qui pour la seconde fois ont invité le traducteur à dire qu'il tient ce chapitre pour apocryphe, parce qu'elles excèdent la capacité de Sancho, lequel poursuivit son discours en cette manière :

« De sorte que quand nous voyons quelque personne bien équipée, bien vêtue et suivie d'un grand appareil de serviteurs, il semble que par force nous nous sentions obligés de lui rendre hommage encore que la mémoire nous représente au même instant l'espèce de bassesse où nous avons vu cette même personne ; mais, comme cette ignominie, soit de pauvreté ou de race, est déjà passée, elle n'est plus par conséquent, et il n'existe que ce que nous voyons présentement. Et si celui que la fortune a retiré de la fange de sa bassesse (car ce sont les propres paroles du père) pour le mettre au plus haut point de la prospérité est bien élevé, libéral et courtois envers tous ; si, dis-je, il ne prétend point le disputer à ceux qui sont nobles d'antiquité, sois assurée, Thérèse, qu'il n'y aura nul qui se ressouvienne de ce qu'il fut jadis ; au contraire, on révérera ce qu'il est maintenant, hormis les envieux, contre qui nulle fortune prospère n'est en sûreté. — Je ne vous entends point, mari, répliqua Thérèse. Faites tout ce qu'il vous plaira, et ne me rompez plus la tête de vos harangues et de vos rhétoriques. Mais vous êtes si révolu de faire ce que vous dites... — Il faut dire résolu, femme, dit Sancho, et non révolu. — Je vous en prie, mari, dit-elle, n'entrez point en dispute avec moi : je parle comme il plaît à Dieu, et sans y chercher plus d'ornement. Je dis seulement que, si vous courez après un gouvernement, vous emmeniez avec vous votre fils Sancho, afin que dès maintenant vous lui appreniez à gouverner : car il est bien que les enfants apprennent les charges de leurs pères et qu'ils en héritent. — Lorsque je serai gouverneur, dit Sancho, je le ferai mander par la poste, et t'enverrai de l'argent, qui ne me manquera point : car les gouverneurs ne manquent point de gens qui leur en prêtent lorsqu'ils n'en ont point. Cependant, habille-le de façon à cacher ce qu'il est et à paraître ce qu'il doit être. — Envoyez seulement de l'argent, dit Thérèse, et je l'habillerai comme un ange. — Enfin, soyons d'accord, dit Sancho, que notre fille soit comtesse. — Le jour, répondit Thérèse, où je la verrai comtesse, je fais état que ce jour même je la mettrai dans le tombeau. Toutefois je vous dis encore un coup que vous fassiez ce qu'il vous plaira. Nous, qui sommes femmes, avons pris naissance sous cette condition d'obéir à nos maris, encore qu'ils ne fussent que des imbéciles. » Et, en parlant ainsi, elle commença de pleurer aussi véritablement que si elle eût déjà vu morte et enterrée Sanchica. Sancho la consola en lui disant que, bien qu'il la dût faire comtesse, il ne le ferait pourtant que le plus tard qu'il pourrait. Ce fut ainsi que se termina leur entretien, et Sancho alla revoir don Quichotte, afin de donner ordre à leur départ.

CHAPITRE VI

DE CE QUI SE PASSA ENTRE DON QUICHOTTE, SA NIÈCE ET SA GOUVERNANTE ; ET C'EST L'UN DES PLUS IMPORTANTS CHAPITRES DE TOUTE L'HISTOIRE

Pendant qu'entre Sancho Pança et sa femme Thérèse Cascajo avait lieu l'impertinente conversation ci-dessus rapportée, la nièce et la gouvernante de don Quichotte n'étaient pas oisives. Elles allaient recueillant par mille signes que leur oncle et maître avait envie de s'échapper une troisième fois, et de retourner à l'exercice, malheureux pour elles, de la chevalerie errante. Elles tâchaient par tous les moyens possibles de le détourner d'une si mauvaise pensée ; mais c'était prêcher dans le désert et battre le fer à froid. Or, entre autres discours et raisons qu'elles lui alléguaient, la gouvernante lui dit : « En vérité, monsieur, si vous ne tenez pied à boule et ne vous arrêtez en votre maison ; si vous ne cessez d'aller par monts et par vaux comme une âme en peine, recherchant ce que l'on nomme aventures, que j'appelle, moi, malencontres, je me plaindrai et crierai à Dieu et au roi, afin qu'ils y remédient. — Ma gouvernante, répondit don Quichotte, je ne sais quelle réponse Dieu fera à vos plaintes, et encore moins Sa Majesté ; mais je sais bien que, si j'étais roi, je m'excuserais de répondre à tant de requêtes impertinentes qu'on lui présente tous les jours. Car l'un des plus grands travaux que les rois supportent parmi tant d'autres, c'est d'être obligés d'écouter tout le monde et de répondre à tous : aussi ne voudrais-je pas que mes affaires lui donnassent de l'ennui. — Mais, monsieur, dit la gouvernante, dites-moi un peu, je vous prie, n'y a-t-il point de chevaliers à la cour de Sa Majesté Catholique ? — Oui-da, répondit don Quichotte, et beaucoup, et il est juste qu'il y en ait pour l'ornement de la grandeur des princes et pour la dignité de la majesté royale. — Eh quoi ! dit-elle, ne feriez-vous pas mieux d'être l'un de ces chevaliers qui se trouvent à la cour et qui y servent le roi ? — Ma mie, répliqua don Quichotte, tous les chevaliers ne peuvent pas être courtisans, ni tous les courtisans chevaliers errants. Il y en doit avoir au monde de toutes les espèces. Et, bien que nous soyons tous chevaliers, il y a pourtant une grande différence des uns aux autres, car les courtisans, sans sortir de leurs foyers ni du seuil de la cour, voyagent par tout le monde, le regardant tout sur la carte, sans qu'il leur en coûte un denier, sans souffrir chaud ni froid, faim ni soif. Mais nous, qui sommes les vrais chevaliers errants, exposés à l'ardeur du soleil, à la rigueur du froid, de l'air, et aux inclémences du ciel, nous mesurons avec nos pieds mêmes toute la terre, nuit et jour, à pied et à cheval, et non seulement nous connaissons les ennemis en peinture, mais encore en leur essence même. Nous les assaillons en toute rencontre et en toute occasion, sans regarder à des babioles, ni aux lois des défis, si la lance ou l'épée de l'un est plus courte que celle de l'autre, si notre adversaire porte sur lui des reliques ou quelque talisman caché, et si l'on doit départir également le soleil, ou non, avec autres cérémonies de même force dont on use aux combats particuliers d'homme à homme, et aux duels, que tu ignores, et non pas moi. Tu dois encore savoir que le bon chevalier errant, tant s'en faut qu'il se doive épouvanter lorsqu'il rencontre dix géants, qui de la tête touchent non seulement les nuées, mais encore les surpassent, qui, au lieu de jambes, se servent de deux hautes tours, ayant des bras semblables aux mâts de gros et puissants navires, et dont chaque œil est comme une grande roue de moulin, voire plus ardent qu'une fournaise. Au contraire avec une contenance dégagée et un courage sans peur il les doit attaquer et combattre ; et, s'il se peut, les vaincre et tailler en pièces en moins d'un instant, eussent-ils pour armure les écailles d'un certain poisson, que l'on dit plus dures que les diamants, et au lieu d'épées, des cimeterres d'acier de Damas, ou bien des massues ferrées à pointes de même acier, ainsi que je l'ai vu plus d'une fois. J'ai dit tout cela, ma gouvernante, afin que tu voies la différence qu'il y a entre ces chevaliers et les autres, et il serait raisonnable que tous les princes fissent plus d'estime de cette seconde, ou, pour mieux dire, première espèce de chevaliers errants, parce que nous lisons en leurs histoires que tel d'entre eux a été le salut non seulement d'un royaume, mais de plusieurs. — Ah ! monsieur, dit alors la nièce, que Votre Grâce considère, je vous prie, que tout ce qu'elle dit des chevaliers errants n'est que fable et mensonge, et que, si l'on ne brûle telles histoires, elles méritent au moins qu'à chacune on mette un sanbenito qui les fasse reconnaître pour infâmes et pour corruptrices de toutes les bonnes mœurs.

— Par le Dieu qui me soutient, dit don Quichotte, si tu n'étais ma nièce en ligne droite, comme fille de ma propre sœur, je te châtierais de telle sorte pour les blasphèmes que tu viens de proférer qu'il en serait bruit par tout le monde. Comment est-il possible qu'une fillette qui sait à peine gouverner douze bâtonnets de filet s'ingère de faire aller sa langue et de censurer les histoires des chevaliers errants ? Et que dirait le seigneur Amadis, s'il entendait quelque chose de pareil ? Mais pour sûr il te pardonnerait, parce que c'était le plus doux et le plus courtois chevalier de son temps, et en outre grand défenseur des demoiselles. Mais tel te pourrait avoir ouïe que tu ne t'en trouvasses pas bien : car tous ne sont pas si courtois ni si bien élevés, puisqu'il y en a de félons et de malappris. Aussi tous ceux qui se disent chevaliers ne le sont pas parfaitement. Il y en a qui sont d'or, d'autres d'alliage, et néanmoins tous paraissent chevaliers, quoique tous ne puissent résister à la pierre de touche de la vérité. On voit des hommes de bas lieu qui s'enflent pour paraître chevaliers, et il y a de nobles chevaliers qui semblent suer sang et eau pour paraître marauds : ceux-là s'élèvent ou par ambition, ou par vertu ; ceux-ci s'abaissent ou par faiblesse, ou par vice. Or, il nous est nécessaire d'user de prudence pour distinguer ces deux manières de chevaliers, si semblables de nom et dont les actions sont si différentes. — Dieu me soit en aide, dit la nièce, je crois fermement, monsieur mon oncle, que vous êtes si savant qu'en un besoin vous pourriez monter en chaire ou bien prêcher par les rues ; et toutefois vous êtes victime d'un tel aveuglement et d'une imprudence si connue que vous vous faites accroire d'être vaillant, étant vieux ; fort, étant malade ; redresseur de torts, étant accablé par l'âge, et par-dessus tout cela, d'être chevalier, alors que vous ne l'êtes pas : car sans doute les hidalgos le peuvent être, mais jamais s'ils sont pauvres !... — Ma nièce, répondit don Quichotte, tu as grandement raison, et je te pourrais apprendre maintenant sur les lignages des choses qui te surprendraient ; mais je n'en parlerai point, afin de ne mêler point le divin avec l'humain : mes amies, écoutez-moi. Tous ceux qui sont au monde (soyez bien attentives) se peuvent réduire à quatre races. Les uns sont venus d'un commencement bas et se sont étendus et élevés jusqu'à une souveraine grandeur. D'autres tirent leur origine d'un commencement relevé qu'ils ont conservé et qu'ils conservent et maintiennent en leur premier état. D'autres proviennent bien d'un grand et illustre commencement, mais ils finissent en pointe comme une pyramide, ayant diminué et annulé leur principe jusqu'à se réduire en un néant, comme est la pointe de la pyramide, qui, en comparaison de son fondement, n'est rien. Il y en a d'autres (et ceux-ci sont les plus nombreux) qui n'ont pas eu un bon commencement ni un milieu raisonnable, et par ainsi leur fin sera sans nom, comme la race de la plèbe et du menu peuple. Quant aux premiers, qui ont eu un commencement humble et qui sont montés à la grandeur qu'ils conservent encore, tu as l'exemple de la maison des Ottomans, qui d'un pasteur qui fit leur origine sont montés au sommet où nous les voyons maintenant. Pour la seconde race, qui a pris commencement en grandeur et qui la conserve sans l'augmenter, nous avons l'exemple de plusieurs princes, qui le sont par droit d'héritage et de succession, et se conservent en cette grandeur sans l'accroître ni la diminuer, demeurant en paix dans les limites de leurs États.

« De ceux qui ont eu des commencements illustres et des fins en pointe nous avons des milliers d'exemples : car tous les Pharaons et les Ptolémées d'Égypte, les Césars de Rome, et tout le bataillon, s'il est permis de leur donner ce nom, d'une infinité de princes, monarques et seigneurs, mèdes, assyriens, perses, grecs et barbares, tous ces lignages, dis-je, et toutes ces seigneuries ont fini en pointe et en néant, aussi bien elles que ceux qui leur donnèrent principe : il serait impossible de trouver aujourd'hui aucun de leurs descendants, et, si nous en trouvions un, il serait de basse condition. Je ne dirai rien du vulgaire, sinon qu'il ne sert que pour accroître le nombre des vivants, sans mériter autre renommée ni autre titre de louange. Mais je veux, grosses bêtes, que vous infériez de tout ce que j'ai dit combien grande est la confusion des races ; et que seulement celles-là paraissent grandes et illustres qui se font paraître par la vertu, la richesse et la libéralité de leurs chefs. J'ai dit vertus, richesses et libéralités, parce que le grand qui est vicieux sera un grand vicieux, et qu'un riche non libéral sera un avare mendiant ; que ce n'est pas la possession des richesses qui rend heureux ceux qui les possèdent, mais la dépense qu'ils en font ; et encore ne les faut-il dépenser comme l'on veut, mais savoir les dépenser. Le chevalier pauvre n'a d'autre chemin que celui de la vertu pour montrer qu'il est chevalier : il doit être affable, bien élevé, courtois, poli et officieux ; nullement superbe, ni arrogant, ni médisant. Et surtout charitable. Et, quand il donnera d'un cœur gai deux maravédis à un pauvre, il se montrera aussi libéral que celui qui fait l'aumône à son de cloche. Il n'y aura aucun qui, le voyant doué des vertus que nous venons de dire, et quoiqu'il ne le connaisse pas, ne le juge de bonne race. Ce serait un miracle qu'il en fût autrement, car toujours la louange fut le salaire de la vertu, et il est impossible que les vertueux ne soient point loués. Mes filles, il y a deux chemins par où les hommes peuvent devenir riches et honorés : l'un est celui des lettres, et l'autre celui des armes. Je tiens plus du guerrier que de l'homme de lettres : car je suis né sous la planète de Mars, dont l'influence me pousse aux armes. Ainsi je suis comme forcé de suivre sa route, et je la suivrai en dépit de tout le monde. Vous vous tourmentez donc en vain à me vouloir persuader que j'aille contre la volonté des cieux, contre ce que la fortune ordonne, et que la raison demande, et surtout que ma volonté désire. Encore que je n'ignore pas les travaux infinis qui accompagnent la chevalerie errante, je sais aussi les biens infinis que l'on acquiert par elle ; je sais que le sentier de la vertu est étroit, et le chemin du vice large et spacieux. Je sais que les fins de la vertu et du vice sont différentes, parce que le chemin du vice, large et facile, finit par la mort ; au lieu que celui de la vertu, étroit et laborieux, finit par la vie, et non pas par la vie qui a un terme, mais par celle qui ne finira jamais. Et je sais, comme dit notre grand poète castillan[1], que c'est par ce chemin âpre que l'on parvient en lieu haut et relevé.

Où l'éternité fait séjour.
Quiconque prend autre détour
Jamais en ce saint lieu n'arrive.

— Malheureuse que je suis, s'écria alors la nièce, mon oncle est aussi poète. Il sait tout, il peut tout, et je gage que, s'il voulait être maçon, il saurait bâtir une maison comme une cage. — Je t'assure, ma nièce, répondit don Quichotte, que, si ces pensées de chevalerie n'emportaient avec elles tous mes sens, il n'y aurait chose que je ne fisse, ni curiosité qui ne sortît de mes mains, principalement des cages et des cure-dents. »

Sur cela, quelqu'un heurta la porte. On demanda qui c'était. « C'est moi », dit Sancho Pança, et à peine la gouvernante l'eut-elle reconnu qu'elle courut se cacher pour ne le voir point, tant elle le haïssait. La nièce lui ouvrit, son maître don Quichotte le reçut à bras ouverts, et tous deux s'enfermèrent dans sa chambre, où ils eurent un entretien qui ne le cède pas à celui que nous vous avons ci-dessus rapporté.

CHAPITRE VII

DE CE QUI SE PASSA ENTRE DON QUICHOTTE ET SON ÉCUYER, AVEC D'AUTRES ÉVÉNEMENTS TRÈS FAMEUX

A peine la gouvernante eut-elle vu que Sancho Pança s'enfermait avec son maître qu'elle comprit de quoi il retournait : de cette consultation devait sortir la résolution de la troisième sortie. Elle prit sa cape, et, toute pleine d'ennuis et d'inquiétude, s'en fut quérir le bachelier Samson Carrasco. Il lui semblait que, puisque cet homme était d'une parole facile et tout frais ami de son maître, il lui pourrait persuader d'abandonner sa folle entreprise. Elle le trouva en train de se promener dans la cour de sa maison, et en le voyant elle se laissa aller à ses pieds, toute remplie de sueur et d'angoisse.

Lorsque Carrasco vit cette femme qui faisait paraître tant de marques de douleur et de trouble, il lui dit : « Qu'avez-vous, madame la gouvernante ? Que vous est-il survenu de nouveau ? Il semble qu'on veuille vous arracher l'âme. — Ce n'est rien, répondit-elle, mon bon monsieur Samson, sinon que mon maître s'en va ; il s'en va ! — Et par où s'en va-t-il ? dit Samson. S'est-il rompu quelque partie du corps ? — Il ne s'en va point, répondit-elle, par autre part que par la porte de la folie. Je veux dire, monsieur le bachelier de mon âme, qu'il veut sortir encore une fois, et ce sera maintenant la troisième sortie, afin d'aller chercher par le monde ce qu'il nomme bonnes aventures ; et je ne puis comprendre pourquoi il leur donne ce nom. On nous le ramena ici, la première fois, couché en travers sur un âne et tout moulu de coups de bâton. La seconde fois, il vint sur un char à bœufs, mis et enfermé dans une cage, où on lui faisait entendre qu'il avait été enchanté. Et il y était dans un si triste état que la mère qui l'a enfanté ne l'eût point reconnu, faible, pâle et exténué, les yeux enfoncés jusqu'aux derniers recoins du cerveau, et pour le remettre un peu je dépensai plus de six cents œufs, comme Dieu le sait et tout le monde, et mes poules mêmes qui ne me laisseraient pas mentir. — Je le crois aisément, répondit le bachelier, car elles sont si bonnes, si grasses et si bien élevées, qu'elles ne voudraient pas dire une chose pour une autre, dussent-elles en crever. Ainsi, madame la gouvernante, il n'y a rien d'autre ni d'autre accident que la peur que vous donne ce que veut faire le seigneur don Quichotte ? — Non, monsieur, dit-elle. — Ne vous tourmentez donc plus, répliqua le bachelier, mais retournez promptement à votre logis, et tenez-moi prêt quelque chose de chaud pour déjeuner. Cependant récitez en chemin l'oraison de sainte Apolline, si vous la savez. Je vous irai voir tout présentement, et vous verrez merveilles. — Pauvre de moi ! fit la gouvernante. Ne me dites-vous pas de réciter l'oraison de sainte Apolline ? Cela serait bon si mon maître avait mal aux dents ; mais il n'est malade que de la cervelle. — Je sais ce que je dis, madame la gouvernante, repartit le bachelier : c'est pourquoi, allez, et n'entrez point avec moi en dispute, puisque vous savez que je suis bachelier de Salamanque, et que là-dessus il n'y a plus de bachellerie qui tienne. » Et, sur ce, la gouvernante reprit le chemin de son logis, et le bachelier alla tout aussitôt trouver le curé pour lui communiquer ce qui se dira en son temps.

Pendant que don Quichotte et Sancho Pança demeurèrent enfermés, il se passa entre eux le discours dont l'histoire fait un récit aussi ponctuel que véritable. Sancho Pança dit à son maître : « Monsieur, je tiens déjà ma femme réluite à me laisser aller où il vous plaira de me mener. — Sancho, repartit don Quichotte, tu doit dire réduite et non réluite. — J'ai déjà, dit Sancho, prié une fois ou deux, si j'ai bonne mémoire, Votre Grâce, de ne point corriger mes vocables dès que vous entendez ce que je veux dire, et, lorsque vous ne m'entendrez pas, de dire : « Au diable, Sancho, si je t'entends », et alors, si je ne sais pas m'expliquer, vous pourrez me corriger, car je suis assez fossile. — Je ne t'entends point, Sancho, dit aussitôt don Quichotte, car je ne sais ce que tu veux dire : « Je suis assez « fossile ». — Assez fossile veut dire, répliqua Sancho : « Je suis assez... ainsi. » — Je t'entends encore moins, dit don Quichotte. — Eh bien, si vous ne me pouvez entendre, dit Sancho, je ne sais comment je dois parler. Je ne m'en sais pas davantage, et Dieu soit avec moi. — Oui, oui, j'y suis, répondit don Quichotte. Tu veux dire que tu es si docile, si doux et si traitable, que tu prendras en bonne part ce que je te dirai, et apprendras ce que je t'enseignerai. — Je gagerais, dit Sancho, que vous m'avez fort bien entendu dès le commencement, mais que vous avez pris plaisir à me troubler, afin de me faire proférer deux cents autres balourdises. — Il se pourrait, répliqua don Quichotte. Mais, au bout du compte, que dit Thérèse ? — Thérèse dit, repartit Sancho, que j'attache bien mon doigt avec le vôtre, et que le papier parle, et que la langue se taise, d'autant qu'avant de conclure il est bon de s'expliquer, et qu'un tiens vaut mieux que deux tu l'auras, et pour moi, je dis que le conseil d'une femme est peu de chose, mais qui ne le reçoit point est un fou.

— Je le dis aussi, répondit don Quichotte, mais achevez votre discours, ami Sancho : car aujourd'hui vous parlez d'or. — Le fait est, dit Sancho, et Votre Grâce le sait mieux que moi, nous sommes tous sujets à la mort : aujourd'hui nous sommes et demain non ; aussitôt meurt-on agneau que mouton, et nul en ce monde ne se peut promettre plus d'heures de vie qu'il ne plaît à Dieu lui en donner. La mort n'a point d'oreilles, et, lorsqu'elle vient frapper et nous appeler à la porte de notre vie, elle vient en courant, et n'y a prière, force, sceptre, ni mitre, qui la retiennent, selon le bruit commun, et comme on nous le prêche en chaire. — Tout cela est véritable, dit don Quichotte, mais je ne sais où tu en veux venir. — Le point où je veux en venir, répondit Sancho, est que Votre Grâce me donnera par mois un certain salaire tout le temps que je la servirai, et que ce salaire me soit payé sur son bien : car je ne désire point d'être à gages qui arrivent tard ou mal, ou jamais ; et Dieu me soit en aide de ce qui est à moi. Enfin je veux savoir ce que je gagne, peu ou prou, car la poule pond sur un œuf, et beaucoup de peu font un beaucoup, et tant que l'on gagne quelque chose on ne perd rien. Bien est-il vrai que s'il arrivait, ce que je ne crois ni n'espère, que Votre Seigneurie me donnât l'île qu'elle m'a promise, je ne suis pas si ingrat et ne pousserai pas les choses à l'extrémité que mon intention ne soit que l'on regarde à combien pourra monter le revenu d'une telle île, et que l'on ne décompte de mon salaire au prochata. — Ami Sancho, dit don Quichotte, quelquefois un chat est aussi bon qu'un rat. — Je vous entends, dit Sancho, je gage que je devais dire rata, et non chata. Mais il n'importe, puisque Votre Seigneurie m'a entendu. — Et si bien entendu, répliqua don Quichotte que j'ai pénétré le fond de tes pensées, et je sais le but où tu vises avec les mille flèches de tes proverbes. Vois, Sancho, je ne manquerais point de te fixer un certain salaire, si j'avais trouvé en quelqu'une des histoires des chevaliers errants un exemple qui me montrât par la moindre fente ce que pouvaient gagner les écuyers par mois ou par an. Mais j'ai lu toutes ces histoires ou la plupart d'entre elles, et il ne me souvient nullement d'y avoir vu qu'aucun chevalier errant ait fixé un salaire à son écuyer ; je sais seulement qu'ils servaient tous à merci, et que, lorsque moins ils y pensaient, si la fortune avait favorisé leurs maîtres, ils se trouvaient récompensés d'une île ou de quelque chose d'équivalent, ou pour le moins ils acquéraient le titre de grand et la seigneurie. Si, dans ces espérances d'accroissement, vous avez envie, Sancho, de rentrer à mon service, à la bonne heure. Mais vous vous trompez fort si vous croyez que je vais tirer hors de ses bornes et de ses gonds l'antique usage de la chevalerie errante. C'est pourquoi, mon Sancho, retournez chez vous, et déclarez mon intention à votre Thérèse. Si vous et elle trouvez bon que vous demeuriez à merci avec moi, *bene quidem,* sinon, amis comme devant. Si le pigeonnier ne manque de grain, il n'y aura non plus faute de pigeons. Cependant faites attention, mon fils, que bonne espérance vaut mieux que mauvaise possession, de même qu'une bonne dette est meilleure qu'une mauvaise paye. Je parle de cette manière, Sancho, pour vous donner à entendre que je sais aussi bien que vous faire pleuvoir les proverbes. Enfin, je vous veux dire et vous dis que, si vous n'avez point envie de venir à merci avec moi, et de courir la fortune que je courrai, Dieu soit avec vous et de vous fasse, s'il lui plaît, un saint; pour moi, je ne manquerai point d'écuyers plus obéissants, plus soigneux, moins empêtrés, voire moins discoureurs que vous. »

Quand Sancho ouït la ferme résolution de son maître, le ciel se couvrit pour lui d'une obscure nuée, et son cœur replia ses ailes, parce que pour tout l'avoir du monde il avait cru que son seigneur ne s'en irait point sans lui ; et, comme il était tout indécis et tout pensif, voilà qu'il vit entrer Samson Carrasco avec la gouvernante et la nièce, curieuses d'entendre les raisons dont il se servirait pour persuader à leur seigneur de ne point retourner courir les aventures. Ce fameux charlatan de Samson entra, et, embrassant don Quichotte, comme la première fois, il lui dit d'une voix forte : « Ô fleur de l'errante chevalerie ! Ô lumière resplendissante des armes ! Honneur et miroir de la nation espagnole ! Plaise au Dieu tout-puissant, et j'abrège la formule, que la personne ou les personnes qui mettront empêchement à ta troisième sortie ne trouvent point d'issue au labyrinthe de leurs désirs, et jamais ne puissent-ils voir l'accomplissement de leurs plus chers souhaits ! » Sur cela, il se tourna vers la gouvernante, et lui dit : « Que madame la gouvernante ne récite pas plus longtemps l'oraison de sainte Apolline, puisque je sais que c'est une résolution arrêtée des étoiles que le seigneur don Quichotte retourne à l'exécution de ses hauts et nouveaux pensers. Je chargerais par trop ma conscience si je n'intimais et ne persuadais à ce chevalier qu'il ne retienne plus la force de son valeureux bras et la bonté de son généreux courage : car autrement il ferait tort par son retard au droit des affligés, à la protection des orphelins, à l'honneur des dames, à la faveur des veuves et à l'appui des femmes mariées, voire à plusieurs autres choses de même étoffe, qui touchent, appartiennent et se rattachent à l'ordre de la chevalerie errante. Sus, sus, donc, monsieur don Quichotte, beau et brave chevalier, il faut que Votre Grâce et Votre Grandeur se mettent en chemin, et mieux vaut aujourd'hui que demain. Si quelque chose lui manque pour mettre en exécution son dessein, me voici tout prêt pour y suppléer de ma personne et de mon bien, voire même ce me sera un grand heur s'il me faut servir sa Magnificence en qualité d'écuyer. » Comme il achevait ces mots, don Quichotte se tourna devers Sancho, et lui dit : « Eh bien, Sancho, ne t'avais-je pas dit que je n'aurais que trop d'écuyers ? Regarde qui s'offre maintenant à l'être : l'inouï bachelier Samson Carrasco, le boute-en-train perpétuel et l'entretien récréatif des cours qui sont au collège de Salamanque, sain de sa personne, agile de ses membres, qui parle peu, souffre aussi bien le chaud que le froid, la faim que la soif, et enfin accompli en toutes les parties requises en l'écuyer d'un chevalier errant. Néanmoins me garde le Ciel que, pour suivre mon plaisir, je vienne à énerver et briser la colonne des lettres et le vase des sciences, et à tronquer l'éminent palmier des arts libéraux. Que le nouveau Samson demeure en sa patrie. Qu'il l'honore et honore pareillement les cheveux blancs de ses vieux père et mère. Je me contenterai de quelque écuyer que ce soit, puisque Sancho ne daigne point venir avec moi. — Si, je daigne », repartit Sancho attendri et les yeux tout chargés de larmes, et il poursuivit : « Monseigneur, l'on ne dira jamais de moi : Pain mangé, compagnie faussée. Je ne tire pas mon origine d'une famille ingrate. Tout le monde sait, et principalement mon village, quels ont toujours été les Panças, dont je descends. Outre que, par plusieurs bons effets et par bonnes paroles, j'ai déjà reconnu et apprécié le désir que Votre Seigneurie a de me faire du bien. Que si je suis entré en compte de plus ou de moins sur mon salaire, ce fut pour complaire à ma femme. Celle-là, lorsqu'elle met la main pour persuader quelque chose, il n'y a maillet qui presse si bien les cerceaux d'un tonneau comme elle presse afin qu'on fasse ce qu'elle veut. Mais, en réalité, l'homme doit être homme, et la femme, femme. Et puisque je suis homme quoi qu'on veuille, et que je ne le peux nier, je le veux pareillement être en ma maison, s'en fâche qui voudra. C'est pourquoi il n'y a autre chose à faire, sinon que Votre Grâce fasse son testament avec son codicille, de sorte qu'il ne se puisse détraquer. Et mettons-nous promptement en chemin, afin que l'âme de monsieur le bachelier Samson ne souffre point davantage : car il dit que sa conscience lui édicte de persuader à Votre Grâce qu'elle se mette pour la troisième fois en campagne ; et, quant à moi, je m'offre de nouveau à vous servir fidèlement et loyalement, voire aussi bien et mieux que tous les écuyers qui ont servi chevaliers errants dans les temps passés et présents. »

Le bachelier demeura tout étonné d'ouïr les termes et la manière de parler de Sancho Pança : car, encore qu'il eût lu la première partie de l'histoire de son maître, toutefois il n'avait jamais cru que Sancho fût aussi plaisant qu'on l'y dépeint. Mais, quand il l'ouït maintenant parler de testament et de codicille qui ne se pût détraquer, au lieu de testament et de codicille qui ne se pût rétracter, il crut tout ce qu'il en avait lu et le tint pour un des plus solennels insensés de notre siècle. Aussi disait-il en lui-même qu'on n'avait jamais vu au monde deux fous tels qu'étaient le maître et le valet. Enfin, don Quichotte et Sancho s'embrassèrent, et demeurèrent bons amis, et de l'avis du grand Carrasco, qui pour lors était leur oracle, il fut résolu qu'à trois jours de là aurait lieu le départ, et que dans l'intervalle il y aurait loisir de préparer ce qui était nécessaire pour le voyage, et de chercher un casque à visière, parce que don Quichotte tenait absolument à en porter un pareil. Samson s'offrit de le lui procurer : un sien ami, qui en avait un, ne refuserait pas de le lui bailler, bien qu'il fût plus obscur et plus noir par la rouille qui le couvrait que luisant par la netteté de son acier. Impossible de compter les malédictions que la nièce et la gouvernante vomirent contre le bachelier. Elles s'arrachèrent les cheveux, s'égratignèrent le visage, et, à la manière des diseuses de complaintes funèbres qu'on employait jadis, elles lamentaient ce départ comme si c'eût été la mort de leur maître. Le dessein qu'avait Samson en persuadant don Quichotte de faire une troisième sortie était de faire ce que l'histoire conte plus loin, et cela d'accord avec le curé et le barbier, à qui il l'avait auparavant communiqué.

Pour conclusion, durant ces trois jours, don Quichotte et Sancho Pança s'accommodèrent de ce qu'ils crurent leur être nécessaire, et, après que Sancho eut apaisé sa femme, et don Quichotte sa nièce et sa gouvernante, ils sortirent à la nuit, sans que personne les vît, hormis le bachelier Samson qui les voulut accompagner jusqu'à une demi-lieue de là, et prirent le chemin du Toboso, don Quichotte sur son bon Rossinante, et Sancho Pança sur son vieux grison, le bissac fourni de choses intéressant la bucolique, et la bourse d'argent que don Quichotte bailla à Sancho afin de leur servir au besoin. Samson l'embrassa et le supplia de lui donner avis de sa bonne ou mauvaise fortune, afin de participer à la joie ou à la tristesse que l'une ou l'autre lui pourrait apporter, ainsi qu'il y était obligé par les lois de leur amitié. Don Quichotte le lui promit. Le bachelier reprit le chemin de son village, et les deux autres celui de la grande cité du Toboso.

CHAPITRE VIII

OÙ L'ON CONTE CE QUI ARRIVA À DON QUICHOTTE ALLANT VOIR SA MAÎTRESSE DULCINÉE DU TOBOSO

Le puissant Allah soit béni ! dit Hamet Ben Engeli au commencement de ce huitième chapitre. Béni soit Allah ! répète-t-il trois fois. Et il ajoute qu'il profère ces bénédictions en voyant qu'il tient enfin en campagne don Quichotte et Sancho ; et par ce moyen, ceux qui lisent cette histoire peuvent faire état que dès ce même point recommencent les hauts faits et les facéties de don Quichotte et de son écuyer. Sur cela, il leur conseille d'oublier les prouesses passées de l'ingénieux gentilhomme et de jeter les yeux sur celles qui doivent succéder. Elles commencent dès maintenant sur le chemin du Toboso, comme les autres ont commencé dans les champs de Montiel. Et ce qu'il demande est peu de chose, si l'on considère ce qu'il promet. Il poursuit donc son histoire en disant :

Don Quichotte et Sancho demeurèrent seuls, et à peine Samson se fut-il séparé d'eux que Rossinante commença de hennir, et le grison de braire. Ce que le chevalier et l'écuyer prirent pour bon signe et très heureux augure. Mais, si l'on est obligé de dire la vérité, les soupirs et les braiements du baudet furent en plus grand nombre que les hennissements du coursier. Sancho en conclut que son bonheur surpasserait celui de son maître. Or, l'on ne sait pas s'il se fondait pour ce point sur l'astrologie judiciaire, qu'il savait peut-être, puisque l'histoire n'en dit rien. On lui ouït seulement dire que, quand son âne bronchait ou demeurait muet, il aurait voulu ne sortir point du logis, parce que de trébucher ou de choir on ne pouvait retirer autre chose que soulier rompu ou côtes brisées, et, tout sot qu'il était, en ceci il ne se trompait pas beaucoup de chemin.

Cependant don Quichotte lui dit : « Ami Sancho, plus nous allons, plus la nuit devient noire, et plus obscure qu'il n'est besoin pour atteindre avec le jour le Toboso, où j'ai résolu d'aller avant que de chercher quelque autre aventure. C'est là même que je recevrai la bénédiction et prendrai congé de la sans pareille Dulcinée. Avec ce congé je pense et tiens pour certain d'achever et accomplir heureusement toute périlleuse aventure, puisqu'il n'y a chose du monde qui rende plus vaillants les chevaliers errants que quand ils se voient favorisés de leurs maîtresses. — Je le crois ainsi, répondit Sancho, mais je tiens pour difficile que vous lui puissiez parler et la voir en lieu où vous puissiez recevoir sa bénédiction, si ce n'est par les barres de l'enclos de sa basse-cour, où je la vis la première fois, quand je lui portai la lettre contenant les nouvelles des sottises et folies que vous alliez faisant au cœur de la Sierra Morena. — C'était une imagination, Sancho, que tu avais, dit don Quichotte, et il te semblait que le lieu où tu vis cette gentille beauté, qui ne fut jamais assez louée, était une cloison de basse-cour. C'étaient plutôt des galeries, ou couloirs ou parvis, ou, comme on voudra, de riches et royaux palais. — Tout cela pourrait être, répondit Sancho, et néanmoins ils me semblèrent murs de basse-cour, si ce n'est que j'aie faute de mémoire. — Avec tout cela, dit don Quichotte, il ne faut pas renoncer à nous y acheminer : car, pourvu que je la voie, il n'importe que ce soit par des murs ou par des fenêtres, par des fentes ou par des treillis de jardins, puisque, quelque rayon de sa beauté qui parvienne à mes yeux, il éclairera mon entendement et fortifiera mon cœur, de sorte qu'il demeurera unique et sans égal en discrétion aussi bien qu'en valeur. — A la vérité, répliqua Sancho, vous devez croire que, quand je vis ce soleil de madame Dulcinée du Toboso, il n'était pas si clair qu'il pût jeter des rayons. Et il pourrait bien être que, lorsqu'elle criblait ce blé dont je vous ai parlé, la grande poussière qui en sortait se mît comme un nuage devant sa face et la lui rendît obscure. — Sancho, dit don Quichotte, tu recommences à dire, penser, croire et soutenir que madame Dulcinée criblait du blé, alors que c'est là une occupation contraire à ce que font et doivent faire les personnes de qualité, et que celles-ci sont réservées et destinées à d'autres exercices et soins qui font paraître leur grandeur à tir d'arbalète. Ô Sancho, qu'il te souvient mal des vers de notre poète [1], où il nous dépeint les labeurs que faisaient dans leur palais de cristal ces quatre nymphes qui, tirant la tête hors du cher et agréable fleuve du Tage, s'assirent et achevèrent sur le pré verdoyant les riches toiles que cet ingénieux poète nous décrit. Il dit que cet ouvrage était tout tissu d'or, de soie et de perles. Tel devait être celui de ma dame quand tu la vis, si ce n'est que quelque méchant enchanteur, qui porte envie à toutes les choses qui peuvent m'apporter du contentement, les change et les transforme dans les différentes figures qu'on leur voit. C'est pourquoi je crains grandement que, si l'auteur qui a composé l'histoire que l'on a imprimée, ainsi qu'on dit, de mes exploits, a été quelque savant magicien mon ennemi, il n'ait mis une chose pour une autre, mêlant mille menteries avec une vérité, et se divertissant à conter des actions qui sont hors de propos, et autres que ce que demande la continuation d'une histoire véritable. Ô jalousie, racine de maux infinis, chancre des vertus ! Ami Sancho, tous les vices traînent quand et eux je ne sais quoi de délectable, mais le vice de l'envie est accompagné de déplaisirs, de rancœurs et de rages. — C'est ce que je dis aussi, repartit Sancho, et je crois qu'en cette légende ou histoire que le bachelier Carrasco disait avoir vue de nous, mon honneur doit courir en carrosse disloqué, et, comme l'on dit, à la diable, battant les pavés. Mais, foi d'homme de bien, je n'ai jamais médit d'aucun enchanteur, ni ne possède assez de biens pour être envié. Il est vrai que je suis un peu malicieux, et que j'ai mon grain de friponnerie. Toutefois la cape de ma simplesse toujours naturelle et jamais artificielle couvre le tout. Et, quand il n'y aurait que la croyance que j'ai, toujours ferme et véritable, en Dieu et en tout ce que tient et croit la sainte Église catholique romaine, en outre de ce que je suis ennemi mortel des Juifs, les historiens devraient avoir pitié de moi, et me bien traiter en leurs écrits. Qu'ils disent pourtant ce qu'ils voudront. Nu je naquis, et nu me trouve ; je ne gagne ni ne perds quoi que ce soit. Car, bien qu'on m'ait mis dans un livre, et quoique je passe de main en main par le monde, je me soucie comme d'une figue de tous ces discoureurs.

— Cela me rappelle, Sancho, ce qui arriva à un fameux poète de notre temps. Ayant composé une piquante satire contre toutes les dames de la cour, il n'y mit ni ne déclara le nom d'une de qui l'on pouvait douter si c'était elle ou non. Elle, se voyant hors du rôle des autres, s'en plaignit au poète, et lui demanda quelle chose il avait remarquée en elle pour n'être point mise au nombre des autres ; elle le priait donc d'allonger la satire, et de la mettre dans le pasquin amplifié, sinon, qu'il prît garde à ce qui surviendrait. Le poète le fit, et la traita pis qu'une duègne, si bien qu'elle demeura satisfaite lorsqu'elle se vit renommée, quoique en infamie. A ceci pareillement pouvons-nous comparer ce que l'on récite de ce berger qui incendia et brûla le temple de Diane, tenu pour l'une des sept merveilles du monde, afin seulement que son nom demeurât vivant aux siècles futurs ; et, bien qu'on eût publié une ordonnance qui défendait qu'aucun eût à nommer cet incendiaire ni par parole ni par écrit, on ne put faire que l'on ne sût qu'il s'appelait Érostrate. Ici de même vient à propos ce qui advint entre l'empereur Charles-Quint et un cavalier romain. Il prit envie à cet empereur de voir le fameux temple de la Rotonde, lequel l'ancien paganisme nommait le Panthéon, ou temple de tous les dieux et qui maintenant est appelé avec plus de raison par les chrétiens le temple de tous les saints. C'est aujourd'hui le plus entier de tous les édifices que l'idolâtrie bâtit jadis à Rome, et celui-là qui conserve le mieux la pompe et la magnificence de ses fondateurs. Sa forme est semblable à la moitié d'une orange, mais il est d'une extrême grandeur, au reste fort clair, bien qu'aucune autre lumière n'y entre que celle qui vient d'une fenêtre, ou plutôt d'un œil-de-bœuf qui est au faîte. L'empereur regardait de là ce superbe édifice, et à son côté était un cavalier romain qui lui montrait l'excellence et les détails de cette grande et mémorable machine.

Comme ils se furent ôtés de ce trou, ce gentilhomme tint ce langage à l'empereur : « Sacrée Majesté, cependant que nous regardions par ce trou, il m'est venu mille fois en la pensée de prendre Votre Majesté dans mes bras, et de me lancer avec elle de cette claire-voie en bas, afin de laisser de moi au monde une éternelle renommée. — Je vous remercie, repartit l'empereur, de ce que vous n'avez pas mis en effet une si mauvaise pensée, et dorénavant je ne vous donnerai pas occasion de faire une seconde épreuve de votre fidélité : c'est pourquoi je vous recommande de ne plus jamais me parler, ni vous trouver nulle part où je sois. » Et là-dessus, il lui accorda une grande faveur.

Or, Sancho, je veux dire que le désir d'acquérir du renom est en toute manière fort ardent et fort prompt. Et que penses-tu qui fit lancer du pont en bas, au plus profond du Tibre, Horatius Coclès armé de toutes pièces ? Qui brûla le bras et la main de Mucius ? Qui poussa Curtius à se précipiter dans l'abîme ardent qui parut au milieu de Rome ? Qui fit passer à César le Rubicon malgré tous les sinistres augures qu'on lui avait montrés ? Mais, avec des exemples plus modernes, qui fut-ce qui perça les navires et laissa à sec et isolés les valeureux Espagnols, guidés au nouveau monde par le très courtois Cortez ? Tous ces grands et divers exploits sont, furent et seront œuvres de la renommée que les mortels désirent comme le salaire et une partie de l'immortalité que leurs hauts faits méritent, puisqu'il est reconnu que chrétiens catholiques et chevaliers errants, nous devons avoir plus d'égard à la gloire des siècles futurs, qui est éternelle dans les régions éthérées des cieux, qu'à la vanité de la renommée que l'on obtient en ce siècle présent et transitoire. Car enfin cette renommée, quelque durable qu'elle soit, doit finir avec le monde, qui a sa fin déterminée. C'est pourquoi, ami Sancho, nos œuvres ne doivent aucunement sortir des limites que la religion chrétienne dont nous faisons profession nous a prescrites. Nous devons, en tuant les géants, mettre à mort l'orgueil ; tuer l'envie, par la générosité du courage ; la colère par la tranquillité et le calme de l'âme ; la gourmandise et le sommeil par la sobriété du manger et la longueur de la veille ; la luxure et l'appétit lubrique par la fidélité que nous gardons à celles que nous avons faites dames de nos pensées ; et la paresse, en allant, par toutes les parties du monde, en quête des occasions qui nous peuvent rendre et nous acquièrent, outre le nom de chrétiens, celui de chevaliers fameux. Voilà, Sancho, les moyens par lesquels on acquiert ces extrêmes louanges qui accompagnent la bonne renommée.

— J'ai fort bien entendu, repartit Sancho, tout ce que vous m'avez dit. Toutefois avec cela je désirerais fort que Votre Grâce me révolût un doute qui, sur ce point, me vient à présent à la mémoire. — Ami Sancho, dit don Quichotte, tu veux dire résolût ; profère seulement ce doute clairement, et j'y ferai la réponse que je saurai. — Monsieur, dites-moi un peu, je vous prie, poursuivit Sancho, ces Jules, ces Augustes et tous ces preux chevaliers de qui vous avez dit qu'ils sont maintenant morts, où sont-ils à cette heure ? — Pour les païens, répliqua don Quichotte, ils sont sans doute en enfer ; pour les chrétiens, s'ils ont été bons chrétiens, ils sont en purgatoire ou en paradis. — Voilà qui est bien, dit Sancho ; mais je veux maintenant savoir : les sépulcres où reposent les corps de ces bons gros seigneurs ont-ils devant eux des lampes d'argent, ou bien les murailles de leurs chapelles sont-elles parées de béquilles, suaires, perruques, jambes et yeux de cire, et, si telles choses n'y sont pas, de quoi sont-ils dont parés ? — Les sépulcres des païens, répondit don Quichotte, furent, pour la plupart, des temples somptueux. L'on mit les cendres de Jules César sur une pyramide de pierre d'une grandeur démesurée, pyramide que l'on appelle aujourd'hui à Rome l'Aiguille de saint Pierre[2]. Un château aussi grand qu'un bon village servit de monument à l'empereur Adrien. On le nomme maintenant le château Saint-Ange, et jadis il s'appelait *Moles Adriani*. La reine Artémise bâtit à son mari Mausole un sépulcre qui fut mis au nombre des sept merveilles du monde. Mais aucun de ces monuments et sépulcres ni autres bâtiments semblables que les païens fabriquèrent ne fut pourtant paré de draps mortuaires ni d'autres offrandes qui fissent paraître que ceux qui s'y trouvaient ensevelis fussent saints. — C'est là que je vous attends, dit Sancho : dites-moi donc, je vous prie, ce qui est le plus grand, ou de ressusciter un mort, ou de tuer un géant ? — La réponse, repartit don Quichotte, va de soi : il n'y a point de doute que ressusciter un mort ne soit plus grand. — Nous y voilà, répliqua Sancho ; donc la renommée de celui qui ressuscite les morts, donne la vue aux aveugles, redresse les boiteux et guérit les malades, et devant le sépulcre de qui les lampes brûlent, et dont les chapelles sont pleines de personnes dévotes, qui, à genoux, honorent ses reliques, vaut mieux, tant en ce monde qu'en l'autre, que celle qu'ont laissée d'eux et que laisseront autant d'empereurs païens et de chevaliers errants qu'il y en eut au monde. — J'accorde encore cette vérité, répondit don Quichotte. — Eh bien, dit Sancho Pança, les corps et les reliques des saints ont cette renommée, ces grâces, ces prérogatives, comme on les appelle ; oui, dis-je, ils ont, avec approbation et licence de notre mère sainte Église, des lampes, des voiles, des suaires, des béquilles, des peintures, des chevelures, des yeux, des jambes, qui accroissent la dévotion et magnifient leur gloire chrétienne ; les rois portent sur leurs épaules les corps des saints, ou leurs reliques, baisent les morceaux de leurs os, en parent et enrichissent leurs oratoires et leurs plus riches autels. — Que veux-tu, Sancho, répliqua don Quichotte, que j'infère de tout ce que tu as dit ?

— Je veux dire, dit Sancho, que nous nous donnions à la

sainteté, et par ce moyen nous nous acquerrons en moins de temps la renommée à laquelle nous prétendons. Et considérez, monsieur, qu'hier ou avant-hier, car d'un temps si court on peut parler de cette manière, on canonisa ou l'on béatifia deux petits frères déchaux ; et maintenant on tient à grand bonheur de baiser ou toucher les chaînes de fer dont ils ceignaient et tourmentaient leurs corps, et ces chaînes sont en plus grande vénération que n'est l'épée de Roland, comme j'ai dit, au cabinet d'armes du roi notre sire, que Dieu garde. C'est pourquoi, monsieur, il vaut mieux être un humble petit frère de quelque ordre que ce soit qu'un vaillant chevalier errant ; deux douzaines de disciplines sont plus agréables à Dieu que deux mille coups de lance, qu'on les donne ou à des géants, ou à des spectres, ou même à des andriagues. — Tout ce que tu dis, repartit don Quichotte, est véritable ; mais nous ne pouvons pas tous être des religieux, et nombreux sont les chemins par où Dieu mène les siens au ciel. La chevalerie est une religion, et il y a au ciel de saints chevaliers. — Certes, répondit Sancho ; mais j'ai ouï dire qu'il y a au ciel plus de religieux que de chevaliers errants. — Il est vrai, dit don Quichotte, parce que le nombre des religieux est plus grand que celui des chevaliers. — Nombreux sont les errants, répliqua Sancho. — Nombreux, dit don Quichotte, mais peu méritent le nom de chevaliers. »

Ils passèrent cette nuit et le jour suivant en tels ou semblables discours, sans qu'il leur arrivât chose digne de récit, au grand déplaisir de don Quichotte. Enfin, le lendemain, vers le soir, ils découvrirent la grande cité du Toboso. Sitôt que notre chevalier l'aperçut, ses esprits devinrent tout pleins de joie et ceux de Sancho Pança de tristesse, parce qu'il ne savait pas où était la maison de Dulcinée, et de toute sa vie jamais il ne l'avait vue, ni plus ni moins que son maître : de sorte que l'un pour la voir, et l'autre pour ne l'avoir point vue, étaient tout troublés. Et Sancho ne se pouvait imaginer ce qu'il pourrait faire quand son maître l'enverrait au Toboso. Enfin, don Quichotte décida d'entrer dans la ville au commencement de la nuit. Or, pendant qu'ils attendaient la venue de l'heure, ils s'arrêtèrent parmi des chênes qu'il y avait près du Toboso. Et à l'heure marquée ils entrèrent dans la cité, où il leur arriva des choses dignes de ce nom.

CHAPITRE IX

OÙ L'ON CONTE CE QUI S'Y VERRA

Il était environ la mi-nuit, un peu plus, un peu moins, lorsque don Quichotte et Sancho quittèrent la montagne et entrèrent au Toboso. Un profond silence régnait dans le village : car tous ses habitants dormaient à poings fermés. La nuit était entreclaire, et Sancho l'eût bien voulue tout à fait noire, afin de trouver dans son obscurité quelque excuse à sa sottise. On n'entendait en tout le lieu qu'aboiements de chiens, qui tonnaient aux oreilles de don Quichotte et troublaient le cœur de Sancho. Par intervalles un âne brayait, des pourceaux grognaient, des chats miaulaient, et les divers sons de ces voix grossissaient avec le silence de la nuit. L'amoureux chevalier prenait tout cela pour mauvais augure ; néanmoins, il dit à Sancho : « Mon fils Sancho, mène-moi au palais de Dulcinée ; il peut se faire que nous la trouvions éveillée. — Corps du soleil ! repartit Sancho, à quel palais voulez-vous que je vous mène, puisque le lieu où je vis sa grandeur n'était qu'une maison fort petite. — Elle s'était sans doute retirée, répondit don Quichotte, dans quelque petit appartement de son palais, s'ébattant en la compagnie de ses damoiselles, ainsi qu'ont accoutumé les grandes dames et les princesses. — Monsieur, dit Sancho, puisque Votre Grâce veut, bien malgré moi, que la maison de madame Dulcinée soit un palais, est-ce par hasard l'heure d'en trouver la porte ouverte ! Serait-il à propos de donner de grands coups de marteau, afin que l'on nous ouît et ouvrît, mettant tout le monde en alarme et rumeur ? Allons-nous par hasard frapper à la porte de nos ribaudes, comme font les coureurs qui viennent et appellent, et entrent à toute heure de nuit ? — Trouvons d'abord le palais une fois pour toutes, fit don Quichotte, et puis je te dirai ce que nous devons faire. Mais, Sancho, prends garde à cette grosse chose sombre et noire que l'on découvre d'ici : ce doit être le palais de Dulcinée. — Soyez donc le guide, répondit Sancho, et peut-être sera-ce cela ; quand je le verrai de mes yeux et le toucherai de mes mains, je le croirai tout comme je crois qu'il fait maintenant jour. »

Don Quichotte servit donc de guide, et, ayant cheminé quelque deux cents pas, il donna sur la masse qui faisait cette ombre, vit une grande tour, et ne tarda pas à reconnaître que cet édifice n'était pas un palais, mais la grande église du village, et il dit : « Sancho, nous voilà devant l'église. — Je le vois bien, repartit Sancho, et plaise à Dieu que ce ne soit point devant notre sépulture. Ce n'est guère bon signe d'aller par les cimetières à pareilles heures, et bien plus, après avoir dit à Votre Grâce, si j'ai bonne mémoire, que la maison de cette dame doit se trouver en une ruelle qui n'a point d'issue. — Maudit de Dieu sois-tu, sans cervelle que tu es, où as-tu trouvé que les alcazars et les palais royaux soient édifiés en des ruelles sans issue ? — Monsieur, répondit Sancho, à chaque pays sa coutume. Peut-être ici, au Toboso, a-t-on coutume de bâtir les palais et les grands édifices en des ruelles. C'est pourquoi je supplie Votre Grâce de me laisser chercher par ces rues ou ruelles que je rencontrerai. Il pourrait être qu'en quelque coin je trouvasse ce palais, que je puisse voir mangé des chiens, tant il nous donne de tracas et nous fait courir de notre route. — Sancho, dit alors don Quichotte, parle, je te prie, avec respect des choses qui touchent à ma maîtresse, et célébrons en paix la fête, et ne jetons pas le manche après la cognée. — Je me retiendrai, repartit Sancho ; mais avec quelle patience puis-je supporter que vous croyiez que, pour une seule fois que j'ai vu la maison de votre maîtresse, je la doive toujours savoir et la trouver à minuit, tandis que vous-même ne la trouvez pas, qui l'avez peut-être vue plus de mille fois ? — Tu me feras désespérer, Sancho, dit don Quichotte ; viens çà, hérétique, ne t'ai-je pas dit mille fois que jamais de toute ma vie je n'ai vu la sans pareille Dulcinée, et que jamais je n'ai franchi les portes de son palais, mais que seulement j'en suis amoureux par le récit qu'on m'a fait de sa beauté et de sa sagesse ? — C'est à présent que je l'entends et l'apprends, répliqua Sancho. Et si dis-je que, puisque vous ne l'avez point vue, moi non plus. — Impossible, dit don Quichotte ; au moins tu m'as dit que tu l'as vue criblant du blé, lorsque tu m'apportas la réponse à la lettre que je lui avais écrite et dont tu fus le porteur. — Ne vous arrêtez pas à cela, monsieur, reprit Sancho, car il faut que vous sachiez que la vue et la réponse que je vous apportai furent aussi par ouï-dire, et je sais tout aussi bien qui est la dame Dulcinée que de donner un coup de poing au ciel. — Sancho, Sancho, dit don Quichotte, il y a temps de plaisanter et temps où les plaisanteries tombent mal. Ce n'est point parce que je dis n'avoir point vu celle qui est maîtresse de mon âme ni lui avoir parlé que tu peux me jurer à ton tour ne l'avoir vue ni lui avoir parlé, alors que tu sais bien le contraire. »

Comme ils étaient tous deux en cet entretien, il vint à passer par là un homme avec deux mules ; au bruit que faisait la charrue en traînant par terre, ils jugèrent que c'était un laboureur qui, avant la venue du jour, s'était levé pour aller à son labourage ; et cela était vrai. Ce laboureur venait chantant ce vaudeville qui dit :

Vous eûtes de mauvais travaux,
Français, au val de Roncevaux[1].

« Que l'on me tue, Sancho, dit en l'entendant don Quichotte, si rien de bon nous arrive cette nuit ! N'entends-tu pas ce que chante ce vilain ? — Je l'entends fort bien, répondit Sancho ; mais que fait à notre propos la déroute de Roncevaux ? Il pourrait aussi bien chanter la romance de Calainos, ce serait tout un, et autant de mal ou de bien recevrions-nous de l'un que de l'autre en notre affaire. » Le laboureur survint et don Quichotte lui demanda : « Mon bon ami, Dieu vous donne bonne chance : ne me sauriez-vous dire où sont par ici les palais de la sans pareille princesse Dulcinée du Toboso ? — Monsieur, répondit ce garçon, je suis étranger, et il n'y a pas longtemps que je demeure en ce village au service d'un riche laboureur, pour cultiver ses champs. Le curé et le sacristain du lieu habitent dans la maison en face. Tous deux ou l'un d'eux vous pourront donner des renseignements sur cette madame la princesse, car ils ont le rôle de tous les habitants du Toboso. Toutefois, je crois, quant à moi, qu'il n'y vit princesse aucune, mais bien plusieurs grandes dames qui chacune en sa maison peut bien être princesse. — Eh bien, mon ami, dit don Quichotte, celle pour qui je t'ai fait cette demande doit être de celles-là. — Il se pourrait, répondit le garçon. Adieu : l'aube point. » Là-dessus, il toucha ses mules, sans écouter d'autre demande.

Sancho, qui vit son maître en suspens et fort mal content, lui dit : « Monsieur, le jour s'en vient à la hâte : ce serait à nous une grande imprudence que le soleil nous trouvât dans la rue ; il vaudra bien mieux que nous sortions de la ville, et que Votre Grâce s'abrite en quelque forêt prochaine, pendant que je reviendrai ici de jour. Je ne laisserai alors pas un coin de tout ce lieu sans y chercher la maison, l'alcazar ou le palais de madame. Ce serait trop de malchance si je ne le trouvais point. Quand je l'aurai trouvé, j'en parlerai à Sa Grandeur, et lui dirai où et comment vous vous trouvez, attendant qu'elle vous donne le moyen de la voir sans préjudice pour son honneur et pour sa renommée. — Sancho, dit don Quichotte, tu as proféré mille sentences enfermées dans le cercle d'un petit nombre de paroles.

J'approuve le conseil que tu viens de me donner, et le reçois de fort bonne volonté. Viens, mon fils, allons chercher un lieu où je me mette en embuscade. Tu retourneras, comme tu dis, chercher et voir ma dame, de la prudence et courtoisie de laquelle j'attends plus que des faveurs miraculeuses. » Sancho grillait de tirer son maître hors du village, de peur que celui-ci ne touchât du doigt la fausseté de la réponse qu'il lui avait portée en la Sierra Morena de la part de Dulcinée. C'est pourquoi il pressa tant son maître de partir, ce qui ne tarda pas, et à deux milles de là ils trouvèrent un bois où don Quichotte se mit en embuscade cependant que Sancho retournait à la ville pour parler à Dulcinée. Or, en cette ambassade, il lui arriva des choses qui demandent une nouvelle attention et un nouveau crédit.

CHAPITRE X

OÙ L'ON CONTE LE STRATAGÈME QU'EMPLOYA SANCHO POUR ENCHANTER LA DAME DULCINÉE, ET AUTRES ÉVÉNEMENTS NON MOINS RIDICULES QUE VÉRITABLES

L'auteur de cette grande histoire, parvenant au récit de ce que nous conte le présent chapitre, dit qu'il eût bien voulu le passer sous silence, craignant qu'on n'y ajoute point de foi : car les folies de don Quichotte parvinrent ici aux bornes les plus grandes que l'on pourrait imaginer, voire allèrent au-delà pour le moins de deux grands traits d'arbalète. Néanmoins il les écrivit, quoique avec cette crainte et ce doute, de la même sorte que notre chevalier les fit, sans ajouter ni ôter à l'histoire un seul atome de la vérité, et sans se soucier du reproche que l'on pourrait lui faire de menteur. Or, il eut raison, d'autant que la vérité peut se réduire à un fil, mais ne rompt pas et que toujours elle surnage sur le mensonge comme l'huile sur l'eau. Et poursuivant son histoire, il dit : Aussitôt que don Quichotte eut pris son embuscade dans la forêt, chênaie ou taillis, près de la grande ville du Toboso, il manda à Sancho de retourner en cette cité, et de ne revenir point en sa présence sans avoir premièrement parlé de sa part à sa dame, lui demandant qu'elle daignât se laisser voir à son chevalier captif, et lui donner sa bénédiction, afin que par ce moyen il pût espérer de toutes ses aventures et difficiles entreprises un très heureux succès. Sancho se chargea de le faire tout de même qu'on le lui commandait, et promit de rapporter une réponse aussi bonne que celle qu'il avait apportée la première fois. « Va donc, mon fils, lui dit don Quichotte, et ne te trouble point quand tu te verras devant la lumière du soleil de beauté que tu vas trouver. Bienheureux écuyer sur tous les écuyers du monde ! Aie bonne mémoire, et fais que la réception qu'elle te fera ne sorte point de ton souvenir. Considère bien si elle changera de couleur pendant que tu lui exposeras ton ambassade, et si elle ne se trouble point quand tu proféreras mon nom, voire si à l'heure même où elle ne se peut contenir sur son riche carreau, au cas où tu la trouverais assise sur le trône pompeux de son autorité. Si elle est debout, prends garde, je te prie, si elle ne se pose pas tantôt sur un pied, tantôt sur l'autre, si elle ne redit point deux ou trois fois sa réponse ; si elle la change de douce en rude, d'aigre en amoureuse ; voire encore si elle ne porte point la main à ses cheveux pour les arranger, même alors qu'ils ne seraient point en désordre.

« Finalement, mon fils, considère toutes ses actions et tous ses mouvements : car, si tu me les rapportes fidèlement, j'en tirerai tout ce qu'elle a de caché au secret de son cœur touchant le fait de mes amours. Tu dois savoir, Sancho, si tu ne le sais, que chez les amants, les actions et les mouvements extérieurs qu'ils découvrent, lorsqu'on traite de leurs amours, sont des courriers très fidèles qui portent les nouvelles de ce qui se passe à l'intérieur de l'âme. Va donc, mon ami, Dieu veuille qu'une fortune meilleure que la mienne t'accompagne, et que tu rencontres un succès plus heureux que celui que je crains et que j'attends en cette amère solitude où tu me laisses. — J'irai et reviendrai promptement, dit Sancho. Cependant, monsieur, je vous prie, élargissez ce petit cœur, que vous ne devez pas avoir plus gros pour le moment qu'une noisette. Considérez que l'on dit en commun proverbe qu'un bon cœur rompt une mauvaise fortune, et que là où il n'y a point de lard, il n'y a point non plus de gril. On dit pareillement que le lièvre saute là où on pense le moins. Or je le dis, parce que, si cette nuit nous n'avons pas trouvé les palais, ou les alcazars de madame, je pense les trouver maintenant qu'il est jour, et sans y prendre garde. Quand je les aurai trouvés, laissez-moi seulement faire. — Pour sûr, Sancho, dit don Quichotte, tu tires toujours si bien à point tes proverbes au fil de ce dont nous parlons que Dieu me veuille donner une aussi bonne réussite en ce que je désire. » Comme il achevait ces mots, Sancho tourna les épaules et toucha son grison. Cependant don Quichotte demeura à cheval à se reposer sur les étriers et sur le gros bout de sa lance, rempli qu'il était de tristes et confuses imaginations.

Nous le laisserons en cette posture et irons avec Sancho Pança, qui, non moins confus et pensif, s'éloigna de son maître, qui était là arrêté. Mais à peine eut-il passé le bois qu'il tourna la tête, et, voyant que don Quichotte ne paraissait plus, il descendit de son âne, et, s'étant assis au pied d'un arbre, il commença de se parler à lui-même et de se dire : « Sachons un peu maintenant, mon frère Sancho, où va votre Seigneurie ? Va-t-elle point chercher quelque âne qu'elle ait perdu ? — Nenni certes. — Et qu'allez-vous donc chercher ? — Je m'en vais chercher, le plus simplement du monde, une belle princesse, et en elle le soleil de la beauté et tout le ciel joint avec elle. — Et où pensez-vous trouver, Sancho, ce que vous dites ? — Où ? Dans la grande cité du Toboso. — Bon, et de quelle part l'allez-vous chercher ? —

De la part du fameux chevalier don Quichotte de la Manche, qui défait les torts, et donne à manger à celui qui a soif et à boire à celui qui a faim. — Voilà qui va fort bien. Mais savez-vous sa maison, Sancho ? — Mon maître dit que ce doit être un palais royal ou de superbes alcazars. — Et l'avez-vous vue quelque jour par hasard ? — Ni moi ni mon maître ne l'avons jamais vue. — Et vous semble-t-il que ce serait bien fait et fort à propos si les habitants du Toboso, sachant que vous êtes ici dans l'intention de séduire et débaucher leurs princesses, venaient et vous frottaient les côtes avec de bonne huile de cotret, sans vous laisser os qui n'en eût ? — A la vérité, ils auraient fort raison, quand même ils ne s'arrêteraient pas à considérer que j'agis par ordre et que .

Messager vous êtes, l'ami ;
La faute n'est donc pas à vous[1].

— Ne vous y fiez pas, Sancho, car le peuple manchègue est aussi colérique qu'honnête, voire il n'entend pas raillerie quand on le chatouille. Par le Dieu vivant, s'il vous flaire tant soit peu, malheur à vous ! Ouste, putain, tu seras étrillé ! Aussi bien vais-je chercher un chat à trois pattes pour le plaisir d'autrui, joint que chercher Dulcinée par le Toboso, autant chercher Marica à Ravenne ou le bachelier à Salamanque. Le diable même, il faut le dire, et pas d'autre, le diable m'a empêtré dans cette affaire. »

Tel fut le soliloque de Sancho Pança, et la conclusion qu'il en tira fut qu'il finit par se dire : « Il y a remède en toutes choses si ce n'est en la mort, dont nous devons tous subir le joug, quoi qu'il nous en coûte au dernier moment. J'ai remarqué par mille signes que mon maître est fou à lier, et moi non plus, je ne lui dois rien de retour, voire suis beaucoup plus fou, puisque je le suis et le sers, si le proverbe est véritable, qui dit : Dis-moi qui tu hantes, je te dirai qui tu es, et encore l'autre proverbe : Non pas avec qui tu nais, mais bien avec qui tu pais. Étant donc fou comme il l'est et possédé d'une folie qui bien souvent prend une chose pour une autre, et le blanc pour le noir, et le noir pour le blanc, ainsi qu'il le fit paraître le jour où il disait que les moulins à vent étaient des géants, et les mules des religieux des dromadaires, et les troupeaux de brebis armées d'ennemis, et tant d'autres choses de cette force, il ne sera pas fort malaisé de lui faire croire que la première paysanne qui passera par ici est madame Dulcinée. Et, s'il ne le veut pas croire, j'en jurerai, et si lui-même jure, je recommencerai à jurer. S'il conteste, je contesterai pareillement, et s'il s'opiniâtre, je m'opiniâtrerai plus que lui. Et, pourvu que je garde toujours la main, vienne ce que pourra. Peut-être, par cette opiniâtreté, je ferai tant que désormais il ne m'enverra plus faire de pareils messages, voyant combien je lui en rends mauvais compte. Ou bien, il croira, ainsi que je l'imagine, que quelque méchant enchanteur de ceux qui, à son dire, lui veulent mal, aura changé la figure de sa dame pour lui faire déplaisir. » Cette pensée mit en repos l'âme de Sancho Pança, de sorte qu'il tint l'affaire faite. Cependant, il s'arrêta là jusqu'à ce qu'il fût déjà un peu tard, afin que don Quichotte crût qu'il lui avait fallu employer autant de temps pour aller et revenir du Toboso. Et cela eut un si heureux succès que, quand il se leva pour monter sur le grison, il aperçut aussitôt venir du Toboso vers le lieu où il s'était arrêté trois jeunes paysannes montées sur trois poulains ou pouliches : car l'auteur ne le précise pas, quoique au surplus l'on puisse croire que c'étaient des ânesses, cavalerie ordinaire des villageoises ; mais cela n'est pas de grande importance et il n'y a pas à s'arrêter pour le vérifier.

En conséquence, sitôt que Sancho découvrit ces paysannes, il retourna à grands pas pour quérir son maître don Quichotte, et le trouva soupirant et proférant mille complaintes amoureuses. Aussitôt que don Quichotte le vit, il lui dit : « Comment vont les affaires, ami Sancho ? Devrai-je marquer ce jour-ci d'une pierre blanche ou d'une noire ? — Il vaudra bien mieux, repartit Sancho, que vous le marquiez de vermillon, de même que sont les écriteaux des chaires de collège ; afin que le puissent bien voir ceux qui le verront. — Donc, répliqua don Quichotte, tu m'apportes de bonnes nouvelles ? — Si bonnes, répondit Sancho, que Votre Seigneurie n'a plus qu'à piquer Rossinante et à sortir dans la plaine pour voir la dame Dulcinée du Toboso qui vous vient visiter, accompagnée de deux siennes damoiselles. — Ô Dieu très saint ! s'écria alors don Quichotte. Que dis-tu, mon ami Sancho ? Prends garde à ne me point tromper, et crains de soulager par de fausses allégresses mes tristesses véritables.

— Quel fruit, repartit Sancho, retirerais-je de tromper Votre Grâce, et surtout quand nous sommes si proches de découvrir la vérité ? Piquez seulement, monsieur, et venez, et vous verrez se diriger vers nous la princesse notre maîtresse, vêtue et accoutrée : enfin telle qu'elle est. Ses damoiselles et elle sont toutes reluisantes d'or, de chaînes de perles, de diamants, de rubis, et de toiles de brocart de dix épaisseurs. Leurs cheveux sont épars sur leurs épaules, et ce sont autant de rayons de soleil qui folâtrent au vent. Et surtout elles viennent à cheval sur trois cananées à robe pie, et je ne vous dis que cela. — Haquenées, veux-tu dire, Sancho. — Il y a peu de différence, répliqua Sancho, entre cananées et haquenées. Mais, qu'elles viennent sur ce qu'elles voudront, elles sont bien les plus galantes dames qu'on puisse désirer, et principalement madame la princesse Dulcinée, qui ravit les sens.

— Allons, mon fils Sancho ! dit don Quichotte. Et pour étrennes de ces nouvelles aussi bonnes qu'inespérées, je te donne la meilleure dépouille que je gagnerai à la première aventure que je rencontrerai, et, si cela ne te contente point, je te promets les poulains que mettront bas cette année-ci les trois miennes cavales qui, comme tu sais, sont près de faire leurs petits au pré commun de notre village. — Je m'en tiens aux poulains, répondit Sancho, car il n'est pas bien assuré que les dépouilles de la première aventure soient bonnes. » Sur ce, ils sortirent du bois et découvrirent les trois paysannes déjà toutes proches. Don Quichotte jeta les yeux par tout le chemin du Toboso, et, comme il ne vit que les trois paysannes, il devint tout troublé, et demanda à Sancho s'il ne les avait point laissées hors de la ville. — Comment, hors de la ville ! répondit Sancho. Votre Seigneurie a-t-elle par hasard les yeux derrière la tête, si bien qu'elle ne voit point que ce sont elles qui viennent aussi resplendissantes que le soleil en plein midi ? — Sancho, dit don Quichotte, je ne vois que trois paysannes sur trois baudets. — Dieu me délivre maintenant du diable ! répliqua Sancho. Est-il possible que trois haquenées, ou comme on les nomme, aussi blanches que neige, vous paraissent des baudets ? Vive le Seigneur qui m'arrache cette barbe si cela est véritable ! — Ami Sancho, dit don Quichotte, je te dis qu'il est aussi véritable que ce sont des ânes, ou bien des ânesses, que je suis don Quichotte, et toi Sancho Pança : pour le moins cela me semble être ainsi. — Taisez-vous, monsieur, dit Sancho, et ne tenez point un tel langage. Au contraire, frottez-vous les yeux et venez faire la révérence à la dame de vos pensées, la voilà qui s'approche. »

Ce disant, il s'avance pour recevoir les trois villageoises, et, descendant de son grison, va prendre par le licou l'âne de l'une de ces trois paysannes, puis, mettant les genoux en terre, s'écrie : « Reine, princesse et duchesse de la beauté, que Votre Hautesse et Grandeur daigne recevoir en sa grâce et bon vouloir votre esclave et chevalier, que voilà devenu pierre de marbre, tout troublé et sans haleine, de se voir en votre magnifique présence. Quant à moi, je suis Sancho Pança, son écuyer, et lui est le vagabond chevalier don Quichotte de la Manche, autrement nommé le Chevalier de la Triste Figure. »

En même temps, don Quichotte s'était pareillement agenouillé tout auprès de Sancho, et il regardait avec des yeux tout exorbités et d'une vue trouble celle que Sancho nommait reine et dame. Et, comme il ne voyait autre chose en elle qu'une jeune villageoise assez laide, la face ronde et le nez camard, il était tout suspendu et émerveillé, sans oser ouvrir la bouche. Les paysannes n'étaient pas moins ébaubies, voyant ces deux hommes si différents à genoux et arrêtant leur compagne. Toutefois celle qui était ainsi retenue, toute fâchée et en colère, rompit le silence et dit : « Ouais ! Qu'on s'ôte à c'te heure du chemin, et qu'on nous laisse passer, car nous avons hâte. ».

A quoi Sancho fit cette réponse : « Ô princesse et dame universelle du Toboso, comment votre cœur magnanime ne s'amollit-il pas, voyant ici en votre sublime présence la colonne et le soutien de l'errante chevalerie ? » L'une des deux autres, oyant ce discours, dit tout haut ces mots : « Attends un peu, je vas t'étriller, ânesse de mon beau-père ! Regardez un peu, je vous prie, comme les godelureux s'en viennent maintenant ici se moquer des villageoises, comme si on ne savions aussi bien qu'eux chanter pouille. Allez vot'chemin, et laissez-nous faire le nôtre, et bonsoir, la compagnie ! »

— Lève-toi, Sancho, dit alors don Quichotte, car je vois bien que la fortune n'est point assouvie de mon mal. Elle tient fermés tous les chemins par où il pourrait arriver quelque consolation à cette malheureuse âme que j'ai dans le corps. Et toi, ô trésor de toute perfection désirable, terme de la gentillesse humaine ! Ô l'unique remède de ce cœur affligé qui t'adore, puisque le malin enchanteur me poursuit, et a mis des nuages et des cataractes sur mes yeux, et que pour eux seulement, et non pour d'autres, il a changé et transformé ta beauté sans égale et ton incomparable visage en celui d'une pauvre villageoise, s'il n'a pas aussi changé le mien en celui d'un fantôme, pour me rendre abominable à tes yeux, ne laisse pas, je te supplie, de me regarder doucement et amoureusement. Considère que, par cette humble soumission et par cet agenouillement, je rends à ta beauté, ainsi contrefaite et déguisée, l'humilité avec laquelle mon âme t'adore. — Figue de mon grand-père, repartit la paysanne, est-ce que j'étions venue ici pour ouïr des balivernes ? Ôtez-vous et laissez-nous aller, et grand merci vous fasse ! » Sancho s'écarta et la laissa aller, tout content de s'être si bien tiré de son artifice. Mais à peine la villageoise, qui avait pris le rôle de Dulcinée, se vit-elle en liberté qu'elle piqua sa *cananée* avec un aiguillon planté au bout d'un bâton qu'elle tenait à la main, et la bourrique se mit à courir par le pré. Et, comme elle sentait la pointe de l'aiguillon qui la travaillait plus que d'ordinaire, elle commença à faire des ruades, de sorte qu'elle porta par terre la dame Dulcinée. Ce que voyant don Quichotte, il courut pour la relever, tandis que Sancho raccommodait et sanglait le bât qui avait aussi tourné sous le ventre de la bête. Le bât étant donc accommodé, et don Quichotte voulant relever et prendre entre ses bras sa dame enchantée pour la poser sur l'ânesse, la belle dame, en se remettant sur pied, l'ôta de cette peine : car, s'étant un peu reculée, elle prit de l'élan, mit les mains sur la croupe de la bête, et se trouva en même temps avec son corps plus léger qu'un faucon sur le bât et à califourchon, de même que si elle eût été un homme. Lors Sancho s'écria : « Par saint Roch, notre maîtresse saute mieux qu'un daim ! Elle pourrait apprendre à monter à cheval à la genette au plus adroit écuyer de Cordoue ou de Mexico ! Elle a franchi d'un saut l'arçon de derrière de la selle, et elle fait courir sa haquenée comme un zèbre et sans éperons. Et ses damoiselles ne lui en doivent rien, car elles courent comme le vent. » Aussi était-ce la vérité, parce qu'en voyant Dulcinée à cheval toutes piquèrent après elle et ne cessèrent de courir sans tourner la tête plus d'une demi-lieue. Don Quichotte les suivit des yeux, et, lorsqu'elles eurent disparu, il se tourna vers Sancho et lui dit : « Sancho, que t'en semble ? Ne suis-je pas bien haï des enchanteurs ? Regarde, je te prie, jusqu'où s'étendent leur malice et le sort qu'ils ont jeté sur moi, puisqu'ils m'ont voulu priver du contentement que me pouvait donner la vue de ma maîtresse telle qu'elle est naturellement ? Ah ! je ne suis né au monde que pour être le modèle des malheureux, et le blanc et le but où visent et vont donner les flèches du malheur. Tu dois aussi remarquer, Sancho, que ces traîtres ne se sont pas contentés de changer et transformer ma Dulcinée, mais qu'ils l'ont encore métamorphosée en une figure basse et laide comme celle de cette villageoise. Ils lui ont pareillement ôté ce qui est si propre aux grandes dames, je veux dire la bonne odeur, parce qu'elles sont toujours parmi les fleurs et l'ambre. Or, je t'apprends, Sancho, que, quand je vins pour faire monter Dulcinée sur la bête que tu dis être une haquenée et qui, à mon avis, est une ânesse, elle m'a jeté une odeur d'ail cru qui m'a soulevé et empesté le cœur. — Ô canailles ! s'écria alors Sancho. Ô maudits et pervers enchanteurs ! Heureux qui vous verra tous enfilés par les ouïes, comme harengs saurés qui pendent à la cheminée. Vous savez beaucoup, vous pouvez beaucoup, et vous faites grand mal. Il vous eût dû suffire, marauds, d'avoir changé les perles des yeux de madame en glands de liège, et ses cheveux de fin or en crin de queue de bœuf rouge, et finalement tous ses gestes de bien en mal, sans toucher nullement à l'odeur. Pour le moins, eussions-nous joui de ce qui restait caché sous cette affreuse écorce, quoique à la vérité je puisse dire que je ne vis jamais sa laideur, mais sa beauté, que rehaussait encore un fort beau signe à la lèvre droite, en manière de moustache, où l'on voyait sept ou huit poils rouges comme des fils d'or et longs de plus d'un pied. — Selon, dit don Quichotte, la correspondance qu'ont ces signes de la face avec ceux du corps, Dulcinée en doit avoir un autre à la fesse, du côté qu'est celui du visage. Toutefois, pour de tels grains de beauté, les poils que tu viens de dire sont bien grands. — Je vous puis bien assurer, répliqua Sancho, qu'ils y paraissaient comme s'ils y étaient nés. — Ami, dit don Quichotte, je le crois : car la nature n'a mis chose aucune en madame Dulcinée du Toboso qui ne fût parfaite et accomplie. C'est pourquoi, quand elle aurait cent signes comme celui que tu dis, ce ne seraient point des signes tout court, mais plutôt des signes du zodiaque ou des étoiles resplendissantes. Mais dis-moi un peu, Sancho, ce qui me paraissait être un bât, était-ce une selle rase ou de femme ? — Non, dit Sancho, ce n'était qu'une selle à la genette, avec une couverture de camp, qui vaut la moitié d'un royaume, tant elle est riche. — Eh ! que n'ai-je vu tout cela ! dit don Quichotte. Je redis encore et le dirai mille fois que je suis le plus infortuné des mortels ! » Ce fourbe de Sancho avait bien de la peine à s'empêcher de rire, oyant les fadaises de son maître si délicatement abusé. Finalement, après plusieurs autres discours, ils remontèrent sur leurs bêtes et suivirent le chemin de Saragosse. Ils pensaient y arriver à temps pour se trouver en des fêtes solennelles que l'on célèbre tous les ans en cette fameuse ville. Toutefois, avant qu'ils y pussent arriver, il leur survint des choses qui, pour être grandes et nouvelles, méritent d'être écrites et lues, ainsi que l'on verra ci-après.

CHAPITRE XI

DE L'ÉTRANGE ET PÉRILLEUSE AVENTURE QUI ARRIVA AU VALEUREUX DON QUICHOTTE AVEC LE CHAR OU CHARRETTE DES CORTÈS DE LA MORT

Don Quichotte suivait son chemin tout pensif. Il considérait le mauvais tour que lui avaient joué les enchanteurs, qui avaient changé sa dame Dulcinée en une affreuse figure de villageoise, et il ne pouvait s'imaginer quel remède employer pour lui rendre sa nature première. Ces pensées le transportaient tellement hors de lui-même que, sans y prendre garde, il laissa la bride sur le cou de Rossinante, qui, sentant la liberté qu'on lui donnait, s'arrêtait à chaque pas pour paître l'herbe dont cette campagne était couverte. Sancho Pança le tira de sa profonde rêverie en lui disant : « Monsieur, les tristesses sont pour les hommes, et non pour les bêtes : mais, si les hommes en sont trop possédés, ils se changent en bêtes. Reprenez donc vos esprits, et relevez les rênes de Rossinante. Avivez, éveillez et faites paraître cette gaillardise qui convient aux chevaliers errants. Que diable est ceci ? Quelle défaillance est-ce là ? Sommes-nous ici ou en France ? Que plutôt Satan puisse emporter toutes les Dulcinées du monde ! La santé d'un chevalier errant vaut mieux que tous les enchantements et toutes les transformations de la terre. — Tais-toi, Sancho, dit don Quichotte d'une voix assez ferme ; tais-toi, dis-je, ne profère point de blasphèmes contre cette dame enchantée. C'est moi qui suis seul la cause de sa disgrâce et de son infortune : sa mésaventure procède de l'envie que me portent les méchants. — C'est ce que je dis, répondit Sancho ; car qui l'a vue et la voit maintenant, quel cœur aurait-il s'il n'en pleurait ? — Tu peux bien le dire, ami Sancho, répliqua don Quichotte, puisque tu l'as vue en son lustre et en sa plus grande beauté : car l'enchantement ne s'est pas étendu jusqu'à te troubler la vue, ni te cacher ses perfections : c'est à moi, à moi seul, c'est à mes yeux que s'adresse la force de ce venin. Mais avec tout cela, Sancho, je suis tombé en un scrupule ; c'est que tu ne m'as pas bien dépeint sa beauté : car, si j'ai bonne mémoire, tu m'as dit qu'elle avait les yeux comme des perles, et les yeux qui semblent être de perles appartiennent plutôt à une dorade qu'à une dame. Or, je crois, pour moi, que ceux de Dulcinée doivent être de vertes émeraudes fendues, avec deux arcs célestes qui leur servent de sourcils. C'est pourquoi ôte des yeux ces perles et passe-les aux dents : car sans aucun doute tu t'es trompé, Sancho, tu as pris les yeux pour les dents. — Cela se peut, dit Sancho, car sa beauté m'a troublé comme vous sa laideur. Néanmoins, recommandons le tout à Dieu, qui est celui qui sait les choses qui doivent arriver en cette vallée de larmes, en ce méchant monde où nous vivons, et où à peine voit-on chose qui ne soit mêlée de malice, de trahison et de coquinerie. Il y a une chose qui me fâche plus que le reste : c'est que quand vous aurez vaincu quelque géant ou quelque autre chevalier, et que vous lui commanderez de s'aller présenter devant la beauté de la dame Dulcinée, où est-ce que ce pauvre géant ou ce misérable chevalier vaincu la pourra trouver ? Il me semble les voir aller par le Toboso comme des benêts chercher la dame Dulcinée. Et, quand ils la rencontreraient au milieu de la rue, ils la reconnaîtront aussi peu que mon père. — Peut-être, Sancho, répondit don Quichotte, l'enchantement ne s'étendra-t-il pas à ôter la connaissance de Dulcinée aux géants et aux chevaliers qui se présenteront à elle. Et il en faudra faire l'expérience s'ils la voient ou non sur un ou deux des premiers que je vaincrai, et que j'enverrai en leur mandant de revenir me rapporter ce qui leur sera arrivé à cet égard. — Voilà, monsieur, dit Sancho, un bon avis, puisque par cet artifice nous aurons connaissance de ce que nous désirons. Et, si tant est que sa beauté ne soit couverte qu'à vos yeux, la disgrâce en sera plutôt vôtre que sienne. Mais, pourvu que la dame Dulcinée soit en joie et bonne santé, nous irons le grand chemin et vivrons le mieux que pourrons, cherchant nos aventures et laissant au temps faire des siennes, puiqu'il est le meilleur médecin de ces maladies et de plus grandes encore. »

Don Quichotte voulait répondre à Sancho Pança, mais il en fut empêché par la vue d'une charrette qui parut au travers du chemin. Elle était chargée des plus divers et des plus étranges personnages qui se pussent imaginer. Celui qui conduisait les mules et qui servait de charretier était un hideux démon. La charrette allait découverte et à ciel ouvert, sans tapis ni claie. La première figure qui s'offrit aux yeux de don Quichotte fut celle de la Mort même avec une face humaine, et près d'elle était un ange qui avait de grandes ailes peintes. On voyait d'un côté un empereur portant sur son chef une couronne qui semblait être d'or ; aux pieds de la Mort se tenait le dieu qu'on nomme Cupidon. Il n'avait pas de bandeau sur les yeux, mais il portait son arc, son carquois et ses flèches. Il y avait aussi un chevalier armé de toutes pièces, hormis qu'au lieu de morion ou de salade il portait un chapeau tout couvert de plumes de diverses couleurs. Et avec ceux-ci on voyait d'autres personnes de divers visages et divers costumes. Cette vue inopinée troubla en quelque façon don Quichotte et jeta la terreur dans l'âme de Sancho. Mais aussitôt notre chevalier devint tout joyeux : il pensa que quelque nouvelle et périlleuse aventure s'offrait à lui. En cette imagination et porté d'un courage prêt à s'exposer à tout péril, il se mit devant la charrette, et d'une voix haute et menaçante il dit : « Charretier, cocher ou diable, ou qui que tu sois, ne diffère point de me dire qui tu es, où tu vas et quelles gens tu portes sur ton chariot, qui ressemble plutôt à la barque de Caron qu'à une charrette d'usage commun. — Monsieur, répondit doucement le diable en arrêtant la charrette, nous sommes des acteurs de la compagnie d'Angulo le Mauvais [1]. Nous avons ce matin, qui est l'octave du Corpus, joué en ce bourg que l'on voit derrière cette colline le mystère des *États de la Mort* [2], et nous le devons encore représenter en ce village qui est ici devant nous. Étant aussi proches, et pour nous épargner la peine de nous déshabiller et rhabiller, nous allons vêtus des mêmes habits qui nous servent dans nos représentations.

« Ce jeune homme représente la Mort, et cet autre un ange. Celle-là, qui est femme de l'auteur, est la Reine ; celui-là, le Soldat ; cet autre, l'Empereur, et moi le Diable et l'un des principaux rôles de la comédie, parce que c'est moi qui dans la troupe tiens les premiers rôles. Si vous désirez savoir de nous quelque autre chose, demandez-le-moi, et je vous puis répondre fort exactement sur tout : car, en ma qualité de diable, je n'ignore rien. — Par ma foi de chevalier errant, dit don Quichotte, aussitôt que j'ai aperçu ce char, je me suis imaginé que quelque grande aventure s'offrait à moi, et maintenant je dis qu'il est besoin de toucher les apparences avec le doigt pour se détromper. Dieu vous conduise, bonnes gens, et achevez votre fête. Cependant regardez si je vous puis servir en quelque chose : je le ferai de bon cœur. J'ai toujours, depuis mon enfance, été fort affectionné à la comédie, et en ma jeunesse j'y avais toujours les yeux pendus. » Comme ils discouraient de la sorte, voilà un de la compagnie qui survint. Il était vêtu en bouffon, tout couvert de sonnettes, et portait au bout d'un bâton trois vessies de vache gonflées. Ce bon drôle, s'approchant de don Quichotte, commença de s'escrimer avec le bâton, de frapper la terre avec les vessies, et de faire de grands sauts en agitant ses sonnettes. Cette mauvaise vision épouvanta de telle sorte le bon Rossinante, qu'il prit le mors aux dents, et don Quichotte n'étant pas assez fort pour le retenir, la bête courut par la campagne avec plus de vitesse que n'en avaient jamais promis les os de son anatomie. Sancho, qui vit le danger que courait son maître d'être jeté par terre, sauta de son grison, et courut en toute hâte à son aide. Mais, à son arrivée, don Quichotte était déjà à bas, et près de lui Rossinante, qui s'était couché à côté de son maître, fin ordinaire des gentillesses de Rossinante et de ses braveries. Mais à peine Sancho eut-il quitté sa monture pour aller au secours de don Quichotte que le maître diable et danseur de vessies sauta sur le grison, et, l'en frappant, la peur et le bruit, bien plus que la douleur des coups, le firent voler par la campagne jusqu'au lieu où ils allaient jouer la comédie. Sancho regardait la course de son âne et la chute de son maître, et ne savait à laquelle de ces deux nécessités remédier. Toutefois, en bon écuyer et en bon serviteur, l'amour de son maître eut plus de pouvoir sur son âme que l'amitié qu'il portait à son grison. Néanmoins, chaque fois qu'il voyait les vessies voler en l'air et tomber sur les fesses de son baudet, ce lui étaient autant de tourments et d'angoisses mortelles, et il eût mieux aimé que ces coups fussent tombés sur la prunelle de son œil que sur le moindre poil de la queue de son âne. En cette douloureuse perplexité, il arriva au lieu où était don Quichotte en beaucoup plus mauvais état qu'il n'eût désiré. L'ayant aidé à remonter sur Rossinante, il lui dit : « Monsieur, le diable a emmené le roussin. — Quel diable ? demanda don Quichotte. — Celui des vessies, dit Sancho. —

Eh bien, je le recouvrerai, répliqua don Quichotte, encore qu'il se cachât avec lui dans les plus profonds et les plus obscurs cachots de l'enfer. Suis-moi, Sancho, la charrette va doucement, et ses mules compenseront la perte du grison. — Il n'est plus besoin que vous preniez tant de peine, répondit Sancho ; modérez votre courroux, parce qu'il me semble que le diable a abandonné le roussin, et qu'il revient au gîte. »

C'était la vérité : le diable et l'âne ayant fait la culbute pour imiter don Quichotte et Rossinante, le diable s'en fut à pied au village, et la bête s'en revint à son maître. « Avec tout cela, disait don Quichotte, il sera bon de châtier l'insolence de ce démon par la punition de quelqu'un de ceux de la charrette, quand ce serait l'empereur même. — Ôtez cette fantaisie de votre imagination, dit Sancho, et suivez mon conseil, qui est qu'il ne faut jamais s'attaquer à des comédiens. C'est une espèce qui ne manque jamais de protecteurs. J'ai vu un comédien emprisonné pour deux meurtres, et néanmoins mis en liberté sans qu'il lui en coûtât un liard. Vous devez savoir que, comme ce sont gens d'allégresse et de plaisir, tout le monde les favorise, tout le monde les soutient, les assiste et les estime, et surtout quand ils sont de ceux qui se disent des compagnies royales et titrées, si bien que tous ou la plupart, par leurs habits et leur air, semblent des princes. — Avec tout cela, répliqua don Quichotte, ce farceur de diable ne fera point gloire de m'avoir ainsi échappé, quand il serait le favori de tout le genre humain. » Ce disant, il courut après la charrette, qui était déjà bien proche du village, en poussant de grands cris : « Arrêtez, attendez, troupe allègre et plaisante ! Je vous veux apprendre comment on doit traiter les ânes et les animaux qui servent de monture aux écuyers des chevaliers errants. » Les cris que jetait don Quichotte étaient tels que ceux de la charrette les ouïrent et comprirent fort bien. Et, jugeant par les paroles de l'intention de celui qui les proférait, la Mort sauta en un instant de la charrette en bas. Elle fut suivie de l'Empereur, du Diable charretier et de l'Ange, sans que la Reine ni le dieu

Cupidon demeurassent en arrière. Tous se chargèrent de pierres, et se rangèrent en aile, résolus à recevoir don Quichotte à la pointe de leurs cailloux. Notre chevalier errant, qui vit ce brave escadron en si belle posture, les bras levés pour décharger puissamment les pierres, tira les rênes de Rossinante et se mit à penser en lui-même au moyen de les pouvoir assaillir avec moins de danger pour sa personne. Cependant qu'il s'arrêtait, voici arriver Sancho, qui, le voyant faire mine d'attaquer cet escadron si bien rangé, lui dit : « Ce serait une grande folie de commencer cette entreprise. Que Votre Grâce considère, monsieur, je vous prie, qu'il n'y a point d'armes défensives qui tiennent contre galets et galettes de ruisseaux, si ce n'est que l'on s'enferme dans une cloche de bronze. Il faut aussi considérer que c'est plutôt témérité que vaillance à un homme seul d'attaquer une armée assistée de la Mort et où combattent en personne des empereurs, et à laquelle les bons et les mauvais anges prêtent aussi leur secours. Mais, si cette considération n'est pas capable de vous arrêter, que ceci le soit pour le moins, que, parmi tous ceux qui sont là, vous devez tenir pour certain qu'il n'y a aucun chevalier errant, quoique tous semblent être rois, princes et empereurs.

— A la bonne heure, repartit don Quichotte, Sancho, tu as donné au but. Et c'est là ce qui peut et doit me faire changer une résolution déjà arrêtée. Je ne puis ni ne dois mettre la main à l'épée, ainsi que je t'ai dit bien des fois, contre qui n'a pas reçu l'ordre de chevalerie. C'est à toi, Sancho, à prendre, si tu veux, vengeance de l'offense que l'on a faite à ton grison. Je t'assisterai d'ici par paroles et par avertissements salutaires. — Il n'est pas besoin, répondit Sancho, de tirer vengeance de personne, puisqu'il n'est pas d'un bon chrétien de se venger d'une offense reçue, joint que je ferai si bien que mon âne remettra aux mains de ma volonté le tort qu'on lui a fait. Or ma volonté est de vivre pacifiquement tout le temps que le ciel me donnera vie. — Puisque telle est ta résolution, répliqua don Quichotte, bon

Sancho, sage Sancho, Sancho bon chrétien, sincère Sancho, laissons ces fantômes et allons chercher de meilleures et plus qualifiées aventures : car je vois que cette contrée est telle que nous n'y en manquerons nullement de miraculeuses et en très grand nombre. »

Il tourna bride, et Sancho alla reprendre son grison, pendant que la Mort, suivie de tout son escadron volant, remontait dans la charrette et poursuivait son voyage.

Telle fut l'heureuse fin qu'eut la périlleuse aventure de la charrette de la Mort, grâce au salutaire conseil que Sancho Pança donna à son maître, lequel le lendemain eut une autre rencontre avec un amoureux et errant chevalier, aventure non moins admirable que la précédente.

CHAPITRE XII

DE L'ÉTRANGE AVENTURE QUI SURVINT AU VALEUREUX DON QUICHOTTE AVEC LE BRAVE CHEVALIER DES MIROIRS

La nuit qui succéda au jour de la rencontre de la Mort, don Quichotte et son écuyer s'arrêtèrent sous des arbres hauts et ombreux, où ce valeureux chevalier, à la persuasion de Sancho, mangea de ce que le grison portait. Durant le souper, Sancho dit à son maître : « Monsieur, j'aurais été un grand sot si j'eusse pris pour étrennes les dépouilles de la première aventure que Votre Grâce eût achevée plutôt que les portées des trois cavales. Il n'est tel que de tenir : moineau en main vaut mieux que vautour en l'air. — Tant il y a, Sancho, repartit don Quichotte, que, si tu m'eusses laissé faire, tu eusses eu en dépouille pour le moins la couronne d'or de l'Impératrice et les ailes peintes de Cupidon : car je les leur eusse ôtées à rebrousse-poil et remises entre tes mains.

— Jamais les couronnes et les sceptres des empereurs de comédies ne furent d'or pur, répondit Sancho, mais d'oripeau, ou de fer-blanc. — C'est la vérité, répliqua don Quichotte, et ce n'était pas chose assurée que les ornements de la comédie fussent de fin or, mais plutôt feints et apparents, ainsi qu'est la comédie même, que je désire que tu aimes, Sancho, et qu'elle soit en tes bonnes grâces et par ce même moyen les personnages qui la jouent et ceux qui la composent. Ce sont tous instruments qui servent grandement la république ; ils nous mettent à chaque pas devant les yeux un miroir où l'on voit au vif les actions de la vie humaine. Il n'y a comparaison qui nous représente plus au naturel ce que nous sommes et ce que nous devons être que la comédie et les comédiens. Car, dis-moi un peu, n'as-tu pas vu quelquefois une comédie où l'on introduit des rois, des empereurs, des papes, des chevaliers, des dames et divers autres personnages ? L'un fait le ruffian, un autre le fripon, celui-ci le marchand, celui-là le soldat ; l'un le simple prudent, et l'autre l'amoureux simple. Et, quand la comédie est achevée et que ces personnages ont dépouillé leurs accoutrements, tous se retrouvent égaux. — Oui, j'ai été quelquefois à la comédie, répondit Sancho. — Pareille chose arrive en la comédie de ce monde, dit don Quichotte : les uns y font les empereurs, d'autres les papes, et finalement on y voit autant de personnages qu'on en saurait introduire en une comédie. Mais, quand la fin arrive, qui est lorsqu'on achève de vivre, la mort ôte tous les accoutrements qui rendaient les uns différents des autres, et tous demeurent égaux au sépulcre. — Brave comparaison ! repartit Sancho. Quoiqu'elle ne soit pas si nouvelle que je ne l'aie ouïe maintes et diverses fois, comme celle du jeu des échecs où, pendant que le jeu dure, chaque pièce a son office particulier, et, quand le jeu est fini, toutes se mêlent, se brouillent ensemble, et on les met dans un sachet justement comme ceux que l'on jette dans le sépulcre. — Sancho, dit don Quichotte, tu deviens de jour en jour moins simple et plus entendu. — Il n'y a point de doute, répliqua Sancho, que je ne retienne quelque chose de votre esprit où je me frotte ; les terres qui sont d'elles-mêmes sèches et stériles viennent à rendre de bons fruits quand on les fume et les cultive. Je veux dire que votre conversation a été le fumier qui est tombé sur la terre stérile de mon sec entendement ; le temps depuis que je suis à votre service en est la culture ; et avec cela j'espère donner des fruits de bénédiction et tels qu'ils ne vous feront point honte, et ne se dévoieront nullement du sentier de la bonne éducation que Votre Seigneurie a donnée à mon entendement épuisé. » Don Quichotte se mit à rire des paroles affectées de Sancho, et il lui sembla que ce qu'il disait de son progrès était véritable, parce qu'il parlait de temps à autre de sorte qu'il étonnait son maître, encore que, toutes les fois, ou le plus souvent, que Sancho voulait monter en chaire ou parler en courtisan, il achevait son discours en roulant du mont de sa simplicité dans le gouffre de son ignorance ; et ce en quoi il paraissait le plus élégant et de meilleure mémoire, c'était encore à aligner des proverbes, qu'ils vinssent au fil ou non de la matière traitée, ainsi qu'on peut l'avoir vu et remarqué dans le cours de cette histoire.

Ils passèrent en de tels et semblables devis une grande partie de la nuit, et Sancho eut envie de laisser tomber les portes-coulisses de ses yeux, comme il disait toutes les fois qu'il voulait dormir. Après avoir ôté au grison tout son harnais, il le laissa paître abondamment et en toute liberté. Il n'ôta point la selle à Rossinante, parce que son maître lui avait expressément commandé que, tant qu'ils seraient en campagne ou qu'ils ne dormiraient point sous un toit, il ne dessellât point Rossinante, ancienne coutume établie et pratiquée par les chevaliers errants : ôter la bride et l'attacher à l'arçon de la selle, soit. Mais ôter la selle, gare ! Ainsi donc fit Sancho, puis il lui donna la même liberté qu'il avait donnée au grison, dont l'amitié et celle de Rossinante furent si uniques et si étroites que, suivant une tradition que l'on a de père en fils, le bruit est que l'auteur de cette véridique histoire en a composé des chapitres particuliers ; mais que pour garder la bienséance que l'on doit à une histoire si héroïque, il ne les y a pas insérés, encore que souvent il s'écarte de sa résolution, et qu'il écrive que, lorsque ces deux bêtes se joignaient, elles prenaient plaisir à se gratter l'une l'autre, et qu'après qu'elles étaient lasses de se frotter, Rossinante étendait en croix son cou sur celui du grison (et il en restait de l'autre côté plus d'une demi-aune), et puis tous deux, les yeux fichés en terre, avaient accoutumé de demeurer de la sorte trois jours entiers, ou au moins tout le temps qu'on les y laissait, ou que la faim ne les pressait point de chercher leur pâture. Notre auteur, dit-on, comparait leur amitié à celle qui était entre Euryale et Nisus et entre Pylade et Oreste, et ainsi pouvait-on voir, pour exciter l'admiration générale, combien ferme devait être l'amitié de ces deux animaux pacifiques, à la honte des hommes qui savent si mal garder l'amitié qu'ils se sont jurée. C'est pourquoi l'on dit :

Point d'ami pour l'ami ; jamais de confiance,
Du jour au lendemain la canne y devient lance.

Et un autre chanta :

Entre amis les plus sûrs, la puce est à l'oreille...

Or qu'aucun ne croie que l'auteur s'égare en comparant l'amitié de ces deux animaux à celles des hommes : car les hommes ont reçu des bêtes plusieurs bons avertissements et appris beaucoup de choses importantes. Les cigognes leur ont enseigné les clystères ; les chiens, le vomissement et la reconnaissance ; les grues, la vigilance ; les fourmis, la prévoyance ; les éléphants, l'honnêteté, et les chevaux, la loyauté.

Finalement, Sancho s'endormit au pied d'un liège pendant que don Quichotte sommeillait au pied d'un robuste chêne. Ils n'eurent pas demeuré longtemps en cet état que don

Quichotte fut éveillé par un bruit qu'il entendit derrière son dos. Il se leva en sursaut et se mit à regarder et écouter d'où ce bruit procédait. Lors il aperçut deux hommes à cheval, dont l'un, s'étant laissé couler de la selle en bas, dit à l'autre : « Cher ami, mets pied à terre, et ôte la bride aux chevaux : car il me semble que ce lieu ne manque point d'herbe pour les repaître, non plus que de la solitude et du silence que demandent mes amoureuses pensées. » Proférer ces paroles et s'étendre par terre, ce fut une même chose. Or, en descendant de cheval, ses armes firent un grand bruit, signe manifeste auquel don Quichotte reconnut que ce devait être un chevalier errant. Il s'approcha de Sancho qui dormait, le tira par le bras, et l'ayant éveillé avec beaucoup de peine, lui dit tout bas : « Frère Sancho, voici une aventure. — Dieu nous la donne bonne, répondit Sancho ; et où est-elle, s'il vous plaît, cette madame l'aventure ? — Où, Sancho ? répliqua don Quichotte ; tourne les yeux et regarde, et tu verras là couché un chevalier errant qui, à ce qu'il me semble, ne doit pas être des plus joyeux : car je l'ai vu descendre de cheval et s'étendre à terre avec des marques de chagrin, et, quand il l'a fait, j'ai entendu résonner ses armes. — Et à quoi Votre Grâce voit-elle, dit Sancho, que ce soit une aventure ? — Je ne veux pas dire, fit don Quichotte, que ceci soit entièrement une aventure, mais le commencement d'une aventure : car c'est par là que commencent les aventures. Mais écoute un peu, je te prie : car il me semble qu'il accorde un luth ou une guitare, et, à la façon dont il crache et se débarrasse la gorge, il fait paraître qu'il se prépare à chanter quelque chose. — Sur ma foi, dit Sancho, vous avez raison, et ce doit être quelque chevalier amoureux. — Il n'y a chevalier errant qui ne le soit, repartit don Quichotte. Cependant écoutons-le, et s'il chante, par le fil nous déviderons le peloton de ses pensées, parce que la bouche parle de l'abondance du cœur. » Sancho voulait répliquer à son maître ; mais il en fut empêché par la voix du chevalier du Bois, voix qui n'était ni trop mauvaise, ni trop bonne non plus. Étant tous deux attentifs, ils ouïrent que ce chevalier chantait ces vers :

SONNET

Imposez-moi la loi qu'il vous plaira, madame,
Je saurai me ranger à votre volonté ;
Mon vouloir tellement au vôtre est arrêté.
Que par vous je respire, et vous êtes mon âme.

Si vous avez désir que je taise ma flamme,
Vous me verrez bientôt au silence porté ;
Et, s'il vous plaît d'ouïr louer votre beauté,
Amour vous la dira sans défaut et sans blâme.

De contraires je vis, et je suis un amant
Dont le cœur est de cire et de dur diamant ;
A toute loi d'amour mon âme se conforme.

Taillez-y, gravez-y tout ce que vous voudrez :
Ô parfaite beauté, toujours vous apprendrez
Que mon cœur recevra toute nouvelle forme.

Avec un « las ! » arraché, semblait-il, du fond de son cœur, le chevalier du Bois mit fin à sa chanson, puis, d'une voix dolente et plaintive, il s'écria :

« Ô la plus belle et la plus ingrate dame du monde ! Est-il possible, ô sérénissime Casildée de Vandalie[1], que tu permettes que ce tien esclave chevalier se consume et achève la fin de ses jours en pérégrinations continuelles et en durs et âpres travaux ? Ne te suffit-il pas que ma valeur ait fait confesser à tous les chevaliers de la Navarre, à tous les Léonais, tous les Tartésiens, tous les Castillans et enfin à tous les chevaliers de la Manche que tu es la plus belle du monde ? — Pour cela, non, dit à ce moment don Quichotte, car je suis de la Manche, et jamais je n'ai rien confessé de pareil, jamais je ne pourrais ni ne devrais confesser une chose si contraire à la beauté de ma maîtresse : tu vois bien, Sancho, que ce chevalier divague. Mais écoutons, peut-être se déclarera-t-il davantage. — Sans aucun doute, répliqua Sancho, car il a la mine de se plaindre durant tout un mois. »

Néanmoins cela ne fut pas, parce que le chevalier du Bois, ayant ouï vaguement qu'on parlait tout près de lui, interrompit ses plaintes, se leva et dit d'une voix sonore et posée : « Qui va là ? Quelles gens êtes-vous ? Êtes-vous par hasard du nombre des contents, ou bien des affligés ? — Des affligés, répondit don Quichotte. — Approchez-vous donc de moi, répliqua le chevalier du Bois, et faites état que vous avez trouvé la tristesse et l'affliction même. » Don Quichotte, qui se vit faire une réponse si douce et si courtoise, s'approcha de lui et Sancho en fit autant. Le gémissant chevalier prit par le bras don Quichotte en lui disant : « Asseyez-vous ici, seigneur chevalier. Il ne me faut autre témoignage, pour apprendre que vous êtes chevalier et de ceux qui font profession de la chevalerie errante, que l'heure où je vous trouve en ce lieu, où la solitude et le serein vous tiennent compagnie, lits naturels et demeure ordinaire des chevaliers errants. — Je suis chevalier, répondit don Quichotte, et de la profession que vous dites ; et, bien que les tristesses, les disgrâces et les infortunes logent vraiment dans mon âme, toutefois la compassion que j'ai du malheur d'autrui ne s'en est point enfuie. Selon ce que j'ai pu apprendre de ce que vous chantiez naguère, vos passions sont amoureuses, je veux dire qu'elles procèdent de l'amour que vous portez à cette ingrate beauté que vous avez nommée en vos plaintes. »

Cependant qu'ils tenaient ce discours, ils étaient assis l'un près de l'autre sur la dure et de fort bon accord, comme si, à la naissance du jour, ils n'eussent point eu à se casser la tête. « Monsieur le chevalier, dit celui du Bois à don Quichotte, êtes-vous par hasard amoureux ? — Je le suis par malheur, répondit don Quichotte, encore que les malheurs qui naissent des pensées bien placées doivent plutôt être pris pour grâces que pour disgrâces. — Cela serait vrai, dit celui du Bois, si les dédains ne nous troublaient la raison et l'entendement, de sorte que par leur grand nombre ils semblent être des vengeances. — Je ne fus jamais dédaigné de ma maîtresse, repartit don Quichotte. — Non, certes, dit Sancho, qui était tout proche, madame ressemble à une douce ânesse, et elle est plus douce que du beurre. — Est-ce là votre écuyer ? dit alors le chevalier du Bois. — Oui, dit don Quichotte. — Je n'ai jamais vu, répliqua celui du Bois, écuyer qui ose parler où son maître parle. Pour le moins, voici le mien qui est aussi grand que son père, et il n'y a aucun qui puisse prouver que jamais il ait ouvert la bouche où je parle moi-même. — Eh ! bien, ma foi, répliqua Sancho, j'avoue que j'ai parlé, et je puis parler devant un autre qui serait aussi... Restons-en là, le remuer serait pire. »

Comme il achevait ce discours interrompu, l'écuyer du Bois le prit par le bras et lui dit : « Je vous prie, allons nous asseoir à part, où nous ayons le pouvoir de parler à l'écuyère tout notre soûl, et laissons ces seigneurs nos maîtres s'en donner tant qu'ils voudront avec le récit de leurs amours ! Sûr que le jour les surprendra avant qu'ils en aient fini. — A la bonne heure, dit Sancho. J'apprendrai à Votre Grâce qui je suis, et puis vous me direz, s'il vous plaît, si je ne mérite pas d'être mis au nombre des écuyers discourants. » Sur ce, nos deux écuyers s'écartèrent, et il se fit entre eux un devis aussi gracieux que fut grave celui de leurs maîtres.

CHAPITRE XIII

SUITE DE L'AVENTURE DU CHEVALIER DU BOIS, AVEC LE COLLOQUE FACÉTIEUX, ÉTRANGE ET SUAVE DES DEUX ÉCUYERS

Les chevaliers étaient séparés d'avec leurs écuyers. Les uns se contaient leurs vies, les autres leurs amours. Or, notre histoire rapporte premièrement le discours qui se tint entre les serviteurs, et puis passe à celui des maîtres. Elle nous apprend donc que les écuyers s'étant un peu écartés, celui du Bois dit à Sancho : « Pénible vie, monsieur, que celle que nous menons, nous autres, écuyers de chevaliers errants. Vraiment, nous mangeons notre pain à la sueur de notre visage, qui fut une des malédictions que Dieu proféra contre nos premiers parents. — On peut dire aussi, ajouta Sancho, que nous le mangeons à la froideur de notre corps : car y a-t-il personne au monde qui souffre autant du chaud et du froid que les misérables écuyers de l'errante chevalerie ? Mais encore, si nous mangions, le mal serait moins grand : avec du pain, chagrins sont vains. Mais il nous arrive de passer tout un jour, voire deux, sans déjeuner, sinon du vent qui souffle. — Tout cela est encore supportable, repartit l'autre, par l'espérance que nous avons du salaire, parce qu'un écuyer qui sert un chevalier errant, si son maître n'est extrêmement malheureux, se peut voir en peu de temps récompensé du beau gouvernement de quelque île, ou de quelque comté de bonne mine. — J'ai déjà dit à mon maître, répliqua Sancho, que je me contenterais du gouvernement d'une île, et il a le cœur si noble et si libéral qu'en plusieurs et diverses rencontres il me l'a promise. — Quant à moi, dit l'écuyer du Bois, un canonicat me suffit pour la récompense de mes services, et mon maître m'en a déjà fait la promesse. — Eh quoi ! dit Sancho, votre maître est donc chevalier à l'ecclésiastique, qu'il puisse conférer de tels bénéfices à ses bons écuyers ? Le mien est purement laïc. Toutefois, il me ressouvient qu'un jour des personnes sages, mais qui néanmoins me semblaient mal intentionnées, le voulaient conseiller de se faire archevêque ; et il n'y voulut pas entendre, parce qu'il ne voulait être autre chose qu'empereur, et je tremblais alors qu'il ne lui prît fantaisie d'être d'Église, car je ne me sentais pas en mesure d'en tenir des bénéfices. Vous devez savoir, monsieur, qu'encore que je ressemble à un homme, je suis pourtant une bête pour être d'Église. —

Votre Grâce pourrait bien aussi s'abuser, dit celui du Bois, les gouvernements insulaires ne sont pas tous à désirer. Il y en a qui sont tortus, d'autres pauvres, d'autres mélancoliques ; et finalement le plus relevé et le plus policé traîne avec soi une pesante charge de soucis et d'incommodités qu'un malheureux gouverneur est contraint de porter sur ses épaules. Il vaudrait presque mieux que nous, qui faisons profession de cette maudite servitude, nous nous retirassions en nos maisons pour nous y livrer à des exercices plus doux, comme qui dirait à la chasse ou à la pêche. Car y a-t-il au monde un écuyer si misérable qu'il ne lui manque un pauvre roussin et une couple de lévriers, voire une canne à pêche, de quoi employer le temps en sa métairie ? — Il ne me manque rien de tout cela, repartit Sancho : il est vrai que je n'ai point de roussin, mais j'ai un âne qui vaut deux fois plus que le cheval de mon maître. Males Pâques me donne Dieu si je le cédais pour son cheval, quand on me donnerait par-dessus quatre boisseaux d'avoine. Votre Grâce tiendra pour raillerie la valeur que j'attache à mon grison, puisque le gris est la couleur de son poil. Pour les lévriers je n'en manquerai point, car il n'y en a que trop de reste en mon village ; et puis la chasse est d'autant plus agréable qu'on la fait aux dépens d'autrui. — Seigneur écuyer, répondit celui du Bois, il faut que je vous dise en toute vérité, que j'ai résolu, et bien résolu, de quitter toutes ces ivrogneries et sottises de ces chevaliers, et de me retirer en mon village pour y élever mes petits enfants : car j'en ai trois qui sont comme trois perles d'Orient. — Et moi, dit Sancho, j'en ai deux que l'on pourrait présenter au pape en propre personne, principalement une fillette que j'élève pour en faire une comtesse, s'il plaît à Dieu, quoique ce soit malgré sa mère. — Et quel âge a cette demoiselle que vous élevez pour être comtesse ? demanda celui du Bois. — Elle peut avoir quinze ans, ou deux de plus ou de moins ; toutefois, elle est aussi grande qu'une lance et fraîche comme une matinée d'avril, et elle a la force d'un crocheteur. — Voilà des qualités, dit celui du

Bois, qui la rendent non seulement digne d'être comtesse, mais encore d'être nymphe d'une forêt verdoyante. Ô pute et hidepute, que cette drôlesse doit bien porter son bois ! — Elle n'est pute, repartit Sancho assez fâché, ni ne le fut sa mère, ni nulle d'elles ne le sera s'il plaît à Dieu, tant que je vivrai, et, je vous prie, parlons un peu plus honnêtement : car il me semble que, pour avoir été élevé parmi les chevaliers errants, qui sont la courtoisie même, ces paroles sont bien peu choisies. — Monsieur l'écuyer, dit celui du Bois, oh ! que vous êtes mal entendu en fait de louanges ! Eh quoi ! ne savez-vous pas que, lorsque quelque chevalier donne un bon coup de lance au taureau sur la place, ou que quelqu'un fait quelque chose à propos, tout le peuple crie d'ordinaire : « Ô putain, fils de putain ! le joli coup ! » de sorte que ce qui paraît être alors une injure est plutôt une grande louange ? Allez, monsieur, reniez toujours vos fils ou vos filles, lorsqu'ils ne feront point des œuvres qui méritent qu'on donne à leurs pères semblables titres. — Oui-da, je les renie, répondit Sancho, et de la manière que vous le prenez, et pour cette même raison vous pouvez, monsieur l'écuyer, jeter à la tête de mes enfants et de ma femme toute une puterie, car tout ce qu'ils font et tout ce qu'ils disent sont merveilles dignes de semblables louanges. Mais, pour les revoir et retourner à mon village, Dieu me tire de péché mortel, et ce sera la même chose que de me tirer de ce dangereux métier d'écuyer, où je suis tombé pour la seconde fois, alléché par l'amorce d'une bourse de cent ducats, que j'ai trouvée au cœur de la Sierra Morena ! Depuis, le diable me met toujours devant les yeux, tantôt ici, tantôt là, un sac plein de pistoles, et il me semble, à chaque pas, le toucher de la main, l'embrasser, l'emporter chez moi, m'en faire des revenus, en fonder des rentes et vivre en princes. Toutes les fois que j'y pense, les travaux me sont faciles et légers, que je souffre au service de mon fou de maître, lequel tient, je le sais, plus de la folie que de la chevalerie. — C'est pourquoi, répondit celui du Bois, l'on dit que la cupidité rompt le sac. Or, s'il faut parler d'eux, je ne pense pas qu'il y ait plus grand fou au monde que mon maître, puisqu'il est de ceux de qui l'on dit en commun proverbe que le soin qu'on a d'autrui fait mourir l'âne : car, pour faire recouvrer le jugement à un autre chevalier qui l'a perdu, il se fait lui-même fou, et va cherchant ce qui, une fois trouvé, lui peut retomber sur le museau.

— Eh quoi ! est-il amoureux ? — Oui-da, dit celui du Bois, et d'une certaine Casildée de Vandalie, la dame la plus cruelle, crue et cuite que l'on saurait trouver en tout le monde. Toutefois son pied ne cloche pas de ce côté-là : car il a bien d'autres desseins qui lui trottent dans la cervelle, et lui-même le dira avant peu de temps. — Il n'y a chemin si uni, répliqua Sancho, où l'on ne trouve quelque fossé pour y trébucher. En des maisons on cuit des fèves, et en la mienne, c'est à chaudronnées. La folie, plus que la sagesse, trouve compagnons et convives. Cependant, si ce que l'on dit communément est véritable, que c'est un allégement dans ses travaux d'y avoir des compagnons, je pourrai me consoler avec Votre Seigneurie, puisqu'elle sert un maître aussi fou que le mien. — Fou, mais vaillant, répondit celui du Bois, et plus coquin que fou et vaillant. — Ce n'est pas là le mien, dit Sancho, car je vous puis assurer qu'il n'est nullement coquin ; au contraire, il a l'âme d'une cruche. Il ne saurait mal faire à personne, mais du bien à tous. C'est un homme sans malice, et un petit enfant lui ferait croire qu'il fait nuit en plein midi. Cette simplesse me force de l'aimer comme je fais, de tous mes petits boyaux, et toutes ses extravagances ne sont pas capables de me le faire quitter. — Mais avec tout cela, dit celui du Bois, mon bon frère et seigneur, si l'aveugle se fait le conducteur d'un autre aveugle, tous deux sont en danger de tomber dans la fosse. Le mieux serait de nous retirer de notre pied léger et de regagner nos gîtes. Ceux qui cherchent les aventures ne les rencontrent pas toujours bonnes. »

De temps à autre Sancho crachait, semblait-il, un certain

genre de salive empesée et un peu sèche, ce que remarquant le charitable écuyer du Bois, il lui dit : « M'est avis que les discours que nous avons tenus nous ont attaché la langue au palais. Mais il y a du remède, car j'ai pendu à l'arçon de la selle de mon cheval, pour rafraîchir le palais, un instrument qui n'est pas à refuser. » En achevant ces paroles, il se leva et incontinent après revint avec une grande bouteille de vin, accompagnée d'un pâté d'une demi-aune. Et ce n'est pas surfaire, puisqu'il était composé d'un si gros levraut blanc que Sancho, à le tâter, crut que c'était un chevreuil plutôt qu'un chevreau. Aussitôt que Sancho l'eut vu, il dit : « Eh quoi ! monsieur, portez-vous cela avec vous ? — Et que croyiez-vous donc ? répondit l'autre. Me prenez-vous, par hasard, pour un écuyer d'eau et de laine ? J'ai toujours sur la croupe de mon cheval meilleure provision qu'un général en voyage. »

Sancho mangea sans se faire prier, avalant, grâce à l'obscurité, de gros morceaux sans les mâcher, ainsi que des pilules, et il dit : « C'est vous, monsieur, qui êtes un fidèle et légal écuyer, en due et bonne forme, grand et magnifique, ainsi que le fait paraître ce banquet. S'il n'est point venu ici par art d'enchantement, au moins il le semble. Ce n'est point comme chez moi pauvret et malchanceux, qui porte dans mon bissac seulement un peu de fromage si dur que l'on en pourrait écraser la cervelle à un géant, avec quatre douzaines de carottes qui lui tiennent compagnie, et autant de noisettes et de noix, tout cela grâce à la détresse de mon maître, à l'opinion qu'il a et à la règle qu'il observe que les chevaliers errants ne doivent se nourrir et sustenter que de fruits secs et d'herbes des champs.

— Frère, répliqua alors l'écuyer du Bois, sur ma foi, je n'ai pas l'estomac fait à digérer les cardes ni les poires sauvages, ni les racines qui croissent aux montagnes. Laissons là nos maîtres avec leurs opinions et leurs lois de chevalerie, et qu'ils mangent ce qu'il leur plaira. J'ai toujours avec moi provision de viande froide dans mon panier, et cette outre qui pend à l'arçon de la selle, quoi qu'il arrive. Elle m'est si dévouée et je l'aime tant qu'il ne se passe guère d'instants où je ne lui donne mille baisers et mille embrassements. »

Ce disant, il la remit entre les mains de Sancho, lequel en l'embouchant regarda fixement les étoiles sans l'ôter de sa bouche durant l'espace d'un quart d'heure, et, en achevant de boire, il laissa pencher sa tête d'un côté, et, poussant un grand soupir, il dit : « Oh ! qu'il est bon catholique, le fils de putain ! — Voyez un peu, dit alors celui du Bois, en entendant parler Sancho de la sorte, comme vous avez loué ce vin en le nommant fils de putain ! — Je dis, répondit Sancho, que je confesse reconnaître qu'il n'y a pas déshonneur à nommer quelqu'un fils de putain, quand il tombe sous l'entendement qu'on entend le louer. Mais cependant, monsieur, par la vie de ce que vous aimez le mieux, ce vin n'est-il pas de Ciudad Real ? — Bravo, biberon ! s'écria celui du Bois : en vérité, il n'est point d'ailleurs, et même il est vieux de quelques années. — Je ne suis pas né d'hier, dit Sancho, croyez-vous que ce me soit une grande affaire que d'en deviner le cru ? Non, monsieur l'écuyer, je n'ai pas besoin d'avoir un instinct si grand et si naturel, en fait de vins, qu'en me les donnant seulement à flairer, je n'en devine aussitôt la patrie, le lignage, le bouquet, l'âge et quand il doit tourner, ensemble toutes les autres circonstances qui le concernent. Mais, il ne s'en faut pas émerveiller, puisque, en ma race, du côté de mon père, j'ai eu les deux plus excellents experts que la Manche ait connus de longtemps. Pour preuve, je m'en vais vous dire ce qui leur arriva. On leur donna à tous deux à faire l'épreuve d'un vin qui était dans une cuve, afin d'en dire leur avis touchant sa condition, sa qualité, sa bonté ou sa malice. L'un fit cette preuve avec la pointe de la langue, et l'autre ne fit que le sentir au nez. Le premier dit que ce vin sentait le fer, et l'autre assura qu'il sentait plutôt le cuir de Cordoue. Le maître dit que la cuve était propre et que ce vin n'avait subi aucune préparation qui pût lui communiquer la saveur du fer ni du maroquin. Avec tout cela les deux fameux experts demeurèrent sur leur affirmative. Le temps marcha, on vendit le vin ; et, en nettoyant la cuve, on y trouva une petite clef pendue à une courroie de cuir. Que Votre Grâce voie si un homme qui vient d'une telle race peut donner son avis en semblable matière. — C'est pourquoi je dis, répliqua celui du Bois, que nous cessions de courir les aventures, et, puisque nous avons du pain de ménage, nous ne cherchions pas de la galette et retournions à notre chaume. C'est là que Dieu nous trouvera s'il lui plaît. — Pour moi je servirai mon maître jusqu'à ce que nous arrivions à Saragosse, après nous verrons. »

Finalement les deux bons écuyers parlèrent tant et tant burent que le sommeil dut leur lier la langue et modérer leur soif, car de la leur ôter cela était impossible. C'est pourquoi, tous deux accrochés à l'outre quasi vide et les morceaux à demi mâchés dans la bouche, ils s'endormirent. Nous les laisserons en cet état pour raconter ce qui se passa entre le chevalier du Bois et celui de la Triste Figure.

CHAPITRE XIV

SUITE DE L'AVENTURE DU CHEVALIER DU BOIS

Entre autres discours, donc, qui se tinrent entre don Quichotte et le chevalier du Bois, celui-ci dit à notre chevalier : « Enfin, seigneur chevalier, je veux que vous sachiez que mon destin, ou, pour mieux dire, mon choix, m'a rendu amoureux de la sans pareille Casildée de Vandalie. Je la nomme sans pareille, parce qu'elle n'en a point, soit que l'on regarde la grandeur de son corps, soit sa noblesse et sa beauté. Cette Casildée, donc, a récompensé mes bonnes pensées et mes honnêtes désirs en m'occupant, ainsi que faisait jadis Junon au grand Hercule, en plusieurs et divers périls, me promettant, à chaque aventure achevée, qu'au bout de l'autre elle accomplirait mon espérance. Ainsi mes travaux ont été s'enchaînant les uns avec les autres en si grand nombre qu'on ne le saurait conter, et je ne sais pas même quel pourra être le dernier qui verra l'accomplissement de mes vœux. Un jour elle me commanda que j'allasse défier cette fameuse géante de Séville que l'on nomme la Giralda[1], fort vaillante et forte, comme faite en bronze, et, sans changer de place, la femme du monde la plus mobile et la plus changeante. J'y fus, je la vis, je la vainquis, et la fis demeurer tranquille sur son axe, parce que, durant plus d'une semaine, il ne souffla que des vents du Nord. Quelque temps après elle me fit commandement de prendre sur mes épaules les pierres antiques des vaillants taureaux de Guisando[2], entreprise plus propre à des crocheteurs qu'à un chevalier ; une autre fois elle m'enjoignit que je me précipitasse de la cime du mont Cabra[3] en bas, péril inouï et terrible, et qu'après je lui fisse relation particulière de ce qui était renfermé en ces profonds abîmes. J'arrêtai donc le mouvement de la Giralda, je pesai les taureaux de Guisando, je descendis dans le précipice et mis au jour le mystère de son abîme. Cependant mes espérances n'en demeurèrent pas moins mortes, et ses commandements et ses dédains, hélas, toujours aussi vivants. Enfin, elle m'a dernièrement commandé que j'allasse courir toutes les provinces de l'Espagne, et fisse confesser à tous les chevaliers errants que j'y trouverais en quête d'aventures qu'elle seule est celle qui porte la couronne de beauté aujourd'hui au monde, et que je suis le plus vaillant et le plus amoureux chevalier de l'univers. Pour obéir à son commandement, j'ai déjà vu la plus grande partie de l'Espagne, et y ai vaincu beaucoup de chevaliers qui ont osé soutenir le contraire. Mais le plus grand honneur que j'aie acquis et dont je me glorifie le plus, c'est d'avoir vaincu en combat singulier ce fameux chevalier don Quichotte de la Manche et de lui avoir fait confesser que ma Casildée est plus belle que sa Dulcinée, et en cette victoire je fais état d'avoir vaincu tous les chevaliers du monde, parce que ce don Quichotte dont je vous parle a triomphé d'eux tous, et qu'ayant, moi, triomphé de lui-même, sa gloire, sa renommée et son honneur ont été transférés à ma personne, et

Le vainqueur est d'autant plus honoré
Que le vaincu lui-même est renommé[4]

de sorte que les hautes et infinies prouesses de don Quichotte me sont maintenant attribuées à juste titre. »

Don Quichotte demeura fort surpris d'entendre le chevalier du Bois parler de la sorte, et fut sur le point de lui donner mille fois le « vous mentez » qu'il avait au bout de la langue. Mais il se retint le mieux qu'il put, afin de lui faire confesser par sa propre bouche son mensonge, si bien qu'il lui dit tranquillement : « Seigneur chevalier, je ne répondrai rien à ce que vous dites que vous avez vaincu tous les chevaliers errants d'Espagne, voire de l'univers. Mais que vous ayez vaincu don Quichotte de la Manche, j'en doute fort. Il se pourrait faire que ce fût un autre qui lui ressemblait, encore que bien peu le fassent. — Comment ! répliqua celui du Bois. En doutez-vous ? Je vous jure par le ciel qui nous couvre que je combattis don Quichotte : je le vainquis et le portai par terre. C'est un homme haut de corps, maigre de visage, grand et sec, qui a le poil mêlé, le nez aquilin et un peu courbé, et de grandes moustaches noires et tombantes. Il combat sous le nom de chevalier de la Triste Figure, et a pour écuyer un laboureur nommé Sancho Pança. Il chevauche un fameux coursier nommé Rossinante, et enfin il a pour maîtresse de sa volonté une certaine Dulcinée du Toboso, qu'on appelait jadis Aldonza Lorenzo. C'est justement comme la mienne : car, parce qu'elle se nomme Casilda et qu'elle est de l'Andalousie, je la nomme Casildée de Vandalie. Que si toutes ces marques ne suffisent pas à prouver la vérité de ce que j'avance, voici mon épée qui forcera l'incrédulité même à y croire. — Calmez-vous, seigneur chevalier, dit don Quichotte, et écoutez ce que je vous veux dire. Il faut que vous sachiez que ce don Quichotte dont vous parlez est le plus grand ami que j'aie au monde, voire si grand ami que je puis dire que je le tiens pour un autre moi-même. Or, par le signalement que vous m'en avez donné, signalement exact et ponctuel, je ne puis penser autre chose, sinon que c'est le même que vous avez vaincu. Mais, d'autre côté, je vois de mes propres yeux et touche de mes mains, qu'il n'est pas possible que ce soit le même don Quichotte, à moins que peut-être, comme il a plusieurs enchanteurs pour ennemis, et principalement un qui le persécute d'ordinaire, quelqu'un de ces magiciens n'ait pris sa figure et ne se soit laissé vaincre afin d'obscurcir la renommée que lui ont justement acquise ses hauts faits d'armes par toute la surface de la terre. Et, pour confirmation de ceci, je veux aussi que vous sachiez que de tels enchanteurs, ses ennemis, ont changé, il n'y a pas plus de deux jours, la figure et la personne de la belle Dulcinée du Toboso en celle d'une laide et vile paysanne, et c'est ainsi qu'ils pourraient bien avoir transformé don Quichotte. Que si toutes ces raisons que je viens de vous alléguer ne suffisent pas à vous assurer de cette vérité, voici don Quichotte lui-même qui le soutiendra par les armes, à pied ou à cheval ou comme il vous plaira. » Ce disant, il se leva, et mit la main au pommeau de son épée, attendant quelle résolution prendrait le chevalier du Bois.

Celui-ci, d'une voix également douce et posée, lui fit cette réponse : « A bon payeur point de regret des gages. Seigneur don Quichotte, si j'ai pu vous vaincre lorsque vous étiez transformé, je peux encore avoir espérance de vous vaincre en personne propre. Toutefois, comme il n'est pas honorable à des chevaliers d'accomplir leurs faits d'armes dans les ténèbres comme les brigands et les ruffians, attendons le jour, afin que le soleil voie nos prouesses. Cependant nous combattrons à cette condition que celui qui sera vaincu demeurera à la volonté du vainqueur, et fera tout ce que celui-ci voudra, pourvu que ce commandement n'offense point l'ordre de chevalerie. — Cette condition me ravit », repartit don Quichotte.

En parlant ainsi, ils allèrent tout droit au lieu où étaient leurs écuyers et les trouvèrent ronflant et en la même posture où ils étaient quand le sommeil les surprit. Ils les réveillèrent et leur enjoignirent qu'ils tinssent tout prêts leurs chevaux, et bien en point, parce qu'aussitôt que le soleil montrerait ses premiers rayons, un combat sanglant, singulier et sans égal se devait livrer entre eux deux. A ces nouvelles, le bon Sancho demeura tout consterné et trembla pour le salut de son maître à cause des prouesses que l'écuyer du Bois lui avait contées du sien. Néanmoins, sans dire mots, les deux écuyers allèrent chercher leurs bêtes ; car déjà les trois chevaux et le grison, qui s'étaient flairés les uns les autres, demeuraient en société.

En chemin, celui du Bois dit à Sancho : « Frère, vous devez savoir que, quand on se bat en duel en Andalousie, la coutume est que les seconds ne demeurent jamais oisifs et les bras croisés pendant que ceux qui ont la querelle se battent. Je dis ceci pour vous avertir que, tandis que nos maîtres se battront, il nous en faut aussi découdre et nous tailler des croupières. — Monsieur l'écuyer, répondit Sancho, cette coutume se pourra fort bien pratiquer parmi les vauriens et les batailleurs dont vous parlez ; mais que les écuyers de chevaliers errants la pratiquent, allons donc ! Pour le moins, je n'ai jamais entendu parler à mon maître d'une semblable coutume, et il sait par cœur toutes les ordonnances de la chevalerie errante. Au surplus, admettons qu'il soit véritable et d'ordonnance expresse que les écuyers combattent pendant que leurs maîtres en font autant : toutefois je ne veux point l'accomplir, mais payer la peine imposée à ces écuyers pacifiques, laquelle, ainsi que je puis l'assurer, n'excède point deux livres de cire. Et je suis d'autant plus résolu de payer ces deux livres que je sais qu'il m'en coûtera moins que pour le linge que je pourrais user en la guérison des plaies de ma tête, que je tiens déjà pour fendue et divisée en deux. Il y a plus, il m'est impossible de combattre, parce que je n'ai point d'épée et n'en portai jamais de ma vie. — A cela je sais un bon remède, dit celui du Bois. J'ai là deux sacs de toile de même mesure. Vous prendrez l'un et moi l'autre, et puis avec armes égales nous nous étrillerons à coups de sacs. — De cette façon, à la bonne heure, répondit Sancho, puisqu'un tel combat nous servira plutôt à ôter la poussière de nos habits qu'à nous blesser. — Je ne l'entends pas ainsi, répliqua celui du Bois : car, enfin que le vent n'emporte point les deux sacs, il y faut jeter dedans une demi-douzaine de beaux cailloux bien polis, qui pèsent autant les uns que les autres, et nous pourrons ainsi nous frotter sans nous faire aucun mal. — Voyez ! Corps de mon père ! dit Sancho Pança. Quelles martres ciboulines et quelles bonnes touffes de coton cardé il met dans ses sacs pour ne point nous rompre la tête et nous piler les os ! Mais, quand vous les rempliriez d'étoupes de soie, il faut que vous sachiez, mon bon seigneur, que je n'ai pas envie de me battre. Que nos maîtres combattent, c'est leur affaire, et pour nous, buvons et vivons. Le temps est assez soigneux de nous ôter la vie, sans qu'il nous soit besoin d'en chercher la fin avant qu'elle parvienne à sa saison et à son terme, et qu'elle tombe de maturité. — Pourtant, dit celui du Bois, il faut que nous combattions au moins une demi-heure. — Point du tout, répondit Sancho, je ne serai jamais si discourtois ni si ingrat que je cherche querelle le moins du monde à celui avec qui j'ai bu et mangé. A plus forte raison, n'étant point en colère et nullement fâché, qui diable se pourrait disposer à combattre ainsi à froid ? — Quant à cela, j'y apporterai un bon remède, repartit celui du Bois, et c'est qu'avant de commencer le combat, je m'approcherai tout doucement de Votre Grâce, et de deux ou trois soufflets que je lui donnerai, je la jetterai à mes pieds. Par quoi je réveillerai votre colère, fussiez-vous plus endormi qu'un loir. — A cette botte j'en sais une autre qui la vaut, répondit Sancho. Je prendrai un bon bâton, et, avant que vous vous donniez la peine de réveiller ma colère, je ferai si bien dormir la vôtre avec une bonne volée de bois vert qu'elle ne s'éveillera si ce n'est en l'autre monde, où l'on sait fort bien que je ne suis pas homme à me laisser frotter le museau par personne. Que chacun, je vous prie, veille à son grain. Toutefois, le plus sûr serait pour chacun de laisser dormir sa colère : car nul ne peut savoir ce qu'un autre a dans l'âme. Tel vient pour avoir de la laine qui s'en retourne pelé, Dieu bénit la paix et maudit les débats, et si un agneau enragé devient un lion, Dieu sait ce que je pourrais devenir, moi qui suis un homme. C'est pourquoi, monsieur l'écuyer, dès maintenant je signifie à Votre Grâce que c'est à son compte que courent tout le mal et tout le dommage qui pourraient résulter de notre querelle. — C'est bon, répliqua celui du Bois. Dieu fera lever le jour, et nous y penserons. »

Sur ce, mille sortes d'oiselets diaprés commencèrent, sur les branches des arbres, à gazouiller leur doux ramage. Ils semblaient, en leurs chants divers et joyeux, donner le bonjour à la fraîche aurore, qui déjà entrouvrait les portes de l'Orient, et, découvrant la beauté de son visage, et peignant sa blonde tresse, versait comme une infinité de perles liquides. L'on eût dit que les herbes, baignées de cette douce liqueur, dégouttaient elles-mêmes et distillaient une blanche et menue rosée ; les saules faisaient pleuvoir une manne savoureuse, les fontaines riaient, les ruisseaux les accompagnaient de leurs murmures, les forêts s'éjouissaient, et les prés s'enrichissaient par sa venue.

Mais à peine la clarté du jour permit-elle de voir et de distinguer les choses que la première qui s'offrit aux yeux de Sancho Pança fut le nez de l'écuyer du Bois, qui était si grand qu'il faisait presque ombre à tout son corps. En effet, l'on conte qu'il était d'une grandeur excessive, courbé par le milieu et tout plein de verrues. Il était de couleur tannée, comme une aubergine. Il lui descendait de deux doigts au-dessous de la bouche. Et la grandeur de ce nez, sa couleur, ses verrues et sa courbure rendaient le visage de cet écuyer si laid que Sancho, en le voyant, commença de trépigner et de frapper des mains, comme fait un petit enfant atteint d'épilepsie, de sorte qu'il résolut en son âme de se laisser donner deux cents soufflets avant que de réveiller sa colère pour combattre ce vampire.

Don Quichotte jeta aussi les yeux sur son adversaire, et vit qu'il avait le casque en tête, de sorte qu'il ne put lui voir le visage. Toutefois il remarqua que c'était un homme bien membré et de petite taille. Il portait sur ses armes une soubreveste ou casaque qui paraissait être de toile d'or fin. On y voyait semés de resplendissants miroirs en forme de petites lunes, qui le rendaient extrêmement galant et somptueux. Au haut de son casque flottait une grande quantité de plumes vertes, jaunes et blanches. Sa lance, qu'il avait appuyée à un arbre, était fort grosse, et au bout il y avait un fer d'un pied de long. Don Quichotte considéra tout cela, et jugea à la vue que ce chevalier devait être doué d'une grande force. Mais il ne trembla pas pour cela, comme Sancho Pança ; au contraire, avec un air dégagé, il tint ce langage au chevalier des Miroirs : « Seigneur chevalier, si la grande envie de combattre n'altère point votre courtoisie, je vous conjure par elle de hausser un peu la visière, afin que je puisse voir si votre visage par sa bonne mine répond à celle de votre extérieur. — Que vous sortiez vaincu ou vainqueur de cette entreprise, seigneur chevalier, repartit celui des Miroirs, vous aurez assez de loisir pour me voir ; et si je ne satisfais pas maintenant à votre désir, c'est parce qu'il me semble que je ferais un grand tort à la beauté de Casildée de Vandalie, si, haussant ma visière, je différais durant ce temps-là de vous faire confesser la vérité, comme vous savez que je soutiens. — Mais cependant que nous monterons à cheval, dit don Quichotte, vous me pouvez bien dire si je suis ce don Quichotte que vous dites avoir vaincu. — A cela nous vous répondrons, dit le chevalier des Miroirs, que vous ressemblez au chevalier que j'ai vaincu comme un œuf ressemble à l'autre. Néanmoins, puisque vous dites être persécuté par des enchanteurs, je n'oserais affirmer si vous en êtes ou non le ci-dessus mentionné. — Cela me suffit à moi, répondit don Quichotte, pour croire que vous vous trompez, et, pour vous en éclaircir entièrement, que l'on amène nos chevaux ; car, en moins de temps que vous n'en pourriez employer à hausser votre visière, si Dieu, si ma dame et si mon bras m'assistent, je verrai votre visage et vous verrez que je ne suis point ce don Quichotte que vous croyez avoir vaincu. »

Sans en dire davantage, ils montèrent à cheval ; don Quichotte tourna la bride à Rossinante, afin de prendre autant de champ qu'il lui en fallait pour aller à la rencontre de son adversaire, et le chevalier des Miroirs en fit autant. Mais à peine don Quichotte s'était éloigné de vingt pas qu'il entendit celui des Miroirs qui l'appelait. S'étant approchés chacun de moitié du chemin, le même chevalier dit à don Quichotte : « Chevalier, sachez bien que nous combattons à cette condition que le vaincu, ainsi que je l'ai déjà dit, demeurera à la discrétion du vainqueur. — Je le sais bien, repartit don Quichotte, pourvu que ce que le vainqueur commandera ne sorte point des bornes de la chevalerie. — Je l'entends ainsi », répondit celui des Miroirs.

Sur cela, notre don Quichotte aperçut le nez étrange de l'écuyer, et n'en fut pas moins ébahi que Sancho, de sorte qu'il le prit pour quelque monstre, ou pour un homme nouveau et de ceux qui ne sont pas d'usage en ce monde. Sancho, qui vit partir son maître pour prendre carrière, ne voulut pas demeurer seul avec ce grand nez. Il craignait que, si celui-ci lui baillait seulement une nasarde de cet étrange nez, la querelle serait de suite vidée, que pour le moins il en serait porté par terre, étendu de son long par ce seul coup, ou par la peur qu'il en avait. Il s'en alla donc derrière son maître, tenant la main sur la croupe de Rossinante, et, quand il vit qu'il était temps de tourner bride, il lui dit : « Je supplie Votre Grâce, monseigneur, avant que de commencer votre rencontre, de m'aider à monter sur ce liège. Je pourrai voir de cet arbre plus à mon aise que je ne saurais le faire d'en bas la belle rencontre de Votre Grâce et de ce chevalier. — Je crois plutôt, Sancho, dit don Quichotte, que tu as envie de te percher là-haut et de monter dans la galerie pour voir sans péril les taureaux. — Il faut, répondit Sancho, que je dise la vérité : l'énorme nez de cet écuyer m'a tellement empli d'étonnement et d'épouvante que je n'ose demeurer auprès de lui. — Certes, dit don Quichotte, il est tel que, si je n'étais ce que je suis, je pourrais en être pareillement surpris. Viens donc, et je t'aiderai à monter où tu dis. »

Pendant que don Quichotte était empêché à aider Sancho Pança à monter sur l'arbre, celui des Miroirs prit du champ autant qu'il en crut nécessaire, et puis, estimant que don Quichotte en eût fait autant, sans attendre ni son de trompette ni autre signe qui les avertît, il lâcha la bride à son cheval en le tournant ; lequel cheval n'était ni plus léger ni de meilleure mine que Rossinante, et puis, le faisant courir tant qu'il pouvait, ce qui n'était qu'un trot ordinaire, il alla à la rencontre de son adversaire. Mais, le voyant occupé à faire monter Sancho sur l'arbre, il serra les rênes et s'arrêta au milieu de la carrière, chose qui fut extrêmement agréable au roussin, parce que déjà il n'en pouvait plus. Don Quichotte, qui crut que son ennemi venait volant contre lui, commença de presser vivement les maigres flancs de Rossinante, et l'aiguillonna de telle sorte que l'histoire raconte que ce fut ici pour la première fois qu'on reconnut qu'il avait dû courir, parce que jusque-là ce n'avaient été que trots purs et simples. Avec cette furie qu'on ne lui avait jamais vue, il arriva au lieu où le chevalier des Miroirs ne cessait de jouer des talons et de ficher la molette de ses éperons au ventre de son coursier sans qu'il le pût faire aucunement bouger du lieu où il l'avait arrêté tout soufflant au milieu de sa course. Notre valeureux don Quichotte prit donc si à propos son adversaire embarrassé de son cheval et occupé de sa lance qu'il ne put parvenir à la mettre en arrêt. Et sans prendre garde à tous ces inconvénients, sans péril ni danger aucun, il heurta le chevalier des Miroirs avec tant de force que, quoi qu'il en eût, il lui fit vider les arçons et baiser la terre ; et il tomba si rudement que, sans remuer pied ni main, il semblait qu'il fût mort.

A peine Sancho le vit tombé qu'il se laissa glisser du liège et courut en toute hâte au lieu où était son maître, lequel avait déjà mis pied à terre et s'était jeté sur le chevalier des Miroirs, à qui il délaçait son casque pour voir s'il était mort, et pour lui donner de l'air en cas qu'il fût vivant. Or il vit... Mais qui pourrait dire ce qu'il vit sans exciter l'admiration, la surprise et l'épouvante de ceux qui l'entendront ? Il vit, dit l'histoire, le visage même, la propre figure, tout l'extérieur, toute la physionomie, l'effigie propre et la vraie perspective du bachelier Samson Carrasco, et, aussitôt qu'il le vit, il s'écria : « Approche-toi, Sancho, et admire ce que tu vas voir et ce que tu ne pourras croire. Accours, mon fils, et remarque ce que peut la magie, ce que peuvent les sorciers et les enchanteurs. » Sancho s'approcha, et, aussitôt qu'il aperçut le visage du bachelier Carrasco, il commença à se signer mille fois, et tout autant de fois se recommanda à Dieu. Cependant, le chevalier vaincu ne donnait aucun signe de vie, et Sancho dit à don Quichotte : « Monseigneur, je suis d'avis que, pour oui ou pour non, Votre Seigneurie fiche et mette l'épée au travers de la gorge de celui-ci qui paraît être le bachelier Samson Carrasco. Par ce moyen vous mettrez peut-être à mort quelqu'un de ces enchanteurs vos ennemis. — C'est bien dit, repartit don Quichotte, et ce seront autant d'ennemis de moins. »

Comme il tirait son épée pour mettre à exécution l'avis et le conseil de Sancho, voici l'écuyer de celui des Miroirs qui arrive, lequel, n'ayant plus le grand nez qui le rendait si laid, lui dit avec de grands cris : « Seigneur don Quichotte, regardez bien à ce que vous faites : car celui qui est étendu à vos pieds est votre bon ami, le bachelier Samson Carrasco, et je suis son écuyer. » Sancho Pança, ne le voyant plus avec sa difformité première, lui dit : « Et le nez ? » A quoi l'autre répondit : « Je l'ai ici dans ma poche. » Et, sur cela, mettant la main à sa poche droite, il en tira un faux nez. Lors Sancho Pança, l'ayant de plus près considéré, s'écria d'une voix pleine d'étonnement : « Sainte Marie ! Eh ! n'est-ce pas ici Thomas Cécial, mon voisin et mon compère ? — Comment, si je le suis ! répliqua l'écuyer, qui était déjà sans nez : vraiment je suis Thomas Cécial, mon compère et mon ami Sancho, et je vous dirai promptement et en peu de mots les canaux, artifices, tours et détours qui m'ont conduit ici. Mais cependant priez et suppliez votre maître qu'il ne touche, ne maltraite, ne frappe ni ne tue le chevalier des Miroirs qu'il tient abattu à ses pieds, parce que, sans aucun doute, c'est le téméraire et mal conseillé Samson Carrasco, notre compatriote. »

Sur ce, le chevalier des Miroirs reprit ses sens ; ce que voyant don Quichotte, il lui porta la pointe de son épée toute nue à la face, et lui dit : « Chevalier, vous êtes mort, si vous ne confessez que la sans pareille Dulcinée du Toboso surpasse en beauté votre Casildée de Vandalie. Je veux, de plus, que vous promettiez, si vous vous relevez de cette chute et de ce combat, que vous irez à la cité du Toboso, et que là vous vous présenterez de ma part à ma dame, afin qu'elle fasse de vous ce qu'elle voudra. Et, si elle vous laisse libre, vous viendrez encore à ma quête (la trace de mes prouesses vous servira de guide et vous mènera là où je serai), et me rapporterez ce qui se sera passé entre vous deux : conditions conformes à celles que nous avons établies avant d'en venir aux mains, et qui n'excèdent point les bornes de la chevalerie errante. — Je confesse, dit alors le chevalier tombé, que le soulier décousu et crotté de la dame Dulcinée du Toboso vaut mieux que le poil mal peigné, quoique net, de Casildée. Je vous promets d'aller et de me présenter à elle de votre part, et puis de vous faire une entière relation de ce que vous désirez. — Vous devez aussi confesser et croire, ajouta don Quichotte, que ce chevalier que vous avez autrefois vaincu ne fut ni ne peut être don Quichotte de la Manche, mais un autre qui lui ressemblait, comme je confesse et je crois que, bien que vous lui ressembliez, vous n'êtes point le bachelier Samson Carrasco, mais un autre qui lui ressemble ; et qu'en cette figure mes ennemis l'ont mis devant moi afin que j'arrête et modère l'excès de ma colère, et que j'use avec douceur de la gloire acquise par ma victoire. — Je confesse, repartit le pauvre éreinté chevalier, juge et crois comme vous croyez, jugez et confessez : laissez-moi, je vous prie, me lever, si tant est que le coup de ma chute me le permette, car je me sens en fort mauvais point. »

Don Quichotte lui aida à se relever, ainsi que Thomas Cécial, son écuyer, duquel Sancho ne retirait point les yeux, ne cessant de l'interroger sur des choses dont les réponses lui donnaient un clair témoignage qu'il était véritablement ce Thomas Cécial qu'il disait. Toutefois, l'appréhension que son maître avait fait naître chez Sancho par ce qu'il avait dit des enchanteurs qui avaient changé la figure du chevalier des Miroirs en celle du bachelier Carrasco ne lui permettait pas de croire la vérité qu'il voyait de ses propres yeux.

Finalement le maître et le valet demeurèrent en cette erreur pendant que le chevalier des Miroirs et son écuyer, bien fâchés et mal errants, dirent adieu à don Quichotte et à Sancho, en intention de trouver quelque lieu où le maître pût faire huiler et replâtrer ses côtes froissées. Don Quichotte et Sancho reprirent le chemin de Saragosse. L'histoire les y laisse pour le présent afin de raconter qui étaient le chevalier des Miroirs et son écuyer au grand nez.

CHAPITRE XV

OÙ L'ON DIT ET REND COMPTE DE CE QUE C'ÉTAIT QUE LE CHEVALIER DES MIROIRS ET SON ÉCUYER

Notre don Quichotte allait tout content et glorieux d'avoir emporté la victoire sur un aussi vaillant chevalier qu'était, comme il l'imaginait, celui des Miroirs. Et se fiant à sa chevaleresque parole il espérait savoir de lui si l'enchantement de sa dame persistait plus avant, car il fallait bien que ledit vaincu chevalier, sous peine de perdre ce titre, revînt lui rendre compte de la façon dont tout se serait passé avec elle. Mais don Quichotte pensait une chose, et celui des Miroirs une autre : et pour l'instant, c'était de se faire médicamenter, comme on a dit. L'histoire, donc, nous rapporte que quand le bachelier Samson Carrasco conseilla à don Quichotte de retourner chercher ses abandonnées chevaleries, ce fut après avoir premièrement tenu chambre du conseil avec le curé et le barbier sur le moyen de réduire don Quichotte à demeurer en repos dans sa maison, sans s'agiter après ses aventures malencontreuses. Ils avaient été tous trois d'avis, et particulièrement Carrasco, qu'on laissât sortir don Quichotte, puisqu'il paraissait impossible de le retenir, et que Samson se présentât sur son chemin accoutré en chevalier errant, et le combattît, puisqu'il ne manquerait pas de sujet de le faire, et qu'il le vainquît, ce qu'il regardait comme chose facile. Mais, avant leur combat, ils devaient convenir ensemble que le vaincu demeurerait à la merci du vainqueur. Alors le bachelier chevalier devait renvoyer don Quichotte vaincu, à son village et à sa maison, et lui commander de n'en sortir de deux ans, ou jusqu'à ce qu'il reçût de lui un autre mandement. Et c'était chose claire et manifeste que don Quichotte vaincu accomplirait indubitablement ce qui lui serait enjoint pour ne point contrevenir aux lois de la chevalerie. Et il se pourrait faire que, durant le temps qu'il demeurerait dans sa maison, il oubliât ses chimères, ou bien qu'on trouvât quelque remède à sa folie.

Dans cette résolution Carrasco prit pour écuyer Thomas Cécial, compère et voisin de Sancho Pança, et homme gaillard et éveillé. Samson s'arma ainsi que nous avons dit, et Thomas Cécial mit un faux nez sur celui que nature lui avait donné, de peur d'être reconnu de son compère quand ils se verraient. Ils allèrent après don Quichotte, et peu s'en fallut qu'ils ne le rencontrassent en l'aventure du char de la Mort. Finalement ils les atteignirent dans le bois, où il leur arriva ce que le lecteur avisé a pu lire. Cependant, n'eussent été les pensées et les imaginations extraordinaires de don Quichotte, qui lui donnèrent à entendre que le bachelier n'était pas le bachelier, ce monsieur le bachelier fût demeuré pour jamais incapable de prendre les degrés de licencié, pour n'avoir point trouvé de nid où il pensait trouver des moineaux.

Thomas Cécial, qui vit combien mal ce dessein avait réussi et la fin malheureuse de leur voyage, dit au bachelier : « Certes, monsieur Samson Carrasco, nous avons ce que nous méritons ! On imagine et on risque facilement une entreprise, mais bien souvent on en sort avec de la difficulté : don Quichotte est fou, et nous sommes sages ; il s'en va sain et riant, et Votre Grâce demeure triste et moulue. Or, sachons maintenant qui est plus fou : ou celui-là qui est fou parce qu'il n'en peut mais, ou celui qui l'est volontairement. » Samson lui répondit : « La différence entre ces deux fous est que celui qui l'est par force le sera à tout jamais, et celui qui l'est volontairement ne le sera plus quand il voudra. — Si cela est, dit Thomas Cécial, je me rendis volontairement fou quand je me fis votre écuyer, et par ce même moyen je suis résolu de cesser de l'être et m'en retourner à ma maison. — Comme il vous plaira, répliqua Samson, car pour moi, de penser que je retourne à la mienne sans avoir premièrement frotté don Quichotte à coups de bâton, c'est rêverie. Je ne suis plus poussé du désir que j'avais qu'il recouvrât son jugement, mais bien de celui de la vengeance : car la grande douleur de mes côtes ne me porte nullement à la compassion. »

En discourant de la sorte, ils arrivèrent à un village où, par bonne fortune, ils trouvèrent un rebouteux. Il pansa le malmené Samson, que Thomas Cécial quitta pour reprendre le chemin de son bourg. Pendant que Carrasco reste à songer aux moyens de se venger, l'histoire, qui le reprendra en son temps, veut maintenant se réjouir avec don Quichotte.

CHAPITRE XVI

DE CE QUI ARRIVA AU VALEUREUX DON QUICHOTTE AVEC UN SAGE CHEVALIER DE LA MANCHE

Don Quichotte poursuivait son chemin avec le contentement et la gloire que nous avons déjà dits : car il s'imaginait par sa victoire être le chevalier errant le plus valeureux qui fût en ce siècle au monde et que toutes les aventures qui lui surviendraient désormais lui seraient prospères. Il méprisait les enchantements et les enchanteurs, et ne se ressouvenait plus de l'infinité des bastonnades qu'il avait autrefois reçues durant le cours de ses chevaleries, ni de la volée des pierres qui lui cassa la moitié des dents, ni de l'ingratitude des galériens, ni de la témérité des Yangois qui l'avaient étrillé à coups de pieux. Enfin il disait à part soi que, s'il pouvait trouver l'art de désenchanter sa maîtresse Dulcinée du Toboso, il n'envierait point la plus grande fortune qui eût jamais comblé chevalier errant des siècles passés. Pendant qu'il était occupé de ces imaginations, Sancho lui dit : « Monsieur, n'y a-t-il pas de quoi rire que j'aie toujours devant les yeux l'extraordinaire nez, l'effroyable nez de mon compère Thomas Cécial ? — Crois-tu donc, repartit don Quichotte, que le chevalier du Bois soit le chevalier Carrasco, et son écuyer Thomas Cécial ton compère ? — Je ne sais qu'en dire, repartit Sancho ; mais je sais bien que les signes qu'il m'a donnés de ma maison, de ma femme et de mes enfants, nul autre que lui ne me les saurait donner. Sa face, une fois ôté le grand nez, était celle-là même de Thomas Cécial, ainsi que je l'ai vue plusieurs fois en mon village. Nous sommes si voisins qu'il n'y a que la muraille entre deux, et le son de sa voix était absolument le même. — Sancho, répliqua don Quichotte, parlons un peu raison. Viens çà : quelle apparence y a-t-il que le bachelier Samson Carrasco vînt comme chevalier errant avec armes offensives et défensives combattre contre moi ? Ai-je par hasard été son ennemi ? Lui ai-je jamais donné sujet de m'en vouloir ? Suis-je son rival, ou fait-il profession des armes pour porter envie à la renommée que j'y ai acquise ? — Mais que dirons-nous, monsieur, repartit Sancho, de ce que ce chevalier, qu'il soit qui ce soit, ressemble si bien au bachelier Carrasco, et son écuyer à Thomas Cécial, mon compère ? Et si c'est enchantement, comme l'a dit Votre Seigneurie, n'y avait-il que ces deux au monde à qui ils pussent si bien ressembler ? — Tout cela n'est qu'artifice, dit don Quichotte, et machination des méchants magiciens qui me persécutent : car, ayant prévu la victoire que je devais obtenir, ils ont changé la face de ce chevalier vaincu en celle de mon ami le bachelier, afin que l'amitié que je lui porte se mît entre deux et servît de barrière au tranchant de mon épée et à la force de mon bras, modérant la juste colère de mon cœur, et que par ce moyen celui qui par supercherie essayait de m'ôter la vie demeurât vivant. Pour preuve de quoi, tu sais bien, ô Sancho, par une expérience qui ne saurait plus te tromper, combien c'est chose facile aux enchanteurs de changer un visage en un autre, et de rendre laid un qui est beau, et beau un qui est laid : car tu as vu de tes propres yeux, et il n'y a pas encore deux jours, la beauté et la bonne grâce de la sans pareille Dulcinée du Toboso en toute son entière et naturelle vérité, tandis que je la vis sous la forme d'une laide, abjecte et lourde paysanne, avec les yeux chassieux et la bouche malodorante. Or, il ne faut pas s'étonner que le pervers enchanteur qui a fait une transformation si malheureuse, ait pu encore avoir fait celle de Samson Carrasco et de ton compère, afin d'enlever à mes mains la gloire de la victoire. Au moins je me console qu'en quelque figure que ce soit je suis demeuré vainqueur de mon ennemi. — Dieu sait la vérité de tout », répondit Sancho, qui, ayant une parfaite connaissance de la transformation de Dulcinée et se représentant qu'une telle métamorphose procédait de son artifice, ne se pouvait nullement contenter des chimères de son maître. Toutefois il n'y voulut point faire de réplique, de peur de proférer quelque parole qui découvrît sa fourbe.

Ils étaient sur ce discours quand ils furent rejoints par un homme qui venait après eux et par le même chemin. Il montait une fort belle cavale mouchetée, portait un manteau de fin drap vert, bordé de velours fauve, et avait sur la tête un petit chapeau d'été de même velours. Le harnais de la jument était de campagne et à la genette, et de même couleur foncée et verte. Il portait un sabre à la mauresque, pendu à un large baudrier vert et or. Il avait des bottines de même travail que le baudrier. Ses éperons n'étaient pas dorés, mais enduits d'un vernis, et si polis et luisants que, s'assortissant fort bien à l'accoutrement, ils avaient meilleur air que s'ils eussent été d'or fin. Lorsqu'il fut près de notre chevalier et de son écuyer, il les salua courtoisement, et, piquant sa cavale, il eût passé si les paroles de don Quichotte ne l'eussent arrêté. « Galant gentilhomme, dit-il, si vous faites même route que nous et que la hâte ne vous presse point, peut-être aurez-vous du plaisir d'aller avec nous. — En vérité, répondit l'homme à la cavale, je n'aurais point passé si vite, si je n'avais eu peur que ce cheval ne prît peur à l'approche de ma jument. — S'il n'y a autre chose, dit alors Sancho, vous pouvez bien serrer la bride à votre bête, parce que notre cheval est le plus honnête et le mieux élevé du monde. Jamais en pareilles occasions il n'a commis aucune vilenie, et, si un jour il fit une escapade, mon maître et moi en payâmes l'amende au septuple. Je dis encore une fois que, s'il vous plaît, vous pouvez arrêter votre monture, car on la lui servirait entre deux plats, notre cheval est si honteux et si paisible qu'il n'y mettrait pas le museau. »

Le voyageur mit donc au pas sa cavale, bien émerveillé de la posture et du visage de don Quichotte, qui pour lors allait sans casque, Sancho le lui portant comme une mallette à l'arçon, devant le bât de son grison. Et, si le chevalier en vert considérait attentivement don Quichotte, croyez que don Quichotte le considérait encore plus : car il lui semblait un personnage d'importance. Cet homme pouvait avoir quelque cinquante ans, et ses cheveux ne grisonnaient guère ; son visage était aquilin, et sa contenance tenait du joyeux et du grave. Enfin, à son équipage et à son extérieur, il témoignait être un homme distingué. Quant à ce que l'homme en vert pensa de don Quichotte de la Manche, ce fut qu'il n'avait décidément rien vu de la sorte. Il s'ébahissait de la longueur du cou, de la taille du corps, de ce visage maigre et jaune, de ces armes, de cette mine et de cette allure. Pareil portrait n'avait jamais depuis belle lurette paru sur cette terre. Don Quichotte ne laissa pas de remarquer l'attention avec laquelle l'autre le regardait, et dans son ébahissement il lut son secret désir.

Or, comme il était fort courtois et soucieux de complaire à tout le monde, avant que l'autre lui fît aucune demande, il prit les devants en ces termes : « Cette figure que vous voyez en moi étant si nouvelle et si différente de celles dont on use communément, je ne m'émerveillerai pas que vous en soyez émerveillé ; mais Votre Grâce cessera de l'être, quand je lui dirai, comme je vous le dis, que je suis chevalier :

De ceux dont on nous raconte
Qu'ils vont à leurs aventures.

J'ai quitté ma patrie, engagé mon bien, dit adieu à mes délices, et me suis jeté dans les bras de la fortune, afin qu'elle me portât où il lui plairait le mieux. J'ai voulu ressusciter la défunte chevalerie errante, et il y a de longs jours que, trébuchant ici, tombant là, m'écroulant là-bas, et me relevant plus loin, j'ai accompli une grande partie de mon désir en secourant la veuve, servant de rempart aux jeunes filles et favorisant les femmes mariées, les orphelins et les pupilles : office propre et naturel aux chevaliers errants. C'est ainsi que, par mes valeureuses et chrétiennes prouesses, j'ai mérité d'être imprimé chez presque toutes les nations du monde. On a mis sous presse trente mille exemplaires de mon histoire ; il y a de l'apparence, si le ciel n'y remédie, qu'on en imprimera trente mille milliers. Finalement, pour enfermer le tout en peu de paroles ou en une seule, qu'il vous suffise que je suis don Quichotte de la Manche, autrement nommé le chevalier de la Triste Figure. Et, bien que les louanges qu'on se donne ne soient guère honorables, je suis pourtant forcé de dire quelquefois les miennes, s'entend lorsqu'il n'y a personne d'autre pour les présenter. C'est pourquoi, mon gentilhomme, ni ce cheval, ni cette lance, ni cet écu, ni cet écuyer, ni toutes ces armes jointes ensemble, ni la couleur blême de mon visage, ni ma maigreur, ne vous pourront désormais étonner, ayant su qui je suis et la profession que je fais. »

Don Quichotte se tut, et l'homme de vert habillé, en tardant à répondre, témoignait qu'il ne trouvait pas de réponse qui vînt à propos. Toutefois, après un bon moment, il tint ce langage : « Seigneur chevalier, vous avez pu connaître ma pensée par mon ébahissement. Néanmoins vous ne m'avez pas ôté la surprise que votre vue m'a causée : car, encore que vous disiez que la connaissance que vous m'avez donnée de votre qualité me peut ôter tout ébahissement, cela n'est point ; au contraire, maintenant que je le sais, j'en demeure plus émerveillé. Comment est-il possible qu'il y ait aujourd'hui au monde des chevaliers errants, qu'il y ait encore des histoires imprimées de vraies chevaleries ? Je ne me puis persuader qu'il se trouve aujourd'hui des hommes qui favorisent les veuves, servent de rempart aux filles, soutiennent l'honneur des femmes mariées et secourent les orphelins, et je ne le croirais nullement, si de mes propres yeux je ne l'avais vu en vous voyant. Grâces soient rendues au ciel de ce que, par l'histoire dont Votre Seigneurie vient de parler, où l'on a imprimé ses hautes et véridiques chevaleries, l'on mettra désormais en oubli une infinité d'autres histoires fabuleuses de chevaliers errants, dont le monde était tout rempli, au grand dommage des bonnes mœurs, et au préjudice des bonnes histoires. — Il y a beaucoup à dire, repartit don Quichotte, sur ce sujet, à savoir si les histoires des chevaliers errants sont fabuleuses ou véritables. — Et qui doute, dit le gentilhomme vert, que de telles histoires ne soient fausses ? — C'est moi qui en doute, répliqua don Quichotte, et je vous prie, ne passons pas plus avant : car, si nous allons de compagnie ensemble tout notre voyage, j'espère, moyennant la grâce de Dieu, vous donner à connaître que vous avez eu tort de vous laisser emporter au courant de ceux qui tiennent pour certain qu'elles ne sont pas véritables. »

Le gentilhomme jugea par ce dernier propos de don Quichotte qu'il devait être quelque peu fou, si bien qu'il avait toujours l'œil sur lui pour voir si son opinion ne serait pas confirmée par quelque autre trait. Mais, avant qu'ils entrassent en d'autres discours, don Quichotte le pria de lui apprendre sa qualité, puisqu'il lui avait appris une partie de la sienne et de sa vie. Alors l'homme au manteau vert lui fit cette réponse : « Monsieur le chevalier de la Triste Figure, je suis un gentilhomme natif d'un lieu où, s'il plaît à Dieu, nous irons aujourd'hui dîner. Je suis un peu plus que médiocrement riche, et l'on m'appelle don Diègue de Miranda. Je passe doucement ma vie en compagnie de ma femme, de mes enfants et de mes amis. Mes exercices sont ceux de la chasse et de la pêche. Toutefois, je n'ai ni faucon, ni lévrier, mais quelque perdrix apprivoisée ou quelque courageux furet. En outre, j'ai jusqu'à six douzaines de livres, les uns des romans en langue vulgaire, et les autres en latin ; les uns traitent d'histoire, et les autres de dévotion. Quant à ceux qui parlent de chevalerie, ils n'ont point encore franchi le seuil de ma porte. Je lis plus volontiers les livres profanes que ceux de dévotion, pourvu qu'ils soient d'honnête entretien et qu'avec les délices du langage ils se fassent admirer par l'invention ; mais de tels livres, il y en a bien peu en Espagne. Quelquefois je mange avec mes voisins et amis qui m'invitent, et quelquefois aussi je les invite. Mes banquets sont propres, bien assaisonnés et nullement chiches. Je ne prends pas plaisir à la médisance, et je ne souffre jamais que devant moi l'on mette quelqu'un sur le tapis. Je ne vais point épluchant la vie d'autrui, je n'épie les actions de personne. Chaque jour j'entends la messe : je donne de mes biens aux pauvres, sans faire montre de mes bonnes œuvres pour ne donner point entrée en mon âme à l'hypocrisie et à la vaine gloire, ennemis qui s'emparent tout doucement du cœur le plus sage. Je tâche à mettre la paix parmi ceux qui ne sont pas de bonne intelligence. J'ai une particulière dévotion à la sainte Vierge, et toujours je mets mon entière confiance en la miséricorde infinie de Dieu, notre Seigneur. »

Sancho Pança, qui écoutait attentivement le récit que faisait ce gentilhomme de sa vie, laquelle lui semblait bonne et sainte, et pensant que celui qui la menait ainsi devait faire des miracles, se jeta à bas de son grison, et puis lui courut embrasser l'étrier droit, lui baisant de bon cœur et quasi la larme à l'œil plusieurs fois les pieds. A quoi le gentilhomme : « Frère, que faites-vous ? A quoi bon tous ces baisers ? — Permettez que je baise, repartit Sancho, puisque Votre Seigneurie me semble être le premier saint monté à la genette que j'aie vu de ma vie. — Je ne suis point un saint, répondit le gentilhomme, mais un grand pécheur. C'est vous, mon ami, qui devez être quelque homme de bien, ainsi que votre simplicité le témoigne. » Sur cela, Sancho se remit sur son bât, ayant tiré le ris de la profonde mélancolie de son maître, et causé une nouvelle surprise à don Diègue.

Don Quichotte demanda à ce gentilhomme combien il avait d'enfants, et lui dit aussi qu'une des choses où les anciens philosophes, qui étaient privés de la vraie connaissance de Dieu, établissaient leur souverain bien, consistait aux biens de la nature, en ceux de la fortune, en celui d'avoir beaucoup d'amis et un grand nombre de bons enfants. « Quant à moi, seigneur don Quichotte, répondit le gentilhomme, j'ai un fils, et peut-être, si je ne l'avais point, je m'estimerais plus heureux que je ne suis : non pas qu'il soit mauvais, mais parce qu'il n'est pas aussi bon que je voudrais. Il a environ dix-huit ans ; il a étudié six ans à Salamanque les langues latine et grecque, et, lorsque je voulais qu'il s'appliquât à d'autres sciences, je l'ai trouvé si pénétré de celle de la poésie (si tant est qu'on la puisse appeler science) qu'il n'est pas possible de le faire appliquer à la jurisprudence, que je voulais qu'il étudiât, ni à la théologie, qui est la reine de toutes. Je désirais en faire l'honneur de sa race, puisque nous vivons en un siècle où nos rois récompensent dignement les vertus et les bonnes lettres, car les lettres sans la vertu sont comme perles dans un fumier. Tout le long du jour il se rompt la cervelle pour vérifier si Homère dit bien ou mal en tel vers de son *Iliade ;* si Martial parle honnêtement ou non en telle épigramme ; si tels ou tels vers de Virgile se doivent entendre de cette manière ou de cette autre. Enfin tout son entretien n'est que des livres des poètes dont je vous parle et de ceux d'Horace, de Perse, de Juvénal et de Tibulle : car, pour les modernes qui écrivent en notre langue, il n'en fait pas beaucoup de compte. Néanmoins, malgré le mauvais visage qu'il fait à la poésie vulgaire, il a maintenant ses pensées échauffées à gloser sur quatre vers qu'on lui a envoyés de Salamanque, et que je crois être le sujet d'une joute littéraire. »

Don Quichotte, oyant ce discours, lui fit cette réponse : « Monsieur, les enfants sont des parties des entrailles de leurs pères : c'est pourquoi on les doit aimer, quelque bons ou mauvais qu'ils soient, de même que nous aimons l'âme qui nous donne la vie. Les pères sont obligés de les acheminer dès leur enfance par le sentier de la vertu, de la bonne éducation et des mœurs bonnes et chrétiennes, afin qu'étant venus en âge ils soient le bâton de vieillesse de leurs parents et la gloire de leur postérité. Or, je tiens qu'il ne les faut jamais forcer ni en cette science ni en cette autre, encore qu'il soit fort bien fait de le leur persuader. Et, quand un écolier n'a pas à s'appliquer à l'étude *pane lucrando,* et qu'il est assez heureux pour que Dieu lui ait donné un père qui lui laisse de quoi vivre, je serais d'avis qu'on le laissât suivre la science où il a une particulière inclination ; et, bien que celle de la poésie soit moins utile qu'agréable, elle n'est pas pourtant de celles qui ont coutume de déshonorer ceux qui les possèdent. La poésie, seigneur hidalgo, est, à mon avis, comme une tendre et jeune vierge, extrêmement belle, que plusieurs autres jeunes filles sont soigneuses de parer, enrichir et embellir, et ce sont les autres sciences, car elle se doit servir de toutes, et toutes s'en doivent rehausser. Toutefois cette jeune vierge ne veut point être maniée ni traînée par les rues, ni publiée à tous les coins de places ou de palais. Elle est composée d'une alchimie de telle vertu que qui la sait bien traiter la changera en or fin d'une inestimable valeur. Il lui doit donner un frein, et ne lui permettra pas de courir en de honteuses satires, ni en des sonnets sans âme. Elle ne doit nullement être vénale, si ce n'est en poèmes héroïques, en lamentables tragédies ou en comédies facétieuses et ingénieuses. Elle ne doit se laisser traiter par les truands ni par la racaille ignorante, incapable de connaître ni d'estimer les trésors qu'elle contient. Cependant, monsieur, ne pensez pas qu'en parlant ici de racaille j'entende seulement le menu peuple : je mets en ce rang tout ignorant, fût-ce un grand seigneur et un prince. C'est pourquoi celui qui fera profession de la poésie, avec les conditions que j'ai alléguées, son nom sera fameux et estimé de toutes les nations bien policées du monde. Quant à ce que vous dites, monsieur, que votre fils n'estime guère la poésie de notre langage vulgaire, je me persuade qu'il se trompe en ce point, et voici ma raison. Le grand Homère n'a point écrit en latin, car il était Grec, ni Virgile en grec, car il était Latin. En effet, tous les anciens poètes ont écrit en leur langue maternelle, et n'ont point été chercher chez les nations étrangères de quoi exprimer leurs conceptions relevées. Puisqu'il en est ainsi, il est raisonnable que cette coutume s'étende chez tous les peuples, et que l'on ne mésestime point un poète allemand, parce qu'il écrit en sa langue, ni un Castillan, ni même un Biscaïen, pour écrire en la sienne. Mais votre fils, ainsi que je me puis imaginer, monsieur, ne veut point de mal à la poésie vulgaire, mais plutôt aux poètes qui sont purement vulgaires, c'est-à-dire qui ne savent d'autres langues ni d'autres sciences pour orner, éveiller et soutenir leur élan naturel, et encore en ceci il y peut avoir de l'erreur : car, selon une opinion reçue, on naît poète. On veut dire par là que le poète par nature sort poète du ventre de sa mère, avec cette inclination que le Ciel lui a donnée, de sorte que, sans autre étude ni artifice, il compose des choses qui rendent véritable le dire du poète : *Est Deus in nobis,* etc. Je dis aussi que le poète par nature qui s'aidera de l'art sera beaucoup meilleur poète et surpassera de bien loin celui qui, par le moyen de l'art seul, voudra acquérir ce titre. La raison est que l'art ne surpasse jamais la nature, mais seulement la rend plus parfaite, si bien que, la nature étant jointe à l'art et l'art à la nature, cette union produira un poète très parfait. Pour conclusion de mon discours je vous conseille, seigneur hidalgo, de laisser cheminer votre fils par le sentier où son étoile l'appelle : car, étant bon écolier, comme il doit être, et ayant déjà heureusement franchi le premier échelon des sciences, qui est celui des langues, par elles et de lui-même il montera au sommet des lettres humaines, lesquelles paraissent aussi bien en un chevalier qui porte la cape et l'épée, et le parent, l'honorent et l'illustrent autant que font les mitres aux évêques, ou les robes longues et les cornettes aux docteurs en droit. Fâchez-vous contre votre fils, s'il fait des satires au préjudice de l'honneur d'autrui ; châtiez-le et déchirez ses œuvres diffamatoires. Mais, s'il composait des poésies à la mode d'Horace, ce qu'il y reprît le vice en général aussi élégamment que l'a fait ce poète, vous l'en devez louer. Il est permis au poète d'écrire contre l'envie et de dire en ses vers du mal des envieux, et ainsi des autres vices, pourvu qu'il ne nomme personne. Mais il y a des poètes qui, pour publier une méchanceté, se mettront en danger d'être relégués aux îles du Pont. Si le poète est chaste en ses mœurs, il le sera pareillement en ses vers. La plume est la langue de l'âme ; et telles sont les conceptions que l'âme produit, tels seront les écrits. Et, quand les rois et les princes voient la merveilleuse science de la poésie chez les sujets prudents, vertueux et graves, ils les honorent, les estiment et les enrichissent, et même les couronnent des feuilles de l'arbre que la foudre ne touche point[1], en témoignage que nul ne doit offenser ceux qui ont leurs tempes et leur tête parées de telles couronnes. »

Le gentilhomme au Vert Caban demeura tout étonné du discours de don Quichotte, et si bien qu'il perdit de l'opinion qu'il avait conçue de sa folie. Cependant Sancho, qui n'avait pris guère de plaisir à tout ce discours, s'était détourné du chemin pour demander un peu de lait à des bergers qui, près de là, étaient à traire un troupeau de brebis. Tandis que ce gentilhomme, extrêmement satisfait de la prudence et du bon discours de don Quichotte, voulait reprendre la conversation, don Quichotte, levant la tête, aperçut venir à leur rencontre un chariot plein de bannières royales, et, croyant que c'était quelque nouvelle aventure, il appela à haute voix Sancho, afin qu'il lui vînt donner son casque. Sancho, entendant la voix de son maître, quitta les bergers, piqua en toute hâte son grison, et arriva bientôt au lieu où l'attendait son maître, à qui survint une aventure non moins épouvantable qu'extravagante.

CHAPITRE XVII

OÙ SE MONTRE LE POINT EXTRÊME QU'ATTEIGNIT ET PUT ATTEINDRE LE COURAGE INOUÏ DE DON QUICHOTTE, ET L'HEUREUSE ISSUE DE L'AVENTURE DES LIONS

L'histoire raconte que, quand don Quichotte criait après Sancho afin qu'il lui apportât son casque, celui-ci était occupé à acheter des fromages blancs, que les bergers lui vendaient. Or, il se trouva tellement pressé des cris de son maître qu'il ne sut qu'en faire, ni où les mettre, et, pour ne les point perdre, car il les avait déjà payés, il s'avisa de les placer dans l'armet de son maître, et avec cette bonne précaution il courut voir ce qu'il lui voulait. Alors don Quichotte lui dit : « Ami, donne-moi ce casque : car ou je suis ignorant des aventures, ou bien ce que j'aperçois en est une qui me doit contraindre et me contraint de prendre mes armes. » Lors le gentilhomme au Vert Caban, qui entendit ces paroles, jeta ses regards de tous côtés, et ne découvrit autre chose qu'un chariot qui venait à leur rencontre, et où il y avait deux ou trois petites banderoles. Cela lui donna à entendre que ce chariot devait porter quelque monnaie de Sa Majesté, et il le dit à don Quichotte. Mais lui, qui croyait et pensait toujours que tout ce qui lui arrivait n'était qu'aventures sur aventures, lui fit cette réponse : « Homme découvert, homme à moitié combattu. Je ne perds rien à me tenir sur mes gardes, car je sais par expérience que j'ai des ennemis visibles et invisibles ; et j'ignore où, en quel temps et en quelle figure ils me doivent assaillir. » Ce disant, il se tourna vers Sancho et lui demanda sa salade, laquelle il fut contraint de lui bailler sans avoir loisir d'en tirer les fromages blancs. Don Quichotte la prit, et, sans regarder ce qui était dedans, se l'enchâssa promptement en tête. Mais, sitôt qu'il commença de presser les fromages, le petit-lait commença de courir par sa face et par toute sa barbe. Cela le mit en un tel trouble qu'il dit à son écuyer : « Que peut être tout ceci, Sancho ? Il me semble que le sommet de ma tête devient mou, ou que la cervelle me fond, ou que je sue des pieds à la tête. Certainement je sue, mais ce n'est pas de crainte ; sans doute l'aventure qui me doit maintenant arriver est fort terrible. Si tu as quelque chose pour m'essuyer, donne-le-moi : car cette excessive sueur m'aveugle les yeux. » Sancho ne dit mot, et lui donna un mouchoir et rendit grâces à Dieu de ce que son maître ne fût pas tombé sur ce qu'il en était. Don Quichotte s'essuya et ôta son casque pour voir ce qui, à son avis, lui rafraîchissait ainsi la tête, et, y voyant dedans cette blanche bouillie, il la porta à son nez, et en la sentant tint ce discours : « Par la vie de ma dame Dulcinée du Toboso, ce sont ici des fromages blancs que tu y as mis, traître, brigand, écuyer mal avisé ! » Sancho, entendant ce que son maître disait, lui répondit d'un grand flegme, avec beaucoup de dissimulation : « Si ce sont des fromages blancs, que Votre Grâce me les donne, et je les mangerai... Mais non, que le diable les mange, car ce doit être lui et non autre qui les y a mis. Eh quoi ! pensez-vous donc que je fusse si téméraire de salir ainsi le casque de Votre Grâce ? Vous avez bien trouvé le fol ! Sur ma foi, monsieur, à ce que Dieu me donne à entendre, je dois avoir aussi des enchanteurs qui me persécutent, comme étant une créature et un membre de Votre Grâce. Ils y auront mis sans doute cette immondice pour exciter à colère votre patience, afin que vous me froissiez les côtes ainsi que vous avez coutume de le faire. Mais, à la vérité, je m'assure que pour cette fois ils se sont abusés : car je me confie sur le bon jugement de mon maître, qui considérera que je n'ai ni fromage, ni lait, ni autre chose qui le vaille, et, si je l'avais, je le mettrais plutôt dans mon estomac que dans votre salade. — Tout est possible », dit don Quichotte. Et le gentilhomme considérait tout cela, et tout cela l'étonnait ; mais principalement il fut ébahi quand, après que don Quichotte se fut nettoyé la tête, le visage, la barbe et le casque, il mit l'armet en tête, puis, s'affermissant sur ses étriers, assurant son épée et couchant sa lance tint ce langage : « Vienne maintenant ce qui pourra venir, car me voici en résolution de me battre contre Satan même en personne. » Là-dessus, le chariot où étaient les banderoles s'approcha d'eux, et il n'y avait personne que le charretier, monté sur l'une des mules, et un autre homme assis sur le devant de la charrette. Don Quichotte se planta devant et dit : « Frères, où allez-vous ? Quel Chariot est-ce ci ? Qu'y a-t-il dedans ? Et quelles banderoles sont-ce là ? » Le charretier lui répondit : « Ce chariot est à moi. Ce qui est dedans, ce sont deux lions féroces dans des cages. Le général d'Oran les envoie à la cour pour les présenter à Sa Majesté. Les banderoles sont les armes du Roi notre Sire, pour montrer que ceci lui appartient. — Sont-ils grands, ces lions ? demanda don Quichotte. — Ils sont si grands, repartit l'homme qui était assis à la porte du chariot, que jamais plus grands, ni même aussi grands, n'ont passé d'Afrique en Espagne. Je le puis dire, moi, leur gardien ; j'en ai conduit d'autres, mais de semblables à ceux-ci, jamais. Ils sont le mâle et la femelle : le mâle est dans cette première cage et la femelle dans celle de derrière. Ils sont maintenant affamés, parce qu'ils n'ont pas mangé d'aujourd'hui : c'est pourquoi, détournez-vous, s'il vous plaît, et laissez-nous passer, car il est besoin que nous arrivions promptement au lieu où nous leur donnions à manger. » Lors don Quichotte, en souriant un peu, lui fit cette réponse : « A moi des lionceaux ? Des lionceaux à moi ? Et à l'heure où nous sommes ? Par le Dieu vivant, ces messieurs qui les envoient verront si je suis homme à m'épouvanter de lions ! Bonhomme, mettez pied à terre, et, puisque vous êtes le gardien des lions, ouvrez ces cages et faites-moi sortir ces bêtes. Je leur donnerai à connaître qui est don Quichotte de la Manche, en dépit des enchanteurs qui me les envoient ! — Là, là, dit alors l'hidalgo à part soi, notre bon chevalier a maintenant fait voir ce qu'il est : les fromages mous lui ont sans doute amolli la caboche et mûri la cervelle. »

Cependant Sancho s'approcha, et lui dit ces paroles : « Monsieur, je vous supplie au nom de Dieu que vous fassiez en sorte que mon seigneur don Quichotte ne s'en prenne point à ces lions : car, s'il le fait, ils vont nous mettre tous en pièces ! — Comment ! répondit alors ce gentilhomme. Votre maître est-il donc assez fou pour que vous craigniez et croyiez qu'il s'attaque à de si fiers animaux ? — Il n'est pas fou, répliqua Sancho, mais bien téméraire. — J'aviserai, dit le gentilhomme, à ce qu'il ne le soit pas », et sur cela il s'approcha de don Quichotte, qui pressait le gardien des lions pour qu'il ouvrît les cages, et lui dit : « Seigneur chevalier, les chevaliers errants sont obligés d'entreprendre les aventures qui leur donnent espérance d'en sortir à leur honneur, et non pas celles qui leur en ôtent tout espoir : car la valeur qui n'est que du ressort de la témérité tient beaucoup plus de la folie que du courage ; et à plus forte raison, puisque ces lions ne viennent point contre Votre Seigneurie et n'y songent même pas. Au contraire, on les veut présenter au roi, de sorte qu'il n'est pas bien de les arrêter ni d'empêcher leur voyage. — Mon gentilhomme, repartit alors don Quichotte, mêlez-vous de gouverner votre perdrix apprivoisée et votre courageux furet, et laissez à chacun exercer son métier. C'est ici le mien, et c'est à moi de savoir si ces messieurs les lions viennent à moi, ou s'ils n'y viennent pas. »

Lors, s'adressant au maître des lions, il lui dit : « Coquin, je jure Dieu que, si tu n'ouvres au plus tôt les cages, je te clouerai de cette lance au chariot. » Le charretier, qui vit la résolution de ce fantôme en pied de guerre, lui dit : « Monsieur, je vous supplie de charité, laissez-moi auparavant dételer les mules, et que je me sauve avec elles, avant que l'on donne la clef des champs aux lions : car, s'ils me les mettaient à mort, je serais ruiné pour toute ma vie ; je ne possède pour tout bien que ce chariot et ces mules. — Ô homme de peu de foi, repartit don Quichotte, mets pied à terre, dételle et fais ce qu'il te plaira : car tu verras en peu de temps que tout ton travail est inutile, et que tu te pouvais bien passer de tant de peine. » Le charretier mit donc pied à terre, et à grande hâte détela ses mules, cependant que le gardien des lions disait tout haut ces paroles : « J'appelle en témoignage tous ceux qui sont ici présents que c'est contre ma volonté et par contrainte que j'ouvre ces cages et mets en liberté les lions ; et je proteste à ce gentilhomme que tout le mal et le dommage que ces bêtes feront sera à ses frais, sans préjudice de mes droits et de mes salaires. Mais, auparavant que je le fasse, je vous prie, messieurs, de vous mettre en sûreté ; car pour ce qui est de moi, je sais qu'ils ne me feront aucun mal. » L'hidalgo voulut persuader encore un coup à don Quichotte de ne commettre point une telle folie, en lui remontrant que c'était tenter Dieu. Don Quichotte lui répondit qu'il savait ce qu'il faisait, et le gentilhomme lui répliqua qu'il y regardât bien : car il croyait qu'il se trompait grandement. « Monsieur, lui dit don Quichotte, si vous n'avez pas envie d'être spectateur de ce que vous croyez une tragédie, piquez votre jument tachetée et vous mettez en lieu sûr. » Quand le bon Sancho vit cette résolution, il supplia son maître, la larme à l'œil, de vouloir se désister d'une telle entreprise, en comparaison de laquelle celle des moulins à vent, celle des marteaux à foulon, et enfin tous les hauts faits d'armes qu'il avait accomplis durant tout le cours de sa vie, n'étaient que gâteaux et pains de fantaisie. « Considérez, monsieur, disait Sancho, qu'il n'y a point ici enchantement, ni chose qui lui ressemble ; que j'ai moi-même vu par le treillis et par les fentes de la cage la griffe d'un vrai lion, et de là je conclus qu'un tel lion, à qui une telle griffe appartient, est plus grand qu'une montagne. — La peur, tout au moins, répliqua don Quichotte, te fait trouver ce lion plus grand que la moitié du monde. Retire-toi, Sancho, et me laisse. Si je meurs, tu sais déjà le vieil accord qui a été passé entre nous. Tu iras trouver Dulcinée, et je ne t'en dis pas plus. » Il ajouta plusieurs autres propos, qui enlevèrent aux assistants toute espérance de le voir renoncer à une entreprise aussi extravagante. L'homme au manteau vert eût bien voulu s'y opposer ; mais, voyant que la partie n'était pas égale, et que c'était grande folie de prendre querelle contre un fou, tel qu'il estimait déjà de tout point don Quichotte, il fut contraint de le laisser faire.

Cependant, notre courageux chevalier de la Manche pressant de nouveau le gardien des lions et réitérant ses menaces, l'hidalgo piqua sa jument, Sancho son roussin et le charretier ses mules. Chacun tâchait de s'éloigner du chariot le plus loin possible avant que les lions sortissent de leur cage. Sancho pleurait la mort de son maître, car cette fois-là il croyait bien que don Quichotte tomberait dans les griffes des lions. Il maudissait sa fortune, et nommait fatale l'heure où il lui vint en pensée de le retourner servir. Mais, avec toutes ses larmes et ses plaintes, il ne laissait pas de piquer le roussin pour qu'il s'éloignât du chariot.

Quand le gardien des lions vit que ceux qui fuyaient étaient déjà bien hors de portée, il requit et intima de nouveau à don Quichotte ce qu'il lui avait déjà requis et intimé. Mais celui-ci lui répondit qu'il l'entendait, qu'il n'usât plus de tant de réquisitions ni d'intimations, puisque tout cela était inutile, qu'il fît promptement ce qu'il lui commandait. Durant le temps que le gardien des lions mit à ouvrir la première cage, don Quichotte se mit à consulter à part soi s'il ferait ce combat plutôt à pied qu'à cheval. Enfin, il résolut qu'il le ferait à pied, craignant que Rossinante ne s'épouvantât de la vue des lions. Il sauta donc à terre, jeta sa lance, embrassa son écu, et mettant l'épée à la main, pas à pas, avec une merveilleuse intrépidité et un cœur vaillant, s'alla mettre devant le chariot, se recommandant à Dieu de tout son cœur, puis à madame Dulcinée, sa maîtresse. Or, vous devez savoir que l'auteur de cette véritable histoire, en arrivant à ce passage, fait cette exclamation : « Ô valeureux et au-delà de toute expression courageux don Quichotte de la Manche, miroir où se peuvent contempler tous les vaillants du monde, second et nouveau don Manuel de Léon, qui fut l'honneur et la gloire des chevaliers d'Espagne, avec quelles paroles pourrais-je bien conter cette épouvantable prouesse ? Par quelles raisons la rendrai-je croyable aux siècles futurs ? Quelles louanges y aura-t-il qui ne te conviennent proprement, encore que ces louanges soient hyperboles par-dessus toutes les hyperboles ? Toi à pied, toi tout seul, toi sans peur, toi magnanime, n'ayant qu'une épée, et encore pas de celles au petit chien [1], avec un écu qui n'est pas d'un trop luisant ni trop propre acier, voilà que tu attends l'œil calme les deux plus fiers lions que les forêts d'Afrique aient jamais produits ! Que tes hauts faits mêmes soient ceux qui te louent, ô valeureux Manchègue ! Quant à moi, je les laisse ici en l'état où ils sont pour manquer de paroles capables de les louer. » Là finit l'apostrophe de l'auteur, et, passant plus avant à ourdir le fil de son histoire, il continue en ces termes :

Le gardien des lions, ayant vu que don Quichotte s'était mis en telle posture qu'il ne pouvait plus différer l'ouverture de la cage du lion mâle, sous peine de tomber dans la disgrâce du courroucé et téméraire chevalier, ouvrit à deux battants la première cage où était, ainsi que nous avons déjà dit, le lion, lequel parut d'une grandeur extraordinaire et d'un aspect affreux et épouvantable. La première chose qu'il fit, ce fut de se rouler dans la cage où il était enfermé, d'allonger la patte et d'étendre tous ses membres. Il ouvrit ensuite la gueule, bâilla longuement, et avec un pied et demi de langue qu'il tira dehors se nettoya les yeux et la face. Après, il mit la tête hors de la cage et regarda de toutes parts avec des yeux rouges comme braise : mine et contenance capables d'épouvanter la témérité même. Il n'y avait que don Quichotte qui le considérât attentivement, désireux qu'il sortît du chariot et qu'il en vînt avec lui aux mains, croyant déjà le déchirer et mettre en pièces.

Ce fut jusque-là qu'il poussa sa folie inouïe. Toutefois le généreux lion, plus courtois qu'arrogant, méprisant les puérilités et les bravades, après avoir regardé de côté et d'autre, comme nous l'avons dit, tourna le derrière à don Quichotte, et puis tout doucement se recoucha dans la cage. Ce que voyant don Quichotte, il commanda au gardien des lions qu'il lui allât donner des coups de bâton et l'irritât pour le faire sortir. « Je n'en ferai rien, dit alors cet homme, parce que, si je l'irrite, ce sera moi qu'il mettra le premier en pièces. Que Votre Grâce, seigneur chevalier, se contente de ce qu'elle a fait, qui est tout ce que l'on peut dire en fait de valeur, et ne veuillez point tenter une seconde fois la fortune. Le lion a la porte ouverte, et il est en sa liberté de sortir ou de ne sortir pas : néanmoins, puisqu'il n'est point sorti maintenant, il ne sortira pas de tout le long du jour. Vous avez fait assez paraître la grandeur de votre courage, et j'ai toujours ouï dire que tout brave guerrier se doit contenter de défier son ennemi et de l'attendre en pleine campagne. Si son adversaire ne se porte point sur le pré, l'infamie lui en demeure, au lieu que celui qui l'y a attendu gagne la couronne de la victoire.

— C'est la vérité, répondit don Quichotte. Ferme donc, mon ami, la porte de la cage et donne-moi un témoignage en la meilleure forme que tu pourras de ce que tu m'as vu ici faire. A savoir : comment tu as ouvert la porte au lion, comme je l'ai attendu, comment il n'est point sorti, et comment, l'ayant attendu de nouveau, il n'a point voulu sortir davantage et s'est recouché. Je ne suis pas tenu à faire davantage. Arrière tous enchantements, et Dieu assiste la raison, la vérité et la vraie chevalerie ! Ferme donc la porte comme je te l'ai dit, pendant que je ferai signe aux fuyards afin qu'ils reviennent et qu'ils apprennent de ta bouche cette prouesse. » Le gardien des lions le fit, et don Quichotte, ayant mis au bout de sa lance le mouchoir dont il avait nettoyé son visage de la pluie qui y était tombée des fromages blancs, commença d'appeler ceux qui ne cessaient de fuir et de retourner la tête à chaque pas. Ils étaient tous en troupe, et le gentilhomme qui portait le caban vert allait devant eux. Mais, quand Sancho Pança vit le signal du mouchoir blanc, il dit : « Puissé-je mourir si mon maître n'a vaincu les fières bêtes, puisqu'il nous appelle ! » Ils s'arrêtèrent tous et reconnurent que celui qui faisait ces signes était don Quichotte, de sorte que, perdant une partie de leur peur, ils s'approchèrent peu à peu et purent ouïr clairement la voix de don Quichotte qui les appelait. Finalement, ils retournèrent au chariot, et, comme ils en furent proches, don Quichotte dit au charretier : « Frère, attelez vos mules et poursuivez votre chemin ; et toi, Sancho, donne-lui deux écus d'or, tant pour lui que pour le gardien des lions, en récompense de ce que je les ai ici retenus. — Je les leur donnerai de fort bon cœur, repartit Sancho, mais que sont devenus cependant les lions ? Sont-ils morts ou vivants ? » Alors le gardien des lions raconta par le menu la fin de ce combat, exagérant le mieux qu'il put et qu'il sut la valeur de don Quichotte, et comment son regard avait tellement épouvanté le lion qu'il n'avait pas osé sortir de la cage, dont il avait longtemps tenu la porte ouverte. Cependant qu'il avait dit à ce brave chevalier que c'était tenter Dieu que d'irriter le lion pour le faire sortir à toute force comme il le voulait, et malgré que celui-ci en eût, si bien que cette raison l'avait décidé, contre sa volonté, à laisser fermer la porte.

« Que te semble de ceci, Sancho ? dit alors don Quichotte. Y a-t-il enchantements qui vaillent contre la vraie vaillance ? Les enchanteurs me peuvent bien ôter le succès de l'aventure, mais jamais la valeur ni le courage. » Sancho donna les deux écus ; le charretier attela ses mules, et le gardien des lions, baisant les mains à don Quichotte pour le remercier de sa libéralité, promit de raconter cette valeureuse prouesse au roi même, aussitôt qu'il arriverait à la cour. « Si par hasard, dit alors don Quichotte, Sa Majesté s'informe du nom de ce preux chevalier, vous lui direz que c'est le *Chevalier des Lions* : car je veux désormais que le nom que je porte de Chevalier de la Triste Figure se change en celui-là. Ainsi je pratique l'ancienne coutume des chevaliers errants, qui changeaient leurs noms quand ils voulaient, ou lorsque cela venait à propos. » Le chariot poursuivit son chemin, et don Quichotte, Sancho et le chevalier au Vert Caban suivirent le leur.

Durant tout ce temps-là, don Diègue de Miranda n'avait pas dit un mot à notre valeureux chevalier. Il n'avait fait que considérer attentivement la contenance et les paroles de don Quichotte, lui semblant qu'il était un sage fou, et un fou qui tenait du sage. La première partie de son histoire n'était point encore venue à sa connaissance ; et, s'il l'eût lue, il ne se fût pas ébahi de ce que don Quichotte faisait et disait, parce qu'il eût su le genre de sa folie. Mais, comme il n'en savait rien, tantôt il le tenait pour sage, et tantôt pour fou ; car les paroles qu'il proférait étaient bien disposées, élégantes et bien à propos, au lieu que ses actions étaient extravagantes, téméraires et absurdes. Or, il tenait encore à part soi ce discours : « Quelle plus grande folie saurait-on voir que de se mettre en tête le casque rempli de fromages mous, et puis se persuader que les enchanteurs vous amollissent le sommet de la tête ? Et y a-t-il plus grande témérité et plus grande extravagance que de vouloir combattre par force contre des lions ? »

Pendant qu'il ruminait ces choses, don Quichotte le tira de son soliloque en lui disant : « Seigneur don Diègue de Miranda, qui doute que vous n'ayez opinion que je suis un homme insensé et plein d'extravagance ? Il ne s'en faudrait pas émerveiller, car mes œuvres ne peuvent rendre autre témoignage. Néanmoins, je veux que vous soyez averti que je ne suis ni aussi fou ni aussi écervelé que je puis vous l'avoir paru. Il sied à un brave chevalier, au milieu d'une grande place et à la vue de son roi de donner un heureux coup de lance à un fier taureau ; il lui sied encore, couvert de belles et reluisantes armes, d'entrer en lice aux fêtes de la joute, avec pour témoins de son adresse les yeux des dames ; bref il sied à tous les chevaliers de paraître aux exercices militaires ou autres qui semblent l'être, et d'entretenir, réjouir, et, si l'on peut parler de la sorte, honorer la cour de leurs princes. Mais un chevalier errant se rend encore bien plus remarquable et plus mémorable : car il va par les déserts, les solitudes, les carrefours, les forêts et les montagnes, cherchant les périlleuses aventures, à l'intention de les mettre heureusement à fin, rien que pour acquérir de la gloire et un durable renom. Un chevalier errant, dis-je, paraît bien mieux, en secourant une veuve en quelque lieu désert, que ne fait un chevalier courtisan, amoureux de quelque belle dame dans les villes. Tous les chevaliers ont chacun leurs exercices particuliers. Que le courtisan serve les dames, qu'il illustre la cour de son roi avec ses livrées, qu'il nourrisse les pauvres chevaliers à sa table somptueuse, qu'il dresse des joutes et soutienne les tournois ; qu'il se montre grand, libéral, magnifique, et surtout bon chrétien. De la sorte, il accomplira ce à quoi il est obligé. Mais le chevalier errant, il faut qu'il aille par tous les coins du monde, qu'il se jette dans les labyrinthes les plus embrouillés, tente à chaque pas l'impossible, résiste, dans les déserts, aux ardents rayons du soleil en plein été ; de même, au cœur de l'hiver, il faut qu'il souffre la rigueur des vents et de la glace, sans être épouvanté des lions, des fantômes ni des andriagues : car chercher ceux-ci, attaquer ceux-là et les vaincre tous, ce sont ses principaux et ses vrais exercices.

« Or, puisque mon destin a voulu que je sois du nombre de la chevalerie errante, je ne puis que je n'entreprenne tout ce qui me semble dépendre de la juridiction de mes exercices. C'est pourquoi c'était proprement à moi d'assaillir les lions que je viens d'assaillir, encore que je susse bien que c'était une témérité exorbitante : car je n'ignore pas ce qui est valeur, vertu mise entre deux extrémités vicieuses, comme sont la couardise et la témérité. Toutefois, il vaut mieux qu'un vaillant homme se hasarde jusqu'à la témérité que de tomber dans la couardise. Comme il est plus aisé qu'un prodigue devienne libéral qu'un avare, aussi est-il plus facile au téméraire de devenir véritablement valeureux qu'au couard de s'élever à la vraie valeur. Et croyez-moi, seigneur don Diègue, qu'en ce qui est d'entreprendre des aventures, il vaut mieux perdre pour une carte de plus que de moins. Cela sonne mieux aux oreilles quand on dit : « Tel chevalier est téméraire et hasardeux », que lorsque l'on dit : « Tel chevalier est un couard et un poltron. » — Seigneur don Quichotte, répondit don Diègue, je déclare que tout ce que Votre Grâce a dit et fait est réglé au niveau de la raison même, et je crois que si les ordonnances et les lois de la chevalerie errante venaient à se perdre, on les trouverait en votre cœur, comme en leurs archives et leur dépôt. Cependant, doublons le pas, parce qu'il se fait tard, afin d'arriver de bonne heure à ma maison des champs. Là, vous pourrez recevoir quelque repos après tant de travail qui, s'il n'a point été du corps, au moins l'a été de l'esprit, qui bien souvent fatigue le corps. — Seigneur don Diègue, dit don Quichotte, je tiens à grande faveur l'offre que vous me faites. » Et, sur cela, ils commencèrent de piquer un peu plus vivement, et il pouvait être quelque deux heures après midi quand ils arrivèrent à la maison des champs de don Diègue, que don Quichotte nommait le chevalier du Vert Caban.

CHAPITRE XVIII

DE CE QUI ARRIVA À DON QUICHOTTE DANS LE CHÂTEAU OU LA MAISON DES CHAMPS DU CHEVALIER DU VERT CABAN, AVEC AUTRES CHOSES EXTRAVAGANTES

Don Quichotte trouva que la maison de don Diègue de Miranda était spacieuse comme le sont les maisons à la campagne. Ses armoiries, quoique de pierre grossière, étaient au-dessus de la porte de la rue ; la dépense donnait sur la cour, la cave au-dessous du portail, et il y avait plusieurs tonneaux à l'entour qui, pour être de ceux qui se font au Toboso, lui renouvelèrent la mémoire de son enchantée et transformée Dulcinée : c'est pourquoi, en soupirant et sans regarder à ce qu'il disait ni devant qui il parlait, il proféra ces paroles :

Ô cher trésor pour mon malheur trouvé,
Doux et joyeux quand il plaisait à Dieu[1]...

« Ô cruches tobosines, qui m'avez fait souvenir du plus doux et du plus cher gage de ma grande amertume ! » L'écolier poète, fils de don Diègue, qui était sorti avec sa mère pour recevoir don Quichotte, ouït ces paroles, et mère et fils demeurèrent tout étonnés devant l'étrange figure de notre chevalier, qui, descendant de Rossinante, alla vers cette dame et lui demanda les mains à baiser fort courtoisement. Lors don Diègue, s'adressant à elle, lui dit : « Madame, recevez avec votre courtoisie ordinaire le seigneur don Quichotte de la Manche, que vous voyez devant vous, chevalier errant, et le plus valeureux et le plus sage des mortels. » La dame, qui se nommait doña Christine, le reçut avec beaucoup de témoignages d'amitié et de courtoisie, et don Quichotte lui offrit ses services avec des paroles pleines de discrétion et d'honnêteté. Il se passa presque de pareils compliments entre don Quichotte et l'étudiant, qui, oyant discourir notre chevalier de la Manche, le tint pour homme sage et délicat.

C'est ici que l'auteur de notre histoire décrit tout le détail de la maison de don Diègue en nous représentant ce que peut contenir le logis d'un gentilhomme campagnard et riche ; mais le traducteur a trouvé bon de passer sous silence tous ces petits détails, parce qu'ils ne rentraient pas dans le sujet principal de cette histoire, laquelle puise plus de force dans la vérité que dans les froides digressions. On fit entrer don Quichotte dans une salle : Sancho le désarma et il demeura en chausses et avec un pourpoint de chamois tout noir de la crasse des armes. Il avait au col un petit rabat sans empois ni dentelles, comme ceux des écoliers. Ses brodequins étaient couleur de datte et ses souliers enduits de cire. Il se ceignit de sa bonne épée, attachée à un baudrier de peau de loup marin, car on pense qu'il avait été de longues années malade des reins[2]. Il jeta enfin sur son dos un collet de bon drap brun. Mais avant toute chose, il se lava la tête et le visage dans cinq ou six chaudronnées d'eau : il y a quelques divergences sur le nombre des chaudronnées. Et néanmoins l'eau resta couleur de petit-lait grâce à la gourmandise de Sancho et à l'achat de ses noirs fromages qui si blanc avaient rendu son maître. Après que don Quichotte se fut coquettement accoutré de la sorte, il passa avec une gentille contenance et une bonne mine vers une autre salle, où l'étudiant l'attendait, afin de l'entretenir pendant que l'on mettait la table : car madame Christine, pour la venue d'un si noble hôte, voulait montrer qu'elle savait et pouvait bien traiter ceux qui logeraient en sa maison. Mais, durant le temps que don Quichotte mit à se désarmer, le fils de don Diègue, qui se nommait don Lorenzo, avait eu le loisir de dire à son père : « Monsieur, que dirons-nous de ce chevalier que vous nous avez amené ici ? Son nom, sa figure et ce qu'il dit qu'il est chevalier errant, tout cela nous rend, ma mère et moi, fort surpris. — Je ne sais que t'en dire, avait reparti don Diègue : je te puis seulement assurer que je lui avais vu faire les actions du plus grand fou du monde et dire des paroles si discrètes et si sages qu'elles effacent ses actions. Toi-même parle-lui, et sonde-le sur ce qu'il sait. Tu as de l'esprit, et par ainsi tu pourras juger du sien ou de sa folie, selon que la raison le voudra, encore que, pour dire ce qui en est, je le tienne plutôt pour fou que pour sage. » Là-dessus, don Lorenzo était allé tenir compagnie à don Quichotte, ainsi que nous avons dit.

Entre autres discours qui se passèrent entre eux, notre chevalier lui dit : « Le seigneur don Diègue de Miranda votre père m'a donné connaissance de votre rare et bel esprit, et surtout il m'a dit que vous êtes un grand poète. — Poète, il se pourrait bien, repartit don Lorenzo ; mais grand, je ne le pense pas. Il est bien vrai que j'ai du penchant à la poésie et à la lecture des bons poètes, non pourtant de telle sorte que l'on me puisse donner le nom de grand poète que mon père me donne. — Cette humilité ne me déplaît pas, répliqua don Quichotte, parce qu'il n'y a poète qui ne soit arrogant et qui ne croie être le plus grand poète du monde. — Il n'y a règle qui n'ait son exception, répondit don Lorenzo, et quelqu'un pourra être poète sans qu'il croie l'être. — Bien peu, repartit don Quichotte. Mais, monsieur, dites-moi, je vous prie, quels vers sont ceux que vous avez maintenant sur le métier et qui, comme m'a dit monsieur votre père, vous tiennent en inquiétude et vous rendent pensif. Si c'est par fortune quelque glose, je m'y entends un peu, et je serais bien aise de les voir. Et, si votre glose est destinée à quelque joute littéraire, tâchez de gagner le second prix, parce que la faveur ou la grande qualité de la personne emporte toujours le premier prix, au lieu que la pure justice donne toujours le second, et le troisième par ce moyen vient à être le second. Le premier, à ce compte, mériterait le troisième rang, à la façon des licences que l'on donne dans les universités. Toutefois, c'est une grande chose que ce titre de premier. —

Jusques ici, dit à part soi don Lorenzo, je ne vous puis prendre pour fou, mais passons outre. Il me semble, monsieur, dit-il à don Quichotte, que vous avez étudié : quelles sciences avez-vous apprises ? — Celle de la chevalerie errante, répondit don Quichotte, qui est aussi bonne que celle de la poésie, et même de deux doigts meilleure. — Je ne sais, dit don Lorenzo, quelle science ce peut être, et elle n'est point encore parvenue à ma connaissance. — C'est une science, répliqua don Quichotte, qui contient en soi toutes ou la plupart des sciences du monde : car celui qui en fait profession doit être jurisconsulte et savoir les lois de la justice distributive et commutative, afin de rendre à chacun ce qui est le sien et lui appartient. Il doit être théologien, pour savoir rendre raison de la foi chrétienne, dont il fait profession, et en parler clairement et distinctement par tous les lieux où il en sera requis. Il doit de même être médecin, et particulièrement herboriste, pour connaître, aux lieux déserts et inhabités, les herbes qui ont la vertu de guérir les blessures, parce que le chevalier errant ne se doit pas mettre en peine d'aller à tout coup de dés chercher quelqu'un pour le panser. Il doit être astrologue pour connaître par les étoiles combien d'heures de la nuit sont passées, et en quelle contrée et quel climat du monde il se trouve. Il doit encore savoir les mathématiques, puisque, à chaque pas, elles lui feront besoin. Et, laissant à part qu'il doit être orné de toutes les vertus théologales et cardinales, passant à de plus petites particularités, je dis qu'il doit savoir aussi bien nager que faisait (ainsi qu'on nous raconte) le poisson Nicolas[3]. Il doit savoir ferrer un cheval et arranger la selle et la bride. Et, pour remonter aux choses plus élevées, il doit garder sa foi à Dieu et à sa dame ; être chaste en ses pensées, honnête en ses paroles, libéral en ses œuvres, valeureux en ses faits, patient aux travaux, charitable envers les pauvres, et finalement protecteur de la vérité, quoique pour la défendre il lui en coûtât la vie. Un bon chevalier errant est composé de toutes ces grandes et petites parties, afin que vous voyiez, seigneur don Lorenzo, si la science qu'apprend le chevalier, et dont il fait profession, est une science morveuse, ou si elle se peut égaler aux plus excellentes que l'on enseigne dans les gymnases et les écoles. — Si cela est, répliqua don Lorenzo, je dis que cette science surpasse toutes les autres. — Comment ! si cela est ? dit don Quichotte. — Ce que je veux dire, poursuivit don Lorenzo, c'est que je doute qu'il y ait eu, ou qu'il y ait encore des chevaliers errants et ornés de si grandes vertus. — J'ai plusieurs fois dit ce que je répète à cette heure, répliqua don Quichotte, que la plus grande partie du monde tient qu'il n'y a point eu de chevaliers errants ; et, parce qu'il me semble que, si le ciel ne leur donne miraculeusement à connaître cette vérité qu'il y en a eu et qu'il y en a, tout le travail qu'on prendrait serait inutile (ainsi que l'expérience me l'a fait voir plusieurs fois), je ne me veux pas arrêter davantage à vous retirer de cette erreur commune. Je supplie seulement le ciel qu'il vous en retire et vous fasse connaître combien profitables et nécessaires furent au monde les chevaliers errants aux siècles passés, et combien utiles ils seraient au siècle présent, s'il y en avait. Mais aujourd'hui, pour les péchés du peuple, la paresse, l'oisiveté, la gourmandise et la volupté triomphent. — Notre hôte, dit alors entre ses dents don Lorenzo, s'est maintenant échappé ; mais avec tout cela, c'est un fou généreux, et je serais un sot imbécile si je ne le croyais ainsi. »

Ils brisèrent là, parce qu'on les vint appeler pour se mettre à table. Don Diègue demanda à son fils quel jugement il faisait de celui de leur hôte. Don Lorenzo lui fit cette réponse : « Tous les médecins ni toutes les meilleures plumes du monde ne seraient point capables de mettre au net le brouillon de sa folle cervelle ; enfin, c'est un fou bigarré et plein d'intervalles lucides. » Ils allèrent dîner, et le festin fut tel que don Diègue l'avait décrit par le chemin et comme il avait accoutumé de le donner à ceux qu'il invitait, à savoir net, abondant et savoureux. Mais ce dont notre chevalier fut le plus satisfait, c'était le merveilleux silence de toute la maison, qui ressemblait proprement à un monastère de chartreux. Après que l'on eut ôté la nappe, dit les grâces à Dieu et donné à laver, don Quichotte pria instamment don Lorenzo de réciter les vers de la joute littéraire. L'autre lui répondit : « Pour ne paraître point de ces poètes qui refusent de réciter leurs vers quand on les en prie, et qui les vomissent quand on ne les en prie pas, je réciterai ma glose [4], de laquelle je n'attends aucun prix, parce que je ne l'ai faite que pour exercer mon esprit. — Un mien ami, sage et prudent, dit alors don Quichotte, était d'avis que nul ne se devait travailler à gloser des vers. Il était fondé sur cette raison que jamais la glose n'était aussi bien faite que le texte, et que le plus souvent la glose allait contre l'intention de celui que l'on glosait, et principalement parce que les lois de la glose étaient extrêmement étroites, et qu'elles ne souffraient aucune interrogation, ni *j'ai dit*, ni *je dirai*, ni encore de faire des noms avec des verbes, ni changements de sens, avec d'autres liens dont sont attachés ceux qui glosent, ainsi que Votre Grâce doit le savoir. — Vraiment, seigneur don Quichotte, repartit don Lorenzo, je vous voudrais bien prendre par quelque erreur persistante, et je ne peux le faire, parce que vous m'échappez des mains comme une anguille. — Je n'entends point, répondit don Quichotte, ce que vous dites, ni ce que vous voulez dire, par ce mot de m'échapper. — Je m'expliquerai, répliqua don Lorenzo, mais quant à présent soyez attentif aux vers glosés et à la glose, dont voici la teneur.

ÉNIGME

Si ce que je fus pouvait être,
Sans plus espérer un sera,
Ou si le temps venait à naître
De ce qui quelque jour sera !...

GLOSE

Comme tout au monde s'écoule,
Mon bien enfin s'est écoulé ;

Jadis Fortune, qui tout roule,
D'heur et de biens m'avait comblé.
Ores, malheureux, je l'implore
De me donner encor du bien,
Mais la volage que j'adore
Me dit qu'elle n'en fera rien.
Or mon heur viendrait à renaître
Si ce que je fus pouvait être.

Je ne désire d'autre gloire,
D'autre couronne de laurier,
D'autre palme, d'autre victoire,
Que mon contentement premier.
Si tu me rends mon premier aise,
Je n'aurai plus de déplaisir,
J'éteindrai mon plus chaud désir,
Et toute l'ardeur de ma braise,
Quand cet heur me succédera,
Sans plus espérer un sera.

Je sais fort bien que je souhaite
Un bien impossible en effet.
Quand une fois la chose est faite,
Jamais elle ne se refait.
Le temps légèrement s'envole,
On ne saurait le révoquer.
Si bien que c'est une humeur folle,
Ô Fortune, de t'invoquer :
Car c'est de vanité se paître
Que le temps vienne encore à naître

Je vis en fort grande misère,
Mon âme est en perplexité,
Ores je crains, ores j'espère,
Et, parmi cette extrémité,
La mort, me semble la meilleure,
Et, pour trouver allégement
À tant de peine et de tourment,
Ô Fortune, il faut que je meure,
Puisqu'en vivant mon cœur craindra
De ce qui quelque jour sera.

Lorsque don Lorenzo eut achevé de réciter sa glose, don Quichotte se leva, et puis, d'une voix si haute qu'elle paraissait plutôt un cri, serrant de sa main la main droite de ce jeune homme, s'écria : « Vive Dieu au plus haut des cieux ! Généreux jeune homme, vous êtes le meilleur poète de l'univers, et méritez d'être couronné de laurier, non par Chypre ni par Gaète[5], comme dit un certain poète, à qui Dieu pardonne, mais par les académies d'Athènes, si elles étaient aujourd'hui vivantes, et par celles qui vivent aujourd'hui à Paris, Bologne et Salamanque. Fassent les cieux que Phœbus perce à coups de flèches les juges qui vous ôteraient le premier prix, et que jamais les Muses ne daignent franchir le seuil de leur porte. Dites-moi un peu, monsieur, si vous l'agréez, de plus grands vers : car je désire sonder entièrement votre esprit admirable. » Faut-il que l'on mette en doute que don Lorenzo fut chatouillé des louanges de don Quichotte, encore qu'il le tînt pour un fou ? Ô force de l'adulation, jusqu'où vas-tu, et combien amples sont les limites de ton agréable juridiction ! Don Lorenzo fit paraître cette vérité, puisqu'il satisfit à la demande et au désir de don Quichotte, en lui récitant ce sonnet sur la fable ou l'histoire de Pyrame et Thisbé.

SONNET

La belle qui le cœur ouvrit du beau Pyrame
A pu rompre ce mur non moins facilement.
Amour quitte Cythère et vole promptement
Vers cette pierre ouverte et ces lèvres de l'âme.

Mais le silence seul la parole réclame :
La voix par ce détroit n'ose aller plus avant,
Amour y fait passer deux âmes seulement,
Lui qui rend tout aisé sans crainte d'aucun blâme.

Leur dessein réussit, tous deux sortent dehors :
La belle puis après est cause de deux morts
Par sa grande imprudence. Oh ! quelle étrange histoire,

Qu'en un même moment deux beaux corps se suivant,
Une épée, un sépulcre, une vive mémoire
Les tue et les enferme et les rende vivants !

« Béni soit Dieu, dit don Quichotte, après avoir ouï le sonnet de don Lorenzo, de ce que, parmi une infinité de poètes consommés qu'il y a aujourd'hui au monde, j'aie vu aujourd'hui un poète consommé tel que vous êtes, et ainsi que me le révèle l'art avec lequel est composé ce sonnet ! »

Don Quichotte demeura quatre jours faisant très bonne chère au logis de don Diègue, au bout desquels il lui demanda congé de s'éloigner, en lui disant qu'il le remerciait fort du bon traitement qu'il avait reçu chez lui, et en lui remontrant que, parce qu'il n'est pas bon que les chevaliers errants s'abandonnent longtemps à l'oisiveté et aux délices, il voulait s'en aller à l'accomplissement de son métier, cherchant les aventures, dont cette province, ainsi qu'il l'avait appris, était remplie, et où il espérait passer le temps, jusqu'à ce que fût arrivé le jour où les joutes de Saragosse se devaient célébrer : car c'était là qu'il avait fait dessein particulier de se rendre. Mais auparavant il voulait entrer dans la caverne de Montesinos, dont on racontait de si grandes et si admirables choses dans cette contrée, et s'informer par la même occasion de la naissance et de la véritable origine des sept lacs, nommés communément de Ruydera. Don Diègue et son fils louèrent son honorable résolution, et lui dirent qu'il prît de leur maison et de leur bien tout ce qu'il voudrait, qu'ils s'offraient à lui de toute leur bonne volonté, y étant obligés par la valeur de sa personne et par son honorable profession. Le jour du départ arriva, jour aussi agréable pour don Quichotte que triste et angoisseux pour Sancho Pança : car il se trouvait fort bien dans la maison opulente de don Diègue, de sorte qu'il lui fâchait fort de retourner à la faim que l'on éprouve dans les forêts et les déserts, où il lui fallait avoir recours à ses besaces mal pourvues et étroites. Il ne laissa pas pourtant de les remplir et les bourra de ce qui lui parut le plus nécessaire. En le quittant, don Quichotte tint ce langage à don Lorenzo :

« Je ne sais pas si je vous ai dit l'autre fois, et, si je vous l'ai dit, je vais vous le redire, que, quand vous voudrez couper au plus court pour parvenir à l'inaccessible sommet du temple de la Renommée, vous n'avez autre chose à faire que de laisser de côté le sentier de la poésie quelque peu étroit, et prendre la voie encore bien plus étroite de la chevalerie errante, capable de vous faire empereur en un tour de main. »

Par ces dernières paroles, don Quichotte acheva de clore le procès de sa folie, et plus encore par celles-ci qu'il ajouta : « Dieu sait si je désirerais mener avec moi le seigneur don Lorenzo, afin de lui apprendre comment on doit pardonner aux vaincus et fouler aux pieds et dompter les superbes, vertus ressortissantes au métier que je professe. Mais, puisque son jeune âge ne le souffre point, et que ses louables exercices ne le permettent pas, je me contenterai seulement de l'avertir qu'étant poète, il pourra se rendre fameux, s'il se gouverne plutôt par l'avis d'autrui que par le sien propre, parce qu'il n'y a ni père ni mère qui trouvent laids leurs enfants, et cet abus a plus de cours parmi ceux qui sont produits de l'entendement. » Le père et le fils s'émerveillèrent de nouveau des raisons mêlées de don Quichotte, tantôt sages et tantôt extravagantes, comme aussi de la grande opiniâtreté et persévérance qu'il faisait paraître, en voulant retourner à ses désastreuses aventures qui, à son dire, étaient la fin et le but de ses désirs. On réitéra les offres et les compliments, puis, avec la gracieuse permission de la dame du château, ils partirent de ce lieu, don Quichotte monté sur Rossinante et Sancho Pança sur le grison.

CHAPITRE XIX

OÙ L'ON RACONTE L'AVENTURE DU BERGER AMOUREUX, AVEC D'AUTRES ÉVÉNEMENTS VRAIMENT PLAISANTS

Don Quichotte ne s'était guère éloigné des champs de don Diègue, quand il rencontra deux espèces de clercs ou d'écoliers, accompagnés de deux paysans, tous quatre montés sur bêtes asines. L'un de ces écoliers portait, comme en un portemanteau enveloppé dans du boucassin vert, un peu de graine blanche, et deux paires de bas de grosse laine. L'autre n'avait avec lui que deux fleurets d'escrime tout neufs et une paire de souliers. Les laboureurs étaient chargés d'autres choses qui témoignaient qu'ils venaient de quelque grande ville, où ils les avaient achetées pour s'en servir à leur métairie. Écoliers et paysans tombèrent en la même admiration où tombaient tous ceux qui voyaient don Quichotte pour la première fois, de sorte qu'ils mouraient de désir de savoir qui était cet homme si éloigné de l'usage des autres hommes. Don Quichotte les salua, et, après avoir appris quel chemin ils prenaient, qui était le même que le sien, il leur offrit sa compagnie, et les pria qu'ils ralentissent leur pas, parce que leurs juments allaient plus vite que Rossinante, et, pour les obliger, il leur apprit en peu de mots qui il était et sa profession. Enfin il leur dit qu'il était chevalier errant, cherchant les aventures par toutes les contrées du monde. Il leur dit encore qu'il se nommait de son nom propre don Quichotte de la Manche, et, par surnom, le *Chevalier des Lions*. Or, parler de la sorte à ces paysans, c'était leur parler grec, ou jargon. Mais il n'en était pas de même des écoliers, qui avaient aussitôt reconnu la faiblesse du cerveau de don Quichotte. Néanmoins, ils ne cessaient de le regarder avec surprise et respect. Lors l'un d'eux lui dit : « Seigneur chevalier, si vous n'avez point de chemin arrêté, ainsi que ne l'ont pas ceux qui cherchent les aventures, que Votre Grâce vienne quand et nous, et elle verra l'une des meilleures et plus riches noces qui jusqu'à présent se soient célébrées au pays de la Manche, ni même à plusieurs lieues à la ronde. » Don Quichotte lui demanda si ces noces qu'il vantait de la sorte étaient de quelque prince. « Elles ne sont, repartit l'écolier, que d'un villageois et d'une villageoise, mais lui, il est le plus riche de toute cette contrée, et elle la plus belle que les hommes aient jamais vue. Le préparatif de ces noces est extraordinaire et nouveau, parce qu'elles se doivent célébrer dans un pré proche du village de l'accordée, que par excellence on nomme Quitérie la belle, et l'on appelle l'accordé Gamache le riche. Elle peut avoir dix-huit ans et lui vingt-deux. Ils sont bien assortis, encore que certains curieux, qui se piquent de tenir mémoire des généalogies, veuillent dire que la race de la belle Quitérie a quelque avantage sur celle du riche Gamache ; toutefois on ne prend pas garde à tout cela, parce que les richesses sont capables de combler bien des trous. En effet, ce Gamache est libéral, et il lui a pris envie de faire mettre des ramées au-dessus du pré, et de le si bien abriter que le soleil aura de la peine s'il y veut entrer pour visiter les herbes vertes dont le sol est couvert. Il y a dressé pareillement des danses, tant des épées que des petites sonnettes : car son village ne manque point de personnes qui les savent bien remuer et faire retentir. Je ne dis rien de ceux qui en dansant touchent la semelle de leurs souliers, il en a fait venir tout un jugement dernier. Mais toutes les choses que je viens de vous conter, et plusieurs autres que j'ai omis de dire, ne peuvent rendre plus mémorables ces noces que ce que je m'imagine que fera le désespéré Basile. Ce Basile est un garçon du village de Quitérie. Il n'y avait que la muraille entre deux qui faisait la séparation de sa maison et de celle du père de Quitérie. C'est de là que l'amour prit sujet de renouveler au monde les amours déjà oubliées de Pyrame et de Thisbé : car Basile s'éprit de Quitérie dès sa plus tendre jeunesse, et elle, par mille honnêtes faveurs, répondit à son désir, de sorte que tout l'entretien du village n'était que des amours de ces jeunes enfants. Ils commencèrent à devenir grands, et lors le père de Quitérie résolut d'ôter à Basile l'entrée qu'il avait d'habitude en sa maison. Et, pour se débarrasser de toute jalousie et de tout soupçon, il résolut de marier sa fille au riche Gamache : car il ne lui semblait pas bon de la marier à Basile, à qui la fortune n'avait pas donné des biens égaux à ceux qu'il tenait de la nature, encore que, s'il en faut dire la vérité sans envie, c'est le plus adroit jeune homme que nous connaissions, grand tireur de barre, très bon lutteur et excellent joueur de paume ; il court comme un daim, saute mieux qu'une chèvre, et, quand il joue aux boules, il abat tant de quilles que c'est un enchantement. Au reste, il chante comme un rossignol, touche si bien de la guitare qu'il la fait parler, et surtout manie l'épée comme le plus brave. — Quand il n'aurait que cette qualité, dit à ce moment don Quichotte, ce jeune homme mérite non seulement de se marier avec la belle Quitérie, mais avec la reine Guenièvre même, si elle était aujourd'hui vivante, en dépit de Lancelot et de tous ceux qui voudraient l'empêcher. — Allez le dire à ma femme ! interrompit Sancho Pança, qui jusqu'alors avait toujours écouté sans dire mot. Elle veut que chacun se marie avec son égal, s'en tenant au proverbe qui dit : Chaque brebis avec sa pareille. Or, je veux dire que ce bon Basile, car je commence déjà à l'aimer, devrait se marier avec cette madame Quitérie, et Dieu les bénisse ; et bon voyage (j'allais dire le contraire) à ceux qui empêchent le mariage des personnes qui s'aiment ! — Si tous ceux qui s'aiment se devaient épouser, dit don Quichotte, l'on ôterait aux pères le pouvoir et le droit de marier leurs enfants avec ceux et au moment qui leur conviennent le mieux ; si encore les filles avaient la liberté de prendre tels maris qu'elles voudraient, il y en aurait telle qui prendrait le valet de son père, et telle qui choisirait le premier qu'elle verrait passer par la rue, parce qu'il lui semblerait galant et de bonne mine, encore que ce ne fût qu'un spadassin écervelé. L'amour et l'affection aveuglent aisément l'entendement dont on a si grand besoin, quand il est question de choisir un état. Or, en fait de mariage, l'on est en grand danger de se tromper, si bien qu'alors il est nécessaire d'avoir une grande prudence et une particulière faveur du ciel pour y réussir. Si un homme veut faire un long voyage et qu'il soit prudent, avant que de se mettre en chemin il cherchera quelque compagnie sûre et paisible. Et pourquoi n'en fera-t-il pas de même celui qui doit cheminer toute sa vie et jusqu'au terme de sa mort en cette compagnie, et principalement si cette même compagnie doit toujours être avec lui, au lit, à la table et en tous endroits, comme doit faire la femme avec son mari ? Ce n'est pas une marchandise qu'une femme qu'on épouse : quand on l'a une fois achetée, on ne la peut plus troquer ni changer, puisque c'est un accident inséparable, qui dure ce que dure la vie. C'est un lacs qui, une fois mis au col, devient le nœud gordien, et on ne le saurait détacher que la faux de la mort ne le coupe. Je pourrais ajouter bien d'autres choses sur cette matière, si je n'en étais empêché par le désir que j'ai de savoir si monsieur le licencié a quelque autre chose à dire sur l'histoire de Basile. » Lors l'écolier, bachelier, ou licencié, comme l'avait appelé don Quichotte, répondit : « Je n'ai autre chose à dire, si ce n'est que, depuis que Basile sut que la belle Quitérie se mariait au riche Gamache, jamais on ne l'a vu rire ni proférer parole sensée. Il est toujours pensif et triste, et parle sans cesse entre ses dents, marque évidente qu'il a perdu le sens et que son jugement s'est troublé. Il mange peu et dort peu, et ce qu'il mange ce sont des fruits, et, s'il dort, c'est à la campagne et sur la dure, ainsi qu'une bête brute. Quelquefois il contemple le ciel, et quelquefois il fiche les yeux en terre avec un tel ravissement qu'il ressemble proprement à une statue vêtue, et dont le vent fait seulement mouvoir le vêtement. Enfin il montre d'avoir le cœur si passionné que nous craignons tous qu'aussitôt que la belle

Quitérie donnera le *oui*, elle ne prononce la sentence de mort du misérable Basile. — Dieu tournera le tout au mieux, dit Sancho, car Dieu, qui donne la blessure, donne pareillement le remède. Il n'y a nul qui sache ce qui doit advenir, et d'ici à demain matin il y a bien des heures ; et en une heure, et en un moment, la maison tombe ; et j'ai vu la pluie et le soleil tout en même temps. Tel se couche sain la nuit qui le lendemain matin ne saurait se remuer. Et dites-moi un peu, je vous prie, y a-t-il quelqu'un qui se glorifie qu'il a attaché un clou à la roue de la Fortune ? Non pour sûr, et entre le oui et le non de la femme je ne voudrais pas mettre une pointe d'épingle : elle n'y tiendrait pas. Qu'on m'accorde que Quitérie aime de bon cœur et de bonne volonté Basile, et soudain je lui donnerai un plein sac de bonnes chances : car l'amour, selon que j'ai ouï dire, fait voir avec des besicles qui font paraître que le cuivre est de l'or, la pauvreté richesse et la chassie des perles. — Et où te vas-tu arrêter, Sancho ? dit alors don Quichotte. Maudit sois-tu ! Quand tu commences d'enfiler des proverbes et des contes, nul n'en peut attendre la fin que Judas même qui t'emporte ! Dis-moi, animal, que sais-tu de clous, ni de roues, ni d'autres choses ? — Oh ! si l'on ne m'entend point, reprit Sancho, il ne faut pas s'émerveiller que mes sentences soient tenues pour extravagantes. Mais n'importe, je m'entends et sais fort bien qu'en ce que j'ai dit je n'ai proféré aucune sottise. Mais Votre Grâce est toujours à éplucher en friscal mes paroles et aussi mes actions. — Tu dois dire, cria alors don Quichotte, fiscal et non friscal, prévaricateur du bon langage, que Dieu te confonde ! — Que Votre Grâce ne se fâche point, répondit Sancho, puisqu'elle sait bien que je n'ai point été élevé à la cour et que je n'ai jamais étudié à Salamanque pour savoir si j'ajoute ou si j'ôte quelque lettre à mes vocables. Dieu me soit en aide ! on ne saurait obliger un qui est natif de Sayago à parler comme un de Tolède, et il peut y avoir des Tolédans qui ne fendent point les cheveux en quatre par la pureté de leur langage. — Il est vrai, dit le licencié, parce que ceux qui sont dans les tanneries et dans les boutiques de Zocodover ne peuvent parler aussi bien que ceux qui se promènent tout le long du jour par le cloître de la Cathédrale, et néanmoins tous sont de Tolède. La pureté, la propriété, l'élégance et la clarté du langage se trouvent parmi les courtisans qui ont du jugement, parce qu'il y en a beaucoup qui n'en ont pas, et le jugement est la grammaire du bon langage, laquelle s'accompagne de l'usage. Or, messieurs, pour mes péchés j'ai étudié le droit canon à Salamanque, et je me pique d'expliquer ma raison en paroles claires, distinctes et significatives. — Si vous n'étiez pas plus curieux de savoir manier les fleurets que vous portez que la langue, dit l'autre écolier, vous seriez le premier en licences, aussi vrai que vous êtes en queue. — Attention, bachelier, repartit le licencié, et considérez que vous êtes en la plus grande erreur du monde, en tenant pour une chose vaine et inutile d'être bien adroit à l'épée. — Ce n'est pas, dit Corchuelo, une opinion particulière que j'aie, mais plutôt une vérité indubitable, et, si vous désirez que je vous le fasse voir, il n'y a qu'un mot. Vous avez des épées, la commodité s'offre, et je ne manque point de force ni de courage pour vous faire confesser que je ne me trompe nullement. Venez seulement, mettez pied à terre, usez du compas de vos jambes, de vos cercles, de vos angles et de toute votre science, j'espère que je vous ferai voir les étoiles en plein midi par mon adresse novice et grossière. Je m'assure en elle, après Dieu, qu'il est encore à naître l'homme qui me fera tourner le dos, qu'il n'en est point au monde à qui je ne fasse perdre terre. — Je ne dis rien, répliqua le fort en escrime, sur le point de tourner le dos ou de ne le tourner pas. Mais il pourrait bien être qu'au même lieu où vous poseriez le pied la première fois, on vous y fît votre sépulture. Je veux dire que vous y pourriez bien demeurer mort pour avoir méprisé la science de l'escrime. — On verra », répondit Corchuelo. Ce disant, il sauta légèrement de sa bête à terre, et tira d'une grande furie l'une des épées que le licencié portait sur sa monture. « Cela ne se passera pas de la sorte, dit alors don Quichotte : car je veux être le maître de cette passe d'armes, et le juge d'une question qui a été si souvent débattue et non décidée. » Proférant ces paroles, il descendit de Rossinante, et, s'appuyant sur sa lance, se mit au milieu du chemin, au moment où le licencié, avec une belle démarche et un gracieux appel du pied, allait contre Corchuelo, qui venait aussi contre lui, jetant, comme on dit communément, du feu par les yeux. Les deux autres paysans qui allaient avec eux de compagnie, sans descendre de leurs ânesses, servirent de spectateurs en cette mortelle tragédie ; les bottes, les estocades, les fendants de haut en bas, les revers et les coups à deux mains que tirait Corchuelo étaient sans nombre, et ils tombaient plus dru et plus menu que la grêle. Il ressemblait en cet assaut à un lion irrité. Mais il avait devant lui le bouton et le morceau de cuir qui était au bout de l'épée du licencié, lequel l'arrêtait au milieu de sa furie, et le lui faisait baiser comme s'il eût été une relique, encore que ce ne fût pas avec autant de dévotion que l'on a accoutumé de baiser les reliques. Enfin, le licencié à belles estocades lui compta tous les boutons d'une demi-soutanelle qu'il portait, lui en déchiquetant les pans aussi menu que des queues de poulpe. Il lui ôta deux fois le chapeau de la tête, et le lassa de sorte que, de dépit, de colère et de rage, il prit son épée par la poignée, et la jeta avec tant de force en l'air que l'un des paysans spectateurs de ce combat, qui était greffier de son état, témoigna puis après qu'il la jeta près de trois quarts de lieue loin. Or, son témoignage sert et a servi à connaître et à voir véritablement comme engin et industrie passent la force. Corchuelo s'assit tout recru, et Sancho Pança, s'approchant de lui, lui dit : « Monsieur le bachelier, si vous m'en voulez croire, sur ma foi je vous conseille de ne défier aucun désormais à l'escrime, mais plutôt à la lutte, ou à tirer la barre, puisque vous avez la force et l'âge qui conviennent à ces exercices. Voyez-vous, j'ai toujours ouï dire que ceux qu'on appelle maîtres escrimeurs mettent la pointe d'une épée dans le trou d'une aiguille. — Je me contente, répondit Corchuelo, de reconnaître mon erreur, et l'expérience m'a fait voir la vérité dont auparavant j'étais si éloigné. » Ce disant, il se leva et alla embrasser le licencié, de sorte qu'ils demeurèrent plus amis que devant, et, croyant que, s'ils attendaient le greffier, qui était allé quérir l'épée, ils seraient trop en retard, leur résolution fut de poursuivre leur voyage pour arriver de bonne heure au village de Quitérie, dont ils étaient tous natifs. Durant le reste du chemin, le licencié leur discourut des excellences de l'épée, avec tant de raisons démonstratives et avec de si belles figures et démonstrations mathématiques que tous demeurèrent entièrement convaincus de la valeur de cette science, et Corchuelo revenu de son erreur obstinée. Il était déjà nuit ; néanmoins il leur semblait à tous qu'au-devant du village était un ciel semé d'innombrables et resplendissantes étoiles. Ils ouïrent alors les sons doux et confus de divers instruments, comme flûtes, tambours, psaltérions, fifres, tambours de Basque et sonnailles. Or, quand ils furent plus proches de ce lieu, ils aperçurent que les arbres d'une ramée, qu'on avait mise à l'entrée du village, étaient tous remplis de luminaires. Le vent ne leur nuisait nullement : car alors il soufflait si doux qu'il n'avait pas même la force d'agiter tant soit peu les feuilles des arbres. Les musiciens, chargés de réjouir la noce, allaient d'un côté et d'autre en troupes par cet agréable séjour, les uns dansant, d'autres chantant, d'autres encore touchant des instruments divers dont nous avons déjà parlé. En effet, l'on eût dit que l'allégresse et le contentement ne faisaient que courir et sauter par ce pré. Il y avait une infinité d'autres personnes qui étaient occupées à dresser des échafauds, afin qu'on pût voir commodément les représentations et les danses qui se devaient faire le lendemain en ce lieu destiné à célébrer les noces du riche Gamache et les funérailles de Basile. Don Quichotte ne voulut point entrer au village, quoique le bachelier et le laboureur l'en requissent instamment. Il allégua pour excuse, plus que suffisante à son avis, que la coutume des chevaliers errants était de dormir en pleine campagne et dans les forêts plutôt que dans les bourgs, fût-ce sous des lambris dorés. C'est pourquoi il se détourna un peu du chemin, au grand crève-cœur de Sancho, qui se ressouvenait du bon traitement qu'il avait reçu encore dans le château ou la maison de don Diègue.

CHAPITRE XX

OÙ L'ON CONTE LES NOCES DE GAMACHE LE RICHE, AVEC L'AVENTURE DE BASILE LE PAUVRE

A peine la blanche Aurore avait donné loisir au brillant Phébus de sécher de ses rayons ardents les perles liquides de sa chevelure dorée, que don Quichotte, secouant la paresse de ses membres, se mit debout, et appela son écuyer Sancho, qui ronflait encore. Alors, avant de l'éveiller, notre chevalier proféra ces paroles : « Ô toi le plus heureux de tous ceux qui vivent sur la face de la terre, puisque, sans envier ni être envié, tu dors si profondément et si paisiblement, sans qu'aucun enchanteur te poursuive, qu'aucun charme te trouble ! Dors, dis-je encore une fois, et je le dirai encore plus de cent, dors sans que la jalousie te fasse perpétuellement veiller, sans que le soin de tes dettes t'empêche de dormir, ni de ce que tu as à faire pour nourrir le jour suivant ta petite famille dans l'angoisse. L'ambition ne t'inquiète point, ni la vaine pompe du monde, puisque les bornes de tes désirs ne s'étendent pas plus loin qu'à bien traiter ton grison : pour le soin de ta personne, tu l'as commis à mes épaules, c'est un fardeau que la nature et la coutume ont imposé à ceux qui ont serviteurs. Le valet dort pendant que le maître veille, pensant comment le nourrir, l'améliorer et lui faire du bien. L'angoisse de voir que le ciel se fait d'airain, sans épandre sa rosée accoutumée sur la terre, n'afflige nullement le serviteur, mais bien le maître, qui doit sustenter, durant la stérilité et la famine, celui qui l'a servi pendant la fertilité et l'abondance. » A tout cela, Sancho, qui dormait, n'avait garde de répondre, et il ne se fût pas sitôt éveillé, si don Quichotte ne lui eût fait ouvrir les yeux en le poussant du bout de sa lance. Finalement, il s'éveilla tout chargé encore de sommeil et tout paresseux, et puis, tournant la face de côté et d'autre, il dit : « Si je ne m'abuse point, je sens une odeur qui vient du côté de cette ramée, et qui a plutôt la senteur du jambon frit que celle des jonquilles ; des noces qui commencent par cette odeur doivent, sur ma foi de chrétien, être abondantes et généreuses. — Glouton, dit alors don Quichotte, dépêche-toi ; viens et nous irons à ces épousailles, voir ce que fait le dédaigné Basile. — Qu'il fasse ce qu'il voudra, repartit Sancho ; il n'avait qu'à n'être pas pauvre, et il se serait marié avec Quitérie. Voilà qui est bon : n'avoir pas un liard et vouloir se marier avec les nuages ! Sur ma foi, monsieur, je suis d'avis que le pauvre se contente de ce qu'il trouvera, sans chercher du miel dans le fleuve. Je veux perdre un bras si Gamache peut recouvrir Basile entier de réaux, et dans ce cas, bien sotte serait Quitérie de dédaigner les bagues et les joyaux que lui doit avoir donnés et que lui peut donner Gamache pour le jeu de la barre et de l'escrime de Basile. Est-ce qu'à la taverne on vous fait jamais crédit d'un verre de vin pour avoir bien tiré à la barre, ou pour avoir fait un beau coup à l'escrime ? Foin de ces habiletés et gentillesses qui ne se vendent, et en ait qui voudra ! Toutefois, quand elles tombent sur un homme qui a la bourse replète, je vous jure ma vie qu'elles ont bon air. L'on peut bâtir une belle maison sur un fondement, et le meilleur fondement du monde est l'argent. — Au nom de Dieu, Sancho, dit alors don Quichotte, conclus ta harangue. Je crois fermement, quant à moi, que, si l'on te laissait suivre les discours que tu commences à chaque instant, tu n'aurais jamais le temps de manger ni de dormir : tu l'emploierais tout entier à parler. — Monsieur, répliqua Sancho, si vous avez bonne mémoire, vous vous devriez ressouvenir des articles convenus entre nous avant cette seconde sortie que nous avons faite de la maison. Or, l'un d'eux porte que vous me devez laisser dire tout ce que je voudrai, pourvu que ce ne soit ni contre mon prochain, ni contre l'autorité de Votre Grâce : il me semble que jusqu'ici je n'ai point contrevenu à un tel article. — Sancho, répondit don Quichotte, il ne me souvient point de cet article, mais quand il en serait ainsi, tais-toi et viens : car déjà les instruments que nous ouïmes hier soir reviennent réjouir les vallons, et sans doute, l'on célébrera les épousailles à la fraîcheur du matin, et non à la chaleur de l'après-midi. » Sancho fit ce que son maître lui commandait, mit la selle à Rossinante et le bât au grison, et tous deux, étant montés à cheval, entrèrent au petit pas sous la ramée. La première chose qui s'offrit à la vue de Sancho, ce fut, enfilé dans une grande broche faite d'un ormeau entier, un bouveau entier, et au feu où on le devait faire cuire brûlait une petite montagne de bois. Six marmites, qui étaient autour de ce bûcher, n'avaient pas été faites dans le moule ordinaire des marmites : c'étaient plutôt six demi-cuves, dans chacune desquelles tout un étal de viandes fût entré, parce qu'elles tenaient engloutis des moutons entiers, sans qu'on les vît non plus que si c'eussent été de petits pigeons. Les lièvres déjà écorchés et les poules plumées qu'on avait pendues aux arbres, afin de les ensevelir dans ces grandes marmites, étaient innombrables, de même que les autres oiseaux de gibier de toute espèce qu'on y avait pareillement pendus, afin que l'air les tînt frais. Sancho compta plus de soixante grandes outres de plus de deux grandes arrobes chacune et toutes pleines, ainsi qu'on en put juger par après, de vins généreux. On voyait encore de grands monceaux de pain bien blanc, de même qu'on voit d'ordinaire des monceaux de blé dans les aires. Les fromages posés les uns sur les autres, comme des briques, formaient une muraille, et deux chaudières d'huile, plus grandes que celles d'un teinturier, servaient à faire frire les beignets et autres choses semblables qu'on tirait hors avec deux grandes pelles, et puis on les faisait encore bouillir en une autre chaudière de miel préparé, qui était là tout proche. Il y avait plus de cinquante cuisiniers ou cuisinières tous blancs et nets, tous diligents et tous contents. Dans le ventre creux et large du bouveau on avait mis douze petits cochons de lait, qui, cousus par le dessus, servaient à lui donner de la saveur et à le rendre plus tendre. Pour les épices de diverses sortes, il semblait qu'on ne les eût point achetées à la livre, mais à l'arrobe, et on les voyait toutes à découvert dans un grand coffre. Enfin l'appareil de la noce était rustique, mais avec cela si abondant qu'il était capable de nourrir une armée.

Sancho Pança regardait attentivement toutes ces choses, et toutes lui plaisaient extrêmement. Premièrement, le désir des marmites le rendait fort amoureux, et bien volontiers en eût-il pris un demi-pot ; après, les grandes bouteilles captivaient extrêmement son cœur, de même que faisaient les fruits des poêles, si tant est qu'on pût nommer poêles de si honorables chaudières. C'est pourquoi, ne pouvant plus se contenir, il s'approcha de l'un des affairés cuisiniers, et, avec des paroles aussi courtoises que faméliques, il le pria de le laisser tremper un quignon de pain dans une de ces marmites. Lors le cuisinier lui fit cette réponse : « Frère, ce jour n'est pas de ceux sur qui la faim a sa juridiction, grâce au riche Gamache ; descendez donc de votre bête, regardez s'il y a là quelque grande cuiller, écumez une ou deux poules, et grand bien vous fasse. — Je n'en vois point, répliqua Sancho. — Attendez, dit le cuisinier. Malheur ! Vous êtes bien honteux et bien scrupuleux. » Ce disant, il empoigna un chaudron qu'il enfonça dans l'une des demi-cuves, d'où il tira trois poules et deux oisons, et puis dit à Sancho : « Mangez, mon ami, et déjeunez de cette écume, jusqu'à ce que l'heure du dîner soit venue. — Je n'ai rien pour y mettre cette viande, repartit Sancho. — Eh bien, dit le cuisinier, emportez le chaudron et tout : car la richesse et le contentement de Gamache suffisent à tout. »

Pendant que ceci se passait pour Sancho, don Quichotte vit entrer sous la ramée quelque douze paysans montés sur douze fort belles cavales fort richement enharnachées et ayant des grelots au poitrail. Ces hommes étaient tous en habits de fête, et ils firent en bon ordre plusieurs courses dans le pré, en poussant des cris de joie et disant : « Vive Gamache, et vive Quitérie, lui aussi riche qu'elle est belle, et elle la plus belle du monde ! » Ce qu'entendant don Quichotte, il dit en lui-même : « Il est bien clair que ces hommes ici n'ont point vu ma Dulcinée du Toboso, car, s'ils l'avaient vue, ils n'auraient garde de donner tant de louanges à cette Quitérie. » Quelque peu de temps après commencèrent à entrer de divers côtés de la ramée plusieurs et diverses danses, parmi lesquelles une danse des épées menée par quelque vingt-quatre bergers de fort bonne mine. Ils étaient tous vêtus d'une toile bien fine et bien blanche, et portaient sur la tête des mouchoirs de soie de diverses couleurs. Celui qui les conduisait, et qui était un jeune homme fort dispos, fut interrogé par un de ceux qui étaient montés sur une cavale pour savoir si quelqu'un de ces danseurs n'avait point été blessé. « Nul jusqu'à présent, répondit-il, n'a eu aucun mal, et, grâce à Dieu, nous sommes tous sains. » Lors, soudain, il se mêla parmi ses autres compagnons, en faisant tant de tours et de cabrioles, et d'une telle adresse, que don Quichotte, quoique fort accoutumé de voir semblables danses, avoua franchement qu'il n'en avait jamais vu d'aussi bien que celle-ci. Il fit le même jugement d'une autre entrée, qui était composée de très belles jeunes filles, et si jeunes que pas une n'en avait moins de quatorze ans ni n'en dépassait dix-huit. Elles étaient toutes vêtues d'un drap vert, et leurs cheveux étaient en partie attachés avec du ruban, et en partie épars, mais si blonds et si luisants qu'ils pouvaient se comparer aux rayons du soleil. Elles étaient parées de guirlandes de jasmin, de roses, d'amarante et de chèvrefeuille ; un vénérable vieillard et une vieille matrone les conduisaient, plus légers et plus dispos que leurs années ne le faisaient espérer. Elles avaient pour instrument une cornemuse zamorane, et ces belles filles, portant dans les yeux l'honnêteté et aux pieds la légèreté, se faisaient paraître les meilleures danseuses du monde.

Derrière elles on vit entrer une autre troupe de danseuses, de celles qui font les figures parlées. C'étaient neuf nymphes partagées en deux bandes. L'une était menée par le dieu Cupidon, et l'autre par l'Intérêt. Le premier était paré d'ailes, d'un arc, de carquois et de flèches, et le second était vêtu d'or et de soie de riches couleurs. Les nymphes qui suivaient l'Amour avaient aux épaules leur nom écrit sur parchemin blanc et en grosses lettres. *Poésie* était le nom de la première ; *Sagesse,* celui de la seconde. La troisième se nommait *Bonne Lignée,* et la quatrième *Vaillance.* Celles qui suivaient Intérêt portaient une pareille marque. En l'écriteau de la première il y avait *Libéralité.* La seconde se nommait *Largesse,* la troisième *Trésor,* et la quatrième, *Possession paisible.* Au-devant de tous marchait un château de bois, tiré par quatre sauvages, vêtus de grosse toile de chanvre teinte en vert, et toute couverte de lierre : ils étaient si bien représentés au naturel que peu s'en fallut que Sancho Pança n'en fût épouvanté. Sur le devant et le haut du château et sur les quatre côtés de son carré on pouvait lire cet écriteau : *Château de bonne garde.* Il y avait, pour accompagner la marche, quatre adroits joueurs de tambour et de flûte. Cupidon commençait la danse, et, après avoir fait deux figures, il haussait les yeux, et, mettant une flèche sur son arc, il levait les yeux et visait une damoiselle qui se mettait entre les créneaux du château, et à laquelle il adressait ces paroles :

Je suis le plus puissant des dieux,
Qui règne en terre et dans les cieux ;
La mer reconnaît ma puissance,
Et même l'enfer oublieux
Me rend une humble obéissance.

Je ne connus jamais la peur;
Je peux tout ce que veut mon cœur.
Encor qu'il veuille l'impossible;
Tout ce qu'on peut pour son bonheur,
J'y reste toujours invincible.

Ayant achevé son couplet, il lâcha une flèche qui passa par-dessus le château, puis il revint en sa place. Lors l'Intérêt sortit, et, quand il eut fait deux autres figures, les tambours se turent, et lui dit ces paroles :

J'ai plus de pouvoir et de bruit
Que n'a l'Amour qui me conduit,
Et suis d'une si noble race
Que le flambeau qui luit aux cieux,
Parmi les hommes et les dieux,
N'en voit jamais qui la surpasse.

C'est moi l'Intérêt qui tout peut,
Celui-là ne m'a pas qui veut,
Et sans moi l'on ne peut rien faire;
Tout le monde court après moi;
Belle, je me consacre à toi;
Donc à m'aimer point ne diffère.

L'Intérêt s'étant retiré, la Poésie s'avança, et, lorsqu'elle eut exécuté ses pas comme les deux précédents, elle fixa ses regards sur la damoiselle du château, et puis récita ces vers :

En de douces conceptions
Et de belles inventions,
La Poésie, ô belle Dame,
Qui ne manque point de caquet,
Vous donne de vers un paquet
Où vous pourrez trouver son âme.

Si, reconnaissant son devoir,
Il te plaît de le recevoir
A ton service, ta fortune,
Ma voix si bien la chantera
Que sa louange montera
Dessus le cercle de la lune.

Quand la Poésie se fut retirée, la Libéralité fit des tours et des figures pareilles aux autres, et puis proféra ces paroles :

L'on nomme libéralité
Le don qui fuit l'extrémité
Et d'une dépense excessive
Et d'une tiède volonté.
Mais, moi, pour grandir tes succès,
Je ferai que mon feu s'avive,
Et me veux prodigue à l'excès,
Il me plaît que tout surabonde ;
Être prodigue et grand donneur,
En amour, c'est un grand bonheur,
Et le plus grand honneur du monde.

Ce fut de la sorte que vinrent en scène et se retirèrent les personnages des deux bandes. Chacun fit son entrée et récita ses vers. Les uns étaient élégants et les autres ridicules. Don Quichotte, qui avait une grande mémoire, apprit par cœur ceux que nous venons de citer. Cependant tous ces personnages se mêlèrent ensemble, et puis chacun reprit sa place fort gentiment et sans se confondre, et, quand l'Amour passait devant le château, il lançait toujours en haut quelque flèche, tandis que l'Intérêt y brisait des alcancias [1] dorés. Enfin, après avoir bien dansé, le même Intérêt tira une grande bourse, composée de la peau d'un chat romain. Elle paraissait pleine d'argent. Il la jeta droit au château, et au coup qu'elle donna les planches du château se défirent et tombèrent, et la damoiselle resta toute découverte et sans défense. Lors l'Intérêt, assisté de sa troupe, s'approcha d'elle, et, lui jetant une grande chaîne d'or au cou, fit paraître qu'il la voulait prendre, la soumettre et la rendre captive. Ce que voyant l'Amour, avec ceux de sa suite, ils s'efforçaient de la leur ôter. Or, toutes les démonstrations qu'ils faisaient étaient au son des tambourins et en dansant en cadence. Les sauvages rétablirent la paix et rajustèrent promptement les planches du château où la damoiselle s'enferma comme auparavant. Et ce fut là que le ballet finit au grand contentement de ceux qui en étaient spectateurs. Don Quichotte demanda à l'une des nymphes qui avait composé et si bien disposé cette représentation. Elle lui répondit que c'était un bénéficier du village, homme fort expert en ces sortes d'inventions. « Je gagerai, dit alors don Quichotte, que ce bachelier ou bénéficier est plus ami de Gamache que de Basile, et qu'il tient plus du satirique que du bréviaire. Au reste, il a fort bien enchâssé dans cette danse les mérites de Basile et les richesses de Gamache. » Sancho Pança, qui écoutait tout cela, dit : « Le roi est mon coq, et je suis pour Gamache. — Enfin, repartit don Quichotte, tu fais bien paraître, Sancho, que tu es un vrai vilain, et de ceux qui disent : « Vive le plus fort ! » — Je ne sais pas, répondit Sancho, de quel parti je suis. Tant il y a que je ne tirerai jamais des marmites de Basile une aussi bonne écume que celle que j'ai tirée de celles de Gamache. » Ce disant, il fit voir le chaudron rempli d'oisons et de poules. Il saisit une de ces dernières et commença à manger de fort bonne grâce et de bon appétit, disant : « A la barbe des mérites de Basile ! Tu vaux autant que tu possèdes, et possèdes autant que tu vaux. Il n'y a que deux races au monde, ainsi que disait une mienne aïeule, à savoir : le tenir et le non tenir. Elle se tenait toujours du côté du bien tenir ; et aujourd'hui, mon maître don Quichotte, on tâte plutôt le pouls à l'avoir qu'au savoir, et un âne paré d'or semble plus beau qu'un cheval bardé. Je veux dire, encore une fois, que je suis du côté de Gamache, de qui les marmites écument abondamment en oisons, poules, lièvres et lapins, au lieu que celles de Basile, si même il venait à prendre la main, et même le pied, on n'en tirerait qu'une piquette.

— As-tu achevé ta harangue, Sancho ? dit don Quichotte.
— Je l'ai achevée, répondit Sancho, parce que je vois qu'elle vous fâche. Si cela ne s'y opposait, j'aurais de la besogne taillée pour trois jours. — Plaise à Dieu, Sancho, répliqua don Quichotte, que je te voie muet devant que je meure. —

Au pas dont nous allons, dit Sancho, avant que Votre Seigneurie meure, je serai empêché à mâcher de la terre glaise, et alors il se pourrait faire que je sois si muet que je ne dirai mot jusqu'à la fin du monde, ou pour le moins jusqu'au jour du jugement. — Quand cela arriverait, Sancho, répliqua don Quichotte, jamais ton silence ne parviendra à l'excès de tes discours. Tu parles et parleras tout le long de ta vie, et, en outre, ceci est fondé sur la raison naturelle que la fin de mes jours arrivera devant la tienne, de sorte que je ne pense jamais te voir muet, non pas même quand tu dors ou que tu bois, qui est tout ce que je peux dire de plus fort. — Par ma foi, monsieur, dit Sancho, il n'y a pas à se fier en cette camarde, je veux dire la Mort, laquelle se paît aussi bien d'un agneau que d'un mouton. J'ai même quelquefois ouï dire à notre curé que la mort foulait d'un pied égal les hautes tours des rois et les basses cabanes des pauvres. Cette dame a plus de pouvoir que de mignardise. Elle n'est nullement dégoûtée, elle mange de tout, elle remplit sa besace de toutes sortes de gens, d'âges et de prééminences. Ce n'est pas un moissonneur qui dort pendant la sieste : car elle moissonne à toute heure et coupe l'herbe sèche aussi bien que la verte. Il ne semble pas qu'elle mâche, mais plutôt qu'elle engloutisse tout ce qu'on lui met devant ; elle a une faim canine, laquelle ne s'apaise jamais, et, bien qu'elle n'ait point de panse, elle fait pourtant paraître qu'elle est une vraie hydropique, altérée des vies de tous ceux qui vivent, comme qui boit un pot d'eau froide. — Assez, Sancho, dit don Quichotte, tiens-toi sur le bon bout et ne te laisse point tomber, car, en vérité, tout ce que tu as dit de la mort en tes termes rustiques est ce que pourrait dire un bon prédicateur. Or, je te dis, Sancho, que, comme tu as un bon naturel et un bon jugement, tu pourrais prendre un pupitre en main, et aller par le monde prêchant de jolies choses. — Celui-là prêche bien, répondit Sancho, qui vit bien, et je ne sais point d'autre tologie. — Aussi n'as-tu pas besoin d'en savoir davantage, dit don Quichotte. Toutefois je ne puis comprendre comment, la crainte de Dieu étant le commencement de la sagesse, toi qui crains plus un lézard que tu ne fais Dieu, es néanmoins si savant. — Je prie Votre Grâce, dit Sancho, de juger de ses chevaleries sans s'entremettre de juger des craintes ou de la valeur d'autrui. J'ai autant de crainte de Dieu qu'en peuvent avoir tous les enfants du voisin. Cependant laissez-moi avaler cette écume, car tout le reste n'est que paroles oiseuses dont nous rendrons compte en l'autre vie. » Ce disant, il donna un nouvel assaut à son chaudron d'un si grand courage qu'il réveilla celui de don Quichotte, lequel sans doute l'eût assisté en cet assaut s'il n'en eût été empêché par ce que nous sommes contraint de dire ci-après.

CHAPITRE XXI

OÙ L'ON CONTINUE LES NOCES DE GAMACHE, ET AUTRES ÉVÉNEMENTS AGRÉABLES

Pendant que don Quichotte et Sancho tenaient entre eux les discours rapportés au chapitre précédent, on entendit de grandes exclamations et un grand bruit. Cela procédait des gens montés sur des cavales lesquels, en courant et poussant des cris, allaient recevoir les épousés. Ceux-ci, environnés de mille sortes d'instruments et d'autres inventions, venaient, accompagnés du curé et des parents de tous deux, comme aussi des personnes les plus apparentes des villages voisins, et tous en habits de fête.

Aussitôt que Sancho vit l'épousée, il s'écria : « Sur ma foi, elle n'est point vêtue en paysanne, mais plutôt elle ressemble à une belle dame de la cour. Par le Dieu vivant, à ce que je vois, les médailles qu'elle porte sont de riches coraux, et ce drap vert de Cuenca un velours à trente poils ! Et avec ça les garnitures sont des bandes de toile blanche ! Malepeste ! c'est du satin ! Regardez-moi un peu ses mains : elles sont parées de bagues de jayet ! Que je meure si ce ne sont des anneaux d'or, et d'or fin, empierrés de perles blanches comme un caillé, et chacun doit valoir les yeux de la tête ! Ô fille de putain, voyez un peu, je vous prie, quels cheveux ! S'ils ne sont postiches, je n'en ai jamais vu de toute ma vie de plus longs ni de plus blonds. Et rien à dire à la taille et à la tournure ; on ne peut la comparer qu'à un palmier qui se meut chargé de régimes de dattes : ses carcans et les affiquets qui pendent à ses cheveux et à sa gorge leur ressemblent justement. Je jure sur mon âme que c'est une fameuse garce, et qu'elle peut librement passer par les bancs de Flandre[1] ! »

Don Quichotte se mit à rire des louanges rustiques que donnait son écuyer à cette épousée. Cependant il lui semblait que, hors sa maîtresse Dulcinée du Toboso, il n'avait jamais vu femme plus belle. Cette belle Quitérie venait un peu pâle, et la cause devait en être la mauvaise nuit que passent toujours les épousées à se parer pour le lendemain, jour de leurs noces. Ils s'approchaient d'un théâtre dressé sur un côté du pré et tout couvert de tapis et de rameaux : c'était là que les épousailles se devaient faire, et de là qu'on devait regarder les danses et les représentations. Au même temps qu'ils arrivaient, ils entendirent derrière eux de grands cris et une voix qui proférait tout haut ces paroles : « Attendez un peu, gens non moins inconsidérés que pressés. » A ces cris et à ces paroles, chacun tourna la tête, et l'on vit que celui qui les poussait était un homme vêtu d'une saie noire, festonnée de flammes cramoisies. Sa tête était ceinte d'une couronne de funeste cyprès, il tenait à la main un grand bâton. Quand il fut plus proche de la compagnie, on le reconnut pour le beau Basile, et tous demeurèrent en suspens, attendant le but de ses cris et de ses paroles, et craignant que sa venue en une pareille occasion ne fût cause de quelque malheur. Il parvint enfin, tout lassé et tout hors d'haleine, et puis se plaça devant les épousés, fichant en terre son bâton qui avait une pointe d'acier. Puis, changeant de couleur et les yeux fixés sur

Quitérie, d'une voix tremblante et enrouée, il lui dit : « Tu sais bien, ingrate Quitérie, que, selon la sainte loi dont nous faisons profession, tu ne peux, tandis que je serai en vie, te marier. Tu n'ignores point non plus que moi-même, pour attendre que le temps et ma diligence accrussent les biens de ma fortune, je n'ai jamais entrepris de passer les bornes de ton honneur. Mais toi, foulant aux pieds les obligations que tu as contractées envers mon chaste désir et leur tournant le dos, tu veux rendre possesseur de ce qui m'appartient un autre à qui ses richesses servent non seulement d'occasion, mais de comble de bonheur, et, pour qu'il se maintienne à ce comble (non comme je pense qu'il mérite, mais suivant que le lui veulent donner les cieux), je veux défaire de mes mains l'impossibilité et l'obstacle qui le peuvent encore empêcher, en m'ôtant de son chemin. Vive, vive le riche Gamache avec l'ingrate Quitérie une longue suite d'heureuses années, et meure, meure le pauvre Basile, dont la pauvreté a coupé les ailes à son heur et l'a mis au tombeau ! » Ce disant, il prit le bâton qu'il avait fiché en terre, et, la moitié en restant dans le sol, il montra qu'il servait de gaine à une demi-épée qui y était cachée, et, ayant encore posé à terre ce que l'on pouvait nommer un pommeau, d'une grande résolution il se lança légèrement dessus. En un instant, la pointe parut toute sanglante entre les épaules, avec la moitié de l'épée, le misérable demeurant étendu et baigné dans son sang et transpercé de ses armes mêmes.

Aussitôt, ses amis coururent à son secours, affligés de son malheur et de sa pitoyable disgrâce. Don Quichotte même quitta Rossinante, et courut vers lui, le prit entre ses bras, et trouva qu'il n'avait pas encore rendu l'âme. On lui voulait tirer l'épée de l'estomac ; mais le curé, qui y était présent, n'en fut pas d'avis. Il dit qu'il le fallait auparavant confesser, parce que lui tirer le glaive et le faire mourir ce serait une même chose. Cependant Basile, reprenant un peu ses esprits, dit d'une voix dolente et débile ces paroles : « Si tu voulais, ô cruelle Quitérie, me donner en cette dernière et fatale extrémité la main comme épouse, je croirais que ma témérité serait aucunement excusable, puisque par elle j'obtiendrais le bonheur d'être à toi. » Le curé, entendant ces paroles, lui dit qu'il pensât plutôt au salut de l'âme qu'aux plaisirs du corps, et qu'il demandât de bon cœur pardon à Dieu de ses péchés et de sa résolution désespérée. Basile lui répondit qu'il ne se confesserait nullement si Quitérie ne lui donnait auparavant la main comme épouse, parce que le contentement qu'il en recevrait y disposerait sa volonté et lui donnerait la force de se confesser. Quand notre don Quichotte entendit la demande du blessé, il dit tout haut que Basile requérait une chose fort juste et fondée en raison, de plus très faisable, demande qu'on lui devait d'autant mieux accorder que le sieur Gamache acquerrait un grand honneur en recevant la dame Quitérie, veuve du valeureux Basile, comme s'il la recevait des mains de son père. « Ici, d'ailleurs, ajouta-t-il, tout doit se borner à un *oui,* qui n'aura pas d'autre effet, puisque le tombeau doit être le lit nuptial de ces noces. »

Gamache écoutait attentivement, et toutes ces choses le tenaient en grand suspens, en grande confusion, de sorte qu'il ne savait ni que dire ni que faire. Cependant, les prières des amis de Basile eurent tant de force en son endroit qu'enfin il consentit que Quitérie donnât la main comme épouse à Basile, de peur qu'il ne perdît son âme, s'il partait de cette vie en désespéré. Forcé donc par tant d'instantes prières, il dit que, si Quitérie y consentait, il le voulait bien aussi, puisque le tout n'avait d'autre résultat que de différer un peu l'accomplissement de ses désirs. Chacun s'approcha de Quitérie, et les uns avec prière, et les autres avec larmes, et d'autres avec de bonnes raisons, la conjurèrent de donner sa main au pauvre Basile. Mais elle, plus dure que du marbre et aussi froide qu'une statue, témoigna qu'elle ne savait, ni ne pouvait, ni ne voulait répondre un mot, et peut-être ne l'eût-elle point fait, si le curé ne lui eût dit qu'elle se dépêchât bientôt à se résoudre en ce qu'elle devait faire, puisque Basile avait déjà l'âme au bord de ses dents, et ne lui donnait pas loisir d'attendre son irrésolution. Alors la belle Quitérie, sans répondre parole aucune, et en apparence toute triste et ennuyée, alla au lieu où Basile était étendu, roulant les yeux en la tête, la respiration courte et pressée, murmurant entre ses dents le nom de Quitérie, et montrant à ses façons de faire qu'il mourait en païen, et non en chrétien. Quitérie, étant près de lui, mit les genoux à terre, et, par signes et non par paroles, lui demanda la main. Basile tourna les yeux sur elle, et, la regardant attentivement, lui dit : « Ô Quitérie, que la pitié a touchée au temps où ta compassion doit servir de glaive pour achever de mettre fin à ma vie, puisque je n'ai plus la force de porter la gloire que tu m'accordes en me choisissant pour tien, ni pour arrêter la douleur qui avec tant de hâte me couvre les yeux de l'épouvantable obscurité de la mort, au moins je te supplie, ô ma fatale étoile, que la main que tu requiers de moi et celle que tu me veux donner, ce ne soit point par compliment, ni pour m'abuser de nouveau. Il faut que tu confesses et dises que, sans forcer ta volonté, tu me la livres et me la donnes comme à ton légitime époux. Car il n'est pas raisonnable qu'en l'extrémité où je suis réduit tu me trompes et uses de dissimulation envers celui qui a toujours usé envers toi d'une si grande franchise. »

Pendant qu'il proférait ces paroles, il s'évanouissait à tout coup, de sorte qu'à chaque pâmoison chacun croyait qu'il allait rendre l'âme. Quitérie, toute honnête et toute honteuse, prenant de sa main droite celle de Basile, lui tint ce langage : « Il n'y a aucune crainte qui soit capable de fléchir ma volonté. C'est pourquoi je te donne la main comme légitime épouse fort librement, et reçois la tienne, si tant est que tu me la donnes de ta pleine volonté, sans que la trouble et altère la calamité où la décision t'a précipité. — Je te la donne, repartit Basile, comme un homme non troublé et non confus, mais du plus clair et du plus sain jugement qu'il ait plu au Ciel de me donner, de sorte que je me donne, dis-je, et me livre pour ton époux. — Et moi pour ton épouse, répondit Quitérie, soit que tu vives un long espace d'années, soit que maintenant on te porte de mes bras à la sépulture.

— Ce garçon, dit là-dessus Sancho Pança, parle beaucoup pour être ainsi blessé. Qu'on l'engage à moins de galanteries et à songer à son âme ; il me semble qu'il l'a plutôt sur la langue qu'aux dents. »

Comme Basile et Quitérie se tenaient par la main, le curé, touché de grande compassion et la larme à l'œil, leur donna la bénédiction et requit le Ciel de donner le séjour de paix à l'âme du nouvel époux. Sitôt que Basile eut reçu la bénédiction, il se mit légèrement sur pied, et puis, d'une vivacité inouïe, se tira l'épée à laquelle son corps servait de fourreau. Tous les assistants demeurèrent ébahis, et quelques-uns d'entre eux, plus simples que curieux, commencèrent de crier tout haut : « Miracle ! miracle ! » Mais Basile répliqua : « Non pas, non pas miracle, miracle, mais plutôt adresse, adresse ! » Le curé, bien ébahi et fort troublé, accourut tâter la blessure avec les deux mains, et trouva que l'épée avait passé, non dans la chair et par les côtes de Basile, mais par un tuyau de fer qu'il avait rempli de sang et fort bien accommodé en ce lieu, et le sang y avait été disposé, ainsi que l'on sut depuis, de façon à ne point figer. Enfin le curé et Gamache, avec tous les assistants, se tinrent pour moqués et abusés. L'épousée montra qu'elle n'avait nul regret de la tromperie ; au contraire, quand elle ouït dire que ce mariage, pour avoir été fait par tromperie, n'était point valable, elle déclara le confirmer à nouveau. On en conclut que cet artifice avait été forgé du consentement et du propos délibéré de tous deux. Cela mit en tel excès de colère Gamache et ses amis qu'ils s'en remirent à leurs bras du soin de la vengeance, et, tirant en grand nombre l'épée du fourreau, ils assaillirent Basile, en faveur duquel, en un instant, on vit un aussi grand nombre d'épées toutes nues. Cependant don Quichotte se mettait au-devant, et, monté sur son bon cheval, la lance au poing, et bien couvert de son écu, se faisait faire place par tout le monde. Sancho, qui jamais en tels faits d'armes ne trouva ni plaisir ni consolation, s'alla mettre à couvert derrière les marmites d'où il avait tiré sa délicieuse écume, car il lui semblait que ce lieu était sacré et qu'on lui devait du respect.

Don Quichotte disait avec de grands cris : « Arrêtez-vous, seigneurs, arrêtez-vous. Il n'est pas raisonnable que vous preniez vengeance du tort que l'amour vous fait. Remarquez que l'amour et la guerre sont tout un, et comme il est permis d'user à la guerre de ruses et de stratagèmes pour vaincre l'ennemi, ainsi aux différends et débats amoureux l'on approuve les tromperies et les finesses que l'on fait pour obtenir la fin que l'on désire, pourvu que cela ne se fasse point au préjudice et au déshonneur de la chose aimée. Par une juste et favorable disposition du Ciel, Quitérie était à Basile, et Basile à Quitérie. Gamache est riche et pourra acheter son consentement quand, où et comme il lui plaira. Basile ne possède que cette brebis, et homme au monde, quelque riche et puissant qu'il soit, ne la lui doit point ôter. Il est impossible à l'homme de séparer les deux que Dieu a joints ; que si quelqu'un le veut entreprendre, il faut qu'il passe d'abord par la pointe de cette lance. » Sur cela il la brandit avec tant de force et d'adresse, qu'il mit la peur dans l'âme de tous ceux qui ne le connaissaient point. Au même instant, le dédain pour Quitérie s'empara si fort de l'imagination de Gamache qu'il en effaça son souvenir en un instant, de sorte que les persuasions du curé, homme sage et prudent, trouvèrent en lui de l'accès.

Gamache donc et ceux qui tenaient son parti demeurèrent tranquilles et apaisés, et, pour le montrer, remirent les épées à leur place, donnant plus de blâme à la légèreté de Quitérie qu'à l'artifice de Basile. Et Gamache fit cette réflexion que si Quitérie, étant fille, voulait du bien à Basile, elle lui continuerait son affection étant mariée, de sorte qu'il devait rendre grâces au Ciel de la lui avoir ôtée plutôt que de la lui avoir donnée. Quand Gamache et ceux de son parti furent apaisés, ceux qui tenaient celui de Basile s'apaisèrent pareillement. Lors le riche Gamache, pour montrer qu'il n'avait point de rancune ni de ressentiment de cet artifice, voulut que la fête s'achevât de même que s'il se fût véritablement marié. Mais Basile, son épouse et ses amis n'y voulurent point assister, et ainsi ils s'en allèrent tous à la métairie de Basile. Car il faut croire que les pauvres vertueux et sages ne manquent point de personnes qui les suivent, les honorent et les assistent, de même que les riches de flatteurs qui les accompagnent. Ils emmenèrent avec eux don Quichotte, le regardant comme un homme de valeur et qui avait du poil à l'estomac. Il n'y eut que Sancho qui avait l'âme tout obscurcie de se voir dans l'impossibilité d'assister au magnifique festin de Gamache, lequel dura jusqu'à la nuit. Il suivit donc, tout triste et tout fâché, son maître, qui marchait avec la compagnie de Basile et tourna ainsi le dos aux marmites d'Égypte, qu'il gardait néanmoins dans l'âme : l'écume qu'il avait dans son chaudron, et qui était déjà presque toute humée et consumée, lui représentait la gloire et l'abondance du bien qu'il perdait. Ainsi, tout angoissé et tout pensif, encore qu'il n'eût pas faim, sans descendre de son grison, il suivit les traces de Rossinante.

CHAPITRE XXII

OÙ L'ON CONTE LA GRANDE AVENTURE DE LA CAVERNE DE MONTÉSINOS, QUI EST AU CŒUR DE LA MANCHE, À LAQUELLE LE VALEUREUX DON QUICHOTTE DONNA HEUREUSE FIN

Grands et nombreux furent les régals que les nouveaux épousés firent à don Quichotte, y étant obligés par les témoignages qu'il avait rendus en leur faveur et en prenant leur parti. Ils disaient que sa valeur égalait sa prudence, et le tenaient pour un Cid dans les armes et pour un Cicéron dans l'éloquence. Le bon Sancho se récréa durant trois jours aux dépens des nouveaux mariés. On apprit d'eux que la feinte blessure n'avait pas été concertée avec la belle Quitérie, mais pure industrie de Basile, lequel en attendait tout le succès qu'on avait vu. Il est bien vrai que le même Basile confessait avoir communiqué son dessein à quelques-uns de ses amis, afin qu'en temps et lieu ils favorisassent son intention et assurassent le succès de sa tromperie. « On ne peut ni ne doit appeler tromperie, observa don Quichotte, les choses qui ont pour but une fin vertueuse, et le mariage entre ceux qui s'aiment est la fin la plus excellente qu'on puisse imaginer. Mais prenez garde que la faim et la continuelle nécessité sont les plus grands ennemis de l'amour, car l'amour est tout allégresse, joie et contentement, surtout quand l'amant est en possession de la chose aimée : alors se déclarent contre eux en ennemis acharnés la nécessité et la pauvreté. » Il tenait ce langage pour engager Basile à quitter l'exercice des talents dont il faisait profession, parce qu'encore que cela lui donnât de la réputation, cela ne lui donnait point d'argent : il devait donc mettre ses soins à acquérir du bien par des moyens licites et industrieux, qui ne manquent jamais aux gens prudents et actifs. Le pauvre honorable (si tant est que le pauvre puisse être honoré) possède dans une belle femme un joyau précieux, et lorsqu'on la lui ôte, on lui ôte pareillement l'honneur et la vie. La femme belle et honnête dont le mari est pauvre mérite d'être couronnée de lauriers et de palmes en signe de victoire et de triomphe. La beauté par elle-même attire les désirs de tous ceux qui la regardent et la connaissent, et, comme sur un appât savoureux, les aigles royaux et autres oiseaux de haut vol s'y abattent. Cependant, si la nécessité et la gêne accompagnent une telle beauté, elle est pareillement assiégée des corbeaux, milans et autres oiseaux de rapine, de sorte que celle qui demeure ferme contre tant d'assauts mérite à bon droit d'être nommée la couronne de son mari. « Ingénieux et prudent Basile, ajouta don Quichotte, ce fut l'opinion de je ne sais quel sage qu'en tout le monde il n'y avait qu'une seule bonne femme, et son conseil était que chacun pensât et crût que cette seule bonne femme était la sienne : par là il vivrait content. Je ne suis point marié et jusqu'ici je n'ai pas eu envie de prendre femme. Néanmoins je m'ingérerais de conseiller un homme touchant la façon de chercher la femme qu'il devrait prendre Si l'on m'en demandait donc conseil, je lui dirais d'abord qu'il faut regarder plutôt à la bonne renommée qu'au bien, car la bonne femme n'acquiert pas une bonne renommée seulement en étant bonne en effet, mais encore en sachant le paraître. Car les femmes font bien plus de tort à leur honneur par le sans-gêne et la liberté qu'elles se donnent en public que par des fautes secrètes. Si tu fais entrer en ta maison une bonne femme, il te sera aisé de la conserver et de la perfectionner en cette bonté, au lieu que si tu y fais entrer une mauvaise, tu seras en peine de l'amender : car il est bien difficile de passer d'une extrémité à une autre. Je ne dis pas que ce soit impossible, mais je le tiens pour malaisé. »

Sancho Pança dit à part soi : « Mon maître, quand je profère des paroles qui indiquent du jugement et de la solidité, a coutume de dire que je pourrais monter en chaire et aller par tout le monde prêchant mille gentillesses ; et moi, je dis de lui que quand il commence d'enfiler des sentences et de donner des conseils, il peut non seulement monter en chaire, mais plutôt deux fois qu'une, et faire l'annonce par les places à bouche que veux-tu. Le diable soit du chevalier errant ! Vous en savez trop. Je croyais en mon âme qu'il ne pouvait savoir que ce qui se rattache à sa chevalerie : mais il n'y a chose où il ne mette sa fourchette. » Sancho Pança proférait ces paroles à demi bas, et son maître n'en ouït que le murmure, et il lui dit : « Que rumines-tu entre tes dents, Sancho ? — Je ne dis rien, repartit-il, ni ne murmure de rien. Je disais seulement à part moi que j'aurais voulu entendre ce que Votre Seigneurie vient de dire avant de me marier ; peut-être dirais-je maintenant : le bœuf délié se lèche tout à son aise. — Eh quoi ! répliqua don Quichotte, ta Thérèse est-elle si méchante ? — Elle n'est pas trop méchante, dit Sancho, ni non plus trop bonne, ou pour le moins elle n'est pas aussi bonne que je voudrais. — Tu as tort, Sancho, dit don Quichotte, de dire du mal de ta femme, qui en réalité est la mère de tes enfants. — Nous ne nous devons rien l'un à l'autre, répliqua Sancho, parce qu'elle dit aussi du mal de moi lorsqu'il lui en prend envie ; et principalement quand elle est jalouse : alors Satan même s'en veuille charger ! »

Finalement ils demeurèrent trois jours chez les épousés où ils furent traités et servis comme des rois. Don Quichotte pria le licencié qui était si adroit à l'escrime de lui donner un guide pour le conduire à la caverne de Montésinos, parce qu'il avait grand désir d'y entrer, afin de voir de ses propres yeux si tant de merveilles que l'on en publiait par tous ces environs étaient véritables. Le licencié lui promit de lui donner un sien cousin, fameux écolier et fort affectionné à la lecture des livres de chevalerie, qui le conduirait de très bon cœur à la bouche de la caverne elle-même, et lui montrerait les lagunes de Ruydéra, renommées non seulement par toute la Manche, mais encore par toute l'Espagne. Il lui dit encore qu'il recevrait un grand contentement de sa conversation, parce que c'était un jeune homme qui savait composer des livres pour l'impression et l'envoi à des princes. Enfin le cousin vint sur une jument pleine, et dont la selle était couverte d'un tapis brodé ou serpillière. Sancho sella Rossinante et harnacha son grison. Après, il remplit très bien ses besaces, que celles du cousin accompagnèrent, pareillement bien pourvues. Puis ils se recommandèrent à Dieu, prirent congé de tous et se dirigèrent vers la fameuse caverne de Montésinos.

En chemin, don Quichotte demanda au cousin de quel genre et de quelle qualité étaient ses exercices, sa profession et ses études. Celui-ci lui répondit qu'il faisait profession d'être humaniste, et que ses exercices et ses études étaient de composer des livres pour les faire imprimer, et tous de grand profit et d'autant de contentement pour la république. L'un d'eux portait le titre de *Livrées*, où il en avait dépeint sept cent trois, avec leurs couleurs, leurs devises et leurs chiffres, où, en temps de fêtes et de tournois, les chevaliers de la cour pouvaient prendre celles qui leur plairaient, sans en aller mendier à personne, ni s'alambiquer la cervelle, comme on dit, pour en avoir de conformes à leurs désirs. « Car je donne au jaloux, au dédaigné, à l'oublié et à l'absent les devises qui les ganteront mieux qu'elles ne feraient à des pécheresses. J'ai un autre livre tout prêt, que je veux intituler *Métamorphoses, ou Ovide espagnol,* d'invention rare et nouvelle. Imitant Ovide à la burlesque, j'ai peint qui fut la Giralda de Séville, l'ange de la Madeleine, le conduit de Vecinguerra de Cordoue, les taureaux de Guisando, la Sierra Morena, les fontaines de Leganitos et de Lavapiès à Madrid, sans oublier le Pou, le Tuyau doré et la Prieure[1] avec toutes leurs allégories, métaphores et traductions, de sorte que tout cela réjouit, étonne et instruit en même temps. J'ai un autre livre que je nomme *Supplément à Virgile Polydore*[2]. Il traite de l'invention des choses, et c'est un livre plein d'étude et d'érudition, parce que les choses importantes que Polydore a oublié de dire, moi, je les vérifie et les déclare en bon style. Virgile ne s'est pas ressouvenu de nous déclarer qui fut le premier qui ressentit au monde le catarrhe, ni encore qui le premier fut frotté pour guérir du mal de Naples. Et moi, je le déclare au pied de la lettre, et le confirme par l'autorité de plus de vingt-cinq auteurs, et en cela vous pouvez reconnaître si je n'ai pas bien travaillé pour le public, et si ce livre ne sera pas fort utile à tout le monde. »

Sancho, qui avait été fort attentif au discours du cousin, lui dit : « Dites-moi, monsieur, et Dieu vous donne une main heureuse dans l'impression de vos livres, pourriez-vous me dire, mais vous le pourrez, puisque vous savez tout, qui se gratta le premier la tête ? Car, pour moi, je tiens que ce dut être notre père Adam. — Il n'y a point de doute, répondit le cousin, car Adam avait une tête et des cheveux, et, puisqu'il en est ainsi et qu'il était le premier homme du monde, il fallait nécessairement qu'il se grattât quelquefois la tête. — Je le crois, dit Sancho ; mais dites-moi encore, je vous prie, qui fut le premier voltigeur du monde ? — En vérité, frère, répondit le cousin, je ne vous en saurais point donner la solution pour le présent. Il faut qu'auparavant je l'étudie, et je l'étudierai quand je reviendrai au lieu où sont mes livres, et je vous satisferai la première fois que nous nous reverrons : car ce ne sera pas ici notre dernière rencontre. — Eh bien, monsieur, dit Sancho, il ne faut pas que vous preniez tant de peine en ceci, puisque je viens de tomber dans l'explication de ce que je vous ai demandé. Sachez donc que le premier voltigeur du monde fut Lucifer, lorsqu'il fut précipité des cieux, et qu'il alla voltigeant jusques au profond des abîmes. — Ami, dit le cousin, tu as raison. » Don Quichotte ayant ouï parler Sancho de la sorte, lui dit : « Sancho, cette demande et cette réponse ne sont pas de toi. Je les ai entendu faire à quelque autre. — Taisez-vous, monsieur, répliqua Sancho : car, sur ma foi, si je me mets une fois à demander et à répondre, je n'achèverai point d'ici à demain matin. Pour demander des niaiseries et pour répondre des sottises, je n'ai pas besoin d'avoir recours à mes voisins. — Tu en as plus dit que tu n'en sais, Sancho, fit don Quichotte. Il y a des personnes qui se travaillent à savoir et vérifier des choses dont ensuite la connaissance et la vérification ne servent d'un liard à l'entendement ni à la mémoire. »

Ils s'entretinrent tout ce jour en ces agréables discours et autres semblables, et, la nuit venue, se logèrent en un petit village, d'où le cousin dit à don Quichotte qu'il n'y avait pas plus de deux lieues jusqu'à la caverne de Montésinos, et que, s'il avait résolu d'y entrer, il était nécessaire de faire provision de cordes pour s'attacher et dévaler au fond de cette caverne. Don Quichotte déclara que sa résolution était d'en voir le fond, dût-il descendre jusqu'aux abîmes. C'est pourquoi ils achetèrent environ cent brassées de corde, et le lendemain, à deux heures après midi, arrivèrent à la caverne, dont la bouche est spacieuse et large, mais toute remplie d'aubépine, de figuiers sauvages, de ronces et de broussailles si épaisses et si emmêlées qu'elles la couvrent toute. Quand ils l'eurent découverte, le cousin, Sancho et don Quichotte mirent pied à terre, et les deux premiers lièrent étroitement notre chevalier avec les cordes. Pendant qu'ils le ficelaient, Sancho lui dit : « Monsieur, regardez bien à ce que vous faites ; n'allez point vous faire ensevelir en vie, ni vous mettre en lieu où vous ressembliez à une bouteille que l'on met rafraîchir dans un puits. Il ne vous importe ni ne vous touche nullement d'être l'enquêteur de ce trou qui doit être pire qu'une basse-fosse. — Attache et tais-toi, répondit don Quichotte : une aventure comme celle-ci, ami Sancho, n'était gardée que pour moi. » Cependant le guide : « Seigneur don Quichotte, je supplie Votre Grâce de bien regarder et considérer avec cent yeux tout ce qu'il y a là-dedans, et peut-être y aura-t-il des choses à insérer au livre de mes *Transformations*. — Le tambour de basque, répondit Sancho Pança, est entre ses mains ; il ne manquera pas d'en bien jouer. » Ces paroles dites et don Quichotte bien lié, non pas sur son armure, mais sur son pourpoint, notre valeureux chevalier dit : « Nous avons été fort mal avisés de ne nous être pas pourvus d'une clochette que nous eussions pareillement attachée à cette corde, dont le son eût témoigné que je descendais et que j'étais vivant ; mais, puisque nous n'y pouvons plus rien, à la grâce de Dieu, et qu'il me guide ! » Ce disant, il s'agenouilla et adressa son oraison à Dieu, le priant à voix basse de l'aider et de lui donner un bon succès en cette aventure qui semblait être non moins périlleuse que nouvelle ; ensuite il proféra tout haut ces paroles : « Ô reine de mes actions et de tous mes pas, très illustre et sans pareille Dulcinée du Toboso, s'il est possible que les prières et les requêtes de ton heureux amant parviennent à tes oreilles, je te conjure par ta beauté inouïe de les écouter. Je ne te requiers d'autre chose que de ne me refuser point ta faveur et ton assistance, maintenant que j'en ai si grand besoin. Je m'en vais me précipiter ici, m'engouffrer, m'engloutir dans l'abîme qui s'offre à mes yeux, et seulement afin que le monde sache que, si tu daignes me favoriser, il n'y a chose impossible que je n'entreprenne et dont je ne vienne à bout. »

Quand il eut achevé ces paroles, il s'approcha de l'abîme, et vit qu'il était impossible d'y descendre, ni même d'y entrer qu'à la force du bras ou à coups d'épée : aussi, mettant la main à la sienne, il commença de couper et jeter à terre les buissons et les épines qui étaient à l'ouverture de l'abîme. Au grand bruit qu'il fit, on en vit sortir soudain une infinité de gros corbeaux et de corneilles, si dru et si menu qu'ils le flanquèrent par terre : de sorte que, s'il eût été aussi superstitieux que catholique chrétien, il eût pris cela à mauvais signe, et se fût excusé de descendre dans un tel lieu. Finalement il se releva, et voyant qu'il n'en sortirait plus de corbeaux ni autres oiseaux nocturnes, comme furent les chauves-souris qui sortirent parmi les corbeaux, le cousin et Sancho lui donnèrent de la corde et le laissèrent couler au fond de la caverne épouvantable ; mais, auparavant qu'il y entrât, le bon Sancho lui donna sa bénédiction, et, faisant sur lui mille signes de croix, lui dit : « Dieu et Notre-Dame du Puy[3], avec la Trinité de Gaète, te servent de guide, fleur, crème et écume des chevaliers errants. Va donc, ô vaillance du monde, cœur d'acier, bras de bronze ! Dieu te guide encore une fois et te ramène libre, sain et sans artifice, à la lumière de cette vie que tu laisses pour t'enterrer en l'obscurité que tu cherches ! » Le cousin fit pour lui des prières presque semblables. Don Quichotte descendait en criant qu'on lui lâchât de la corde et encore de la corde, et eux lui en donnaient peu à peu, et, quand la voix qui montait par le canal de cette caverne cessa de se faire entendre, ils avaient lâché les cent brasses de corde, de sorte qu'ils furent d'avis de remonter don Quichotte, puisqu'ils ne pouvaient lui donner plus de corde. Ils attendirent néanmoins une demi-heure, au bout de laquelle ils tirèrent la corde avec grande facilité et sans aucun poids, ce qui leur fit imaginer que don Quichotte était resté dedans. Sancho, qui le croyait ainsi, pleurait amèrement, et néanmoins, pour s'en éclaircir, il tirait la corde à grande hâte. Cependant, lorsqu'ils eurent tiré, à leur avis, quelque quatre-vingts brasses, ils sentirent un poids, dont ils se réjouirent extrêmement. Enfin, à dix brasses ils aperçurent distinctement don Quichotte, et Sancho se mit à crier : « Que Votre Grâce soit le bien revenu, monsieur ; nous pensions déjà que vous y fussiez demeuré pour y faire souche. » Mais don Quichotte ne répondait mot, et, quand ils l'eurent tiré hors, ils virent qu'il avait les yeux clos et semblait endormi. Ils le posèrent doucement à terre et le délièrent, et cependant il ne s'éveillait pas. Mais ils le tournèrent, le secouèrent et le remuèrent tant qu'enfin, longtemps après, il se reconnut, et s'étira comme s'il s'éveillait d'un grave et profond sommeil ; et, jetant les yeux de côté et d'autre comme un homme tout ébahi, il leur dit : « Dieu vous le pardonne, mes amis, car vous m'avez arraché à la plus douce vie et à la plus agréable vue que jamais homme puisse imaginer. Je viens d'apprendre en effet que tous les contentements de ce monde passent comme une ombre et comme un songe, ou se flétrissent comme la fleur des champs. Ô infortuné Montésinos ! Ô Durandard mal féru ! Ô malheureuse Bélerme ! Ô déplorable Guadiana, et vous, infortunées filles de Ruydéra, qui par vos eaux témoignez les larmes que vos beaux yeux ont versées ! »

Le cousin et Sancho écoutaient avec une grande attention les propos de don Quichotte, qu'il proférait, comme s'il les eût arrachés de ses entrailles avec une douleur extrême. Ils le supplièrent de leur donner à entendre ce qu'il disait et de leur dire ce qu'il avait vu dans cet enfer. « Vous l'appelez enfer ? s'écria don Quichotte. Je vous prie, ne lui donnez point ce nom, il ne le mérite point, comme vous le verrez tout à l'heure. » Il demanda quelque chose à manger, car il avait grand-faim. Lors ils étendirent sur l'herbe verte la serpillière du cousin, puis, ayant recours à la dépense de leurs besaces, ils s'assirent tous trois de compagnie, goûtèrent et soupèrent tous ensemble. Quand la serpillière fut enlevée, don Quichotte de la Manche dit : « Qu'aucun de vous ne se lève, et soyez attentifs, mes enfants, à ce que je vous veux apprendre. »

CHAPITRE XXIII

DES CHOSES ADMIRABLES QUE L'INÉPUISABLE DON QUICHOTTE DE LA MANCHE RACONTA AVOIR VUES EN LA PROFONDE CAVERNE DE MONTÉSINOS, DONT L'IMPOSSIBILITÉ ET LA GRANDEUR FONT QU'ON TIENT CETTE AVENTURE POUR APOCRYPHE

Il pouvait être quatre heures, lorsque le soleil, couvert de nuages et ne rendant qu'un peu de lumière et de faibles rayons, permit à don Quichotte de raconter sans chaleur et sans ennui à ses deux nobles auditeurs ce qu'il avait vu dans la caverne de Montésinos. Or, il commença son discours de cette manière :

« Vous devez savoir qu'à la profondeur de douze ou quatorze toises de cette caverne, et justement à main droite, il y a une concavité et un espace capable de contenir une grande charrette avec ses mules ; il y entre une petite lumière par de petites fentes et des trous qui lui répondent de loin et qui sont ouverts à la surface de la terre. J'ai vu tout à loisir cette concavité et cet espace, lorsque j'étais déjà tout lassé et tout moulu d'avoir été si longuement pendu à la corde et cheminant par cette obscure région, sans avoir aucun chemin arrêté, et ainsi je résolus d'y entrer et de me reposer un peu.

véritablement de chair et d'os. Il avait la main droite (qui, à mon avis, était un peu velue et nerveuse, signe que son maître était d'une grande force) placée sur le côté du cœur. Avant que de rien demander à Montésinos, celui-ci, me voyant étonné et les yeux fixés sur le chevalier du tombeau, me dit ces paroles : « Voici mon ami Durandard, la fleur et le miroir des chevaliers amoureux et vaillants de son temps. Merlin, ce magicien de France, qui, à ce que l'on dit, fut le fils du diable, et qui, à mon avis, ce fut pas fils de Satan, mais qui plutôt a acquis ce nom pour avoir su un peu plus que le diable, Merlin donc le tient ici enchanté avec moi et avec plusieurs autres, tant hommes que femmes. Comment ou pourquoi il nous enchanta, nul ne le sait, et je m'imagine que les temps ne sont guère loin où il en donnera connaissance. Ce qui m'étonne le plus est de savoir, aussi sûr qu'il est maintenant jour, que Durandard mourut entre mes bras, et qu'après sa mort, je lui tirai de mes propres mains le cœur de l'estomac, et il était si gros que je vous jure sur ma foi qu'il devait peser deux livres. Or, selon les naturalistes, celui qui a un cœur plus gros et plus grand est doué de plus de valeur que celui qui l'a petit. Eh bien, cela étant ainsi, et ce chevalier étant réellement mort, comment maintenant se plaint-il et soupire-t-il de temps à autre comme s'il était encore vivant ? » Comme il achevait ces paroles, le malheureux Durandard poussa un grand cri et dit :

Ô mon cousin Montésinos,
Ce fut ma requête suprême,
Que lorsque vous me verriez mort
Et l'âme arrachée du corps,
M'ôtiez le cœur de l'estomac
Soit au poignard, soit à la dague
Et le portiez comme cela
Aux pieds de Bélerme, ma dame.

Lors le vénérable Montésinos, oyant ces paroles, se mit à genoux devant le piteux chevalier, et, la larme à l'œil, lui fit cette réponse : « Seigneur Durandard, mon très cher cousin, j'ai accompli ce que vous m'aviez mandé au jour amer de notre perte. Je vous arrachai le cœur le mieux que je pus, sans qu'il en restât la moindre parcelle dans votre estomac. Je le nettoyai avec un beau mouchoir de dentelle. Je partis aussitôt avec pour aller en France, après vous avoir premièrement déposé dans le sein de la terre avec tant de larmes qu'elles suffirent à me laver les mains et à nettoyer le sang dont elles étaient souillées pour avoir fouillé dans vos entrailles, et pour plus ample témoignage de ce que je vous dis, ô cousin de mon âme, au premier lieu que je trouvai en sortant de Roncevaux, je mis un peu de sel dans votre cœur, afin qu'il ne sentît point mauvais, et fût, sinon tout frais, au moins desséché, lorsque je serais en la présence de madame Bélerme, que le sage Merlin, depuis plusieurs années, tient ici enchantée avec vous, avec moi, avec votre écuyer Guadiana, et avec la duègne Ruydéra, ses sept filles et ses deux cousines, et avec beaucoup d'autres de vos amis et connaissances. Et, bien que depuis le premier jour de notre enchantement cinq cents ans se soient écoulés, il n'y en a eu aucun de nous qui soit mort : il n'y manque que Ruydéra, ses filles et ses cousines, lesquelles ne faisaient que pleurer, de sorte que Merlin, touché de compassion, les a changées en autant de lagunes, que maintenant dans le monde des vivants et dans la province de la Manche on appelle les Lagunes de Ruydéra. Les sept filles appartiennent au roi d'Espagne, et les deux cousines aux chevaliers d'un ordre sacré, que l'on nomme de Saint-Jean. Quant à Guadiana, votre écuyer, qui ne cessait de plaindre votre désastre, il fut converti en une rivière nommée de son propre nom. Mais, quand il parvint à la surface de la terre et qu'il découvrit le soleil de l'autre ciel, le regret qu'il sentit de vous laisser fit qu'il s'engouffra dans les entrailles de la terre : toutefois, comme il n'est pas possible d'abandonner sans retour son cours naturel, il sort et se montre de temps à autre, afin d'être vu du soleil et des hommes. Les lagunes dont nous venons de parler le grossissent de leurs eaux, si bien que, par cette assistance et par celle de plusieurs autres ruisseaux, il entre en grande pompe au Portugal. Néanmoins, quelque part qu'il aille, il fait toujours paraître sa tristesse et sa mélancolie, et dédaigne de nourrir dans ses eaux des poissons délicats et de prix : car on n'y en voit que de grossiers et de peu appétissants, bien différents de ceux du Tage doré. Ô mon cher cousin, ce que je vous dis maintenant, je vous l'ai dit bien souvent et, comme vous ne me faites point de réponse, je m'imagine que vous n'ajoutez point foi à mon dire, ou que vous ne m'entendez point, et Dieu sait si cela m'afflige extrêmement. Je vous veux cependant apprendre une nouvelle qui à tout le moins n'augmentera nullement votre douleur, si elle ne lui donne de l'allégement. Sachez donc que vous avez devant vous (ouvrez les yeux, et vous le verrez), ce grand chevalier de qui Merlin le sage a prophétisé tant de grandes et admirables choses. Je veux dire ce don Quichotte de la Manche, qui de nouveau, et avec plus de gloire qu'aux siècles passés, a ressuscité dans les siècles présents la chevalerie errante qu'on avait oubliée. Il se pourrait que par son moyen et par sa faveur nous fussions désenchantés, car les hauts faits d'armes et les illustres aventures sont réservés aux grands hommes. Et quand il n'en serait pas ainsi, repartit le dolent Durandard d'une voix faible et basse, quand il n'en serait pas ainsi, ô mon cousin, dis-je, patience, et battons les cartes ! » Ce disant, il se tourna de l'autre côté et entra dans son premier silence sans plus dire mot.

« Là-dessus on ouït de grands cris et de grandes plaintes, accompagnés de profonds gémissements et de sanglots d'angoisse. Je tournai la tête et vis par les murailles de cristal que d'une autre salle sortait une procession de deux bandes de très belles filles toutes vêtues de deuil, avec des turbans blancs sur la tête, à la mode turque. En tête et en queue de chaque bande, venait une dame qui par sa gravité témoignait sa qualité. Elle était pareillement vêtue de noir, avec des voiles blancs, si grands et si longs qu'ils traînaient à terre.

Son turban était deux fois plus grand que celui des autres. Ses sourcils se joignaient, son nez était un peu camard, sa bouche grande, mais les lèvres rouges. Ses dents, qu'elle découvrait quelquefois, étaient rares et guère bien rangées, quoique blanches comme des amandes pelées. Elle tenait en ses mains un linge fin dans lequel, à ce que je pus distinguer, il y avait un cœur de chair momifiée, tant il était sec et flétri. Montésinos me dit que toute la foule de cette procession était composée des serviteurs de Durandard et de Bélerme, et qu'ils étaient là enchantés avec leurs maîtres, et que celle qui marchait la dernière et tenait le cœur dans le linge et entre les mains, était dame Bélerme, laquelle, avec ses filles, faisait quatre jours par semaine cette procession, chantait ou, pour le mieux dire, pleurait des élégies sur le corps et sur le cœur navré de son cousin Durandard. Il me disait encore que, si elle me semblait quelque peu laide, ou moins belle qu'on ne le publiait, cela venait des mauvaises nuits et des jours pires qu'elle passait en cet enchantement, ainsi qu'on le pouvait voir à ses grands yeux creux et à sa couleur blême. Au reste, que sa pâleur et ses yeux plombés n'avaient point pour cause le mal mensuel ordinaire aux femmes, parce qu'il y avait bien des mois et même bien des années qu'il ne se présentait à la porte, son cœur n'étant accompagné que de la douleur qu'elle ressentait de celui qu'elle tient ordinairement entre ses mains, et qui lui renouvelle la mémoire de la disgrâce de son malchanceux amant. Autrement, à peine l'égalerait en beauté et en bonne grâce la grande Dulcinée du Toboso, tant célébrée par toutes ces contrées, voire par tout le monde.

« Halte-là ! dis-je alors, seigneur don Montésinos, racontez seulement votre histoire comme vous devez. Vous n'ignorez pas que toute comparaison est odieuse, de sorte qu'il ne faut point ici comparer une personne avec une autre. La sans pareille Dulcinée du Toboso est ce qu'elle est, et madame Bélerme est ce qu'elle est et ce qu'elle a été, et qu'on n'en parle plus. » Lors me fit cette réponse : « Seigneur don Quichotte, vous m'excuserez, s'il vous plaît. Je confesse que j'ai tort et que je n'ai pas bien parlé, disant qu'à peine madame Dulcinée égalerait madame Bélerme, puisqu'il me suffisait d'avoir compris, par je ne sais quelles conjectures, que vous êtes son chevalier, pour me mordre la langue avant de la comparer à rien, sinon au ciel même. » Avec cette satisfaction que me fit le grand Montésinos, j'apaisai l'émotion que mon cœur avait reçue en entendant que l'on comparait ma maîtresse à Bélerme.

— Je m'étonne fort, dit Sancho, que Votre Seigneurie ne se soit point jetée sur le bonhomme, et ne lui ait rompu à coups de pied tous les os, et arraché la barbe, sans en laisser un poil. — Non, ami Sancho, répliqua don Quichotte, je n'eusse pas bien fait, parce que nous sommes tous obligés de respecter les vieillards, quoiqu'ils ne soient pas chevaliers, et principalement ceux qui le sont, et enchantés. Je sais bien que nous ne sommes pas demeurés en reste dans les nombreuses demandes et réponses que nous nous fîmes. — Mais comment, dit alors le cousin, est-il possible, que durant si peu de temps que vous avez demeuré en ce lieu, vous y ayez vu tant de choses et discouru si longuement ? — Combien y a-t-il de temps que j'y suis descendu ? dit don Quichotte. — Il y a un peu plus d'une heure, repartit Sancho. — Cela ne peut être, répliqua don Quichotte, parce que la nuit m'y a surpris par trois fois, et par trois fois j'y ai vu le retour du soleil, de sorte qu'à mon compte j'ai demeuré trois jours en ces contrées éloignées et cachées à notre vue. — Vous devez avoir raison, dit Sancho, car, comme toutes les choses qui vous sont arrivées, c'est par enchantement, peut-être ce qui ne nous semble ici qu'une heure doit là-bas sembler trois jours et leurs nuits. — C'est cela, répondit don Quichotte. — Mais, monsieur, dit le cousin, n'avez-vous rien mangé durant ce temps-là ? — Pas une bouchée, répondit don Quichotte ; je n'ai même pas eu faim, et n'y ai pas seulement pensé. — Et les personnes enchantées, dit le cousin, mangent-elles ? — Elles ne mangent pas, repartit don Quichotte, ni ne font les gros excréments, encore que l'opinion commune soit que les ongles, la barbe et les cheveux leur croissent. — Et les enchantés dorment-ils par hasard ? dit Sancho. — Non certes, répliqua don Quichotte, tout au moins durant les trois jours que j'ai été avec eux, nul n'y a fermé l'œil, ni moi. — Oh ! que ce proverbe, dit alors Sancho, convient bien ici : dis-moi qui tu hantes et je te dirai qui tu es. Allez, monsieur, avec des enchantés jeûneurs et veilleurs : quoi d'étonnant que vous ne mangiez ni ne dormiez pendant que vous serez avec eux ? Cependant je vous prie de me pardonner si je vous dis que Dieu m'emporte, j'ai pensé dire le diable, si je crois rien de tout ce que vous nous avez ici raconté. — Comment ! dit le cousin. Pensez-vous que le seigneur don Quichotte voulût mentir ? Vraiment, quand il le voudrait, il ne saurait en si peu de temps inventer ni imaginer tant de millions de mensonges. — Je ne crois pas que mon maître mente, répondit Sancho. — Eh bien, que crois-tu donc ? dit don Quichotte. — Je crois, répliqua Sancho, que ce Merlin ou ces enchanteurs, qui ont enchanté toute la chiourme que Votre Seigneurie a vue et pratiquée là-bas, lui ont enchâssé dans l'imagination ou dans la mémoire toute la machine que vous nous avez ici contée, et tout ce qui lui reste encore à nous raconter. — Tout cela pourrait être, Sancho, répliqua don Quichotte ; mais cela n'est pas, parce que j'ai vu de mes propres yeux et touché de mes propres mains ce que je viens de raconter. Mais que diras-tu si je dis tout à l'heure comment, parmi une infinité d'autres choses et de merveilles que me fit voir Montésinos (et lesquelles en temps et lieu et plus à loisir je te conterai durant notre voyage, parce que ce n'est pas ici leur place), il me montra trois paysannes qui, par ces campagnes délicieuses, allaient sautant comme des chèvres, et à peine les eus-je vues, je reconnus que l'une d'elles était la sans pareille Dulcinée du Toboso, et les deux autres ces mêmes paysannes qui l'accompagnaient et auxquelles nous parlâmes en sortant du Toboso. Je demandai à Montésinos s'il les connaissait. Il me répondit que non, mais qu'il imaginait que ce devait être de grandes dames enchantées, car il y avait peu de temps qu'elles avaient paru en ce pré. Il ajouta que je ne m'en devais pas émerveiller, parce qu'en ce lieu-là il y avait beaucoup d'autres dames des siècles passés et du présent, enchantées sous différentes et étranges figures, parmi lesquelles il connaissait la reine Guenièvre et sa duègne Quintagnonne, qui versa le vin à Lancelot,

Quand de Bretagne il revint. »

Lorsque Sancho Pança ouït dire cela à son maître, il pensa perdre le jugement ou mourir de rire. Car lui, qui savait la vérité du faux enchantement de Dulcinée et qui en avait été l'enchanteur et en avait rendu témoignage, acheva de connaître indubitablement que son maître était hors de sens et tout à fait fou. Aussi lui dit-il : « C'est en mauvais jour, et à une plus mauvaise heure, mon cher maître, que vous descendîtes là-bas en l'autre monde, et mauvaise rencontre y fîtes-vous du seigneur Montésinos, qui vous a ainsi changé. Vous étiez fort bien ici, en haut, avec votre jugement entier, tel que Dieu vous l'a donné, parlant par sentences et donnant des conseils à chaque pas, sans conter, comme vous faites maintenant, les plus grandes extravagances que l'on puisse imaginer. — Je te connais, Sancho, répondit don Quichotte ; c'est pourquoi je ne fais nul cas de tes paroles. — Ni moi pareillement de celles de Votre Grâce, répliqua Sancho : frappez-moi ou tuez-moi, si vous voulez, pour celles que je vous ai dites, ou pour celles que je vous veux dire, si vous ne vous corrigez et ne vous amendez dans les vôtres. Néanmoins, que Votre Grâce me dise un peu, je vous supplie, maintenant que nous sommes en paix, comment et en quoi vous avez reconnu madame notre maîtresse ; et, si vous lui avez parlé, que lui avez-vous dit ? Et qu'a-t-elle répondu ? — Je l'ai reconnue, dit don Quichotte, parce qu'elle portait la même robe qu'elle avait lorsque tu me la montras. Je lui ai parlé, mais elle ne m'a fait aucune réponse ; au contraire, me tournant le dos, elle s'est enfuie si légèrement qu'un dard ne l'eût pas atteinte. Je la voulus suivre, et l'eusse fait, si Montésinos ne m'eût dit de ne m'y point fatiguer, parce que ce serait en vain, et principalement parce que l'heure était proche où il convenait que je remonte de l'abîme. Il me dit pareillement qu'avec le temps on me donnerait avis comment lui, Bélerme et Durandard seraient désenchantés avec tous ceux qui étaient en ce lieu. Cependant, parmi les choses que j'y vis et que j'y remarquai, celle qui m'affligea le plus fut que, pendant que Montésinos me tenait ce discours, l'une des compagnes de la malheureuse Dulcinée parut à mon côté sans que je la visse venir, et, les yeux tout pleins de larmes et d'une voix troublée et basse, me tint ce langage : « Ma Maîtresse Dulcinée du Toboso vous baise très humblement les mains et vous supplie que vous lui fassiez savoir par moi comment vous vous portez ; et, parce qu'elle se trouve maintenant en grand besoin, elle vous supplie encore le plus humblement qu'elle peut qu'il vous plaise lui prêter sur ce cotillon de futaine tout neuf que j'ai ici avec moi une demi-douzaine de réaux, ou ce qu'il vous plaira. Elle vous donne sa parole de vous les rendre sous peu de temps. » Je fus alors tout ébahi d'un tel message, et, m'adressant au seigneur Montésinos, je lui fis cette demande : « Seigneur Montésinos, est-il bien possible que les personnes de qualité qui sont enchantées ressentent la nécessité ? — Seigneur don Quichotte de la Manche, repartit Montésinos, vous devez croire que ce qu'on nomme Nécessité s'épand, se mêle et se fourre partout, si bien qu'elle n'épargne pas même les enchantés. Et, puisque madame Dulcinée du Toboso vous envoie demander ces six réaux, et que le gage vaut l'argent, selon qu'il me semble, il n'y a qu'à les lui donner : car sans doute elle doit être réduite en quelque grande extrémité. — Je ne prendrai point de gage, dis-je, et encore moins lui donnerai-je ce qu'elle demande, parce que je n'ai que quatre réaux. » Je les lui donnai : ce sont ceux, Sancho, que tu me baillas dernièrement pour faire l'aumône aux pauvres que je rencontrerais par les chemins. Puis je lui dis : « Mon amie, dites à votre maîtresse que ses travaux et son malheur me touchent extrêmement l'âme, et que je voudrais être un Fucar[3] pour y remédier. Qu'elle sache cependant que je ne peux ni ne dois vivre en santé, privé de son agréable vue et de sa douce et sage conversation, et que je la supplie de tout mon cœur de se laisser voir et parler par ce sien esclave, serviteur et affligé chevalier. Vous lui direz également que, lorsqu'elle y pensera le moins, elle entendra dire comment j'ai fait un serment et un vœu pareil à celui que fit le marquis de Mantoue, de venger son parent Baudoin, quand il le trouva près de rendre l'âme au milieu de la montagne. Or, il jura de ne manger pain sur nappe, avec les autres menues fantaisies qu'il y ajouta, jusqu'à ce qu'il l'eût vengé, et moi, je jure aussi de ne point m'arrêter et de courir les sept parties du monde avec plus d'exactitude que ne le fit don Pèdre, infant de Portugal, jusqu'à ce que je l'aie désenchantée. — Vous devez, repartit cette fille, tout cela et bien davantage à madame. » Lors elle prit les quatre réaux, et, au lieu de me faire la révérence, elle fit en l'air une cabriole haute de deux aunes.

— Ô bon Dieu ! dit alors en criant Sancho. Est-il possible qu'on voie au monde pareille chose, et que les enchanteurs et les enchantements aient tant de pouvoir que de changer ainsi le bon jugement de mon maître en une folie si extravagante ! Ô monsieur, monsieur, je vous en conjure au nom de Dieu, que Votre Grâce fasse attention à elle et revienne à soi ; pour votre honneur, reprenez votre premier jugement, et n'ajoutez point de foi à ces fariboles qui vous perdent et vous démolissent ainsi le sens ! — Sancho, répliqua don Quichotte, l'amitié que tu me portes te fait tenir ce langage, et, comme tu n'as point l'expérience des choses du monde, toutes celles qui tiennent du difficile te semblent impossibles. Mais le temps viendra, comme je t'ai dit une autre fois qu'en te racontant quelques-unes des choses que j'ai vues là-bas, tu seras contraint de croire celles que je viens de te conter ici, dont la vérité n'admet réplique ni dispute. »

CHAPITRE XXIV

OÙ L'ON CONTE MILLE BALIVERNES NON MOINS IMPERTINENTES QUE NÉCESSAIRES POUR LA VÉRITABLE INTELLIGENCE DE CETTE GRANDE HISTOIRE

Celui qui a traduit cette grande histoire sur l'original de celle qu'écrivit son premier auteur, Cid Hamet Ben Engeli, nous apprend qu'arrivé au chapitre de l'aventure de la caverne de Montésinos, on y voyait à la marge ces paroles écrites de la propre main du même Hamet :

« Je ne puis comprendre ni ne me saurais persuader que tout ce que nous avons vu au chapitre précédent soit arrivé de point en point au valeureux don Quichotte. La raison est que toutes les aventures arrivées jusqu'ici sont possibles et vraisemblables, mais à cette caverne, je n'ai trouvé point d'issue pour la tenir véritable, car tout cela va trop loin des lois de la raison. Néanmoins je ne saurais croire que don Quichotte voulût mentir, lui qui était le plus véridique gentilhomme et le plus noble chevalier de son temps, lui qui n'eût pas proféré un mensonge, l'eût-on percé à coups de traits. Je considère, d'autre part, qu'il raconte cette aventure et la dit avec toutes les circonstances que vous avez ouïes, si bien qu'il n'eût pu fabriquer en si peu de temps un si grand échafaudage d'extravagances. Si cette aventure donc semble apocryphe, la faute n'en est pas à moi. Je l'écris simplement, sans affirmer qu'elle soit fausse ou vraie. Lecteur, puisque tu es un homme sage, tu en feras le jugement que tu voudras, et je n'en dois ni n'en peux davantage, encore que l'on tienne pour certain qu'au temps de sa fin et de sa mort il s'en rétracta, et dit qu'il l'avait inventée, parce qu'il lui semblait qu'elle cadrait fort bien avec les autres aventures qu'il avait lues en ces histoires. » L'auteur poursuit ensuite en ces termes :

Le cousin fut tout étonné, tant de l'audace de Sancho Pança que de la patience de son maître, et jugea que du contentement qu'avait don Quichotte d'avoir vu sa maîtresse Dulcinée du Toboso, quoique enchantée, procédait cette douce humeur qu'il montrait alors. Car, s'il n'en eût été ainsi, Sancho lui dit des paroles et des raisons qui méritaient cent coups de bâton, parce que véritablement il lui semblait qu'il avait été quelque peu trop hardi avec son maître. « Quant à moi, dit-il, seigneur don Quichotte de la Manche, je tiens pour bien employée cette journée, parce que j'y ai gagné quatre choses. La première est que j'ai eu l'honneur de votre connaissance, ce que je tiens à grande félicité. La seconde, d'avoir appris ce qui est contenu dans cette caverne de Montésinos, avec les transformations de Guadiana et des lagunes de Ruydéra, qui me serviront pour l'*Ovide espagnol* que j'ai entre les mains. La troisième, de savoir à quoi m'en tenir sur l'antiquité des cartes à jouer, dont pour le moins on se servait déjà au temps de l'empereur Charlemagne, selon que l'on peut recueillir les paroles que Votre Grâce entendit proférer à Durandard, quand, au bout du long entretien que vous eûtes avec Montésinos, il s'éveilla en disant : « Patience et battons les cartes. » Et il ne put avoir appris cette façon de parler du temps qu'il était enchanté, mais en France, lorsqu'il ne l'était pas, et au temps du même empereur Charlemagne. Cette vérification me viendra tout à point pour l'autre livre que je suis en train de composer, qui est le supplément de *Virgile Polydore, sur l'invention des Antiquités.* Je pense qu'il a oublié de mettre dans le sien celle des cartes que j'insérerai dans le mien. Chose qui sera de grande importance, et d'autant plus que j'alléguerai un auteur aussi grand et aussi véritable que l'est le seigneur Durandard. La quatrième est d'avoir su en toute certitude l'origine du fleuve Guadiana, jusqu'ici ignorée de tout le monde. — Vous avez raison, dit don Quichotte ; toutefois je désirerais fort de savoir à qui vous dédierez ces livres, si tant est que Dieu vous fasse la grâce que l'on vous donne permission de les faire imprimer, ce dont je doute. — Il y a, dit le cousin, plusieurs seigneurs et grands en Espagne auxquels on les pourra dédier. — Il n'y en a pas beaucoup, répliqua don Quichotte, et ce n'est pas qu'ils ne le méritent, mais c'est que les grands ne les veulent point recevoir pour n'être point obligés à la satisfaction qui semble être due au travail et à la courtoisie des auteurs. Je connais un prince[1] qui peut suppléer au défaut des autres avec tant d'avantage que, si j'osais le dire, peut-être j'exciterais l'envie en plus de quatre cœurs généreux. Néanmoins, brisons ce discours et réservons-le pour un autre temps plus à propos, et allons chercher un gîte où nous retirer cette nuit. — Non loin d'ici, dit le cousin, il y a un ermite qui a été autrefois soldat : au reste, il a la réputation d'être bon chrétien, fort prudent et de plus fort charitable. Jouxte l'ermitage il a une petite maison qu'il a lui-même bâtie à ses dépens, et, quoiqu'elle soit fort petite, elle est pourtant capable de recevoir des hôtes. — Et cet ermite, repartit Sancho, a-t-il par hasard des poules ? — On voit aujourd'hui peu d'ermites, répondit don Quichotte, qui n'en aient : car ceux qui vivent à présent ne sont pas comme ceux qui vivaient au désert d'Égypte, qui se vêtaient de feuilles de palmier, et mangeaient des racines. Je ne veux pas pourtant qu'on croie qu'en disant du bien des uns je dis du mal des autres : je veux seulement dire que les pénitences de notre siècle n'égalent pas en rigueur et en sévérité celles d'alors. Toutefois, tous les pénitents ne laissent pas d'être bons, tout au moins je les tiens pour tels, et, quand il n'y aurait plus qu'eau trouble, moins de mal fait l'hypocrite qui feint d'être bon que le pécheur public et scandaleux. »

Là-dessus, ils virent venir à eux un homme à pied, qui cheminait en grande hâte et donnait de grands coups de gaule à un mulet qu'il conduisait chargé de lances et de hallebardes. Lorsqu'il fut proche d'eux, il les salua, et passa outre, mais don Quichotte lui dit : « Bonhomme, arrêtez-vous, car il semble que vous allez plus vite que ce mulet n'a de besoin. — Monsieur, je ne me saurais arrêter, répondit cet homme, parce que les armes que vous voyez que je porte ici doivent servir demain. C'est pourquoi il m'est force de poursuivre ma route, et adieu. Toutefois, si vous désirez savoir pourquoi je les porte, je pense loger cette nuit à la taverne qui est au-dessus de l'ermitage, et si vous faites le même chemin vous m'y trouverez, et je vous conterai merveille, et adieu encore un coup. » Ce disant, il aiguillonna si bien son mulet qu'il ne donna pas loisir à don Quichotte de s'informer de lui des merveilles qu'il pensait lui dire, et, comme il était un peu curieux et qu'il avait toujours envie de savoir choses nouvelles, il ordonna de partir sur-le-champ et d'aller passer la nuit à l'auberge sans s'arrêter à l'ermitage, où le cousin eût bien voulu passer la nuit. Ainsi fut fait ; ils montèrent à cheval et suivirent tous trois le droit chemin de la taverne, où ils arrivèrent un peu avant qu'il fût tout à fait nuit. Le cousin dit à don Quichotte qu'il ne serait pas mal fait d'entrer à l'ermitage pour y boire un coup. A peine Sancho Pança eut-il entendu cette parole qu'il y poussa son grison, et don Quichotte et le cousin les suivirent. Mais le malheur de Sancho voulut que l'ermite ne fût pas au logis, ainsi que lui dit un sous-ermite qu'ils trouvèrent à l'ermitage. Ils lui demandèrent du vin, du meilleur et du plus cher, et il leur répondit que son maître n'en avait point ; que néanmoins, s'ils désiraient de l'eau excellente, il leur en donnerait de fort bon cœur. — Si je voulais de l'eau, répondit Sancho, il y a par les chemins des puits où je me serais satisfait. Ô noces de Gamache et abondance de la maison de don Diègue, combien de fois vous regretterai-je en ma vie ! »

Sur ce, ils quittèrent l'ermitage et piquèrent vers la taverne. Peu de temps après, ils découvrirent un jeune homme qui marchait devant eux au petit pas, et qu'ils atteignirent bientôt. Il portait l'épée sur l'épaule, et au bout un paquet où étaient sans doute ses effets, probablement ses grègues, son manteau et quelque chemise. Car il avait un pourpoint de velours avec quelques faux airs de satin, et la chemise dehors. Ses bas étaient de soie et ses souliers à bouts carrés à la mode de la cour. Il pouvait avoir dix-huit ou dix-neuf ans, le visage joyeux et allègre, et semblait fort dispos de sa personne. Pour adoucir la fatigue du chemin, il chantait des séguedilles ; quand ils furent proches de lui, il achevait d'en chanter une que le cousin retint par cœur, et l'on prétend qu'elle disait :

Si pour lors je m'en va-t-en guerre,
C'est bien pure nécessité :
Sûr que si j'étais argenté
Je ne serais point militaire.

Don Quichotte fut le premier qui lui parla et lui dit : « Galant gentilhomme, vous cheminez bien à la légère. Mais nous vous prions de nous dire, si c'est votre plaisir, où vous allez. » A quoi le jeune homme répondit : « La chaleur et la pauvreté sont cause que je marche ainsi à la légère, et où je vais maintenant, c'est la guerre. — Comment, la pauvreté ? demanda don Quichotte, car pour la chaleur cela pourrait bien être. — Monsieur, répliqua le jeune homme, je porte dans ce paquet des culottes de velours, compagnes de ce pourpoint ; si je les gâte en chemin, elles ne me feront point d'honneur quand je serai dans la ville, et je n'ai de quoi en acheter d'autres. C'est pourquoi, tant pour cela que pour me rafraîchir, je vais de la sorte jusqu'à ce que j'atteigne certaines compagnies d'infanterie qui peuvent être environ à douze lieues d'ici. Je m'y engagerai, et là ne manquerai pas de bagages pour cheminer jusques au lieu de l'embarquement, qui, comme on le dit, doit être à Carthagène. J'aime mieux avoir pour maître le roi, et le servir à la guerre, que je ne sais quel gentilhomme pelé à la cour. — Mais, dit le cousin, n'en rapportez-vous pas quelque profit ? — Si j'eusse servi quelque grand d'Espagne ou quelque autre personne de qualité, repartit le jeune homme, sans doute j'en aurais rapporté, et voilà ce que c'est que de servir les bons maîtres. Car de l'office on sort ordinairement lieutenant ou capitaine d'une compagnie, ou bien avec quelque bonne gratification. Mais moi, malheureux que je suis, j'ai toujours servi des gueux et des vagabonds, qui nourrissent et payent si chichement leurs serviteurs, que le salaire qu'on en reçoit se consommait moitié à faire empeser un rabat. Ce serait grand miracle qu'un page d'occasion y rencontrât la moindre bonne chance. — Et sur votre vie dites-moi, est-il possible, mon ami, demanda don Quichotte, que pendant les années que vous avez servi, vous n'ayez pu au moins obtenir quelque livrée ? — On m'en a donné deux, répondit le page. Mais, comme on ôte ordinairement l'habit à celui qui quitte un ordre avant d'y avoir fait profession et qu'on lui rend les siens, ainsi mes maîtres, après avoir achevé les affaires qui les avaient amenés à la cour, retournaient chez eux et reprenaient les livrées qu'ils ne m'avaient fait mettre que par ostentation. — Notable espilorcherie[2], comme dit l'italien ! s'écria don Quichotte. Cependant vous devez avoir à grand heur d'être ainsi sorti de la cour, poussé d'une aussi louable intention que la vôtre. Car il n'y a chose au monde plus honorable, ni de plus de profit que de servir Dieu premièrement et puis son roi et seigneur naturel, et surtout en l'exercice des armes, par lesquelles on acquiert, sinon plus de richesses, au moins plus d'honneur que par les lettres, ainsi que je l'ai dit plusieurs fois. Car, encore que par les lettres on ait fondé plus de majorats que par les armes, toutefois ceux qu'ont fondés les armes ont je ne sais quoi de supérieur à ceux des lettres, avec une certaine splendeur qui leur donne l'avantage sur tous. Gardez dans votre mémoire ce que je vous vais dire, et cela vous sera très profitable et d'un grand soulagement en vos travaux : c'est d'écarter de votre imagination les revers qui vous pourront arriver, parce que le pire de tous, c'est la mort, mais, pourvu qu'elle soit bonne, le meilleur de tous c'est de mourir. On demanda un jour à Jules César, ce valeureux empereur romain, quelle mort était la meilleure. Et il répondit que c'était celle à laquelle on pensait le moins, la plus soudaine et la moins prévue, et, bien qu'il fît cette réponse en païen et en homme privé de la connaissance du vrai Dieu, néanmoins il eut raison quant à ce qui est de s'exempter du regret humain. Car, supposé qu'on vous tue à la première escarmouche, ou à la première frottée, ou d'un coup de canon, ou qu'on vous fasse sauter par une mine, qu'importe ? C'est toujours mourir, et la farce est jouée. Térence disait que le soldat mort en la bataille paraît plus beau qu'il n'est vivant et sauvé par la fuite. Et le bon soldat acquiert d'autant plus de renommée qu'il est plus obéissant à ses capitaines et à ceux qui ont sur lui commandement. Remarquez, mon fils, qu'il convient mieux à un soldat de sentir la poudre à canon que la civette. Si la vieillesse vous prend en cet honorable exercice, encore que vous soyez tout couvert de blessures ou estropié d'un bras ou d'une jambe, au moins ne vous pourra-t-elle prendre sans honneur, et honneur tel que la pauvreté ne le saurait amoindrir. D'autant qu'on a commencé de donner ordre pour l'entretien des soldats vieux et estropiés : car il n'est pas bien qu'on les traite comme font ceux qui donnent la liberté à leurs nègres quand ils sont déjà vieux et qu'ils ne peuvent plus servir. En les chassant de leurs maisons, avec le titre de liberté, ils les rendent esclaves de la faim, dont ils ne pensent plus s'exempter que par la mort. Et pour le moment je ne vous en veux dire plus, sinon que vous montiez sur la croupe de mon cheval jusqu'à l'hôtellerie. Là vous souperez avec moi, et demain matin vous continuerez votre voyage : Dieu vous le veuille donner aussi bon que vos intentions le méritent. »

Le page ne voulut point monter en croupe, mais accepta de souper avec lui dans la taverne. Cependant Sancho Pança, dit-on, se tenait ce discours : « Diantre soit de mon maître ! Est-il possible qu'un homme qui sait dire des choses pareilles, tant et de si bonnes choses, comme celles que l'on a dites ici, puisse dire qu'il a vu les impossibles extravagances qu'il raconte de la caverne de Montésinos ! Allons, soit, à son aise ! » Sur ce, ils arrivèrent à la taverne, au temps que le soleil se couchait. Et ce fut au grand contentement de Sancho, quand il vit que son maître la prenait pour une véritable taverne, et non pour un château, comme à son habitude. A peine furent-ils entrés que don Quichotte demanda au tavernier des nouvelles de l'homme aux lances et aux hallebardes. L'hôtelier lui répondit que cet homme était à l'écurie, où il accommodait son mulet. Le cousin et Sancho en firent autant de leurs bêtes, donnant à Rossinante la meilleure crèche et la meilleure place de cette écurie.

CHAPITRE XXV

OÙ L'ON RACONTE L'AVENTURE DU BRAIMENT DE L'ÂNE ET LA GRACIEUSE HISTOIRE DU JOUEUR DE MARIONNETTES, AVEC LES MÉMORABLES DIVINATIONS DU SINGE DEVIN

Don Quichotte ne pouvait laisser cuire son pain, comme dit le proverbe espagnol, jusqu'à ce qu'il eût ouï et appris les merveilles que l'homme conducteur des armes lui avait promises. Il alla donc le chercher où le tavernier lui avait dit qu'il était, et, l'ayant trouvé, le somma de lui faire savoir tout sur-le-champ ce qu'il avait promis de lui raconter plus tard. Lors cet homme lui répondit : « C'est plus à l'aise, et non ainsi debout, que se doit écouter le conte de mes merveilles. Que Votre Grâce, mon bon seigneur, permette que j'achève d'accommoder ma bête, et puis je vous dirai des choses qui vous surprendront. — A cela ne tienne, répliqua don Quichotte, et je vous aiderai de mon mieux. » Aussi le fit-il en lui criblant l'avoine et nettoyant la crèche, humilité qui obligea l'homme à lui raconter de fort bon cœur ce qu'il désirait. C'est pourquoi il s'assit sur un banc de pierre qui était là tout près, et don Quichotte auprès de lui, ayant pour sénat et pour auditoire le cousin, le page, Sancho Pança et le tavernier, et puis il commença de cette façon :

« Messieurs, vous saurez qu'en un lieu qui est éloigné de quatre lieues et demie de cette hôtellerie, un régidor du pays perdit un âne (et c'est long à conter) par l'artifice et par la tromperie d'une jeune fille sa servante. Ce régidor fit toutes les diligences possibles pour le trouver, et toute sa peine fut inutile. Quinze jours s'étaient déjà écoulés, suivant le bruit qui en courait, depuis la perte de l'âne, quand un autre régidor du même lieu dit ces paroles à celui qui avait perdu le grison et qui se promenait sur la place publique : « Compère, donnez-moi des étrennes, car votre bête est retrouvée. — Je vous en promets, et fort bonnes, compère, répondit l'autre ; mais sachons où il a été découvert. — Je l'ai vu, répliqua le trouveur, ce matin dans la montagne, sans bât et sans aucun harnachement, et si maigre que c'était pitié de le voir. Je le voulus prendre et pousser devant moi pour vous l'amener ; mais il est devenu si sauvage que quand je m'approchai de lui, il s'enfuit et entra au plus désert de la montagne. Si vous voulez que nous allions tous deux à sa recherche, laissez-moi premièrement ramener cette bourrique chez moi, et je reviens aussitôt.

« — Vous me ferez un fort grand plaisir, repartit l'homme à la bête, et je tâcherai de vous le payer en même monnaie. » Tous ceux qui sont au fait de la vérité de cette aventure la racontent avec toutes ces circonstances, et de la même sorte que je vous l'ai racontée. En conséquence, les deux régidors allèrent à pied et de compagnie dans la montagne, et, en arrivant au lieu où ils pensaient que le baudet faisait sa demeure, ils ne le trouvèrent point, non plus que dans tous les environs, quoiqu'ils en fissent une soigneuse recherche. Voyant qu'ils n'en pouvaient apprendre aucune nouvelle, le régidor qui l'avait vu dit à l'autre : « Compère, j'ai pensé à une chose, par le moyen de laquelle nous pourrons, sans aucun doute, découvrir cet animal, quand il se serait caché, non pas seulement dans la montagne, voire dans les entrailles de la terre. C'est que je sais merveilleusement bien braire, et, si vous le savez aussi tant soit peu, c'est affaire faite. — Comment, tant soit peu, compère ! repartit l'autre. Je sais si bien braire que je n'y crains personne, pas même les ânes. — Nous verrons bien, répondit l'autre régidor : car j'ai résolu que vous alliez d'un côté de la montagne et moi de l'autre, de façon à en faire le tour et à la parcourir tout entière, et de place en place vous brairez et moi aussi, et le moins qui puisse arriver, c'est que l'âne nous entende et nous réponde, si tant est qu'il soit en cette montagne. — Cette invention, dit le maître de la bête, est excellente, mon compère, et digne de votre bel esprit. » Ils se séparèrent donc selon qu'il avait été résolu entre eux, et il arriva qu'ils commencèrent tous deux à braire presque en même temps, de sorte qu'abusés du braiment l'un de l'autre, chacun alla trouver son compagnon, pensant que déjà la bête avait paru ; et, quand ils se furent trouvés, celui qui avait perdu l'âne dit à l'autre : « Est-il possible, compère, que celui qui brayait n'était pas mon âne ? — Ce ne fut autre que moi, répondit-il. — Il faut donc, dit le maître de l'âne, que j'avoue qu'il n'y a pas de différence de vous à un âne, en ce qui concerne le braiment : car jamais de ma vie je n'ouïs chose plus naturelle. — Ces louanges trop flatteuses, répond l'homme de l'invention, vous conviennent mieux qu'elles ne me font à moi, compère : car, par le Dieu qui m'a créé, vous pouvez donner deux braiments d'avantage au plus expert brayeur du monde. Votre son est haut, votre voix soutenue et bien pleine, la mesure est juste, les reprises sont longues et nombreuses ; enfin je me tiens pour vaincu, et vous rends la palme et la couronne en ce qui concerne cette rare habileté. — Je dis maintenant, repartit le maître de l'âne, que désormais je m'estimerai plus que je ne faisais auparavant, et croirai savoir quelque chose et posséder quelque talent : car je pensais savoir bien braire, toutefois je ne croyais pas atteindre à la perfection que vous dites. — Il faut dire aussi, répliqua l'autre, qu'il y a en ce monde bien des talents perdus, et qui sont mal employés chez ceux qui n'en savent pas faire leur profit. — Les nôtres, répondit le maître de l'âne, si ce n'est en cas pareil à celui que nous avons entre les mains, ne nous peuvent servir en d'autres, et encore, en celui-ci, plaise à Dieu qu'ils nous soient profitables ! » Ayant achevé ce discours, ils se séparèrent encore une fois et recommencèrent à braire, et à chaque pas ils s'abusaient et s'allaient rejoindre jusqu'à ce qu'en signe que c'étaient eux qui brayaient, et non pas l'âne, ils convinrent de braire deux fois de suite. Sur cette conclusion, en redoublant leurs braiments à chaque pas, ils firent le tour de toute la montagne sans que l'âne perdu répondît même par signes. Mais comment eût-il répondu, le pauvre mal loti, puisqu'ils le trouvèrent dans le plus épais du bois mangé des loups ? Quand son maître l'aperçut, il dit : « Je commençais à m'étonner de ce qu'il ne faisait point de réponse : car, s'il n'eût été mort, nous l'eussions ouï braire dès qu'ils nous eût entendus, ou bien ce n'eût pas été un âne. Néanmoins, pour vous avoir ouï braire avec tant de grâce, compère, je tiens pour bien employé le travail que j'ai pris à le chercher, encore que je l'aie trouvé mort. — A la bonne heure, compère, répondit l'autre : car, si l'abbé chante bien, croyez que le moinillon ne reste pas trop en arrière. »

Or, ils s'en retournèrent à leur village, bien fâchés et tout enroués, où ils contèrent à leurs amis, voisins et connaissances ce qui leur était arrivé en la quête de l'âne, exagérant l'un la bonne grâce de l'autre à braire. Cela se sut, et le bruit s'en répandit par tous les lieux d'alentour. Lors le diable, qui ne dort point et se plaît à semer et à répandre la discorde et la noise partout où il peut, soufflant des querelles dans le vent et faisant de grandes chimères avec des riens, fit que les habitants des autres villages, aussitôt qu'ils voyaient quelqu'un du nôtre, se mettaient à braire comme s'ils lui jetaient au nez le braiment de nos régidors. Les enfants donnèrent dedans, qui fut autant que si tous les diables s'en fussent mêlés ; et cela alla se multipliant de village en village, si bien que les habitants du village au braiment sont reconnus et distingués parmi les autres comme les nègres parmi les blancs. Et la disgrâce de cette moquerie a été poussée si loin que plusieurs fois les moqués sont sortis à main armée et en bataillon régulier contre les moqueurs, pour leur livrer bataille, sans que roi ni tour, crainte ni vergogne y puissent rien. Je crois que, demain matin ou le jour suivant, les habitants de mon village, qui sont ceux du braiment, doivent se mettre en campagne pour combattre ceux d'un autre village à deux lieues du nôtre, qui est l'un de ceux qui nous persécutent le plus. Et, afin de sortir bien munis, je viens d'acheter ces lances et ces hallebardes que vous avez vues. Ce sont là les merveilles que j'avais à vous conter, et, si elles ne vous semblent en être, je n'en sais point d'autres. »

Le bonhomme finit là son discours, et on vit entrer par la porte de l'hôtellerie un homme tout vêtu de chamois, chausses, pourpoint et bas et qui, d'une voix forte, dit ces paroles : « Monsieur l'hôte, y a-t-il ici lieu pour loger ? Car voici le magot devin, et la représentation de la délivrance de Mélisendre. — Corps du Christ, s'écria le tavernier, voilà maître Pierre ! Il s'apprête pour nous une bonne soirée. » J'avais oublié de vous dire que ce maître Pierre portait du côté de l'œil gauche un emplâtre de taffetas vert, qui lui couvrait la moitié de la joue, signe que toute cette partie devait être malade. Cependant le tavernier reprit : « Soyez le bienvenu, maître Pierre ; mais où sont le singe devin et les tréteaux ? Je ne les vois pas. — Ils sont tout près, répondit l'homme habillé tout de chamois ; j'ai pris seulement un peu d'avance pour voir si on pouvait loger céans. — Nous renverrions, répliqua le tavernier, le duc d'Albe pour loger maître Pierre. Viennent le singe et les tréteaux ! Il y a ce soir ici des personnes qui payeront la vue et les talents du magot. — A la bonne heure, dit l'homme à l'emplâtre ; je modérerai le prix, et, pourvu que je sois quitte de ma dépense, je me tiendrai pour bien payé. Cependant je m'en vais faire hâter la charrette où sont le singe et les tréteaux. » Et là-dessus il sortit de la taverne.

Alors don Quichotte demanda au tavernier ce que c'était que ce maître Pierre, et quels tréteaux et quel singe il avait. L'hôtelier lui répondit : « Cet homme est un fameux joueur de marionnettes. Il y a longtemps qu'il parcourt cette Manche d'Aragon montrant une comédie de Mélisendre, enlevée par le fameux don Gaïferos, et c'est bien l'une des meilleures pièces qu'on ait vues en ces contrées depuis plusieurs années. Il a pareillement avec lui un singe, le plus ingénieux qu'on vit jamais de tous les singes et qu'on imagine parmi les hommes. Car, si vous lui faites quelque demande, il est attentif à ce que vous lui demandez, et soudain il saute sur les épaules de son maître, et, s'approchant de son oreille, lui dit la réponse à ce qu'on lui a demandé, et maître Pierre la déclare aussitôt. Or, il dit plus du passé que de l'avenir ; et, bien qu'il ne rencontre pas toujours juste, toutefois il ne se trompe guère, de sorte que cela nous fait croire qu'il a le diable au corps. On lui donne deux réaux par demande, si tant est que le singe réponde, je veux dire si son maître répond pour lui, après lui avoir parlé à l'oreille. Aussi croit-on que ce maître Pierre est fort riche. Au reste, c'est un *galant homme,* comme l'on dit en Italie, avec un *bon compagno* [1] et qui mène la plus joyeuse vie du monde ; il parle plus que six, et boit plus que douze, et tout aux dépens de sa langue, de son singe, et de son retable. »

Comme ils étaient en ces discours, maître Pierre revint avec la charrette, où étaient le retable et le grand singe sans queue, avec ses fesses couvertes de poil feutré. Il n'avait pas pourtant mauvaise mine. A peine don Quichotte le vit qu'il lui fit cette demande : « Monsieur le devin, *che pesce pigliamo ?* Qu'adviendra-t-il de nous ? Voici mes deux réaux. » Et il commanda à Sancho de les donner à maître Pierre, qui, répondant pour le singe, dit : « Monsieur, cet animal ne donne ni réponse ni connaissance des choses à venir ; il sait du passé quelque chose, et du présent quelque peu. — Par la morbleu, dit Sancho, je ne donnerai jamais un liard, afin que l'on me dise ce qui m'est arrivé : car qui le peut mieux savoir que moi-même ? Grande folie que de donner de l'argent pour qu'on me dise ce que je sais bien ! Mais, puisqu'il sait les choses présentes, tenez, voici mes deux réaux, monsieur le petit singe, et dites-moi ce que fait maintenant ma femme Thérèse Pança et de quoi elle s'entretient. » Maître Pierre ne voulut pas prendre l'argent, et dit : « Je n'ai pas accoutumé de recevoir le salaire avant d'avoir rendu les services. » C'est pourquoi il donna deux coups de la main droite sur son épaule gauche, et soudain le singe, sautant dessus, mit la bouche à son oreille, faisant précipitamment craquer ses dents les unes contre les autres. Après avoir fait cette pantomime l'espace d'un *Credo*, il ressauta avec la même légèreté à terre, et au même instant maître Pierre en grand-hâte se fut mettre à genoux devant don Quichotte, et, lui embrassant les jambes, lui dit : « J'embrasse ces jambes de même que si j'embrassais les deux colonnes d'Hercule, ô restaurateur insigne de la chevalerie errante, qu'on avait déjà mise en oubli, ô non jamais assez loué chevalier don Quichotte de la Manche, appui des faibles, soutien de ceux qui sont près de choir, bras de ceux qui sont tombés, bâton et consolation de tous les malheureux ! »

Don Quichotte demeura ébahi, Sancho confondu, le cousin en suspens, le page étonné, l'homme au braiment bouche bée, le tavernier confus, et enfin émerveillés tous ceux qui ouïrent le discours de ce montreur de marionnettes, lequel poursuivit de parler en ces termes : « Et toi, ô bon Sancho Pança, le meilleur écuyer et du meilleur chevalier du monde, réjouis-toi, parce que ta bonne femme Thérèse se porte bien. A l'heure où je te parle, elle peigne une livre de lin ; et, pour te montrer que ce que je te dis est véritable, elle tient à son côté gauche un pot égueulé, et qui contient une bonne affaire de vin, dont elle s'entretient durant son travail. — Quant à ça, je le crois très bien, repartit Sancho, parce que je la tiens pour une bienheureuse, et, si elle n'était jalouse, je ne la troquerais pas contre la géante Andandona, qui, selon mon maître, fut une femme fort accomplie et de grande valeur. Oh ! ma Thérèse est de celles qui ne se laissent pas dépérir, fût-ce aux dépens de leurs héritiers. — Je dis maintenant, dit là-dessus don Quichotte, que celui qui lit et voyage beaucoup voit et apprend beaucoup de choses. Je le dis, parce qu'il n'y a persuasion qui eût été capable de me faire croire qu'il y eût au monde des singes qui devinassent, ainsi que je viens de le voir de mes propres yeux. Car je suis bien ce don Quichotte de la Manche qu'a dit ce bon animal, quoiqu'il se soit un peu trop étendu sur mes louanges. Or, quoi que je sois, je rends grâces au ciel de ce qu'il m'a donné une âme douce et pitoyable, et portée à faire toujours du bien à tout le monde, et point de mal à personne. — Si j'avais de l'argent, dit le page, je demanderais à monseigneur le singe ce qui me doit arriver dans le voyage que j'entreprends. — Je vous ai déjà dit, repartit maître Pierre, qui s'était déjà levé des pieds de don Quichotte, que cette bestiole ne rend aucune réponse touchant l'avenir. Si elle en rendait raison, il n'importerait de n'avoir pas d'argent, car pour le service du seigneur don Quichotte, ici présent, je laisserais tous les intérêts du monde. Cependant, pour m'acquitter de mon devoir et pour lui être agréable, je veux monter mon théâtre, et récréer toute la compagnie qui est ici dans la taverne, sans qu'il lui en coûte rien. » Le tavernier, oyant ce qu'il disait, en fut extrêmement joyeux, et désigna la place où l'on pouvait mettre le théâtre, qui fut installé en un instant.

Don Quichotte n'était pas fort satisfait des divinations du singe, car il lui semblait qu'il n'était pas à propos qu'un magot devinât ni les choses futures ni les passées, et par suite, pendant que maître Pierre accommodait le théâtre, don Quichotte se retira avec Sancho dans un coin de l'écurie, où, sans être entendu de personne, il lui dit : « Vois, Sancho, j'ai fort bien examiné l'étrange habileté de ce singe, et je trouve à mon compte que sans doute ce maître Pierre, son maître, doit avoir fait quelque pacte tacite ou exprès avec le diable. — Si la pâte est épaisse et du diable, répliqua Sancho, il n'y a point de doute que ce ne soit une pâte bien salement faite. Mais quel profit revient-il à maître Pierre d'avoir de telles pâtes ? — Tu ne m'entends pas, Sancho : je veux dire qu'il doit avoir passé quelque accord avec le démon, afin qu'il inspire au singe cette habileté pour lui gagner de quoi vivre ; et, après qu'il se sera enrichi, il lui donnera son âme, qui est tout ce que prétend cet ennemi universel. Ce qui me le fait croire, c'est de voir que le singe ne répond que sur les choses passées ou présentes, et la science du diable ne se peut étendre plus loin. Il ne sait dire l'avenir si ce n'est par conjecture, et encore pas toujours, puisque c'est à Dieu seul qu'est réservée la connaissance des temps et des moments, et que pour Lui il n'y a ni passé ni futur, tout lui est présent. Cela étant ainsi, comme ce l'est, c'est une chose toute claire que ce singe parle dans le style du diable, de sorte que je suis fort étonné que personne ne l'ait déjà accusé devant le Saint-Office pour y être examiné et lui tirer du fond de l'estomac en vertu de quoi il devine : car c'est une chose certaine que ce singe n'est point astrologue, non plus que son maître. Ils ne sauraient dresser ces figures que l'on nomme judiciaires, maintenant si communes en Espagne qu'il n'y a femmelette, page, ni savetier qui ne se mêle d'en dresser comme s'il s'agissait de relever de terre un valet de cartes, ruinant ainsi par leur mensonge et par leur ignorance la vérité merveilleuse de la science. Je sais une dame qui demanda un jour à un de ces faiseurs de figures si une petite chienne qu'elle avait viendrait à être pleine et à mettre bas, combien de chiens elle porterait, et de quelle couleur. Lors ce maître astrologue, après avoir fait la figure, répondit que sa petite chienne deviendrait pleine, et qu'elle ferait trois petits chiens, l'un vert, l'autre incarnat, et l'autre de couleur mêlée, pourvu qu'on couvrît la chienne entre les onze et douze heures du jour ou de la nuit, et que ce fût le lundi ou le samedi. Il arriva qu'à deux jours de là la chienne mourut d'une indigestion, et ce maître dresseur de figures fut renommé dans tout le village pour un excellent astrologue, comme le sont tous les charlatans, ou la plupart. — Avec tout cela, dit Sancho, je voudrais bien que vous dissiez à maître Pierre qu'il demandât à son singe si ce qui arriva à Votre Grâce dans la caverne de Montésinos est véritable : car, pour vous en dire ce que j'en crois, sauf excuse de Votre Grâce, je le tiens à mensonge, ou au moins je crois que ce ne sont que choses de rêve. — Tout pourrait être, dit don Quichotte ; mais je ferai ce que tu me conseilles, car je reconnais qu'il me reste un certain scrupule. »

Comme ils étaient en de tels discours, maître Pierre, qui cherchait don Quichotte, lui vint dire que déjà le théâtre était arrangé, et qu'il lui plût de le venir voir : cela le méritait. Don Quichotte lui communiqua sa pensée, et le pria de s'informer sur-le-champ de son singe si certaines choses qui s'étaient passées en la caverne de Montésinos étaient songes ou vérités, parce qu'il lui semblait qu'elles tenaient de l'un et de l'autre. Maître Pierre, sans lui faire aucune réponse, alla querir son singe, et, l'ayant mis devant don Quichotte et devant Sancho, il lui dit : « Seigneur Singe, ce chevalier veut savoir si certaines choses qui lui sont arrivées dans une caverne nommée de Montésinos sont fausses ou véritables. » Ce disant, il lui donna le signal accoutumé, et le singe lui sauta sur l'épaule gauche, et sembla lui parler à l'oreille. Puis maître Pierre dit : « Le singe dit qu'une partie des choses que vous avez vues, et qui se sont passées dans cette caverne, sont fausses, et une partie vraisemblables, et que c'est tout ce qu'il en sait, et pas autre chose touchant cette demande ; que cependant, si Votre Grâce désire en savoir davantage, il vous en rendra raison vendredi prochain ; pour le moment sa vertu est finie, et elle ne reviendra que vendredi prochain, comme il l'a dit. — Ne vous disais-je pas bien, reprit alors Sancho, en s'adressant à son maître, que je ne me pouvais imaginer que tout ce que vous nous racontiez des aventures de la caverne fût véritable, pas même de moitié ? — Les événements, Sancho, le diront, répondit don Quichotte. Le temps découvre toutes choses, et il n'en est aucune qu'il ne montre à la lumière du jour, fût-elle cachée aux entrailles de la terre ; mais, pour l'heure, assez là-dessus, et allons voir le théâtre du bon maître Pierre. Je pense, quant à moi, qu'il y doit avoir quelque nouveauté. — Comment, quelque nouveauté ? dit maître Pierre, mon théâtre en contient soixante mille. Je vous dis, seigneur don Quichotte, que c'est une des choses les plus à voir qui soient aujourd'hui au monde, et *operibus credite, et non verbis.* Et vite, à l'ouvrage, il se fait tard, et nous avons beaucoup à faire, à dire et à montrer. »

Don Quichotte et Sancho l'écoutèrent, et se rendirent au lieu où on avait déjà installé le théâtre, plein partout de petites chandelles de cire allumées, qui le faisaient brillant et splendide. En arrivant, maître Pierre se mit derrière, parce que c'était lui qui devait manœuvrer ces figures artificielles ; un petit garçon à son service demeura dehors pour servir d'interprète et pour exposer les mystères de cette représentation, avec une baguette à la main, qu'il tenait pour signaler les figures qui venaient sur la scène. Après que tous ceux qui étaient dans la taverne se furent assis et quelques-uns plantés debout devant le théâtre, et que don Quichotte, Sancho et le page, avec le cousin, se furent accommodés des meilleures places, le truchement commença à dire ce qu'entendra et verra celui qui entendra ou verra le chapitre suivant.

CHAPITRE XXVI

OÙ L'ON CONTINUE L'AGRÉABLE AVENTURE DU JOUEUR DE MARIONNETTES, AVEC D'AUTRES CHOSES EN VÉRITÉ ASSEZ BONNES

Tyriens et Troyens demeurèrent cois[1] :

Je veux dire que tous ceux qui regardaient le théâtre demeuraient pendus à la bouche de celui qui déclarait ces merveilles, quand derrière la scène un son de timbales et de trompettes se fit ouïr, et que l'on déchargea plusieurs pièces d'artillerie. Ce bruit s'étant bientôt calmé, le jeune garçon haussa la voix et proféra ces paroles : « Cette véritable histoire que vous voyez ici représentée à Votre Grâce a été tirée au pied de la lettre des chroniques de France et des romances d'Espagne, dont tout le monde parle et les petits enfants des rues. Elle traite de la délivrance que donna le seigneur don Gaïferos à son épouse Mélisendre, qui était captive en Espagne et au pouvoir des Maures dans la ville de Sansueña : ainsi se nommait alors la cité que l'on appelle aujourd'hui Saragosse. Voyez un peu, je vous prie, comme don Gaïferos joue là aux dames, de même que nous l'apprend la chanson :

Aux échecs occupé vous le voyez ici ;
Quant à sa Mélisendre il n'en a plus souci.

« Ce personnage qui paraît là par-dessus tous les autres, ayant une couronne en tête et un sceptre à la main, c'est l'empereur Charlemagne, père putatif de ladite Mélisendre, lequel, fâché de voir ainsi son gendre si peu soucieux de sa femme, vient pour le tancer : je vous prie, regardez un peu de quelle véhémence il le tance, qu'il est près de lui décharger une demi-douzaine de horions avec son sceptre sur la tête. Il y a même des auteurs qui écrivent qu'il les lui donna, et fort bien donnés. Et après qu'il lui eut dit plusieurs choses touchant le péril que courait son honneur en ne procurant point la liberté de son épouse on assure qu'il ajouta :

Assez là-dessus, songez-y.

Considérez encore comme l'empereur lui tourne le dos et laisse furieux le même don Gaïferos, lequel, transporté de colère, jette loin l'échiquier et les pions, et demande ses armes à la hâte, priant son cousin Roland de lui prêter son épée Durandal. Voyez comme Roland la lui refuse, mais lui offre sa compagnie en cette entreprise périlleuse où il se veut exposer. Mais ce chevalier généreux et chagrin ne la veut point accepter. Il dit au contraire que, seul, il suffit à tirer de prison son épouse, quand on l'aurait mise tout au fond de la terre, et là-dessus il s'arme et se met soudain en chemin.

« Jetez ensuite les yeux sur cette tour qui paraît en ce lieu. Vous devez présupposer que c'est une des tours de l'alcazar de Saragosse, que l'on nomme aujourd'hui l'Aljaférie. Cette dame qui paraît en cette galerie, et qui est vêtue à la mauresque, est la sans pareille Mélisendre, qui s'y allait souvent promener, pour de là regarder le chemin de France, soulageant sa captivité par le ressouvenir de la ville de Paris et de son époux. Voyez encore, je vous prie, un nouvel accident qui arrive, et que peut-être on n'a jamais vu. Un Maure vient tout doucement vers elle, tenant le doigt à la bouche et à pas comptés, et puis, par derrière, en la surprenant, ravit un baiser sur sa belle bouche. Regardez comme elle crache soudain et se nettoie les lèvres avec la blanche manche de sa chemise, et comme elle se lamente et s'arrache de douleur ses beaux cheveux, comme s'ils étaient coupables de ce crime. Voyez-vous ce Maure plein de gravité qui est en ces autres galeries ? C'est le roi Marsile de Sansueña, qui, ayant vu l'insolence de ce Maure, commande soudain qu'il soit pris, quoiqu'il soit son proche parent et l'un de ses plus favoris, et lui fait donner deux cents coups de fouet par les rues et les places de cette ville :

Avec crieurs publics devant
Et porteurs de verges derrière.

Et voilà qu'ils vont exécuter la sentence, bien qu'à peine la faute vienne d'être commise parce que, parmi les Maures, il n'y a point de communications à la partie, suppléments d'information ni prison préventive, comme chez nous. « Holà ! garçon, dit alors tout haut don Quichotte, poursuivez votre histoire en ligne droite, et ne vous mettez point dans les courbes et dans les obliques. Car, pour faire voir clairement une vérité, on a besoin de plusieurs informations et contre-informations. » Maître Pierre, qui était derrière son théâtre, lui dit aussi du dedans : « L'ami, pas tant de broderie, mais fais ce que monsieur te dit, ce sera plus assuré : suis ton plain-chant, sans rechercher les contrepoints, qui, pour être trop subtils, se faussent aisément. — Bon », repartit le jeune garçon, et il poursuivit son histoire : « Cette figure que vous voyez ici paraître à cheval, couverte d'une cape de Gascon, est celle même de don Gaïferos, que son épouse attendait, et, déjà vengée de la témérité du Maure amoureux, avec un meilleur visage et plus calme, elle lui parle du haut des créneaux de la tour, croyant que ce soit quelque étranger passant, avec lequel elle débite toutes ces raisons et tous ces discours contenus dans la romance, qui dit :

Cavalier, si tu vas au royaume de France,
Trouve Gaïferos, fais cesser son absence.

« Je ne vous en dirai pas davantage, parce que les longs discours engendrent l'ennui. Il suffit de voir comment don Gaïferos se découvre, et comment de la joyeuse contenance de Mélisendre nous pouvons conclure qu'elle l'a reconnu ; et ce qui nous le doit encore mieux donner à entendre, c'est qu'elle descend du balcon en bas pour se jeter sur la croupe du cheval de son bon mari. Mais, ô malheur ! un pan de sa jupe se prend à l'un des fers du balcon, et elle demeure pendue en l'air sans pouvoir arriver au sol. Toutefois, voyez comme le Ciel pitoyable secourt les affligés dans les plus grandes nécessités. Car don Gaïferos s'approche, et, sans regarder si la riche jupe se déchirera ou non, la saisit, et, malgré tous les obstacles, la fait arriver au sol, et puis d'un élan la met sur la croupe de son cheval, jambe deçà et jambe delà, comme un homme. Il lui dit qu'elle se tienne bien, en l'embrassant par derrière, et croise les mains devant son estomac, de peur qu'elle ne tombe, parce que madame Mélisendre n'était pas accoutumée à chevaucher de la sorte. Voyez aussi comme le cheval témoigne par ses hennissements le contentement qu'il reçoit de porter la glorieuse et douce charge qu'il a en son maître et sa maîtresse.

« Regardez comme ils tournent le dos, sortent de la ville, et, tout remplis de liesse, prennent le chemin de Paris. Allez en paix, ô couple sans pareil de parfaits amants. Ainsi puissiez-vous parvenir sains et saufs en votre désirée patrie sans que la fortune mette aucun empêchement à votre heureux voyage ! Que les yeux de vos parents et de vos amis vous voient jouir d'une paix tranquille le reste de vos jours, et que vos années égalent en nombre celles de Nestor. »

Ici maître Pierre éleva encore la voix et dit : « Garçon, en douceur, ne monte pas si haut : toute affectation ne vaut guère. » L'interprète ne fit aucune réponse, mais poursuivit en ces termes : « Vous devez croire qu'il n'y eut pas manque d'yeux oisifs qui ont accoutumé de prendre garde à tout, et qui virent la descente et la montée de Mélisendre. Ils le firent incontinent savoir au roi Marsile, lequel fit promptement sonner l'alarme, et voyez avec combien de hâte : les cloches qui sont aux tours des mosquées retentissent d'un son si dru qu'il semble que toute la ville s'abîme. — Non, pas cela, dit alors don Quichotte; quant aux cloches, maître Pierre s'abuse et parle fort improprement, parce que les Maures n'usent point de cloches, mais bien de timbales et d'un certain genre de dulzaïnes, qui ressemblent à nos hautbois. C'est pourquoi faire sonner les cloches à Sansueña, c'est un grand non-sens. » Maître Pierre, oyant ces raisons, cessa de sonner et dit : « Je vous supplie, seigneur don Quichotte, de ne prendre pas garde à ces bagatelles. Ne poussez pas les choses à une telle perfection qu'on ne s'y retrouve plus. Ne voyez-vous pas qu'aux comédies qu'on représente par là il y a ordinairement mille impropriétés et mille extravagances? Néanmoins elles ne laissent pas de fournir heureusement leur course. On les écoute, non seulement avec applaudissements, mais avec admiration. Continue, mon garçon, et laisse dire : car, pourvu que je remplisse mon escarcelle, peu m'importe de représenter plus d'impropriétés que n'a d'atomes le soleil. — C'est juste », fit don Quichotte. Cependant le jeune garçon poursuivit : « Considérez quelle nombreuse et brillante cavalerie sort de la ville pour courir après les deux amants chrétiens : que de trompettes qui retentissent, que de dulzaïnes, que de timbales et de tambours qui sonnent! Je crains qu'on ne les prenne et qu'on ne les amène attachés à la queue de leur propre cheval, ce qui serait un bien horrible spectacle. » Don Quichotte, voyant tant de Maures et oyant tant de bruit, crut qu'il serait bon de secourir ceux qui s'enfuyaient, se levant debout, il dit tout haut ces paroles : « Je ne souffrirai jamais, tant que je vivrai, qu'en ma présence il soit fait pareille indignité à un aussi fameux chevalier et à un aussi courageux amant que l'est don Gaïferos. Arrêtez, vile canaille, et ne le poursuivez davantage : autrement, c'est à moi que vous aurez affaire! » Ce disant et ce faisant, il tira l'épée du fourreau, et d'un saut se planta devant les tréteaux, puis, poussé d'une furie non moins prompte qu'inouïe, il commença de faire pleuvoir des coups d'épée sur cette moricaillerie de théâtre, renversant les uns, coupant la tête aux autres, estropiant celui-ci et mutilant celui-là. Or, entre autres, il porta un si grand coup de haut en bas que, si maître Pierre ne se fût baissé et recroquevillé, il lui eût fait voler la tête avec plus de facilité que si elle eût été de pâte de massepain. Cependant maître Pierre criait : « Arrêtez, seigneur don Quichotte, et voyez que ceux que vous renversez, abîmez et tuez, ne sont pas de vrais Maures, mais des poupées et figures de carton. Considérez, misérable pécheur que je suis ! que vous me ruinez et me faites perdre tout mon bien. » Mais, pour tout cela, don Quichotte ne laissait pas de redoubler les coups droits, les fendants et les revers, qui tombaient dru et menu comme de la pluie. Enfin, en moins de deux *Credo*, il mit le théâtre par terre, ayant brisé décors et marionnettes. Le roi Marsile était en fort mauvais point, et l'empereur Charlemagne avait la couronne et la tête fendues en deux. Tout le sénat des assistants s'agita, le singe s'enfuit sur le toit de la taverne ; le cousin était saisi de frayeur, et le page pareillement ; Sancho Pança même eut une belle peur, car, comme il le jura une fois la bourrasque passée, il n'avait jamais vu son maître possédé d'une colère si démesurée. Mais, quand la destruction générale du théâtre fut achevée, don Quichotte s'apaisa un peu, et tint ce langage : « Je voudrais tenir ici, devant moi, tous ceux qui ne croient ni ne veulent croire combien sont profitables au monde les chevaliers errants. Voyez, je vous prie, si je ne me fusse ici rencontré, ce qu'il serait advenu du bon Gaïferos et de la belle Mélisendre. Il n'y a point de doute qu'ils ne fussent déjà pris par ces chiens qui les eussent fort maltraités. Enfin, vive la chevalerie errante par-dessus toutes les choses qui vivent aujourd'hui au monde ! — Qu'elle vive, à la bonne heure, dit alors maître Pierre d'une voix dolente, et que je meure, puisque je suis si malheureux que je peux dire avec le Roi Rodrigue :

J'étais hier le seigneur de l'Espagne,
Et n'ai pas même en ce jour un créneau
Qui m'appartienne en toute sa campagne.

Il n'y a pas une demi-heure, voire un petit moment, que je me voyais seigneur de rois et d'empereurs ; mes écuries, mes coffres et mes sacs remplis d'une infinité de chevaux et de mille parures ; et je me trouve maintenant désolé et abattu, pauvre et mendiant, et surtout sans mon singe. Je vous jure qu'avant que je le puisse reprendre il me fera suer jusqu'aux dents ; et tout cela par la furie inconsidérée de ce seigneur chevalier, dont on dit qu'il est le rempart des orphelins, le redresseur des torts, et qu'il fait d'autres œuvres charitables. Il n'y a que moi pour qui sa générosité est en défaut. Enfin, Dieu en soit loué au plus haut où il tient son trône ! le chevalier de la Triste Figure devait être celui qui devait défigurer les miennes. »

Sancho Pança s'attendrit aux paroles de maître Pierre, et lui dit : « Ne pleure ni ne te lamente point, maître Pierre. Tu me fends le cœur de pitié. Sache que mon maître don Quichotte est si bon catholique et chrétien si scrupuleux que, s'il vient à s'apercevoir qu'il t'ait fait quelque tort, il te le saura bien payer et réparer, voire avec grand avantage. — Pourvu, repartit maître Pierre, que le seigneur don Quichotte me paye une partie du dommage qu'il m'a fait, je demeurerai content. S'il le fait, il déchargera sa conscience, car on ne saurait être sauvé si l'on retient le bien d'autrui contre la volonté de son maître, et si l'on ne le restitue. — C'est vrai, dit don Quichotte, mais je ne sache pas, maître Pierre, jusques à présent avoir rien à vous. — Eh quoi ! rien ! répliqua maître Pierre. Et ces débris épars sur ce pavé dur et stérile, qui les a ainsi dispersés et anéantis, sinon la force invincible de ce puissant bras ? Et leurs corps n'étaient-ils pas à moi ? Qui me gagnait ma vie, sinon eux ? — C'est maintenant, dit alors don Quichotte, que j'achève de croire ce que j'ai cru plusieurs autres fois, que ces enchanteurs qui me persécutent ne font que me mettre devant les yeux les figures telles qu'elles sont, et ensuite me les changent en celles qu'il leur plaît. Je vous assure, messieurs qui m'écoutez, que j'ai cru que tout ce qui s'est passé ici s'y passait au pied de la lettre; que Mélisendre était Mélisendre; don Gaïferos, don Gaïferos; Marsile, Marsile, et Charlemagne, Charlemagne. Cette croyance a excité ma colère, et, pour accomplir le vœu que j'ai fait en recevant l'ordre de chevalerie errante, j'ai voulu donner aide et faveur à ceux qui fuyaient. Dans cette bonne intention j'ai exécuté ce que vous avez vu. Si le succès y a été contraire, la faute n'en est pas à moi, mais aux méchants qui me persécutent. Mais, avec tout cela, quoique mon erreur ne procède point de malice, je veux pourtant me condamner moi-même aux dépens : regardez, maître Pierre, ce que vous désirez pour les figures que je vous ai mises en pièces; je m'offre à vous les payer tout maintenant, en monnaie castillane bonne et courante. » Maître Pierre, s'inclinant, lui dit : « Je n'attendais pas moins de la religion inouïe du valeureux don Quichotte de la Manche, véritable secours et rempart assuré de tous les nécessiteux qui courent le monde. Monsieur le tavernier et le grand Sancho en seront, s'il vous plaît, les médiateurs, et priseront entre Votre Grâce et moi ce que valent ou pouvaient valoir les figures que vous avez rompues. » Le tavernier et Sancho dirent qu'ils le feraient volontiers, et alors maître Pierre, relevant de terre le roi Marsile de Saragosse, lequel avait la tête de moins, dit : « On voit clairement combien il est impossible de rendre à ce roi son premier état, et par suite il me semble, sauf meilleur avis, que l'on me doit donner pour sa mort, pour sa fin et pour son trépas, quatre réaux et demi. — Passons, dit don Quichotte. — Pour cette ouverture de haut en bas, poursuivit maître Pierre, tenant à la main l'empereur Charlemagne tout fendu en deux, ce ne sera pas trop de demander cinq réaux et un quart. — Ce n'est pas peu, dit Sancho. — Ni trop, répliqua le tavernier. Coupons le différend, et mettons cinq réaux. — Qu'on lui donne les cinq réaux et un quart, dit don Quichotte. Ce n'est pas à un quart de réal en plus ou en moins qu'il faut apprécier cette notable mésaventure; et qu'on se dépêche promptement, maître Pierre : car il se fait temps de souper, et je sens les avant-coureurs de la faim. — Pour cette marionnette, dit maître Pierre, qui a le nez coupé et un œil de moins, et qui est celle de la belle Mélisendre, je demande, et je suis dans le vrai, deux réaux et douze maravédis. — Ce serait bien le diable, repartit don Quichotte, si Mélisendre n'était déjà, avec son époux, à la frontière de France : car il m'a paru que le cheval sur lequel ils étaient montés, volait plutôt qu'il ne courait : aussi n'y a-t-il pas lieu de me vendre un chat pour un lièvre, en me représentant ici une Mélisendre sans nez qui vous tombe sous la main, tandis que peut-être la vraie Mélisendre est maintenant en France, qui s'ébaudit tout de son long avec son époux. Je vous prie que chacun se contente de ce que Dieu lui a donné, maître Pierre, et que tout le monde aille son chemin tout droit et le cœur de même. Voyons la suite. » Maître Pierre, qui vit don Quichotte esquiver et revenir à son premier thème, ne voulut pas qu'il lui échappât, et il lui dit : « Ce ne doit pas être ici Mélisendre, mais quelqu'une des damoiselles qui la servaient, ainsi, moyennant qu'on m'en donne soixante maravédis, je demeurerai content et bien payé. » De cette sorte il mit le prix à beaucoup d'autres figures mutilées, que les juges arbitres modérèrent ensuite à la satisfaction des parties ; et le tout se monta à quarante réaux et trois quarts, et en sus de cette somme, que Sancho déboursa incontinent, maître Pierre demanda encore deux réaux pour la peine de rattraper le singe. « Donne-les, Sancho, dit don Quichotte, non pas pour prendre le singe, mais la ribote[2], et j'en donnerais volontiers deux cents d'étrennes à celui qui me dirait maintenant avec certitude que la dame Mélisendre et le seigneur don Gaïferos sont déjà en France et au milieu des leurs. — Nul, fit maître Pierre, nous le pourrait mieux dire que mon singe ; mais il n'est diable qui le puisse maintenant prendre. Toutefois, je pense que l'amitié et la faim le forceront de me chercher cette nuit, et Dieu enverra le jour demain, et nous nous reverrons. »

Enfin la bourrasque du retable s'acheva ainsi, et tous soupèrent en paix et en bonne compagnie, aux dépens de don Quichotte qui était extrêmement libéral. Celui qui portait les lances et les hallebardes partit avant qu'il fît jour, et quand celui-ci fut levé, le cousin et le page vinrent prendre congé de don Quichotte, l'un pour retourner à son pays, et l'autre pour suivre son chemin, ce pourquoi don Quichotte lui donna une douzaine de réaux. Quant à maître Pierre, il ne voulut plus avoir rien à faire avec don Quichotte, qu'il connaissait trop bien ; c'est pourquoi il se leva avant le soleil, et, après avoir recueilli les restes de son théâtre et son singe, il s'en alla pareillement chercher ses aventures. Le tavernier, qui ne connaissait point don Quichotte, n'était pas moins émerveillé de ses folies que de sa libéralité. Enfin Sancho le paya largement, par l'ordre de son maître, et, après lui avoir dit adieu sur les huit heures du matin, ils quittèrent la taverne et se mirent en chemin, où nous les laisserons aller : car ainsi le faut-il faire pour avoir le loisir de raconter d'autres choses relatives à l'intelligence de cette fameuse histoire.

CHAPITRE XXVII

OÙ L'ON EXPLIQUE QUI ÉTAIENT MAÎTRE PIERRE ET SON SINGE, ET LE MAUVAIS SUCCÈS QU'EUT DON QUICHOTTE DANS L'AVENTURE DU BRAIMENT, QUI NE SE TERMINA PAS POUR LUI COMME IL L'AURAIT VOULU ET COMME IL L'AVAIT PENSÉ

Cid Hamet, chroniqueur de cette grande histoire, commence ce chapitre par ces paroles : *Je jure comme catholique chrétien ;* et son traducteur ajoute que, quand Cid Hamet jure comme catholique chrétien, lui qui était Maure, ce qu'il était sans doute, il ne veut dire autre chose, sinon que comme le catholique chrétien, quand il jure, jure ou doit jurer la vérité, et la dire en ce qu'il dira, ainsi lui la dit, comme s'il avait juré en qualité de chrétien catholique, en ce qu'il veut écrire de don Quichotte, et particulièrement il jure de révéler sincèrement qui étaient maître Pierre, et le singe devin qui par ses divinations ravissait d'admiration tous les villages de ces contrées.

Il dit ensuite que celui qui aura lu la première partie de cette histoire se pourra ressouvenir de Ginès de Passamont, à qui, parmi d'autres galériens, don Quichotte avait donné la liberté dans la Sierra Morena, bienfait qui lui fut plus tard mal reconnu et encore plus mal payé par cette race maligne et accoutumée à mal faire. Ce Ginès de Passamont, que don Quichotte nommait Ginésillo de Parapilla, fut celui qui déroba à Sancho Pança son grison. Et, parce qu'en la première partie l'on n'y a mis ni le quand ni le comment, par la faute des imprimeurs, plusieurs ont attribué au peu de mémoire de l'auteur la faute de l'impression. Mais enfin Ginès le déroba pendant que Sancho Pança dormait dessus, en usant de l'artifice de Brunel, qui tira le cheval d'entre les jambes de Sacripant tandis que ce chevalier était devant Albraque ; et Sancho le recouvra depuis, ainsi que nous l'avons raconté. Ce Ginès, plus tard, craignant d'être pris par la justice, qui le cherchait pour le châtier de ses crimes et de ses délits, lesquels furent si grands et en si grand nombre que lui-même a composé un gros volume pour les conter, résolut de passer dans le royaume d'Aragon et de se couvrir l'œil gauche en faisant le métier de montreur de marionnettes : car, pour cela et pour les tours de mains, il les savait extrêmement bien faire. Il arriva depuis qu'il acheta de chrétiens qui avaient recouvré la liberté et s'en venaient de Barbarie ce singe, auquel il apprit, en faisant un certain signe, à lui sauter sur l'épaule, et qui, mettant son museau à son oreille, semblait lui parler tout bas. Cela fait, avant d'entrer au lieu où il voulait aller avec son retable et son singe, il s'informait du lieu le plus proche, de celui auprès de qui cela lui était le plus facile, des choses particulières arrivées en tel village, et à quelles personnes, et, après l'avoir bien gravé en sa mémoire, la première chose qu'il faisait, c'était de montrer son théâtre, où quelquefois se représentait une histoire, et d'autres fois une autre, mais néanmoins toutes joyeuses, plaisantes et bien connues. Après que la montre était faite, il mettait en avant les talents de son singe, disant aux spectateurs qu'il devinait tout le passé et le présent, sans se mêler de prédire l'avenir. Pour la réponse à chaque demande il exigeait deux réaux. Pour quelques-unes il baissait le tarif selon qu'il tâtait le pouls aux demandeurs. Et, comme il entrait quelquefois aux maisons de ceux dont il savait les affaires, encore que l'on ne l'en priât pas pour n'avoir point à le payer, il ne laissait pourtant de faire signe à son singe et disait ensuite que cet animal lui avait appris telle et telle chose, qui venait à point avec ce qui était arrivé. Par ce moyen il acquérait un crédit ineffable, et tout le monde lui courait après. D'autres fois, comme il était fin et prudent, il répondait de façon que ses réponses s'accordaient avec les demandes. Et, comme nul ne le pressait de dire comment son singe devinait, il faisait la figue à tous et emplissait son escarcelle. Or, quand il entra dans la taverne, il reconnut don Quichotte et Sancho Pança, si bien qu'il lui fut aisé de se faire admirer et de don Quichotte et de Sancho, et de tous ceux qui étaient dans l'hôtellerie. Cependant il pensa lui en coûter cher, si don Quichotte eût baissé un peu plus la main quand il coupa la tête au roi Marsile et massacra toute sa cavalerie, ainsi que nous l'avons dit au chapitre précédent. Voilà ce que j'avais à dire de ce maître Pierre et de son singe. Et revenant à don Quichotte de la Manche, je dis qu'après qu'il fut sorti de la taverne, il résolut de voir premièrement les rivages de l'Èbre et tous les lieux d'alentour avant d'entrer dans la ville de Saragosse, puisqu'il avait encore assez de temps jusqu'au jour, assez éloigné, où l'on devait faire les joutes. Dans cette intention, il poursuivit son chemin et marcha de la sorte deux jours sans qu'il lui arrivât chose digne de se mettre en écrit. Mais le troisième jour, en montant une colline, il ouït une grande rumeur de tambours, de trompettes et d'arquebuses. Au commencement il crut que quelque régiment d'infanterie passait par ce lieu, et pour le voir il donna des éperons à Rossinante et monta sur le plus haut du coteau. De ce lieu il découvrit en bas, à son avis, plus de deux cents hommes armés de différentes sortes d'armes, comme on pourrait dire de lances, arbalètes, pertuisanes, hallebardes et piques, quelques arquebuses et plusieurs targes et boucliers. Il descendit du tertre et s'approcha de si près de cet escadron qu'il put voir les bannières, reconnaître les couleurs et remarquer les devises qu'elles portaient ; entre toutes il y en avait une, sur un étendard de satin blanc, qui représentait un âne, peint au vif et ressemblant à un baudet de Sardaigne. Il tenait la tête haute, la mâchoire ouverte et la langue dehors. On eût dit, par sa posture, qu'il était en train de braire. Autour de lui on avait écrit en grosses lettres ces deux vers :

Et ce ne fut pas sans mystère
Qu'on ouït nos alcades braire.

Cette devise fit soudain juger à don Quichotte que ces gens devaient appartenir au village du braiment, et c'est ce qu'il dit à Sancho en lui expliquant ce qui était écrit sur l'étendard. Il lui dit pareillement que celui qui leur avait fait le récit de cette querelle s'était trompé en disant que ceux qui avaient fait les braiments étaient deux régidors, puisque, selon qu'on pouvait comprendre par ces deux vers, ce n'avaient été que deux alcades. « Monsieur, repartit Sancho Pança, il ne faut point s'arrêter sur si peu de chose : car il se pourrait faire que les deux régidors qui alors en brayant contrefirent l'âne devinrent par la suite alcades de leur village, de sorte que l'on peut leur donner l'un et l'autre titre, et d'autant plus qu'il n'importe pas à la vérité de l'histoire que ces imitateurs d'ânes aient été régidors ou alcades. Tant il y a qu'on les a ouï braire, et il n'y a pas plus merveille d'ouïr braire un régidor qu'un alcade. »

Enfin ils connurent et surent comment les habitants du village moqué sortaient pour combattre contre les habitants de l'autre qui le provoquait plus que ne le souffraient l'équité et les lois d'un bon voisinage. Don Quichotte s'approcha d'eux, au grand regret de Sancho qui ne fut jamais satisfait de se voir en de telles journées. Ceux de l'escadron le recueillirent au milieu d'eux, croyant qu'il était quelqu'un de leur parti. Don Quichotte, levant de fort bonne grâce et d'une gentille contenance la visière, parvint jusqu'au lieu où était l'étendard de l'âne. Ce fut là que tous les principaux de cette armée se réunirent autour de lui pour le voir, ravis de l'admiration où tombaient d'ordinaire tous ceux qui le voyaient de prime abord. Don Quichotte, qui les vit si attentifs à le regarder, sans que personne lui parlât ni lui fît aucune demande, voulut faire son profit de ce silence. C'est pourquoi il rompit le sien, et, haussant la voix, leur tint ce langage :

« Messieurs et amis, je vous supplie avec autant d'amitié qu'il m'est possible de n'interrompre point un discours que je vous veux faire jusqu'à ce que vous voyiez que vous en avez assez ; et si cela arrive, au moindre signal que vous m'en ferez, je mettrai un cachet à ma bouche et un mors à ma langue. »

Tous ces guerriers lui répondirent qu'il leur dît librement ce qu'il voudrait, et qu'ils l'écouteraient de bon cœur. Sur cette permission, don Quichotte poursuivit : « Messieurs, je suis chevalier errant et fais profession de porter les armes et de favoriser et secourir les opprimés et les nécessiteux. Plusieurs jours se sont déjà écoulés depuis que j'ai appris votre disgrâce, et le sujet qui vous pousse à prendre les armes à tous moments pour vous venger de vos ennemis. J'ai, depuis ce temps-là, discouru beaucoup de fois en moi-même, touchant votre affaire, et je trouve que, suivant la loi du duel, vous avez grand tort de vous croire offensés. Un simple particulier ne peut offenser tout un peuple, si ce n'est en l'accusant en bloc de trahison, parce qu'il ne sait pas en particulier qui a commis la trahison pour laquelle il le défie.

« Nous avons un exemple de ce cas en don Diègue Ordoñez de Lara, qui jeta le défi à tout le peuple de Zamora, ne sachant pas que Vellido Dolfos avait tout seul commis la trahison de tuer son roi : c'est pourquoi il les défia tous, et c'était à tous qu'appartenaient la vengeance et la réponse, encore que le seigneur don Diègue eût été un peu loin et qu'il eût un peu trop dépassé les bornes du défi : car il n'avait pas sujet de défier les morts, ni les eaux, ni les pains, ni les enfants à naître, ni une foule d'autres bagatelles qui sont là déclarées. Mais, baste ! quand la colère sort des gonds, la langue n'a plus ni père, ni maître, ni frein qui la gouverne. Or, puisqu'il en est ainsi, qu'un homme seul ne peut offenser tout un royaume, une province, une cité, une république, ni un peuple entier, il est clair qu'il n'y a pas lieu de courir à la vengeance d'un tel affront, puisqu'il n'y en peut avoir. Il ferait beau voir qu'à tout coup les gens de la Reloja s'égorgeassent avec ceux qui les appellent de la sorte ; et les marmiteux, les auberginois, baleineaux, savonniers [1] et autres dont les noms et surnoms courent par là dans la bouche des vauriens ! Il ferait beau voir, pour sûr, que tous ces insignes villages fussent toujours en querelles et en vengeance et missent la main à la serpe à la moindre parole qu'ils entendraient. Non, non, Dieu ne le veuille ni le permette. Les hommes prudents, les républiques bien gouvernées ne prennent les armes, ne tirent l'épée, ni ne hasardent leurs personnes, leurs vies ou leurs biens que pour quatre causes. La première est pour la défense de la foi catholique ; la seconde, pour défendre leur vie ; et cela est de droit divin et humain ; la troisième, pour la conservation de leur honneur, de leur famille et de leurs biens ; la quatrième est pour le service de leur roi en une guerre juste ; et, si nous voulons y en mettre une cinquième, qui se peut compter pour la seconde, c'est pour défendre leur patrie.

« A ces cinq raisons capitales, on en peut rapporter quelques autres qui seront justes et raisonnables, et qui obligent à prendre les armes. Mais de les prendre pour bagatelles et choses qui sont plutôt pour rire et passer le temps que pour offenser, c'est être privé de raison et de jugement, et combien plus de rechercher une vengeance injuste : car il n'y en peut pas avoir aucune qui soit juste ; c'est aller tout droit contre la sainte loi dont nous faisons profession, et qui nous commande de faire du bien à nos ennemis et d'aimer ceux qui nous haïssent, commandement qui, bien qu'il semble quelque peu difficile à accomplir, ne l'est toutefois que pour ceux qui aiment plus le monde que Dieu, et qui tiennent plus de la chair que de l'esprit : car Jésus-Christ, vrai Dieu et vrai homme, qui n'a jamais menti, et qui n'a pu ni ne peut mentir, étant notre législateur, a dit que son joug est doux et son fardeau léger, si bien qu'il n'avait garde de nous commander chose que nous ne puissions accomplir. Partant, messieurs, vous êtes obligés par les lois divines et humaines de vous apaiser. — Le diable m'emporte, dit alors Sancho à part lui, si mon maître n'est tologien ; où, s'il ne l'est pas, au moins y ressemble-t-il comme un œuf à un autre. »

Cependant don Quichotte prit un peu haleine, et, voyant qu'on lui donnait encore attention, il voulut passer outre en sa harangue : ce qu'il eût fait si la subtilité de Sancho ne se fût mise en travers. Ayant vu que son maître s'arrêtait, il prit la parole pour lui et dit : « Mon maître don Quichotte de la Manche, jadis appelé le *Chevalier de la Triste Figure*, et maintenant le *Chevalier des Lions*, est un gentilhomme sage et avisé. Il sait le latin et sa langue comme un bachelier, et en tout ce qu'il vous dit et conseille il y procède en bon soldat. Il sait sur le bout du doigt toutes les lois et les ordonnances qui concernent ce qu'on nomme le duel, si bien qu'il n'y a autre chose à faire qu'à se laisser diriger par ce qu'il vient de dire, et s'il y a erreur, je le prends sur moi, et principalement lorsqu'on a dit que c'est une grande niaiserie de s'empoigner pour un braiment qu'on a ouï. Il me souvient que lorsque j'étais enfant, toutes les fois qu'il m'en prenait envie et sans que personne m'en empêchât, je me mettais à braire avec tant de grâce et de naturel que tous les ânes du village se prenaient à braire en m'entendant. Et, pour tout cela, je ne laissais pas d'être le fils de mon père et de ma mère, qui étaient gens fort honorables. Et, bien que pour cette habileté je fusse envié de plus de quatre des plus gros de notre village, je ne m'en souciais pas plus que de deux liards. Mais, afin que vous voyiez que je dis la vérité, écoutez-moi un peu : car cette science est comme celle de nager, qui, étant une fois apprise, ne s'oublie jamais. »

Ce disant, il porta la main à son nez, et commença de braire avec tant de force que toutes les vallées d'alentour en retentirent. Mais un de ceux qui étaient auprès de lui, croyant qu'il le faisait pour se moquer d'eux, leva un gourdin qu'il tenait à la main, et lui en déchargea un si grand coup que, sans y pouvoir résister, Sancho Pança donna du nez à terre. Don Quichotte, voyant Sancho si mal accoutré, courut la lance au poing sur celui qui avait fait le coup. Mais tant de gens se mirent entre deux qu'il ne lui fut pas possible d'en prendre vengeance. Au contraire, voyant pleuvoir sur lui une nuée de pierres, et considérant mille arbalètes et non moins d'arquebuses qui le visaient, il fit tourner la bride à Rossinante, et au triple galop se tira du milieu d'eux, se recommandant à Dieu de tout son cœur, le priant de le délivrer de ce danger, et craignant, à chaque pas, que quelque balle ne lui entrât par les épaules et ne lui sortît par l'estomac. Et il recueillait à chaque moment son haleine pour voir si elle lui défaillait. Mais ceux de l'escadron se contentèrent de le voir fuir sans tirer dessus.

Cependant, ils remirent sur sa bête Sancho à peine revenu à lui, et le laissèrent aller après son maître, non pas qu'il eût la force de gouverner le grison, mais celui-ci suivit la piste de

Rossinante sans lequel il n'eût pas fait un pas. Don Quichotte, s'étant éloigné d'un bon bout de chemin, tourna la tête et vit venir Sancho, et il l'attendit en voyant que personne ne le suivait. Les gens de l'escadron se tinrent là jusqu'à la nuit, et, leurs adversaires n'ayant point accepté la bataille, ils s'en retournèrent à leur village pleins de joie et d'allégresse : s'ils avaient connu l'ancienne coutume des Grecs, je ne doute point qu'ils n'eussent dressé en ce lieu un trophée.

CHAPITRE XXVIII

DES CHOSES QUE DIT BEN ENGELI ET QUE SAURA CELUI QUI LES LIRA, S'IL LES LIT ATTENTIVEMENT

Quand l'homme vaillant s'enfuit, c'est que l'embuscade est découverte, et qu'il est d'un héros bien avisé de se réserver pour de meilleures occasions. Cette vérité se prouva chez don Quichotte, qui, faisant place à la furie de cette populace et aux mauvaises intentions de cet escadron courroucé, prit la poudre d'escampette, et, sans se ressouvenir de Sancho, ni du danger où il le laissait, s'éloigna autant qu'il le jugea nécessaire pour être en sûreté. Sancho le suivait couché en travers sur sa bête, comme on l'a rapporté. Il s'approcha enfin, revenu à soi, et en arrivant se laissa tomber de son roussin, tout plein d'angoisse, tout moulu et tout froissé, aux pieds de Rossinante. Don Quichotte mit pied à terre pour tâter ses blessures. Mais, comme il le trouva sain et entier depuis la tête jusques aux pieds, il lui dit avec assez de colère : « C'est bien à propos que vous avez su braire, Sancho ! Où avez-vous appris qu'il faille parler de corde en la maison du pendu ? A musique de braiment quel contrepoint pouvait-on espérer que celui d'une bonne volée ?

Remerciez Dieu, Sancho, de ce que l'on vous a donné la bénédiction avec un bâton, et qu'on ne vous a pas fait le *per signum Crucis* avec un cimeterre. — Je ne suis pas en état de répondre, répliqua Sancho, et mes épaules parlent assez pour moi : enfourchons nos montures et nous éloignons d'ici. J'imposerai silence à mes braiments, mais cela ne m'empêchera pas pourtant de dire que les chevaliers errants s'enfuient et laissent leurs bons écuyers moulus comme troène ou farine de froment au pouvoir de leurs ennemis. — Qui se retire ne fuit point, répondit don Quichotte : car il faut que tu saches, Sancho, que la valeur qui n'est point fondée sur la prudence prend le nom de témérité ; si bien que les exploits d'un téméraire s'attribuent plutôt à sa bonne fortune qu'à son courage. Ainsi je confesse que je me suis retiré ; mais pourtant je ne me suis pas enfui ; et en cela j'ai imité beaucoup de vaillants qui se sont réservés pour des temps meilleurs. Les histoires sont remplies de tels exemples ; mais je ne les rapporterai pas maintenant, parce que cela ne te servirait à rien et ne me ferait aucun plaisir. »

Déjà Sancho, aidé de don Quichotte, était à cheval et celui-ci sur Rossinante : et peu à peu, en cheminant, ils allèrent s'enfoncer dans un bois de peupliers qu'on voyait à un quart de lieue. Sancho, de temps en temps, poussait de profonds *aïe* et des geignements douloureux, et, don Quichotte lui demandant la cause d'un si amer chagrin, il répondit que, depuis la pointe de l'échine jusqu'à la nuque du cerveau, il sentait une douleur si vive qu'elle lui ôtait le sentiment. « La cause de cette douleur provient sans doute, dit don Quichotte, de ce que, le bâton dont on t'a gratifié étant long et large, il t'a pris tout le dos, qui contient toutes les parties qui te font mal, et s'il t'en eût pris davantage, tu sentirais plus de douleur. — Par Dieu ! dit alors Sancho, vous m'avez tiré d'un grand doute, et vous m'en avez éclairci en bons termes. Corbleu ! la cause de ma douleur était-elle si bien cachée qu'il ait été besoin de me dire que tout ce que le bâton a touché me fait mal ? Si les chevilles du pied me peinaient, peut-être aurait-on de la peine à deviner pourquoi elles me font mal. Mais ce n'est pas être trop grand devin de déclarer que ce qui m'a été moulu me fait mal. Sur ma foi, monsieur notre maître, le mal d'autrui pend à un cheveu, et tous les jours je découvre terre du peu que je puis espérer de votre compagnie : car, si vous m'avez laissé bâtonner cette fois, la prochaine, voire cent autres, nous reviendrons aux bernements de jadis et autres gentillesses qui, après m'avoir attaqué au dos, finiront par m'attaquer aux yeux. Certes, je ferais mieux, si je n'étais un rustre, et qui ne ferai rien de bien de toute ma vie, je ferais mieux, je le répète, de m'en retourner chez moi, auprès de ma femme et de mes enfants, pour les nourrir et les élever avec ce qu'il plaira à Dieu de me donner, sans aller après vous par des chemins qui n'en sont point et des voies qui n'en ont point, buvant mal et mangeant pis. Et parlez-moi de dormir ! Comptez-moi, frère écuyer, sept pieds de terre, et, si vous en désirez davantage, prenez-en encore autant. Il ne tient qu'à vous de vider la marmite. Étendez-vous tout à votre aise. Puissé-je voir brûlé et réduit en cendres celui qui donna le premier coup d'aiguille dans la chevalerie errante, ou tout au moins au premier qui voulut être écuyer de fous comme devaient l'être tous les chevaliers errants du temps passé ! Je ne dis rien du présent : Votre Grâce étant l'un de ceux-là, je leur porte du respect et aussi parce que je sais que Votre Grâce en connaît un point de plus que le diable, en tout ce qu'elle dit et en tout ce qu'elle pense.

— Je ferais avec vous une bonne gageure, Sancho, dit don Quichotte : c'est que maintenant que vous discourez sans que nul vous fasse sentir la main, rien ne vous fait mal dans tout le corps ; parlez donc, mon fils, et dites tout ce qui vous viendra à la pensée et sur les lèvres ; pourvu que vous ne sentiez pas de douleur, j'aurai pour agréable l'ennui que me donneront vos impertinences. Et, si vous désirez si vivement retourner chez vous, auprès de votre femme et de vos enfants, à Dieu ne plaise que je vous en empêche. Vous avez mon argent, regardez combien il y a que nous sommes sortis pour la troisième fois de notre village. Regardez ce que vous pouvez et devez gagner par mois et payez-vous par vos mains.

— Quand je servais, répondit Sancho, Thomas Carrasco, le père du bachelier Samson Carrasco, que Votre Grâce connaît bien, je gagnais deux ducats par mois en sus de la nourriture : je ne sais ce que je puis gagner avec Votre Grâce, encore que je sache bien que l'écuyer d'un chevalier errant a beaucoup plus de peine que celui qui sert un laboureur. Au total, lorsque nous servons les laboureurs, quelque peine que nous ayons tout le long du jour, le soir nous mangeons à la marmite et dormons dans un lit, où je n'ai point reposé depuis que je sers Votre Grâce, si ce n'est le peu de temps que nous demeurâmes chez don Diègue de Miranda, et le régal que je me suis payé avec l'écume que je tirai des marmites de Gamache, et ce que j'ai mangé, bu et dormi chez Basile. Tout le reste du temps j'ai couché sur la dure, à la belle étoile, exposé à ce que l'on nomme les inclémences du ciel, me soutenant avec un morceau de fromage et quelques bribes de pain, et buvant de l'eau tantôt des ruisseaux et tantôt des fontaines qu'on peut rencontrer par ces déserts où nous passons. — J'avoue, dit don Quichotte, que tout ce que tu dis là, Sancho, est la vérité. Combien vous semble-t-il que je vous dois donner de plus que ne vous donnait Thomas Carrasco ? — A mon avis, repartit alors Sancho, avec deux réaux de plus par mois je me tiendrais pour bien payé. Ceci quant au salaire de mon travail. Mais, pour satisfaire à la parole et à la promesse que vous m'avez faite de me donner le gouvernement d'une île, il serait juste que l'on y ajoutât encore six réaux, qui feraient en tout trente. — Voilà qui va bien, répliqua don Quichotte, ainsi, conformément au salaire que vous avez fixé, il y a vingt-cinq jours que nous sommes sortis de notre village ; comptez, Sancho, au prorata, et voyez ce que je vous dois et payez-vous, comme je vous l'ai dit, de vos propres mains. — Oh ! corbleu ! dit Sancho, Votre Grâce se trompe fort en ce compte, d'autant qu'en ce qui concerne la promesse de l'île on doit compter depuis le jour où vous me l'avez promise jusques à l'heure présente où nous sommes. — Et combien y a-t-il de temps que je vous ai fait cette promesse ? dit don Quichotte. — Si j'ai bonne mémoire, répondit Sancho, il y a plus de vingt ans et trois jours, plus ou moins. » Alors don Quichotte se donna une grande tape sur le front et commença à rire de fort bon cœur et dit : « Or çà, je ne suis demeuré dans la Sierra Morena, ni en tout le cours de nos sorties, que deux mois à peine ; et tu prétends, Sancho, qu'il y a vingt ans que je t'ai promis l'île ? Eh bien, je dis que tu veux que l'argent que tu as à moi se consume tout en tes salaires ! Si cela est et que tu en aies tant d'envie, je te le donne dès à présent, et grand bien te fasse. J'aime mieux demeurer pauvre et sans un denier que de me voir avec un si méchant écuyer. Mais dis-moi, prévaricateur des ordonnances écuyéresques de l'errante chevalerie, où as-tu jamais vu ou lu qu'aucun écuyer de chevalier errant se soit mis sur le pied de dire à son seigneur : « Combien, plus ou moins, me donnerez-vous pour vous servir tous les mois ? » Entre, entre, malandrin, vaurien et vampire que tu es, car il n'y a rien de trop pour toi, entre, dis-je dans le *mare magnum* de leurs histoires, et, si tu trouves que jamais écuyer ait dit ni pensé ce que tu viens de dire, je veux que tu me le cloues au front, et que par-dessus le marché tu me donnes quatre soufflets bien scellés sur ma face. Tourne les rênes ou le licou à ton grison, et retourne chez toi : car dorénavant tu ne feras pas un pas de plus avec moi. Ô pain mal reconnu, ô promesses mal placées, ô homme qui tiens plus de la bête que de l'homme ! Maintenant, quand je pensais te constituer en une telle dignité que malgré ta femme l'on te devait donner par le nez de la seigneurie, tu te démets ? Tu t'en vas maintenant que ma résolution ferme et valable était de te faire seigneur de la meilleure île du monde ? Enfin, comme tu l'as dit autrefois : le miel n'est pas fait, et cætera. Âne tu es, et âne tu seras, et âne tu dois rester jusqu'à la fin de ta vie : car je crois fermement que le terme en viendra avant que tu reconnaisses que tu es bête ! »

Cependant que don Quichotte lui faisait ces reproches, Sancho le regardait fixement, et il en fut touché de telle sorte que les larmes lui en vinrent aux yeux, si bien que d'une voix dolente et faible il lui dit : « Mon maître, je confesse que pour être entièrement âne il ne me manque que la queue ; s'il vous plaît de me la mettre, je la tiendrai pour bien mise, et vous servirai comme une bête tous les jours qui me restent à vivre. Que Votre Grâce me pardonne et ait pitié de la sottise de ma jeunesse. Vous devez considérer que je sais peu, et que, si je parle beaucoup, cela procède plutôt d'infirmité que de malice. Mais qui pèche et s'amende à Dieu se recommande. — Je m'étonnerais, Sancho, si tu ne mêlais point quelque petit proverbe à tes discours. C'est bien, je te pardonne maintenant à la charge que tu te corriges, et que désormais tu ne fasses point paraître tant d'attachement à ton intérêt particulier. Élargis ton cœur, et anime-toi à l'espoir de l'accomplissement de mes promesses. Si l'effet en est différé, elles ne sont pas pour cela impossibles. » Sancho dit qu'il le ferait, dût-il tirer force de sa faiblesse. En tenant ce discours ils entrèrent dans le bois ; don Quichotte s'accommoda au pied d'un ormeau, et Sancho à celui d'un hêtre : car de pareils arbres et ceux qui leur ressemblent ont toujours des pieds, et non des mains. Sancho eut une nuit très pénible, parce que le serein rendait la bastonnade plus sensible. Don Quichotte la passa en ses rêveries ordinaires. Toutefois, ils fermèrent enfin les yeux, et à la pointe du jour ils reprirent leur route, s'acheminant vers les bords du fameux Èbre, ou il leur arriva ce que l'on contera au chapitre suivant.

CHAPITRE XXIX

DE LA FAMEUSE AVENTURE DE LA BARQUE ENCHANTÉE

Ainsi qu'ils l'avaient calculé, don Quichotte et Sancho Pança, deux jours après s'être sortis du bois de peupliers et d'ormeaux, arrivèrent aux rives de l'Èbre. La vue de ce fleuve fit grand plaisir à don Quichotte, quand il contempla et admira la beauté de ses rivages, la clarté de ses eaux, la douceur de son cours et l'abondance de son liquide cristal. Cette agréable vue, dis-je, renouvela en sa mémoire mille amoureuses pensées, et principalement il se rappela ce qu'il avait vu en la caverne de Montésinos : car, encore que le magot de maître Pierre lui eût dit que partie de ces choses étaient véritables et partie fausses, il s'arrêtait néanmoins plus volontiers aux véritables qu'aux mensongères, tout au rebours de Sancho, qui les tenait toutes pour le mensonge même.

Comme ils eurent marché quelque temps le long de ce rivage, il s'offrit à leur vue un petit bateau sans rames et sans aucun cordage, attaché sur la rive, à un tronc d'arbre. Don Quichotte regarda de tous côtés, et, n'apercevant personne, sans autre cérémonie, descendit de Rossinante et commanda à Sancho d'en faire autant de son grison et d'attacher les deux animaux à un peuplier ou saule qui était proche du bateau. Sancho lui demanda pourquoi il fallait descendre si soudain et attacher ainsi les montures. « Il faut que tu saches, Sancho, répondit don Quichotte, que ce bateau que tu vois là, justement et sans qu'il puisse y avoir autre chose, m'appelle et me convie d'entrer dedans, afin d'aller secourir quelque chevalier, ou quelque autre personne de marque qui est en nécessité, et doit être mise en quelque grande affliction. Car c'est la marche ordinaire de ces livres d'histoires chevaleresques et des enchanteurs qui s'en mêlent et y convergent :

quand quelque chevalier est réduit en cette extrémité et qu'il n'en peut être tiré que par l'aide et le secours d'un autre chevalier, quoiqu'ils soient éloignés l'un de l'autre de plus de deux ou trois mille lieues et même davantage, les magiciens, ou bien l'enlèvent en une nuée, ou lui envoient un bateau où il entre, et en moins d'un clin d'œil l'emportent par l'air ou par la mer, au lieu qu'il leur plaît et où l'on a besoin de son aide. De sorte, Sancho, que ce bateau est mis ici pour le même effet, et ce que je te dis est aussi vrai qu'il est maintenant jour. Avant donc que la nuit vienne, attache ensemble Rossinante et le roussin, et à la grâce de Dieu qui nous conduise. Quant à moi, je ne laisserai pas de m'y embarquer, quand tous les moines déchaussés me demanderaient de ne le point faire. — Puisque ainsi est, répondit Sancho Pança, et que vous voulez vous jeter à chaque pas en ces aventures, que je ne sais si je dois appeler extravagances, il n'y a qu'à obéir et baisser la tête, suivant le proverbe : fais ce que ton maître te commande, et mets-toi à table avec lui. Mais avec tout cela, pour la décharge de ma conscience, je veux avertir Votre Grâce qu'un pareil bateau ne me semble pas être du genre des barques enchantées, mais bien appartenir à des pêcheurs de cette rivière, où l'on pêche les meilleures aloses du monde. »

Sancho tenait ce discours tout en attachant les deux bêtes qu'il laissa sous la garde et protection des enchanteurs, à la grande douleur de son âme. Don Quichotte lui dit qu'il ne se chagrinât point d'abandonner ainsi ces animaux, puisque celui qui devait conduire leurs maîtres par des routes et des zones si lointaines aurait soin de les nourrir. « Je n'entends point ce mot de zones, dit Sancho Pança, et je n'en ai jamais ouï parler. — Ce mot, répliqua don Quichotte, veut dire contrées ; mais ce n'est pas merveille que tu ne l'entendes pas : tu n'es pas obligé d'entendre le latin, comme d'aucuns qui croient le savoir, et n'y entendent rien. — Ils sont déjà attachés, dit Sancho, qu'avons-nous maintenant à faire ? — Quoi ? dit don Quichotte. Nous signer et à lever l'ancre, je veux dire nous embarquer et couper l'amarre avec laquelle ce bateau est attaché. » Ce disant, il se jeta dedans d'un saut, et Sancho après, et coupa la corde, et le bateau dériva peu à peu, s'éloignant du rivage. Quand Sancho se vit à environ deux toises dans la rivière, il commença à trembler pour sa vie, mais rien ne lui fit plus de peine que d'entendre braire le roussin, et de voir que Rossinante luttait pour se détacher, et il dit à son maître : « Le grison brait du chagrin de notre absence, et Rossinante s'efforce de se mettre en liberté pour se lancer derrière nous. Ô très chers amis, demeurez en paix ; la folie qui nous éloigne de vous, lorsqu'elle se sera tournée en déception, nous ramènera à vous. » Et sur ce, il commença de pleurer si amèrement que don Quichotte, bien fâché et bien en colère, lui dit : « Que crains-tu, lâche créature ? Pourquoi pleures-tu, cœur au petit-lait ? Qui te poursuit et qui te presse, âme de rat casanier, ou que te manque-t-il au sein de l'abondance ? Vas-tu par hasard à pied et sans chaussures par les monts Riphées ? N'es-tu pas assis sur cet ais comme un archiduc, voguant sur le doux courant de ce fleuve, d'où en peu de temps nous nous élancerons sur la vaste mer ? Cependant il n'y a point de doute que nous n'ayons déjà fait pour le moins sept ou huit cents lieues de chemin, et, si j'avais ici un astrolabe avec lequel je pusse mesurer la hauteur du pôle, je te dirais où nous en sommes ; toutefois, ou je n'y entends rien ou nous avons déjà passé ou passerons bientôt la ligne équinoxiale, qui divise et coupe les deux pôles à égale distance. — Et, quand nous serons parvenus à cette ligne à pêche que Votre Seigneurie dit, demanda Sancho, combien aurons-nous fait de chemin ? — Beaucoup, répliqua don Quichotte, parce que de trois cent soixante degrés que contient le globe de l'eau et de la terre, selon le comput de Ptolémée, le plus grand cosmographe que l'on connaisse, nous en aurons fait la moitié lorsque nous serons à cette ligne que je te dis, et sache que la méridienne... — Par Dieu, dit Sancho, Votre Grâce me prend à témoin de ce qu'elle dit à un gentil garçon, en l'appelant *pute* et *gaffe*, en y ajoutant *merdien*, ou je ne sais quoi. » Don Quichotte se mit à rire de l'interprétation que Sancho avait donnée au comput du cosmographe Ptolémée et lui dit : « Tu sauras, Sancho, que la principale marque qu'ont les Espagnols et ceux qui s'embarquent à Cadix pour aller aux Indes orientales, de savoir qu'ils ont passé la ligne équinoxiale que je t'ai dite, est que les poux de ceux qui vont dans le navire meurent tous, de sorte qu'on n'en trouverait pas un dans tout le vaisseau, fût-ce au poids de l'or. C'est pourquoi, Sancho, tu peux passer la main sur une de tes cuisses, et, si tu trouves chose qui ait vie, nous sortirons de ce doute ; si tu n'en trouves point, la ligne est passée. — Je n'en crois rien, répondit Sancho. Je ferai pourtant ce que Votre Grâce me commande, encore que je ne sache pas pourquoi il est besoin que je fasse cette expérience, puisque je vois de mes propres yeux que nous ne sommes pas à cinq toises du bord, et que nous n'avons point encore dérivé de deux du lieu où sont les pauvres bêtes. Voilà encore Rossinante et le grison au même lieu où nous les avons laissés. Et, prenant la mire comme je la prends maintenant, je jure que nous ne bougeons ni n'allons au pas d'une fourmi. — Fais seulement, Sancho, l'épreuve que je t'ai dite et ne te soucie d'autre chose. Tu ne sais ce que c'est que méridiens, colures, lignes, parallèles, zodiaques, écliptiques, pôles, solstices, équinoxes, planètes, signes, points et mesures, dont la sphère céleste et terrestre est composée. Si tu savais toutes ces choses, ou parties d'icelles, tu verrais clairement combien nous avons coupé de parallèles, combien vu de signes, et combien nous avons laissé d'images derrière nous et en allons encore laisser. Je te dis encore une fois que tu tâtes et que tu pêches : car je crois fermement que tu es plus net qu'un feuillet de papier blanc et uni. »

Sancho se tâta et porta doucement sa main sous le pli de la cuisse gauche, et puis, haussant la tête et regardant son maître, il lui dit : « Ou l'épreuve est fausse, ou nous ne sommes pas arrivés où Votre Seigneurie dit, ni même à bien des lieues. — Eh quoi ! dit don Quichotte, as-tu pris quelque chose ? — Voire plusieurs », répondit Sancho. Ce disant, il secoua ses doigts, et se lava toute la main dans la rivière. Le bateau y allait cependant tout doucement au milieu du courant sans qu'il se mût par aucune intelligence secrète, ni par quelque enchanteur caché, mais par le courant même, qui était alors doux et calme.

Sur ce, ils découvrirent de grands moulins qui étaient au milieu de la rivière, et à peine don Quichotte les eut-il vus qu'il dit tout haut à Sancho : « Tu vois ? Oh ! mon ami, voici que nous découvrons déjà la cité, le château ou la forteresse où doit être quelque chevalier opprimé, ou bien quelque reine, infante ou princesse maltraitée ; et j'ai été conduit ici pour les secourir. — De quelle cité, de par tous les diables, de quelle forteresse ou de quel château parle votre Grâce ? répliqua Sancho. N'est-il pas aisé à voir que ce sont des moulins à blé qui sont installés sur le courant et qu'on y fait de la farine ? — Tais-toi, Sancho, dit don Quichotte ; car, encore que ces choses te semblent être des moulins, elles n'en sont pas pourtant ; et je t'ai déjà dit que les enchanteurs changent et transforment toutes les choses hors de leur naturel. Je ne veux pas dire qu'ils les changent réellement, mais qu'ils font de telle sorte que cela semble être changé. Tu en as vu l'exemple en ma Dulcinée, unique refuge de mes espérances. »

Cependant le bateau, qui était entré dans le milieu du courant de la rivière, commença de voguer non plus aussi doucement qu'il avait fait jusque-là. Les meuniers maîtres de ces moulins, qui virent venir ce bateau sur la rivière, qui s'allait jeter dans le courant où étaient les roues, sortirent promptement avec des grandes perches pour l'arrêter. Et, comme ils sortaient enfarinés, le visage et les vêtements tout couverts de poussière de mouture, ils avaient assez mauvaise mine. Ils poussaient de grands cris, en disant : « Où allez-vous, diables d'hommes ? Êtes-vous désespérés ? Que voulez-vous faire ? Vous noyer et vous faire mettre en pièces par ces roues ? — Ne t'ai-je pas dit, Sancho, dit en ce moment don Quichotte, que nous étions arrivés en un lieu où il faut que je montre jusqu'où va la valeur de mon bras ? Regarde que de brigands et de voleurs qui me viennent à l'encontre. Vois combien de malandrins et de félons se viennent opposer à ma valeur, combien de monstres nous viennent menacer, combien de vilaines figures nous font les croque-mitaines. Vous allez voir, coquins ! » dit-il en se levant tout debout dans le bateau. Et alors il commença de menacer les meuniers en leur criant : « Laissez, canaille maudite et plus mal conseillée, laissez, dis-je, en liberté et franc arbitre la personne que vous détenez par force en votre forteresse et obscure prison, que cette personne soit de noble ou de basse extraction : car je suis don Quichotte de la Manche, autrement nommé *le Chevalier des Lions,* celui qui est appelé par l'ordre des cieux à mettre heureusement à fin cette aventure ! » Ce disant, il mit la main à l'épée, dont il s'escrimait en l'air, en menaçant les meuniers.

Ces hommes, entendant sans les comprendre toutes ces folies, ne laissèrent pas, avec leurs grandes perches, de retenir le bateau qui allait déjà entrer dans le courant et dans le canal des roues. Sancho, à genoux, priait humblement le Ciel qu'il le délivrât d'un danger si évident, et le Ciel le fit grâce à l'industrie et à l'adresse des meuniers, qui détournèrent le bateau avec leurs perches ; mais ils ne purent pas si bien faire qu'ils ne missent le bateau sens dessus dessous, et que don Quichotte et Sancho n'allassent dans l'eau. Bien en prit à don Quichotte de savoir nager comme un canard ; néanmoins, le poids des armes l'emporta deux fois au fond de l'eau, et, n'eussent été les meuniers qui se mirent à l'eau et les tirèrent tous deux comme des ballots, c'eût été pour tous deux le dernier jour de Troie. Enfin, ayant été tirés à terre plutôt trempés que morts de soif, Sancho, à genoux, à mains jointes et les yeux levés au ciel, fit à Dieu longue et dévote oraison que dorénavant il le délivrât des hasardeuses fantaisies et des entreprises de son maître. Sur ce, les pêcheurs à qui le bateau appartenait survinrent, et, voyant leur barque que les roues avaient mise en pièces, commencèrent à déshabiller Sancho et à sommer don Quichotte de la leur payer.

Don Quichotte, avec un aussi grand calme que si rien ne lui fût arrivé de toute la journée, dit aux meuniers et pêcheurs qu'il payerait très volontiers et de bon cœur, pourvu qu'ils rendissent la liberté sans caution à la personne ou aux personnes qu'ils détenaient par force dans leur château. — De quelles personnes ou de quel château parles-tu, répliqua l'un des meuniers, homme sans jugement ? Veux-tu par hasard emmener ceux qui viennent moudre à ces moulins ? — Il suffit, dit alors don Quichotte entre ses dents. Ce serait prêcher au désert que de vouloir réduire par prières cette canaille à quelque action vertueuse, et il faut qu'en cette aventure il se soit rencontré deux grands enchanteurs dont l'un empêche ce que l'autre veut faire : l'un m'a envoyé le bateau, et l'autre m'a fait donner au travers des moulins. Dieu y veuille porter remède : car tout ce monde est composé de machines et d'artifices contraires les uns aux autres. Je ne saurais qu'y faire. » Il haussa la voix et poursuivit en cette manière : « Ô amis, qui que vous soyez, qui êtes enfermés dans cette prison, pardonnez-moi, si, par mon malheur et par le vôtre, je ne vous puis retirer de votre misère. Cette aventure doit être réservée à quelque autre chevalier. »

Ce disant, il s'accorda avec les pêcheurs, et leur donna pour le bateau cinquante réaux, que Sancho paya de très mauvaise grâce, en disant : « Avec deux parties de barque semblables à celle-ci, nous irons bientôt à fond avec tout notre avoir. » Les pêcheurs et les meuniers étaient tout étonnés à voir ces deux figures si en dehors de l'usage, et, ne pouvant comprendre où tendaient les raisons et les demandes que don Quichotte leur faisait, ils les tinrent pour deux fous, et rentrèrent dans leurs moulins, tandis que les pêcheurs retournaient à leurs filets. Et don Quichotte et Sancho retournèrent à leurs bêtes, et bêtes revinrent eux-mêmes. Ainsi finit l'aventure de la barque enchantée.

CHAPITRE XXX

DE CE QUI ADVINT À DON QUICHOTTE AVEC UNE BELLE CHASSERESSE

Assez mélancoliques et dolents, notre chevalier et son écuyer s'approchèrent de leurs animaux ; mais particulièrement Sancho, pour qui c'était toucher à son âme que de toucher à son argent ; quand on lui arrachait un denier, il lui semblait qu'on lui tirait la prunelle des yeux. Enfin, sans se dire mot, ils montèrent tous deux à cheval et s'éloignèrent du fameux fleuve, don Quichotte plongé dans les pensées de ses amours, et Sancho dans celles de sa fortune future : de quoi il se représentait qu'il était fort éloigné. Car encore qu'il fût bien niais et bien sot, toutefois il voyait bien que les actions de son maître étaient toutes ou presque toutes des extravagances, de sorte qu'il ne cherchait que l'occasion de décamper un jour et de retourner chez lui, sans rendre compte ni prendre congé. Toutefois la fortune ordonna des choses tout autrement qu'il ne craignait.

Il arriva donc que le jour suivant, au coucher du soleil et au sortir d'une forêt, don Quichotte jeta la vue sur un pré verdoyant, au bout duquel il aperçut plusieurs personnes ; s'étant approché plus près, il reconnut que c'étaient des chasseurs de haut vol. Il s'approcha encore et vit une gentille dame montée sur un palefroi ou haquenée toute blanche qui avait un harnais vert et une selle de toile d'argent. Cette dame était pareillement vêtue de vert, avec tant de goût et de luxe que l'on eût dit que c'était le luxe en personne. Elle tenait sur le poing gauche un autour, signe qui donna à entendre à don Quichotte que c'était quelque grande dame, qui devait être la maîtresse de tous ces chasseurs, comme c'était la vérité. Aussi dit-il à Sancho : « Mon fils Sancho, cours et dis à cette dame du palefroi et de l'autour que moi, le Chevalier des Lions, je baise les mains à sa grande beauté ; et que, si Sa Grandeur m'en donne licence, je les lui irai baiser et la servir de toutes mes forces, et en tout ce que Son Altesse me commandera. Mais, Sancho, regarde bien comment tu parleras, et fais bien ton compte de n'enchâsser aucun de tes proverbes en ton ambassade. — Vous avez bien trouvé l'enchâsseur ! repartit Sancho. C'est bien à moi qu'il faut tenir ces discours ! Ce n'est pas la première fois que j'ai porté des ambassades à de hautes et puissantes dames en cette vie. — Hormis celle que tu portas à madame Dulcinée, répliqua don Quichotte, je ne pense pas que tu en aies porté d'autres, ou pour le moins à mon service. — Il est vrai, répondit Sancho ; toutefois bon payeur n'a point regret aux gages, et, dans une maison bien fournie, le souper est bientôt dressé. Je veux dire qu'il n'y a rien à me dire, ni à m'avertir de rien, parce que j'ai de tout un peu et sais un peu de tout. — Je le crois, Sancho, dit Don Quichotte ; va donc à la bonne heure, et Dieu te conduise ! »

Le bon Sancho partit donc au trot, forçant ainsi le pas ordinaire de son grison. Étant parvenu au lieu où était la belle chasseresse, il mit pied à terre, plia le genou devant elle et lui dit : « Belle dame, ce chevalier que vous voyez là-bas se nomme le Chevalier des Lions. C'est mon maître, et je suis son écuyer que l'on nomme chez lui Sancho Pança. Ce Chevalier des Lions, que l'on appelait il n'y a pas longtemps de la Triste Figure, m'envoie pour dire à Votre Grandeur qu'il lui plaise de lui donner la permission que par votre bon plaisir et consentement il vienne mettre en œuvre son désir, qui n'est autre, comme il dit et comme je pense, que de servir votre beauté et haute fauconnerie. En la lui donnant, Votre Seigneurie fera chose qui tournera à son honneur, et il en recevra une grâce signalée et un grand contentement. — Certainement, bon écuyer, répondit la dame, vous vous êtes acquitté de votre ambassade avec toutes les circonstances que de telles ambassades requièrent. Je vous prie, levez-vous, parce qu'il n'est pas juste que l'écuyer d'un si grand chevalier, comme l'est celui de la Triste Figure, duquel nous avons déjà bonne connaissance, demeure à genoux. Levez-vous donc, mon ami, et dites à votre maître qu'il sera le fort bien reçu de moi et de monsieur le duc, mon mari, dans une maison de plaisance que nous avons ici proche. »

Sancho Pança se leva aussi étonné de la beauté de cette bonne dame que de sa courtoisie. Mais il fut encore plus émerveillé de ce qu'elle avait dit avoir connaissance de son maître le Chevalier de la Triste Figure. Il présupposait aussi que, si elle ne l'avait point nommé le Chevalier des Lions, cela provenait de ce qu'il n'y avait que si peu de temps qu'il s'était donné ce nom. La duchesse, dont on ne sait encore le nom, fit cependant cette demande à Sancho : « Dites-moi, écuyer mon frère, votre maître n'est-il pas ce chevalier de qui l'on a imprimé une histoire qui a pour titre *l'Ingénieux gentilhomme don Quichotte de la Manche,* lequel a pour maîtresse une certaine Dulcinée du Toboso ? — C'est lui-même, madame, répondit Sancho, et je suis ce sien écuyer, qui trotte ou doit trotter en ladite histoire, et que l'on appelle Sancho Pança, c'est moi, à moins que l'on ne m'ait changé au berceau, je veux dire que l'on ne m'ait changé en l'imprimerie. — Je me réjouis fort de tout ceci, dit la duchesse. Allez, mon ami Pança, et rapportez à votre maître qu'il est le bienvenu en mes terres, et qu'il n'y a chose qui me pût apporter un plus grand contentement. »

Sancho, avec une si agréable réponse, retourna tout joyeux à son maître, à qui il raconta tout ce que la grande dame lui avait dit, élevant jusques au ciel avec des termes rustiques sa grande beauté, sa bonne mine et sa courtoisie. Don Quichotte fit de son gaillard sur la selle, se mit crânement sur les étriers, accommoda sa visière, donna de l'éperon à Rossinante, et, d'une gentille contenance, alla baiser les mains à la duchesse. Elle fit cependant appeler le duc son mari, et, tandis que don Quichotte s'approchait, elle lui conta toute l'ambassade. Ils avaient déjà tous deux lu la première partie de cette histoire, et par elle avaient connaissance de l'humeur extravagante de don Quichotte, si bien qu'ayant un grand désir de le connaître, ils l'attendaient résolus de se plier à son humeur et de lui accorder tout ce qu'il dirait. Ils le voulaient traiter en chevalier errant tout le temps qu'il demeurerait chez eux, avec toutes les cérémonies accoutumées aux livres de chevalerie qu'ils avaient lus, et auxquels ils étaient grandement affectionnés.

Sur ce, don Quichotte s'approcha la visière levée, et, comme il faisait montre de mettre pied à terre, Sancho lui voulut aller tenir l'étrier. Mais il fut si malheureux qu'en descendant de son grison il se prit le pied dans une corde du bât de telle sorte qu'il ne lui fut pas possible de se désempêtrer. Au contraire, il y demeura pendu, la bouche et l'estomac à terre. Don Quichotte, qui n'avait pas coutume de mettre pied à terre sans qu'on lui tînt l'étrier, croyait que déjà Sancho était là pour le lui tenir et déchargea tout le corps d'un côté, si bien qu'il entraîna avec lui la selle de Rossinante, qui ne devait pas être bien sanglé, et la selle et lui se trouvèrent à terre, à sa grande honte et confusion, pendant qu'il proférait entre les dents mille malédictions contre le malheureux Sancho, qui avait encore le pied dans les entraves. Le duc commanda aussitôt à ses chasseurs de courir promptement au secours du chevalier et de l'écuyer. Ceux-ci relevèrent don Quichotte, tout mal en point de sa chute, et, tout en tirant la jambe, il alla le mieux qu'il put se mettre à genoux devant Leurs Altesses ; mais le duc n'y consentit en aucune manière, mais plutôt descendit de cheval pour embrasser don Quichotte, à qui il dit : « Seigneur Chevalier de la Triste Figure, je suis fâché de la disgrâce qui vous est arrivée la première fois que vous m'avez fait l'honneur de venir en mes terres ; mais la négligence des écuyers est bien souvent cause de pires événements. — La faveur que j'ai reçue, dit don Quichotte, fait que je ne saurais ressentir aucun mal, quand ma chute ne se serait arrêtée qu'au plus profond des abîmes : car la gloire de vous avoir vu, valeureux prince, m'en relèverait toujours, et m'en retirerait. Mon écuyer, que Dieu puisse maudire, détache mieux la langue pour proférer des malices qu'il n'attache et ne sangle une selle afin qu'elle demeure ferme. Mais, en quelque état que je me trouve, par terre ou debout, à pied ou à cheval, je demeurerai toujours votre serviteur et celui de madame la duchesse, votre digne compagne et digne dame de la beauté et universelle princesse de la courtoisie. — Tout beau, Seigneur don Quichotte de la Manche, dit le duc, parce que là où est madame Dulcinée du Toboso, il n'est pas raison de louer d'autres beautés. » Sancho Pança était à ce moment désempêtré du lacs, et, se trouvant proche, avant que son maître répondît, il dit : « On ne saurait nier, mais on doit affirmer que madame Dulcinée du Toboso est fort belle. Mais le lièvre se lève où moins on y pensait. J'ai ouï dire que ce qu'on appelle nature ressemble à un potier qui fait des vaisseaux d'argile, et celui qui fait un beau vase en peut faire aussi bien deux, trois et cent. Je le dis parce que sur ma foi madame la duchesse ne doit rien à notre maîtresse, madame Dulcinée du Toboso. » Don Quichotte se tourna alors vers la duchesse, et lui dit : « Que Votre Grandeur s'imagine que jamais chevalier errant n'eut écuyer qui fût aussi grand discoureur que le mien, ni plus plaisant et récréatif. Si Votre Excellence a pour agréable mon service durant quelques jours, elle en pourra connaître la vérité. — Je suis extrêmement aise, repartit la duchesse, que le bon Sancho soit plaisant : cela témoigne qu'il a de l'esprit. Les facéties, comme vous savez bien, Seigneur don Quichotte, ne sont guère le partage des esprits lourds et grossiers, et, puisque le bon Sancho est homme plein de saillies, j'en conclus qu'il est aussi plein de jugement. — Et bavard, ajouta don Quichotte. — Tant mieux, dit le duc, parce que beaucoup de plaisanteries ne se peuvent dire en peu de paroles. Mais, afin de n'y point dépenser notre temps, que le grand Chevalier de la Triste Figure nous accompagne. — Votre Altesse, dit Sancho, doit dire *des Lions,* car il n'y a plus de Triste Figure :

nous en sommes aux Lions. — Eh bien ! reprit le duc, que le seigneur Chevalier des Lions vienne à un mien château, qui est ici près ; il y sera traité avec l'honneur que l'on doit à une si haute personne, et avec celui que la duchesse et moi avons coutume de rendre à tous les chevaliers errants qui y arrivent. » Cependant Sancho avait bien accommodé et bien sanglé Rossinante. Don Quichotte monta dessus, et le duc sur un beau cheval ; ils mirent la duchesse au milieu et prirent le chemin du château. La duchesse dit à Sancho de venir à côté d'elle, parce qu'elle prenait un extrême plaisir à ses saillies. Sancho ne se fit point prier, se mêla parmi eux et fit le quatrième dans la conversation, au grand plaisir de la duchesse et du duc, qui s'estimaient grandement heureux de traiter en leur château un tel chevalier errant et un tel écuyer parlant.

CHAPITRE XXXI

QUI TRAITE DE BEAUCOUP DE GRANDES CHOSES

Extrême était l'allégresse de Sancho Pança en se voyant à son idée en intimité avec la duchesse : car il se figurait de retrouver dans son château ce qu'il avait trouvé au logis de don Diègue et à celui de Basile. Toujours enchanté de faire bonne chère toutes et chaque fois que l'occasion s'en offrait, il la savait fort bien prendre aux cheveux. Or, l'histoire raconte que, devant qu'ils arrivassent au château ou maison de plaisance, le duc alla en avant et donna ses ordres à tous ses serviteurs sur la façon dont ils devaient traiter don Quichotte. Quand notre chevalier arriva avec la duchesse aux portes du château, on en vit sortir des laquais ou palefreniers habillés de pied en cap d'une sorte de robe de chambre d'un satin cramoisi très fin. Ces hommes prirent entre leurs bras don Quichotte, et, sans être vus ni ouïs d'aucun autre, lui dirent : « Que Votre Grandeur, seigneur chevalier, aille aider à madame la duchesse à descendre de cheval. » Don Quichotte le fit, et il y eut là-dessus de grands compliments entre elle et lui ; mais enfin la résistance de la duchesse l'emporta, et elle ne voulut descendre du palefroi qu'entre les bras du duc, disant qu'elle ne se sentait pas digne de donner une charge aussi inutile à un si grand chevalier. Enfin le duc la mit à terre, et, comme ils entrèrent dans une grande cour, deux belles damoiselles s'approchèrent et jetèrent sur les épaules de don Quichotte un long manteau de fine écarlate ; à l'instant toutes les galeries de la cour se couronnèrent de serviteurs et de servantes du logis, criant à haute voix : « Bienvenu soit la fleur et la crème des chevaliers errants ! » et tous ou la plupart versaient des eaux de senteur sur don Quichotte et sur le duc et la duchesse. Don Quichotte était fort étonné de tout cela ; et ce fut là le premier jour qu'il connut et crut tout à fait être un vrai chevalier errant, et non imaginaire, en se voyant traité de la sorte dont il avait lu que l'on traitait de semblables chevaliers aux siècles passés.

Or, Sancho, ayant quitté son grison, se cousit après la duchesse et entra dans le château, mais à peine y fut-il entré qu'un remords de conscience le saisit de laisser ainsi sa bête toute seule. C'est pourquoi il s'approcha d'une révérende duègne qui était sortie avec d'autres pour recevoir la duchesse et tout bas lui tint ce langage : « Madame Gonzalez, ou comme on appelle Votre Grâce... — Je m'appelle dame Rodriguez de Grijalva, répondit la duègne ; que vous plaît-il de moi, mon ami ? — Je désirerais, madame, repartit Sancho, que vous me voulussiez tant obliger que d'aller à la porte de ce château où vous trouverez un âne grison qui m'appartient : plaise à Votre Grâce de le faire mettre ou de le mettre elle-même à l'écurie, parce que le pauvret est un peu craintif et ne se plaît nullement à demeurer seul. — Si le maître, dit alors la dame, a autant de jugement que le valet, nous voilà bien ! Au diable soyez-vous, vous et qui vous a amené ici, frère, et arrangez-vous avec votre grison : nous autres duègnes de ce château ne sommes pas habituées à faire ce métier-là. — Eh bien, en vérité, repartit Sancho, j'ai ouï dire à mon maître, qui est bien un trésor d'histoire, que Lancelot,

Lorsque de Bretagne il revint,
Les dames de lui prenaient soin
Et les duègnes de son roussin.

Et, quant à ce qui regarde mon âne, je ne le changerais pas contre le roussin du seigneur Lancelot. — Frère, si vous êtes jongleur, répondit la dame, gardez vos bouffonneries pour le lieu où on les prendra pour telles et où l'on vous les payera mieux que moi, de qui vous ne sauriez avoir qu'une figue. — Pour le moins sera-t-elle bien mûre, dit alors Sancho : car je m'assure que vous ne perdrez pas le quinola de vos années faute d'un point. — Fils de putain, repartit la dame déjà tout embrasée de courroux, que je sois vieille ou non, à Dieu j'en rendrai compte, et non à vous, maraud que vous êtes, et tonneau d'ail ! » Or, elle proféra si haut ces paroles que la duchesse les entendit. Et, quand elle vit en se tournant cette dame si émue et les yeux si animés, elle lui demanda à qui elle en avait. « J'en ai, répondit la duègne, à ce bonhomme, qui vient de me requérir tout bellement que j'aille mettre dans l'écurie un âne à lui qui est à la porte du château, en me donnant pour exemples de certaines dames qui ainsi firent, soignant, les unes un certain Lancelot, et les autres son roussin ; et, pour couronner le tout, il m'a traitée de vieille. — Je regarderais cela, repartit la duchesse, comme un plus grand affront que tout ce qu'on me saurait dire. » C'est pourquoi, en s'adressant à Sancho, elle lui dit : « Ami Sancho, remarquez que dame Rodriguez est très jeune, et qu'elle porte ces coiffes plutôt pour faire paraître sa qualité et suivre l'usage commun que pour les ans qu'elle pourrait avoir. — Maudits soient ceux qui me restent à vivre, répliqua Sancho, si je l'ai dit pour cela ! Je l'ai seulement dit parce que l'amour que je porte à mon âne est si grand qu'il me semblait ne le pouvoir recommander à une personne plus charitable qu'à madame Rodriguez. » Don Quichotte, qui entendait tout, tint alors à Sancho ce langage : « Est-ce ainsi, Sancho, qu'il faut parler en ce lieu ? — Monsieur, répondit Sancho, chacun doit parler de ce dont il a besoin, en quelque part qu'il se trouve. C'est ici qu'il me ressouvint du grison, et c'est ici que j'en ai parlé, et, s'il m'en était souvenu dans l'écurie, c'est là que j'en aurais parlé. » Sur quoi le duc prit la parole : « Sancho est tout à fait dans le vrai, et on ne le saurait en rien blâmer. On traitera le grison à bouche que veux-tu, et que Sancho ne s'en mette plus en peine, car on lui fera aussi bonne chère qu'à sa propre personne. »

En discourant de la sorte et tenant ces devis agréables à tous, si ce n'est à don Quichotte, ils parvinrent en haut, et menèrent don Quichotte en une salle parée d'une riche tapisserie d'or et de brocart. Six damoiselles le désarmèrent et lui servirent de pages, toutes instruites par le duc et la duchesse touchant ce qu'elles avaient à faire et comment elles devaient traiter don Quichotte, afin qu'il crût et vît que c'était en chevalier errant. Don Quichotte demeura, une fois désarmé, avec ses grègues étroites et avec son pourpoint de chamois. Il était sec, haut et tendu, avec ses mandibules qui se baisaient au-dedans l'une l'autre : figure capable de faire crever de rire les damoiselles qui le servaient, si elles ne se fussent contenues, selon le commandement exprès qu'elles en avaient reçu du duc et de la duchesse. Elles lui demandèrent de se laisser dépouiller pour lui mettre une chemise blanche, mais il n'y voulut jamais consentir, disant que l'honnêteté n'était pas moins requise aux chevaliers errants que la valeur. Avec tout cela, il dit que l'on baillât à Sancho la chemise, et puis, s'enfermant avec lui dans une chambre où il y avait un riche lit, il se dépouilla et vêtit la chemise. Quand il se vit seul avec Sancho, il lui tint ce discours : « Viens çà, truand moderne et imbécile antique ; te semble-t-il honnête d'offenser une dame aussi vénérable et aussi digne de respect que celle-là ? Était-ce le temps de te ressouvenir du grison ? Ou les seigneurs de cette maison sont-ils personnes à laisser maltraiter les bêtes, quand ils traitent leurs maîtres si magnifiquement ? Au nom de Dieu, Sancho, comporte-toi si bien que tu ne découvres point la filasse, de sorte que l'on ne voie que tu n'es tissu que de toile vilaine et grossière. Misérable pécheur que tu es, considère qu'un maître est d'autant plus estimé que ses serviteurs sont honnêtes et bien nés, et qu'un des plus grands avantages que les princes aient sur le reste des hommes, c'est qu'ils se servent d'hommes aussi gens de bien qu'eux. Ne vois-tu pas, malencontreux que tu es et infortuné que je suis, que, si l'on s'aperçoit que tu es un rustre et un plaisant sans cervelle, on croira par même moyen que je suis quelque pique-assiette ou quelque chevalier d'industrie ? Non, non, ami Sancho, fuis, fuis avec soin ces inconvénients : qui veut trop faire du parleur et du plaisant, au premier heurt tombe et donne dans le balourd disgracieux. Retiens ta langue, et considère et rumine ce que tu veux dire avant de le proférer. Remarque que nous sommes arrivés à un degré où, moyennant la grâce de Dieu et la force de mon bras, nous en vaudrons mieux du tiers et du quint, tant en renommée qu'en fortune. »

Sancho lui promit avec mille serments de se coudre la bouche ou de se mordre la langue avant de dire un mot qui ne fût bien à propos et bien pesé, comme il le lui commandait, et qu'il n'en fût plus en peine, qu'on ne découvrirait jamais par sa faute ce qu'ils étaient. Don Quichotte s'habilla et mit son baudrier et son épée, il mit aussi le manteau d'écarlate sur ses épaules, et sur sa tête une toque de satin vert que les damoiselles lui donnèrent. En cet équipage il entra dans la grande salle, où il trouva les damoiselles rangées en deux files sur les deux côtés, et toutes appareillées pour lui donner à laver les mains, ce qu'elles firent avec beaucoup de révérences et de cérémonies. Incontinent on vit entrer dans la salle douze pages avec le maître d'hôtel, qui le venaient chercher pour manger : car il y avait déjà longtemps que les maîtres l'attendaient. Ils le mirent au milieu d'eux ; et, en grande pompe et magnificence, le menèrent en une autre salle où l'on avait dressé une riche table, avec rien que quatre couverts. La duchesse et le duc l'allèrent recevoir à la porte de la salle, et avec eux était un grave ecclésiastique, de ceux qui gouvernent les maisons des princes ; de ceux qui, n'étant point princes de naissance, ne sauraient apprendre comment le doivent être ceux qui le sont ; de ceux qui veulent que la grandeur des grands se mesure à la bassesse de leur âme ; de ceux qui, voulant apprendre à ceux qu'ils gouvernent le moyen de se limiter, les rendent misérables. Tel, dis-je, devait être ce grave religieux, qui alla avec le duc et la duchesse au-devant de don Quichotte.

Après mille compliments, ils se mirent à table, et finalement ils forcèrent don Quichotte à prendre la place d'honneur. Le duc voulut qu'il se mît au haut bout, et, bien qu'il le refusât, toutefois les instances du duc furent si grandes qu'il dut s'y mettre. L'homme d'église prit place vis-à-vis de lui, et le duc et la duchesse aux deux côtés. Sancho était présent à tout, bien étonné et ébahi de voir l'honneur que ces princes faisaient à son maître, et, voyant les prières et les cérémonies qui avaient lieu entre le duc et don Quichotte pour faire asseoir celui-ci au haut bout de la table, il dit : « Si Leurs Grâces m'en donnent la permission, je leur raconterai une chose qui arriva autrefois dans mon village, au sujet des sièges et des préséances. » A peine eut-il achevé de tenir ce discours que don Quichotte se mit à trembler, croyant indubitablement qu'il s'en allait dire quelque sottise. Sancho y prit garde, le comprit et lui dit ces paroles :

« N'ayez pas peur, mon maître, que je m'oublie ni que je dise chose qui ne vienne à point. Il me souvient bien des avis que Votre Seigneurie m'a donnés naguère touchant la manière qu'il faut tenir sur le parler peu ou beaucoup, bien ou mal. — Je ne me souviens de rien, Sancho, répondit don

Quichotte ; dis ce que tu voudras, et te dépêche. — Eh bien ! ce que je veux dire, repartit Sancho, est si véritable que monseigneur don Quichotte, ici présent, ne me laissera pas mentir. — Quant à moi, débite autant de mensonges que tu voudras, Sancho, répliqua don Quichotte, je ne t'en empêcherai pas ; mais regarde bien à ce que tu vas dire. — Je l'ai bien vu et revu, et qui sonne l'alarme est à couvert ainsi qu'on le verra à l'œuvre. — Vos Grandeurs feraient fort bien, dit alors don Quichotte, de faire jeter hors d'ici ce nigaud, qui s'en va dire mille fadaises. — Par la vie du duc, repartit la duchesse, Sancho ne se séparera pas de moi d'un point : je l'aime beaucoup, parce que je sais qu'il est fort spirituel. — Spirituels soient les jours de Votre Sainteté, repartit Sancho, pour la bonne opinion qu'elle a de moi, encore que ce soit sans sujet ! Or, voici le conte que je veux vous dire. Un gentilhomme de mon village, fort riche, parce qu'il était issu des Alamos de Medina del Campo, qui épousa madame Mencia de Quiñones, qui fut fille de don Alonzo de Marañon, chevalier de l'ordre de Saint-Jacques, qui se noya dans l'île de la Herradura, et pour qui il y eut, il y a quelques années, en notre village cette grande querelle où, si je ne me trompe, se trouva monseigneur don Quichotte, et d'où sortit blessé Tomasillo le garnement, fils de Balbastre le maréchal... Mais, notre maître, tout ce que je dis n'est-il pas véritable ? Je vous prie de dire ce qui en est, afin que ces seigneurs ne me tiennent point pour un bavard et un menteur. — Jusques ici, repartit l'homme d'église, je vous tiens plutôt pour un bavard que pour un menteur ; mais je ne sais pour qui dorénavant je vous tiendrai. — Ô Sancho, dit don Quichotte, tu produis tant de témoins et tant d'indices que je ne puis m'empêcher de déclarer que tu dois dire la vérité. Passe outre et abrège ton conte : car je te vois en train de n'achever point de deux jours. — Il ne faut pas, dit alors la duchesse, qu'il abrège celui-ci, parce qu'il me fait grand plaisir. Plutôt le doit-il raconter de la sorte qu'il le sait, dût-il ne l'achever de six jours. Et, s'il y employait tout ce temps, ce seraient les plus agréables jours que j'aie eus en ma vie. — Je dis donc, messeigneurs, poursuivit Sancho, que ce gentilhomme, que je connais comme mes propres mains, parce que de ma maison à la sienne il n'y a pas un trait d'arbalète, invita un paysan pauvre, mais homme d'honneur. — En avant, frère, dit alors le religieux, car vous prenez le chemin de ne vous arrêter avec votre conte qu'au bout du monde. — Je m'arrêterai à moins de moitié, s'il plaît à Dieu, répondit Sancho. C'est pourquoi je dis que ce laboureur, arrivant au logis de ce gentilhomme qui l'invitait, — que bon repos ait son âme, car il est déjà mort, et pour plus de témoignage l'on dit qu'il fit une mort d'ange ; je ne m'y trouvai pas pourtant, parce qu'alors j'étais allé à Temblèque pour couper les blés... — Je vous en supplie, reprit le religieux, mon fils, revenez promptement de Temblèque, et, sans ensevelir le gentilhomme, si vous ne voulez point faire de plus grandes funérailles, achevez votre conte. — Voici l'affaire, répliqua Sancho, étant tous deux pour s'asseoir à table, et il me semble que je les vois maintenant plus que jamais... » Le duc et la duchesse se divertissaient fort de la colère que montrait prendre le bon religieux, au délai et aux pauses que mettait Sancho à faire son conte, et don Quichotte se consumait de fureur et de rage. « Ainsi je dis, poursuivit Sancho, qu'étant, comme j'ai dit, tous deux pour s'asseoir à table, le laboureur s'obstinait à ce que le gentilhomme s'assît au haut bout de la table, et le gentilhomme, au contraire, voulait résolument que ce fût le laboureur qui s'y mît, parce que, ajoutait-il, en sa maison on devait faire sa volonté. Le paysan, qui voulait trancher du courtois et du bien élevé, s'y refusait absolument, jusques à ce que le gentilhomme tout fâché, lui mettant les mains sur les épaules, le fit asseoir de force en lui disant : « Asseyez-vous seulement ici, bélître, parce qu'en quelque part que je me mette, ce sera toujours la place au-dessus de vous. » Voilà mon conte, et, sur ma foi, je pense qu'il est venu ici fort à propos. »

Don Quichotte devint alors de mille couleurs, qui sur son

teint basané paraissaient lui jasper le visage. Le duc et la duchesse dissimulèrent leur envie de rire, de peur que don Quichotte, ayant compris le trait de son écuyer, n'achevât d'éclater. Et, pour changer de discours et faire que Sancho ne poursuivît point par d'autres sottises, la duchesse demanda à don Quichotte quelles nouvelles il avait de madame Dulcinée, et s'il ne lui avait pas envoyé, ces jours passés, quelque présent de géants ou de malandrins, car il ne se pouvait faire qu'il n'en eût vaincu plusieurs. Don Quichotte lui fit cette réponse : « Madame, mes infortunes, quoiqu'elles aient eu un commencement, n'auront jamais de fin. J'ai à la vérité vaincu des géants, des coquins et des malandrins que je lui ai envoyés. Mais, hélas ! où la pouvaient-ils trouver, si elle est enchantée et changée en la plus laide paysanne qui se puisse imaginer ? — Je ne sais, dit Sancho, mais je la trouve la plus belle créature du monde, ou pour le moins la plus leste, et je sais bien que pour sauter elle n'en doit rien à un voltigeur. Par ma foi, madame la duchesse, elle saute sur un âne comme un chat. — Mais, Sancho, dit le duc, l'avez-vous vue enchantée ? — Comment ! si je l'ai vue ? répondit Sancho, et qui diable fut donc celui, si ce n'est moi, qui donna le premier dans cette affaire enchantatoire ? Elle est tout aussi enchantée que mon père ! »

L'homme d'église, qui ouït parler de géants, de brigands et d'enchantements, comprit soudain que ce devait être là don Quichotte de la Manche, dont le duc lisait d'ordinaire l'histoire. Il l'en avait repris plusieurs fois, en disant que c'était une folie de lire de pareilles folies. Et, quand il se fut assuré que ce qu'il soupçonnait était la vérité, un tel accès de colère le saisit qu'il dit au duc : « Monseigneur, Votre Excellence rendra un jour compte à Dieu de ce que fait ce bonhomme de don Quichotte, ou ce don Fou, ou n'importe comme on l'appelle : je m'imagine qu'il ne doit pas être aussi dépourvu de cervelle que Votre Excellence veut qu'il le soit, en prêtant la main à ses extravagances et rêveries. » Et là-dessus, s'adressant à don Quichotte, il lui dit : « Et pour vous, âme de cruche, qui vous a fourré dans la cervelle que vous êtes chevalier errant, et que vous vainquez des géants, et prenez les malandrins ? Allez en paix, et souffrez qu'on vous dise : retournez chez vous, élevez vos enfants, si vous en avez, et ayez soin de votre bien. Cessez de vagabonder par le monde, humant le vent et donnant à rire à tous ceux qui vous connaissent et ne vous connaissent pas. Mais où avez-vous trouvé qu'il y ait eu ni qu'il y ait maintenant des chevaliers errants ? En quel lieu d'Espagne y a-t-il des géants ? En quel lieu de la Manche avez-vous vu des malandrins, ni des Dulcinées enchantées, ni toute la foule de simplicités que l'on raconte de vous ? » Don Quichotte demeura attentif au discours de ce vénérable personnage, et, voyant qu'il se taisait, sans respecter ni duc ni duchesse, il se leva de son siège, et l'air courroucé et le visage ému, il se mit debout et dit... Mais cette réponse mérite un chapitre pour elle seule.

CHAPITRE XXXII

DE LA RÉPONSE QUE FIT DON QUICHOTTE À CELUI QUI LE REPRENAIT, AVEC D'AUTRES ÉVÉNEMENTS GRAVES ET PLAISANTS

Don Quichotte, s'étant donc levé, et tremblant des pieds à la tête comme si on l'eût frotté de vif-argent, avec une voix toute confuse et précipitée, proféra ces paroles : « Le lieu où je suis et la présence de ceux devant lesquels je me trouve, joints au respect que j'ai toujours gardé et que je garde au ministère qu'exerce Votre Grâce, retiennent et lient les mains à mon juste courroux. Ce que je viens de dire avec ce que le monde sait que les armes des gens de robe sont les mêmes que celle de la femme, à savoir, la langue, fait que j'entrerai en combat avec armes égales contre vous, de qui l'on devait attendre plutôt de bons conseils que d'infâmes reproches. Les réprimandes saintes et qui ont pour cause une bonne intention demandent d'autres circonstances et requièrent d'autres fins. En me reprenant en public et si âprement, vous avez passé toutes les bornes de la bonne répréhension, car ces réprimandes doivent plutôt tenir de la douceur que de l'âpreté, et il n'est pas bien fait, sans avoir connaissance du péché que l'on reprend, de traiter le pécheur, sans plus ni moins, d'écervelé et de fou. Mais que Votre Grâce me dise un peu, je vous prie, quelle folie elle a remarquée en moi pour me condamner, m'injurier et me mander d'aller en ma maison pour en avoir soin, et aussi de ma femme et de mes enfants, sans savoir si je suis marié ou si j'ai des enfants. N'y a-t-il donc qu'à s'introduire à tort et à travers dans la maison d'autrui et en gouverner les maîtres ? Faut-il que quelques-uns, pour avoir été élevés dans la règle étroite de quelque collège, sans avoir jamais vu du monde plus que n'en peuvent contenir quelque vingt ou trente lieues, s'ingèrent tout de go de faire la loi à la chevalerie et de juger des chevaliers errants ? Est-ce par hasard une affaire vaine, est-ce un temps mal employé que celui qui se passe à courir le monde, en méprisant les délices et recherchant les âpretés par lesquelles les gens de bien montent au faîte de l'immortalité ? Si c'étaient les chevaliers, les magnifiques, les généreux, les gens d'une illustre naissance, qui m'estimassent un fou, je le tiendrais pour un affront irréparable. Mais que les hommes d'étude me tiennent pour un insensé, eux qui n'ont jamais foulé le sentier de la chevalerie, je m'en soucie comme d'un liard. Chevalier je suis, et chevalier mourrai, s'il plaît au Très-Haut. Il y a des hommes qui vont par le champ spacieux de l'ambition et de l'orgueil. D'autres par celui de la flatterie servile et basse ; il y en a qui prennent le sentier de la trompeuse hypocrisie, et quelques-uns celui de la vraie religion. Mais moi, poussé par mon étoile, je suis le chemin étroit de la chevalerie errante, dont l'exercice me fait mépriser les biens mondains, mais non pas l'honneur. J'ai réparé maintes iniquités, redressé des torts, châtié des insolences, vaincu des géants et foulé aux pieds des démons. Je suis amoureux, mais dans la limite où il faut nécessairement que les chevaliers errants le soient. L'étant, je ne suis point de ces amoureux vicieux, mais de ces platoniques et continents. Mes intentions ont toujours pour but une bonne fin, qui est de faire du bien à tout le monde, et du mal à personne. Si celui qui pense ainsi, si celui qui agit ainsi, si celui qui traite de ces choses mérite d'être appelé un fou, j'en laisse le jugement à Vos Grandeurs, duc et duchesse excellents.

— Très bien, par Dieu, mon maître ! dit alors Sancho. Que Votre Grâce n'en dise pas davantage pour sa cause : car il n'y a rien de plus à dire, rien de plus à penser, rien de plus à soutenir dans le monde, et d'autant mieux que, ce révérend seigneur ayant nié, comme il l'a fait, qu'il y ait jamais eu ou qu'il y ait dans le monde des chevaliers errants, pourquoi s'étonner s'il ne sait rien des choses dont il a parlé ? — Seriez-vous, dit l'ecclésiastique, seriez-vous par hasard, mon ami, ce Sancho Pança à qui, comme l'on dit, son maître a promis une île ? — Oui vraiment, répondit Sancho, et celui qui la mérite aussi bien que qui que ce soit ; je suis de ceux dont on dit : « Approche-toi des gens de bien, et tu seras l'un d'eux », et aussi : « Non pas avec qui tu nais, mais avec qui tu pais », et encore : « Qui s'appuie à un bon arbre, une bonne ombre le couvre. » Je me suis appuyé à un bon maître, et il y a bien des mois que je l'accompagne, et je dois être un autre lui-même, avec la volonté de Dieu. Vive lui et vive moi ! Car à lui il ne manquera point d'empires à commander, ni à moi d'îles à gouverner. — Non certes, mon ami Sancho, dit en ce moment le duc, car, au nom du seigneur don Quichotte, je vous fais dès à présent gouverneur d'une île que j'ai vacante et laquelle n'est pas de petite étendue.

— Sancho, dit don Quichotte, mets-toi à genoux, et baise les pieds de Son Excellence pour tant de grâces qu'elle te fait. »

Sancho obéit, et à l'heure même l'homme d'église se leva de

table tout fâché, en disant : « Par l'habit que je porte, je puis dire que Votre Excellence n'est pas moins folle que ces pécheurs. Considérez un peu, je vous prie, s'ils ne doivent pas être fous, puisque les sages canonisent leurs folies ! Que Votre Excellence reste avec eux : pour moi, tant qu'ils seront chez vous, je me tiendrai chez moi et me dispenserai de reprendre ce à quoi je ne puis remédier. » Et, sans en dire plus ni manger davantage, il s'en alla et ni les prières du duc ni celles de la duchesse ne le purent retenir. Le duc ne lui fit pas beaucoup d'instance, empêché par le rire que son impertinente colère lui avait causé.

Ayant achevé de rire, il dit à don Quichotte : « Seigneur Chevalier des Lions, vous avez si dignement répondu pour vous qu'il ne vous reste rien à désirer pour la satisfaction de ce qui semble être un affront, et qui ne l'est en aucune manière. Car, comme vous le savez mieux que moi, ainsi que les femmes ne sauraient offenser, les offenses des gens d'église sont sans portée. — Il est vrai, répondit don Quichotte, et la cause est que celui qui ne peut être offensé ne peut offenser personne. Les femmes, les enfants et les gens d'église, comme ils ne se peuvent pas défendre quand on les offense, on ne peut non plus leur faire d'affront, parce que l'offense et l'affront, comme Votre Excellence le sait très bien, sont différents en ceci : l'affront procède de celui qui le peut faire, qui le fait et qui le soutient ; mais l'offense peut venir de qui que ce soit, sans faire affront. Prenons un exemple. Un homme se trouve dans une rue sans penser à rien, et sur cela voici dix hommes qui surviennent, bien armés, et lui donnent des coups de bâton. Il met l'épée à la main et fait son devoir, et néanmoins le grand nombre de ses ennemis le paralyse et ne lui laisse pas venir à bout de son intention qui est de se venger. Or cet homme demeure offensé sans qu'on lui ait fait affront. Je le veux confirmer par un autre exemple. Un homme marche, un autre vient par derrière et lui donne des coups de bâton, et, ces coups une fois donnés, s'enfuit sans attendre ; l'autre le poursuit et ne peut l'atteindre. Celui qui a reçu les coups de bâton a reçu une offense, et non pas un affront, parce que l'affront doit être soutenu. Si celui qui a donné les coups de bâton, encore qu'il les ait donnés à l'improviste, mettait la main à l'épée et faisait face à son ennemi, le bâtonné aurait reçu et l'offense et l'affront tout à la fois : l'offense, parce qu'il a été battu en trahison, et l'affront, d'autant que celui qui lui a donné les coups soutient ce qu'il a fait de pied ferme et sans tourner le dos. C'est pourquoi, suivant les lois du maudit duel, je puis avoir été offensé sans avoir reçu d'affront, parce que les enfants sont incapables de raison non plus que les femmes, et ne peuvent fuir, ni attendre et résister. Autant en pouvons-nous dire des gens d'église. Ces trois genres de personnes sont privées d'armes offensives et défensives. Par ainsi, encore que naturellement ils soient obligés de se défendre, ils ne sauraient pourtant offenser personne. C'est pourquoi, bien que j'aie dit tout à l'heure que je pouvais être offensé, je dis maintenant que je ne le suis en aucune manière, puisque celui qui ne peut recevoir un affront, encore moins le peut-il faire. Par ces raisons, je ne dois point ressentir ni ne ressens toutes les injures que ce bonhomme m'a dites. J'eusse seulement désiré qu'il eût un peu attendu pour lui faire reconnaître l'erreur où il est, de penser et de dire qu'il n'y a point eu et n'y a point de chevaliers errants au monde. Si le seigneur Amadis, ou quelqu'un de son innombrable lignée, entendait ces paroles, je sais que monsieur le Révérend ne s'en trouverait pas bien. — Sur ma foi, dit Sancho, j'en jurerais bien. Ils lui auraient donné un revers qui l'aurait fendu du haut en bas comme une grenade, ou comme un melon bien mûr. C'étaient bien là gens à se prêter à semblables chatouillements ! Par mon baptême, si Renaud de Montauban eût entendu les raisons de ce pauvre homme, il lui eût mis sur la bouche un tel bâillon qu'il n'eût eu garde de parler de trois ans ! Non, mais qu'il les rencontre seulement, et il verra comment il sortira de leurs mains ! »

La duchesse mourait de rire en entendant parler de la sorte

Sancho demande, et accomplissez sa volonté au pied de la lettre. » Le maître d'hôtel répondit que le seigneur Sancho serait servi en tout ce qu'il désirait; et sur cela il s'en alla dîner, et emmena avec lui Sancho, pendant que le duc et la duchesse demeurèrent à table avec don Quichotte, parlant d'une foule de choses diverses, mais toutes concernant l'exercice des armes et de l'errante chevalerie.

La duchesse pria don Quichotte de lui décrire et pourtraire, puisqu'il avait une heureuse mémoire, la beauté et la grâce de madame Dulcinée du Toboso : car, selon ce que la renommée publiait de sa beauté, elle ne faisait point doute de croire que cette dame ne fût la plus belle créature du monde, et encore de toute la Manche. Don Quichotte se mit à soupirer en entendant ce que lui demandait la duchesse et dit : « Si je me pouvais arracher le cœur et le mettre sous les yeux de Votre Grandeur sur cette table et dans un plat, ma langue n'aurait point la peine de vous raconter ce qui se peut à grand-peine imaginer, car Votre Excellence la verrait là peinte au vif et naïvement représentée. Mais pourquoi me mettre maintenant à décrire et dessiner de point en point la beauté de la sans pareille Dulcinée du Toboso, vu que c'est une charge pour laquelle il faut d'autres épaules que les miennes, et une entreprise où se devraient occuper les pinceaux de Parrhasios, de Timanthe et d'Apelle, avec le burin de Lysippe, pour la peindre et la graver dans des tables de marbre et de bronze, et où il faudrait l'éloquence cicéronienne et démosthine pour la louer? — Que voulez-vous dire par démosthine, seigneur don Quichotte? demanda la duchesse. Car c'est un mot que je n'ai jamais entendu pendant tous les jours de ma vie. — Rhétorique démosthine, répondit don Quichotte, c'est tout autant que si l'on disait rhétorique de Démosthène, comme cicéronienne, de Cicéron, qui furent les deux plus grands rhétoriciens du monde. — Il est vrai, dit le duc à la duchesse, et vous avez fait une telle demande bien à l'étourdie. Avec tout cela, le seigneur don Quichotte nous ferait grand plaisir s'il nous la peignait : car, bien que ce ne fût que par ébauche et de premier trait, je suis pourtant assuré qu'elle paraîtra telle que les plus belles lui porteront envie. — Cela serait sans doute, répliqua don Quichotte, si la disgrâce qui depuis quelques jours lui est arrivée, et qui me l'efface de mon idée, n'était telle que j'ai plus de sujet de la pleurer que de la décrire. Car il faut que Vos Grandeurs sachent que, ces jours passés, allant pour lui baiser les mains et pour recevoir sa bénédiction, son bon plaisir et sa permission pour cette troisième sortie, je la trouvai tout autre que je ne la cherchais. Je la trouvai enchantée et changée de princesse en paysanne, de belle en laide, d'ange en diable, de parfumée en empestée, de bien parlante en campagnarde, de retenue en sauteuse, de lumière en ténèbres, et, finalement, de Dulcinée du Toboso en une sale paysanne de Sayago [1]. — Ô bon Dieu ! dit alors le duc en jetant un cri. Et qui a été celui qui a fait un si grand mal au monde ? Qui l'a privé de la grande beauté qui le réjouissait, de la bonne grâce qui le charmait et de l'honnêteté qui faisait son orgueil ? — Qui ? répondit don Quichotte. Qui, sinon quelque méchant enchanteur du grand nombre des envieux qui me persécutent, cette race maudite, qui n'a pris naissance au monde que pour obscurcir et anéantir les hauts faits d'armes des gens de bien, et rendre plus éclatantes les actions mauvaises des méchants ? Persécuté m'ont les enchanteurs, les enchanteurs me persécutent, et les enchanteurs me persécuteront jusqu'à ce qu'ils aient ruiné et moi et mes hauts faits de chevalerie dans le profond abîme de l'oubli. Ils me nuisent et me frappent du côté qu'ils me voient le plus sensible, parce qu'ôter sa dame à un chevalier errant, c'est lui ôter les yeux avec lesquels il regarde, le soleil qui l'éclaire et l'aliment qui le soutient. Je l'ai dit bien d'autres fois, et maintenant je le dis encore : le chevalier errant sans dame est comme l'arbre sans feuilles, comme un édifice sans fondement, et l'ombre sans corps qui la cause. — Il n'y a rien à ajouter, dit la duchesse ; toutefois, si avec tout cela nous devons ajouter foi à l'histoire qui depuis peu de temps en çà a été mise en lumière sur les faits d'armes du seigneur don Quichotte, à l'applaudissement général des gens, on en peut conclure, si j'ai bonne mémoire, que Votre Grâce n'a jamais vu sa dame Dulcinée ; que ce n'est point une dame faisant partie du monde, mais une dame fantastique que Votre Grâce a conçue et engendrée en son entendement, et qu'elle a gratifiée de toutes les grâces et perfections qu'elle a voulu. — Là-dessus, répondit don Quichotte, il y a beaucoup à dire, et Dieu sait s'il y a une Dulcinée au monde ou non, fantastique ou non : car ce ne sont pas les choses dont on doive faire la vérification jusqu'au bout. Je n'ai point engendré ni mis au monde ma dame, puisque je la contemple telle qu'il convient que soit une dame qui possède toutes les parties qui la peuvent rendre fameuse parmi toutes celles du monde, c'est-à-dire qu'elle est belle sans défaut, grave sans orgueil, amoureuse avec honnêteté, aimable en sa courtoisie, courtoise pour avoir été bien élevée, et finalement d'un noble lignage parce que sur un sang illustre resplendit et trône la beauté avec plus de degrés de perfection que dans les belles sorties de bas lieu. — Cela est vrai, dit le duc ; néanmoins je prie le seigneur don Quichotte de me permettre de dire ce que me force à faire l'histoire que j'ai lue de ses faits d'armes, d'où l'on peut inférer que, bien que l'on concède qu'il y ait une Dulcinée au Toboso, ou hors de ce village, et qu'elle soit belle au suprême degré où vous nous la dépeignez, si est-ce pourtant qu'elle n'égale point en grandeur de race les Oriane, les Alastrajarée, les Madasime, ni autres de ce calibre, dont sont remplies les histoires dont vous avez parfaite connaissance.

— A cela puis-je dire, répondit don Quichotte, que Dulcinée est fille de ses œuvres, et que les vertus corrigent le sang, et qu'on doit plus estimer un homme de basse extraction, quand il est vertueux, qu'un vicieux qui est de haut lieu. Bien plus, Dulcinée a un blason qui lui peut donner le sceptre et la couronne de reine : car le mérite d'une femme belle et vertueuse peut faire encore de plus grands miracles, et si ce n'est formellement, au moins virtuellement contient-elle en soi de plus grandes fortunes et de plus grands bonheurs. — Je dis, seigneur don Quichotte, répliqua la duchesse, qu'en tous vos discours vous allez avec un pied de plomb, et, comme l'on dit communément, la sonde à la main. C'est pourquoi désormais je croirai et ferai croire à tous ceux de ma maison, et même au duc, mon seigneur, s'il en est besoin, qu'il y a au Toboso une Dulcinée, et qu'elle est aujourd'hui vivante, qu'elle est belle et de haute naissance, et qu'elle mérite qu'un chevalier comme le seigneur don Quichotte la serve, chose la plus digne que je puisse et sache exprimer. Si est-ce pourtant que je ne puis m'empêcher de former un scrupule et d'avoir je ne sais quelle rancune à l'endroit de Sancho Pança. Le scrupule est que l'histoire dont nous avons parlé raconte que Sancho Pança trouva cette dame Dulcinée, lorsqu'il lui bailla une lettre de votre part, qui criblait une mesure de blé ; et, pour plus de garantie, il dit que c'était du blé barbu, chose qui me fait douter de sa haute noblesse. — Madame, répondit don Quichotte, Votre Grandeur doit savoir que toutes ou la plupart des choses qui m'arrivent vont en dehors des termes ordinaires de celles qui arrivent aux autres chevaliers errants, soit que cela tienne au vouloir insondable des destins, ou bien à la malice de quelque enchanteur envieux. Et c'est une chose avérée que de tous ou de la plus grande partie des chevaliers errants les plus fameux, l'un avait la vertu de ne pouvoir être enchanté, et l'autre d'avoir la chair si dure qu'il ne pouvait être blessé. Tel fut le fameux Roland, l'un des douze pairs de France, dont on dit qu'il ne pouvait être féru qu'à la plante du pied gauche, et encore que cette blessure se devait faire avec une grosse épingle, et non par quelque autre sorte d'arme. Et ainsi, quand Bernard del Carpio le tua à Roncevaux, voyant qu'il ne le pouvait blesser par le fer, il le souleva entre ses bras et l'étouffa, se ressouvenant alors de la mort que donna Hercule à Antée, ce fier géant qu'on disait fils de la Terre. Je veux en conclure qu'il se pourrait bien que j'eusse quelqu'une de ces vertus, mais non pas celle de ne pouvoir point être féru, parce que souvent l'expérience m'a montré que je suis composé d'une chair délicate, et nullement impénétrable, et que de plus je puis être enchanté, car je me suis déjà vu mis dans une cage, où tout le monde ensemble n'eût pas été capable de m'enfermer, n'eût été à force d'enchantements. Toutefois je me délivrai de celui-là, si bien que je crois qu'il n'y a autre qui m'arrête ; et ainsi ces méchants enchanteurs, voyant qu'ils ne peuvent exercer sur ma personne leurs maléfices, se vengent sur les choses que j'aime le mieux. Ils espèrent m'ôter la vie en maltraitant celle de Dulcinée, par qui je vis. Cela me fait croire que, quand mon écuyer lui fit mon ambassade, ils la changèrent en paysanne, occupée en un exercice aussi vil qu'était celui de cribler du blé. Toutefois, j'ai déjà dit que ce n'était ni du blé barbu, ni d'une autre sorte, mais de grosses perles orientales. Et, pour preuve de cette vérité, Vos Grandeurs sauront qu'il n'y a pas longtemps que je fus au Toboso, et que jamais je n'y pus trouver les palais de Dulcinée, et que, le lendemain, Sancho, mon écuyer, la vit en sa propre figure, qui est la plus belle du monde, tandis qu'elle me parut à moi une paysanne grossière et laide, et qui tenait de pauvres discours, quoiqu'elle soit le bon sens même ; et, puisque je ne suis point enchanté, ni ne le puis être par de bonnes raisons, c'est elle qui est l'enchantée, l'offensée, la métamorphosée, la changée et la rechangée, et sur elle mes ennemis se sont vengés de moi, et c'est pour elle que je vivrai en perpétuelles larmes, jusqu'à ce que je la voie remise en son premier état. J'ai dit tout ceci afin qu'aucun ne s'arrête sur ce que dit Sancho du blutoir ou du crible de Dulcinée : car, puisqu'ils me l'ont changée, il ne se faut pas émerveiller qu'ils la lui aient changée à lui pareillement. Dulcinée est illustre et bien née. Et des nobles lignages qu'il y a au Toboso, qui sont en grand nombre, anciens et excellents, bien certainement la sans pareille Dulcinée n'a pas peu de part, elle par qui ce lieu sera fameux et célèbre aux siècles futurs, comme l'a été Troie par l'amour d'Hélène, l'Espagne par la Cava[2], quoique à meilleur titre et avec une meilleure renommée. D'autre part, je veux que Vos Seigneuries sachent que Sancho Pança est l'un des plus plaisants écuyers qui servît jamais chevalier errant. Il a quelquefois des simplicités si fines qu'on n'a pas peu de plaisir à se demander si c'est simplicité ou finesse. Il a des malices qui le condamnent pour un mauvais garnement, et des simplesses qui le confirment pour lourdaud. Il doute de tout, et croit tout ; et quand je pense qu'il va s'enfoncer dans quelques niaiseries, il s'en tire par des raisons qui l'élèvent au ciel. Finalement, je ne le changerais point pour un autre écuyer, quand en retour on me donnerait une cité. Ainsi je suis en doute s'il sera bon de l'envoyer au gouvernement dont Votre Grandeur lui a fait la grâce. Je remarque pourtant en lui une certaine aptitude pour gouverner, et si on lui effile tant soit peu l'entendement, il s'y comportera comme fait le roi en ses gabelles, et d'autant que plusieurs expériences nous montrent qu'il n'est pas besoin d'être si habile ni si savant pour être gouverneur, puisqu'il y en a cent qui à peine savent lire, et qui gouvernent comme des gerfauts. Le point important, c'est qu'ils aient une bonne intention et cherchent en tout l'équité. Car ils ne manqueront jamais de personnes pour les conseiller et les diriger en ce qu'ils doivent faire, comme les gouverneurs nobles et non lettrés qui jugent avec un assesseur. Je lui conseillerais encore de ne pas commettre d'exaction, mais de ne pas laisser perdre son droit, et autres petites bagatelles qui me demeurent dans l'estomac, mais sortiront à leur temps pour l'utilité de Sancho et pour le profit de l'île qu'il gouvernera. »

L'entretien du duc, de la duchesse et de don Quichotte en était là, quand ils entendirent plusieurs voix et une grande rumeur de gens dans le palais. Et tout à coup, Sancho entra dans la salle tout effaré, ayant pour serviette un torchon de lessive, et derrière lui venaient plusieurs garçons, ou plutôt marmitons de cuisine, et autre menue canaille, et l'un d'eux portait un petit seau rempli d'eau, qui, à sa couleur et à sa saleté, montrait qu'elle servait plutôt à écurer qu'à nettoyer ; ce marmiton suivait et poursuivait Sancho, et de toute sa force s'employait à le lui colloquer sous le menton, pendant qu'un autre gredin témoignait de la bonne envie qu'il avait de le lui laver. « Qu'est-ce là, mes amis ? demanda la duchesse, que voulez-vous faire à ce bonhomme ? Quoi ! Ne considérez-vous pas qu'il a été nommé gouverneur ? » Lors le coquin de barbier lui fit cette réponse : « Ce seigneur ne veut pas se laisser laver comme l'on a accoutumé de faire, et comme se sont lavés monseigneur le duc et monseigneur son maître. — Si veux-je bien, repartit Sancho plein de colère. Toutefois, je voudrais que ce fût avec des serviettes plus blanches, une lessive plus claire et des mains qui ne fussent pas si sales. Car, entre moi et mon maître, il n'y a pas tant de différence qu'on le doive laver à l'eau des anges, et moi avec la lessive du diable. Les coutumes des pays et des palais des princes ne sont bonnes qu'autant qu'elles n'apportent point d'ennui. Mais la coutume du lavage dont on use ici est pire que celle de ceux qui se donnent la discipline. J'ai la barbe propre, et n'ai pas besoin de semblables rafraîchissements, et le premier qui s'approchera pour me laver ou me toucher un poil de la tête, je dis de ma barbe, parlant avec le respect que je dois, je lui donnerai un coup de poing si serré que je lui enchâsserai mon poing dans la cervelle. Ces cirimonies et ces savonnages me semblent plutôt bourdes que bon traitement des hôtes. » La duchesse se mourait de rire à voir la colère et à entendre les raisons de Sancho. Mais don Quichotte ne prit pas grand plaisir à le voir si mal en point avec cette toile jaspée et environné de tant de souillons de cuisine. Aussi fit-il une profonde révérence au duc et à la duchesse, comme pour leur demander permission de parler, et puis, d'une voix calme, il dit à la canaille : « Holà ! messieurs, laissez ce jeune homme, et que chacun de vous s'en retourne d'où il est venu ou ailleurs s'il lui plaît. Mon écuyer est aussi propre qu'un autre, et toutes ces lessives ne valent rien pour lui. Suivez mon conseil et laissez-le, parce que ni lui ni moi n'entendons point servir de jouet. » Sancho lui ôta la parole de la bouche, et poursuivit en disant : « Qu'ils s'approchent seulement pour se jouer de la bête : aussi peu le souffrirai-je qu'il est maintenant nuit ! Qu'on apporte ici un peigne ou ce que l'on voudra, et qu'on me racle la barbe. Si l'on en retire quelque chose qui offense la netteté, je veux qu'on me pende. »

Lors la duchesse, sans cesser de rire, reprit : « Sancho Pança a raison en tout ce qu'il dit, et l'aura toujours en tout ce qu'il dira : il est propre, et, comme il dit, il n'a pas besoin d'être lavé. Que si notre coutume ne le contente, il a toute liberté. Et d'autant plus que vous autres, ministres de la propreté, avez été par trop négligents, et je ne sais si je dois dire téméraires, de présenter à un tel personnage et à une telle barbe, au lieu de bassins et d'aiguières d'or pur, et de serviettes d'Allemagne, des auges de bois et des torchons dont on frotte les buffets. Enfin, vous êtes de méchantes gens et de plus mal élevés, et comme tels vous ne pouvez vous empêcher, comme des marauds que vous êtes, de faire paraître la haine que vous portez aux écuyers des chevaliers errants. » Les souillons et marmitons, voire le maître d'hôtel qui venait avec eux, crurent que la duchesse parlait tout de bon, de sorte qu'ils ôtèrent le torchon de la poitrine de Sancho, et, tout confus et penauds, le laissèrent et se retirèrent. Lui, se voyant hors de ce péril qui lui avait paru extrême, s'alla mettre à genoux devant la duchesse et lui dit :

« De grandes dames, on doit attendre grandes faveurs : celle que Votre Grandeur m'a aujourd'hui faite ne se peut payer à moins que par le désir que j'ai de me voir armé chevalier errant pour occuper tous les jours de ma vie au service d'une si haute dame. Je suis paysan, je m'appelle Sancho Pança, je suis marié, j'ai des enfants et sers en qualité d'écuyer. Si avec quelqu'une de ces qualités, je puis servir Votre Grandeur, vous me trouverez plus prompt à vous obéir que Votre Grandeur ne le sera à me commander. — Il paraît bien, Sancho, répondit la duchesse, que vous avez appris à être courtois à l'école de la courtoisie même. Il paraît bien, veux-je dire, que vous avez été élevé dans le giron du seigneur don Quichotte, qui doit être la crème des civilités et la fleur des cérémonies, ou cirimonies, comme vous dites. Grand succès à tel maître, et à tel serviteur : l'un pour être l'étoile polaire de la chevalerie errante, et l'autre l'astre de la fidélité écuyéresque ! Levez-vous, ami Sancho. Je récompenserai votre courtoisie en faisant que monseigneur le duc accomplisse le plus tôt possible la promesse qu'il vous a faite d'un gouvernement. »

Là finirent leurs discours, et don Quichotte s'en alla faire la sieste, et la duchesse pria Sancho, s'il n'avait point trop d'envie de dormir, de venir passer l'après-dîner avec elle et ses damoiselles en une salle très fraîche. Sancho répondit qu'encore qu'il fût véritable qu'il avait coutume de faire la sieste pendant quatre ou cinq heures durant l'été, toutefois il aviserait, pour la remercier de sa bonté, à s'empêcher de toutes ses forces de dormir ce jour-là, et qu'il obéirait à son commandement, et il la suivit. Le duc donna de nouveaux ordres pour qu'on traitât don Quichotte en chevalier errant sans s'écarter d'un point du style dont on conte que l'on traitait les anciens chevaliers.

CHAPITRE XXXIII

DU SAVOUREUX ENTRETIEN QUE LA DUCHESSE ET SES DAMOISELLES EURENT AVEC SANCHO PANÇA, ENTRETIEN DIGNE D'ÊTRE LU ET REMARQUÉ

L'histoire raconte donc que Sancho ne dormit point pendant cette sieste, mais que, pour accomplir sa parole, il vint, après dîner, voir la duchesse, laquelle, prenant un singulier plaisir à ses discours, le fit asseoir près d'elle sur une chaise basse, quoique Sancho, en homme bien élevé, refusât de s'asseoir. Mais la duchesse lui dit de s'asseoir comme gouverneur et de parler comme écuyer, puisque pour ces deux mêmes choses, il méritait d'être assis au fauteuil même du Cid Ruy Dias Campéador[1]. Sancho courba les épaules, obéit et s'assit : toutes les dames et damoiselles de la duchesse l'environnèrent en profond silence, attentives à ce qu'il dirait ; mais ce fut la duchesse qui parla la première, disant : « Maintenant que nous sommes seuls et que nul ne nous écoute, je voudrais que monsieur le gouverneur m'éclaircît certains doutes qui procèdent de l'histoire que l'on a imprimée du grand don Quichotte de la Manche. Le premier de ces doutes est que, puisque le bon Sancho ne vit jamais Dulcinée, je veux dire madame Dulcinée du Toboso, ni ne lui rendit jamais la lettre du seigneur don Quichotte, puisqu'elle demeura sur le livre de poche dans la Sierra Morena, feuille où la lettre était écrite, comment a-t-il osé feindre la réponse et ajouter qu'il l'avait trouvée criblant du blé, cela n'étant tout que bourde et mensonge, et au si grand préjudice de la bonne opinion qu'on a de la sans pareille Dulcinée, joint que cela s'accorde mal avec la qualité et la fidélité des bons écuyers ? »

Sur ces raisons, Sancho, sans répondre aucune parole, se leva soudain de son siège, et puis, à pas posés, la tête baissée et le doigt sur la bouche, se promena par la salle en tâtant les tapisseries ; puis, cela fait, il retourna s'asseoir et dit : « Madame, maintenant que j'ai vu que nul ne nous écoute en cachette en dehors des assistants, je vais, sans crainte ni inquiétude, répondre à tout ce qu'on m'a demandé et à tout ce qu'on me pourra demander. La première chose donc que je dis, c'est que je tiens mon seigneur don Quichotte pour un fou fieffé ; encore que parfois il dise des choses qui, à mon avis et suivant l'opinion de tous ceux qui l'écoutent, sont remplies de tant de sagesse et mises en si bon chemin que Satan même n'en saurait dire de meilleures. Toutefois, en vérité et sans scrupule, je me suis laissé persuader qu'il était fêlé du cerveau, puisque, lorsque je me le suis mis en tête, je lui fais croire ce qui n'a ni pieds ni tête, ainsi que fut la réponse de la lettre, et ce qui est arrivé il va y avoir sept ou huit jours, encore que l'histoire ne le rapporte point, c'est-à-dire l'histoire de l'enchantement de madame Dulcinée, ce qui n'est pas plus vrai que si je lui contais mes courses par les montagnes d'Ubeda[2]. »

Alors la duchesse le pria de lui raconter cet enchantement ou cette farce, et Sancho la lui raconta tout de même qu'elle s'était passée, ce dont les assistants reçurent un grand plaisir. Cependant la duchesse, poursuivant son discours, dit :

« Certain scrupule me chatouille, sur ce que le bon Sancho me vient de conter, et un certain murmure arrive à mes oreilles et me dit : Puisque don Quichotte de la Manche est un fou, un insensé, un sans cervelle, et que Sancho, son écuyer, le sait et néanmoins le sert et le suit, et s'attache à ses vaines promesses, sans doute il doit encore être plus fou et plus sot que son maître. Or, s'il en est ainsi, comme cela est, madame la duchesse, tu serais bien de ton pays si tu donnais à ce Sancho Pança une île à gouverner : comment en effet pourrait-il gouverner autrui, lui qui ne sait pas se gouverner lui-même ?

— Pardieu, madame, dit Sancho, voilà un scrupule qui tombe bien. Mais que Votre Grandeur lui dise de parler clairement ou comme il voudra, je reconnais qu'il dit vrai : car, si j'étais sage, il y a belle lurette que j'aurais dû quitter mon maître. Mais quoi ! c'est mon destin et ma male aventure ; je n'en puis mais ; il faut que je le suive : nous sommes du même pays, j'ai mangé son pain, je l'aime ; il n'est point ingrat, il m'a donné ses ânons ; et surtout je suis fidèle. Aussi est-il impossible qu'autre chose nous puisse séparer que la pioche et la pelle. Que si Votre Hautesse ne veut pas qu'on me donne le gouvernement promis, Dieu m'a tiré de moins, et il se pourrait faire qu'à ne me le donner point, ma conscience en vaudrait beaucoup mieux, et, tout sot que je suis, je ne laisse pas d'entendre ce proverbe, qu'à la fourmi les ailes lui naquirent pour son malheur. Voire pourrait-il encore être que l'écuyer Sancho montât plus promptement au ciel que Sancho le gouverneur. On cuit ici d'aussi bon pain qu'en France, et de nuit tous chats sont gris. Assez malheureuse est la personne qui deux heures après midi n'a pas encore déjeuné. Il n'y a estomac qui soit un pied plus grand que l'autre : car, comme l'on dit communément, on le peut remplir de foin et de paille, et les oisillons de la campagne ont Dieu qui leur sert de pourvoyeur et d'intendant. Et quatre aunes de drap de Cuenca réchauffent plus que ne font quatre aunes de serge de Ségovie. Voire, quand nous quittons ce monde, et qu'on nous met en terre, le prince va par un sentier aussi étroit que le vigneron, et le corps du pape n'occupe pas plus de pieds de terre que celui du sacristain, encore que l'un soit plus haut que l'autre. Quand nous descendons dans la fosse, nous nous ajustons et courbons tous le dos, ou bien l'on nous fait ajuster et plier quoi qu'il nous en prenne, et bonne nuit ! Et je reviens à mon sujet. Si Votre Seigneurie ne me veut point donner l'île, parce qu'elle me croit un fou, je saurai m'en consoler comme un sage. J'ai ouï dire que le diable se tient derrière la croix, que tout ce qui reluit n'est pas d'or, et que l'on prit le laboureur Wamba parmi les bœufs, les charrues et les attelages pour le faire roi d'Espagne, et que l'on tira du brocart, des délices et des richesses Rodrigue pour le faire dévorer par les couleuvres, si les couplets des vieilles romances ne mentent point.

— Comment ! s'ils ne mentent point ! dit alors dame Rodriguez la duègne, qui était parmi les assistants : il y a une romance qui dit que l'on mit le roi Rodrigue tout vif dans une tombe pleine de crapauds, de couleuvres et de lézards, et que deux jours après on ouït dire à ce même roi, à voix basse et dolente, dans la tombe, ces paroles :

Je suis mangé, je suis mangé
Par le bout où j'ai tant péché.

« De sorte que ce seigneur a grandement raison de dire qu'il aime mieux être laboureur que roi s'il doit se voir un jour mangé des couleuvres[3]. »

La duchesse ne put se tenir de rire en entendant la simplicité de sa duègne, ni d'admirer les propos et les proverbes de Sancho, à qui elle dit : « Le bon Sancho Pança n'ignore pas que ce qu'une fois il a promis, un chevalier veut l'accomplir, dût-il lui en coûter la vie. Le duc, mon seigneur et époux, encore qu'il ne soit pas des chevaliers errants, ne laisse pas pourtant d'être chevalier ; il accomplira la parole de l'île promise, en dépit de l'envie et de la malice du monde. Que Sancho Pança ait bon courage ; lorsqu'il y pensera le moins, il se verra assis au siège de son île et de son État, et empoignera son gouvernement, sauf à ne le changer que pour un autre d'un brocart plus brillant. Ce que je lui recommande, c'est de regarder comment il gouverne ses sujets, l'avertissant qu'ils sont tous fidèles et gens de bien. — Pour ce qui est, répondit Sancho, de les bien gouverner, inutile de me le recommander, puisque de ma nature je suis charitable et que j'ai pitié des pauvres, et gardez-vous de dérober sa fouace à qui cuit ou pétrit. Quant à moi, je sais bien que l'on ne me jettera pas un dé pipé. Je suis un vieux chien qui entend le *Tu autem*, et je me sais moucher quand besoin en est. Au reste, je n'aime pas que les souris me trottent devant les yeux, car je sais où le bât me blesse. Je le dis parce que les bons trouveront aisément le creux de ma main, et que les méchants n'y auront jamais ni pied ni entrée. Et il me semble qu'en fait de gouvernements, le tout est de commencer, et il se pourrait faire qu'après quinze jours de gouvernement je m'en lèche les mains, voire que j'en connusse plus que du labourage où je me suis élevé. — Vous avez raison, Sancho, dit la duchesse : car nul ne naît tout instruit, et c'est des hommes que l'on fait les évêques, et non des pierres. Mais, pour revenir au sujet dont nous parlions tout à l'heure, à l'enchantement de madame Dulcinée, je tiens pour chose certaine et plus qu'avérée que cette idée que

Sancho eut de tromper son maître et de lui donner à entendre que la paysanne était Dulcinée, et que, si son maître ne la reconnaissait pas, ce devait être parce qu'elle était enchantée, tout cela ce fut une invention de quelqu'un des enchanteurs qui persécutent le seigneur don Quichotte, parce que, en toute vérité, je sais de bonne part que la villageoise qui fit un si beau saut sur l'ânesse était Dulcinée du Toboso, et que le bon Sancho, qui croit être le trompeur, est le trompé, et il n'y a non plus à douter de cette vérité que des choses que nous n'avons jamais vues. Et que le seigneur Sancho Pança sache que nous avons aussi en ce lieu des enchanteurs qui nous aiment et qui nous rapportent tout ce qui se passe par le monde, purement, simplement et sans aucun artifice. Oui, Sancho peut m'en croire, cette paysanne sauteuse était et est Dulcinée du Toboso, enchantée comme la mère qui l'enfanta. Lorsque moins nous y penserons, nous la verrons en sa propre figure ; et à ce moment-là Sancho sortira de l'erreur où il vit. — C'est possible, dit Sancho Pança, et je crois maintenant ce que mon maître raconte avoir vu dans la caverne de Montésinos. Il y vit, ce dit-il, madame Dulcinée du Toboso avec le même équipage et habit que je dis l'avoir vue, quand je l'enchantai rien que pour mon plaisir. Et tout cela devait être au rebours, ainsi que Votre Seigneurie l'assure, puisqu'on ne doit ni ne peut présumer que de mon grossier entendement puisse procéder en un instant une si subtile fourberie, et je ne crois pas non plus que mon maître soit si fou que, sur une aussi faible et aussi maigre persuasion que la mienne, il crût une chose si extraordinaire. Néanmoins, madame, il ne serait pas bon que pour ce sujet votre bonté m'estimât malicieux, puisqu'un butor comme moi n'est pas obligé de pénétrer les pensées et les malices des pires enchanteurs. J'inventai cette bourde pour échapper aux importunités de mon seigneur don Quichotte, et non dans l'intention de l'offenser, et, si le contraire en est résulté, Dieu est au ciel, qui juge les cœurs. — C'est la vérité, dit la duchesse ; mais dites-moi maintenant, Sancho, qu'est-ce que vous dites de la caverne de Montésinos ? J'aurais grand plaisir à le savoir. » Alors Sancho Pança lui raconta de point en point tout ce que nous avons dit sur cette aventure. Ce qu'entendant la duchesse, elle dit : « Nous pouvons induire de cette aventure que, puisque le grand don Quichotte dit y avoir vu la même paysanne que Sancho vit en sortant du Toboso, sans doute c'est Dulcinée. Nous avons donc par là des enchanteurs, fort adroits et excessivement curieux. — Pour moi, je déclare, dit Sancho Pança, que si madame Dulcinée du Toboso est enchantée, à son dam ! Je ne me crois pas obligé de prendre querelle avec les ennemis de mon maître, qui doivent être en grand nombre et fort mauvais. Supposons vrai que celle que je vis était une paysanne, et pour paysanne je la pris, et pour telle je la jugeai. Si c'était là Dulcinée, cela ne doit point entrer à mon compte, ni m'être reproché, ou sinon, au diable ! Je les entends d'ici m'assommer à tout instant de : Sancho l'a dit, Sancho l'a fait, Sancho y alla, et Sancho en revint : comme si Sancho était le premier venu, et non le même Sancho Pança qui est imprimé dans les livres, selon que m'a dit Samson Carrasco, qui est pour le moins une personne reçue bachelier à Salamanque. Or, de telles gens ne sauraient mentir que s'il leur en prend fantaisie, ou qu'il leur vienne à propos. C'est pourquoi nul ne s'en doit prendre à moi, puisque je suis homme de bonne renommée, et que j'ai ouï dire à mon maître que bonne renommée vaut mieux que ceinture dorée. Que l'on me colle donc dans ce gouvernement, et l'on verra merveilles : qui a été bon écuyer sera bon gouverneur. — Tout ce qu'a dit ici le bon Sancho, dit la duchesse, ce sont sentences catoniennes, ou pour le moins tirées des propres entrailles de Michel Verino, *florentibus occidit annis*[4]. Enfin, enfin, pour parler à sa mode, sous un méchant manteau on voit souvent un bon buveur. — En vérité, madame, répondit Sancho, je n'ai bu par malice de tout le cours de ma vie : il pourrait bien arriver que ce fût par soif, parce que je ne suis nullement hypocrite. Je bois lorsque j'en ai envie, et lorsque je n'ai pas soif et qu'on me l'offre, afin de ne point faire le dédaigneux ou le mal élevé : car, lorsqu'il est question de répondre à la santé d'un ami, y a-t-il cœur d'un marbre assez dur pour ne lui pas faire raison ? Toutefois, quoique je chausse ce qu'on m'offre, je ne le gâte pas pourtant, et principalement vu que les écuyers des chevaliers errants boivent presque toujours de l'eau, parce qu'ils vont toujours par les forêts, bois et prairies, montagnes et rochers, sans trouver la politesse d'un doigt de vin, quand ils donneraient un œil pour le payer. — Je le crois ainsi, répondit la duchesse, et pour le présent, que Sancho s'en aille reposer. Plus tard, nous parlerons plus amplement ensemble et donnerons ordre qu'il aille promptement se coller, comme il dit, en ce gouvernement. »

Sancho baisa de nouveau les mains de la duchesse, et la supplia de commander qu'on fît bonne chère à son grison, parce qu'il était la lumière de ses yeux. « Quel grison ? demanda la duchesse. — Mon âne, madame, que, pour ne pas nommer de ce nom, j'ai accoutumé d'appeler le grison. Et c'est lui-même, dis-je, que j'ai recommandé à madame la duègne que voilà, la première fois que je suis entré dans ce château. Et elle s'est mise en colère tout autant que si je l'eusse appelée laide ou vieille. Cependant on sait bien que c'est une chose plus convenable et plus naturelle pour ces bonnes dames de panser les ânes que de servir d'ornement aux salles. Ô bon Dieu ! qu'il était mal avec ces duègnes, un gentilhomme de mon village ! — Il devait s'agir de quelque manant, dit alors dame Rodriguez : car s'il eût été gentilhomme et bien élevé, il les eût mises au-dessus de la lune. — Voilà qui va bien, dit la duchesse, et qu'on n'en parle plus. Que dame Rodriguez se taise, et que le bon Sancho se calme, et qu'on laisse à ma charge le régal du grison : car puisque c'est un des bijoux du bon Sancho, je le mettrai sur la prunelle de mes yeux. — Il suffit, madame, repartit Sancho, qu'il soit en l'écurie : car ni lui ni moi ne sommes dignes de demeurer, fût-ce un moment, sur la prunelle des yeux de

Votre Grandeur, et j'y consentirais aussi peu qu'à me donner des coups de poignard : car, encore que j'aie appris de mon maître qu'en fait de courtoisie il vaut mieux perdre en donnant une carte de plus que de moins, en questions jumentières et asinales, on y doit aller le compas à la main et avec mesure. — Vous pourrez, dit la duchesse, l'emmener en votre gouvernement, et là le traiter comme il vous plaira, même lui donner congé du travail. — Que Votre Grâce ne pense pas, madame, dit Sancho, que vous ayez dit beaucoup. J'ai vu aller plus de deux ânes à des gouvernements, et ce ne serait pas chose étrange que j'y menasse le mien. »

Ces paroles firent rire de nouveau la duchesse. Après qu'il eut pris congé pour se reposer, elle alla raconter au duc ce qui s'était passé, et tous deux résolurent de faire à don Quichotte une charge mémorable et qui rentrât bien dans le style des chevaliers errants. Et ils y procédèrent si bien et si discrètement que ces bourdes sont les meilleures et les plus plaisantes aventures que l'on puisse lire en cette grande histoire.

CHAPITRE XXXIV

QUI REND COMPTE DE LA CONNAISSANCE QUE L'ON EUT DE LA FAÇON DE S'Y PRENDRE POUR DÉSENCHANTER LA SANS PAREILLE DULCINÉE DU TOBOSO, CE QUI EST UNE DES PLUS FAMEUSES AVENTURES DE CE LIVRE

Grand était le plaisir que le duc et la duchesse prenaient à la conversation de don Quichotte et à celle de Sancho Pança, et, comme ils s'affermissaient dans l'intention qu'ils avaient de leur faire des charges qui eussent des apparences et des airs d'aventures, ce que don Quichotte leur avait déjà conté de la caverne de Montésinos leur servit à lui en forger une mémorable. Cependant, ce qui surprenait le plus la duchesse, c'était que Sancho poussât la simplicité jusqu'à croire comme une vérité infaillible que Dulcinée du Toboso fût enchantée, quoique lui-même eût été l'enchanteur et l'artisan de cette affaire.

Ainsi donc, ayant instruit leurs serviteurs de tout ce qu'ils avaient à faire, à six jours de là ils le menèrent à la chasse de la grosse bête avec un aussi grand appareil de piqueurs et de chasseurs qu'aurait pu en mener à sa suite un roi couronné. On donna à don Quichotte un habit de chasse, et à Sancho un autre d'un drap vert très fin. Mais don Quichotte ne le voulut point prendre, disant que sous quelques jours il devrait reprendre le dur exercice des armes, et qu'il lui était impossible de porter avec lui garde-robes ni bagages. Quant à Sancho, fort bien prit-il ce qu'on lui donna, en intention de le vendre à la première occasion qui s'offrirait.

Lorsque le jour fut arrivé, don Quichotte s'arma, Sancho se vêtit, et puis, monté sur son grison, qu'il ne voulut nullement abandonner, quoiqu'on lui offrît un cheval, il se mêla parmi la troupe des chasseurs. La duchesse sortit fort coquettement parée. Don Quichotte, en chevalier courtois et galant, prit les rênes de son palefroi, quoique le duc n'y voulût point consentir, et enfin ils parvinrent à un bois qui était entre deux montagnes très élevées, où, ayant tendu leurs filets et frayé leurs sentes, ils répartirent leurs gens en divers postes ; et lors on commença la chasse avec un grand fracas, des huées et des clameurs telles qu'ils ne se pouvaient entendre les uns les autres, tant pour les aboiements des chiens que pour le son des cors. La duchesse mit pied à terre, et, tenant à la main un tranchant épieu, se posa en une sente par où elle savait que passaient ordinairement des sangliers. Le duc et don Quichotte descendirent de même de cheval, et se mirent à ses côtés, Sancho se mit derrière, sans descendre du grison, qu'il n'osait quitter, de peur qu'il ne lui arrivât quelque mésaventure. A peine avaient-ils mis pied à terre et s'étaient-ils déployés en ligne avec plusieurs autres de leurs serviteurs qu'ils virent venir à eux un démesuré sanglier pressé par les chiens et suivi des chasseurs ; il grinçait des dents, faisait sonner ses défenses et jetait de l'écume par la gueule. A cette vue, don Quichotte, embrassant son écu et mettant la main à l'épée, s'avança pour le recevoir ; le duc en fit autant avec son épieu ; mais la duchesse les eût encore tous devancés, si le duc ne l'eût retenue. Il n'y eut que Sancho qui, soudain qu'il découvrit le furieux animal, abandonna son grison et se mit à courir tant qu'il put ; il voulait se hisser sur un chêne élevé, mais il ne put : car, comme il n'était qu'à moitié de l'arbre, tenant une branche, il fut si peu chanceux que ce rameau rompit, et qu'en tombant, il se trouva pendu à un crochet du chêne. Lorsqu'il se vit de la sorte et que son habit vert se déchirait, qu'il se mit aussi à penser que si le sanglier passait par là il le pourrait aisément embrocher, il commença de pousser de tels cris et d'appeler au secours avec tant d'effort que tous ceux qui l'entendaient et ne le voyaient point le croyaient assurément aux dents de quelque bête féroce. Enfin le sanglier aux grosses défenses demeura traversé de plusieurs épieux, qu'on lui opposa ; et don Quichotte, tournant la tête aux cris de Sancho, que par là il avait bien reconnu, le vit pendu au chêne, la tête en bas, et le grison près de lui : car la bonne bête ne l'avait point voulu abandonner en son malheur. Aussi Cid Hamet raconte-t-il que bien rarement il vit Sancho Pança sans le grison, ni le grison sans le bon Sancho, tant étaient fortes l'amitié et la fidélité qu'ils se gardaient l'un à l'autre. Don Quichotte arriva et dépendit Sancho, lequel, se voyant en liberté et à terre, considéra son habit de chasse déchiré, et fut fâché jusqu'au fond du cœur, parce qu'avec cet habit il croyait tenir un majorat.

Cependant on posa sur un grand mulet de somme le puissant sanglier, et, l'ayant couvert de romarin et de myrte, on le fit porter comme en signe de victorieuses dépouilles à de grands pavillons de campagne que l'on avait tendus au milieu du bois. Là on trouva les tables mises et le service dressé avec tant de somptuosité qu'on y reconnaissait bien la grandeur et la magnificence de celui qui donnait le repas. Sancho, montrant à la duchesse les plaies de son vêtement déchiré, lui tint ce discours : « Si c'eût été une chasse aux moineaux ou au lièvre, mon habit sc serait vu à couvert de cette extrémité. Au reste, je ne sais quel plaisir il y a d'attendre un animal qui, s'il vous atteint d'un coup de dent, vous peut ôter la vie. Il me souvient d'avoir entendu chanter une vieille romance qui dit :

Des ours un jour que tu sois dévoré
Comme fut Favila le renommé.

— Ce fut un roi goth, dit don Quichotte, qui, un jour qu'il allait à la chasse de la grosse bête, fut dévoré par un ours. — C'est ce que je dis, répondit Sancho ; je ne voudrais pas que les rois et les princes s'exposassent à de semblables périls pour satisfaire un contentement qui semble ne l'être point, puisqu'il consiste à tuer un animal qui n'a commis aucun délit. — Vous vous trompez fort, Sancho, dit le duc, parce que l'exercice de la chasse à la grosse bête est plus convenable et plus nécessaire aux rois et aux princes que tout autre. La chasse est une image de la guerre : on y trouve des stratagèmes, des ruses et des embûches pour vaincre en sûreté son ennemi. On y souffre de très grands froids et des chaleurs intolérables ; on y méprise l'oisiveté et le sommeil. Les forces s'y accroissent, les membres de ceux qui en usent s'y rendent agiles, et enfin c'est un exercice qui se peut faire sans préjudice pour qui que ce soit et au contentement de plusieurs. Mais le meilleur, c'est qu'il n'est pas pour tous, comme l'est celui des autres genres de chasse, hormis celui de la volerie, qui n'est aussi que pour les rois et pour les grands seigneurs. C'est pourquoi, Sancho, changez d'opinion, et, quand vous serez gouverneur, occupez-vous de chasse, et vous verrez que vous y gagnerez cent pour un. — Pour cela non, répliqua Sancho. Bon gouverneur : jambe rompue et à la maison. Ce serait beau que les négociants le vinssent chercher tout fatigués et qu'il fût dans la montagne à se donner du bon temps : le gouvernement irait bien à la débandade. Par ma foi, monsieur, la chasse et les passe-temps sont plus faits pour des fainéants que pour des gouverneurs. A quoi je pense m'entretenir durant mon gouvernement, c'est à jouer à la triomphe les jours de Pâques, et aux boules les dimanches et fêtes. Toutes ces chasses et tous ces chassés ne vont ni à ma condition ni à ma conscience. — Plaise à Dieu, Sancho, qu'il en soit ainsi : car du dit au fait il y a grand trait. — Qu'il y ait ce qu'on voudra, répliqua Sancho : à bon payeur ne coûtent point les gages, et mieux vaut que Dieu vous aide que se lever de bon matin ; les tripes portent les pieds et non les pieds les tripes : je veux dire que, si Dieu m'assiste et que je fasse ce que je dois de bonne intention, sans doute je gouvernerai mieux qu'un gerfaut, sinon, qu'on me mette le doigt dans la bouche, et l'on verra si je serre ou non.

— Maudit de Dieu et de tous les saints, sois-tu, maudit Sancho ! dit don Quichotte. Ah ! quand viendra le jour, comme je te l'ai dit bien d'autres fois, où je te verrai proférer sans proverbes une parole courante et bien rangée ? Messeigneurs, que Vos Grandeurs ne s'amusent plus à ce badaud, autrement il vous lanternera la cervelle de deux mille proverbes qui viendront tout aussi à propos que Dieu lui donne salut, et à moi, si je les voulais écouter. — Les proverbes de Sancho Pança, dit la duchesse, quoiqu'ils soient plus authentiques que ceux du commentateur grec[1], n'en sont pas moins estimables pour la brièveté de leurs sentences. Quant à moi, j'avoue franchement que j'y trouve plus de plaisir qu'en d'autres qui pourraient être allégués plus à propos et mieux accommodés. »

Avec tels et autres devis dont ils s'entretenaient, ils allèrent du pavillon au bois, et à chercher postes et affûts tout le jour se passa, la nuit vint, mais moins claire et moins sereine que la saison d'été où ils étaient ne le requérait. Toutefois, un certain clair-obscur qui l'accompagnait favorisa grandement l'intention du duc et de la duchesse, et, aussitôt qu'il commença de faire nuit, un peu avant le crépuscule, il sembla soudain que la forêt se prît à ardre de toutes parts. Puis l'on entendit deçà delà, d'amont et d'aval, une infinité de cors et autres instruments de guerre, comme si plusieurs troupes de cavalerie passaient par le bois. La lumière du feu et le son des instruments de guerre rendirent presque sourds et aveugles tous les assistants et même tous ceux qui étaient dans la forêt. Ensuite, on entendit une infinité de ces *hélélis*[2] dont usent les Maures lorsqu'ils engagent la bataille : trompettes et clairons retentirent, tambours résonnèrent, ensemble fifres, tous presque en même temps, si continus, si pressés, qu'il eût fallu n'avoir point de sentiment pour ne le point perdre au son confus de tant d'instruments. Le duc demeura en suspens, la duchesse tout ébahie, don Quichotte surpris, et Sancho tremblant. Enfin, ceux mêmes qui savaient ce qu'il en était s'effrayèrent. En même temps que la crainte régna le silence, et lors un postillon en équipage de diable passa devant eux, sonnant, en guise de trompette, d'un cor démesuré qui rendait un son enroué et épouvantable. « Holà ! courrier, mon ami, dit le duc, qui es-tu ? Où vas-tu ? Et quels gens de guerre sont ceux qui semblent passer au travers de ce bois ? » Le courrier lui fit cette réponse d'une voix retentissante et horrible : « Je suis le diable, je vais chercher don Quichotte de la Manche ; les gens qui passent par ici sont six troupes d'enchanteurs qui conduisent sur un char de triomphe la sans pareille Dulcinée du Toboso. Elle y vient enchantée, avec le brave français Montésinos, pour déclarer à don Quichotte le moyen qu'il faut prendre pour désenchanter cette dame. — Si vous étiez diable, dit le duc, comme vous dites et comme votre figure le montre, vous auriez déjà reconnu ce chevalier don Quichotte de la Manche, puisque vous l'avez devant vous. — Sur Dieu et sur ma conscience, répondit le diable, je n'y prenais pas garde, parce que mes pensées sont distraites par tant de choses que j'avais oublié la principale, celle pour laquelle je venais. — Sans doute, dit Sancho, ce diable-ci doit être homme de bien et bon chrétien : sinon il ne jurerait pas par Dieu et par sa conscience. Pour moi, je crois maintenant qu'en enfer même il doit y avoir de fort bonnes gens. »

Comme Sancho proférait ces paroles, le diable, sans mettre pied à terre, s'adressa à don Quichotte et lui dit : « A toi, Chevalier des Lions, entre les pattes desquels te puissé-je voir, m'envoie le malheureux, mais valeureux chevalier Montésinos, afin que je te dise de sa part que tu l'attendes au lieu même où je t'aurai trouvé, parce qu'il mène avec lui celle qu'on appelle Dulcinée du Toboso, avec ordre de te communiquer ce qu'il faut pour la désenchanter, et, comme je ne suis point venu ici pour autre chose, je ne m'y arrêterai pas davantage : que les démons comme moi demeurent avec toi, et les anges avec ces seigneurs. » Ce disant, il donna de son énorme cor et tourna le dos sans attendre de réponse.

Chacun fut plus étonné qu'auparavant, et principalement Sancho et don Quichotte : Sancho, à voir qu'en dépit de la vérité on voulait que Dulcinée fût enchantée, et don Quichotte, pour ne se pouvoir bien assurer si ce qui s'était passé en la caverne de Montésinos était ou non la vérité. Comme il flottait en ces pensées, le duc lui dit : « Seigneur don Quichotte, Votre Grâce pense-t-elle les attendre ? — Et pourquoi non ? répondit-il. J'attendrai ici, sans trembler, courageusement, quand tout l'enfer me devrait assaillir. — Et moi, dit Sancho, si je vois un autre diable et que j'entende un autre cornet comme le dernier, on me retrouvera ici autant qu'en Flandre. »

Cependant, la nuit devint plus obscure et plusieurs clartés commencèrent à courir par les bois, ainsi que les chaudes et sèches exhalaisons de la terre courent par l'air, et font à nos yeux l'effet d'étoiles qui filent. On ouït en même temps un bruit épouvantable, pareil à celui que font les roues massives qui soutiennent d'ordinaire les chars à bœufs, et dont le grincement enroué et continuel fait fuir, dit-on, les ours et les loups, s'il y en a qui passent par là. A toute cette tempête s'en vint joindre une autre plus grande que les précédentes, et ce fut qu'aux quatre coins de la forêt il semblait que se livrassent en même temps quatre batailles. Ici le bruit horrible d'une épouvantable artillerie retentissait, là on se déchargeait une infinité de mousquets, et tout proche on entendait comme la voix des combattants, et au loin se répétaient les *hélélis* sarrasins. Enfin, les cornets, les cors, les trompes, les clairons, les trompettes, les tambours, l'artillerie, les arquebuses, et surtout l'épouvantable bruit des chars, formaient tous ensemble un bruit si confus et si horrible que don Quichotte eut besoin de s'armer de tout son courage pour le supporter. Mais celui du pauvre Sancho donna du nez en terre : car il s'évanouit dans les bras de la duchesse, qui l'y reçut et commanda qu'on lui jetât à grande hâte de l'eau au visage. On le fit et il reprit ses sens à l'heure qu'un des chars aux roues retentissantes arrivait en ce lieu. Il était tiré par quatre bœufs pesants, tout couverts de housses noires, et à chaque corne il y avait une grande torche de cire allumée. Tout en haut du char, on avait mis un siège élevé sur lequel venait assis un vénérable vieillard avec une barbe plus blanche que neige, et si longue qu'elle lui descendait au-dessous de la ceinture. Son accoutrement était une grande robe noire de boucassin, et l'on pouvait fort bien discerner ce qui était dans le char par le moyen des lumières infinies dont il était tout rempli. Deux affreux diables guidaient le char, vêtus pareillement de boucassin ; et ils étaient si laids que Sancho, après les avoir vus une fois, ferma les yeux pour ne plus les revoir. Comme ce char fut arrivé près du lieu où étaient le duc et sa compagnie, le vieillard se leva de son siège, et, tout debout, proféra ces paroles d'une voix élevée : « Je suis le sage Lirgandée. » Et lors, sans qu'il dît un mot, le char passa outre.

Il fut suivi d'un autre char de même façon, où il y avait un autre vieillard sur un trône, qui, faisant arrêter le char, dit avec des paroles aussi graves que l'autre : « Je suis le sage Alquife, le grand ami d'Urgande la Méconnaissable. » Et il continua son chemin. Bientôt et dans le même appareil vint un autre char ; il est vrai que celui qui y était assis n'était pas vieux comme les autres, mais un homme gros, robuste et de mauvaise mine. Étant proche, il se leva comme les autres et dit d'une voix plus enrouée et plus diabolique : « Je suis Arcalaüs l'enchanteur, ennemi mortel d'Amadis de Gaule et de toute sa parenté. » Et il passa outre. Et, quand ils furent un peu éloignés de ce lieu, ces trois chars firent halte, et lors le son malplaisant de leurs roues cessa, et l'on n'entendit plus d'autre bruit, ou plutôt d'autre son, que celui d'une douce et mélodieuse musique, qui réjouit beaucoup Sancho et lui parut de bon augure ; aussi dit-il à la duchesse dont il ne s'éloignait ni d'un moment ni d'un pas : « Madame, il n'y peut avoir de mal où il y a de la musique. — Et non plus, repartit la duchesse, où il y a lumière et clarté. — Le feu, répliqua Sancho, donne la lumière, et les fournaises de la clarté comme nous le voyons en celles qui nous environnent, et il se pourrait bien faire que nous en fussions embrasés ; tandis que la musique est toujours un signe de réjouissances et de fêtes. — On verra », dit don Quichotte, qui les écoutait ; et il disait vrai, ainsi que le montre le chapitre suivant.

CHAPITRE XXXV

CONTINUATION DE CE QU'APPRIT DON QUICHOTTE SUR LE DÉSENCHANTEMENT DE DULCINÉE, AVEC D'AUTRES ÉVÉNEMENTS ADMIRABLES

Au son de l'agréable musique, ils virent que vers eux venait un char de ceux que l'on nomme triomphaux, et tiré par six mules grises, mais toutes caparaçonnées d'un drap blanc, et sur chacune d'elles venait un pénitent en cagoule également blanche et tenant à la main une grande torche allumée. Le char était deux fois, voire trois fois plus grand que les précédents, et douze autres pénitents blancs comme la neige occupaient les côtés et le haut de ce char, tous avec leurs torches allumées, et cette vue excitait à la fois l'admiration et la terreur. Il y avait sur ce char un trône élevé où venait assise une nymphe vêtue de mille voiles de toile d'argent, à ramages et à feuilles d'argent et d'or qui la faisaient, sinon richement, au moins pompeusement vêtue. Elle avait le visage couvert d'un voile de soie, si transparent et si délié que, sans que ses plis pussent l'empêcher, on découvrait au travers un très beau visage de damoiselle. Et la grande quantité des lumières permettait d'en discerner la beauté et les ans qui, semblait-il, ne dépassaient pas vingt ans et ne descendaient pas au-dessous de dix-sept. Proche d'icelle était une figure vêtue d'une robe longue, de celles que l'on appelle de grand deuil, tombant jusqu'aux pieds, la tête couverte d'un voile noir. Quand le char arriva devant le duc, la duchesse et don Quichotte, la musique des hautbois cessa, et bientôt celle des harpes et des luths qui retentissaient dans le char. Lors la figure qui avait cette longue robe, se levant, la rejeta sur les deux côtés, et, s'ôtant le voile du visage, montra à tous la figure de la Mort même, décharnée et horrible. Don Quichotte en eut de l'émotion, Sancho Pança de la frayeur, et le duc et la duchesse quelque espèce de crainte. Cette Mort vivante se leva sur ses pieds, et, d'une voix un peu endormie et d'une langue mal éveillée, commença à parler de cette façon :

Je suis Merlin, celui que les histoires publient pour enfant du diable, mensonge que les ans ont autorisé. Je suis le prince des magiciens, le monarque et le dépositaire de la science zoroastrique, l'émule des âges et des siècles qui prétendent cacher les hauts faits d'armes des chevaliers errants dont je fus et je suis toujours le grand ami.

Au lieu que des autres enchanteurs, des mages et des magiciens, l'humeur est dure et pénible, la mienne est facile, douce, amoureuse et portée à faire du bien à tout le monde. Pendant que mon âme était enfermée dans la caverne obscure de Pluton, où elle s'occupait à tracer certaines figures et certains caractères, la voix dolente de la belle et sans pareille Dulcinée du Toboso est venue jusqu'à moi.

J'ai su son enchantement et sa disgrâce, et sa transformation de gentille dame en villageoise rustique. J'en ai eu compassion, j'enfermai mon âme dans cette forme épouvantable et sauvage, et après avoir feuilleté cent mille livres de ma science endiablée et honteuse, je viens vous indiquer le remède que demandent une si grande douleur, un si grand mal.

Ô toi dont la gloire est l'honneur de tous ceux qui revêtent la tunique d'acier et de diamant ; lumière, fanal, sentier, étoile polaire et guide de ceux qui méprisent un honteux sommeil et la plume oisive des lits pour s'accommoder à l'exercice insupportable des armes lourdes et sanglantes !

C'est à toi que je parle, généreux guerrier qu'on ne peut assez louer, à toi le vaillant et en même temps le discret don Quichotte, splendeur de la Manche, étoile de l'Espagne ! Sache que, si tu veux que la sans pareille Dulcinée du Toboso recouvre sa première forme, il faut nécessairement que ton écuyer Sancho se donne trois mille trois cents coups de fouet sur ses deux puissantes fesses, découvertes à l'air, si fort qu'il lui en cuise tout rouge et lui en fasse grincer les dents. C'est la résolution de tous ceux qui ont été les auteurs de sa disgrâce. Et c'est pour cela que je suis venu, messeigneurs.

« Pardieu ! dit alors Sancho, je ne dis pas trois mille coups, mais je m'en donnerai aussi bien trois que trois coups de poignard. Voilà un joli moyen de désenchanter ! Je ne sais ce qu'ont à voir mes fesses avec les enchantements. Par le Dieu vivant, si le seigneur Merlin n'a pas trouvé un autre moyen pour désenchanter la señora Dulcinée du Toboso, elle pourra bien demeurer enchantée jusqu'au tombeau ! — Je m'en vais vous prendre, répondit don Quichotte, monsieur le rustre farci d'ail, je vous attacherai à un arbre aussi nu que votre mère vous mit au monde, et ce n'est pas trois mille trois cents, mais bien six mille six cents coups de fouet que je vous donnerai, et si serrés qu'ils ne se réduiront pas pour vous à moins de trois mille trois cents tours de rein, et ne répliquez point, autrement je vous arracherai l'âme du corps. »

Merlin, oyant alors ces paroles, dit : « Il ne doit pas en être ainsi, parce que les coups de fouet que doit recevoir le bon Sancho, il doit les recevoir de son bon gré, et non par force, et dans le temps qu'il voudra : car il n'y a point de terme fixé. Toutefois, on lui permet, s'il veut racheter cette pénitence par la moitié de ces coups de fouet, de se faire fouetter de la main d'un autre, fût-elle un peu pesante.

— Ni main d'autrui, ni la mienne, ni pesante, ni à peser, répliqua Sancho, nulle main n'a droit de me toucher. Ai-je par hasard engendré la dame Dulcinée du Toboso pour que mes fesses portent la peine des péchés qu'ont commis ses yeux ? Bien pour mon maître, puisqu'il n'est qu'une partie d'elle et qu'il la nomme à tous coups *ma vie, mon âme, mon soutien* et *ma consolation !* C'est lui qui se doit et se peut fouetter pour elle et rechercher tous les moyens qu'il faut tenir pour son désenchantement. Mais, moi, me fouetter ? *J'abernonce.* » A peine eut-il achevé de proférer ces paroles que la nymphe argentée, qui était tout près de l'esprit de Merlin, se leva, et, ôtant le voile délicat qui lui couvrait le visage, montra une figure d'une extrême beauté au jugement de tous. Lors, d'un sans façon masculin et d'une voix peu féminine, parlant directement à Sancho, elle lui dit : « Ô malencontreux écuyer, triple cruche, cœur de liège, entrailles de cailloux, si l'on te commandait, larron, écorcheur, de te précipiter d'une tour en bas, si l'on te requérait, ennemi du genre humain, de manger une douzaine de crapauds, deux de lézards et trois de couleuvres, si l'on te conseillait de tuer ta femme, tes enfants, avec quelque truculent et criminel coutelas, ce ne serait point merveille que tu te montrasses hésitant et rétif. Mais faire tant de cas de trois mille et trois cents coups de fouet, qu'il n'y a si chétif enfant de la doctrine chrétienne, pour polisson qu'il soit, qui ne s'en fasse donner chaque mois autant, n'est-ce pas pour remplir d'étonnement et de stupeur aussi bien que de crainte les âmes pieuses de tous ceux qui écoutent ceci, voire de tous ceux qui viendront à l'apprendre par le cours des temps ? Jette, ô animal misérable et endurci ! jette, dis-je, tes yeux de hibou ombrageux sur les prunelles des miens comparables à de brillantes étoiles, et tu les verras pleurer goutte à goutte et ruisseau à ruisseau, faisant des sillons, des sentiers et des routes par les belles campagnes de mes joues. Considère, ô monstre plein de malice et d'astuce, que mon âge florissant, qui est encore sur le dix et... des années, puisque j'en ai dix-neuf et que je n'arrive pas encore à la vingtième, se consume et se flétrit sous l'écorce d'une rustique paysanne. Et si maintenant je ne parais point telle, c'est une faveur particulière que m'a faite le seigneur Merlin, qui est ici présent, et seulement afin que ma beauté t'attendrisse : car les larmes d'une beauté affligée changent les roches en coton et les tigres en brebis. Étrille, étrille cette masse de viande, grosse bête indomptée, et tire de sa nonchalance cette vigueur, qui ne te rend propre qu'à manger et toujours manger, et remets en liberté la délicatesse de ma chair, la douceur de mon humeur et la beauté de mon visage. Que si tu ne veux point t'amollir à mon occasion, ni te réduire à quelque terme raisonnable, fais-le pour le moins en considération de ce pauvre chevalier qui est à ton côté, pour ton maître, dis-je, dont je vois l'âme, qu'il porte déjà au travers de son gosier, à peine à plus de dix doigts de ses lèvres, n'attendant que ta douce ou rigoureuse réponse, ou pour sortir de sa bouche, ou pour retourner dans son estomac. »

Don Quichotte, entendant ces paroles, se toucha le gosier et dit en s'adressant au duc : « Sur mon Dieu, monsieur,

Dulcinée dit vrai : j'ai l'âme en travers du gosier, comme une noix d'arbalète. — Que dites-vous à cela, Sancho ? demanda la duchesse. — Je dis, madame, répondit Sancho, ce que j'ai déjà dit, que pour les coups de fouet j'abernonce. — Vous devez dire, repartit le duc, j'y renonce, et non pas comme vous dites, Sancho. — Que Votre Grandeur, répliqua Sancho, me laisse un peu en repos : car je ne suis pas maintenant en humeur de m'arrêter sur des subtilités ni sur des lettres de plus ou de moins. Ces coups de fouet que l'on doit ou que je dois me donner, me tiennent si troublé que je ne sais ce que je dis ni ce que je fais. Cependant je voudrais bien savoir de la dame Dulcinée du Toboso d'où elle a appris la manière de prier qu'elle a. Elle vient me demander de m'ouvrir les chairs à grands coups de fouet, et me traite de triple cruche et de grosse bête avec une kyrielle d'autres noms si indignes qu'à peine le diable les pourrait endurer. Ma chair est-elle par hasard de bronze, ou bien y va-t-il pour moi de quelque chose qu'elle demeure enchantée ou non ? Au lieu d'avoir devant soi, pour m'adoucir, un panier plein de linge blanc, de chemises, de coiffes et d'escarpins, encore que je n'en use point, elle ne porte qu'une infinité d'injures, sachant ce qu'on dit par ici en proverbe qu'un âne chargé d'or grimpe légèrement une montagne, et que les présents brisent les roches, et qu'il faut prier Dieu et jouer du maillet, et que mieux vaut un tiens que deux tu l'auras. Et de plus, mon seigneur et maître, qui me devrait passer la main sur le cou et me flatter pour que je me fisse de laine et de coton cardé, dit que, s'il m'empoigne, il m'attachera tout nu à un arbre et me doublera la dose des coups de fouet, et ils devraient considérer, ces dignes seigneurs, qu'ils ne demandent pas seulement de se fouetter à un écuyer, mais à un gouverneur. Comme qui dirait : Bois sur tes guignes ! Qu'ils apprennent, qu'ils apprennent, à la male heure, à savoir prier et à savoir demander, et à savoir se conduire, tous les temps ne sont pas les mêmes, et tous les hommes ne sont pas toujours de bonne humeur. Je suis maintenant fort chagrin de voir mon habit vert déchiré, et l'on vient me demander de me donner des coups de ma propre volonté qui en est aussi loin que de vouloir être cacique ! — Eh bien, en vérité, l'ami Sancho, si vous ne vous adoucissez plus que figue mûre, adieu le gouvernement ! Il serait bien d'envoyer à mes insulaires un gouverneur aux entrailles dures comme du caillou, qui ne s'émeut pas des larmes des damoiselles affligées, ni des prières des honnêtes gens, ni des instances des vieux enchanteurs et sages ! En définitive, Sancho, ou vous vous fouetterez, ou l'on vous fouettera, ou vous ne serez point gouverneur. — Monseigneur, répondit Sancho, ne me donnera-t-on pas deux jours de délai pour penser à ce qui me paraîtra le meilleur ? — Non, d'aucune façon, dit Merlin ; c'est sur l'heure et en ce lieu que doit être réglé le parti à prendre en cette affaire : ou Dulcinée retournera dans la grotte de Montésinos et à son état de paysanne, ou elle retournera aux Champs-Élysées en son état actuel et y attendra l'achèvement des coups de fouet. — Allons, Sancho, fit la duchesse, bon courage, et montrez de la reconnaissance du pain que vous avez mangé avec lui au seigneur don Quichotte, à qui nous devons tous des égards et des remerciements de son bon caractère et de ses hautes chevaleries. Consentez, mon fils, à cette fustigation, et le diable aille au diable, et la crainte au poltron : car bon cœur brise mauvaise fortune, comme vous savez bien. »

A ces raisons, Sancho ne répondit que par ces digressions et fantaisies qu'il adressa à Merlin : « Que Votre Grâce me dise, seigneur Merlin : quand le diable est venu ici en courrier, il a donné à mon maître un message du seigneur Montésinos, lui ordonnant de sa part de l'attendre ici, parce qu'il venait donner ordre au désenchantement de madame Dulcinée du Toboso, et jusqu'ici nous n'avons vu ni Montésinos, ni de ses traces. — Le diable, ami Sancho, lui répondit Merlin, est un ignorant et un grand coquin ; je l'ai envoyé à la recherche de votre maître, et non pas avec une commission de Montésinos, mais pour mon propre compte, parce que Montésinos se tient dans sa grotte, attendant, ou mieux espérant son désenchantement auquel il manque encore la queue à dépouiller. S'il vous doit quelque chose, ou que vous ayez quelque chose à traiter avec lui, je vous l'amènerai et vous le ferai paraître où vous l'aimerez le mieux. Pour le moment, finissez-en de consentir à cette discipline, et croyez-moi, cela vaudra tout autant pour l'âme que pour le corps : pour l'âme, par la charité que vous y mettrez ; pour le corps, parce que je vous connais de tempérament sanguin, et qu'il ne fera pas mal de vous tirer un peu de sang. — Il y a bien des médecins dans ce monde, jusqu'aux enchanteurs qui le sont, dit Sancho ; mais, puisque tous me le disent, encore que je n'en sois pas assuré, je déclare que je suis satisfait de me donner les trois mille trois cents coups à condition de le faire en tel nombre et quand il me plaira, sans qu'on me taxe ni les jours ni le temps, et je tâcherai de m'acquitter de ma dette le plus tôt possible, pour que le monde jouisse de la beauté de madame Dulcinée du Toboso, puisqu'elle paraît, au rebours de ce que je pensais, être en effet fort belle. Il y a encore une condition : je ne serai pas obligé de me tirer le sang avec la discipline, et, si quelques coups sont à fleur de peau, on me les comptera. Item, si je viens à me tromper sur le nombre, le seigneur Merlin, puisqu'il sait tout, prendra soin de les compter et de m'avertir des erreurs en moins ou en plus. — Il n'y a pas à s'inquiéter des erreurs en plus, répondit Merlin, parce que, en arrivant au nombre complet, madame Dulcinée se verra désenchantée soudain, et, par reconnaissance, viendra chercher et remercier le bon Sancho, et le récompensera de sa bonne œuvre. Ainsi il n'y a point de scrupule à se faire sur le plus ou le moins, et le Ciel ne me permettrait de tromper personne, fût-ce d'un cheveu de la tête. — Allons, à la grâce de Dieu, dit Sancho ; je consens à ma mauvaise fortune, je dis que j'accepte la pénitence dans les conditions réglées. »

A peine Sancho eut-il dit ces dernières paroles que les flûtes recommencèrent leur musique, et les décharges d'arquebuses à éclater à l'infini, et don Quichotte se jeta au cou de Sancho en lui donnant mille baisers sur le front et sur les joues. Le duc, la duchesse et tous les assistants donnèrent des marques de la plus grande satisfaction, et le char se mit à marcher, et la belle Dulcinée, en passant, inclina la tête devant le duc et la duchesse, et fit une grande révérence à Sancho.

En ce moment, l'aurore s'avançait joyeuse et riante, les fleurettes des champs se redressaient, et les ruisseaux au liquide cristal s'en allaient, en murmurant, sur les cailloux blancs et jaunes, payer leur tribut aux rivières qui les attendaient : la terre joyeuse, le ciel clair, l'air limpide, la lune sereine, chacun pour sa part et tous ensemble donnaient des signes manifestes que le jour qui venait marchant sur la traîne de l'Aurore allait être splendide. Le duc et la duchesse, satisfaits de leur chasse et d'avoir atteint leur but avec tant d'adresse et de bonheur, regagnèrent leur château avec le projet de continuer une plaisanterie qui procurait autant de plaisir que l'eût pu faire aucune chose sérieuse.

CHAPITRE XXXVI

OÙ L'ON RACONTE L'AVENTURE ÉTRANGE ET JAMAIS IMAGINÉE DE LA DUÈGNE DOLORIDE, ALIAS COMTESSE TRIFALDI, AVEC UNE LETTRE QUE SANCHO PANÇA ÉCRIVIT À SA FEMME THÉRÈSE PANÇA

Le duc avait un intendant d'un esprit fort plaisant et récréatif : c'était lui qui avait fait le personnage du prophète Merlin, et arrangé tout l'appareil de la dernière aventure, composé son discours et fait remplir à un page le rôle de Dulcinée. Finalement, de l'aveu de ses maîtres, il inventa encore une autre aventure des plus étranges et du plus agréable artifice que l'on saurait imaginer.

Le lendemain, la duchesse demanda à Sancho s'il avait commencé la tâche de la pénitence qu'il devait faire pour le désenchantement de Dulcinée. Sancho lui répondit qu'il avait déjà commencé, et que cette nuit il s'était donné cinq coups de fouet. La duchesse lui demanda avec quoi il se les était donnés. Il répondit que c'était avec la main. « De cette sorte, répliqua la duchesse, c'est se donner plutôt des soufflets que des coups de fouet et pour moi je tiens que le sage Merlin ne sera pas content de tant de douceur : il faudra que le bon Sancho fasse quelque discipline à pointes ou à nœuds qui se fassent sentir : la lettre entre avec le sang et la délivrance d'une aussi grande dame que l'est Dulcinée ne s'achète pas à si bas prix. Et notez, Sancho, que les œuvres de charité qui s'accomplissent avec tiédeur et mollesse n'ont aucun mérite et ne valent rien[1]. — Que Votre Seigneurie, répondit Sancho, me donne une discipline ou une corde convenable, et je m'en étrillerai, pourvu qu'il ne m'en cuise pas trop. Votre Excellence doit savoir qu'encore que je sois un paysan, toutefois ma chair tient plus du coton que du jonc, et il ne serait pas bien de me mettre en pièces au profit d'autrui. — Voilà qui va bien, repartit la duchesse. Je vous donnerai demain au matin une discipline qui vous viendra bien à point et s'accommodera à la délicatesse de votre chair, comme si elle était sa propre sœur. » Sancho lui dit alors : « Que Votre Excellence, maîtresse de mon âme, sache que j'ai écrit une lettre à ma femme Thérèse Pança, où je lui rends compte de tout ce qui m'est arrivé depuis que je me séparai d'elle ; et je l'ai ici dans mon sein. Il ne faut plus qu'y mettre la suscription, mais je désirerais que votre Esprit la lût, car il me semble qu'elle est conforme à la qualité d'un gouverneur, je dis qu'elle est écrite de la façon que doivent écrire les gouverneurs. — Et qui l'a dictée ? demanda la duchesse. — Qui la pouvait dicter, repartit Sancho, si ce n'est moi, malheureux pécheur que je suis ? — Et est-ce vous qui l'avez écrite ? dit la duchesse. — Je n'y ai pas seulement pensé, répondit Sancho : car je ne sais ni lire ni écrire, encore que je sache signer. — Voyons-la, repartit la duchesse. Je m'assure que vous y montrez la qualité et capacité de votre entendement. » Sancho tira de son sein une lettre ouverte, et la duchesse, l'ayant prise, vit qu'elle disait de la sorte.

LETTRE DE SANCHO PANÇA
À SA FEMME THÉRÈSE PANÇA

Si l'on me donnait de bons coups de fouet, je n'en étais que meilleur cavalier : si j'ai un bon gouvernement, il m'en coûte de bons coups d'étrivière. Tu n'entendras pas ceci pour le présent, ma Thérèse, une autre fois tu le sauras. Il faut que tu saches, Thérèse, que j'ai résolu que tu ailles en carrosse ; et c'est ce qui nous importe maintenant, car aller d'autre manière, c'est affaire aux chats. Te voilà femme d'un gouverneur, regarde si personne te marchera sur les talons. Je t'envoie un habit vert de chasseur, que m'a donné madame la duchesse ; accommode-le de telle sorte qu'il serve de cotillon et de corsage à notre fille. Mon maître don Quichotte, selon que j'ai ouï dire en ce pays, est un fou de jugement et un homme d'esprit sans raison, et je ne lui dois rien de retour. Nous avons été à la caverne de Montésinos, et le sage Merlin m'a choisi pour le désenchantement de Dulcinée du Toboso, qui se nomme par là-bas Aldonza Lorenzo. Pour trois mille et trois cents coups de fouet moins cinq, que je me dois donner, elle sera désenchantée comme la mère qui l'engendra. Tu ne diras mot de ceci à personne, parce que si tu remets ton affaire au conseil des voisins, les uns diront blanc, les autres noir. Dans peu de jours je partirai pour mon gouvernement : j'y vais avec le très grand désir d'y ramasser des pistoles, car on m'a dit que tous les gouverneurs nouveaux y vont avec le même désir. J'y tâterai le pouls, et t'avertirai si tu dois me rejoindre ou non. Le grison se porte bien et se recommande beaucoup à toi. Je ne pense pas le laisser, quand on me ferait Grand Turc. Madame la duchesse te baise mille fois les mains ; rends-lui sa monnaie avec deux mille : il n'y a rien qui coûte moins ni qu'on baille à meilleur marché que les compliments, ainsi que dit mon maître. Le vouloir de Dieu n'a pas été que je trouvasse encore une mallette avec cent écus comme celle de la dernière fois. Mais n'en sois pas fâchée, ma Thérèse : qui donne l'alarme est en sûreté, et tout partira dans la lessive du gouvernement ; toutefois on me met en grand-peine car on me dit que, si une fois j'y prends goût, après cela je m'y mangerai les doigts. Si cela était, il ne m'en coûterait pas peu, encore que les estropiés et les manchots aient leur canonicat en l'aumône qu'ils demandent. Tant il y a que d'un côté ou de l'autre tu dois être un jour riche et heureuse. Dieu te soit en aide comme il peut, et me conserve pour te servir. De ce château, le 20 juillet 1614.

Ton mari, le gouverneur,
SHANCHO PANÇA.

Lorsque la duchesse eut achevé de lire cette lettre, elle dit à Sancho : « Le bon gouverneur s'est un peu égaré en deux choses : l'une, quand il dit ou donne à entendre que ce gouvernement lui a été baillé pour les coups qu'il a à se donner. Il sait bien, et il ne peut le nier, que, lorsque monseigneur le duc le lui promit, on ne pensait pas seulement qu'il y eût des coups de fouet au monde ; l'autre est qu'il s'y montre fort avide, et je ne voudrais pas qu'il laissât voir ainsi le bout de l'oreille : la convoitise rompt le sac, et le gouverneur avide rend une justice sans justice. — Je ne le dis point pour cela, madame, répondit Sancho, et, s'il semble à Votre Seigneurie que cette lettre n'aille pas comme elle doit, il n'y a qu'à la déchirer et en refaire une nouvelle, et il se pourrait qu'elle fût encore pire, si on me la laissait faire à ma mode. — Non, non, répliqua la duchesse, celle-ci est bonne, et je veux que le duc la voie. » Là-dessus, ils s'en allèrent à un jardin où ils devaient dîner ce jour-là. La duchesse fit voir au duc la lettre de Sancho, dont il reçut un extrême contentement. Ils dînèrent, et, après que l'on eut enlevé les nappes et qu'ils se furent entretenus quelque temps dans la savoureuse conversation de Sancho, on ouït tout à coup le triste son d'un fifre et celui d'un tambour enroué et mal d'accord. Tous ceux qui étaient là présents firent les étonnés à cette confuse, martiale et triste harmonie, principalement don Quichotte qui, du trouble où il était, ne se pouvait contenir dans son siège. Pour Sancho, je ne sais qu'en dire, sinon que la crainte qu'il en eut l'emporta soudain à son refuge accoutumé, qui était auprès des jupes de la duchesse. Car en vérité, ce son était extrêmement funèbre et mélancolique. Comme la compagnie était ainsi en suspens, on vit entrer par le jardin deux hommes habillés de deuil : leur habit était si long qu'il traînait à terre ; ils battaient deux grands tambours couverts pareillement de noir ; à côté d'eux venait le fifre accoutré de noir, comme les autres. Après eux venait un homme de taille gigantesque, affublé et non vêtu d'une grande soutane noire de grandeur démesurée. Il portait aussi en écharpe un large baudrier noir auquel pendait un cimeterre formidable, aux garnitures et au fourreau noirs. Il avait le visage couvert d'un voile noir transparent, au travers duquel on pouvait voir une grande barbe, blanche comme neige. Il marchait au son des tambours avec beaucoup de gravité et au petit pas. Enfin, sa grandeur, sa contenance, sa noirceur et son équipage pouvaient et purent étonner tous ceux qui le regardèrent sans le connaître. Il s'approcha donc en la même posture et solennité que nous venons de dire, et se mit à genoux devant le duc, qui l'attendait debout avec les autres assistants. Le duc ne voulut jamais permettre qu'il parlât, jusqu'à ce qu'il se fût relevé. Le prodigieux épouvantail le fit donc, et, une fois debout, il leva son voile, et découvrit la plus horrible, la plus grande, la plus blanche et la plus épaisse barbe qu'œil humain eût encore vue, et ensuite il tira et arracha de son estomac large et spacieux une voix grave et sonore, et, tenant les yeux fixés sur le duc, lui dit ces paroles :

« Très haut et très puissant seigneur, on me nomme Trifaldin à la barbe blanche. Je suis écuyer de la comtesse Trifaldi, appelée autrement la duègne Doloride, qui m'a envoyé en ambassade à Votre Grandeur : c'est qu'il vous plaise lui permettre de vous venir raconter son infortune, une des plus étranges et des plus admirables que l'entendement le plus chagrin du monde pourrait jamais imaginer. Mais tout d'abord elle veut savoir si le valeureux et invincible chevalier don Quichotte de la Manche est en votre château. Je suis venu à sa recherche depuis le royaume de Candaye, jusques en vos provinces à pied, et sans manger, chose que l'on doit tenir pour un miracle ou pour un enchantement. Elle est arrêtée à la porte de cette forteresse ou maison des champs, et n'attend, pour y entrer, que votre bon plaisir. J'ai dit. » En achevant ces mots, il se mit incontinent à tousser, et, caressant sa barbe du haut en bas avec les deux mains, il attendit paisiblement la réponse du duc, qui fut : « Il y a déjà longtemps, bon écuyer Trifaldin à la barbe blanche, que nous avons connaissance de la disgrâce de madame la comtesse Trifaldi, que les enchanteurs font nommer la duègne Doloride. Vous pouvez, stupéfiant écuyer, lui dire d'entrer, et qu'elle trouvera céans le vaillant chevalier don Quichotte de la Manche, de la courtoisie et générosité de qui elle se peut promettre avec assurance toute aide et tout secours. Vous lui pourrez aussi dire de ma part que, si en quelque chose ma faveur lui est nécessaire, elle ne lui manquera nullement, puisque j'y suis obligé, étant chevalier qui doit assister toutes sortes de femmes et principalement les duègnes veuves, déchues et affligées, comme doit l'être votre maîtresse. » Trifaldin, oyant cette réponse, plia les genoux jusqu'à terre, et, faisant signe de jouer au fifre et au tambour, il sortit du jardin au même son et au même pas qu'il y était entré, laissant tous les assistants émerveillés de ses dimensions et de son allure.

Cependant le duc, s'adressant à don Quichotte, lui dit : « Enfin, renommé chevalier, les ténèbres de la malice et de l'ignorance ne peuvent obscurcir la lumière de la valeur et de la vertu. Je dis ceci parce qu'à peine y a-t-il six jours que votre mérite est dans ce château, et vous voyez que déjà vous viennent chercher des terres éloignées et inconnues, et non pas dans des carrosses ni sur des dromadaires, mais à pied et à jeun, les tristes et les affligés, assurés qu'ils trouveront en ce bras très fort le remède de toutes leurs infortunes et de leurs travaux, grâce à vos hauts faits d'armes qui couvrent la terre et en font le tour. — Je voudrais, monseigneur le duc, répondit don Quichotte, que ce bon religieux qui dernièrement témoignait un si grand mépris et tant de rancune contre les chevaliers errants fût maintenant ici. Il verrait de ses propres yeux si lesdits chevaliers sont nécessaires au monde, ou toucherait pour le moins du doigt que ceux qui sont extraordinairement affligés et sans consolation, en cas d'importance et dans des infortunes considérables, n'en vont point chercher le remède chez les hommes de lettres, ni chez les sacristains de village, ni chez le chevalier qui n'a jamais eu le courage de sortir de chez lui, ni moins encore chez le paresseux courtisan, qui cherche plutôt des nouvelles à rapporter et à conter qu'il ne tâche de produire des œuvres et des faits d'armes, afin que d'autres les puissent écrire et conter. Le remède des infortunés, le secours des nécessiteux, le rempart des damoiselles, la consolation des veuves ne se peut mieux trouver que dans les chevaliers errants. C'est pourquoi je rends au Ciel des grâces infinies de ce que je le suis, et tiens pour bien employés toute la peine et le travail qui me pourront arriver en cet honorable exercice. Qu'on fasse donc venir cette duègne, qu'elle demande ce qu'elle voudra : j'espère que la force de mon bras et l'intrépidité de mon cœur lui apporteront bientôt le remède de son infortune. »

CHAPITRE XXXVII

OÙ L'ON POURSUIT LA FAMEUSE AVENTURE DE LA DUÈGNE DOLORIDE

Le duc et la duchesse se réjouirent extrêmement de voir que don Quichotte répondît si bien à leur intention, et à ce moment Sancho dit : « Je ne voudrais pas que cette dame la duègne vînt mettre ici quelque obstacle à la promesse de mon gouvernement. J'ai ouï dire à un apothicaire de Tolède, qui caquetait comme un chardonneret, que là où les duègnes interviennent il ne peut rien arriver de bon. Dieu me soit en aide, cet apothicaire leur en voulait ! J'en conclus que, puisque toutes les duègnes sont fâcheuses et impertinentes, de quelque qualité et condition qu'elles soient, que pourront être celles qui sont endolories, comme on dit qu'est cette comtesse Trois-Pans ou Trois-Queues [1] ? car chez nous, pans ou queues et queues ou pans, c'est tout un. — Tais-toi, ami Sancho, dit don Quichotte : car puisque cette dame est venue me chercher de si lointaines terres, elle ne doit pas être de celles que cet apothicaire tient en son rôlet, et d'autant moins que celle-ci est comtesse ; et quand les comtesses servent de duègnes, c'est auprès de reines et d'impératrices : et chez elles ce sont de très grandes dames qui se servent d'autres duègnes. »

Dame Rodriguez, qui se trouvait là, intervint : « Madame la duchesse a des dames à son service qui pourraient être comtesses si la fortune le voulait. Mais ainsi vont les lois comme il plaît aux rois. Que personne ne médise des duègnes, et surtout de celles qui ont de l'âge, et qui sont demoiselles. Quoique je ne le sois pas, je comprends pourtant et j'entrevois l'avantage qu'une duègne demoiselle a sur une duègne veuve. Quiconque entreprendra de tondre sur nous, les branches des ciseaux lui demeureront à la main. — Nonobstant toutes ces raisons, repartit Sancho, il y a tant à tondre sur les dames, ainsi que disait mon apothicaire, qu'il vaut beaucoup mieux ne remuer point le riz, quoiqu'il s'attache au pot. — Les écuyers sont toujours nos ennemis, répliqua la dame Rodriguez, et, comme ce sont les lutins domestiques des antichambres, et qu'ils nous voient à chaque pas, le temps qu'ils n'emploient point à dire leur chapelet, et qui est très long, ils l'emploient à médire de nous, déterrer les os de nos pères et enterrer notre renommée. Eh bien, serviteur à ces bûches vivantes ! En dépit d'eux et à leur grand regret, nous vivrons dans le monde et dans les maisons des grands, dussions-nous y mourir de faim et couvrir avec une cotte noire nos chairs délicates ou non, ainsi que d'une tapisserie on couvre un fumier les jours de procession. Et j'en jure, ma foi, s'il m'était permis et que le temps le requît ainsi, je ferais connaître, non seulement à ceux qui sont ici présents, mais à tout le monde, qu'il n'y a vertu que l'on ne trouve en une duègne ! — Je crois, dit la duchesse, que ma bonne dame Rodriguez a raison et grandement. Toutefois il faut qu'elle attende le temps et l'occasion pour défendre sa cause et celle des autres duègnes et confondre la mauvaise opinion de ce méchant apothicaire, et déraciner par ce moyen celle que le grand Sancho Pança nourrit en son cœur. — Depuis que les fumées de gouverneur, repartit Sancho, me sont montées à la tête, les étourdissements d'écuyer m'ont quitté, et je fais aussi peu de cas de toutes les duègnes du monde que d'une figue sauvage. » Ils eussent passé plus loin en ce colloque de duègnes, s'ils n'eussent ouï encore retentir le fifre et les tambours, ce qui fit comprendre que la duègne Doloride entrait. La duchesse demanda au duc s'il ne serait pas bien de l'aller recevoir, puisqu'elle était comtesse et personne de qualité. Sancho, sans attendre que le duc répondît, le fit en cette sorte : « Eu égard à sa qualité de comtesse, il sera bon, madame, que vous l'alliez recevoir ; mais pour celle de duègne, mon avis est que vous n'en devez pas faire un pas. — Qui te fait te mêler de cette affaire, Sancho ? dit alors don

Quichotte. — Qui, monsieur ? répondit Sancho : je m'en mêle parce que je m'en peux mêler, en qualité d'écuyer qui a appris les termes de la courtoisie à l'école de Votre Seigneurie : car vous êtes le chevalier le plus courtois et le mieux appris de toute la courtisanerie du monde, et sur ce sujet j'ai encore appris de vous que l'on perd aussi bien aux cartes pour avoir une carte de trop qu'une carte de moins, et à bon entendeur peu de paroles. — Sancho dit vrai, répliqua le duc, c'est pourquoi nous verrons l'air de la comtesse, et par là nous jugerons de la courtoisie qu'on lui doit. » Sur ce, le fifre et les tambours entrèrent de même que la première fois. C'est ici que l'auteur met fin à ce petit chapitre pour commencer l'autre, qui poursuit la même aventure, l'une des plus remarquables de l'histoire.

CHAPITRE XXXVIII

OÙ L'ON CONTE CE QUE DIT DE SA MAUVAISE FORTUNE LA DUÈGNE DOLORIDE

A la suite des tristes musiciens, douze duègnes commencèrent d'entrer dans le jardin ; elles allaient sur deux files et portaient des cottes fort larges, qui semblaient de serge foulée, avec des coiffes blanches de calicot fin si longues que l'on ne voyait que le bord de leurs cottes. La comtesse Trifaldi venait après, et l'écuyer Trifaldin à la Barbe Blanche la menait par la main. Sa robe était d'une frise noire très fine : que si cette frise eût été frisée, chaque grain eût été aussi gros qu'un pois chiche, de ces bons pois de Martos. La queue ou le pan de la robe, ou comme vous le voudrez appeler, était à trois pointes, et trois pages, aussi habillés de deuil, la soutenaient, de sorte que ces trois angles aigus que faisaient les trois pointes formaient une plaisante figure de mathématique. Tous ceux qui virent cette traîne en pointes comprirent que c'était de là que lui venait son nom de comtesse Trifaldi, comme qui dirait la comtesse aux trois queues. Et cela était véritable, ainsi que le rapporte Ben Engeli, qui dit encore que de son propre nom on la nommait la comtesse Loupine, pour le grand nombre de loups qui se nourrissaient en son comté. Et, si c'eussent été des renards au lieu de loups, on l'eût appelée la comtesse Renardine, car la coutume de ce pays est telle que les seigneurs y prennent le nom de la chose ou des choses dont leur pays abonde le plus. Toutefois cette comtesse, pour faire mieux paraître la nouveauté de sa robe, prit le nom de Trifaldi et quitta celui de Loupine.

Les douze duègnes et leur maîtresse marchaient d'un pas de procession, le visage couvert d'un voile noir ; ce voile n'était pas transparent comme celui de Trifaldin, mais si serré et si épais que rien ne se pouvait voir au travers. Aussitôt que ce duégnesque escadron eut achevé son entrée, le duc, la duchesse, don Quichotte et tous ceux qui regardaient cette lente procession se levèrent. Les douze duègnes s'arrêtèrent et firent la haie, au milieu de laquelle la Doloride, que Trifaldin tenait toujours par la main, s'avança : ce que voyant le duc, la duchesse et don Quichotte, ils s'avancèrent aussi de douze pas pour la recevoir. Elle mit les genoux à terre, et, d'une voix plutôt basse et enrouée que fine et délicate, elle parla en cette sorte : « Plaise à Vos Grandeurs ne témoigner point tant de courtoisie à celui-ci leur serviteur, je veux dire à celle-ci leur servante : car, étant affligée comme je suis, ce sera par hasard si je réponds à ce que je dois. Mon infortune étrange et inouïe m'a emporté l'entendement je ne sais où, et il faut que ce soit fort loin, car plus je le cherche, moins je le trouve. — Celui-là n'en aurait point du tout, madame la comtesse, repartit le duc, qui en vous voyant ne connaîtrait aussitôt votre valeur, laquelle, sans plus d'examen, mérite toute la crème de la courtoisie et toute la fleur des beaux compliments. » Il la prit par la main et la fit seoir en une chaise auprès de la duchesse, qui la reçut pareillement avec beaucoup de civilité. Don Quichotte ne disait mot, et Sancho mourait de désir de voir le visage de la Trifaldi, ou de quelqu'une de ses nombreuses duègnes, mais il ne lui fut pas possible jusqu'à ce que de leur bon gré elles se découvrirent. Tout le monde était en silence et sans se remuer, attendant que quelqu'un le rompît, et ce fut la duègne Doloride qui commença de parler en ces termes :

« Je suis assurée, puissantissime seigneur, bellissime dame et prudentissime assistance, que ma misère trouvera place dans vos cœurs vaillantissimes, qu'on lui fera un accueil non moins rempli de courtoisie que de générosité et de douleur. Mon infortune, dis-je, est telle qu'elle est capable d'attendrir les marbres, amollir les diamants et dulcifier l'acier des cœurs les plus obstinés et les plus endurcis du monde. Toutefois, avant qu'elle parvienne à votre ouïe, pour ne pas dire à vos oreilles, je désirerais savoir si, dans ce sein, ce chœur et cette compagnie se trouvent le purissime chevalier don Quichotte de la Manchissime, et son écuyérissime Pança. — Le Pança y est, répondit Sancho avant qu'autre parlât, et le don Quichottissime aussi. C'est pourquoi vous pourrez, duégnissime dolentissime, dire ce que vous désirissimes. Car nous sommes tous prompts et prêtissimes à être vos esclavissimes. »

Là-dessus, don Quichotte se leva, et, s'adressant à la duègne Doloride, il dit : « Si vos infortunes, affligée dame, peuvent espérer remède de la force ou de la valeur de quelque chevalier errant, voici les miennes toutes prêtes à vous servir, bien que faibles et de peu d'effet. Je suis don Quichotte de la Manche, ma profession est d'aider et de secourir toutes sortes de nécessiteux. Or, cela étant, comme cela est, vous n'avez point besoin, madame, de capter de bienveillances ni d'user de préambules. Vous n'avez qu'à dire librement et sans détours quels sont vos maux. Des oreilles ici vous écoutent, lesquelles sauront au moins participer à votre douleur, sinon y remédier. » Doloride, ayant ouï ces paroles, fit mine de se jeter aux pieds de don Quichotte, et même s'y jeta. Et, s'efforçant de les embrasser, elle tenait ce langage : « Je me prosterne devant ces pieds et devant ces jambes, invincible chevalier, comme devant la base et les colonnes de la chevalerie errante. Ce sont ces pieds que je veux baiser comme ceux des pas desquels dépend tout le remède de mes malheurs. Ô valeureux chevalier errant, de qui les exploits véritables laissent derrière eux et obscurcissent ceux fabuleux des Amadis, des Esplandians et des Belianis ! » Puis, quittant don Quichotte, elle se tourna vers Sancho Pança, et, lui saisissant les mains, lui dit : « « Ô toi, le plus loyal écuyer qui ait jamais servi chevalier errant aux siècles présents ni aux siècles passés ! Plus grand en prud'homie que la barbe de Trifaldin, mon écuyer ici présent ! Tu peux bien te vanter, car, en servant le grand don Quichotte, tu sers en lui tout seul le bataillon des chevaliers qui ont porté les armes dans le monde. Je te conjure, par ce que tu dois à ta bonté fidélissime, que tu me serves de bon intercesseur auprès de ton maître, afin que bientôt il lui plaise favoriser cette humilissime et infortunissime comtesse. »

Sancho lui répondit : « Que ma bonté, madame, soit aussi grande que la barbe de votre écuyer, cela ne m'importe pas beaucoup. Que mon âme ait barbe et moustaches, quand elle sortira de cette vie, c'est ce qui me touche : car, pour les barbes d'ici-bas, je m'en soucie fort peu, voire point du tout. Néanmoins, sans tant de câlineries, ni tant de supplications, je prierai mon maître (et je suis assuré qu'il me veut du bien, et principalement à cette heure qu'il a besoin de moi pour une certaine affaire) qu'il favorise et secoure Votre Grâce en tout ce qu'il lui sera possible. Déchargez hardiment votre ennui et contez-le-nous, et laissez faire, nous nous entendrons tous. »

Le duc et la duchesse étouffaient de rire : car c'étaient eux qui avaient prêté la main à cette aventure. Ils louaient aussi à part eux la subtilité et la dissimulation de la Trifaldi, laquelle, s'étant remise en sa place, parla de la sorte : « La reine Magoncie, veuve du roi Archipeau, son seigneur et époux, fut dame et reine du grand royaume de Candaye, qui est entre la grande Taprobane et la mer du Sud, deux lieues au-delà du camp Comorin. Or, du mariage du roi et d'elle est sortie l'infante Antonomasie, héritière dudit royaume. Celle-ci s'est nourrie et élevée sous mon gouvernement, car j'étais la plus ancienne et la plus noble duègne de sa mère. Enfin, les jours venant et passant, la fillette Antonomasie parvint à l'âge de quatorze ans. Elle était si parfaitement belle que la nature n'eût pu y rien ajouter. Et pour son esprit, dirons-nous que c'était celui d'une morveuse ? Non, non, elle était aussi sage que belle, et elle était la plus belle du monde, et l'est encore, si les destins envieux et les Parques cruelles n'ont tranché le fil de sa vie. Mais ils ne l'auront pas fait, car les Cieux ne permettront pas que l'on fasse tant de mal à la terre que ce serait de cueillir en verjus la grappe du plus beau cep de ce monde. De cette beauté, non assez louée par ma langue grossière, s'enamourèrent un nombre infini de princes, tant du royaume que des pays étrangers, parmi lesquels un certain chevalier, qui suivait la cour, osa élever ses pensées au ciel d'une si grande beauté. Sa jeunesse, sa gentillesse, sa bonne mine, la facilité et la félicité de son esprit, lui donnaient de l'assurance : car je fais savoir à Vos Grandeurs, si cela ne leur est point désagréable, qu'il touchait de la guitare et la faisait parler. En outre, il était poète et grand danseur. Il savait aussi faire des cages pour les oiseaux, et rien qu'à les faire il aurait pu gagner sa vie dans une extrême nécessité. Toutes ces belles parties et ces rares qualités sont suffisantes pour abattre une montagne, et pourquoi pas une délicate demoiselle ? Toutefois sa gentillesse, sa bonne grâce et toutes ses autres perfections n'eurent que bien peu de pouvoir, voire aucun pouvoir, pour faire rendre la forteresse de ma fille, si ce larron impudent ne se fût avisé de me gagner premièrement. Ce malandrin et ce vagabond sans conscience s'efforça de gagner ma volonté et de me suborner afin que je lui livrasse, méchant alcade que je suis, les clefs de la forteresse dont j'étais chargée. Enfin, il captiva mon esprit par ses flatteries et asservit ma volonté avec je ne sais quels affiquets qu'il me donna. Mais ce qui me fit choir plus aisément et occasionna ma perte, ce furent quelques couplets que je lui ouïs chanter une nuit, et lorsque j'étais derrière un treillis qui donnait sur une ruelle où il était, et, si je ne me trompe, ils disaient :

Du doux feu de ses yeux naît une maladie
Qui rend incessamment mon esprit agité,
Et ma cruelle veut, pour plus de cruauté,
Qu'en la sentant toujours jamais je ne la die.

Le couplet me sembla d'or, et la voix de sirop ; et depuis lors, voyant la faute où ces vers et autres semblables m'ont précipitée, j'ai cru que les poètes doivent être chassés des républiques bien gouvernées, selon le conseil qu'en donne Platon, au moins les poètes érotiques, car ils composent des vers, non pas comme ceux du marquis de Mantoue, qui font rire et pleurer les petits enfants et les femmes, mais bien des vers subtils et pointus, qui, comme de douces épines, traversent l'âme et la percent, de même que la foudre, sans que l'habit en reçoive aucun dommage. Je l'ouïs aussi chanter une autre fois :

Viens, ô Parque cruelle, et puis tout à la fois,
Sans que j'en sente rien, dépouille-moi de vie,
De peur que le plaisir qu'en mourant je prendrois
De vivre encore un coup ne me donnât l'envie.

et d'autres couplets et envois de même façon qui, chantés, enchantent, et, lus, ravissent, mais surtout quand ils daignent composer un certain genre de vers qui étaient pour lors fort usités en Candaye, qu'ils appellent des séguedilles. C'est alors que l'âme tressaille, que l'on meurt de rire, que l'on se démène le corps, et enfin que tous les sens semblent être de vif-argent. C'est pourquoi je dis, messeigneurs, que l'on devrait à bon droit reléguer tous ces trouvères aux îles des Lézards. Mais encore ne les faut-il point blâmer, mais plutôt les sots qui les louent et les niaises qui les croient. Si j'eusse été la bonne duègne que je devais être, leurs conceptions nocturnes ne m'eussent dû nullement émouvoir, et je n'eusse dû croire aucunement véritables ces belles paroles : *Je vis en mourant, je brûle dans la glace, je tremble au milieu du feu, j'espère sans espérance, je pars et demeure*, avec tant d'autres billevesées de même étoffe, qui sont impossibles, et dont ils remplissent leurs écrits. Et que dire encore, quand ils vous promettent le phénix d'Arabie, la couronne d'Ariane, les chevaux du Soleil, les perles du Sud, l'or de Tibar et le baume de Pancaye ? C'est là qu'ils font courir leurs plumes et leurs belles paroles : il ne leur coûte rien de promettre ce que jamais ils ne pensent ni ne peuvent accomplir. Mais où est-ce que je m'égare ? Hélas ! malheureuse que je suis, quelle sottise ou quelle folie m'emporte, et me fait raconter les fautes d'autrui, ayant tant à dire des miennes ? Hélas ! malheureuse que je suis encore un coup ! Ce ne sont pas les vers qui m'ont vaincue, mais ma simplicité ; ce n'est pas la musique qui m'a amollie, mais ma légèreté. Ma grande ignorance, mon peu de jugement, ont ouvert le chemin aux pas de don Clavijo, car c'est ainsi que s'appelle le chevalier de qui je vous parle, et c'est moi qui lui ai baillé le moyen d'entrer une fois, et même plusieurs, dans la chambre à coucher d'Antonomasie par moi abusée, et non par lui, sous le titre de vrai et légitime époux. Car, encore que je fusse une pauvre pécheresse, je n'eusse jamais consenti que, sans cette promesse, il lui eût touché seulement au bord de son soulier. Non, non, pour cela non, le mariage marchera toujours le premier en tête, en quelque affaire de ce genre que je me mêle. Or, il n'y avait qu'un empêchement, c'était l'inégalité des conditions, car don Clavijo n'était que simple chevalier, et l'infante Antonomasie héritière, comme je l'ai dit, du royaume. Cette intrigue demeura quelque temps cachée par ma prudence, jusqu'à ce que je visse je ne sais quelle enflure au ventre d'Antonomasie, et qui pouvait enfin la découvrir. Cette crainte nous fit entrer en conseil, et notre conclusion fut qu'avant que la mauvaise histoire vînt à éclater, don Clavijo demanderait en mariage par-devant vicaire l'infante Antonomasie, en vertu d'une promesse écrite par elle à lui faite, promesse que j'avais si bien renforcée par la subtilité de mon esprit que les forces de Samson n'eussent été capables de la rompre.

« On fit les diligences. Le vicaire vit la promesse ; il interrogea l'infante, elle se confessa *de plano ;* il l'envoya chez un alguazil de cour, homme d'honneur, afin qu'il l'eût sous sa garde. — Il y a donc aussi en Candaye, dit Sancho, des alguazils de cour, des poètes et des séguedilles ? Si cela est, je m'imagine par tous les serments que je puis faire que tout le monde n'est qu'une même chose. Cependant, que Votre Seigneurie se hâte un peu, madame Trifaldi, car il s'en va tard, et je meurs d'envie de savoir la fin de cette si longue histoire. — Si ferai-je », répondit la comtesse.

CHAPITRE XXXIX

OÙ LA TRIFALDI CONTINUE SA SURPRENANTE ET MÉMORABLE HISTOIRE

La duchesse prenait autant de plaisir à tout ce que disait Sancho que don Quichotte en recevait de mécontentement. Celui-ci lui commanda de se taire et la Doloride poursuivit son histoire :

« Finalement, après beaucoup de demandes et de réponses, le vicaire, voyant que l'infante persévérait toujours en son opiniâtreté, sans sortir ni s'écarter de sa première déclaration, il donna sentence en faveur de don Clavijo, et lui remit l'infante pour être sa légitime épouse. De quoi la reine Magoncie, mère de l'infante Antonomasie, reçut tant d'ennui que trois jours après il la fallut enterrer. — Elle mourut sans doute, observa Sancho. — Il est clair, repartit Trifaldin. En Candaye on n'enterre pas les personnes vivantes, mais bien les morts. — L'on a vu quelquefois, monsieur l'écuyer, répliqua Sancho, enterrer un homme évanoui, que l'on croyait être mort, et il me semblait que la reine Magoncie était obligée à s'évanouir avant de se laisser mourir, car avec la vie on remédie à bien des choses, et la faute de l'infante n'avait pas été si grande que sa mère s'en dût tant ressentir. Si cette dame se fût mariée à quelqu'un de ses pages, ou à quelque serviteur de sa maison, comme beaucoup d'autres ont fait, ainsi que je l'ai entendu dire, le mal serait alors sans remède ; mais s'être mariée à un chevalier, brave et galant gentilhomme, et aussi entendu qu'on l'a ici dépeint, en vérité, en vérité, quoique ce fût une folie, elle ne fut pas aussi grande que l'on pense : car, selon les règles de mon maître, ici présent, qui ne me laissera pas mentir, de même que des hommes savants on fait les évêques, ainsi des chevaliers, principalement si ce sont des chevaliers errants, peut-on faire des rois et des empereurs. — Tu as raison, Sancho, dit don Quichotte, car un chevalier errant, pourvu qu'il ait deux doigts de fortune, est en puissance prochaine d'être le plus grand seigneur du monde. Toutefois, que la dame Doloride passe outre. Il me semble qu'il lui reste à nous conter l'amertume de cette jusqu'ici douce histoire. — Et comment ! s'il m'en reste l'amertume, répliqua la comtesse, et si bien l'amertume qu'en comparaison la coloquinte est douce et le laurier-rose savoureux.

« La reine étant donc morte, et non évanouie, nous la fîmes ensevelir, et à peine était-elle couverte de terre, à peine lui avions-nous dit le dernier adieu *(quis talia fando temperet a lacrymis*[1] *?)* quand le géant Malembrun, cousin germain de Magoncie, parut sur le sépulcre de la reine, monté sur un cheval de bois. Outre qu'il est fort cruel, il est aussi enchanteur : voulant venger la mort de sa cousine, et châtier la témérité de don Clavijo et la folie d'Antonomasie, il les laissa tous deux enchantés sur le monument même, l'infante changée en une guenon de bronze, et don Clavijo en un effroyable crocodile d'un métal inconnu, et entre eux deux un cippe, aussi de métal, sur lequel sont écrites en langue syriaque certaines lettres qui, traduites en langue candayesque et maintenant en castillan, enferment cette sentence :

Ces deux téméraires amants ne recouvreront point leur première forme jusqu'à ce que le valeureux Manchègue se batte avec moi en duel : car les destins réservent à sa seule valeur cette aventure étrange et qu'on n'a jamais vue.

« Ce fait, Malembrun tira du fourreau un grand et démesuré cimeterre, et, me prenant pas les cheveux, il fit semblant de me vouloir ouvrir la gorge et de me trancher la tête. Je me troublai, ma voix s'attacha à mon palais, et je demeurai à toute extrémité. Toutefois, je fis tous mes efforts du mieux qu'il me fut possible et, d'une voix tremblante et douloureuse, je lui dis tant et de telles choses qu'elles le décidèrent à suspendre l'exécution d'un si rigoureux châtiment. Il fit enfin venir devant lui toutes les duègnes qui étaient au palais, et ce sont celles-là mêmes qui sont ici présentes. Et, après qu'il eut exposé la faute que nous avions commise et violemment blâmé les mœurs des duègnes, leurs ruses et leurs malices, en les chargeant toutes de la faute dont j'étais seule coupable, il nous dit qu'il ne voulait point nous punir de mort, mais de supplices plus lents, qui nous donneraient une mort civile et continue, et à peine eut-il achevé de proférer ces paroles, nous sentîmes toutes que les pores de notre visage s'ouvraient et que partout on nous piquait comme avec des pointes d'aiguilles. Nous portâmes aussitôt nos mains à notre visage, et nous nous trouvâmes en la sorte que vous verrez maintenant. » Et aussitôt la Doloride et les autres duègnes haussèrent les voiles qui les cachaient et firent voir leurs visages tout couverts de barbes, les unes rousses, les autres noires, d'autres blanches et les autres mêlées. A cette vue le duc et la duchesse se montrèrent fort étonnés, don Quichotte et Sancho ébahis, et surpris tous les assistants. Cependant la Trifaldi poursuivit : « C'est ainsi que nous châtia ce coquin, ce méchant Malembrun, couvrant la douceur et la délicatesse de nos visages de ce crin âpre et rude. Plût à Dieu qu'il nous eût coupé la tête avec son démesuré cimeterre, plutôt que d'avoir ainsi flétri la beauté de nos faces avec cette bourre qui nous couvre : car, messieurs, si nous entrons en comptes (et ce que je m'en vais vous dire maintenant, je voudrais le proférer en faisant de mes yeux des fontaines, mais la considération de nos disgrâces et les mers que jusques ici ils ont versées les privent d'humidité et les sèchent comme des épis, c'est pourquoi je le dirai sans larmes), je dirai donc : comment et en quel lieu peut aller une duègne avec de la barbe ? Quel père ou quelle mère aura compassion d'elle ? Qui lui donnera assistance ? Car, si à peine trouve-t-elle quelqu'un qui l'aime quand elle a le teint beau et le visage martyrisé de mille sortes d'ingrédients et de fards, que deviendra-t-elle lorsqu'elle découvrira un visage transformé en forêt ? Ô duègnes, mes compagnes, l'astre qui présidait au point de notre naissance était bien malheureux ! Oh ! que nos pères nous ont engendrées à une heure mauvaise ! » Et, en proférant ces paroles, elle fit mine de s'évanouir.

CHAPITRE XL

DE CHOSES QUI TOUCHENT À CETTE AVENTURE ET À CETTE MÉMORABLE HISTOIRE

Je vous le jure, en vérité, tous ceux qui prennent plaisir à lire des histoires pareilles à celle-ci doivent remercier Cid Hamet, leur premier auteur, pour l'exactitude qu'il mit à nous en conter toutes les particularités, sans oublier d'en mettre en lumière chose si minime qu'elle fût. Il dépeint les pensées, découvre les imaginations, répond à ce que l'on tait, explique les doutes et résout les arguments ; enfin il manifeste les atomes du désir le plus curieux. Ô célèbre auteur ! Heureux don Quichotte ! Ô Dulcinée fameuse ! Ô gracieux Sancho Pança, puissiez-vous vivre tous joints ensemble, et chacun à part soi, une infinité de siècles, pour le contentement et le passe-temps général de tous les vivants !

L'histoire raconte donc qu'aussitôt que Sancho aperçut évanouie la Doloride, il dit : « Foi d'homme de bien et par la vie de tous mes ancêtres, les Panças, je n'ai jamais ouï ni vu, et mon maître ne m'a jamais conté, et jamais il n'est entré en son imagination une aventure semblable à la présente. Que mille diables te soient en aide pour ne point te maudire, méchant enchanteur et géant Malembrun ! Eh quoi ! n'avais-tu point d'autre espèce de châtiment à donner à ces pécheresses que de les barbifier ? N'eût-il pas mieux valu, et cela ne leur eût-il pas été plus séant, de leur fendre la moitié du naseau de haut en bas, quoiqu'elles en eussent parlé du nez, que de leur bailler de la barbe ? Je gage qu'elles n'ont pas le moyen de payer celui qui la leur voudrait faire. — C'est la vérité, monsieur, répondit une des douze, que nous n'avons pas de quoi nous faire raser. C'est pourquoi quelques-unes d'entre nous, pour épargner, nous avons trouvé un remède, c'est de nous servir de certains emplâtres ou onguents de poix, lesquels nous appliquons à nos visages, et puis les en tirons d'un coup, et demeurons rases et lisses comme le fond d'un mortier de pierre. Car, encore qu'au royaume de Candaye il y ait des femmes qui vont aux maisons pour ôter le poil et polir les sourcils, et pour faire tout plein d'ingrédients qui sont du domaine des femmes, toutefois nous, qui sommes les duègnes de notre maîtresse, n'avons jamais voulu les recevoir, parce que la plupart d'elles sentent leurs procureuses, ayant cessé d'être procurables. Et, si le seigneur don Quichotte ne remédie à notre mal, il ne faut point douter que l'on ne nous enterre avec de la barbe. — Je m'arracherais moi-même la mienne en pays de Maures, dit alors don Quichotte, si je ne remédiais aux vôtres. »

Sur cela, la comtesse Trifaldi reprit ses esprits, et dit : « Le tintement de cette promesse, valeureux chevalier, est parvenu à mes oreilles au milieu de mon évanouissement, et m'a fait revenir à moi et recouvrer tous mes sentiments. Et ainsi je vous supplie de nouveau, ô chevalier errant très illustre et indomptable seigneur, que vous mettiez en œuvre votre gracieuse promesse. — Je n'aurais garde, répondit don Quichotte. Regardez donc, madame, et dites-moi ce que je dois faire, mon courage est tout prêt à vous servir. — Le fait est, repartit Doloride, que d'ici au royaume de Candaye, si l'on y va par terre, il y a cinq mille lieues, deux de plus ou de moins ; mais, si l'on y va par l'air et par la ligne droite, il y en a trois mille deux cent vingt-sept. Il faut pareillement savoir que Malembrun me dit que, quand mon bonheur me ferait rencontrer le chevalier qui doit être notre libérateur, il enverrait une monture beaucoup meilleure et moins vicieuse que ne sont les chevaux de louage. Car cette même monture doit être le cheval de bois sur qui le valeureux Pierre de Provence enleva la belle Maguelonne. Or, ce cheval se gouverne par une cheville qu'il a au front, qui lui sert de bride, et il vole par l'air avec tant de légèreté qu'il semble que les diables mêmes l'emportent. Ce même cheval, selon une ancienne tradition, fut fabriqué par le sage Merlin. Celui-ci le prêta à son grand ami Pierre de Provence, lequel fit dessus de grands voyages, et par son moyen déroba, ainsi que nous l'avons déjà dit, la jolie Maguelonne, la menant en croupe par les airs et laissant ébaubis tous ceux qui les regardaient de la terre. Cependant Merlin ne le prêtait jamais qu'à celui à qui il lui plaisait, ou bien qui le payait le mieux. Et, depuis que le vaillant Pierre s'en servit, nous ne trouvons point qu'aucun l'ait monté. Malembrun, par le moyen de ses charmes, l'a obtenu et l'a en son pouvoir, et s'en sert en ses voyages qu'il fait ordinairement par diverses contrées du monde. Aujourd'hui il est ici, demain en France, et le jour d'après à Potosi. Mais le bon est que ce cheval ne mange ni ne dort, ni ne dépense de ferrures, et va l'amble en l'air sans ailes, si doucement que celui qui est dessus peut tenir un verre d'eau à la main sans en répandre une goutte. Aussi la belle Maguelonne se plaisait-elle fort d'y chevaucher. — S'il est question, dit Sancho, d'aller tout bellement, mon âne, encore qu'il ne coure point en l'air, va si doucement par terre que toujours je le ferai jouter avec autant de bêtes qui vont à l'amble. »

Tout le monde se mit à rire, et la Doloride poursuivit : « Et ce cheval, si tant est que Malembrun veuille mettre fin à notre disgrâce, avant qu'il soit demi-heure de nuit, sera ici devant nous : car il me dit que le signe qu'il me donnerait, d'avoir trouvé le chevalier que je cherchais, serait de m'envoyer aussitôt le cheval. — Et combien d'hommes, dit Sancho, se peuvent mettre sur ce cheval ? — Deux, repartit Doloride, l'un à la selle, l'autre à la croupe. Et le plus souvent ces deux personnes sont le chevalier et l'écuyer, à défaut de quelque dame enlevée. — Je voudrais bien savoir, madame Doloride, répliqua Sancho, comment se nomme ce cheval. — Son nom, dit-elle, n'est pas Pégase, comme celui du cheval de Bellérophon, ni Bucéphale, comme celui d'Alexandre le Grand. Il ne s'appelle point Brillador, ainsi que le cheval de Roland furieux ; ni Bayard, qui fut de Renaud de Montauban, ni Frontin, comme celui de Roger, ni Bootès, ni Périthoa, ainsi que se nomment, dit-on, les chevaux du Soleil. Il ne s'appelle point non plus Orélie, ainsi que faisait le cheval que montait le malheureux Rodrigue, dernier roi des Goths, le jour qu'il perdit en une bataille et la vie et le royaume. — Je gage, dit Sancho, que, puisqu'on ne lui a point donné le nom d'aucun de ces chevaux renommés, on ne lui aura point non plus donné celui de Rossinante, qui est le nom du cheval de mon maître, nom qui en propriété surpasse tous ceux qu'on a déjà nommés. — C'est vrai, répliqua la comtesse barbue, toutefois le nom de ce cheval lui convient fort bien, car il s'appelle Chevillard [1] le Léger : nom propre, si l'on considère qu'il est en bois, qu'il porte au front une cheville, et qu'il chemine légèrement ; de sorte que pour le nom il peut débattre avec le fameux Rossinante. — Ce nom, dit Sancho, ne me déplaît pas, mais je voudrais bien savoir avec quelle bride ou avec quel licou on le gouverne. — Je vous ai déjà dit, répondit la Trifaldi, que c'est avec la cheville : car le chevalier qui est dessus, en la tournant d'un côté ou d'un autre, le fait aller où il veut, ou par les airs, ou bien lui fait raser et quasi balayer la terre, ou tenir l'entre-deux qui est ce que l'on doit tenir en toutes les actions bien réglées. — Je le voudrais déjà bien voir, dit Sancho ; toutefois, penser que j'y monte, soit en selle soit en croupe, c'est demander des poires à un ormeau. A peine me puis-je tenir sur mon grison et sur un bât plus doux que de la soie ; et maintenant l'on voudrait que je me tînsse sur la croupe d'un cheval de bois, sans oreiller et sans carreau ! Par Dieu, je n'ai pas envie d'être moulu pour faire perdre la barbe à personne. Chacun se fasse raser comme il peut, quant à moi, je suis résolu de n'accompagner point mon maître en un si long voyage ; d'autant plus que mon devoir ne m'oblige à rien en ce rasement de barbes, comme je fais au désenchantement de madame Dulcinée. — Si fait, mon ami, répondit la Trifaldi, et vous y êtes tellement obligé que sans vous nous ne saurions rien faire. — De par le roi, dit Sancho, et qu'ont à voir les écuyers dans les aventures de leurs maîtres ?

Doivent-ils avoir, eux, la gloire de celles qu'ils achèvent, et nous, supporter le travail ? Corbleu, si les historiens disaient au moins : « Tel chevalier acheva telle et telle aventure, mais ce fut avec l'assistance d'un tel, son écuyer, sans laquelle il lui eût été impossible d'en venir à bout... » Mais ils décrivent simplement en ces termes : « Don Paralipoménon des Trois Étoiles acheva l'aventure des six vampires », sans nommer la personne de son écuyer, qui était présent à tout, non plus que s'il n'eût jamais été au monde. Messeigneurs, je vous le dis encore une fois, mon maître s'en peut aller seul, et grand bien lui fasse ; mais, pour moi, je demeurerai ici, en la compagnie de madame la duchesse. Peut-être, à son retour, trouvera-t-il la cause de madame Dulcinée en meilleur état du tiers et du quart, car je fais mon compte qu'aux heures dérobées et oisives je me donnerai une telle volée de coups de fouet qu'il ne me restera poil. — Mais avec tout cela, dit la duchesse, il faut, ô bon Sancho, que vous accompagniez votre maître, s'il en est besoin, et plusieurs gens de bien vous en prieront, car ce serait mal fait si, par votre crainte inutile, les visages de ces dames demeuraient si touffus. — Encore une fois, de par le roi, répliqua Sancho, si cette charité se faisait pour quelques demoiselles recluses, ou pour quelques fillettes de la doctrine, un homme pourrait s'aventurer à souffrir quelque peine ; mais que je la souffre pour ôter la barbe à des duègnes, malheur ! J'aimerais mieux les voir toutes barbues, depuis la plus grande jusqu'à la plus petite, depuis la plus mijaurée jusqu'à la plus coquette. — Vous voulez mal aux duègnes, ami Sancho, dit la duchesse, et vous suivez par trop l'opinion de l'apothicaire de Tolède, et, sur ma foi, vous avez tort : car dans ma maison il y a telle duègne qui peut servir d'exemple aux autres dames, comme fait ma chère Rodriguez ici présente, qui ne souffrirait pas que je disse autrement. — Que Votre Excellence, repartit Rodriguez, dise à sa volonté, Dieu sait la vérité de tout : bonnes ou mauvaises, barbues ou non que nous soyons, nos mères nous ont aussi bien enfantées que les autres femmes. Et, puisque

Dieu nous a mises au monde, Il sait pourquoi. Je m'en tiens à Sa miséricorde, et non à la barbe de personne. — C'est assez, dit alors don Quichotte ; madame Rodriguez, madame Trifaldi et compagnie, j'espère que le Ciel regardera de bon œil vos soucis. Sancho fera ce que je lui commanderai. Je voudrais que Chevillard fût déjà ici et que j'en fusse aux prises avec Malembrun. Il n'y a rasoir qui coupât si bien vos barbes que mon épée couperait la tête rasibus des épaules de ce géant : car Dieu souffre les méchants, mais non pas pour toujours. — Las ! reprit la Doloride, puissent toutes les étoiles des régions célestes, hardi chevalier, jeter les yeux sur votre valeur, et verser en votre courage toute prospérité et vaillance, afin que vous soyez toujours l'écu et le rempart de la vilipendée et abattue race des duègnes, abhorrée des apothicaires, injuriée des écuyers et bafouée des pages. Maudite soit la première qui, en la fleur de son âge, ne se fit point plutôt religieuse que duègne ! Misérables que nous sommes, nous autres duègnes : car, encore que nous vinssions en droite ligne de mâles en mâles d'Hector de Troie, nos maîtresses ne cesseraient pas pourtant de nous jeter un *tu* et de jouer ainsi aux reines. Ô géant Malembrun, quoique enchanteur, tu es pourtant véritable en tes promesses : envoie-nous donc le sans pareil Chevillard, afin que notre infortune s'achève. Car, si la chaleur vient et que nos barbes durent, malheur à nous ! »

Elle proféra ces paroles avec tant d'angoisse qu'elle tira des larmes des yeux de tous les assistants, et fit même se mouiller ceux de Sancho ; et il résolut en son cœur d'accompagner son maître jusqu'au bout du monde, si tant est qu'il fût celui par qui on dût ôter la toison de ces vénérables visages.

CHAPITRE XLI

DE LA VENUE DE CHEVILLARD, AVEC LA FIN DE CETTE LONGUE AVENTURE

Sur ce, la nuit arriva, et avec elle le moment déterminé pour la venue du fameux cheval Chevillard. Sa lenteur fâchait fort don Quichotte : car il lui semblait, puisque Malembrun demeurait si longtemps à l'envoyer, ou qu'il n'était pas le chevalier pour qui cette aventure était réservée, ou bien que Malembrun n'avait pas le courage d'en venir à un combat singulier contre lui. Mais, comme il pensait à ces choses, voici que quatre sauvages entrèrent. Ils étaient tous vêtus de feuilles de lierre, et portaient sur leurs épaules un grand cheval de bois. Ils le posèrent à terre sur ses pieds, et un des sauvages dit : « Monte sur cette machine le chevalier qui en aura le courage. — Bon, dit Sancho, moi, je ne monte pas là-dessus, puisque je n'en ai pas le courage et que je ne suis pas chevalier. » Le sauvage poursuivit en ces termes : « Et que l'écuyer prenne la croupe, si tant est que ce chevalier en ait un. Et qu'il se fie au valeureux Malembrun, car si ce n'est de son épée, d'aucune autre ni de nulle embûche il n'a rien à redouter. Il ne faut que tourner cette cheville que le cheval a au front, parce qu'il les portera par les airs jusqu'au lieu où Malembrun les attend. Mais, afin que la hauteur du chemin ne leur cause pas d'étourdissements, ils doivent se couvrir les yeux jusqu'à ce que le cheval hennisse, qui sera un témoignage de la fin du voyage. » Ce disant, ils abandonnèrent Chevillard, et reprirent d'un air dégagé le chemin par où ils étaient venus.

Aussitôt que la Doloride aperçut le cheval, la larme à l'œil, elle dit à don Quichotte : « Valeureux chevalier, les promesses de Malembrun ont été assurées. Le cheval est ici, nos barbes grandissent, et chacune de nous, par autant de poils que nous avons, nous te supplions de nous raser et de nous tondre, puisque, pour ce faire, il ne faut sinon que tu montes sur ce cheval avec ton écuyer, et donnes heureux commencement à votre nouveau voyage. — Je le ferai, dit don Quichotte, comtesse Trifaldi, je le ferai de fort bon cœur et de meilleure volonté, sans coussin ni éperons, afin de ne m'arrêter plus longtemps, pour l'envie que j'ai de vous voir, avec toutes ces dames, les barbes rases et nettes. — Et moi, je n'en ferai rien, dit Sancho, ni de bonne ni de mauvaise volonté, en nulle manière. Et, si tant est que ce rasement ne se puisse faire sans que je monte en croupe sur ce cheval, mon maître peut bien chercher un autre écuyer pour l'accompagner, et ces dames un autre moyen de se lisser le visage, car je ne suis point sorcier pour aimer à courir les airs ! Et que diraient mes insulaires, s'ils savaient que leur gouverneur se promenât dans le vent ? Il y a bien plus, c'est que, Candaye étant éloignée d'ici de trois mille et tant de lieues, si le cheval se lasse ou que le géant se fâche, nous demeurerions à revenir une demi-douzaine d'années, et alors ni île ni îlots dans le monde qui me reconnaissent ! Et puis l'on dit en commun proverbe que le péril gît dans le retard, et que, quand on vous donne la petite vache, il faut accourir avec la cordelette. Les barbes de ces dames me pardonnent, je sais que Saint-Pierre est fort bien à Rome : je veux dire que je me trouve fort bien en cette maison-ci, où l'on me fait un si bon traitement et du maître de laquelle j'attends une si grande faveur que de me voir gouverneur.

— Ami Sancho, répondit le duc, l'île que je vous ai promise n'est point mouvante ni fugitive. Elle a de si profondes racines dans les entrailles de la terre qu'on ne l'en saurait arracher ni remuer en tirant trois fois dessus. Et puis vous savez aussi bien que moi qu'il n'y a nul office aussi honorable qui ne s'acquière au moins avec quelque pot de vin, tantôt plus, tantôt moins ; celui que je requiers de vous pour ce gouvernement, c'est que vous accompagniez votre maître le seigneur don Quichotte, pour donner commencement et fin à cette mémorable aventure ; que vous montiez tout présentement sur Chevillard, et reveniez avec la promptitude que promet sa légèreté. Quand la fortune vous serait si contraire qu'elle vous fît revenir à pied en pèlerin, d'hôtellerie en hôtellerie et de taverne en taverne, néanmoins, dès que vous serez revenu, vous trouverez toujours votre île là où vous l'avez laissée, et vos insulaires avec même désir de vous recevoir pour leur gouverneur qu'ils ont toujours eu. Ma volonté sera toujours la même, et ne doutez nullement de cette vérité, seigneur Sancho, car autrement vous feriez tort au désir que j'ai de vous servir. — Assez, de grâce, monseigneur, répliqua Sancho ; je ne suis qu'un pauvre écuyer qui n'ai pas le moyen de répondre à tant de courtoisie. Que mon maître monte, que l'on me bande les yeux, que l'on me recommande à Dieu et qu'on m'avertisse si, lorsque nous irons par ces hautes régions, je pourrai me recommander à Notre-Seigneur, ou invoquer l'assistance des anges. — Sancho, répondit la Trifaldi, vous pouvez parfaitement vous recommander à Dieu, ou à qui il vous plaira, parce que Malembrun, quoique enchanteur, est chrétien, et il fait tous ses enchantements avec beaucoup de prudence et de soin, sans chercher noise à personne. — Allons, bien, dit Sancho, et Dieu me soit en aide, et la très sainte Trinité de Gaète ! — Depuis la mémorable aventure des foulons, dit don Quichotte, je n'ai jamais vu Sancho saisi d'une aussi grande frayeur qu'à présent, et, si j'étais aussi superstitieux que d'autres, sa pusillanimité abattrait quelque peu mon courage. Toutefois, approchez-vous de moi, Sancho : avec la permission de ces messieurs, je veux vous dire deux mots en particulier. » Et prenant Sancho à l'écart, parmi les arbres du jardin, don Quichotte, saisissant les deux mains à son écuyer, lui tint ce discours : « Tu vois dès à présent, Sancho, mon frère, le long voyage qui nous attend. Dieu sait quand nous en reviendrons, et la facilité et le temps que nous donneront ces affaires. C'est pourquoi je désirerais fort que tout maintenant tu te retirasses en ta chambre comme si tu allais chercher quelque chose nécessaire pour le chemin, et qu'en un tour de main et comme acompte des trois mille et trois cents coups de fouet auxquels tu t'es obligé, tu t'en donnasses, si tu veux, cinq cents, et ce sera autant de fait, car commencer les choses, c'est les avoir à moitié finies. — Par Dieu ! dit Sancho, Votre Grâce doit avoir quelque chose de dérangé. C'est justement comme quand on dit : Tu me vois enceinte et tu me demandes un pucelage. Maintenant que vous me voyez tout près de m'asseoir sur une table rase, Votre Grâce veut que je m'abîme le derrière ? En vérité, en vérité, monsieur, Votre Grâce n'a point de raison. Allons d'abord tondre ces duègnes, et au retour je vous promets que je tâcherai de me tirer si promptement de mes obligations que vous aurez sujet de vous en contenter, et je n'en dis pas plus. — Avec cette promesse, dit don Quichotte, je pars consolé, ô bon Sancho, et je m'assure que tu l'accompliras, parce qu'en effet, quoiqu'un peu lourdaud, tu ne laisses pas d'être véridique. — Je ne suis pas vert, mais brun, dit Sancho ; mais, quand même je serais mêlé, je ne laisserais pas de tenir ma parole. » En achevant ce discours, ils revinrent afin de monter sur Chevillard. Or, comme ils étaient près de le faire, don Quichotte dit : « Bandez-vous les yeux, Sancho, et montez sans aucune crainte. Celui qui nous envoie querir de terres si lointaines ne nous voudrait point tromper pour le peu de gloire qu'il acquerrait de tromper qui en lui se fie. Et, quand même tout cela arriverait au rebours de ce que je m'imagine, la gloire d'avoir entrepris une si haute aventure, aucune malice ne saurait l'obscurcir. — Allons, monsieur, dit Sancho, car les barbes et les larmes de ces dames sont tellement empreintes dans mon cœur que je ne mangerai morceau qui me fasse du bien jusqu'à ce que je les voie en leur première face polie. Montez, mon maître, et bandez-vous les yeux le premier, parce que, si je dois monter en croupe, la raison veut que celui qui a la selle monte le premier. — Il est vrai », repartit don Quichotte ; et sur cela il tira un mouchoir de sa poche, et puis dit à Doloride qu'elle lui bandât très bien les yeux. Mais, quand il les eut bandés, il se reprit à ôter le bandeau et dit : « Si j'ai bonne mémoire, j'ai lu dans Virgile ce qu'il raconte du palladium de Troie : ce fut un cheval de bois que les Grecs consacrèrent à la déesse Pallas. Il était tout rempli de chevaliers armés, qui bientôt après firent la totale destruction de Troie, et il serait bon de voir premièrement ce que Chevillard porte dans son ventre. — Il n'en est pas besoin, repartit la Doloride, et je m'en tiens assurée : je sais que le Malembrun n'est nullement frauduleux ni traître. Montez-y donc, seigneur don Quichotte, sans peur aucune. Je prends sur moi le dommage, si quelque mal vous en arrive. »

Don Quichotte estima que, quelque réponse qu'il fît touchant sa sécurité, ce serait faire tort à sa valeur ; et sans plus contester, il monta sur Chevillard, et essaya la cheville qui se maniait fort aisément ; comme il n'avait point d'étriers, et que ses jambes pendaient, il ressemblait proprement à un personnage d'une tapisserie de Flandre, peinte ou tissue et représentant quelque triomphe romain. Sancho commença peu à peu et bien à regret de monter à son tour, et, en s'accommodant le mieux qu'il put à la croupe, il trouva celle-ci un peu dure et pas agréable, de sorte qu'il pria le duc qu'on lui baillât, s'il était possible, quelque oreiller ou quelque carreau, encore que c'en fût quelqu'un du siège de madame la duchesse, ou bien du lit de quelque page, parce que les fesses de ce cheval semblaient être plutôt de marbre que de bois. Sur ce, la comtesse Trifaldi répondit que Chevillard ne souffrait aucun harnais ni aucun ornement, et que tout ce que Sancho pouvait faire c'était de se mettre dessus à la mode des femmes, et qu'ainsi il ne ressentirait pas tant la dureté. Sancho le fit, et, après avoir dit adieu à la compagnie, se laissa bander les yeux, mais il se découvrit peu après, et, regardant tout éploré ceux du jardin, il les pria, la larme à l'œil, que chacun, en cette extrémité, dît pour lui des *Pater* et des *Ave Maria,* afin que Dieu leur envoyât quelqu'un pour les dire pour eux-mêmes, quand ils se trouveraient réduits en semblables périls. « Larron, dit alors don Quichotte, es-tu par hasard au gibet près d'être pendu, ou au dernier terme de ta vie, pour user de semblables prières ? Créature couarde et sans âme, n'es-tu pas au même lieu qu'occupa jadis la belle Maguelonne, et d'où elle descendit non pour être mise au sépulcre, mais pour prendre possession du royaume de France, si les histoires ne mentent ? Et moi, qui vais à ton côté, ne me puis-je pas mettre à celui du valeureux Pierre, qui occupa le même lieu que j'occupe maintenant ? Couvre-toi, couvre-toi, animal sans courage, et que ta bouche cesse de proférer la crainte qui te possède, au moins en ma présence. — Qu'on me bande donc, répondit Sancho, mais puisqu'on ne veut pas que je me recommande à Dieu ni que je lui sois recommandé, comment ne craindrais-je pas de rencontrer quelque légion de diables qui nous mènent en Péralvillo [1] ? »

On leur couvrit les yeux, et don Quichotte, sentant qu'il était comme il devait être, tourna la cheville, et à peine y eut-il mis les doigts que toutes les dames et tous les assistants élevèrent la voix et dirent : « Dieu te conduise, valeureux chevalier ! — Dieu soit avec toi, écuyer sans peur ! — Déjà, déjà vous fendez l'air plus vite qu'une flèche ! — Déjà commencez-vous d'étonner et d'émerveiller tous ceux qui vous regardent de la terre. — Tiens-toi bien, valeureux Sancho, car tu ne fais que branler. Prends bien garde que tu ne tombes. Ta chute serait pire que celle du téméraire jeune homme qui voulut régir le char du Soleil son père. »

Sancho ouït ces paroles, et, se serrant contre son maître, qu'il étreignait en ses bras, lui dit : « Monsieur, je ne sais pas comment ceux-ci disent que nous allons si haut, vu que leur voix parvient jusqu'ici, et qu'il semble qu'ils parlent tout proche de nous. — Ne t'arrête pas à cela, Sancho, dit don Quichotte, parce que, comme ces choses et ces voyages que l'on fait ainsi en l'air vont mille lieues au-delà du cours ordinaire, tu verras et entendras de mille lieues de loin tout ce que tu voudras. Ne me serre donc point tant, de peur que tu ne me fasses choir. Or, en vérité, je ne sais pourquoi tu te troubles et t'épouvantes. Je jure sur ma foi que jamais, en tous les jours de ma vie, je n'ai chevauché monture qui aille si doucement. Il semble que nous ne bougions du même point. Ami, bannis la crainte, puisqu'en effet la chose va comme elle doit aller. Nous avons le vent en poupe. — Il est vrai, dit Sancho, car il m'est avis que de ce côté je sens un grand vent qui me souffle si rudement qu'on dirait qu'il est animé de mille soufflets. »

Or, il ne mentait pas, parce qu'on l'éventait par derrière avec de grands soufflets. Le duc et la duchesse et leur majordome avaient si bien disposé l'aventure qu'il n'y défaillait chose aucune pour la rendre parfaite. Don Quichotte, sentant un peu plus tard le vent, dit : « Sans aucun doute, Sancho, nous devons être déjà parvenus à la seconde région de l'air, où s'engendrent la grêle et les neiges. Les tonnerres, les foudres et les éclairs s'engendrent en la troisième. Et, si nous montons toujours de la sorte, nous parviendrons bientôt à la région du feu ; et je ne sais comment modérer cette cheville pour nous empêcher d'aller en lieu où nous soyons consumés. »

Sur cela, avec de légers roseaux où il y avait des étoupes pendues au bout, faciles à enflammer et à éteindre de loin, on leur chauffait le visage. Sancho, qui sentit la chaleur, proféra ces mots : « Que je meure si nous ne sommes déjà en la région du feu ou bien proches de ce pays, parce que déjà une grande partie de ma barbe est roussie, et je m'en vais, monsieur, me découvrir pour voir où nous sommes. — Ne fais pas cela, repartit don Quichotte, et ressouviens-toi du conte vrai du docteur Torralva[2], que les diables emportèrent en l'air les yeux fermés, à cheval sur un bâton ! Il fut en douze heures à Rome, et s'arrêta à Tour de None, qui est une rue de la ville. Il y vit le combat, l'assaut et la mort de Bourbon, et le lendemain au matin il se trouvait de retour à Madrid, où il raconta tout ce qu'il avait vu. Il disait encore que, quand il allait en l'air, le diable lui commanda qu'il ouvrît les yeux, et, les ayant ouverts, il se vit si proche, comme il lui semblait, du corps de la lune, qu'il l'aurait pu toucher de la main. Et il n'osa jeter les yeux en bas sur la terre, de peur de s'évanouir. Ainsi, Sancho, rien ne nous presse de nous découvrir. Celui qui a pris la charge de nous porter aura soin de nous et en rendra compte. Peut-être faisons-nous ces pointes en haut pour nous laisser ensuite tomber sur le royaume de Candaye, de même que fait le sacre ou le faucon, lorsqu'il fond sur le héron pour le saisir, si haut qu'il remonte. Et, quoiqu'il ne nous semble pas qu'il y ait plus d'une demi-heure que nous sommes partis du jardin, crois-moi, nous devons déjà avoir fait un grand chemin. — Je ne sais ce que c'est, répondit Sancho Pança ; mais tout ce que je puis dire, c'est que, si la dame Maguelane ou Maguelonne se contenta de cette croupe, elle ne devait pas avoir la chair bien tendre. »

Le duc, la duchesse et tous ceux qui étaient au jardin oyaient tous les discours de ces deux vaillants, et ils en recevaient un extrême contentement. Mais, voulant donner fin à cette aventure étrange et bien agencée, ils mirent le feu à des étoupes qui étaient à la queue de Chevillard, et tout aussitôt, comme il était rempli de fusées et de pétards, il vola en l'air avec un étrange bruit, et tomba à terre avec don Quichotte et Sancho Pança, demi-flambés. En même temps, la comtesse Trifaldi et tout l'escadron barbu disparurent du jardin, et tous ceux qui y étaient demeurèrent étendus à terre comme s'ils eussent été évanouis. Don Quichotte et Sancho se relevèrent en fort mauvais état, et, regardant de tous côtés, ils demeurèrent tout étonnés de se voir au même jardin d'où ils étaient partis et de voir étendus à terre un si grand nombre de gens. Mais ils furent encore bien plus émerveillés quand, à un bout du jardin, ils aperçurent une grande lance fichée en terre, et un parchemin blanc pendu au bout et attaché de deux cordons de soie verte, avec cet écriteau en grandes lettres d'or :

L'illustre chevalier don Quichotte de la Manche, par

l'épreuve seule qu'il en a faite, a fini et achevé l'aventure de la comtesse Trifaldi, autrement nommée la duègne Doloride, et de sa compagnie. Malembrun se tient pour content et satisfait, et les barbes des dames sont déjà rasées et nettes ; et le roi don Clavijo et la reine Antonomasie sont remis en leur premier état, et, lorsque la flagellation de l'écuyer sera accomplie, la blanche colombe se verra délivrée des pestiférés gerfauts qui la persécutent, et entre les bras de son cher tourtereau. Ainsi l'a ordonné Merlin, le protomagicien de tous les magiciens.

Aussitôt que don Quichotte eut lu le parchemin, il comprit clairement qu'il s'agissait du désenchantement de Dulcinée et, rendant au ciel des grâces infinies de ce qu'avec si peu de péril il avait achevé une si grande aventure et ramené à leur poli et à leur beauté les visages des vénérables duègnes qui avaient disparu, il alla ensuite tout droit vers le lieu où le duc et la duchesse étaient étendus et évanouis, et, prenant par la main le duc, lui dit : « Hé ! cher seigneur, bon courage, bon courage ! Tout cela n'est rien, l'aventure est déjà achevée sans grand mal, ainsi que le montre clairement l'écriteau qu'on a mis à cette colonne. »

Le duc revint peu à peu à lui, comme un homme qui s'éveille d'un profond sommeil ; la duchesse en fit autant et tous ceux qui étaient étendus dans le jardin, avec de telles apparences de surprise et d'ébahissement qu'on eût dit que ce qui avait été inventé à plaisir était une chose véritable. Le duc, les yeux à demi fermés, lut le cartel, et tout aussitôt, les bras ouverts, courut embrasser don Quichotte, en lui disant qu'il était le meilleur chevalier qu'en aucun siècle on eût jamais vu. Sancho jetait les yeux de côté et d'autre pour trouver la Doloride et voir quel visage elle avait sans barbe, et si elle était aussi belle sans cela que sa gaillarde disposition le promettait. Mais on lui dit qu'aussitôt que Chevillard était descendu du haut des airs en brûlant et s'était abattu à terre, tout l'escadron des duègnes avait disparu avec la Trifaldi, et qu'elles n'avaient plus ni barbe ni poil.

La duchesse demanda à Sancho comment il s'était trouvé pendant ce long voyage, et Sancho lui répondit : « Madame, je sentis que nous allions, selon que me disait mon maître, volant par la région du feu, et je voulus me découvrir un peu les yeux ; mais mon maître, à qui j'en demandai la permission, n'y voulut jamais consentir. Mais moi, qui tiens tant soit peu du curieux et qui aime bien à savoir ce qu'on me défend, je levai tout doucement et sans que personne l'aperçût, à la naissance du nez, un petit bout du mouchoir qui me bandait les yeux. Lors, regardant de ce côté-ci, je vis que la terre n'était pas plus grosse qu'un grain de moutarde, et les hommes qui allaient dessus un peu plus grands que des noisettes, et par là on peut juger combien nous devions aller haut en ce moment. — Mon ami Sancho, repartit là-dessus la duchesse, regardez bien à ce que vous dites : à vous en croire vous n'aperçûtes pas la terre, mais bien les hommes qui y marchaient : or il est clair que, si la terre ne vous sembla qu'un grain de moutarde et chaque homme une noisette, un seul homme suffisait à couvrir toute la terre. — Il est vrai, répondit Sancho, mais avec tout cela je la découvris par un petit côté, et je la vis tout entière. — Sancho, expliqua la duchesse, faites attention que par un petit côté on ne voit pas tout le contenu de ce que l'on regarde. — Je n'entends rien, dit Sancho, à toutes ces façons de regarder. Tout ce que je vous puis dire, c'est que Votre Grandeur doit savoir que, puisque nous volions par enchantement, par enchantement aussi pouvais-je voir toute la terre et tous les hommes, de quelque côté que je les regardasse. Et, si vous n'ajoutez point foi à cela, encore moins croirez-vous comment, en me découvrant du côté des sourcils, je me vis si proche du ciel que de moi à lui il n'y avait pas plus d'un pied et demi, et, selon que je puis jurer, madame, il est fort grand, et il arriva que nous allions par un endroit où sont les Sept Chèvres ou Pléiades. Par Dieu et sur mon âme, comme en ma jeunesse je fus dans mon pays chevrier, sitôt que je les découvris, il me prit une envie de m'amuser avec elles un peu, et, si je ne l'eusse pas fait, j'en eusse crevé de dépit. J'arrive donc, comme ça, et qu'est-ce que je fais ? Sans dire mot à personne, et non pas même à monseigneur, je descends tout doucement de Chevillard et vais m'entretenir et deviser avec les Chèvres[3], qui sont justement comme des giroflées et de belles fleurs, environ l'espace de trois quarts d'heure, pendant lesquels Chevillard ne se bougea nullement du lieu ni ne passa outre.

— Tandis que le bon Sancho s'entretenait avec les chèvres, dit le duc, je voudrais bien savoir à quoi le seigneur don Quichotte passait le temps. — Comme des choses et des événements pareils, repartit don Quichotte, vont hors de l'ordre naturel, il ne faut point s'étonner si Sancho dit ce qu'il dit. Quant à moi, je puis dire que je ne me découvris nullement, ni par haut ni par bas, et que je n'aperçus ni le ciel, ni la terre, ni la mer, ni le rivage. Il est vrai que je sentis que je passais par la région de l'air, et aussi que je touchais à la région du feu ; toutefois je ne puis croire que nous fussions parvenus plus loin, puisque, la région du feu étant entre le ciel de la lune et la dernière région de l'air, nous ne pouvions parvenir au ciel, où sont les Sept Chèvres dont parle Sancho, sans nous embraser et consumer. Et, puisque nous ne sommes point brûlés, ou Sancho ment, ou Sancho songe. — Je ne mens ni ne songe, répondit Sancho, et, pour vous faire paraître que je dis la vérité, il ne faut que me demander les signes de telles Chèvres ; et par là on verra si je dis vrai ou non. — Sancho, dit la duchesse, dites-les donc. — Il y en a deux, repartit Sancho, qui sont vertes, deux incarnates, deux azurées et une de couleur mêlée. — Voilà une nouvelle façon de chèvres, dit le duc. En notre région de la terre on n'use point de telles couleurs ; je veux dire qu'il n'y a point de chèvres de telles couleurs. — Cela est vrai, dit Sancho. Mais parbleu, il faut bien qu'il y ait de la différence des chèvres du ciel à celles de la terre. — Mais dites-moi, Sancho, demanda le duc, parmi ces chèvres ne vîtes-vous pas quelque bouc ? — Non, monsieur, répondit Sancho ; mais j'ai toujours ouï dire qu'aucun ne passait les cornes de la lune. »

Ils ne lui en voulurent pas demander davantage sur son voyage, parce qu'ils virent que Sancho menaçait de se promener par tout le firmament et de leur donner des nouvelles de tout ce qui s'y passait sans avoir bougé du jardin. En somme, telle fut la fin de l'aventure de la duègne Doloride, qui donna beaucoup à rire au duc et à la duchesse, non seulement alors, mais tout le temps de leur vie, et donna sujet à Sancho d'en conter pendant des siècles, s'il eût autant vécu. Là-dessus, don Quichotte s'approcha de l'oreille de Sancho et lui dit : « Sancho, puisque vous voulez que l'on vous croie de ce que vous avez vu au ciel, je veux, moi, que vous m'en croyiez de ce que je vis dans la caverne de Montésinos. Et je ne vous en dis pas davantage. »

CHAPITRE XLII

DES CONSEILS QUE DONNA DON QUICHOTTE À SANCHO PANÇA AVANT QUE CELUI-CI ALLÂT GOUVERNER L'ÎLE, ET AUTRES CHOSES BIEN MÛREMENT PESÉES

Le duc et la duchesse reçurent un si grand plaisir de l'heureux et agréable succès de l'aventure de la Doloride qu'ils résolurent de passer outre à d'autres charges, voyant l'excellent sujet qu'ils avaient pour les faire passer pour vraies. C'est pourquoi, ayant déjà donné ordre à ce que leurs serviteurs et leurs vassaux devaient observer à l'endroit de Sancho au gouvernement de l'île promise, le jour qui suivit le vol de Chevillard, le duc dit à Sancho qu'il se fît beau et s'apprêtât à aller à son gouvernement, et que déjà ses insulaires l'attendaient comme pluie de mai.

Sancho lui fit une grande révérence et lui dit : « Depuis que je suis descendu du ciel et depuis que de son plus haut sommet j'ai contemplé la terre et l'ai vue si petite, la grande envie que j'avais d'être gouverneur s'est en partie modérée en moi : car quelle grandeur peut-on trouver à commander sur un grain de moutarde ? quelle dignité ou quel empire de gouverner une demi-douzaine d'hommes pas plus grands que des noisettes ? Et, à mon avis, il n'y en avait pas davantage en toute la terre. Si Votre Grandeur me voulait donner un échantillon du ciel, si petit qu'il fût, encore qu'il ne contînt pas plus d'une demi-lieue, je le prendrais de meilleur cœur que la plus grande île du monde. — Ami Sancho, repartit le duc, vous devez considérer que ce n'est pas à moi de donner à personne une partie du ciel, ne fût-elle pas plus grande que l'ongle. Ces faveurs et ces grâces sont réservées à Dieu seul ; je vous donne ce que je vous puis donner, à savoir une île faite et parfaite, ronde et bien proportionnée, et de toute façon fertile et abondante, par le moyen de laquelle, si vous savez vous arranger, vous pouvez, avec les richesses de la terre, acquérir celles du ciel. — C'est bon, répondit Sancho ; vienne donc cette île. Je m'efforcerai d'être un tel gouverneur qu'en dépit des envieux je monterai au ciel, et ce n'est pas par convoitise de sortir de ma cabane, ni de m'élever plus haut, mais pour le désir que j'ai de savoir le goût du gouvernement. — Si vous en faites une fois l'épreuve, Sancho, dit le duc, vous vous en lécherez les doigts, tant c'est une douce chose de commander et d'être obéi. Et certes il ne faut point que vous doutiez que quand votre maître sera empereur, car il le sera sans doute, selon le train que prennent ses affaires, on ne lui enlèvera pas facilement son empire et il pleurera dans son âme le temps qu'il aura laissé de l'avoir. — Monsieur, répliqua Sancho, je m'imagine que commander est une bonne chose, quand ce ne serait qu'à un troupeau de brebis. — Qu'on m'enterre avec vous, Sancho, si vous ne savez un peu de tout, repartit le duc, et j'espère que vous serez tel gouverneur que votre jugement le promet. C'est pourquoi laissons cela, et rappelez-vous que demain au matin, sans y manquer, vous vous en irez prendre possession du gouvernement de l'île, et ce soir on vous donnera un habillement convenable à votre office, et on vous fournira toutes les choses nécessaires à votre départ. — Que l'on me vête, dit Sancho, comme on voudra ; de quelque manière que je sois vêtu, je serai toujours Sancho Pança. — Il est vrai, dit le duc ; si est-ce pourtant que les habits doivent être conformes à la dignité que l'on possède, et il ne serait pas bienséant qu'un jurisconsulte s'habillât comme un soldat, ni un soldat comme un prêtre. Quand à vous, Sancho, vous irez vêtu moitié en lettré, moitié en capitaine, parce qu'en l'île que je vous donne les armes et les lettres y sont également nécessaires. — J'ai fort peu de lettres, répliqua Sancho, et même ne sais-je pas l'A B C. Mais il me suffit d'avoir le *Christus*[1] en la mémoire pour être bon gouverneur. Pour les armes, je manierai celles qu'on me baillera jusqu'à ce que je tombe à terre, et Dieu me guide. — Avec une si bonne mémoire, dit le duc, Sancho ne commettra jamais d'erreur. »

Sur ce, don Quichotte survint, et, sachant ce qui se passait et la promptitude avec laquelle Sancho devait partir pour aller à son gouvernement, il le prit par la main, et, avec la permission du duc, alla avec lui à sa chambre, en intention de le conseiller comment il se devait gouverner en sa charge. Quand ils furent entrés en son appartement, il ferma la porte, et puis fit asseoir, comme par force, Sancho près de lui, et d'une voix posée, lui dit ces paroles :

« Ami Sancho, je rends des grâces infinies au ciel de ce qu'avant que j'aie rencontré aucune bonne chance, la fortune est venue à ta rencontre pour te recevoir. Moi, qui réservais le salaire de tes services à ma bonne fortune, je me vois encore au début de ma prospérité ; et toi, avant le temps et contre la loi de la raison, tu te vois exaucé dans tes désirs. D'aucuns corrompent, importunent, sollicitent, se lèvent de bon matin, prient, persévèrent, et n'obtiennent point ce qu'ils prétendent, au lieu qu'un autre arrive, et, sans savoir comment oui ni comment non, il se trouve possesseur de l'office que maints autres demandaient. C'est pourquoi il est bien à propos de reconnaître ici qu'aux prétentions il y a bonne et mauvaise fortune. Toi, qui n'es pour moi qu'un maroufle, sans te lever matin, sans veiller et sans faire diligence aucune, rien qu'avec ce souffle de chevalerie errante qui t'a effleuré, et sans plus, tu te vois gouverneur d'une île, comme qui dirait rien du tout. Je te tiens tout ce discours, ô Sancho, afin que tu n'attribues point à tes mérites la faveur que tu as reçue, mais que tu en rendes grâces au ciel, qui dispose gentiment les choses, et puis tu les rendras à la grandeur que contient en soi la profession de l'errante chevalerie. Ayant disposé ton cœur à croire ce que je t'ai dit, ô mon fils, sois attentif à moi qui suis ton Caton, qui désire de te conseiller et d'être ton Nord et le guide qui te fasse entrer au port assuré de cette mer orageuse où tu te vas engouffrer : car les offices et les grandes charges ne sont autre chose qu'un profond golfe de confusions.

« Premièrement, mon fils, tu dois craindre Dieu, parce que la sagesse consiste en la crainte de Dieu, et que si tu es sage tu ne pourras errer en choses quelconques.

« Le second point, c'est de jeter les yeux sur ce que tu étais auparavant, et t'arranger pour te connaître toi-même, puisque c'est la plus difficile connaissance qui se puisse imaginer. Cette connaissance fera que tu ne t'enfleras point, comme la grenouille qui se voulut égaler au bœuf ; et, si tu le fais, la considération d'avoir gardé les pourceaux dans ton pays rabattra mainte fois la roue de ta folie. — Il est vrai, répondit Sancho ; mais c'était quand j'étais petit garçon ; et, quand je fus un peu plus grand, je gardai les oies, et non les pourceaux. Toutefois il me semble que cela ne fait rien à l'affaire ; ceux qui gouvernent ne procèdent point toujours de race royale. — Cela est vrai, répliqua don Quichotte ; c'est pourquoi ceux qui ne tirent point leur origine d'une noble extraction doivent accompagner la gravité de la charge qu'ils exercent d'une aimable douceur qui, guidée par la prudence, les tiendra saufs de la médisance malicieuse à laquelle aucun état ne peut échapper.

« Fais gloire, Sancho, de l'humilité de ton lignage, et ne crains point de dire que tu es de souche paysanne ; quand on verra que tu n'en as pas honte, nul ne songera à t'en faire rougir : car il vaut mieux que tu fasses état d'être humble et vertueux que d'être vicieux et superbe. Innombrables sont ceux qui, procédant d'une basse extraction, sont montés à la souveraine dignité pontificale ou impériale ; et pour preuve de cette vérité je pourrais ici t'apporter une infinité d'exemples qui t'importuneraient.

« Regarde, Sancho ; si tu prends la vertu pour voie et désires faire des actes vertueux, tu n'as pas à envier ceux qui sont princes et grands seigneurs ; la noblesse du sang s'acquiert en héritage et la vertu vient par acquisition. Or, la vertu d'elle-même vaut ce que ne saurait valoir le sang.

« Ceci étant, si par fortune quelqu'un de tes parents vient pour te voir quand tu seras dans ton île, ne le rebute point et ne lui fais point affront ; au contraire, fais-lui bon accueil et le traite avec amitié : par ce moyen, tu accompliras la volonté du ciel, qui prend plaisir que nul n'humilie ce qu'il a fait, et tu te conformeras à ce que tu dois aux règles de nature.

« Si tu as ta femme avec toi (parce qu'il n'est pas bon que ceux qui exercent longtemps une charge de gouverneur demeurent loin de leur femme), enseigne-la, instruis-la et débarrasse-la de sa rudesse naturelle, parce que tout ce qu'un sage gouverneur acquiert ordinairement, une femme sotte et rustique le perd et le répand.

« Si par fortune tu deviens veuf (chose qui peut arriver), et que ta charge te fasse épouser une femme plus relevée, ne la prends point telle qu'elle te serve d'hameçon, de canne à pêche et de : *je n'en veux pas, mais jette-le-moi dans mon capuchon ;* car, en vérité, je te dis que le mari rendra raison au jugement universel de tout ce que la femme du juge aura reçu, et payera au quadruple à la mort les comptes dont il ne se sera point chargé durant qu'il vivait.

« Ne te gouverne jamais par la loi du bon plaisir, ce qui

ordinairement a beaucoup de poids parmi les ignorants qui veulent faire les entendus.

« Que les larmes du pauvre trouvent en toi beaucoup de compassion, mais non pas pourtant plus de justice que les preuves du riche.

« Tâche de découvrir la vérité aussi bien parmi les promesses et les dons du riche que parmi les sanglots et les importunités du pauvre.

« Lorsque l'équité peut et doit trouver sa place, n'applique point au délinquant toute la rigueur de la loi : car la renommée de juge rigoureux ne vaut pas celle de juge pitoyable.

« Si par fortune tu fais plier la verge de la justice, que ce ne soit point sous le poids du présent, mais sous celui de la miséricorde.

« Lorsqu'il t'adviendra de juger le procès de quelqu'un de tes ennemis, écarte tout souvenir des injures qu'il t'a faites, et arrête-toi sur la vérité de l'affaire.

« Que la passion ne t'aveugle point en la cause d'autrui, parce que les fautes que tu y feras le plus souvent seront sans remède, et s'il y en a, ce sera aux dépens de ton honneur, et même de ton bien.

« Si quelque belle femme te vient demander justice, détourne les yeux de ses larmes et tes oreilles de ses plaintes, et considère mûrement la substance de sa demande, si tu ne veux noyer et perdre ta raison dans ses pleurs, et ta bonté dans ses soupirs.

« Ne traite point avec des paroles rigoureuses celui à qui tu dois infliger des châtiments matériels ; la peine du supplice suffit au malheureux, sans y ajouter les injures.

« Lorsque quelque pauvre criminel tombera sous ta juridiction, considère-le comme un malheureux, sujet aux conditions de notre nature dépravée, et en tout ce que tu pourras, sans néanmoins faire tort à l'adverse partie, montre-toi pour lui doux et clément : car, bien que les attributs de Dieu soient tous égaux, toutefois celui de sa miséricorde brille et resplendit plus à nos yeux que celui de sa justice.

« Si tu suis, ô Sancho, ces préceptes et ces règles, tu vivras de longs jours, ta renommée sera éternelle, ta félicité indicible, et tu te verras comblé de récompenses. Tu marieras tes enfants comme tu voudras, et ils posséderont des titres de grande seigneurie, eux et leurs fils ; et tu vivras en paix et estimé de tout le monde. La mort ne te prendra point, si ce n'est alors que tu seras accablé d'une vieillesse douce et mûre. Enfin, les délicates et tendres mains des enfants de tes enfants de la troisième génération fermeront tes yeux. Ce que je viens de dire, ce sont des enseignements pour orner ton âme ; écoute maintenant ce qui doit te servir à l'ornement du corps. »

CHAPITRE XLIII

DES SECONDS CONSEILS QUE DONNA DON QUICHOTTE À SANCHO PANÇA

Qui, lisant le discours précédent de don Quichotte, ne l'estimerait point une personne fort sage et encore mieux intentionnée ? Comme souvent nous l'avons dit dans le cours de cette grande histoire, il n'extravaguait que lorsqu'on venait à la chevalerie, tandis qu'en toute autre chose il montrait un clair et facile entendement, de sorte qu'à chaque pas ses actions démentaient son jugement, et son jugement ses actions. Mais, dans ces seconds avis qu'il donna à Sancho, il montra une grâce infinie et mit en même temps sa sagesse et sa folie en pleine évidence. Sancho l'écoutait fort attentivement, et s'efforçait de conserver en sa mémoire ses conseils comme un homme qui pensait les suivre et par leur moyen mener à bon terme l'accouchement de son gouvernement. Don Quichotte poursuivit donc, et dit :

« Sancho, quant à ce que tu dois faire pour le gouvernement de ta personne et de ta maison, ce que je te recommande en premier lieu, c'est d'être propre, de te rogner les ongles et de ne les laisser point croître, ainsi que font quelques-uns, qui sont si ignorants et si bêtes qu'ils croient que de grands ongles leur embellissent les mains, comme si cet excrément qu'ils ne coupent point était des ongles, alors que ce sont plutôt des griffes de crécerelles : sale et extraordinaire abus.

« Sancho, il ne faut point que tu ailles sans ceinture et les vêtements lâches : car qui va de la sorte témoigne une âme sans énergie, à moins qu'une telle négligence ne cache de la malice, ainsi que l'on jugea en Jules César.

« Considère prudemment ce que peut valoir ton office ; et, s'il est tel que tu aies le pouvoir de donner une livrée à tes serviteurs, donne-la-leur bonne et qu'elle leur soit plus profitable que de belle montre et pompeuse. Fais-en la répartition entre tes serviteurs et les pauvres. Je veux dire que, si tu as de quoi habiller six pages, tu en habilles trois, et autant de pauvres ; tu auras ainsi des pages au ciel et sur la terre. Et cette nouvelle manière de donner des livrées n'est point connue de ceux qui sont possédés de la vaine gloire.

« Ne mange point d'ail ni d'oignon, afin que l'odeur ne découvre ta rusticité.

« Marche gravement, parle tout doucement ; mais non pas de telle sorte qu'il semble que tu t'écoutes parler ; car toute affectation est mauvaise.

« Dîne peu et soupe encore moins ; la santé de tout le corps se forge dans l'officine de l'estomac.

« Sois modéré dans le boire, et considère que l'excès de vin ne garde aucun secret ni ne tient sa parole.

« Fais attention, Sancho, à ne pas mâcher des deux côtés à la fois et à n'éructer devant personne.

— Je n'entends pas, dit Sancho, ce mot d'éructer. » Et

don Quichotte lui dit « Éructer, Sancho, veut dire roter, et c'est un des plus vilains mots qu'ait la langue castillane, encore qu'il soit fort significatif ; de sorte que les délicats ont eu recours au latin, et, au lieu de roter, on dit éructer, et de rots, éructations ; et, quand quelques-uns n'entendent point ces termes, cela importe peu, parce que l'usage les introduira avec le temps et les fera aisément entendre. Or, c'est là enrichir la langue, sur qui le vulgaire et l'usage ont un grand pouvoir. — En vérité, monsieur, dit Sancho, parmi les conseils et les avis que vous me donnez, et que je pense garder en ma mémoire, je ne mettrai point en oubli de ne pas roter, parce que j'ai accoutumé de le faire fort souvent.

— Éructer, Sancho, reprit don Quichotte, et non roter.

— Je dirai donc dorénavant éructer, répliqua Sancho, et je jure de ne l'oublier point.

— Pareillement, Sancho, tu ne mêleras point en tes discours l'infinité de proverbes dont tu uses : car, bien que les proverbes soient de brèves sentences, souvent tu les tires de telle sorte par les cheveux qu'ils semblent plutôt extravagances que sentences. — Quant à cela, il n'y a que Dieu, repartit Sancho, qui puisse y remédier, car je sais plus de proverbes qu'un livre, et, quand je parle, ils viennent si pressés à ma bouche qu'ils se querellent les uns les autres, chacun voulant sortir le premier ; mais en même temps, ma langue va jetant hors les premiers qu'elle rencontre, quoiqu'ils ne soient pas à propos. Néanmoins j'aurai soin désormais de dire ceux qui conviendront à la gravité de ma charge. Car il n'y a point de doute qu'en une maison bien fournie le souper ne soit bientôt prêt, et qui coupe ne mêle point ; en sûreté est qui sonne la cloche, voire donner et posséder cela tient un homme en cervelle. — Très bien, Sancho ! s'écria don Quichotte. Enchâsse, enfile, entasse proverbes sur proverbes, personne ne t'en empêche, ma mère me châtie, et j'y retourne ! Pendant que je t'avertis de n'user plus de proverbe, tu en débites ici une litanie, et ils vont aussi bien au sujet que nous traitons qu'aux montagnes d'Ubeda. Écoute, Sancho, je ne te dis pas qu'un proverbe allégué à propos soit désagréable ; mais les entasser et les enfiler les uns avec les autres va comme je te pousse, cela rend la conversation basse et triviale.

« Lorsque tu monteras à cheval, ne porte point ton corps sur l'arçon de derrière, ni ne lève les jambes tendues, roides et éloignées du ventre du cheval, ni ne te fais point paraître si mou qu'il semble que tu sois monté sur ton grison : selon la façon de monter à cheval, on est un cavalier ou un garçon d'écurie.

« Que ton sommeil soit modéré ; qui ne se lève point avec le soleil ne jouit point du jour. Et remarque, ô Sancho, que la diligence est la mère de la fortune, et que la paresse, son adversaire, n'arrive jamais au point qu'un bon désir demande.

« Le dernier conseil que je te veux maintenant donner, quoiqu'il ne serve point pour l'ornement du corps, je désire que tu le graves fortement en ta mémoire, et je crois qu'il ne te sera pas moins profitable que ceux que je t'ai ci-devant donnés. Le voici. Que jamais il ne t'advienne de disputer de lignages, du moins en les comparant les uns avec les autres, parce que de ceux de qui tu feras la comparaison, il faut nécessairement que l'un soit plus illustre, de sorte que tu seras haï de celui que tu auras ravalé, et nullement récompensé de l'autre que tu auras élevé.

« Pour ton accoutrement, il faut que ce soit des chausses entières, une longue casaque, un manteau un peu plus long. Ne parlons point de grègues : elles ne conviennent nullement aux chevaliers, ni aux gouverneurs.

« C'est pour à présent, Sancho, tout ce qu'il me vient à l'esprit de te conseiller. Le temps marchera, et selon les occasions tu auras de moi d'autres avis et instructions, pourvu que tu sois soigneux de m'écrire de l'état où tu te trouveras. — Monsieur, répondit Sancho, je vois bien que toutes les choses que Votre Grâce m'a dites sont bonnes, saintes et profitables. Mais de quoi me peuvent-elles servir, si je ne me ressouviens d'aucune ? Il est vrai que pour ce qui est de ne laisser point croître mes ongles et de me remarier, si l'occasion se présente, cela ne me sortira point de l'imaginative. Mais de tous ces pots pourris, de tous ces tours et détours, il m'en souvient, et il m'en souviendra aussi peu que des neiges d'antan. C'est pourquoi il sera besoin qu'on me les baille par écrit, car, encore que je ne sache ni lire ni écrire, je ne laisserai pas de les bailler à mon confesseur, afin qu'il me les fourre devant et me les récapitule quand il sera de besoin. — Oh ! pécheur que je suis ! repartit don Quichotte, combien est-il malséant aux gouverneurs de ne savoir ni lire ni écrire : car il faut que tu saches, Sancho, que, quand on voit un homme qui ne sait point lire, ou qui est gaucher, cela dénote de deux choses l'une : ou qu'il est de basse extraction, ou qu'il est de si méchante et perverse nature que la bonne doctrine ni le bon usage n'ont pu entrer dans son âme. C'est un grand défaut que tu as là, ami Sancho, si bien que je désirerais fort que tu apprisses au moins à signer. — Je sais très bien faire la marque de mon nom, repartit Sancho, et, quand je fus élu syndic dans mon village, j'appris à faire des lettres semblables à celles des écriteaux, et l'on disait que cela signifiait mon nom. Au reste je dirai que j'ai la main droite estropiée, si bien qu'un autre signera pour moi. Il y a remède à tout, hormis à la mort, et moi, ayant le commandement et le bâton, je ferai ce que je voudrai, d'autant mieux que celui dont le père est alcalde... Eh bien ! moi, étant gouverneur, je serai plus qu'un alcalde. Approchez, venez çà : on peut regarder ! Non, mais qu'on essaye un peu de me calomnier ! Ils viendront pour la laine et s'en retourneront tondus. A qui Dieu veut du bien, sa maison le sait. Les sottises du riche passent au monde pour sentences, et moi, étant riche, puisque je serai gouverneur et en même temps libéral, comme je pense l'être, on ne me trouvera aucun défaut. Il ne faut que se faire miel, les mouches ne manquent pas après vous. Tu vaux autant que tu possèdes, disait ma grand-mère, et d'un homme bien établi tu ne te verras jamais vengé.

— Maudit de Dieu, sois-tu, Sancho ! dit alors don Quichotte, soixante mille démons te puissent emporter, et toi et tes proverbes ! Il y a une heure que tu es à les enfiler et à me mettre avec chacun à la question. Je te jure que ces proverbes te conduiront un jour au gibet. Tu verras : ils seront cause que tes vassaux t'ôteront le gouvernement, ou bien qu'il se fera entre eux des communes. Mais dis-moi, ignorant, d'où est-ce que tu les tires ? Comment les appliques-tu, sans cervelle que tu es ? Quand j'en veux alléguer quelqu'un et l'appliquer comme il faut je sue d'ahan, comme si je creusais la terre. — Parbleu, monsieur notre maître, répliqua Sancho, Votre Grâce se plaint de bien peu. A qui diable cela peut-il faire du mal que je me serve de mon bien ? Je n'en possède nul autre, et n'ai d'autre chevance que proverbes et encore des proverbes, et en voici maintenant quatre qui venaient ici tout faits au moule, ou comme des poires dans un panier. Mais je ne les dirai point, parce qu'on renomme Sancho pour se savoir bien taire. — Tu n'es pas ce Sancho-là, dit don Quichotte. Non seulement tu n'es point celui qui se sait bien taire, mais celui-là qui parle mal à propos et opiniâtrement. Néanmoins, je voudrais bien savoir quels sont ces quatre proverbes qui te venaient présentement à la mémoire et qui venaient ici à propos. J'ai, Dieu merci, la mémoire assez heureuse, et j'ai beau la fouiller et la refouiller, je n'y en trouve point. — Quels meilleurs proverbes y a-t-il, dit Sancho, sinon : Ne mets jamais ton pouce entre deux dents mâchelières, et : A *hors de ma maison,* et *que demandez-vous à ma femme,* il n'y a que répondre. Et : si la cruche cogne la pierre, ou la pierre la cruche, ça va mal pour la cruche. Autant de proverbes qui tombent ici à pic. Qu'aucun ne s'attaque à son gouverneur, ou à qui les commande, car il lui en cuira comme à celui qui met le doigt entre deux dents mâchelières, et quand elles ne seraient point mâchelières, cela n'importe, pourvu que ce soient des dents ; et à ce que dit le gouverneur rien à répliquer, de même que quand on dit : Sortez de ma maison, que voulez-vous à ma femme. Enfin il n'y a aveugle qui ne voie ce qui est de la cruche et de la pierre. Aussi est-il besoin que celui qui voit le fétu en l'œil d'autrui voie la poutre qui est au sien, afin qu'on ne dise pas de lui : La morte a peur de la décapitée, car vous savez qu'un fou en sait plus dans sa maison qu'un sage dans celle d'autrui. — Pour cela, non, Sancho, repartit don Quichotte, car le fou dans sa maison ni dans celle d'autrui ne sait rien, d'autant que nul bâtiment de sagesse n'est assuré sur le fondement de la folie. Mais laissons cela, Sancho. Si tu gouvernes mal, à toi sera la faute, et à moi la honte. Je me console pourtant et me dis que j'ai fait ce que je devais faire, en te conseillant en homme de bien et le plus sagement qu'il m'a été possible. Avec cela, je suis hors d'obligation et quitte de ma promesse. Dieu te conduise, Sancho, et te gouverne en ton gouvernement, et me tire du scrupule qui me demeure, que tu donneras avec l'île sens dessus dessous, chose que je pourrais bien éviter en découvrant au duc qui tu es, et en lui disant que toute cette grosse corpulence que tu as n'est autre chose qu'un sac rempli de proverbes et de malices. — Monsieur, répliqua Sancho, s'il vous semble que je ne sois pas propre à ce gouvernement, je m'en décharge tout maintenant. J'aime mieux une rognure de l'ongle de mon âme que tout mon corps, et je vivrai aussi bien Sancho avec du pain et de l'oignon que gouverneur avec des perdrix et des chapons, et d'autant plus que, quand on dort, tous sont égaux, les grands et les petits, les pauvres et les riches. Que si vous considérez bien ceci, vous trouverez, monsieur, que c'est vous qui m'avez poussé à être gouverneur, moi qui sais aussi peu qu'un butor ce que c'est de gouverner une île. Et, si vous croyez qu'étant gouverneur le diable me doive emporter, j'aime mieux étant Sancho aller au ciel, que gouverneur en enfer.

— Vraiment, Sancho, dit alors don Quichotte, par ces dernières paroles que tu viens de proférer, je juge que tu mérites d'être gouverneur d'un millier d'îles. Tu as un bon naturel, sans lequel il n'y a science qui vaille. Recommandetoi seulement à Dieu, tâche de n'errer point en la première intention ; je veux dire que tu sois toujours ferme et résolu de voir juste en toutes les affaires qui se présenteront à toi : le ciel favorise toujours les bons désirs. Cependant allons manger : car je crois que ces seigneurs nous attendent. »

CHAPITRE XLIV

COMMENT SANCHO PANÇA ALLA PRENDRE POSSESSION DE SON GOUVERNEMENT, ET DE L'ÉTRANGE AVENTURE QUI ARRIVA À DON QUICHOTTE AU CHÂTEAU DU DUC

On voit, paraît-il, par l'original de l'histoire que, lorsque Cid Hamet en est venu à écrire ce chapitre, son traducteur ne l'a pas rendu de la sorte qu'il l'avait écrit. Ici, en effet, se place une espèce de plainte que le Maure s'adresse à lui-même, parce qu'il a entrepris de mettre au jour une histoire aussi sèche et aussi limitée que celle de don Quichotte : il voit qu'il est toujours obligé de parler de don Quichotte et de Sancho sans oser s'étendre à d'autres digressions, et à des sujets plus graves et de plus d'agrément. Il dit aussi qu'avoir l'esprit toujours attaché à une même chose, écrire perpétuellement d'un même sujet, parler par la bouche d'un petit nombre de personnes, c'est un travail insupportable et dont l'auteur ne retire guère d'honneur ni de profit. C'est pourquoi, pour éviter ces inconvénients, il avait eu recours, dans la première partie, à l'artifice de quelques nouvelles, comme celle du *Curieux impertinent* et celle du *Capitaine captif*. Nouvelles qui sont comme séparées de l'histoire, tandis que les autres qu'on y raconte sont des aventures arrivées au même don Quichotte et qu'on ne pouvait laisser d'écrire. Il croit pourtant, dit-il, que beaucoup de personnes, emportées par l'attention que requièrent les hauts faits d'armes de don Quichotte, ne voudraient nullement s'amuser à lire ces nouvelles, si ce n'est en passant, ou avec quelque ennui, sans considérer leur gentillesse et l'artifice qu'elles contiennent et qui se verra bien à découvert, lorsqu'elles seront mises en lumière, sans être accompagnées des folies de don Quichotte et des farces de Sancho. Il n'a donc point voulu insérer en cette seconde partie de nouvelles libres ni mêlées, mais bien quelques épisodes qui semblent nés des aventures mêmes que présente la réalité, et encore y veut-il procéder d'une manière fort restreinte, et avec les paroles seules qu'il faut pour les déclarer. Se contenant donc dans les étroites limites de la narration, quoiqu'il ait assez d'habileté, de capacité et d'intelligence pour traiter de l'univers, il demande qu'on ne rabaisse pas son travail, et qu'on lui donne des louanges, non pour ce qu'il a écrit, mais pour ce qu'il a laissé d'écrire ; puis il poursuit son histoire en ces termes :

Don Quichotte, ayant achevé de dîner, donna le soir même à Sancho, par écrit, les instructions qu'il lui avait dites de bouche, et l'engagea à chercher quelqu'un pour se les faire lire. Mais à peine les eut-il données que Sancho les laissa choir, et elles vinrent aux mains du duc, qui les fit voir à la duchesse, et tous deux s'émerveillèrent de nouveau de la folie et du grand sens de don Quichotte. Or donc, continuant leurs bourdes, ils envoyèrent le soir même Sancho bien accompagné au lieu qui pour lui devait être une île. Celui qui avait la charge de l'y mener était un majordome du duc, fort intelligent et fort spirituel, qualités qui ne vont pas l'une sans l'autre. C'était lui qui avait joué le personnage de la comtesse Trifaldi avec la grâce que nous avons ci-dessus racontée. En outre, il avait été instruit par son maître et sa maîtresse comment il se devait comporter avec Sancho et il sortit de cette affaire merveilleusement bien à son honneur. Je dis donc qu'aussitôt que Sancho aperçut cet intendant, il se représenta dans son visage celui-là même de la Trifaldi, si bien que, s'adressant à son maître, il lui dit : « Monsieur, ou le diable me doit emporter du lieu où je suis maintenant, en homme de bien et en bon catholique, ou il faut que Votre Seigneurie me confesse que le visage de cet intendant du duc, que nous avons ici, est celui-là même de la Doloride. » Don Quichotte regarda attentivement le majordome, et, après l'avoir longtemps considéré, dit à Sancho : « Il n'y a pas là matière à ce que le diable t'emporte ni en homme de bien, ni en fidèle chrétien (et je ne sais ce que tu veux dire par là). Que le visage de la Doloride soit celui de l'intendant, ne prouve pas que l'intendant soit la Doloride. Et il y aurait bien de la contradiction à ce que cela fût, et, de plus, ce n'est pas le temps d'entrer dans ces vérifications. Ce serait nous mettre en des labyrinthes bien emmêlés. Crois-moi, ami Sancho, nous avons tous deux besoin de prier Notre-Seigneur qu'il nous délivre des méchants sorciers et des maudits enchanteurs. — Ce n'est point raillerie, seigneur, répliqua Sancho, je l'ai ci-devant entendu parler, et il me semble, en l'oyant, que la voix de la Trifaldi me sonne dans les oreilles. C'est bien, je me tairai pour le présent ; mais je ne laisserai pas dorénavant de prendre garde si je ne découvrirai point quelque autre signe qui confirme ou qui détruise ce soupçon. — Fais ainsi, Sancho, dit don Quichotte, et tu me donneras avis de tout ce que tu découvriras là-dessus et de tout ce qui t'arrivera en ton gouvernement. » Sancho partit enfin en nombreuse compagnie, habillé en lettré, et portant un grand manteau de camelot ondé et de couleur fauve, avec un bonnet de même étoffe, montant un mulet à la genette, et, derrière lui, venait, par ordre du duc, le grison, enharnaché pompeusement et décoré d'ornements chevalins de riche soie. Sancho tournait la tête à tout coup pour regarder son âne, dont la compagnie le rendait si content qu'il n'eût pas changé son sort pour l'empire d'Allemagne. En prenant congé du duc et de la duchesse, Sancho leur baisa les mains et reçut la bénédiction de son maître, qui la lui donna la larme à l'œil, et Sancho la reçut avec de gros soupirs qui ne l'embellissaient point.

Laisse, ami lecteur, le bon Sancho aller en paix et à la grâce de Dieu, en attendant les pintes de bon sang que te fera faire sa conduite en sa charge. En attendant, écoute ce qui arriva cette nuit à son maître. Et, si tu n'en ris point, au moins en desserreras-tu les lèvres d'un rire de singe, car les aventures de don Quichotte doivent être célébrées ou par l'étonnement, ou par la risée. On raconte donc qu'à peine Sancho fut parti que don Quichotte ressentit sa solitude, et, s'il lui eût été possible de révoquer la commission et de lui ôter le gouvernement, il l'eût fait. La duchesse vit son ennui et lui demanda pourquoi il était triste : si c'était de l'absence de Sancho, il y avait en sa maison des écuyers, des duègnes et des damoiselles qui le serviraient selon son moindre désir. « Il est bien vrai, madame, répondit don Quichotte, que je ressens l'absence de Sancho. Néanmoins ce n'est pas là le sujet principal qui me fait paraître triste ; et, quant à toutes les offres que Votre Excellence me fait, je n'accepte et reçois que la bonne volonté avec laquelle on me les fait, et pour le reste je supplie Votre Excellence de permettre que dans mon appartement je sois seul à me servir. — En vérité, dit la duchesse, seigneur don Quichotte, cela ne sera pas. Je vous donnerai pour vous servir quatre de mes damoiselles, qui sont belles comme des fleurs. — Elles ne sauraient, repartit don Quichotte, être pour moi que des épines qui me piqueraient jusqu'au plus vif de l'âme. Ainsi entreront-elles aussi peu dans ma chambre, ni chose qui leur ressemble, que je volerai. Si Votre Grandeur veut me continuer sa faveur, sans que je le mérite, qu'elle me laisse m'arranger tout seul et à portes closes. Je veux mettre une muraille entre mes désirs et mon honnêteté, et que la libéralité dont vous usez en mon endroit se puisse continuer sans me faire perdre cette bonne coutume. Enfin, madame, je dormirai tout vêtu avant de consentir que quelqu'un me déshabille. — N'en dites pas davantage, seigneur don Quichotte, répliqua la duchesse ; quant à moi, je donnerai ordre que non seulement aucune fille, mais pas même une mouche n'entre dans votre chambre. Je ne suis pas personne à porter atteinte à la bienséance du seigneur don Quichotte : car, selon que je puis connaître, parmi les grandes vertus qu'il possède, l'honnêteté est celle qui reluit le plus en lui. Que Votre Grâce se déshabille et s'habille toute seule et à sa manière, comme et quand il lui plaira, il n'y aura jamais personne qui lui y donne de l'empêchement, et dans sa chambre elle trouvera toujours les pots nécessaires à celui qui dort la porte fermée, afin qu'aucune nécessité naturelle ne l'oblige de l'ouvrir. Vive mille siècles la grande Dulcinée du Toboso, et soit son nom répandu par toute la terre, puisqu'elle a mérité d'être aimée d'un si vaillant et honnête chevalier ! Que pareillement les cieux doux et bénins versent dans le cœur de Sancho Pança, notre gouverneur, un désir d'achever promptement ses coups de discipline, afin que le monde jouisse encore un coup de la beauté d'une si grande dame. — Votre Altesse, dit don Quichotte, a parlé comme une dame de qualité qu'elle est, et on ne pouvait attendre autre chose de la bouche d'une si bonne duchesse. Aussi Dulcinée acquerra plus d'heur et de renom, par tout le monde, des louanges que Votre Grandeur lui a données que de toutes celles que lui pourraient donner les plus éloquents de la terre. — Quittons ce discours, seigneur don Quichotte, répliqua la duchesse ; l'heure du souper s'approche, et le duc nous doit attendre. Venez donc souper pour vous reposer de bonne heure : car je pense que le voyage que vous fîtes hier à Candaye ne fut pas si court qu'il ne vous ait causé quelque lassitude. — Je n'en sens aucune, madame, repartit don Quichotte, et j'oserai jurer à Votre Excellence que de ma vie je n'ai monté sur une bête plus douce ni de meilleur pas que Chevillard. Et je ne me puis imaginer ce qui a mû Malembrun à se défaire d'une si gentille et si légère monture et à la brûler de la sorte sans autre cérémonie. — On peut imaginer, dit la duchesse, que Malembrun, se repentant du mal qu'il avait fait à la Trifaldi et compagnie, voire à plusieurs autres personnes, comme encore des crimes qu'il avait dû commettre comme sorcier et comme enchanteur, a voulu en finir avec tous les instruments de ses maléfices. C'est pourquoi il a brûlé Chevillard comme le principal et celui qui ne le laissait point en repos, en le portant de contrée en contrée. Or, ses cendres et le trophée du cartel rendent éternelle la valeur du grand don Quichotte de la Manche. »

Notre chevalier remercia de nouveau la duchesse, et, après souper, se retira tout seul dans sa chambre, sans permettre que personne entrât pour le servir : tant il craignait de rencontrer quelque occasion qui l'engageât ou le forçât à perdre l'honnête respect qu'il gardait à sa maîtresse Dulcinée, ayant toujours les yeux de l'imagination fixés sur la fidélité d'Amadis de Gaule, fleur et miroir des chevaliers errants. Il ferma donc sa porte, et, à la clarté de deux chandelles de cire, se déshabilla. Mais, en se déchaussant, ô disgrâce indigne d'un tel personnage ! voilà qu'il sentit se lâcher, et non pas des soupirs ni d'autres choses qui fissent tort à la pureté de ses mœurs, mais bien deux douzaines de points d'un de ses bas, lequel resta semblable à une jalousie. Le bon seigneur s'affligea extrêmement de ce grand malheur, et il aurait bien donné sur l'heure une once d'argent pour une aiguillée de soie verte. Je dis de soie verte parce que les bas étaient verts. Et c'est ici que Ben Engeli fait cette exclamation : « Ô pauvreté ! pauvreté ! je ne sais pas pour quelle raison le grand poète de Cordoue[1] t'appelle :

Divin présent mal reconnu.

Quant à moi, bien que Maure, je sais, par la communication que j'ai eue avec des chrétiens, que la sainteté consiste dans la charité, l'humilité, la foi, l'obéissance et la pauvreté. Toutefois, avec tout cela, je dis que celui qui est satisfait d'être pauvre est en bonne grâce auprès de Dieu, si ce n'est de cette manière de pauvreté dont un des plus grands saints parle en ces termes : *Possédez toutes choses comme si vous ne les possédiez point*[2]. Et cela s'appelle pauvreté d'esprit. Mais toi, ô seconde pauvreté, de qui je parle maintenant, pourquoi désires-tu de te frotter plutôt à la noblesse et aux gens d'honneur qu'aux autres personnes ? Pourquoi les obliges-tu de mettre des morceaux de cuir à leurs souliers comme des écrans pour en fermer les trous ? Pourquoi souffres-tu que, des boutons de leur jupe, les uns soient de soie, les autres de crin, et les autres de verre ? Et pourquoi leurs collets sont-ils ordinairement chiffonnés comme chicorée, et non godronnés au moule ? (Et par là on peut voir combien est ancien l'usage de l'amidon et des collets godronnés). » Et puis il poursuit : « Misérable le noble qui, pour entretenir son honneur, fait pauvre chère à huis clos, et puis, payant de mine, sort dans la rue avec un cure-dent, bien qu'il n'ait mangé chose qui l'oblige à se les nettoyer. Misérable, dis-je, celui-là qui a l'honneur chatouilleux et croit que l'on voit d'une lieue le rapetassement de son soulier, la graisse de son chapeau, la corde de son manteau et la faim de son estomac. » Toutes ces choses vinrent en mémoire à don Quichotte lorsque les points de ses bas se défirent. Il se consola pourtant lorsqu'il vit que Sancho lui avait laissé des bottes de voyage qu'il se réserva de mettre le jour suivant. Finalement, il se coucha tout pensif et tout fâché, tant du besoin que Sancho lui faisait que de la disgrâce irréparable de ses bas, et il aurait volontiers repris les points fût-ce avec de la soie d'autre couleur, ce qui est un des plus grands signes de misère qu'un pauvre gentilhomme puisse donner durant le cours de sa triste détresse. Il éteignit les lumières ; il faisait chaud, il ne pouvait dormir ; il se leva du lit et ouvrit un peu une fenêtre où il y avait des barreaux, et qui donnait sur un fort beau jardin. En l'ouvrant, il ouït des personnes qui parlaient et marchaient dans ce verger. Il se mit à écouter attentivement, et ceux qui étaient en bas élevèrent si bien la voix qu'il put entendre ces discours :

« Ne me presse point de chanter, Émérancie. Tu sais bien que, dès le premier moment que cet étranger entra en ce château et que je jetai sur lui les yeux, je sais plutôt pleurer que chanter. Et puis tu n'ignores pas que madame ne dort jamais d'un profond sommeil, et je ne voudrais pas pour tous les trésors du monde qu'elle nous trouvât ici. Mais admettons qu'elle dormît sans s'éveiller ; à quoi servira mon chant si ce nouvel Énée, qui est venu ici dans mon pays pour ma honte, dort et ne s'éveille point afin d'écouter ma triste chanson ? — N'aie peur de cela, repartit l'autre, chère amie Altisidore. Sans doute la duchesse et tous ceux du logis dorment, hormis le maître de ton cœur et celui qui réveille ton âme. J'ai ouï tout présentement qu'il ouvrait la fenêtre du treillis de sa chambre, et sans doute il ne dort pas. Chante, ma pauvre sœur, d'une voix basse et douce, en t'accompagnant de ta harpe. Si la duchesse nous entend, nous en rejetterons la faute sur la chaleur qu'il fait. — Ce n'est pas cela qui me tient, Émérancie, repartit Altisidore, mais je ne voudrais pas que mon chant découvrît ce que j'ai dans le cœur, et que ceux qui n'ont pas connaissance de l'extrême force de l'amour me prissent pour une fille folle et effrontée. Toutefois, vienne ce qui pourra, mieux vaut vergogne au visage que plaie au cœur. » Et, sur cela, elle commença de jouer si doucement d'une harpe que don Quichotte en devint tout ravi. Au même instant, il se représenta les aventures semblables de fenêtres, grilles, jardins, musiques, déclarations et pâmoisons que contiennent les livres de chevalerie qu'il avait lus. Et soudain il s'imagina que quelque damoiselle de la duchesse s'était éprise de lui et que son honneur la forçait de tenir secrète sa passion. Il eut peur d'être vaincu et se proposa en sa pensée de ne pas se laisser vaincre. Puis, se recommandant de tout son cœur et de toute sa force à sa maîtresse Dulcinée du Toboso, il résolut d'écouter la musique, et, pour donner à entendre qu'il était là, fit semblant d'éternuer, à la grande joie des deux donzelles, qui ne désiraient autre chose sinon que don Quichotte les ouït. Altisidore, ayant donc remis la harpe d'accord, commença cette romance :

CHANSON D'ALTISIDORE

Ô toi qui nous caches ta vue
Dans des draps de toile de lin,
Et qui dors la jambe tendue
Depuis le soir jusqu'au matin,

Chevalier le plus vaillant homme
Que la Manche aille publiant,
Honnête et saint tout ainsi comme
Peut être l'or fin d'Orient,

Écoute une dolente dame
Aux jours bien nés, mais peu chanceux,
Qui sent consumer sa pauvre âme
Au feu de ton œil radieux.

Tu vas cherchant tes aventures,
Et trouves les malheurs d'autrui ;
Hélas ! tu causes les blessures,
Et ne les veux guérir meshui.

Dis-moi, jouvenceau, sur ta vie,
Dieu favorise tes desseins,
As-tu pris naissance en Libye,
Ou bien au cap de Tous les Saints ?

Les serpents, les loups, les panthères,
Cruel, t'ont-ils donc allaité ;
Les forêts aux plantes amères,
Ou les monts remplis d'âpreté ?

Oh ! quelle gloire a Dulcinée
D'avoir su renverser à bas
Un tigre, une âme plus damnée
Que ne fut jamais Fierabras !

Aussi son nom sera célèbre
De Hénarès à Jarama,
Des bords du Tage à ceux de l'Èbre,
Du Pisuergue à l'Arlanza.

Que ne suis-je en elle changée !
Je donnerais pour le retour

Une de mes robes frangée
Avec du clinquant d'or autour.

Oh ! trois et quatre fois heureuse,
Qui se verra dedans tes bras,
À gratter ta tête crasseuse
Ou faire choir ta gale à bas !

Beaucoup de choses je désire,
Et si ne puis les mériter :
Pour le soulas de mon martyre,
Je voudrais tes pieds emporter.

Les beaux bonnets de peau de pomme,
Et les beaux escarpins d'argent
Que recevrait mon gentilhomme,
Avec la dague de sergent !

Combien de perles précieuses,
D'une galle ayant la grosseur,
D'être sans paires tout heureuses,
*Du nom d'*uniques *ont l'honneur !*

Néron inhumain de la Manche,
Ne regarde point de ta tour
Le feu qui me brûle la hanche,
Pour l'attiser de ton amour.

Je suis fille et pucelle pure,
Et n'ai pas encore quinze ans.
J'en eus juste, je te le jure,
Quatorze à ce dernier printemps.

Je ne suis nullement bossue,
Ni manchote, et ne cloche pas ;
Mon poil, comme l'iris qui pue,
Traîne très long jusqu'en bas.

Si j'ai les lèvres aquilines,
Avec le nez quelque peu plat,
Mes belles dents, topazes fines,
Leur donnent un fort bel éclat.

Ma voix est loin d'être importune ;
Écoute-moi, rien n'est plus doux.

Ma taille n'atteint la commune ;
Mais de bien peu suis-je au-dessous.

Ces trésors et d'autres encore
Sont dépouilles à ta merci :
Celle qu'on nomme Altisidore
Est suivante en ce château-ci.

Là termina son chant la pauvre blessée Altisidore, et commença l'ébahissement du sollicité don Quichotte, lequel, en soupirant profondément, tint à part soi ce discours :

« Pourquoi suis-je un si malheureux chevalier errant qu'il faille que toutes les dames deviennent ainsi amoureuses de moi ? Et pourquoi la sans pareille Dulcinée du Toboso est-elle encore si infortunée qu'on ne la laisse pas jouir toute seule de mon incomparable loyauté ? Que lui voulez-vous, ô reines ? Pourquoi la persécutez-vous, impératrices ? Et pourquoi, ô damoiselles de quatorze à quinze ans, lui donnez-vous de l'ennui ? Laissez, laissez la malheureuse triompher et jouir de la gloire et de la fortune qu'il a plu à l'amour de lui offrir en lui assujettissant mon cœur et lui livrant mon âme ! Voyez, ô troupe amoureuse, que pour la seule Dulcinée, je suis de pâte sucrée et de confiture, et pour toutes les autres un dur caillou. Pour elle je suis de miel et pour vous d'aloès ; Dulcinée seule est pour moi la belle, la discrète, l'honnête, l'enjouée et la bien née, au lieu que les autres me sont laides, sottes, écervelées et de bas lieu : nature ne m'a mis au monde que pour être à elle et non à aucune autre. Qu'Altisidore pleure ou chante, et que madame, pour laquelle je fus si bien daubé dans le château du Maure enchanté se désespère, je veux être à Dulcinée cuit ou rôti, propre, bien élevé et honnête, en dépit de toutes les puissances magiques de la terre. » Ce disant, il ferma d'un coup la fenêtre, et puis, tout fâché et pensif, comme s'il lui fût arrivé quelque grosse disgrâce, il se coucha dans son lit, où nous le laisserons pour cette heure, parce que le grand Sancho Pança nous appelle, et qu'il veut donner ici commencement à son fameux gouvernement.

CHAPITRE XLV

COMMENT LE GRAND SANCHO PANÇA PRIT POSSESSION DE SON ÎLE ET DE LA MANIÈRE DONT IL COMMENÇA DE LA GOUVERNER

Ô perpétuel découvreur des antipodes, falot du monde, œil du ciel, doux branle des alcarazas, ici Timbrius, et là Phébus, ici archer, et là médecin, père de la poésie, inventeur de la musique, toi qui cours toujours et qui jamais ne te couches ni ne te reposes, quoiqu'il semble que tu le fasses, c'est à toi que je parle, ô Soleil, par l'assistance duquel l'homme engendre l'homme, c'est toi que je prie de me favoriser et d'éclairer l'obscurité de mon génie, afin que je puisse de point en point faire le récit du gouvernement du grand Sancho Pança, car sans toi je me sens tiède, sans courage et confus !

Donc Sancho, avec toute sa suite, arriva en un bourg de quelque mille habitants, qui était l'un des meilleurs qu'eût le duc. On lui donna à entendre que ce lieu se nommait l'île Barataria, ou parce que le lieu se nommait Baratario, ou bien pour le vil prix[1] à raison duquel on lui avait donné ce gouvernement. Sitôt qu'il fut aux portes du bourg, lequel était clos de murailles, une grande foule de peuple sortit pour le recevoir ; l'on sonna les cloches, et tous les habitants témoignèrent une allégresse générale. Après on le mena avec beaucoup de solennité à l'église principale pour rendre grâces à Dieu, et avec diverses cérémonies ridicules, on lui présenta les clefs du bourg, et on le reçut pour perpétuel gouverneur de l'île de Barataria. L'équipage, la barbe, la grosseur et la petitesse du nouveau gouverneur tenaient fort surpris tous ceux qui ne savaient point le fin de l'affaire, voire encore ceux qui le savaient et qui n'étaient pas en petit nombre. Finalement, en le tirant de l'église, on le porta au siège de la justice, où on l'assit, et le majordome du duc lui dit : « Monsieur le gouverneur, c'est une ancienne coutume en cette île que celui qui vient prendre possession de ce fameux gouvernement est obligé de répondre à une question qu'on lui fait qui doit être un peu embrouillée et difficile. Par cette réponse, le peuple tâte l'entendement de son nouveau gouverneur, et par ainsi se réjouit ou s'attriste de sa venue. »

Pendant que le majordome du duc tenait ce langage à Sancho, celui-ci considérait plusieurs grandes lettres qu'on avait écrites à la muraille vis-à-vis de son siège. Et, comme il ne savait point lire, il s'enquit de ce que voulaient dire ces peintures que l'on voyait sur le mur. On lui répondit : « Monseigneur, l'on a écrit ici et marqué le jour où Votre Seigneurie a pris possession de cette île, et voici la teneur de l'inscription :

Cejourd'hui, le tant de tel mois et de telle année, a pris possession de cette île le seigneur don Sancho Pança, et puisse-t-il en jouir un grand nombre d'années!

— Mais, demanda Sancho, qui nomme-t-on don Sancho Pança ? — C'est Votre Seigneurie, repartit l'intendant, parce que dans cette île il n'est jamais entré d'autre Pança que celui qui est assis dans ce fauteuil. — Frère, dit Sancho, remarquez que je ne m'appelle point *don,* et que jamais aucun de ma race n'a porté ce titre. L'on me nomme Sancho Pança, tout court. Sancho s'appela mon père, et Sancho mon aïeul, et tous furent des Panças, sans ajouter ni *don* ni *doña.* Il faut croire qu'en cette île il y a plus de *dons* que de pierres ; mais suffit, et Dieu m'entend, et il se pourra faire, si je gouverne encore quatre jours, que j'échardonne tous ces *dons* et ces *doñas,* dont la multitude doit être aussi fâcheuse que les moustiques. Cependant, que monsieur le majordome passe outre à sa demande, et je lui répondrai le mieux que je pourrai, que le peuple en soit fâché ou non. »

Au même instant, on vit entrer dans l'audience deux hommes, l'un vêtu en paysan, et l'autre en tailleur ; et on le reconnaissait aux ciseaux qu'il portait à la main ; et le tailleur dit : « Monsieur le gouverneur, moi et ce laboureur, nous venons devant vous en raison de ce que ce bonhomme vint hier à ma boutique : car, sauf permission de la compagnie, je suis tailleur juré, et Dieu en soit béni, et, me mettant une pièce de drap à la main, il me demanda : « Mon maître, y aurait-il là assez d'étoffe pour me faire un capuchon ? » Je manie le drap et lui dis qu'il y en avait assez. Or, il a dû s'imaginer, à ce que je crus alors, et je ne me suis pas trompé, que sans doute je lui voulais dérober une partie de son drap, se fondant sur sa malice et sur la mauvaise opinion que l'on a des tailleurs : aussi me pria-t-il de regarder s'il n'y en aurait pas pour deux capuchons. Je devinai sa pensée et lui dis que oui, et lui, enfourchant sa damnable et première intention, ajouta capuchon sur capuchon, et moi lui disant toujours oui, jusqu'à ce que nous vînmes au nombre de cinq. Maintenant il vient les chercher, je les lui donne ; au lieu de me payer, il me dit de lui payer moi-même, ou de lui rendre son drap. — Est-ce bien cela, frère ? demanda Sancho. — Oui, monsieur, repartit l'homme ; mais que Votre Grâce lui fasse montrer les cinq capuchons qu'il m'a faits. — Fort volontiers », dit le tailleur ; et sur ce, portant la main sous son manteau, il en retira cinq petits capuchons, qu'il tenait au bout des cinq doigts de l'une de ses mains. « Voilà, dit-il, les cinq capuchons que ce bonhomme me demande, et, sur mon Dieu et sur ma conscience, il ne m'est rien demeuré de reste de l'étoffe. Je m'en tiendrai au dire des maîtres du métier. » Tous les assistants se mirent à rire du nombre des capuchons et de la nouveauté du procès. Sancho songea un peu, et puis dit : « Il me semble qu'en ce procès il n'est pas besoin de longues procédures, et qu'il y faut décider en bonhomme. C'est pourquoi j'ordonne que le tailleur perde les façons et le paysan le drap, et que les cinq capuchons soient portés aux détenus de nos prisons, et qu'on n'en parle plus. »

Si la sentence qu'il avait rendue auparavant à propos de la bourse du berger émerveilla les assistants, celle-ci les fit bien rire[2] ; mais enfin on fit ce que le gouverneur avait ordonné. Peu de temps après, deux vieillards se présentèrent devant lui : l'un tenait à la main une grosse canne en guise de bâton, et celui qui n'avait rien à la main tint ce discours : « Monsieur, il y a quelque temps que je prêtai à ce bonhomme dix écus en or pour lui rendre service, à la charge qu'il me les rendrait à ma première réquisition et volonté. Bien des jours se sont écoulés avant que je les lui demandasse, afin de ne le mettre en plus grande peine, pour me les rendre, qu'il n'était quand je les lui prêtai. Toutefois, voyant qu'il ne se gênait pas pour me payer, je les lui ai demandés plusieurs et souventes fois ; et tant s'en faut qu'il me les rende qu'au contraire il me les nie, et dit que je ne lui ai jamais prêté ces dix écus, et que, si je les lui ai prêtés, il me les a rendus il y a longtemps. Or, il n'y a aucun témoin ni du prêt ni de la restitution. Je désirerais donc, monsieur le gouverneur, que Votre Seigneurie le fît jurer. S'il jure qu'il me les a rendus, je lui en fais remise ici et devant Dieu. — Que dites-vous à cela, vous, bon vieillard au bâton ? dit Sancho. — Monsieur, répondit le vieillard, je confesse qu'il me les a prêtés, et je supplie Votre Grâce d'abaisser cette verge : car, puisqu'il s'en remet à mon serment, je jurerai comme quoi je les lui ai bien et réellement payés. » Le gouverneur abaissa sa verge, et cependant le vieillard au bâton donna à l'autre vieillard le bâton qu'il tenait à la main pour le lui garder jusqu'à ce qu'il eût juré, faisant semblant qu'il l'embarrassait beaucoup. Ensuite il mit la main sur la croix de la verge, disant qu'il était véritable que les dix écus qu'on lui demandait lui avaient été prêtés ; mais qu'il les avait rendus de la main à la main à son créancier, qui, pour ne s'en ressouvenir, les lui redemandait par moments. Alors le grand gouverneur demanda au créancier quelle réponse il faisait à ce que disait son adverse partie, et celui-ci répondit que sans aucun doute ce que disait son débiteur devait être véritable, parce qu'il le tenait pour homme de bien et pour bon chrétien ; que c'était lui qui devait avoir oublié quand et comment il les lui avait rendus, et que désormais il ne lui en demanderait rien. Là-dessus le débiteur alla reprendre son bâton, et, baissant la tête, sortit de l'audience. Sancho, voyant tout cela, et aussi que sans autre cérémonie cet homme s'en allait, considérant pareillement la patience du demandeur, baissa la tête sur sa poitrine, et, portant l'index de la main droite sur ses sourcils et sur son nez, demeura un peu comme pensif, et puis, haussant la tête, commanda qu'on fît revenir le vieillard au bâton, qui déjà s'en était allé. On l'amena, et, lorsque Sancho le vit, il lui dit : « Bonhomme, donnez-moi ce bâton, j'en ai besoin. — Fort volontiers, répondit le vieillard. Tenez, seigneur, le voici », et il le lui mit dans la main. Sancho le prit, et puis, en le donnant à l'autre vieillard, il lui dit : « Allez à la garde de Dieu ; vous voilà maintenant payé. — Moi, seigneur, répliqua le vieillard, je suis payé ? Ce roseau vaut-il dix écus d'or ? — Oui, dit le gouverneur, sinon je suis le plus grand sot du monde, et c'est maintenant que l'on verra si ma cervelle n'est pas capable de gouverner tout un royaume. » Et il commanda que devant tous on rompît et ouvrît la canne : on le fit, et dedans on trouva dix écus d'or. Tous les assistants en furent ébahis et prirent leur gouverneur pour un nouveau Salomon. On lui demanda comment il avait pu conclure qu'en cette canne il y avait ces dix écus, et il répondit qu'en voyant le vieillard défendeur, qui avait juré, donner son bâton au demandeur, pour le lui tenir pendant qu'il prêtait serment, et jurer qu'il les lui avait rendus réellement et de fait, et qu'après avoir juré il avait repris son bâton, cela lui avait fait imaginer qu'au fond du tuyau était le payement de ce que l'on demandait. D'où l'on pouvait conclure que Dieu donne et élargit le jugement à ceux qui gouvernent, fût-ce des sots. Au reste, il disait que le curé de son village lui avait autrefois fait récit d'un cas de ce genre, et il était doué d'une si grande mémoire que, pour n'oublier point tout ce dont il avait envie de se ressouvenir, il n'y en aurait point de pareille en toute l'île. Enfin les deux vieillards s'en allèrent, l'un bien penaud, l'autre bien payé, et les témoins fort émerveillés. Cependant, celui qui avait charge d'écrire les paroles, les faits et les gestes de Sancho ne savait s'il le devait tenir pour sot ou pour avisé.

Lorsque ce procès fut vidé, l'on vit entrer dans l'audience une femme qui tenait fortement un homme vêtu en riche laboureur, laquelle entrait en criant à haute voix : « Justice, seigneur gouverneur, justice ! Si je ne la trouve point sur terre, je l'irai chercher au ciel. Monsieur le gouverneur de mon âme, ce méchant homme m'a prise au milieu de ce champ, et s'est servi de mon corps comme d'un torchon mal lavé. Il m'a ravi ce que j'avais gardé plus de vingt-trois ans, et si bien défendu contre les Maures et les chrétiens, les habitants de ce pays et les étrangers. J'étais toujours demeurée dure comme un chêne, et entière comme la salamandre dans le feu, ou comme la laine parmi les ronces : était-ce pour que ce galant-ci me vînt tripoter avec ses mains propres ? — Reste encore à vérifier, dit Sancho, si ce galant a les mains propres ou non. » Ce disant, il s'adressa à cet homme pour savoir ce qu'il avait à répondre à la plainte de cette femme. Lui, tout troublé, fit cette réponse : « Messieurs, je suis un pauvre gardien de bétail, et ce matin je quittais ce pays après y avoir vendu (soit dit avec votre permission) quatre cochons dont la taille et autres extorsions m'ont pris un peu plus que leur valeur. Je retournais à mon village, et j'ai rencontré en chemin cette bonne dame, et le diable, qui tout embrouille, a fait que nous nous sommes frotté la peau. Je l'ai fort bien payée ; mais elle, ne se trouvant pas contente, m'a empoigné et ne m'a pas laissé qu'elle ne m'eût traîné jusqu'ici. Elle dit que je l'ai violée, et elle a menti, par le serment que je fais ou que je pense faire.

Et c'est toute la vérité sans qu'il y manque un denier. » Lors le gouverneur lui demanda s'il n'avait point sur lui de l'argent. Il dit qu'il avait jusqu'à quelque vingt ducats dans son sein et en une bourse de cuir. Sancho lui commanda de les tirer et de les bailler tels quels à la femme qui se plaignait. Cet homme le fit en tremblant ; la femme prit la bourse, et, après avoir fait mille salamalecs à tous, et avoir prié Dieu pour la vie et la santé de monsieur le gouverneur, qui était si soigneux des pauvres filles orphelines et nécessiteuses, elle sortit de l'audience tenant de ses deux mains la bourse serrée ; mais auparavant elle regarda si c'était argent que la monnaie qu'il y avait dedans. A peine fut-elle dehors que Sancho dit au laboureur, à qui déjà les larmes sortaient des yeux et dont les yeux et le cœur s'en allaient derrière sa bourse : « Bonhomme, courez après cette femme et ôtez-lui la bourse, de gré ou de force, et puis revenez ici. » Il ne parlait ni à un sot ni à un sourd ; l'autre partit, comme un éclair, faire ce qu'on lui commandait. Tous les assistants étaient en suspens, attendant la fin de ce procès. Peu de temps après, l'homme et la femme revinrent plus empoignés que la première fois, elle, la robe retroussée et la bourse dans son sein, l'homme s'efforçant de la lui ôter, mais il n'était pas possible, vu la défense que cette dame faisait. Elle criait à haute voix et disait : « Justice de Dieu et justice du monde ! Que Votre Grâce voie, seigneur gouverneur, l'effronterie et le peu de crainte de ce sans-cœur qui, au milieu du village et au milieu de la rue, m'a voulu ôter la bourse que Votre Grâce m'a fait donner. — Et vous l'a-t-il ôtée ? dit le gouverneur. — Comment, ôtée ? répondit la femme. Plutôt m'ôterait-on la vie que la bourse ! La fille est bonne enfant : il faudrait, pour me tirer la barbe, d'autres matous que ce pauvre diable ! Tenailles et marteaux, maillets et ciseaux ne suffiraient pas à l'arracher de mes ongles, non pas même les griffes d'un lion : l'on m'arracherait plutôt l'âme des entrailles ! — Elle a raison, dit l'homme, et je me tiens pour vaincu et épuisé, et confesse que mes forces ne suffisent pas à la lui ôter », et il la lâcha. Le gouverneur dit alors à cette femme : « Valeureuse et honorable dame, baillez-moi cette bourse. » Elle la lui donna aussitôt, et le gouverneur la rendit à l'homme, et dit à la violée ou non violée : « Ma sœur, si pour défendre votre corps vous eussiez employé autant de force et de courage, et même la moitié de ce que vous en avez témoigné pour défendre cette bourse, les forces d'Hercule ne vous auraient pas fait violence. Allez à la grâce de Dieu, ou plutôt à la male heure, et qu'on ne vous voie plus en cette île, ni six lieues à la ronde, sous peine de deux cents coups de fouet. Allez hors d'ici promptement, friponne, dévergondée et enjôleuse ! » La femme, tout étonnée et malcontente, sortit la tête basse, et le gouverneur dit à l'homme : « Bonhomme, que Dieu vous protège, retournez à votre village avec votre argent, et désormais, si vous ne le voulez perdre, faites qu'il ne vous prenne pas envie de folâtrer avec aucune. » L'homme le remercia le mieux qu'il put, et s'en alla. Les assistants demeurèrent de nouveau dans l'admiration des jugements et des sentences de leur nouveau gouverneur. Tout cela, relevé par le chroniqueur qui en était chargé, fut aussitôt écrit au duc, qui l'attendait avec grande impatience. Que le bon Sancho demeure maintenant ici : car nous avons grande hâte de retrouver son maître tout ému de la musique d'Altisidore.

CHAPITRE XLVI

DU PÉRILLEUX ÉPOUVANTEMENT TINTAMARROIS ET CHATESQUE QUE REÇUT DON QUICHOTTE DANS LE COURS DES AMOURS DE LA PASSIONNÉE ALTISIDORE

Nous avons laissé le grand don Quichotte de la Manche plongé dans les pensées que lui avait causées la musique de l'amoureuse damoiselle Altisidore. Il se coucha avec ces pensées, et, comme si c'eussent été des puces, elles ne le laissèrent ni dormir ni reposer un moment, et cet ennui était encore compliqué par celui que ses bas lui occasionnaient. Mais, comme le temps est léger et qu'il n'y a fondrière qui l'arrête, il galopa les heures, et celle du matin arriva bientôt. Ce que voyant don Quichotte, il quitta les douces plumes, et sans écouter la paresse, vêtit son accoutrement ordinaire et chaussa ses bottes de voyage pour couvrir la disgrâce de ses bas. Il prit son petit manteau d'écarlate et mit sur sa tête un bonnet de velours vert, garni de passementerie d'argent. Il passa sur ses épaules son baudrier où était sa bonne et tranchante épée, et prit un grand rosaire qu'il avait accoutumé de porter avec lui. En ce brillant équipage et avec une démarche pleine de pompe, il entra dans la salle où le duc et la duchesse l'attendaient, déjà tout vêtus. Pour y aller, il fallait qu'il passât par une galerie où s'étaient mises exprès, pour l'attendre, Altisidore et l'autre damoiselle, son amie. Aussitôt qu'Altisidore vit don Quichotte, elle fit semblant de s'évanouir ; son amie la reçut soudain sur son giron et promptement allait la dégrafer. Don Quichotte, qui le vit, s'approcha d'elles et leur dit : « Je sais d'où viennent ces accidents. — Et moi, je n'en sais rien, répondit sa compagne : car Altisidore est la damoiselle la mieux portante de toutes celles qui sont en cette maison, et je ne l'ai jamais entendue pousser un soupir depuis le temps que je la connais. Que maudits soient tout autant de chevaliers errants qu'il y a par le monde, s'il est qu'ils soient tous ingrats ! Que Votre Grâce se retire, je vous prie, seigneur don Quichotte : car, tant que vous serez ici, cette pauvre fille ne pourra revenir à elle. » Don Quichotte lui fit cette réponse : « Faites en sorte, madame, qu'on mette cette nuit un luth en ma chambre ; je tâcherai de donner quelque consolation à cette pauvre damoiselle, le mieux qu'il me sera possible. Car, au commencement des amours, les promptes désillusions sont de souverains remèdes. » Ayant dit ces paroles, il passa outre, de peur d'être remarqué de ceux qui l'eussent vu en ce lieu.

Il n'était encore guère éloigné, quand, revenant à soi, Altisidore parla en cette sorte à sa compagne : « Il faudra qu'on lui mette le luth ; c'est sans doute que don Quichotte nous veut donner la musique, qui ne pourra être mauvaise venant de lui. » Elles allèrent ensuite rendre compte à la duchesse de tout ce qui se passait et du luth que don Quichotte avait demandé. La duchesse en fut extrêmement réjouie. Et le duc et elle et toutes ses filles s'accordèrent pour lui faire un trait plus risible que dommageable, de sorte qu'ils attendaient avec beaucoup d'impatience la nuit, qui arriva aussi promptement qu'avait fait le jour, lequel le duc et la duchesse passèrent en agréables devis avec don Quichotte. Cependant la duchesse dépêcha véritablement et réellement ce même jour un de ses pages (celui-là même qui avait joué dans la forêt le personnage enchanté de Dulcinée) à Thérèse Pança, avec la lettre de son mari Sancho Pança et avec le paquet de hardes qu'il avait laissé, afin qu'on le lui fît tenir ; de plus, elle chargea ce page de lui rapporter fidèlement tout ce qui se passerait entre lui et Thérèse. Cela fait, et les onze heures du soir venues, don Quichotte trouva un luth dans sa chambre. Après l'avoir accordé, il ouvrit la jalousie et entendit qu'il y avait du monde à se promener dans le jardin. Lors il commença de pinçoter les cordes du luth, et, l'accordant le mieux qu'il sut, il se mit à cracher et à s'éclaircir le gosier, puis, d'une voix un peu enrouée, quoique assez musicale, il chanta la romance suivante, que lui-même avait composée dans la journée :

Alors que l'amour nous affole
Et nous ôte le jugement,
Il prend toujours pour instrument
Sans doute l'oisiveté molle.

Et, quand une fille s'arrête
Sur un collet de point coupé,

Cela lui sert de récipé
Pour ôter l'amour de sa tête.

Une pucelle bien apprise
Et qui prétend se marier,
Doit toujours l'honneur envier :
C'est le douaire que l'on prise.

Et l'errante chevalerie,
Et celle-là qui suit la cour,
Se régalent d'un fol amour,
Mais à la sage on se marie.

Tel amour né d'un beau voyage
A l'heure du soleil levant
Voit vite venir son couchant,
Et chacun reprend son bagage.

Et tel dont récente est la flamme
Vient aujourd'hui, s'en va demain,
Sans laisser un portrait certain
Qui se burine au fond de l'âme.

Jamais peinture sur peinture
Ne se montre ou ne s'aperçoit :
La première beauté qu'on voit
Met l'autre en mauvaise posture.

Sur la table rase du cœur
J'ai ma Dulcinée engravée :
Cette image de mon bonheur
Ne sera jamais effacée.

Un amant constant et fidèle
Reste de tous prisé toujours :
Fidélité dans les amours
Acquiert une gloire immortelle.

Don Quichotte en était là de sa chanson, qu'écoutaient attentivement le duc, la duchesse, Altisidore et presque tous les gens du château, quand tout à coup, d'une galerie qui donnait à plomb sur les persiennes de la chambre de ce chevalier, on lâcha une corde où il y avait plus de cent sonnettes, et aussitôt après on versa un grand sac de chats qui avaient aussi de petites sonnettes attachées à la queue. Le bruit des sonnettes et le miaulement des chats furent si grands que bien que le duc et la duchesse fussent les inventeurs de la bourde, ils ne laissèrent pas d'en ressentir quelque espèce de frayeur. Le pauvre don Quichotte demeura comme pâmé, et le hasard voulut que deux ou trois chats entrassent par la persienne de sa chambre et se missent à sauter d'un côté à l'autre, si bien que l'on eût dit qu'une légion de diables y prenait ses ébats. Ils éteignirent les chandelles qui brûlaient dans l'appartement et cherchaient par où s'échapper. Cependant on ne cessait de monter et descendre la corde des grandes sonnettes, si bien que la plus grande partie des gens du château, qui ne savaient pas la vérité de l'affaire, étaient tous indécis et ébahis.

Enfin don Quichotte se leva, et, mettant l'épée à la main, commença à tirer des estocades par la persienne, et à crier à pleine voix : « Sortez, méchants enchanteurs ! Hors d'ici, canailles ensorcelées ! C'est moi, don Quichotte de la Manche, contre qui n'ont ni pouvoir ni force vos criminels desseins ! » Et, se tournant vers les chats qui sautaient par la chambre, il leur tira grand nombre d'estocades ; cependant ces mêmes chats s'approchèrent de la persienne et par là s'échappèrent, hormis un, qui, pour être trop pressé par la lame de don Quichotte, lui sauta au visage et le saisit aux narines avec les ongles et les dents. La douleur fit que don Quichotte commença à crier le plus fort qu'il put. Le duc et la duchesse, oyant ces cris et s'imaginant déjà ce qu'il en pouvait être, coururent promptement à sa chambre, et, par le moyen d'un passe-partout, étant entrés dedans, virent le pauvre chevalier qui se démenait de toutes ses forces pour arracher le chat de son visage. Ils entrèrent avec des lumières et virent ce combat inégal : le duc accourut pour le faire cesser, mais don Quichotte criait : « Qu'on ne me l'ôte point de là, qu'on me laisse seul à seul avec ce démon, avec ce sorcier, avec ce magicien, je lui donnerai bientôt à connaître de lui à moi qui est don Quichotte de la Manche. » Cependant le chat, qui n'avait cure de toutes ces menaces, grondait toujours, et toujours enfonçait ses griffes. Mais enfin le duc l'arracha, et le jeta par la fenêtre. Don Quichotte demeura le visage percé comme un crible et le nez guère mieux traité, et encore tout en colère de ce qu'on ne lui avait pas laissé achever le combat qu'il avait si bien engagé contre ce malandrin d'enchanteur.

On fit apporter de l'huile de mille-pertuis, et Altisidore elle-même, de ses blanches mains, lui mit des bandes partout où c'était égratigné, et, en les lui mettant, elle lui disait ces paroles tout bas : « Toutes ces mésaventures t'arrivent, ô chevalier sans cœur, pour punir ta dureté et ton obstination. Plaise à Dieu que ton écuyer Sancho oublie de se fouetter, pour que cette Dulcinée que tu aimes tant ne sorte jamais de son enchantement, que tu n'en jouisses ni ne te maries avec elle, au moins tant que je vivrai, moi qui t'adore ! » Don Quichotte ne fit à tout cela d'autre réponse que de pousser un profond soupir ; puis, s'étant étendu en son lit, il remercia le duc et la duchesse de leur assistance, non pas qu'il eût eu peur de cette canaille de chats enchanteurs et portant sonnette, mais pour la bonne volonté qu'il leur avait vue à le venir secourir. Le duc et la duchesse le laissèrent reposer et furent pourtant fâchés du mauvais succès de cette farce, car ils ne croyaient pas que cette aventure dût coûter si cher à don Quichotte, à qui elle infligea cinq jours de prison dans la chambre, où il lui arriva une autre aventure plus plaisante que la dernière, aventure que son historien renonce à conter en ce moment, pour revenir à Sancho Pança, qui se conduisait en son gouvernement avec autant de diligence que de grâce.

CHAPITRE XLVII

OÙ L'ON CONTINUE D'EXPOSER LA CONDUITE DE SANCHO PANÇA EN SON GOUVERNEMENT

L'histoire raconte qu'après l'audience on porta Sancho Pança dans un palais somptueux, où, au milieu d'une grande salle, on avait dressé une table servie avec un luxe royal ; et, dès que Sancho y fut entré, voilà un concert de hautbois qui commença de résonner ; quatre pages vinrent lui donner à laver les mains, et Sancho les reçut avec beaucoup de gravité. Le son des instruments cessa ; Sancho s'assit au haut bout de la table, car il n'y avait point d'autre siège ni d'autre service. Un personnage, qui depuis montra qu'il était médecin, se tint debout à son côté, avec une petite verge de baleine à la main. On étendit sur la table une nappe fort riche et blanche, que l'on couvrit de fruits et d'une grande variété de plats de diverses sortes. Un autre, qui semblait être un apprenti ecclésiastique, dit le bénédicité, et un page mit à Sancho une bavette ouvrée de point coupé ; un autre encore, qui faisait l'office de maître d'hôtel, poussa un plat de fruits devant le gouverneur ; mais à peine celui-ci en eut-il mangé une bouchée que l'homme à la petite baguette toucha le plat, et on l'ôta de devant lui avec la plus grande promptitude. Le maître d'hôtel en fit passer un autre à la place, et, comme Sancho se préparait à le goûter, avant qu'il en approchât, déjà la petite baguette l'avait touché, et un page l'avait enlevé avec autant de prestesse que celui de fruits. Sancho, voyant ces façons de faire, demeura tout étonné, et, regardant tous les assistants, demanda à quel jeu on jouait, et si l'on devait à ce repas manger comme au jeu de passe-passe ; à quoi l'homme à la baguette lui répondit : « Monsieur le gouverneur, on ne saurait manger ici que suivant l'usage et coutume des autres îles où il y a des gouverneurs. Moi, monseigneur, je suis médecin et reçois des gages pour être en cette qualité au service des gouverneurs de cette île : de sorte que je suis plus curieux de leur santé que de la mienne propre, étudiant nuit et jour et sondant la complexion du gouverneur, afin que s'il tombait malade je pusse le guérir avec plus de facilité, et ma principale affaire est d'assister à son dîner et à son souper, pour le laisser manger de ce qui me semble lui convenir et ôter de devant lui ce que je crois devoir lui faire mal et nuire à son estomac. C'est pourquoi j'ai commandé que l'on ôta le plat de fruits, qui est extrêmement humide. J'ai fait pareillement ôter l'autre plat, parce que la viande qui était dedans est excessivement échauffante et très épicée, ce qui excite la soif, et celui qui boit trop éteint et consume l'humide radical, en quoi consiste la vie. — Par ainsi, dit Sancho, ces perdrix qui sont là rôties et qui me semblent être fort bien apprêtées ne me feront aucun mal. » A quoi le médecin repartit : « Monseigneur le gouverneur n'en mangera point tant que je vivrai. — Et pourquoi ? dit Sancho. » Et le médecin répondit : « Parce que notre maître Hippocrate, nord et lumière de la médecine, dit en l'un de ses aphorismes : *Omnis saturatio mala, perdicis autem pessima*[1], ce qui veut dire : Toute indigestion est mauvaise ; mais celle de perdrix est la pire. — S'il en est ainsi, repartit Sancho, que monsieur le docteur voie de toutes les viandes qu'il y a sur cette table laquelle me sera profitable et laquelle moins nuisible, et qu'il me laisse manger à mon aise, sans frapper sur le plat : car, par ma vie de gouverneur (et Dieu me fasse la grâce d'en jouir longtemps), je meurs de faim. Or, de m'ôter le manger, quoi qu'en puisse dire monsieur le docteur, c'est m'ôter la vie plutôt que me l'augmenter. — Vous avez raison, monseigneur le gouverneur, dit le médecin. C'est pourquoi je suis d'avis que Votre Seigneurie ne mange point de ces lapins qui sont là apprêtés avec leur sauce, parce que c'est un manger à rebrousse-poil. Pour ce veau, s'il n'était pas rôti et mis en daube, on en pourrait bien tâter, mais, puisqu'il est de la sorte, il n'y a pas moyen d'y toucher. — Et ce grand plat, dit

Sancho, qui est un peu plus avant et tout fumant, il me semble que c'est une *olla podrida.* Et il n'y a point de doute que, parmi la diversité des viandes qui y sont, je n'en trouve quelqu'une qui me soit bonne et profitable. — *Absit!* dit le médecin. Loin de nous une si mauvaise pensée ! Il n'y a au monde pire nourriture qu'une *olla podrida.* Il faut renvoyer toutes ces *ollas podridas* aux chanoines, aux recteurs des collèges, ou aux noces des paysans, et les bannir des tables des gouverneurs où l'on ne doit servir que toutes primeurs et tout ce qu'il y a de délicat. La raison en est que toujours, en tout et partout, les médecines simples sont plus estimées que les composées. On ne saurait se tromper aux simples, mais bien dans les composées, en altérant la quantité des choses qui y entrent. Or, ce que monseigneur le gouverneur doit manger maintenant pour conserver sa santé et la corroborer, c'est une centaine de cornets d'oublies et quelques minces tranches de pâte de coing pour lui fortifier l'estomac et lui aider à la digestion. »

Ayant entendu ce discours, Sancho s'appuya sur le dossier de la chaise, puis, regardant le médecin des pieds à la tête, lui demanda d'un ton grave comment il se nommait et où il avait fait ses études. Le médecin lui répondit : « Moi, seigneur gouverneur, je me nomme le docteur Pedro Récio de Aguero et suis natif d'un lieu qui s'appelle Tirteafuera[2] ; c'est un village qui est situé entre Caraquel et Almodovar del Campo, à main droite, et j'ai passé docteur en l'université d'Ossuna. — Eh bien, repart Sancho tout bouillant de colère, monsieur le docteur Pedro Récio de mauvais augure, natif de Tirteafuera, village à main droite quand on va de Caraquel à Almodovar del Campo, et gradué à Ossuna, décampez-moi de devant ! Sinon je jure, morbleu, que je prends un bâton et qu'à coups de bâton, en commençant par vous, je ne laisserai pas un médecin dans toute l'île, au moins de ceux que je sache être ignorants. Car, pour les autres, qui sont savants, prudents et sages, je me mettrai à leurs pieds et les honorerai comme personnes divines. Je vous dis encore une fois que maître Pedro Récio file d'ici, sinon je prends la chaise sur laquelle je suis assis, et la lui casse sur la tête, et, si l'on m'en demande compte à la Résidence, je m'en déchargerai toujours en disant que j'ai fait une bonne œuvre en tuant un méchant médecin bourreau de la république. Cependant qu'on me donne à manger, ou bien qu'on reprenne le gouvernement : un métier qui ne nourrit point son maître ne vaut pas deux fèves. »

Le docteur fut tout interdit en voyant le gouverneur dans une telle colère, et il était près de faire Gille, quand au même instant on entendit une corne de postillon dans la rue. Le maître d'hôtel mit la tête à la fenêtre et revint en disant : « C'est un courrier de monseigneur le duc, il doit apporter quelque dépêche d'importance. »

Le courrier entra tout suant et tout haletant, et, tirant un pli de son sein, il le mit aux mains du gouverneur, Sancho le mit en celles du majordome, et lui commanda de lire la suscription qui disait : *A don Sancho Pança, gouverneur de l'île Barataria, en mains propres ou en celles de son secrétaire.* Le gouverneur, oyant ceci, demanda : « Qui est ici mon secrétaire ? » Et lors un des assistants lui répondit : « C'est moi, monsieur, parce que je sais lire et écrire, et suis Biscaïen. — Avec ce que vous venez d'ajouter, répliqua Sancho, vous pourriez bien être secrétaire de l'empereur même[3] : ouvrez ce pli et voyez ce qu'il dit. » Le secrétaire nouveau-né ouvrit le paquet : ayant lu ce qu'il contenait, il dit que c'étaient des affaires qu'il fallait traiter en secret. Sancho fit évacuer la salle, avec ordre qu'il n'y demeurât personne que le majordome et le maître d'hôtel ; chacun se retira, le médecin avec les autres, et le secrétaire lut la lettre qui disait :

J'ai eu avis, seigneur don Sancho Pança, que quelques-uns de mes ennemis et de cette île doivent lui donner un furieux assaut, et je ne saurais dire quelle nuit ils choisiront. Il est besoin de veiller et de se tenir sur ses gardes, de peur qu'ils ne vous surprennent à l'improviste. Je sais aussi par des espions assurés et véridiques que quatre hommes déguisés sont entrés dans le lieu où vous êtes pour vous ôter la vie, parce qu'ils redoutent votre grand esprit. C'est pourquoi ouvrez l'œil et voyez bien qui vient vous parler, et ne mangez de quoi que ce soit qu'on vous présente. Je ne ferai faute de vous aller secourir, si vous vous voyez en peine, et en toute cette affaire gouvernez-vous comme on l'attend de votre intelligence. De ce lieu, ce seizième d'août, à quatre heures du matin.

Votre ami,

LE DUC.

Sancho demeura tout étonné de la lecture de cette lettre, et tous ceux qui étaient là montrèrent ne l'être pas moins que lui ; toutefois, s'adressant au majordome, il lui dit : « Ce qu'il y a maintenant à faire et tout sur-le-champ, c'est de mettre en une basse-fosse le docteur Récio ; car, s'il y a personne qui me doive faire mourir, c'est lui, et de la plus détestable des morts, celle de la faim. — Il me semble aussi, dit le maître d'hôtel, que Votre Seigneurie ne doit point manger de rien de ce qui est sur cette table, vu que ce sont des présents offerts par des nonnains, et l'on dit ordinairement que le diable se tient derrière la croix. — Je ne dis pas non, repart Sancho, et pour le moment que l'on me donne un quignon de pain et quelque chose comme quatre livres de raisin, il n'y pourra point avoir là de poison. En effet, je ne me saurais passer de manger, et ce d'autant plus qu'il nous faut tenir appareillés pour ces batailles dont on nous menace. Nous avons besoin, dis-je, d'être bien lestés ; les tripes portent le cœur, et non le cœur les tripes. Cependant, vous, secrétaire, vous ferez réponse à monseigneur le duc, et lui direz que sa volonté sera faite sans y manquer d'un point. Vous baiserez aussi de ma part les mains à madame la duchesse, et lui écrirez que je la supplie de n'oublier point d'envoyer par un homme exprès ma lettre et mon paquet à ma femme Thérèse Pança ; qu'ainsi elle m'obligera beaucoup, et j'emploierai toutes mes forces à la bien servir. Par la même occasion, vous présenterez mes civilités à mon maître don Quichotte de la Manche, afin de lui montrer que je ne suis pas ingrat, et vous, en bon secrétaire et en bon Biscaïen, vous y pouvez ajouter tout ce que vous voudrez, et qui viendra le plus à propos. Cependant qu'on lève ces nappes et que l'on me donne à manger. Vous verrez après que je saurai m'arranger d'autant d'espions, d'assassins et d'enchanteurs qu'il en viendra sur moi et sur mon île. »

Tandis qu'il tenait ce langage, un page entra dans la salle et dit : « Monsieur le gouverneur, il y a ici un laboureur qui désirerait parler à Votre Seigneurie d'une affaire qui est, suivant ce qu'il dit, de grande importance. — Étrange chose, dit Sancho, que ces gens affairés ! Est-il possible qu'ils soient si sots que de ne pas voir qu'à ces heures-ci on ne vient point parler affaires ? Croient-ils par hasard que nous qui gouvernons et qui sommes juges, nous ne sommes point des hommes de chair et d'os comme les autres, et ne voient-ils pas qu'il est juste de nous laisser reposer le temps même que la nécessité requiert de nous ? Pensent-ils que nous soyons de marbre ? Par le Dieu vivant et sur ma conscience, si ce gouvernement dure (et ce ne sera pas long suivant que je le soupçonne), je mettrai au pas plus d'un plaideur et d'un négociant. Maintenant dites à ce bonhomme qu'il entre ; mais que premièrement on prenne bien garde que ce ne soit pas un de ces espions ou de mes assassins. — Non, monsieur, répondit le page, il a plutôt l'air d'une cruche, et je n'y entends rien, ou il est aussi bon que le bon pain. — Il n'y a que craindre, dit alors le maître d'hôtel, puisque nous sommes tous ici. — Maître d'hôtel, repartit Sancho, maintenant que le docteur Pedro Récio n'est plus ici, ne pourrais-je pas manger quelque chose de solide et de substantiel, encore que ce fût un morceau de pain et un oignon. — Ce soir à souper, répondit le maître d'hôtel, nous réparerons le défaut du dîner, et Votre Seigneurie aura pleine satisfaction. —

Dieu le veuille », répondit Sancho, et sur ce le laboureur entra. Il avait fort bonne mine, et on pouvait voir de mille lieues que c'était un bonhomme et une bonne âme. La première chose qu'il dit, ce fut : « Qui est ici monsieur le gouverneur ? — Qui ce peut-il être, répondit le secrétaire, sinon celui qui est assis en cette chaire ? — Je me prosterne donc devant lui », répliqua le laboureur, et, se mettant à genoux, il lui demanda sa main pour la lui baiser. Sancho la lui refusa et lui commanda de se lever et de dire ce qu'il voulait. Le laboureur lui obéit et dit : « Moi, monsieur, je suis laboureur, natif de Miguel-Turra, village qui est à deux lieues de Ciudad Real. — Encore un Tirteafuera ? repartit Sancho. Poursuivez, frère. Je puis vous assurer que je connais bien Miguel-Turra ; ce n'est pas bien éloigné de mon village.

— Voici donc le fait, répliqua le laboureur : par la miséricorde de Dieu, je suis marié, régulièrement marié par-devant la sainte Église catholique romaine. J'ai deux fils étudiants ; le plus jeune étudie pour être bachelier, et l'autre pour être licencié. Je suis veuf : car ma femme s'est laissée mourir, ou, pour mieux dire, un méchant médecin me l'a tuée en lui donnant une médecine durant qu'elle était grosse ; et, si Dieu eût permis que son fruit fût venu à terme et que c'eût été un fils, je l'eusse fait étudier pour être docteur, afin qu'il ne portât point envie à ses frères le bachelier et le licencié. — De façon, dit Sancho, que, si votre femme ne fût point morte ou qu'on ne l'eût point fait mourir, vous ne seriez pas veuf maintenant ? — En aucune façon, monsieur, répondit le laboureur. — Nous voilà bien avancés, repartit Sancho. Dépêchons, frère, il est plutôt heure de dormir que de traiter d'affaires.

— Je dis donc, poursuivit le laboureur, que ce mien fils, qui doit être bachelier, s'amouracha au même village d'une demoiselle nommée Clara Perlerina, fille d'André Perlerin, un fort riche laboureur. Ce nom de Perlerin ne leur vient point de race ni d'aucune propriété, mais de ce que tous ceux de ce lignage sont paralytiques. Et pour rendre ce nom plus beau, on les appelle Perlerins. Toutefois, s'il faut dire la vérité, la damoiselle dont je vous parle est semblable à une perle orientale ; et, quand on la regarde par le côté droit, elle ressemble à une fleur des champs ; par le gauche, elle ne paraît pas aussi belle, à cause de l'œil que la petite vérole lui a enlevé ; et, bien que les marques et les fossettes de son visage soient en grand nombre et fort grandes, toutefois ceux qui l'aiment disent que ce ne sont point des fossettes, mais des sépultures, où les âmes de ses amants s'ensevelissent. Elle est si propre que, pour ne se souiller point le visage, elle porte les narines si bien retroussées qu'il semble qu'elles s'enfuient loin de sa bouche. Et avec tout cela elle est extrêmement belle, parce qu'elle a la bouche grande, et, s'il ne lui manquait dix ou douze dents, elle pourrait passer et tenir rang parmi les plus parfaites. Je ne sais que vous dire de ses lèvres ; elles sont si minces et si délicates que, si l'on avait accoutumé de dévider des lèvres, l'on ferait des siennes un écheveau. Toutefois, comme elles ne sont pas de la couleur que les lèvres ont d'ordinaire, elles semblent être merveilleuses, comme étant jaspées de vert, d'azuré et d'orangé. Monseigneur le gouverneur me pardonnera, s'il lui plaît, de lui dépeindre ici par le menu toutes les parties de celle qui, à la fin des fins, doit être ma fille, à laquelle je veux du bien, et qui ne me semble pas mal faite.

— Dépeignez tout ce que vous voudrez, répliqua Sancho, je prends plaisir à la peinture, et, si j'avais dîné, je ne voudrais point de meilleur dessert que votre portrait. — J'en ai un à vous servir, répondit le paysan, mais le moment viendra où nous y serons, si nous n'y sommes pas encore. Et je dis, monsieur, que, si je vous pouvais représenter sa gentillesse et sa haute taille, je ferais merveille. Mais cela est impossible, parce qu'elle est toute courbée et bossue, et de telle sorte qu'elle a les genoux dans la bouche. Néanmoins, il est aisé de voir que, si elle se pouvait lever, elle toucherait de la tête au plancher, voire au toit de la maison. Elle aurait déjà donné la main comme épouse à mon fils de bachelier, n'était qu'elle ne la peut étendre parce qu'elle est nouée ; si est-ce pourtant que ses ongles longs et cannelés témoignent de sa douceur et de sa bonne grâce. — Cela va bien, bonhomme, dit Sancho, et faites état que vous l'avez déjà dépeinte depuis les pieds jusqu'à la tête. Que désirez-vous maintenant ? et venez au point sans tourner à l'entour du pot et sans rogner ni ajouter.

— Je désirerais, seigneur, répondit le laboureur, que Votre Grâce me fît la faveur de me donner une lettre de recommandation pour le père de cette damoiselle, le suppliant d'accomplir ce mariage, puisque nous sommes égaux tant en biens de fortune qu'en ceux de nature. Car, pour vous dire franchement le tout avec vérité, mon fils est démoniaque, et nul jour ne se passe que les mauvais esprits ne le tourmentent trois ou quatre fois. En outre, pour être une fois tombé dans le feu, il a le visage ridé comme un parchemin et les yeux quelque peu chassieux et suintants. Toutefois il est aussi homme de bien qu'un ange, et, n'était qu'il se bat et se gourme lui-même à grands coups de poing, il serait un vrai saint.

— Avez-vous encore quelque autre chose à dire, bonhomme ? répliqua Sancho. — Oui, monseigneur, dit-il, j'en ai une autre ; mais je n'ose la proférer. Toutefois il le faut, aussi bien ne doit-elle pas pourrir en ma bouche, quoi que c'en soit. C'est que je voudrais bien que Votre Seigneurie me donnât trois cents ou bien six cents ducats pour aider à la dot de mon bachelier ; je dis pour l'aider à installer sa maison, parce qu'enfin ils doivent vivre pour eux, sans être sujets aux caprices d'un beau-père et d'une belle-mère. — Regardez si vous désirez encore quelque autre chose, dit Sancho, et ne soyez pas arrêté par la crainte ou la honte. — Ma foi, non », repartit le laboureur. A peine eut-il fait cette réponse que le gouverneur se leva tout droit, empoigna la chaire où il était assis, et dit ces paroles : « Je jure, monsieur le croquant et le malappris, que, si vous ne vous retirez promptement et ne vous ôtez de ma présence, je vous romprai la tête avec cette chaire. Allez, grand coquin, fils de putain et peintre du diable ! Quoi ! tu viens, à des heures pareilles, me demander six cents ducats ? Et d'où les puis-je tirer, puant ? Et pourquoi te les donnerais-je, quand je les aurais, bouffon et imbécile ? Et qu'ai-je à m'inquiéter de Miguel-Turra ni de toute la race des Perlerins ? Videz d'ici, dis-je encore un coup, sinon je jure par la vie du duc, mon seigneur, que je ferai ce que j'ai dit. Tu ne dois pas être de Miguel-Turra, mais bien plutôt quelque coquin que l'enfer a envoyé ici pour me tenter. Dis-moi un peu, homme sans âme, il n'y a pas encore un jour et demi que j'ai ce gouvernement, et déjà tu veux que j'aie six cents ducats ? »

Le maître d'hôtel fit signe au laboureur qu'il sortît de la salle. Ce qu'il fit la tête basse, et en apparence tremblant de crainte que le gouverneur ne se laissât emporter à sa colère : car il sut bien jouer son personnage, le drôle. Mais laissons Sancho en son courroux, et que la paix revienne dans la danse, et retournons à don Quichotte, que nous laissâmes avec le visage bandé et les emplâtres que l'on y avait appliqués pour la guérison des blessures chatesques, desquelles il ne guérit pas en huit jours. Durant ce temps, il lui arriva ce que Cid Hamet promet de raconter de point en point, et avec l'exactitude qu'il a accoutumé de mettre jusqu'aux choses les plus minimes de cette histoire.

CHAPITRE XLVIII

DE CE QUI ARRIVA À DON QUICHOTTE AVEC DAME RODRIGUEZ, LA DUÈGNE DE LA DUCHESSE, AINSI QUE D'AUTRES ACCIDENTS DIGNES D'ÊTRE GRAVÉS DANS LA MÉMOIRE DES HOMMES

Tout fâché et tout triste était cependant le mal féru don Quichotte, avec son visage bandé et marqué non de la main de Dieu, mais des griffes d'un chat : disgrâces attachées à la chevalerie errante. Il garda six jours la chambre et, durant ce temps-là, comme il était une nuit couché dans son lit et éveillé, et qu'il pensait à son infortune et à la poursuite amoureuse d'Altisidore, il ouït qu'on ouvrait sa porte avec une clef. Et il s'imagina incontinent que cette damoiselle, transportée d'amour, venait pour assaillir son honnêteté et le mettre en état de manquer à la foi qu'il devait garder à sa maîtresse Dulcinée du Toboso. « Non, non, dit-il, croyant à son imagination, et d'une voix qui pouvait être entendue, la plus grande beauté de la terre ne fera jamais que je laisse d'adorer celle que j'ai gravée et imprimée au milieu de mon cœur et au plus profond de mes entrailles. Ô ma chère maîtresse ! que tu sois transformée en paysanne qui sent l'oignon, ou en nymphe du Tage doré, tissant une tapisserie d'or et de soie, ou que Merlin te détienne, ou Montésinos, là où ils voudront, tu seras partout et toujours mienne et, en quelque part que je puisse être, je serai tien. » L'achèvement de ces paroles et l'ouverture de la porte furent l'affaire d'un même instant. Lors il se leva debout sur le lit, étant couvert de haut en bas d'une courtepointe de satin jaune paille, un bonnet sur la tête, le visage et la moustache bandés, l'un par les endroits où il était égratigné, et l'autre afin qu'elle se tînt relevée. En ce costume, il ressemblait au plus extraordinaire fantôme que l'on puisse s'imaginer. Il jeta les yeux vers la porte, et, lorsqu'il croyait voir entrer la malheureuse et dolente Altisidore, il vit une duègne vénérable qui portait une coiffe blanche plissée et si longue qu'elle la couvrait comme un manteau depuis la tête jusqu'aux pieds. Elle tenait de la main gauche la moitié d'une chandelle allumée, et de l'autre elle s'abritait afin que la clarté ne lui donnât point dans les yeux, que couvraient d'énormes lunettes. Elle marchait tout doucement, et remuait les pieds sans bruit. Don Quichotte la considéra du haut de sa tour de guet, et, quand il eut considéré son équipage et son silence, il pensa que c'était quelque sorcière ou magicienne qui venait en ce costume exercer sur lui ses maléfices, et il se mit à faire des signes de croix à tour de bras. Cette vision s'approchait cependant, et, quand elle fut au milieu de la chambre, elle leva les yeux et vit la précipitation avec laquelle se signait don Quichotte ; et s'il avait eu peur devant son aspect, elle demeura épouvantée à voir le sien. Aussi, incontinent qu'elle l'eut aperçu ainsi debout, si grand et si jaune avec la couverture et les bandeaux qui le défiguraient, elle poussa un grand cri en disant : « Ô bon Jésus, qu'est-ce que je vois ? » De frayeur la chandelle lui chut de la main, et, comme elle se vit à tâtons, elle se retourna pour gagner la porte, la crainte la fit embarrasser dans ses vêtements, et elle tomba lourdement à terre, tandis que don Quichotte, tout tremblant commença de dire : « Fantôme, ou qui que tu sois, je te conjure que tu m'aies à dire qui tu es et ce que tu veux de moi. Si tu es quelque âme en peine, dis-le-moi, et pour ton soulagement je ferai tout mon possible, puisque je suis catholique chrétien et désireux de faire du bien à tout le monde. Aussi bien est-ce pour cela que j'ai embrassé l'ordre de la chevalerie errante dont je fais profession, et dont l'exercice s'étend jusqu'à faire du bien aux âmes qui sont en purgatoire. » La duègne meurtrie, qui s'entendit conjurer, devina par la peur qu'elle avait celle de don Quichotte, et, d'une voix basse et dolente, lui répondit : « Seigneur don Quichotte (si par aventure

Votre Grâce est le seigneur don Quichotte), je ne suis ni un fantôme, ni une vision, ni une âme du purgatoire, ainsi que Votre Grâce doit l'avoir pensé. Je suis dame Rodriguez, la duègne d'honneur de madame la duchesse, qui vient ici à vous pour être secourue dans une de ces nécessités où vous avez accoutumé d'apporter le remède. — Dites-moi, repartit don Quichotte, dame Rodriguez, peut-être venez-vous ici pour faire quelque ambassade ? Si cela est, il faut que vous sachiez que je ne puis être utile à personne, grâce à la beauté sans pareille de ma dame Dulcinée du Toboso. Enfin je vous dis, dame Rodriguez, que, pourvu que vous laissiez à part tout message d'amour, vous pouvez aller rallumer votre chandelle et revenir ensuite. Nous causerons de tout ce qu'il vous plaira de me commander, sauf, comme j'ai dit, toute amorce amoureuse. — Moi, une courtière d'amour, mon bon monsieur ! s'écria la duègne. Votre Grâce me connaît mal. Je ne suis pas d'un âge assez prolongé pour m'occuper de ces bagatelles, car Dieu merci, mon âme me tient encore au corps et ma bouche a toutes ses dents, sauf quelques-unes, que certains catarrhes communs en ce pays d'Aragon m'ont ôtées. Toutefois, attendez-moi un peu, j'irai rallumer ma chandelle, et reviendrai dans un instant vous raconter mes soucis et mes infortunes, comme à celui qui remédie à celles de tout le monde. » Et sans attendre sa réponse, elle sortit de la chambre où don Quichotte demeura rassuré et pensif. Mais alors mille imaginations l'agitèrent sur cette nouvelle aventure : il lui semblait que c'était mal fait et encore plus mal pensé de se mettre en danger de rompre la foi qu'il avait promise à sa dame, et il tenait à part soi ce discours : « Et qui sait si le diable, qui est subtil et cauteleux, ne cherche point maintenant à faire, par le moyen d'une duègne, ce qu'il n'a pu faire par des impératrices, reines, duchesses et comtesses ? J'ai ouï dire plusieurs fois et à plusieurs hommes sages que, quand il peut, il vous en donne plutôt avec un laideron qu'avec une beauté. Qui sait si ce lieu écarté, cette occasion et ce silence n'exciteront point mes désirs endormis et ne feront pas que sur la fin de mes ans je tombe où je n'ai jamais buté. Il vaut mieux, en cas semblables, prendre la fuite qu'attendre le combat. Toutefois, je ne dois pas être en mon bon sens pour proférer et penser de telles extravagances. Eh quoi ! Une duègne à coiffe blanche et à lunettes aurait-elle le pouvoir d'exciter des pensées lascives dans le cœur le plus dépravé du monde ? Y a-t-il peut-être au monde une duègne qui ait des chairs fermes, une duègne qui ne soit impertinente, renfrognée et pimbêche ? Arrière, bande de duègnes, inutile à toutes humaines délices. Oh ! que cette grande dame avait bien raison, qui, comme l'on dit, faisait tenir assises au bout de son salon deux duègnes relevées en bosse avec leurs lunettes et leurs carreaux, comme si elles étaient en train de travailler. Et ces statues lui servaient autant pour l'ordre de la salle que si elles eussent été de véritables duègnes. » Ce disant, il se leva du lit dans l'intention de fermer la porte, et de ne point laisser entrer la dame Rodriguez. Mais, comme il vint pour la fermer, cette dame était déjà à la porte avec une chandelle de cire blanche, et, quand elle vit don Quichotte de plus près, affublé de la couverture, avec les bandes et son bonnet à oreilles, elle eut peur de nouveau, et, reculant de deux pas en arrière, elle lui dit : « Seigneur chevalier, sommes-nous en sûreté ? Car je ne tiens pas à très bon signe pour mon honneur que vous vous soyez ainsi levé de votre lit. — C'est la même demande que je vous fais, repartit don Quichotte, de sorte que je veux savoir de vous si je suis en assurance de n'être pas assailli et violenté. — De qui ou à qui, seigneur chevalier, répliqua la dame, demandez-vous cette assurance ? — C'est à vous, dit don Quichotte, et de vous que je la demande : car je ne suis point de marbre, ni vous de bronze, et maintenant il n'est pas dix heures du matin, mais minuit et même un peu plus, selon que j'imagine, et dans une retraite plus secrète et mieux fermée que ne devait être la grotte où le traître et téméraire Enée jouit de la belle et tendre Didon. Toutefois, madame, donnez-moi la main, puisque je ne demande point de meilleure garantie que celle de ma continence et de ma réserve, et celle que me promet ce très révérend voile. » Ce disant, il lui baisa la main droite, et lui offrit la sienne, qu'elle accepta avec les mêmes cérémonies.

C'est ici que Cid Hamet fait une parenthèse et dit, en jurant par Mahomet, qu'il eût volontiers donné la meilleure des deux pelisses qu'il avait pour voir la posture de tous deux lorsqu'ils se tenaient par la main, et qu'ils allèrent ainsi depuis la porte jusqu'au lit.

Enfin, don Quichotte se recoucha, et dame Rodriguez demeura assise sur une chaise un peu éloignée de la couchette, sans quitter ni sa longue toque ni ses lunettes. Don Quichotte s'enfonça sous les draps sans montrer autre chose que le visage, et, lorsque tous deux se furent un peu reposés, le premier qui rompit le silence ce fut don Quichotte : « Votre Grâce peut maintenant, ma chère dame Rodriguez, se déboutonner et se décharger de tout ce qu'elle a dans son cœur oppressé et dans ses pauvres entrailles. Elle sera écoutée par de chastes oreilles, et secourue par des actes compatissants. — Je le crois, répondit la duègne, et aussi de la noble et agréable personne de Votre Seigneurie ne pouvait-on attendre qu'une réponse aussi chrétienne. Voici donc le cas, seigneur don Quichotte : bien que vous me voyiez assise sur cette chaise et au milieu du royaume d'Aragon et en habit de duègne anéantie et persécutée, je suis native des Asturies d'Oviédo, et d'un lignage qui l'emporte de beaucoup sur les meilleurs de cette province. Mais l'injustice du sort et l'insouciance de mes parents, qui devinrent pauvres de bonne heure, sans savoir comment ni pourquoi, me menèrent à la cour de Madrid, où pour ma sécurité et pour éviter de plus grandes disgrâces, ils me mirent au service d'une dame noble pour les ouvrages de couture : car je veux que Votre Grâce sache que, pour faire du petit point et pour ourler, je n'en ai jamais trouvé qui m'aient damé le pion dans toute ma vie. Mon père et ma mère me laissèrent donc en service, et s'en retournèrent en leur pays, et peu de temps après ils durent aller au ciel en bons et catholiques chrétiens qu'ils étaient. Je demeurai orpheline et attachée au misérable salaire et aux chétives gratifications que l'on donne ordinairement dans les palais à cette sorte de servantes. Vers ce temps, un écuyer de la maison tomba amoureux de moi sans que j'y donnasse occasion. C'était un homme déjà sur l'âge, barbu, de bonne mine, et surtout gentilhomme comme le roi, puisqu'il était montagnard [1]. Nous ne pûmes si secrètement pratiquer nos amours qu'ils ne vinssent à la connaissance de ma maîtresse, laquelle, pour éviter les commérages, nous maria en paix par-devant notre mère, la sainte Église catholique et romaine. De ce mariage, naquit une fille pour mettre fin à mon heur, si j'en avais, non pas que je vinsse à mourir de l'enfantement, puisque je l'eus naturel et à terme, mais parce que peu de temps après mon mari mourut d'une certaine frayeur qu'il eut et dont je sais que vous serez émerveillé, maintenant que j'ai le loisir de vous le raconter. » Sur ce, elle se mit à pleurer tendrement et dit : « Que Votre Grâce me pardonne, s'il vous plaît, seigneur don Quichotte, car c'est plus fort que moi, toutes les fois qu'il me ressouvient de ma disgrâce, je ne puis empêcher mes yeux de verser des fontaines de larmes. Dieu me soit ainsi en aide, avec quelle bonne grâce portait-il ma maîtresse en croupe sur une puissante mule noire comme du jais ! Car alors on n'usait point de coches ni de chaises comme on dit qu'on fait maintenant, et les dames allaient en croupe derrière leurs écuyers. Je ne puis au moins laisser de conter ceci, afin qu'on marque la bonne éducation et l'exactitude de mon bon mari. Comme il entrait dans la rue Santiago, à Madrid, qui est un peu étroite, voilà un alcade de cour accompagné de deux alguazils qui venaient au-devant de lui. Dès que mon bon écuyer le vit, il tira la bride à son mulet, témoignant qu'il allait revenir sur ses pas pour prendre la suite de l'alcade pendant que madame, qui était en croupe, lui disait tout bas : « Que faites-vous, malheureux ? Ne voyez-vous pas que je suis ici ? » L'alcade, en homme poli, retint les rênes de son cheval et lui dit : « Suivez, monsieur, votre chemin, car c'est à moi d'accompagner madame Casilda » (c'est ainsi que se nommait ma maîtresse). Néanmoins, avec tout cela, mon mari, le bonnet à la main, persistait à vouloir accompagner l'alcade. Ce que voyant madame, elle tira de colère une grosse épingle ou, je crois, un poinçon de son étui, et le ficha dans les reins de mon mari, de sorte qu'en jetant un grand cri et se tordant il tomba par terre avec sa maîtresse.

« Deux laquais accoururent pour la relever, et l'alcade et les alguazils en firent autant. Toute la porte de Guadalajara fut tout émue, je dis les badauds qui s'y trouvèrent. Madame s'en revint à pied, et mon mari se réfugia chez un barbier, disant qu'il avait les entrailles percées de part en part. La courtoisie de mon mari devint si célèbre que les gamins couraient par les rues après lui. Et pour ce sujet, et parce qu'il avait la vue un peu courte, ma maîtresse lui donna congé, et je pense qu'il en eut tant de chagrin que cela fut la cause de sa mort. Je demeurai veuve et sans aucun secours, ayant sur les bras une fille qui allait croissant en beauté comme l'écume de la mer. Enfin, comme j'avais la réputation de grande travailleuse, madame la duchesse, qui était nouvellement mariée avec monseigneur le duc, me voulut emmener à ce royaume d'Aragon, et ma fille pareillement. Les jours allant et venant, ma fille crût, et avec elle toute la bonne grâce du monde : elle chante comme un rossignol, danse comme la pensée, saute comme une perdue, lit et écrit comme un maître d'école, et compte comme un avare. Je ne vous dis rien de sa propreté : l'eau qui court n'est pas plus propre. Elle doit avoir présentement, s'il m'en souvient bien, seize ans cinq mois et trois jours, un de plus ou de moins. Pour conclure, ma fille s'éprit du fils d'un riche laboureur, qui tient une ferme de monseigneur le duc, pas bien loin d'ici. En effet, je ne sais ni quand ni comment, tant il y a qu'ils se réunirent, et, sous promesse de mariage, il abusa de ma fille, et maintenant il ne veut plus tenir sa parole. Le duc le sait parce que je m'en suis plainte à lui non pas une, mais cent fois, et l'ai prié de commander que ce laboureur épouse ma fille ; toutefois il fait la sourde oreille et même à peine me veut écouter, et la cause, c'est que le père du séducteur est si riche que bien souvent il prête de l'argent au duc, et lui sert de caution dans ses embarras, de sorte qu'il ne veut nullement le mécontenter ni lui causer du souci en quelque chose que ce soit.

« Je voudrais donc, mon bon seigneur, que vous daignassiez prendre à charge de me faire réparer ce tort, ou par la prière ou par les armes, puisque, selon le bruit qui en court partout, vous êtes né au monde pour défaire les outrages, redresser les torts et servir de rempart aux misérables. Je vous prie de vous représenter la condition d'orpheline de ma fille, sa gentillesse, sa jeunesse, avec toutes les autres qualités qu'elle possède et que je vous ai déjà dites : sur Dieu et ma conscience, je puis vous assurer que, de toutes les damoiselles de madame, il n'y en a pas une qui arrive à la semelle de son soulier, pas même celle que l'on nomme Altisidore et que l'on tient pour la plus gaillarde et la plus aimable du logis ; comparée à ma fille, elle n'en approche point de deux lieues près. Aussi devez-vous savoir, cher seigneur, que tout ce qui reluit n'est pas or, car cette Altisidore a plus de présomption que de beauté, et plus d'effronterie que de retenue. En outre, elle n'est guère bien saine : car elle a une certaine haleine échauffée qui ne souffre point que l'on demeure longtemps près d'elle, et même aussi madame la duchesse... Il faut me taire, car on dit ordinairement que les murailles ont des oreilles. — Sur ma vie, répliqua don Quichotte, je vous supplie de me dire, dame Rodriguez, ce que peut avoir madame la duchesse ? — Sur une telle prière, dit-elle, je ne puis m'empêcher de répondre à votre demande en toute vérité. Voyez-vous, seigneur don Quichotte, cette beauté de madame la duchesse, ce teint qui reluit comme une épée bien fourbie, ces deux joues de lait et de carmin, où l'on voit en l'une le soleil et en l'autre la lune, et tout cet extérieur dégagé dont elle semble dédaigner la terre en la foulant, et qui fait paraître qu'elle répand la santé partout où elle passe ? Eh bien, que Votre Grâce sache que, de toutes ces belles qualités, elle en doit premièrement rendre grâces à Dieu, et puis à deux fontaines[2] qu'elle a aux jambes, par où se vident toutes les mauvaises humeurs dont elle est pleine, ainsi que disent les médecins. — Sainte Marie ! fit don Quichotte, est-il bien possible que madame la duchesse ait de tels écoulements ? Je ne le croirais jamais si des carmes déchaussés me le disaient ; mais cela doit être, puisque dame Rodriguez le dit. Si est-ce pourtant que de telles fontaines, et en de tels lieux, doivent plutôt donner de l'ambre liquide que de l'humeur. Et véritablement j'achève de croire maintenant que cette manière de fontaine doit être importante pour la santé. »

A peine don Quichotte achevait de proférer cette parole lorsque d'un grand coup on ouvrit la porte de la chambre. Le bruit du coup fit qu'en sursaut la chandelle tomba de la main de dame Rodriguez. La chambre demeura comme gueule de loup, ainsi que l'on dit d'ordinaire, et soudain la pauvre dame sentit qu'on la prenait à la gorge avec deux mains, et qu'on la serrait si fort qu'elle ne pouvait respirer, tandis qu'une autre personne lui troussait la cotte avec beaucoup de prestesse, sans dire un mot, et, à ce qu'il semblait d'une pantoufle, se mit à lui donner tant de coups, tant de coups, que c'était grand-pitié. Or, quoique don Quichotte en éprouvât pour elle, il ne se bougeait pourtant du lit, ignorant ce que cela pouvait être ; cependant il ne soufflait mot, et craignait que la grêle des coups ne fondît aussi sur lui ; sa crainte ne fut pas vaine, puisque, après que les muets bourreaux eurent bien fustigé la dame qui n'osait se plaindre, ils se jetèrent sur don Quichotte, et, après lui avoir ôté la couverture et le drap, le caressèrent si dru et si menu qu'il ne put s'empêcher de se défendre à coups de poing ; tout cela dans un silence admirable. Le combat dura près d'une demi-heure, au bout de laquelle les fantômes disparurent, la dame Rodriguez rabattit ses jupes, et, plaignant sa disgrâce, sortit par la porte, sans dire mot à don Quichotte, lequel, tout dolent et bien frotté, pensif et confus, demeura seul en ce lieu, où, pour le moment, nous le laisserons désireux de savoir qui était le pervers enchanteur qu'il l'avait mis en cet état. Mais on le dira en temps et lieu : car il faut premièrement parler de Sancho Pança qui nous appelle, et le bon ordre de cette histoire le demande.

CHAPITRE XLIX

DE CE QUI ARRIVA À SANCHO PANÇA EN FAISANT LA RONDE DANS SON ÎLE

Nous avons laissé le grand gouverneur Sancho tout fâché et tout en colère contre le laboureur caricaturiste et bouffon, lequel, instruit par le maître d'hôtel, comme le maître d'hôtel par le duc, se moquait avec eux de Sancho. Mais il leur tenait tête à tous, encore que ce fût un lourdaud sans éducation ni manières. Or, s'adressant à ceux qui étaient autour de lui et au docteur Pedro Récio, qui était rentré dedans la salle, comme on achevait de lire le secret de la lettre du duc, il leur tint ce langage : « C'est bien maintenant que je sais par expérience qu'il faut que les juges et les gouverneurs soient de bronze pour ne souffrir point des importunités des quémandeurs, qui à toute heure et en tout temps viennent crier qu'on les écoute et qu'on les dépêche, n'ayant égard qu'à leur affaire, quoi qu'il en puisse arriver, et, si le pauvre juge ne les écoute et ne les expédie promptement, ou parce qu'il ne le peut pas, ou bien parce que ce n'est pas l'heure de donner audience, ils lui donnent incontinent mille malédictions, murmurent, le rongent jusqu'aux os, et même décrient son lignage. Solliciteur ignorant, solliciteur sans cervelle, ne te hâte point, attends l'heure et le temps pour traiter d'affaires : ne viens point à l'heure de dîner ou à celle de dormir, car les juges sont de chair et d'os, et doivent donner à leur corps ce qu'il leur demande naturellement, hormis moi, qui n'accorde rien à mon corps, grâce à M. le docteur Pedro Récio de Tirteafuera que voilà, lequel veut que je meure de faim ; et encore il dit que mourir de cette sorte c'est vivre. De telle vie puisse-t-il vivre avec toute sa séquelle, je dis celle des mauvais médecins, car les bons méritent palmes et lauriers. »

Tous ceux qui connaissaient Sancho, et qui l'entendaient parler avec tant d'élégance, étaient tout étonnés et ne savaient à quoi l'attribuer, sinon que les grandes charges et les grands offices ou bien aiguisent ou bien hébètent les esprits. Enfin le docteur Pedro Récio Aguero de Tirteafuera promit de lui donner à souper le soir, dût-il enfreindre tous les aphorismes d'Hippocrate. Cette promesse satisfit Sancho, il attendait avec une grande impatience la venue de la nuit et l'heure du souper, et il lui semblait que le temps ne bougeait pas de place. Néanmoins, l'heure tant désirée arriva, et on lui bailla à souper d'un saupiquet de vache avec des oignons, et deux pieds de veau cuits ; et, bien que le veau fût déjà un peu avancé en âge, si est-ce qu'il le mangea avec plus de goût et d'appétit que si on lui eût donné des francolins de Milan, des faisans de Rome, du veau de Sorrente, des perdrix de Moron ou des oisons de Lavajos. Pendant le souper il se tourna vers le docteur et lui dit : « Tenez, monsieur le docteur, dorénavant ne vous mettez point en peine de me faire manger des choses délicates et des plats exquis, ce serait sortir mon estomac de ses gonds ; il est accoutumé à la chèvre, à la vache, au lard, au salé, aux navets et aux oignons. Que si, par hasard, on lui donne d'autres viandes de cour, il les reçoit avec dédain, voire avec dégoût. Ce que le maître d'hôtel peut faire, c'est de me donner de ce que l'on appelle des pots pourris, et plus ils sont pourris, meilleur ils sentent, et il peut y mettre et enfermer tout ce qu'il voudra, pourvu que ce soit mangeable, je le prendrai à gré et le lui payerai quelque jour. Au reste, qu'aucun ne se rie de moi, car ou nous sommes ou nous ne sommes point. Que tout le monde vive et mange en bonne paix, puisque, quand Dieu fait lever le matin, c'est pour tout le monde. Je gouvernerai cette île sans perdre mon droit ni prévariquer. Que chacun veille au grain et ouvre l'œil, car il faut que l'on sache que le diable est en tournée, et que, si l'on m'en donne sujet, on verra des merveilles. Oui-da, faites-vous miel, et les mouches vous mangeront. — Il n'y a point de doute, monsieur le gouverneur, dit le maître d'hôtel, que Votre Seigneurie n'ait grande raison en tout ce qu'elle a dit, et je vous donne parole, au nom de tous les habitants de cette île, qu'ils vous serviront tous avec exactitude, amour et bienveillance ; les doux procédés de gouvernement que Votre Excellence a pris en ces premiers commencements ne leur ont point donné sujet de faire ni de penser chose aucune qui tourne à son détriment. — Je le crois, répondit Sancho, et ce seraient des bêtes s'ils faisaient ou pensaient autrement. Cependant, je dis encore un coup qu'on ait soin de ma subsistance et de celle de mon grison ; c'est ce qui importe le plus en cette affaire ; et, quand il sera temps, nous irons faire notre ronde : mon désir est de nettoyer l'île de toute sorte d'immondices et de gens vagabonds, fainéants et débauchés, car je veux que vous sachiez, mes amis, que les personnes débauchées et paresseuses sont dans la république ce que les frelons sont dans les ruches, où ils mangent le miel que font les travailleuses abeilles. Je pense soulager les laboureurs, maintenir les gentilshommes en leurs privilèges, récompenser les gens de bien, et surtout avoir toutes sortes d'égards pour la religion et l'honneur des gens d'église. Que vous en semble, mes amis ? Est-ce là parler ou la tête me tourne-t-elle ? — Votre Grâce en dit tant, seigneur gouverneur, dit le maître d'hôtel, que je suis tout étonné de voir qu'une personne privée de lettres autant que Votre Seigneurie, puisque je crois qu'elle n'en a point, puisse dire tant de choses si pleines de sentences et d'instruction, et si hors de l'opinion que ceux qui nous ont envoyés ici et nous, qui y sommes venus, avons conçue de votre jugement. On voit tous les jours du nouveau dans le monde ; les plaisanteries se changent en vérités et les moqueurs se trouvent moqués. »

La nuit vint, le gouverneur soupa avec la permission de M. le docteur Récio. Après souper, ils s'apprêtèrent pour aller faire la ronde, et Sancho sortit avec le majordome, le secrétaire, le maître d'hôtel et le chroniqueur qui avait charge de mettre ses faits par écrit, les alguazils et les greffiers, le tout en tel nombre qu'il pouvait former un bon escadron. Et il fallait voir Sancho marchant au milieu avec sa baguette de gouverneur. Ils n'eurent guère parcouru quelques rues du bourg qu'ils entendirent un bruit d'épées ; ils accoururent incontinent et trouvèrent deux hommes seuls qui se battaient et qui, voyant venir la justice, demeurèrent cois ; cependant l'un d'eux proféra ces paroles : « Ici, de par Dieu et le roi ! En quoi souffririons-nous que l'on dérobe en ce bourg et que l'on y vole au milieu des rues ? — La paix, homme de bien ! répondit Sancho, et dites-moi la cause de cette querelle : c'est moi le gouverneur. » L'autre combattant dit alors : « Je la dirai, monsieur le gouverneur, en peu de mots : Votre Seigneurie saura que ce gentilhomme vient de gagner, dans cette maison de jeu ici en face, plus de mille réaux, et Dieu sait comment ; je m'y suis trouvé présent, et j'ai jugé en sa faveur plus d'un coup douteux, contre tout ce que me dictait ma conscience. Il s'est retiré avec son gain, et, lorsque je croyais qu'il m'en donnerait au moins un écu de gratification, comme l'on donne ordinairement aux gens de qualité comme je suis, qui assistent pour juger, bien ou mal, des coups et pour appuyer les tricheries et empêcher les querelles, il a serré son argent dans sa bourse et est sorti du logis. Je l'ai suivi tout en colère, et avec paroles bonnes et courtoises lui ai demandé de me donner au moins huit réaux, car il sait bien que je suis un homme d'honneur et que je n'ai ni office ni bénéfice, vu que mes parents ne m'en ont enseigné ni laissé. Toutefois, ce vilain, qui n'est pas moins larron que Cacus, ni moins pipeur qu'Andradilla, ne m'a pas voulu donner plus de quatre réaux. Voyez un peu quelle effronterie, monsieur le gouverneur, et combien peu de conscience il a ! mais je jure ma foi que, si Votre Seigneurie ne fût ici arrivée, je lui eusse fait dégorger son pain et lui eusse appris à ses dépens le poids de la romaine. — Vous, que répondez-vous à cela ? » dit Sancho. L'autre répondit que tout ce que sa partie avait dit était véritable ; qu'il ne lui avait pas voulu donner plus de quatre réaux, parce qu'il les lui donnait bien souvent. En outre, que ceux qui attendent ainsi un pourboire doivent être discrets et honnêtes, et recevoir d'un air joyeux ce qu'on leur donne, sans marchander les gagnants, à moins de savoir assurément que ce sont des fripons et que ce qu'ils gagnent est mal gagné ; mais pour preuve qu'il était homme de bien, et non pas larron ainsi que celui-ci le nommait, il ne fallait considérer autre chose sinon qu'il ne lui avait voulu rien donner : car les fripons sont toujours tributaires des spectateurs qui les connaissent. — Cela est vrai, répliqua l'intendant. Voyez, monsieur le gouverneur, ce que vous voulez faire de ces hommes. — Ce qu'il faut faire ? repartit Sancho. Voici : vous, gagnant de bonne ou de mauvaise foi, ou n'importe, vous délivrerez promptement à celui qui vous a attaqué cent réaux ; vous en débourserez encore trente pour les pauvres prisonniers. Et pour vous, qui n'avez ni office ni bénéfice, et qui allez flânant de nuit par cette île, prenez tôt ces cent réaux, et je vous donne demain toute la journée pour quitter cette île et n'y rentrer de dix ans, sous peine, si vous y revenez, de les accomplir en l'autre vie : car je vous pendrai à un gibet, ou tout au moins le bourreau par mon commandement ; et que nul ne réplique, autrement je lui mets la main dessus. » L'un déboursa, et l'autre reçut ; celui-ci sortit de l'île, et celui-là se retira chez lui, et le gouverneur resta, disant : « Ou j'aurai peu de pouvoir, ou je ferai disparaître ces maisons : m'est avis qu'elles sont trop préjudiciables. — Pour celle-ci, du moins, je ne le pense pas, répondit un greffier, parce qu'elle est tenue par un grand personnage qui perd plus le long de l'année, sans comparaison, que ce qu'il tire des cartes. Votre Seigneurie pourra bien montrer son autorité contre des tripots de moindre étage qui sont ceux qui apportent plus de dommage, et où se font les plus grandes infamies. Car les pipeurs renommés ne se hasardent point à faire de leurs coups dans les maisons des nobles et des grands, et, puisque le vice du jeu s'est converti en commun exercice, mieux vaut qu'on joue dans les maisons des gentilshommes que dans celle de quelque coquin où l'on vous empoigne après minuit quelque malheureux qu'on désosse tout vif. — Je sais, greffier, dit Sancho, qu'il y a beaucoup à dire là-dessus. » Cependant qu'ils tenaient ces discours, ils virent venir à eux un sergent qui tenait empoigné un garçon et qui dit : « Monsieur le gouverneur, ce jeune homme venait à nous ; mais, sitôt qu'il a découvert la justice, il a tourné le dos et s'est mis à courir comme un daim : signe que ce doit être quelque malfaiteur. J'ai couru après lui, et, n'eût été qu'il a bronché et est tombé, je ne l'eusse jamais attrapé. — Pourquoi fuyiez-vous, jeune homme ? dit Sancho. — Monsieur, repartit le garçon, pour éviter de répondre aux nombreuses questions que fait la justice. — Quel est votre emploi ? — Tisserand. — Et que tissez-vous ? — Des fers de lance, avec la permission de Votre Grâce. — Ah ! vous me faites le plaisant, dit Sancho ; vous voulez ici bouffonner ? Voilà qui va fort bien. Et où alliez-vous maintenant ? — Seigneur, j'allais prendre l'air. — Et où prend-on l'air en cette île ? — Où il souffle. — C'est bien dit ; vous répondez fort à propos : vous n'êtes point sot, jeune homme ; toutefois faites état que je suis l'air, que je vous souffle en poupe et vous mène en prison. Qu'on l'empoigne ; holà ! qu'on me l'emmène, car je ferai qu'il dormira cette nuit sans air. — Par le Dieu vivant ! répliqua le garçon, aussi bien me fera Votre Seigneurie dormir en prison, qu'elle me fera roi. — Et pourquoi ne te ferai-je pas dormir en prison ? répond Sancho ; n'ai-je pas le pouvoir de te faire prendre et de te relâcher toutes les fois et quand il me plaira ? — Quand vous en auriez encore davantage, repartit le garçon, ce ne sera pas assez pour me faire dormir en prison. — Comment non ? répliqua Sancho. Menez-le vite où il verra de ses propres yeux combien il se trompe. Et, si le geôlier veut user envers lui d'une libéralité intéressée, je le condamnerai à une amende de deux mille ducats, s'il le laisse faire un pas hors de la conciergerie. — Tout cela est pour rire, répondit le garçon ; le fait est qu'il n'y a homme vivant qui soit capable de me faire dormir en prison. — Dis-moi, diable, repartit Sancho, as-tu quelque esprit qui te tire et t'ôte les fers dont je te veux faire attacher ? — Monsieur le gouverneur, répondit le garçon d'une fort bonne grâce, parlons raison et venons au point. Que Votre Seigneurie présuppose qu'elle m'a envoyé en prison, et que l'on m'y a mis les fers et les chaînes ; que l'on m'a mis dans un cachot, et que l'on a fait défense à l'alcalde, sous grosse peine, de me laisser sortir ; enfin que l'alcalde fait ce qu'on lui a commandé. Avec tout cela, si je ne veux point dormir et que je veille toute la nuit sans fermer l'œil, Votre Excellence pourra-t-elle me faire dormir avec tout son pouvoir, si je ne le veux pas ? — Certes non, dit le secrétaire, l'homme s'en est bien tiré. — En sorte, dit Sancho, que vous vous empêcherez de dormir rien que par votre volonté et non pour contrevenir à la mienne ? — Non, monsieur, répliqua le garçon, je n'en ai pas même la pensée. — Eh bien, allez en paix, dit Sancho. Allez-vous-en dormir chez vous, et Dieu vous donne bon sommeil, je ne veux pas vous l'ôter. Toutefois, je vous conseille que dorénavant vous ne vous railliez plus de la justice, parce que vous pourriez tomber sur des moments où l'on vous payerait la plaisanterie sur vos oreilles. »

Le garçon se retira, et le gouverneur continua sa ronde. Peu de temps après deux sergents vinrent à lui, ils tenaient un homme qui avait été arrêté, et disaient : « Monsieur le gouverneur, celui-ci qui semble un homme ne l'est pas, mais une femme, et pas laide, habillée en homme. » On approcha trois ou quatre lanternes de son visage, et à leur clarté ils découvrirent un visage de femme de seize ans, ou un peu davantage. Ses cheveux étaient ramassés dans une résille d'or et de soie verte, et elle était belle comme un millier de perles. Ils la contemplèrent attentivement de haut en bas, et virent qu'elle portait des bas de soie incarnats, avec des jarretières de taffetas blanc frangées d'or et de perles. Ses chausses étaient vertes, de toile d'or, et sa casaque était de même étoffe, et dessous elle portait un pourpoint de fine toile blanc et or ; ses souliers étaient aussi blancs et faits pour homme. Elle n'avait point d'épée au côté, mais une riche dague, et aux doigts force belles bagues. Finalement la jeune fille semblait extrêmement bien à tous, et nul de ceux qui la voyaient ne la reconnut ; les habitants mêmes du lieu disaient qu'ils ne pouvaient imaginer qui c'était ; ceux qui étaient avertis des charges qu'on devait faire à Sancho en furent les plus étonnés, parce que cette aventure et cette rencontre n'avaient pas été dressées par eux : c'est pourquoi ils demeuraient en doute, attendant la fin que prendrait cette affaire. Sancho demeura tout ravi de la grande beauté de la jeune fille et lui demanda qui elle était, où elle allait, et pour quel sujet elle avait pris cet accoutrement. Elle, les yeux fichés à terre, témoignant une honte virginale, fit cette réponse : « Je ne puis, monsieur, dire si publiquement ce qu'il m'importait tant de tenir secret. Il n'y a qu'une chose que je veux qu'on sache bien : c'est que je ne suis ni un larron ni un malfaiteur, mais une malheureuse fille à qui la force de la jalousie a fait enfreindre la bienséance que l'on doit à l'honnêteté. » Le majordome, ayant ouï ces paroles, dit à Sancho : « Faites retirer ces gens, monsieur le gouverneur, afin que cette demoiselle puisse dire ce qu'il lui plaira avec moins d'empêchement. » Le gouverneur donna cet ordre, et tous s'éloignèrent, hormis le majordome, le maître d'hôtel et le secrétaire. Lorsqu'ils furent ainsi seuls, la jeune fille poursuivit en disant : « Messieurs, je suis la fille de Pédro Pérez Mazorca, fermier des laines de ce pays et qui a accoutumé de venir souvent à la maison de mon père. — Cela ne va pas droit, dit le majordome, car je connais fort bien Pédro Pérez, et je sais qu'il n'a point d'enfant, ni fils ni fille, et de plus vous dites qu'il est votre père, et aussitôt vous ajoutez qu'il a coutume d'aller souvent chez votre père. — C'est ce que j'avais déjà remarqué, dit Sancho. — Je suis maintenant si troublée, messieurs, repartit la demoiselle, que je ne sais ce que je dis : toutefois, la vérité, c'est que je suis fille de Diégo de la Llana, que vous devez tous connaître. — Au moins ceci peut aller, répliqua le majordome. Je connais Diego de la Llana, je sais que c'est un gentilhomme de marque et fort riche ; je sais aussi qu'il a un fils et une fille, et que depuis que sa femme est morte, il n'y a personne en tout ce lieu qui se puisse vanter d'avoir vu le visage de sa fille, car il la tient tellement enfermée qu'il ne donne pas au soleil moyen de la voir, et avec tout cela le commun bruit est qu'elle est extrêmement belle. — C'est la vérité, répondit la demoiselle, et je suis cette fille. Vous jugerez, messieurs, si la renommée est vraie ou fausse touchant ma beauté, puisque vous m'avez déjà vue. » Et, sur ce, elle se mit à pleurer amèrement. A cette vue, le secrétaire s'approcha de l'oreille du maître d'hôtel et lui dit tout bas : « Sans doute il doit être arrivé quelque chose de grande importance à cette pauvre fille pour qu'en ce costume et à de telles heures, étant personne de qualité, elle aille ainsi hors de sa maison. — Il n'y a pas de doute, répondit le maître d'hôtel, d'autant que ses larmes confirment notre soupçon. » Cependant Sancho la consolait avec les meilleures raisons qu'il lui était possible, et lui disait de leur raconter son aventure sans aucune crainte, et qu'ils s'efforceraient tous d'y remédier de bon cœur et par toutes les voies possibles. « Vous devez savoir, messieurs, poursuivit la jeune fille, que mon père m'a tenue enfermée depuis dix ans, et il y en a autant que la terre mange ma mère. On dit la messe chez nous dans un riche oratoire, et durant tout ce temps je n'ai vu que le soleil de jour, et la lune et les étoiles de nuit, et je ne sais ce que c'est que des rues, des places, des temples, ni même des hommes, hormis mon père, un mien frère, et

Pédro Pérez le fermier. Or, comme il vient souvent à notre logis, cela m'a fait dire qu'il était mon père, afin de ne point déclarer le mien. Il y a longtemps que cette clôture et cette défense que l'on me fait de sortir du logis, même pour aller à l'église, me désolent. Je voudrais voir le monde, ou pour le moins le village où je suis née. Ce désir ne me semblait point préjudiciable à l'honnêteté que les demoiselles bien nées doivent garder envers elles-mêmes. Lorsque j'entendais dire qu'on donnait des courses de taureaux, des carrousels, des comédies, je m'informais à mon frère, qui est d'un an plus jeune que moi, ce que c'était que ces choses et tant d'autres que je n'ai pas vues. Il m'en donnait l'explication le mieux qu'il lui était possible ; mais ce qu'il m'en disait, c'était enflammer davantage mon désir de les voir. Enfin, pour abréger le conte de ma perte, je dis qu'un jour je priai mon frère et lui demandai, et plût à Dieu que je ne lui eusse jamais demandé une telle chose... » Elle recommença à pleurer. Le majordome lui dit : « Continuez, mademoiselle, achevez de nous raconter ce qui vous est arrivé. Vos paroles et vos larmes nous tiennent tous en suspens. — Je n'ai plus guère à dire, répliqua la damoiselle, encore que j'aie beaucoup à pleurer, puisque les désirs mal placés ne peuvent traîner après eux que de semblables mécomptes. » Cependant la beauté de cette jeune fille avait pris place dans l'âme du maître d'hôtel : il leva encore un coup sa lanterne afin de la voir une autre fois, et il lui sembla que les larmes qu'elle répandait n'étaient point larmes, mais bien rosée des prés, qu'il allait jusqu'à comparer à des perles d'Orient ; et il souhaitait que sa disgrâce ne fût pas aussi grande qu'elle le témoignait par ses plaintes et par ses soupirs. Le gouverneur se désespérait de voir que cette demoiselle les retenait si longtemps dans le détail de son histoire ; c'est pourquoi il lui dit d'achever promptement, parce qu'il était tard, et qu'il avait encore beaucoup à faire dans le bourg. Elle, d'une voix interrompue de soupirs confus et de sanglots, poursuivit en cette sorte : « Mon infortune ne vient, messieurs, que d'avoir supplié un jour mon frère de m'accoutrer en homme avec un de ses habillements et de me mener une nuit voir tout ce bourg pendant que notre père dormirait. Mon frère, fléchi par mes importunités, céda enfin à mon désir, et, me vêtant de cet habit, et s'étant vêtu du mien, qui lui va comme s'il était pour lui, car il n'a pas un poil de barbe et ressemble plutôt à une jolie fille qu'à un garçon, nous sommes sortis cette nuit, il y a environ une heure, ou peu s'en faut, et, conduits par notre jeune caprice, nous avons couru tout le bourg. Mais, quand nous croyions retourner à la maison, nous avons vu venir une grande troupe de gens, et mon frère m'a dit : « Sœur, ceci doit être la ronde, mets des ailes à tes talons, et cours après moi tant que tu pourras, de peur que nous ne soyons connus, ce qui ne nous ferait guère honneur. » Ce disant, il m'a tourné les épaules et s'est mis à courir, que dis-je ? à voler. Je l'ai voulu suivre, mais à peine ai-je eu fait six pas que je suis tombée à terre. Cependant l'agent de la maréchaussée est arrivé ; il m'a prise et m'a amenée ici devant vous, où je me trouve près d'être estimée une effrontée devant tant de gens. — Adoncques, mademoiselle, répondit Sancho, ne vous est-il arrivé d'autre malheur que celui-ci ? N'y a-t-il eu ni autre désir, ni jalousie, dont vous parliez tantôt, qui vous aient tirée de votre maison ? — Rien autre chose, monsieur, repartit la demoiselle, ni jalousie, rien que le désir de voir le monde, ce qui n'allait pas au-delà du désir de voir les rues de ce village. » Tandis qu'elle tenait ce discours, la venue des sergents qui arrivèrent confirma son dire. Ils menaient le frère de cette demoiselle, que l'un d'eux avait attrapé lorsqu'il fuyait loin de sa sœur : il n'avait qu'un riche cotillon et un mantelet de damas azuré, avec des passements d'or fin, la tête nue, sans ornements que ses cheveux, qui semblaient anneaux d'or, tant ils étaient blonds et bien frisés. Le gouverneur, le majordome et le maître d'hôtel se tirèrent à part avec les sergents et demandèrent au jeune homme, sans que sa sœur l'entendît, comment il allait en cet équipage. Le jeune homme, avec non moins de honte et de difficulté que sa sœur, donna les mêmes détails qu'elle, et l'amoureux maître d'hôtel en reçut grand plaisir ; enfin le gouverneur leur dit : « Vraiment, messieurs, voici un fier enfantillage, et, pour raconter cette sotte hardiesse, il n'était pas besoin de tant de larmes ni de tant de soupirs, puisqu'en disant seulement : « Nous sommes un tel et une telle qui sommes sortis de chez nos parents pour nous promener avec cette invention, et seulement par curiosité et sans autre dessein », le conte eût été achevé sans giries ni pleurnicheries. — C'est vrai, répondit la demoiselle ; mais que Vos Grâces sachent que mon émotion a été si grande qu'elle m'a empêchée de garder les termes que je devais. — Il n'y a rien de perdu, répondit Sancho ; allons-nous-en, nous vous laisserons chez votre père ; peut-être ne se sera-t-il aperçu de rien ; et dorénavant ne vous montrez point si enfants et si désireux de voir le monde, car la fille honnête, jambe rompue et à la maison, et la poule et la femme pour trotter perdent leur âme, et celle qui a envie de voir a aussi envie d'être vue. Je n'en dis pas davantage. » Le jeune garçon remercia le gouverneur de la faveur qu'il leur voulait faire de les ramener au logis. Et ils s'acheminèrent vers la maison, qui n'était pas loin de là. Ils y arrivèrent, et, le jeune homme ayant tiré une chaîne qui pendait à la fenêtre, on vit descendre incontinent une servante qui les attendait et qui leur ouvrit la porte, par où ils entrèrent, laissant tous les assistants émerveillés, tant de leur gentillesse et beauté que de ce désir qu'ils avaient eu de voir le monde de nuit et sans sortir de leur village. Mais tout cela, ils l'attribuèrent à leur jeunesse. Le maître d'hôtel demeura l'âme blessée et résolut de demander dès le lendemain la jeune fille à son père en mariage, persuadé qu'il ne la lui refuserait pas, parce qu'il appartenait au duc. Sancho de même eut désir et envie de marier le jeune homme avec sa fille Sanchica, et résolut de le mettre à exécution en temps et lieu, se flattant qu'il n'y avait personne qui pût refuser la fille d'un gouverneur. Ainsi se termina la ronde de cette nuit, et deux jours après, le gouvernement, avec quoi s'écroulèrent et s'évanouirent tous ses desseins, comme on verra ci-après.

CHAPITRE L

OÙ L'ON DÉCLARE QUI FURENT LES ENCHANTEURS ET LES BOURREAUX QUI ÉTRILLÈRENT LA DUÈGNE RODRIGUEZ, ET CARESSÈRENT ET ÉGRATIGNÈRENT DON QUICHOTTE, ENSEMBLE LE SUCCÈS QU'EUT LE PAGE QUI PORTA LA LETTRE À THÉRÈSE PANÇA, FEMME DE SANCHO PANÇA

Cid Hamet, très exact investigateur des plus petits détails de cette vénérable histoire, raconte que, lorsque dame Rodriguez se leva de son lit pour aller à la chambre de don Quichotte, elle ne le put faire si doucement qu'une autre duègne qui couchait avec elle ne la sentit se lever. Or, comme toutes les duègnes sont curieuses de savoir, d'entendre et de sentir, elle alla derrière elle avec tant de précaution que la bonne Rodriguez ne s'en aperçut point. Quand cette suivante l'eut vue entrer dans la chambre de don Quichotte, pour témoigner qu'elle était femme, et par conséquent rapporteuse et babillarde, elle alla incontinent faire savoir à la duchesse que dame Rodriguez était dans la chambre de don Quichotte. La duchesse le dit au duc, et lui demanda la permission d'aller voir avec Altisidore ce que cette bonne dame voulait à don Quichotte. Le duc la lui accorda, et doucement et à tâtons elles s'approchèrent de la porte de la chambre, et si près qu'elles entendirent tout ce que l'on y disait. La duchesse, oyant que dame Rodriguez jetait à la rue le mystère de ses grandes eaux, ne le put souffrir, et Altisidore encore moins ; de sorte que, bien en colère et désireuses de se venger, elles entrèrent tout à coup dans la chambre, où elles accommodèrent comme il faut don Quichotte, et étrillèrent la duègne de la façon que nous venons de conter. C'est sans doute que les offenses qui touchent la beauté et la bonne opinion que les femmes ont d'elles-mêmes éveillent en elles une violente colère et un vif désir de vengeance. La duchesse raconta ensuite tout ce qui s'était passé au duc, et celui-ci s'en égaya beaucoup. Cette dame, voulant continuer le plaisir qu'ils prenaient à se jouer de don Quichotte, dépêcha à Thérèse Pança le page qui avait pris la figure de Dulcinée dans l'affaire de son désenchantement, selon l'accord que Sancho avait oublié tout à fait dans les occupations de son gouvernement. Elle lui bailla une lettre avec celle que Sancho écrivit à sa femme, et y ajouta une grande chaîne de corail. L'histoire raconte que le page était fort spirituel et subtil, et que, désirant servir ses maîtres, il s'achemina de très bon cœur vers le village de Sancho. A l'entrée du village, il aperçut une foule de femmes qui lavaient du linge dans un ruisseau. Il leur demanda si en ce lieu il n'y avait point une femme appelée Thérèse Pança, femme d'un certain Sancho Pança, écuyer d'un chevalier appelé don Quichotte de la Manche. A cette demande, une jeune fille qui lavait avec les autres se leva et lui fit cette réponse : « Cette Thérèse Pança est ma mère, ce Sancho monsieur mon père, et ce chevalier notre maître. — Venez donc, jeune fille, dit le page, et menez-moi à votre mère. Je lui apporte une lettre et un présent de monsieur votre père. — Je le ferai de très bon cœur, monseigneur », repartit la fille, qui pouvait avoir quelque quatorze ans ou environ, et, laissant la robe qu'elle lavait à une de ses compagnes, sans se coiffer ni se chausser (car elle était nu-pieds et les cheveux en désordre), elle fit un saut au-devant de la monture du page et lui dit : « Que Votre Grâce me suive, notre maison est à l'entrée du village, et ma mère y est, bien en peine de n'avoir point eu depuis bien longtemps de nouvelles de monsieur mon père. — Je lui en apporte de si bonnes, dit le page, qu'elle aura sujet d'en rendre grâces à Dieu. » Finalement, en sautant, en marchant, en courant et en gambadant, la fillette arriva au village, et, devant qu'elle entrât dans la maison, elle cria de la porte à haute voix : « Sortez, mère Thérèse, sortez, sortez ! Voici un monsieur qui vous apporte des lettres et d'autres choses que mon bon père vous envoie ! » A ces paroles, Thérèse Pança sortit en filant un flocon d'étoupes. Elle avait une cotte grise, si courte que l'on eût dit qu'elle avait été coupée à l'endroit malséant, avec un corsage de même couleur et une camisole. Elle n'était pas trop vieille, quoiqu'elle montrât avoir plus de quarante ans. Au reste, nerveuse, forte, droite et sèche. Sitôt qu'elle aperçut sa fille avec le page à cheval, elle lui dit : « Qu'y a-t-il, ma fille ? qui est ce monsieur-là ? — C'est un serviteur de madame Thérèse Pança », repartit le page ; et, en disant ces mots, il sauta de son cheval, et, en grande humilité, s'alla mettre à genoux devant la dame Thérèse, à laquelle il dit : « Ma très honorée dame Thérèse, que Votre Seigneurie me donne ses mains à baiser, comme femme légitime et particulière de monseigneur don Sancho Pança, légitime gouverneur de l'île de Barataria. — Las ! monsieur, ce dit-elle, ôtez-vous de là, ne faites pas cela. Je ne suis nullement dame de cour, mais une pauvre paysanne, fille d'un casseur de mottes et femme d'un écuyer errant, et non d'aucun gouverneur ! — Vous êtes, madame, repartit le page, la dignissime épouse d'un gouverneur archidignissime, et, pour preuve de cette vérité, que Votre Grâce reçoive, s'il lui plaît, cette lettre et ce présent. » Sur ce, il tira de sa poche une chaîne de corail au bout de laquelle il y avait des grains d'or. Il la lui mit au cou, et poursuivit : « Cette lettre est de monseigneur le gouverneur, et cette autre et cette chaîne, de madame la duchesse, qui vous les envoie. »

Thérèse demeura tout étonnée, et sa fille pareillement, laquelle tint alors ce langage : « Que je meure si notre bon maître, le seigneur don Quichotte, n'a point passé par là. Il doit avoir donné à mon père le gouvernement ou le comté, qu'il lui avait tant de fois promis. — Il est vrai, répondit le page. En considération du seigneur don Quichotte le seigneur Sancho est maintenant gouverneur de l'île Barataria, ainsi que vous pouvez le voir par cette lettre. — Mon gentilhomme, dit Thérèse, je vous prie de me la lire, car bien que je sache filer, je ne sais lire miette. — Ni moi non plus, ajouta la petite Sancho. Toutefois, attendez un peu, et j'irai chercher quelqu'un qui la lira, soit le curé lui-même, ou bien le bachelier Samson Carrasco, qui viendront fort volontiers pour entendre des nouvelles de mon père. — Il n'est besoin que l'on fasse venir personne, dit le page, car, si moi, je ne sais filer, je sais lire, et je la lirai. » Il la lut donc d'un bout à l'autre, et, parce que nous l'avons ci-devant rapportée, il n'est pas besoin que nous la répétions ici. Après, il tira la lettre de la duchesse, dont la teneur était celle-ci :

Mon amie Thérèse, les belles parties de la bonté et du jugement de Sancho, votre mari, m'ont obligée de demander au duc mon mari de lui donner le gouvernement d'une île sur plusieurs qu'il possède. On me fait savoir qu'il la gouverne comme un faucon, ce dont je suis extrêmement contente, et monseigneur le duc par conséquent. J'en rends grâces au ciel et le remercie de ce que je ne me suis point trompée dans le choix que j'ai fait de sa personne pour ce gouvernement : car je veux que ma chère madame Thérèse sache que c'est avec beaucoup de difficulté qu'on trouve un bon gouverneur au monde, et Dieu me fasse autant de bien comme Sancho gouverne. Au reste, ma bonne amie, je vous envoie une chaîne de corail dont les bouts sont en or ; je voudrais que ce fussent des perles orientales : car qui partage avec toi un os ne te voudrait voir morte. Le temps viendra que nous nous connaîtrons et que nous parlerons ensemble, et Dieu sait ce qu'il en sera. Recommandez-moi à Sanchica, votre fille, et lui dites de ma part qu'elle se tienne prête, parce que je la veux marier richement lorsque moins elle y pensera. On m'a dit qu'en ce lieu il y a des glands qui sont gros et beaux.

Envoyez-m'en deux douzaines ou environ, je les estimerai beaucoup comme venant de votre main. Écrivez-moi amplement en me faisant part de votre santé, de l'état où vous êtes, et, si vous avez besoin de quelque chose, il ne faut qu'ouvrir la bouche, et on le remplira. Dieu vous tienne en sa garde De ce lieu,

Votre affectionnée amie,
LA DUCHESSE.

« Ah ! dit Thérèse, oyant le contenu de la lettre, quelle bonne, quelle franche, et quelle humble dame ! Avec de telles dames me puisse-t-on enterrer, et non avec les femmes d'hidalgos de ce village, que le vent n'oserait toucher, parce qu'elles sont de qualité. Elles vont à l'église avec autant de présomption que si elles étaient la reine même, et pensent se faire tort de regarder une paysanne. Voyez comme cette bonne dame, qui est duchesse, me nomme son amie, et me traite comme si j'étais son égale. Égale la puissé-je voir, moi, au plus haut clocher qu'il y a dans toute la Manche ! Pour le regard des glands, monsieur, j'en enverrai à sa Seigneurie un demi-boisseau, et à l'épreuve on verra s'ils seront gros, que ce sera merveille ; mais pour le moment, Sanchica, donne ordre que ce seigneur soit bien traité, et panse ce cheval, va chercher des œufs à l'écurie ; coupe un bon morceau de lard, et faisons-lui chère de prince : les bonnes nouvelles qu'il nous a données et sa bonne mine le méritent. Cependant j'irai faire part à mes voisines de notre bonheur, et à monsieur le curé et à maître Nicolas le barbier, qui sont et qui ont été si grands amis de ton père. — Je n'y manquerai pas, ma mère, répondit Sanchica ; toutefois, remarquez que vous me devez donner la moitié de cette chaîne ; je ne pense pas que madame la duchesse ait été si sotte de vous l'envoyer tout entière. — Elle est toute pour toi, repartit Thérèse ; mais laisse-la-moi porter quelques jours, car, en vérité, il me semble qu'elle me réjouit le cœur. — Vous vous réjouirez bien davantage, répliqua le page, quand vous verrez le paquet que j'ai dans ce porte-manteau. C'est un habit de drap très fin que le gouverneur a porté un seul jour à la chasse, et qu'il envoie tout pour la demoiselle Sanchica. — Mille ans puisse vivre, repartit Sanchica, celui qui l'a porté, voire deux mille si besoin est ! » Cependant Thérèse sortit de sa maison avec les lettres à la main et la chaîne de corail au cou, tapant sur ce paquet de lettres comme sur un tambour.

Elle rencontra par hasard le curé et Samson Carrasco, et lors elle commença de danser et de leur dire : « C'est à cette heure qu'il n'y a plus de parents pauvres ! Nous avons un petit gouvernement ! Non, mais que la plus huppée femme d'hidalgo vienne s'attaquer à moi, vraiment, je l'arrangerai comme si elle était d'hier ! — Qu'est ceci, Thérèse Pança ? dit alors le curé, quelles folies sont-ce là, et quels papiers avez-vous ici ? — Il n'y a point d'autre folie, repartit Thérèse, sinon que ces lettres sont lettres de duchesses et de gouverneurs, et ce que je porte au cou, ce sont des grains de fin corail, les *Pater noster* et les *Ave Maria* sont d'or martelé, et moi, je suis madame la gouvernante. — Il n'y a que Dieu, répliqua Samson, qui vous entende : nous ne savons ce que vous dites. — Vous le pourrez voir ici », repartit-elle, et, ce disant, elle leur bailla les lettres. Le curé les lut de façon que Samson Carrasco pût entendre ce qu'elles contenaient. Lors le curé et lui se regardèrent l'un l'autre tout étonnés de ce qu'ils venaient de lire, et le bachelier demanda à Thérèse qui lui avait apporté ces lettres ; elle répondit en les engageant à la suivre à sa maison, et qu'ils verraient le messager, un jeune homme qui était comme un pin d'or, lequel lui avait aussi apporté un autre présent qui valait encore une fois autant. Le curé lui ôta la chaîne du cou, et, l'ayant longtemps examinée, et de nouveau examinée, et s'assurant que c'était de fin corail, se reprit à s'émerveiller et dit : « Par l'habit que je porte, je ne sais que dire ni que penser de ces lettres et de ces présents : d'un côté, je vois et touche du doigt la finesse de ces coraux, et de l'autre côté je lis qu'une duchesse envoie demander deux douzaines de glands. — Accordez-moi ces flûtes ! dit alors Carrasco. Allons-nous-en voir le porteur de ce paquet, et nous nous informerons auprès de lui de toutes ces difficultés. »

Ils firent ainsi, et Thérèse s'en retourna avec eux. Ils trouvèrent le page en train de cribler un peu d'avoine pour sa monture, et Sanchica qui coupait du lard pour offrir une omelette au page. Le curé et le barbier admirèrent la bonne mine et l'habillement de celui-ci, et, après l'avoir salué courtoisement et qu'il leur eut rendu leur salut, Samson le pria de leur apprendre des nouvelles de don Quichotte aussi bien que de Sancho Pança, car ils disaient que, bien qu'ils eussent lu les lettres de la duchesse et celles de Sancho, ils étaient tout embarrassés, ne pouvant comprendre ce que c'était que ce gouvernement de Sancho, et encore plus celui d'une île, tout ou presque tout ce qu'il y avait en fait d'îles dans la mer Méditerranée appartenant à Sa Majesté le Roi. « Que le seigneur Sancho Pança soit gouverneur, il n'y a pas de doute là-dessus, répondit le page ; mais, si c'est une île ou non qu'il gouverne, je ne veux rien en dire. C'est assez que ce soit un bourg, où il y a plus de mille feux. Quant à l'affaire des glands, je vous réponds que madame la duchesse est assez simple et assez humble pour, je ne dis pas demander des glands à une paysanne, mais même, comme cela lui est arrivé plus d'une fois, envoyer redemander un peigne prêté à une voisine. C'est pourquoi il faut que vous sachiez que les dames d'Aragon, encore qu'elles soient de grande qualité, n'y regardent pas d'aussi près, ni ne sont aussi orgueilleuses que les dames de Castille ; elles traitent les gens avec plus de simplicité. »

Tandis qu'ils discouraient de la sorte, Sanchica sortit, ayant les pans de sa robe tout pleins d'œufs, et demanda au page : « Dites-moi, monsieur, peut-être que monsieur mon père porte des aiguillettes à ses chausses depuis qu'il est gouverneur ? — Je n'y ai point pris garde, répondit le page, mais je pense qu'il en doit porter. — Ah ! mon Dieu ! repartit

Sanchica, et qu'il serait beau voir mon père en pet-en-l'air! Tenez, dès l'heure où je naquis, j'ai toujours désiré de le voir avec des chausses à aiguillettes. — Eh bien, repartit le page, Votre Seigneurie le verra avec tout ce qu'elle a désiré, si Dieu vous donne vie. Je jure Dieu qu'il est en passe de voyager avec un masque sur le nez, pour peu que son gouvernement lui dure deux mois. »

Le curé et le bachelier virent bien que le page se moquait. Toutefois, la valeur de la chaîne de corail et l'habit de chasse que Sancho envoyait, et que Thérèse leur avait déjà montrés, les tenaient en doute. Néanmoins ils ne laissèrent pas de rire du désir de Sanchica, et encore plus quand Thérèse leur dit : « Monsieur le curé, ne savez-vous point ici quelqu'un qui aille à Madrid ou à Tolède ? Je voudrais lui donner charge de m'acheter un vertugadin rond et fait au tour, et bien à la mode, et des meilleurs que l'on trouvera : car, vrai de vrai, j'ai à faire honneur au gouvernement de mon mari en tout ce qu'il me sera possible ; et, si je m'ennuie, je m'en irai à cette cour, et j'aurai un carrosse comme les autres, vu que la femme qui a son mari gouverneur peut bien en avoir un et l'entretenir. — Que dites-vous, ma mère ? s'écria Sanchica. Plût à Dieu que cela fût plutôt aujourd'hui que demain, quand même ceux qui me verront assise dans ce coche avec madame ma mère dussent dire : « Regardez-moi donc celle-là qui est fille du mangeur d'ail, elle va assise et étendue dans ce coche, comme si c'était une papesse! » Mais qu'ils pataugent dans la boue, et que j'aille dans le coche les pieds loin du sol. Mauvais an et mauvais mois puissent avoir tout autant de babillards qu'il y a au monde! S'en rie qui voudra, pourvu que j'aie les pieds au chaud. Parlé-je bien, ma mère ? — Fort bien, ma fille, répondit Thérèse, et mon bon Sancho m'a prophétisé toutes ces bonnes fortunes et encore de plus grandes. Tu verras si je dis vrai jusques à tant qu'il m'ait faite comtesse. Le tout est de commencer à être chanceuses, et, comme j'ai souvent ouï dire à ton père, qui, comme il est ton père, l'est aussi des proverbes, quand on te donnera une génisse, cours-y avec la corde ; quand on te donnera un gouvernement, prends-le ; quand on te donnera un comté, empoigne-le, et, lorqu'on te dira : pstt ! pstt ! avec quelque bon présent, mets-le dans ton sac, sinon allez vous coucher, et ne répondez point aux faveurs de la fortune qui frappe à la porte de votre maison ! — Et que me chaut, ajouta Sanchica, que quelqu'un dise en me voyant prendre les grands airs : « Le chien se vit en culottes de soie... et la suite[1] ? »

Le curé, entendant tout ceci, dit alors : « Je ne puis croire autre chose, sinon que tous ceux de cette race des Pançàs sont venus au monde avec chacun un sac de proverbes dans le corps. Je n'en ai vu aucun qui ne les répande à tout instant et en tous les discours qu'il tient. — Cela est vrai, repartit le page, car monsieur le gouverneur Sancho s'en sert à chaque pas, et, bien que la plupart ne viennent point à propos, si est-ce qu'ils font rire, et monsieur le duc et madame la duchesse en font grand cas. — Dites-nous, je vous prie, monsieur, répliqua le bachelier, si ce que vous dites du gouvernement de Sancho est véritable, s'il y a une duchesse au monde qui envoie des présents à Thérèse et qui lui écrive, car tous nous ne le pouvons croire, encore que nous touchions les présents et que nous ayons lu les lettres. Nous croyons plutôt que c'est un des tours de don Quichotte, notre compatriote, qui pense que tout se fait par enchantement. C'est pourquoi je vous déclare que je veux toucher et tâter Votre Grâce pour voir si vous êtes un ambassadeur fantastique ou un homme de chair et d'os. — Je ne sais autre chose de moi, répondit le page, sinon que je suis un véritable ambassadeur, que le seigneur Sancho Pança est gouverneur effectif, et que monseigneur le duc et madame la duchesse peuvent donner et ont donné le dit gouvernement, et que j'ai entendu dire que ce Sancho s'y comporte avec beaucoup de mérite. Si en ceci il y a ou non de l'enchantement, c'est à Vos Grâces à vider le différend. Par le serment que je fais, qui est par la vie de mes parents, qui sont encore vivants et que j'aime beaucoup, je n'en sais autre chose. — Cela peut être comme vous dites, répliqua le bachelier ; pourtant *dubitat Augustinus.* — En doute qui voudra, répondit le page, ce que j'ai dit est la vérité, et c'est ce qui nagera toujours sur le mensonge, comme l'huile sur l'eau ; et sinon, *operibus credite, et non verbis :* l'un de vous s'en vienne avec moi, et il verra de ses yeux ce qu'il ne veut croire de ses oreilles. — C'est moi qui dois y aller, dit alors Sanchica ; que Votre Grâce, seigneur, me prenne en croupe sur son cheval, j'irai de fort bon cœur voir monsieur mon père. — Les filles de gouverneur ne doivent pas aller seules par les chemins, mais accompagnées de carrosses, de litières et d'un grand nombre de serviteurs. — Parbleu, répliqua Sanchica, aussi bien irai-je sur une jument que dans un coche ; vous l'avez bien trouvée, la mijaurée. — Tais-toi, enfant, dit Thérèse, tu ne sais ce que tu dis, et ce monsieur est dans le vrai : selon le temps le bâton ; lorsque ton père était Sancho, tu étais Sanchica ; maintenant qu'il est gouverneur, tu es damoiselle, et je ne sais si je me trompe. — Damoiselle Thérèse en dit plus qu'elle ne pense, répondit le page ; mais que l'on me donne à manger et que l'on me dépêche vitement, car je pense m'en retourner ce soir. » Le curé dit là-dessus : « Votre Grâce s'en viendra faire pénitence avec moi ; car dame Thérèse a plus de bonne volonté que de moyens pour traiter un si bon hôte. »

Le page le remercia d'abord ; toutefois, en effet, il dut céder pour son profit. Le curé l'emmena donc de bon cœur, tout heureux de se pouvoir informer de don Quichotte et de ses exploits. Le bachelier s'offrit à Thérèse pour lui faire les copies de sa réponse ; mais elle ne voulut pas qu'il se mît dans ses affaires parce qu'elle le tenait pour quelque peu gausseur. C'est pourquoi elle donna un plat de soupe et deux œufs à un moinillon qui savait écrire, et celui-ci lui fit deux lettres, une pour son mari et l'autre pour la duchesse, toutes deux marquées au coin de sa jugeote, et ce ne sont pas les pires que l'on puisse lire en cette grande histoire, ainsi que l'on verra ci-après.

CHAPITRE LI

DE LA SUITE DU GOUVERNEMENT DE SANCHO PANÇA, AVEC D'AUTRES ÉVÉNEMENTS ASSEZ BONS

Le jour se leva, qui suivit la nuit de la ronde qu'avait faite le gouverneur, et de toute cette nuit le maître d'hôtel ne put fermer l'œil, l'esprit continuellement tendu sur la beauté et la bonne grâce de la jeune fille déguisée, et le majordome employa ce qui lui restait de cette nuit à écrire à ses maîtres ce que Sancho Pança faisait et disait, étant autant étonné de ses faits que de ses discours, car les uns et les autres formaient un mélange d'intelligence et de niaiserie. Enfin, monsieur le gouverneur se leva, et, par l'ordonnance du docteur Pedro Récio, on le fit déjeuner d'un peu de confiture et de quatre gorgées d'eau fraîche, chose que Sancho eût volontiers échangée contre un quignon de pain et une grappe de raisin. Toutefois, voyant qu'il fallait céder à la force, il en passa par là, non sans une grande douleur de son âme et une grande fatigue pour son estomac. Le docteur Pedro Récio lui faisait croire que les mets délicats et en petite quantité éveillaient les esprits et que c'était ce qui convenait le mieux aux personnes placées dans les grandes charges et les emplois importants où l'on ne se doit pas tant servir des forces du corps que de celles de l'esprit. Avec toute cette sophisterie, Sancho endurait la faim, et dans son cœur il maudissait le gouvernement, et même celui qui le lui avait baillé.

Nonobstant, avec sa faim et avec sa confiture, il se mit ce jour-là à juger. La première chose qu'il ouït fut une demande que lui fit un étranger en présence du majordome et des autres acolytes. Or, l'étranger dit : « Monsieur, une grande rivière sépare les deux parties d'une même seigneurie... Et veuille Votre Excellence m'écouter attentivement, s'il lui plaît, car cette affaire est de grande importance et un peu difficile ; sur cette rivière donc il y avait un pont, au bout du pont une potence et une maison dans le genre d'un tribunal. Dans cette maison, il y avait d'ordinaire quatre juges qui appliquaient la loi qu'établit le seigneur de la rivière, du pont et du fief. Laquelle était ainsi conçue :

« *Si quelqu'un passe sur ce pont d'une rive à l'autre, il doit jurer premièrement en quel lieu et vers quelles personnes il va. S'il dit la vérité, qu'on le laisse passer, et, s'il a dit un mensonge, qu'il soit pendu à ce gibet sans aucune rémission.*

« Quand on eut connaissance de cette loi et de sa rigoureuse condition, beaucoup de personnes passaient et repassaient sur le pont, et l'on voyait incontinent par ce qu'elles juraient si elles disaient vrai : de sorte que les juges les laissaient passer librement. Or, il arriva qu'en faisant jurer un homme, celui-ci dit que, par le serment qu'il faisait, il s'en allait mourir à ce gibet qui était proche, et qu'il n'y allait pas faire autre chose. Les juges s'arrêtèrent sur ce serment et dirent entre eux : « Si nous laissons passer cet homme librement, il a fait un faux serment, et il faut qu'il meure selon la loi. Et, si nous le pendons, il a juré qu'il s'en allait mourir à cette potence, et, parce qu'il aura juré la vérité, il doit demeurer libre, selon la teneur de la même loi. » On vous demande maintenant, monsieur le gouverneur, ce que les juges feront de cet homme, car jusqu'à présent ils sont incertains et en suspens. Mais, ayant eu avis de votre jugement fin et élevé, ils m'ont envoyé ici vers vous, pour supplier Votre Grâce de donner son avis sur une affaire si difficile et si douteuse. »

Alors Sancho : « Certainement ces messieurs les juges qui vous ont envoyé à moi auraient pu se l'épargner, parce que je suis l'homme qui tient plus du balourd que du subtil. Toutefois, racontez-moi cette affaire encore une fois, afin que je la puisse bien comprendre ; peut-être frapperai-je au but. » Le demandeur lui répéta encore une fois ou deux ce qu'il avait dit auparavant. Enfin, Sancho lui fit cette réponse : « Il m'est avis qu'en trois mots je vous éclaircirai de ce que vous me demandez. Et voici comment. L'homme que vous dites jure qu'il s'en va mourir au gibet, et s'il y meurt il a juré la vérité, et de par la loi il mérite d'être libre et de passer le pont. Mais, si on ne le pend point, il a juré un mensonge, et par la même loi il mérite d'être pendu. — Il en est comme a dit monsieur le gouverneur, répliqua le messager, et, quant à ce qui concerne l'intelligence du fait, il n'y a plus rien à éclaircir ni à discuter. — Je dis donc encore, repart Sancho, que de cet homme-là on laisse passer la partie du corps qui a dit la vérité, et que celle qui a menti soit pendue. Par ce moyen la loi du passage s'accomplira entièrement et au pied de la lettre. — Il faudrait donc, monsieur le gouverneur, repartit le demandeur, que l'homme dont il est question se divisât en parties, en mensongère et en véridique. Et, si on le divise, il faudra qu'il meure, et par conséquent on ne fera rien de tout ce que la loi demande, ce qui ne se peut faire : car il faut que la loi s'accomplisse de point en point. — Venez çà, monsieur l'homme de bien, répliqua Sancho : ce passager que vous dites, ou je suis une bête, ou il a autant de raison pour mourir que pour vivre et passer le pont. C'est pourquoi, si la vérité l'absout, le mensonge le condamne également. Et, cela étant, je suis d'avis que vous disiez à ces messieurs qui vous ont ici envoyé que, puisque les raisons de le sauver ou de le faire mourir sont égales, et aussi fortes les unes que les autres, ils le laissent passer librement : car on est toujours plus estimé de faire du bien que de faire du mal, et je le signerais de mon nom, si je savais signer. Ce que je vous en dis ne vient pas de moi, mais je me suis souvenu d'un avis que mon maître don Quichotte me donna, entre beaucoup d'autres, la nuit avant que je vinsse à être gouverneur de cette île, à savoir : que, quand les opinions seraient en balance, on eût plutôt recours à la miséricorde. Dieu a voulu, dis-je, que je m'en sois ressouvenu à cette heure, et cela vient ici comme un gant. — Cela est vrai, répondit le majordome, et, pour moi, je pense que Lycurgue même, qui donna des lois aux Lacédémoniens, n'eût pu donner une meilleure sentence que celle que le grand Pança vient de porter. C'est assez pour l'audience de ce matin ; je veux donner ordre que monsieur le gouverneur ait à dîner suivant que son appétit le demandera. — C'est ce que je demande, repart Sancho, et franc jeu. Que l'on me baille à manger, et que les affaires et les doutes pleuvent sur moi : je les sabrerai au vol. »

Le majordome tint sa parole : car il se faisait un cas de conscience de faire mourir de faim un si sage gouverneur, d'autant plus qu'il pensait cette même nuit en finir avec lui par une dernière charge qu'il avait commission de faire. Il arriva enfin que, Sancho ayant dîné ce jour-là contre les règles et aphorismes du docteur Tirteafuera, comme on levait la nappe, un courrier entra dans la salle, avec une lettre de don Quichotte pour le gouverneur. Sancho commanda au secrétaire de la lire à part, et, s'il n'y avait dedans aucune chose d'importance, qu'il la lût après tout haut. Le secrétaire le fit, et, l'ayant lue premièrement, il proféra ces paroles : « Bien se peut-elle lire tout haut : car ce que le seigneur don Quichotte écrit à Votre Seigneurie mérite d'être imprimé et écrit en lettres d'or. Voici :

LETTRE DE DON QUICHOTTE DE LA MANCHE À SANCHO PANÇA GOUVERNEUR DE L'ÎLE BARATARIA

Lorsque je m'attendais à apprendre des nouvelles de tes négligences et de tes sottises, ami Sancho, j'en ai reçu de ta sagesse. J'en remercie particulièrement le ciel, qui sait du fumier lever le pauvre, et d'un sot faire un homme avisé. On me dit que tu gouvernes comme si tu étais un homme, et que tu es homme comme si tu étais une bête, vu la grande humilité que tu pratiques. Toutefois, Sancho, je veux que tu saches qu'il est souvent besoin, pour conserver l'autorité de ton office, d'aller contre l'humilité du cœur. Car la parure de la personne qui est établie en de grandes charges doit être conforme à ce qu'elles requièrent, et non à la mesure où la modestie de son cœur l'incline. Sois toujours bien habillé : un pieu bien accommodé ne semble pas un pieu. Je ne dis pas que tu sois coquet et chargé de clinquants, ni qu'étant juge tu t'habilles en soldat, mais je te dis que tu sois habillé selon l'office que tu exerces, toujours net et bien propre.

Tu as deux choses à faire, entre autres, pour gagner le cœur de ceux que tu gouvernes. La première, de te montrer bon pour tous, et cela, je te l'ai déjà dit une autre fois ; et la seconde, de faire abonder les vivres, parce qu'il n'y a rien qui fâche plus les pauvres que la faim et la cherté.

N'édicte pas beaucoup d'ordonnances, et, si tu en fais, tâche de les faire bonnes, et surtout qu'elles soient observées, parce que les lois que l'on ne garde point c'est tout autant que si elles n'étaient point. Au contraire, elles donnent à entendre que le prince qui a eu la prudence et l'autorité de les établir n'a pas le pouvoir de les faire garder. Les lois qui font naître la crainte et qui ne sont point observées sont semblables au soliveau roi des grenouilles : au commencement, il les épouvantait ; mais, avec le temps, elles le méprisèrent, et, en se moquant, sautèrent dessus.

Sois un père pour les vertus, un parâtre pour les vices. Ne sois pas toujours rigoureux, ni toujours débonnaire mais tiens le milieu entre ces deux extrêmes ; en cela consiste le point de la prudence.

Visite les prisons, les boucheries et les marchés ; la présence du gouverneur est de grande importance en ces lieux-là. Elle console les prisonniers par l'espoir d'une prompte expédition de leurs affaires. Elle est le croque-mitaine des bouchers, qui alors mettent le poids juste, et l'épouvantail des vendeuses.

Ne te montre point (encore que tu le sois, par hasard, ce que je ne crois pas) ambitieux, coureur ni glouton : car, lorsque tes sujets et ceux qui traitent avec toi sauraient ton inclination, ils dresseraient de ce côté leurs batteries, et finiraient par te précipiter dans le gouffre de la perdition.

Lis et relis, passe et repasse les conseils et les enseignements que je te donnai par écrit avant ton départ pour ton gouvernement. Tu y trouveras, si tu les observes, une aide de tous les instants, qui te fera surmonter les travaux et les difficultés qui s'offrent à chaque pas aux gouverneurs

Écris à tes maîtres et montre-toi reconnaissant envers eux. L'ingratitude est fille de l'orgueil et l'un des plus grands péchés que l'on connaisse. La personne qui se montre reconnaissante envers ceux qui lui ont fait du bien montre qu'elle le fera aussi envers Dieu, qui lui en a fait de si grands et lui en fait tous les jours.

Madame la duchesse a envoyé un exprès avec ton habit, et un autre présent à ta femme Thérèse Pança ; nous attendons sa réponse à tout instant.

J'ai été un peu indisposé par suite d'une certaine attaque de chats, qui m'est arrivée, assez aux dépens de mon nez ; mais cela n'est rien, car, s'il y a des enchanteurs qui me persécutent, il y en a aussi qui me défendent.

Donne-moi avis si le majordome qui est avec toi n'a rien à voir avec les actions de la Trifaldi, comme tu le soupçonnais ; et pareillement de tout ce qui pourra t'arriver, puisque la distance est si courte, d'autant que je pense bientôt laisser cette vie oisive que je mène, vu que je ne suis pas né pour elle. Il m'est arrivé une autre affaire qui me mettra, comme je le crains, dans la disgrâce de ces seigneurs ; néanmoins, encore que cela m'importe beaucoup, je ne m'en soucie guère. Après tout, j'ai résolu de faire plutôt ce qui est de ma profession que ce qui est de leur plaisir, suivant l'adage : Amicus Plato, sed magis amica veritas. *Je te dis ce latin parce que je m'imagine que tu l'auras appris depuis que tu es gouverneur. Je te recommande à Dieu ; qu'il te garde de toute affliction.*

Ton ami,

DON QUICHOTTE DE LA MANCHE.

Sancho écouta attentivement cette lettre, et tous ceux qui l'entendirent la tinrent pour sage et en firent de grands éloges. Il se leva incontinent de table, et, appelant son secrétaire, il se retira avec lui dans son cabinet, et, sans plus de délai, il voulut répondre tout de suite à son maître don Quichotte. Il dit donc au secrétaire que, sans rien ajouter ni ôter, il écrivît ce qu'il lui dirait. Et voici la réponse à la lettre :

LETTRE DE SANCHO PANÇA
À DON QUICHOTTE DE LA MANCHE

Je suis si accablé d'affaires que je n'ai pas loisir de me gratter la tête, non pas même de me rogner les ongles ; et, par suite, je les ai si longs que Dieu y mette remède. Je dis ceci, mon cher Seigneur, afin que Votre Grâce ne s'inquiète point si jusqu'ici je ne lui ai point donné avis si cela allait bien ou mal en ce gouvernement, où j'endure plus la faim que quand nous allions tous deux par les forêts et les déserts.

Monseigneur le duc m'écrivit l'autre jour pour m'avertir que certains espions étaient entrés dans cette île pour me tuer, mais je n'en ai encore découvert d'autres qu'un certain docteur qui est payé en cette île pour tuer autant de gouverneurs qu'il y en viendra. Il s'appelle le docteur Pedro Récio, natif de Tirteafuera. Voyez aussi quel nom et si je n'ai pas raison de craindre de mourir par ses mains ! Cette espèce de docteur dit lui-même, et de lui-même, qu'il ne guérit point les maladies quand elles sont venues, mais que seulement il les prévient et les empêche de venir, et la médecine dont il se sert c'est la diète et encore la diète, jusqu'à réduire les personnes à n'avoir plus rien que les os, comme si la faiblesse n'était pas un plus grand mal que la fièvre. Finalement il me tue de faim, et je meurs de dépit car, au lieu que je pensais venir à ce gouvernement pour manger chaud et boire frais, et me récréer le corps entre des draps de toile de Hollande et sur la plume, je suis venu faire pénitence comme un ermite ; et, comme je ne la fais pas de mon bon gré, il m'est avis que le diable me doit emporter à la fin des fins.

Jusqu'ici je n'ai encore levé aucun tribut ni reçu d'épices. Je ne puis voir d'où cela provient : car on m'a dit par-deçà que tous les gouverneurs qui viennent dans cette île, devant qu'ils y entrent, les habitants du lieu leur donnent ou leur prêtent beaucoup d'argent, et que cette coutume se pratique en tous les gouvernements, non pas seulement en celui-ci.

L'autre nuit, en faisant la ronde, j'ai rencontré une belle fille en habit d'homme et son frère habillé en fille. Mon majordome est devenu amoureux de la fille, et, en son imagination, il l'a choisie pour femme, suivant ce qu'il a dit, et j'ai choisi le garçon pour être mon gendre. Nous en parlerons aujourd'hui avec le père du frère et de la sœur, qui est un certain Diégo de la Llana, gentilhomme et vieux chrétien autant qu'on le puisse désirer.

Je visite les places publiques ainsi que Votre Grâce me le conseille ; hier j'ai trouvé une revendeuse qui vendait des noisettes nouvelles, et j'ai vérifié que dans le boisseau de nouvelles elle en avait mêlé de vieilles, creuses et pourries. Je les ai confisquées au profit des petits enfants de la doctrine, qui les sauront bien trier, et l'ai condamnée à n'entrer de quinze jours dans la halle. L'on m'a dit que j'avais fort bien fait. Ce que je peux vous dire, c'est que l'on tient parmi ce peuple qu'il n'y a plus mauvaises gens que ces femmes des halles, et que toutes y sont sans pudeur, sans âme et sans retenue. Je le crois par celles que j'ai vues dans les autres bourgs.

Je suis extrêmement satisfait que madame la duchesse ait écrit à ma femme Thérèse Pança, et lui ait envoyé le présent dont Votre Grâce me parle. Je ferai en sorte de me montrer reconnaissant en temps et lieu. Que Votre Grâce lui baise les mains de ma part et lui dise qu'elle ne met pas son bien dans un sac troué, comme elle le verra à l'œuvre.

Je ne voudrais point que vous eussiez des différends et des désagréments avec mes maîtres : car, si vous vous fâchiez avec eux, il est évident que je m'en ressentirais à mon dam. En outre, il ne serait pas beau ni honnête si vous, qui me conseillez d'être reconnaissant, ne l'étiez point envers ceux qui vous ont montré tant de courtoisie et qui vous ont traité si magnifiquement dans leur château.

Quant à cette histoire de chats, je n'y entends rien. Toutefois je m'imagine que ce doit être quelqu'un des mauvais tours que les méchants enchanteurs ont coutume de vous jouer. Je le saurai à notre première rencontre. J'eusse voulu vous pouvoir envoyer quelque chose, mais je ne sais que vous envoyer, si ce n'est quelques canules de seringues ; on en fait en cette île de très curieuses avec des vessies. Toutefois, si le gouvernement me demeure, je chercherai que vous envoyer de façon ou d'autre.

Si ma femme Thérèse Pança m'écrit, Votre Grâce payera le port de la lettre et me l'enverra. J'ai un extrême désir de savoir des nouvelles de ma maison, de ma femme et de mes enfants. Et, sur ce, Dieu délivre Votre Grâce de tous méchants enchanteurs, et me tire en santé et en paix de ce gouvernement, mais j'en doute beaucoup : car je le pense laisser avec la vie, d'après le traitement que me fait suivre le docteur Pedro Récio.

Serviteur de Votre Grâce,

SANCHO PANÇA, le gouverneur.

Le secrétaire ferma la lettre et dépêcha le courrier. Puis les mystificateurs de Sancho, s'étant assemblés, avisèrent à l'expulser du gouvernement. Sancho passa cet après-dîner à faire quelques ordonnances touchant le bon gouvernement de ce qu'il croyait être une île. Il ordonna donc qu'il n'y eût plus de revendeurs de vivres dans la république, et que l'on pût y faire entrer et vendre tel vin que l'on voudrait, voulant toutefois que l'on dît le terroir qui l'avait produit, afin d'en fixer le prix selon l'estime, la bonté et la renommée du cru, et que celui qui y mettrait de l'eau ou qui le changerait de nom fût condamné à mort. Il rabaissa le prix de toute sorte de chaussures, principalement des souliers, qui lui semblaient d'un prix exorbitant. Il taxa le salaire des serviteurs, qui couraient à bride abattue par le chemin du lucre. Il imposa de grosses peines à ceux qui chanteraient des chansons lascives et immorales de jour ou de nuit. Il ordonna qu'aucun aveugle ne chanterait des miracles en couplets, s'il ne prouvait par témoignage authentique que ce qu'il disait était vrai, parce qu'il lui semblait que la plupart des miracles que les aveugles chantent sont feints et controuvés, au préjudice des véritables. Il créa un alguazil des pauvres, non pas pour les persécuter, mais pour examiner s'ils l'étaient vraiment, parce que, sous ombre de l'infirmité fictive ou de la fausse blessure, on ne voit que bras larrons et bonnes santés ivrognes. Enfin, il ordonna des choses si excellentes qu'elles se gardent encore aujourd'hui en ce lieu et se nomment les *Constitutions du grand gouverneur Sancho Pança*.

CHAPITRE LII

OÙ L'ON RACONTE L'AVENTURE DE LA SECONDE DUÈGNE DOLORIDE OU AFFLIGÉE, AUTREMENT DITE DAME RODRIGUEZ

Cid Hamet raconte que, lorsque don Quichotte fut guéri de ses égratignures, il lui parut que la vie qu'il menait dans ce château était toute contraire à l'ordre de chevalerie dont il faisait profession, et par suite il résolut de demander congé au duc et à la duchesse pour s'en aller à Saragosse, dont les fêtes approchaient et où il pensait gagner le harnois que l'on conquiert en ces jeux. Or, étant un jour à table avec le duc et la duchesse, comme il commençait de mettre son dessein à exécution et de demander son congé, voilà que tout à coup l'on vit entrer deux femmes (ainsi que cela apparut ensuite) par la porte de la grande salle. Elles étaient couvertes de deuil depuis les pieds jusqu'à la tête. Une de ces femmes, s'étant approchée de don Quichotte, se jeta tout de son long à terre, la bouche collée sur les pieds de notre chevalier, et elle poussait de si profonds et si douloureux soupirs qu'elle porta le trouble chez tous ceux qui l'entendaient et la regardaient. Le duc même et la duchesse, quoiqu'ils imaginassent que c'était quelque tour que leurs gens voulaient jouer à don Quichotte, demeurèrent tout confus et étonnés, voyant les élans avec lesquels cette femme soupirait, gémissait et pleurait. Et cette incertitude dura jusqu'à ce que don Quichotte, prenant compassion d'elle, la fît lever de terre, se découvrir et ôter le masque qu'elle avait devant son visage trempé de larmes. Elle obéit, et lors on aperçut ce que jamais on n'eût pensé, on aperçut, dis-je, le visage de dame Rodriguez, la duègne de la maison, et l'autre endeuillée, c'était sa fille que le fils du riche laboureur avait abusée. Tous ceux qui la connaissaient s'en émerveillèrent grandement, et le duc et la duchesse plus que tous les autres : car, bien qu'ils la tinssent pour niaise et de bonne pâte, ils ne la croyaient pas sotte au point de faire des folies. Enfin dame Rodriguez, se tournant vers ses maîtres, leur tint ce langage : « Plaise à Vos Excellences me donner permission de parler un peu à ce chevalier. Il le faut ainsi, afin que je sorte à mon honneur d'une affaire où m'a réduite l'audace d'un vilain malintentionné. » Le duc lui dit qu'elle pouvait deviser avec le seigneur don Quichotte autant qu'il lui plairait. La dame, dirigeant sa voix et son visage vers don Quichotte, lui tint ce discours :

« Il y a déjà longtemps, valeureux chevalier, que je vous ai rendu compte du tort et de la trahison qu'un méchant laboureur a commis envers ma chère et bien-aimée fille. C'est cette malheureuse qui est ici présente. Bien me promîtes de la soutenir et de faire réparer le tort qu'on lui a fait : or maintenant j'ai appris que vous voulez partir de ce château pour aller quérir les bonnes aventures que Dieu vous puisse envoyer. Et j'eusse désiré, avant que de vous en aller par les grands chemins, que vous eussiez défié ce barbare et l'eussiez fait marier avec ma fille pour accomplir la parole qu'il lui en avait donnée avant qu'il se jouât avec elle. Car penser que monseigneur le duc me fasse rendre justice, c'est demander des poires à l'ormeau, pour la raison que je vous ai déjà confiée. Avec cela, Notre-Seigneur vous tienne en prospérité et nous, qu'il ne nous abandonne pas. » Don Quichotte, avec une grande gravité et beaucoup de solennité, fit cette réponse : « Bonne dame, arrêtez vos larmes, ou, pour mieux dire, essuyez-les, et mettez fin à ces soupirs. Je prends à mon compte la querelle de votre fille, à laquelle eût bien mieux valu de n'avoir pas cru si facilement aux promesses des amoureux, la plupart légères à promettre et lourdes à tenir. Donc, avec la permission de monseigneur le duc, j'irai tout de ce pas en quête de ce jeune homme sans âme, je le trouverai, le défierai sur ce sujet et lui ôterai la vie toutes et quantes fois il ne voudra pas accomplir sa promesse. Le principal point de ma profession est de pardonner aux humbles et de châtier les superbes, je veux dire de secourir les misérables et de dompter les tyrans. — Il n'est pas besoin, répond le duc, que Votre Seigneurie se mette en peine de trouver le paysan duquel cette bonne dame se plaint. Il n'est pas non plus besoin que vous me demandiez licence de le défier. Je vous le donne pour défié. Je me charge de lui faire savoir ce défi, et il faut qu'il l'accepte et qu'il comparaisse en propre personne en ce mien château. Je vous donnerai à tous deux le champ libre, où seront observées toutes les conditions que l'on garde ordinairement et que l'on doit garder en tel cas. Je ferai également justice autant à l'un qu'à l'autre, ainsi que sont obligés de faire tous les princes qui donnent le champ libre à ceux qui se combattent dans leurs terres. — Avec cette assurance, repartit don Quichotte, et avec la permission de

Votre Grandeur, je déclare dès à présent que pour cette fois je renonce à ma noblesse et m'accommode à la bassesse du défendeur. Enfin je me rends son égal en l'habilitant à pouvoir me combattre. Et partant, encore qu'il soit absent, je le défie et le provoque, en raison de ce qu'il a mal fait d'avoir trompé cette pauvrette, qui était fille, et qui par sa faute ne l'est plus maintenant. Je dis qu'il doit tenir la promesse qu'il lui a faite d'être son légitime époux, ou périr dans l'entreprise. » Ce disant, il tira un gant de sa main et le jeta au milieu de la salle. Le duc le releva, en répétant qu'il acceptait ce défi au nom de son vassal, et assigna le terme du défi à six jours de là, et le camp dans la place du château, avec les armes dont usent ordinairement les chevaliers errants, à savoir : la lance, l'écu, le harnais à plates et toutes les autres pièces, sans fraude, supercherie ni talisman, après examen et visite par les juges du camp. « Mais devant toutes choses, dit encore le duc, il faut que cette bonne dame et cette triste demoiselle remettent le droit de leur cause entre les mains du seigneur don Quichotte de la Manche ; autrement rien ne se pourra faire, et ce défi serait nul et sans aucun effet. — Oui, je l'y remets, répondit la duègne. — Et moi aussi », ajouta la fille tout en larmes et toute pleine de honte et de dépit. Cet accord étant fait, le duc ayant imaginé ce qu'il devait faire en ce cas, les dames en deuil se retirèrent. La duchesse commanda que dorénavant on ne les traitât plus comme étant à son service, mais comme des dames aventurières qui venaient demander justice dans sa maison. On leur donna donc une chambre à part, et on les servit comme des étrangères, non sans étonnement des autres domestiques, qui ne savaient jusqu'où iraient l'extravagance et l'effronterie de dame Rodriguez et de sa coureuse de fille.

Cependant, pour achever d'agrémenter la fête et comme dernier dessert du festin, voici que survint ce page qui avait porté les lettres et les présents à Thérèse Pança, femme du gouverneur Sancho Pança. Le duc et la duchesse furent très contents de sa venue et curieux de savoir ce qui lui était arrivé en son voyage. Ils s'en informèrent donc, et le page répondit qu'il ne le pouvait dire devant tant de gens ni en peu de paroles, et qu'il plût à Leurs Excellences d'attendre qu'ils soient tout seuls, cependant ils pourraient se divertir avec ces lettres. Lors il tira de son sein deux lettres et les mit dans les mains de la duchesse. Sur l'une il y avait écrit : *Lettre pour madame la duchesse une telle de je ne sais où* ; et sur l'autre : *A mon mari Sancho Pança, gouverneur de l'île Barataria, à qui Dieu donne plus d'années heureuses qu'à moi-même.* La duchesse ne pouvait laisser cuire son pain, comme on dit d'ordinaire, tant elle avait envie de lire sa lettre. Enfin, l'ayant ouverte, elle la lut à part soi, et, voyant qu'elle la pouvait lire tout haut, afin que le duc et les autres la pussent entendre, elle lut ce qui suit :

LETTRE DE THÉRÈSE PANÇA
À LA DUCHESSE

Madame, la lettre qu'il a plu à Votre Grandeur m'écrire m'a apporté un extrême contentement ; car en vérité je la désirais beaucoup. La chaîne de corail est fort bonne ; et l'habillement de chasse de mon mari ne lui doit rien de retour. Tout ce village a été fort joyeux de ce que vous avez fait gouverneur Sancho Pança, mon époux, encore qu'il n'y ait personne qui le croie, et principalement le curé, maître Nicolas le barbier, et Samson Carrasco le bachelier. Mais nullement ne m'en chaut, et, puisque cela est comme il est, que chacun en dise ce qu'il voudra. Toutefois, à dire vrai, si je n'eusse vu la chaîne et l'habit de chasse, je ne l'eusse pas cru non plus, parce que tous ceux du village tiennent mon mari pour un lourdaud, et disent que, sauf le gouvernement d'un troupeau de chèvres, ils ne peuvent imaginer à quel gouvernement il peut être bon. Que Dieu en dispose selon qu'il voit que ses enfants en ont besoin. Pour moi, madame, j'ai résolu (avec le congé de Votre Excellence) de mettre ce beau jour en ma maison, et m'en aller à la cour étendue dans un carrosse, pour crever les yeux à mille envieux qui déjà me regardent de travers. Je supplie donc Votre Grandeur d'écrire à mon mari qu'il m'envoie quelque argent, et non pas peu : car l'on dépense beaucoup à la cour, et le pain y vaut un réal, et la viande trente maravédis la livre, que c'est la fin du monde. Et, s'il ne veut pas que j'y aille, qu'il m'en donne bientôt avis, parce que les pieds me démangent de me mettre en chemin. Mes amies et mes voisines me disent que, si ma fille et moi allons à la cour, toutes pimpantes et pompeuses, mon mari viendra à être connu par moi, plutôt que moi par lui, étant inévitable que plusieurs disent : « Qui sont les dames de ce carrosse ? » Et un de mes serviteurs répondra : « La femme et la fille de Sancho Pança, gouverneur de l'île Barataria », et par ce moyen Sancho sera connu et je serai honorée, et à Rome pour tout ! Je suis extrêmement fâchée de ce que cette année on n'a point récolté de glands en ce village ; nonobstant j'en envoie à Votre Grandeur environ un demi-boisseau, que j'ai été cueillir un à un dans la montagne ; je n'en ai pas trouvé de plus gros, je voudrais qu'ils fussent comme des œufs d'autruche.

Votre Pomposité n'oublie pas de m'écrire, et je ne manquerai pas de lui faire réponse et de lui donner avis de ma santé, et de tout ce qu'il y aura dans ce village, où je reste en priant Notre-Seigneur de garder Votre Grandeur, et moi de ne pas m'oublier. Sancha ma fille et mon fils baisent les mains à Votre Grâce.

Celle qui a plus d'envie de voir Votre Seigneurie que de lui écrire,

Sa servante,

THÉRÈSE PANÇA.

Grand fut le plaisir que tous les assistants reçurent en entendant la lettre de Thérèse Pança, surtout le duc et la duchesse. Celle-ci demanda à don Quichotte s'il trouvait bon que l'on ouvrît celle qui s'adressait au gouverneur, car elle imaginait qu'elle devait être excellente. Don Quichotte, pour leur être agréable, accepta de l'ouvrir. Et la lettre disait :

LETTRE DE THÉRÈSE PANÇA
À SANCHO PANÇA , SON MARI

Sancho, ami de mon âme, j'ai reçu ta lettre ; je te promets et te jure, comme catholique chrétienne, qu'il ne s'en est pas manqué de deux doigts que je devinsse folle de joie. Écoute, frère, lorsque j'entendis dire que tu étais gouverneur, je pensai tomber morte de pur contentement. Tu sais bien que l'on dit qu'une soudaine joie tue aussitôt qu'une grande douleur. Notre fille Sanchica en pissa de plaisir sans le sentir, tant elle en était transportée. J'avais devant moi l'habillement de chasse que tu m'as envoyé, j'avais au cou la chaîne de corail de madame la duchesse, j'avais les lettres entre mes mains, je voyais celui qui les avait portées : nonobstant tout cela, il me semblait que tout ce que je voyais et que je touchais était un songe. Qui eût jamais pensé qu'un gardeur de chèvres dût devenir gouverneur d'îles ? Souviens-toi, mon ami, de ce que disait ma mère, qu'il était besoin de vivre beaucoup pour voir beaucoup. Je te dis ceci parce que j'espère en voir plus, si je vis davantage, et je ne pense pas m'arrêter que je ne t'aie vu fermier de la gabelle ou commis du dixième. Car dans ces offices-là, quoique le diable emporte ceux qui en usent mal, au bout du compte on y voit et on y manie beaucoup d'argent.

Madame la duchesse te dira le désir que j'ai d'aller à la cour. Tu y songeras et m'écriras ce qu'il t'en semble. Je m'efforcerai de t'y faire honneur, parce que j'y veux aller en carrosse. Le curé, le barbier, le bachelier et encore le sacristain ne peuvent croire que tu sois gouverneur. Ils disent que tout cela est tromperie ou enchantement, comme toutes les choses de don Quichotte, ton maître. Samson dit encore qu'il veut aller te querir et t'ôter le gouvernement de la tête, et la folie de la cervelle de don Quichotte. Je ne fais que rire de tout cela. Je regarde ma chaîne et songe à l'habit que je veux faire faire à notre fille du tien que tu m'as envoyé. J'envoie des glands à madame la duchesse, je voudrais qu'ils fussent d'or. Envoie-moi quelques rangs de perles, si cela se porte dans ton île. Les nouvelles du pays sont que la Berruéca a marié sa fille à un peintre barbouilleur. Il était ici venu pour peindre tout ce qui se présenterait. Le conseil lui commanda de peindre les armoiries de Sa Majesté sur les portes de l'hôtel de ville. Il demanda deux ducats, on les lui avança ; il travailla huit jours, et au bout de ce temps il n'avait encore rien peint, disant qu'il n'était point fait pour peindre ces bagatelles. Il rendit l'argent qu'on lui avait donné, et nonobstant tout cela il s'est marié à titre de bon ouvrier. Il est vrai qu'il a laissé le pinceau et pris le hoyau et qu'il va aux champs comme un gentilhomme. Le fils de Pedro Lobo a pris ses degrés et la tonsure en intention d'être clerc. Minguilla, la nièce de Mingo Silvato, l'a su, et a incontinent présenté requête, disant qu'il lui a donné parole de mariage. Quelques méchantes langues ont voulu dire qu'elle était grosse de ses œuvres, mais il le nie à pieds joints. Nous n'avons point d'olives cette année, et il n'y a pas une goutte de vinaigre en tout le village. Il passa par ici une compagnie de soldats, et trois filles de ce village les ont suivis. Je ne te veux pas dire qui elles sont, peut-être qu'elles reviendront et ne manqueront pas de trouver quelqu'un qui les prenne en mariage avec tous leurs vices et péchés. Sanchica fait du point coupé ; elle gagne tous les jours huit maravédis nets et les garde dans une tirelire pour aider à se meubler. Toutefois, maintenant qu'elle est fille de gouverneur, elle n'a que faire de travailler. Tu la doteras sans qu'elle prenne cette peine. La fontaine de la place est tarie. La foudre est tombée sur la potence : ainsi soit de toutes les autres ! J'attends réponse à la présente sur la résolution de mon voyage à la cour. Cependant Dieu t'accorde plus d'années qu'à moi, ou pour le moins autant ! Car je ne te voudrais point laisser sans moi en ce monde.

Ta femme,

THÉRÈSE PANÇA.

Les lettres furent solennisées. On en rit, on les prisa, on les admira beaucoup. Et, pour achever la fête, le courrier qui portait celle de Sancho à don Quichotte arriva. On la lut aussi publiquement, et elle fit douter de la simplesse du gouverneur. La duchesse se retira pour savoir du page ce qui lui était arrivé au village de Sancho ; il le lui conta de point en point, sans en oublier aucune circonstance. Il lui donna les glands et de plus un fromage que Thérèse lui avait baillé pour être fort bon et bien au-dessus de ceux de Tronchon. La duchesse le reçut avec un très vif plaisir ; nous le laisserons là, pour raconter la fin qu'eut le gouvernement du grand Sancho Pança, fleur et miroir de tous les gouverneurs insulaires.

CHAPITRE LIII

DE LA PÉNIBLE FIN QU'EUT LE GOUVERNEMENT DE SANCHO PANÇA

« C'est grandement s'abuser que de croire que les choses de cette vie durent toujours en même état ; il semble plutôt que cette même vie va toujours en rond, ou à la ronde. Le printemps marche à l'été, l'été à l'automne, l'automne à l'hiver et l'hiver au printemps ; de sorte que le temps va toujours sur cette continuelle rotation. Seule la vie de l'homme court à sa fin plus légère que le temps, sans espoir de se renouveler, si ce n'est en l'autre vie, qui n'a point de termes qui la limitent. » Voilà ce que dit Cid Hamet, philosophe mahométan. Car pour ce qui est d'entendre la légèreté et l'instabilité de la vie présente, et la durée de la vie éternelle que l'on espère, bien des gentils, sans la lumière de la foi et par simple lumière naturelle, l'ont reconnu. Mais notre auteur le dit ici en considérant la vitesse dont s'acheva, se consuma, se défit et se réduisit en ombre et en fumée le gouvernement de Sancho.

Ce digne gouverneur étant, la septième nuit des jours de son gouvernement, couché dans son lit, non pas soûl de pain ni de vin, mais de juger, de donner audience, de faire des statuts et des pragmatiques, lorsque le sommeil, en dépit de la faim, lui commençait à fermer les paupières, il ouït un si grand bruit de cloches et de cris qu'il semblait proprement que toute l'île s'abîmât. Il s'assit sur sa couche et demeura attentif, écoutant s'il ne pourrait point s'expliquer le sujet d'un si grand fracas ; non seulement il n'y parvint pas, mais encore, le bruit d'un nombre infini de trompettes et de tambours venant à se joindre à celui des cris et des cloches, il demeura tout troublé et rempli de crainte et d'épouvante, et, se levant, il se mit des pantoufles, à cause de l'humidité du sol, et, sans endosser de robe de chambre ni rien de pareil, il courut à la porte de sa chambre, au moment qu'il vit venir par les galeries plus de vingt personnes, avec des flambeaux allumés à la main et l'épée nue ; et tous criaient à plein gosier : « Aux armes, aux armes, seigneur gouverneur, aux armes ! Une infinité d'ennemis vient d'envahir l'île, et nous sommes perdus si votre habileté et votre valeur ne nous secourent ! » Avec ce bruit, cette furie et cette confusion, ils arrivèrent au lieu où était Sancho, tout étonné et tout interdit de ce qu'il entendait et voyait, et, quand ils arrivèrent à lui, l'un d'eux lui dit : « Que Votre Seigneurie s'arme promptement, si elle ne veut sa perte et la perte de toute cette île. — A quoi bon m'armer ? repartit Sancho, et que sais-je d'armes et de secours ? Ces choses-là, mieux les vaudrait laisser à mon maître don Quichotte de la Manche, qui les dépêchera en deux pelletées et y mettra bon ordre. Quant à moi, pauvre pécheur que je suis, je n'entends rien à toutes ces presses. — Ah ! monsieur le gouverneur, dit un autre, quelle mollesse est ceci ? Que Votre Grâce s'arme ; voici que nous vous apportons des armes offensives et défensives. Et sortez sur la place, soyez notre guide et notre capitaine, puisque, étant notre gouverneur, cela vous appartient de droit. — Allons, repartit Sancho ; que l'on m'arme ! »

Aussitôt on apporta deux grands pavois, dont on s'était pourvu, que l'on mit par-dessus sa chemise, sans lui laisser prendre d'autre vêtement, un pavois devant et l'autre derrière. Et après, par des ouvertures qu'ils avaient faites, ils lui tirèrent les bras et le lièrent très étroitement avec des cordes ; de sorte qu'il demeura emprisonné entre deux planches et droit comme un fuseau, sans pouvoir plier les genoux ni faire un pas. On lui mit dans les mains une lance sur laquelle il s'appuya pour avoir le moyen de se tenir debout. Lorsqu'ils l'eurent ainsi accoutré, ils lui dirent qu'il cheminât, les guidât et les animât tous ; qu'étant leur nord, leur lanterne et leur étoile du matin, leurs affaires iraient bien. « Et comment, répondit Sancho, voulez-vous que je chemine, malheureux de moi, qui ne puis remuer les jointures des genoux, empêché que je suis par ces planches que l'on a cousues à ma chair ? Ce qu'il y a à faire, c'est de me porter entre les bras et de me mettre en travers ou sur les pieds à quelque porte ; je la garderai avec cette lance ou avec mon corps. — Marchez, monsieur le gouverneur, dit un autre ; je crois que la peur plutôt que les planches vous arrêtent la marche. Achevez et remuez-vous. Il se fait tard, les ennemis croissent, le bruit s'augmente, le péril presse. » Sur leurs exhortations et leurs reproches, le pauvre gouverneur tâcha de se mouvoir ; mais il tomba un si grand coup sur le pavé qu'il crut s'être mis en pièces. Il demeura comme une tortue enfermée dans ses écailles, ou comme un jambon dans le creux d'une huche, ou bien comme une barque qui s'échoue en plein sable. Or sa chute n'émut nullement à compassion les farceurs ; au contraire, éteignant les flambeaux, ils recommencèrent de renforcer leurs cris et de redoubler leurs : « Aux armes ! aux armes ! » en passant pardessus le pauvre Sancho, en lui donnant plusieurs coups d'épée sur son pavois ; de sorte que, s'il n'eût mis sa tête à couvert entre les pavois, le pauvre gouverneur se fût trouvé fort mal. Réduit à cette extrémité, il suait et tressuait d'ahan, et de tout son cœur priait Dieu de le délivrer de ce péril. Les uns le trépignaient, d'autres tombaient sur lui, et il y eut tel qui s'y posa un bon espace de temps ; et de là, comme d'une vigie, il gouvernait les armées et criait à pleine voix : « Ici les nôtres ! C'est de ce côté-là que les ennemis chargent le plus. Que l'on défende ce petit portail ! Que l'on ferme cette porte ! Qu'on barricade ces escaliers ! Qu'on apporte les pots à feu et la poix-résine et des chaudrons d'huile bouillante ! Qu'on ferme les rues avec des matelas ! » Enfin, celui-là nommait à la hâte toutes les plus menues choses, instruments et attirail, dont on use pour se défendre en l'assaut d'une ville. Et le moulu Sancho qui écoutait et souffrait tout, disait entre ses dents : « Plût à Dieu que cette île fût bientôt perdue, et que je me visse déjà mort ou hors de cette grande angoisse ! » Le Ciel ouït sa requête, si bien que, lorsqu'il y pensait le moins, il entendit que l'on criait : « Victoire ! victoire ! Les ennemis ont pris la fuite. Holà ! monsieur le gouverneur, levez-vous et venez jouir de la victoire, et partager les dépouilles gagnées sur les ennemis par la valeur de ce bras invincible. — Que l'on me relève », dit alors le dolent Sancho d'une voix plaintive. On l'aida à se relever, et, quand il fut debout, il dit : « L'ennemi que j'ai vaincu, je veux bien qu'on me le cloue sur le front. Et je me soucie peu de partager des dépouilles d'ennemis, mais je prie et supplie que quelque ami, si j'en ai, me donne une goulée de vin et m'essuie cette sueur, car je me sens tout en eau. »

On le sécha, on lui apporta du vin et on lui délia les pavois. Lors il s'assit sur le lit, où il s'évanouit de la peur, du sursaut et de la fatigue. Ses moqueurs avaient regret de lui avoir fait une si grosse plaisanterie. Toutefois, quand Sancho reprit ses esprits, cela calma la fâcherie que son évanouissement leur avait donnée. Il demanda quelle heure il était ; on lui répondit que le jour commençait à poindre. Il ne dit mot, et, sans autre cérémonie, commença de s'habiller dans un profond silence. Tous le regardaient faire et se demandaient où devait aboutir la hâte avec laquelle il s'habillait. Il se vêtit enfin peu à peu, parce qu'il était tout moulu et ne pouvait aller dare-dare. Il se rendit à l'écurie, suivi de tous les assistants. Lorsqu'il arriva à son grison, il l'embrassa, lui donna un baiser de paix au front et lui dit : « Venez, mon compagnon et mon ami, le soulagement de mes travaux et de mes misères. Quand je vivais avec vous et que je n'avais d'autre pensée que celle que donnait le soin de raccommoder votre bât et de nourrir votre corps gentil, heureuses étaient mes heures, heureux mes jours et mes ans. Mais, depuis que je vous ai quitté et me suis hissé sur les tours de l'ambition et de l'orgueil, mille misères, mille travaux et quatre mille angoisses me sont entrés en l'âme. » Tout en tenant ce discours, il bardait son âne sans qu'aucun lui dît mot. Lorsque le grison fut équipé, il monta dessus avec bien de la peine et bien du chagrin, puis, s'adressant au majordome, au secrétaire, au maître d'hôtel, au docteur Pedro Récio et à tous les autres qui étaient là réunis, il leur dit : « Laissez-moi passer, messieurs, et retourner à mon ancienne liberté ; laissez-moi m'en aller en quête de la vie passée pour me ressusciter de cette mort présente. Je ne naquis point pour être gouverneur, ni pour défendre îles ni cités contre les ennemis qui les voudraient assaillir. Je m'entends mieux à labourer, à fouir, à couper et à tailler les sarments de vignes qu'à donner des lois ou à défendre provinces et royaumes ; saint Pierre est fort bien à Rome. Je veux dire que chacun se trouve bien d'exercer le métier pour lequel il est né. Un hoyau me sied mieux à la main qu'un sceptre de gouverneur. J'aime mieux me bourrer de soupe à l'oignon que de me soumettre à la tyrannie d'un médecin impertinent, qui me fait mourir de faim. J'aime mieux encore me reposer à l'ombre d'un chêne en été, et m'envelopper en hiver d'une pelisse à poil dessus et dessous, avec ma liberté, qu'avec la sujétion du gouvernement me coucher dans des draps de toile de Hollande et me couvrir de martre zibeline. Que vos

Grâces demeurent à la garde de Dieu et disent à monseigneur le duc que je naquis tout nu, et que nu je me trouve ; ni perdu ni gagné ; je veux dire que je suis entré sans un denier en ce gouvernement et que j'en sors sans un liard, tout au rebours de la sorte des gouverneurs des autres îles. Place ! laissez-moi partir, je m'en vais me faire mettre des emplâtres, car il me semble que j'ai toutes les côtes brisées, grâce aux ennemis qui cette nuit se sont promenés sur moi.

— Non point, monsieur le gouverneur, dit alors le docteur Récio, parce que je donnerai à Votre Seigneurie un breuvage contre les chutes et les meurtrissures ; ce breuvage lui rendra son ancienne santé et sa vigueur, et, quant à la nourriture, je promets à Votre Grâce de m'amender et de vous laisser manger tout votre soûl de ce que vous voudrez.

— Trop tard piaulé[1] ! repartit Sancho. Je renoncerai aussi peu à m'en aller que je me ferai Turc. Ce n'est pas à moi que l'on donne deux fois de pareilles bourdes. Par la morbleu, aussi peu demeurerai-je ici, aussi peu accepterai-je un autre gouvernement, quand on me le donnerait entre deux plats, que je volerais au ciel sans ailes. Je suis de la race des Pança, qui tous ont la tête dure. Si une fois ils disent : « non », c'est non, quand ce serait oui, en dépit de tout le monde. Laissons en cette écurie les ailes de fourmi qui m'avaient élevé en l'air, afin que j'y fusse mangé des corbeaux et des moineaux, et recommençons à marcher tout doucement sur le sol, le pied bien à plat. S'il n'est chaussé de cuir piqué, sandales de corde ne lui manqueront point. Chaque brebis aille avec sa pareille, et que nul n'étende la jambe plus loin que le drap. Çà, laissez-moi passer, car il se fait tard.

— Monsieur le gouverneur, dit alors le majordome, nous laisserons aller Votre Grâce de bon cœur, quoiqu'il nous en coûte beaucoup de vous perdre. Votre intelligence et votre façon chrétienne de procéder obligent à vous regretter. Mais on sait que tout gouverneur est obligé, avant que de partir du lieu de son gouvernement, de rendre compte de son administration. Que Votre Grâce le fasse pour les dix jours qu'il y a qu'elle gouverne, et puis qu'elle s'en aille à la grâce de Dieu. — Nul ne me peut demander ce compte, sinon celui que monseigneur le duc ordonnerait pour ce sujet. Je m'en vais le trouver, et le lui rendrai, à lui, tout au long ; d'autant plus que, sortant d'ici tout nu comme j'en sors, il ne faut pas d'autre signe pour faire connaître que j'ai gouverné comme un ange. — Par Dieu, repartit alors le docteur Récio, le grand Sancho a raison, et je suis d'avis que nous le laissions partir, parce que notre duc prendra grand plaisir à le revoir. » Tous furent de cet avis et le laissèrent aller, lui offrant d'abord de l'accompagner, et tout ce qui pouvait contribuer à son agrément et à la commodité de son voyage. Sancho leur dit qu'il ne désirait qu'un peu d'avoine pour son grison et la moitié d'un fromage et d'un pain pour lui, et que, le chemin étant si court, il n'avait pas besoin de plus grande ni de meilleure provision. Tous l'embrassèrent, et lui, la larme à l'œil, les embrassa tous, et les laissa étonnés tant de ses raisons que de sa résolution si prompte et si sage.

CHAPITRE LIV

QUI TRAITE DE CHOSES TOUCHANT À CETTE HISTOIRE, ET NON À AUCUNE AUTRE

Le duc et la duchesse résolurent que le défi que don Quichotte avait fait à leur vassal pour la cause ci-dessus référée suivrait son cours. Et, comme ce garçon s'était enfui en Flandre afin de n'avoir point pour belle-mère dame Rodriguez, ils ordonnèrent qu'on mît à sa place un laquais gascon qui se nommait Tosilos, en l'instruisant bien d'abord de tout ce qu'il avait à faire. Deux jours après, le duc dit à don Quichotte qu'à quatre jours de là son adversaire viendrait se présenter au camp, armé en chevalier, pour soutenir que la damoiselle avait menti par la moitié de la barbe, voire par la barbe entière, si elle affirmait qu'il lui eût jamais donné parole de mariage. Don Quichotte eut beaucoup de plaisir de ces nouvelles. Il se promit à lui-même de faire merveilles en cette affaire, et regarda comme un grand bonheur que cette occasion se fût présentée, afin de faire voir au duc et à la duchesse jusqu'où s'étendait la valeur de son bras puissant. Ainsi il attendait avec une vive joie la fin des quatre jours, lesquels semblaient durer à son désir quatre cents siècles. Laissons-les couler comme nous avons laissé couler d'autres choses, et allons accompagner Sancho, qui s'en venait mi-joyeux mi-triste sur son grison, pour trouver son maître, dont la compagnie lui plaisait plus que le gouvernement de toutes les îles du monde.

Il n'était encore guère éloigné de l'île de son gouvernement (et il ne se soucia jamais de vérifier si le lieu qu'il avait gouverné était une île, une cité ou un village), qu'il vit venir par le chemin six pèlerins avec leurs bourdons. C'étaient de ces étrangers qui demandent l'aumône en chantant. Incontinent qu'ils furent proches de lui, ils se mirent en rang, sur deux files, et, haussant la voix tous ensemble, se mirent à chanter en leur langue ce que Sancho ne put entendre, si ce n'est une parole qui disait clairement *aumône,* par où il connut que c'était l'aumône qu'ils demandaient en leur chant. Or, comme il était extrêmement charitable, selon ce que raconte Cid Hamet, il tira de son bissac la moitié d'un pain et la moitié d'un fromage qu'il portait pour sa provision, et le leur donna, en leur faisant entendre par signes qu'il n'avait rien de plus à leur donner. Ces pèlerins reçurent ce présent de bien bon cœur et se mirent à crier : « *Ghelt, ghelt!* — Bonnes gens, répondit Sancho, je n'entends pas ce que vous me demandez. » Lors un des pèlerins tira une bourse de son sein et la montra à Sancho, par où il connut qu'ils lui demandaient de l'argent. Sancho, mettant son pouce sur sa gorge et étendant la main en haut, leur donna à entendre qu'il n'avait pas ombre d'argent, et, piquant le roussin, il passa au travers d'eux. Comme il passait, un de ces pèlerins, après l'avoir attentivement considéré, courut à lui, et, lui jetant les bras autour du cou, proféra ces paroles à voix haute et en fort bon castillan : « Dieu me soit en aide ! et qu'est-ce que je vois ? Est-il possible que je tienne entre mes bras mon cher ami et bon voisin Sancho Pança ? Je le tiens, je le tiens sans doute, car je ne dors point, et je ne suis pas encore ivre. » Sancho fut tout étonné de s'entendre nommer par son nom et de se voir embrasser par ce pèlerin étranger. Et, bien qu'il le regardât attentivement et sans dire mot, il ne le put pourtant reconnaître. Mais le pèlerin, le voyant ainsi interdit, lui dit : « Comment est-il possible, mon frère Sancho Pança, que tu ne reconnaisses point ton voisin Ricote le Morisque, mercier de ton village ? » Alors Sancho le regarda avec plus d'attention et commença à retrouver ses traits ; enfin il le reconnut tout à fait, et, sans descendre du grison, lui jeta les bras au cou et lui dit : « Qui diable te pouvait reconnaître, Ricote, avec ce déguisement de momon que tu portes ? Dis-moi, qui t'a arrangé ainsi à la française, et comment oses-tu revenir en Espagne ? Car, si tu es pris et reconnu, mauvaise affaire pour toi[1]. — Si tu ne me découvres, Sancho, répondit le pèlerin, je suis assuré qu'il n'y aura personne qui me reconnaisse sous cet habit. Sortons du chemin et allons à ce bois de peupliers qui est là-bas, et où mes compagnons s'en vont dîner et se reposer. Tu y dîneras avec eux ; ce sont d'aimables gens. Cependant j'aurai loisir de te raconter ce qui m'est arrivé depuis que je partis de notre village pour obéir à l'édit de Sa Majesté, qui avec tant de rigueur menaçait les malheureux de ma nation ainsi que tu peux l'avoir appris. »

Sancho fit ce que Ricote lui venait de dire, et, après que le même Ricote eût parlé aux autres pèlerins, ils prirent le chemin du bois. Étant éloignés du grand chemin, ils quittèrent leurs bourdons, dépouillèrent leurs pèlerines et restèrent en justaucorps : ils étaient tous jeunes hommes et de fort bonne mine ; il n'y avait que Ricote qui était déjà âgé. Tous avaient un bissac, et tous les bissacs semblaient être bien pourvus, au moins de choses excitantes et qui font venir la soif de deux lieues. Ils s'assirent à terre, et, faisant nappe de l'herbe fraîche, la couvrirent de pain, de sel, de couteaux, de noix, de morceaux de fromage et de certains os de jambon qui, s'ils ne se laissaient mâcher, ne se défendaient pas d'être sucés. Il y avait encore d'un certain mets noir que l'on nomme, paraît-il, *cabial*[2], lequel se fait d'œufs de poisson, grands réveilleurs d'outres. Les olives n'y manquèrent pas, quoique déjà sèches et sans assaisonnement, mais pourtant savoureuses et bonnes à occuper agréablement l'appétit. Mais ce qui eut le plus de succès au champ de bataille de ce banquet, ce furent six bouteilles de vin. Chacun tira la sienne de son bissac ; même le bon Ricote, qui de Morisque s'était métamorphosé en Allemand ou Tudesque, en tira une qui pouvait en grandeur aller avec les cinq autres. Ils commencèrent à manger de fort bon appétit et en prenant leur temps, savourant chaque bouchée qu'ils prenaient avec la pointe d'un couteau, et fort peu de chaque chose. Après, ils levèrent soudain et tous à la fois leurs bras et leurs bouteilles en l'air, et, mettant le goulot dans leur bouche, les yeux fixés au ciel, il semblait qu'ils y tiraient à la cible. De cette façon, tournant ainsi la tête d'un côté et d'un autre, façon qui attestait le plaisir qu'ils en recevaient, ils s'y tinrent un bon espace, faisant passer dans leur estomac les entrailles des outres. Sancho regardait tout ceci et ne se fâchait d'aucune chose. Au contraire, suivant le proverbe qu'il savait fort bien : « Quand tu seras à Rome, fais-y ce que tu y verras faire », il demanda à Ricote sa bouteille et prit sa mire comme les autres avec non moins de contentement. Les bouteilles se laissèrent accoler quatre fois, mais la cinquième ne fut pas possible, car elles étaient déjà plus épuisées et plus sèches que du jonc, ce qui fondit l'allégresse qu'ils avaient jusque-là témoignée. Cependant, de temps en temps, quelqu'un de ces pèlerins, de sa main droite, serrait celle de Sancho, et disait : « *Espagnoli y Tudesqui tuto une, bon compagno.* » Et Sancho répondit : « *Bon compagno, jura Di !* » et lors il éclatait de rire, et ce rire lui durait une bonne heure, sans se ressouvenir alors de chose qui lui fût arrivée en son gouvernement : car les soucis n'ont d'ordinaire que peu d'empire sur les instants où l'on mange et l'on boit. Finalement, quand il n'y eut plus à boire, ce fut le commencement d'un sommeil dont ils s'endormirent tous sur la table même et sur les nappes. Il n'y eut que Ricote et Sancho qui ne s'endormirent point, parce qu'ils avaient plus mangé et moins bu. Ricote ayant tiré Sancho à part, ils s'assirent au pied d'un hêtre, laissant les pèlerins endormis en un doux sommeil, et puis, sans broncher en sa langue morisque, et lui tint ces paroles en pur castillan :

« Tu sais bien, ô Sancho Pança, mon ami et mon voisin, comment le ban et l'édit que Sa Majesté fit publier à son de trompe contre ceux de ma nation nous effraya et nous mit tous en alarme. Moi, du moins, j'en fus si épouvanté qu'il m'était avis que, même avant le terme qu'on nous prescrivait pour sortir d'Espagne, je sentais la rigueur de la peine exécutée sur ma personne et sur celle de mes enfants. Je résolus donc, en homme prudent, ce me semble (et comme celui qui, sachant qu'à telle époque on lui enlèvera la maison où il demeure, se pourvoit d'une autre), je résolus, dis-je, de sortir de notre village tout seul et sans ma famille, et d'aller chercher où je pourrais commodément emmener les miens, et sans me hâter comme firent tous les autres. Car je vis bien, et tous les anciens de notre nation le virent aussi, que ces édits n'étaient pas seulement des menaces que l'on nous faisait, ainsi que quelques-uns le disaient, mais bien des lois véritables que l'on devait mettre à exécution à époque fixée ; et ce qui me le faisait croire, c'était que je n'ignorais pas les menées et les mauvais desseins que les nôtres entretenaient. Ces menées étaient telles que je crois fermement que ce fut une inspiration divine, qui mut Sa Majesté de mettre à effet une si hardie résolution. Je ne veux pas dire que nous fussions tous coupables : car il y en avait quelques-uns d'entre nous qui étaient de vrais et fidèles chrétiens. Mais le nombre en était si petit qu'il ne pouvait s'opposer à ceux qui ne l'étaient pas, et il était dangereux de nourrir le serpent dans son sein en nourrissant ses ennemis dans sa maison. Enfin on eut pleinement raison de nous frapper de la peine de l'exil, peine qui semblait douce et agréable à quelques-uns, mais à nous la plus cruelle qu'on nous eût pu donner. Hélas ! en quelque lieu que nous soyons, nous pleurons toujours l'Espagne : car enfin nous y sommes nés, et c'est notre patrie naturelle ; nulle part nous n'avons trouvé l'accueil que notre malheur désire. Nous espérions qu'en Barbarie et dans toutes les contrées d'Afrique nous serions bien accueillis et régalés ; mais c'est là qu'on nous fait le plus de mal et qu'on nous maltraite le plus. Nous n'avons connu le bien qu'après l'avoir perdu ; et nous avons tous un si grand désir de revenir en Espagne que la plupart de ceux qui savent la langue, comme moi (et ils sont nombreux), y retournent, et laissent là leurs femmes et leurs enfants, sans aide ni secours aucun, si grand est l'amour qu'ils lui portent ! Et c'est à présent que je connais par expérience combien l'amour de la patrie est une douce chose. Je sortis donc de notre village, comme je l'ai dit, et vins en France, et, encore que nous y fussions bien accueillis, je voulus pourtant aller plus loin. J'allai en Italie, et de là en Allemagne ; là il me sembla que l'on pourrait vivre avec toute liberté : les habitants de ces contrées ne s'arrêtent pas à de petits détails, et chacun y vit comme bon lui semble, parce qu'en la plupart des provinces d'Allemagne toute liberté de conscience est permise. Je louai une maison dans un village proche d'Augsbourg. Je me joignis à ces pèlerins qui ont coutume de venir en Espagne tous les ans pour y visiter les saints lieux, qu'ils tiennent pour leurs Indes et pour un gain assuré et un profit connu. Ils la parcourent presque tout entière, et il n'y a si petit bourg où ils n'aient des repues franches, comme on dit, et pour le moins un réal en argent. Et, au bout de leur voyage, ils se trouvent avec plus de cent écus de reste, qu'ils changent contre de l'or, et, les ayant cachés dans le creux de leurs bourdons, ou dans les pièces de leurs capuces, ou par quelque autre de leurs ruses, ils les transportent hors du royaume en leurs pays, malgré les gardes établis aux ports et aux passages où on les enregistre. Mon intention, à présent, Sancho, c'est d'aller quérir le trésor que j'ai caché en terre, et je le pourrai faire sans danger, parce qu'il est hors du village. J'écrirai ensuite, ou bien j'irai moi-même de Valence à Alger, trouver ma fille et ma femme, que je sais y être, et donner ordre de les faire conduire en quelque port de France, et de là je les mènerai en Allemagne, où nous attendrons ce que Dieu voudra faire de nous. Car, enfin, je suis certain que ma fille Ricota et Françoise Ricota, ma femme, sont catholiques chrétiennes ; et, bien que je ne le sois pas autant qu'elles, je tiens toutefois plus du chrétien que du Maure, et je prie Dieu sans cesse de m'ouvrir les yeux de l'entendement et de me faire connaître comment je le dois servir. Ce qui m'étonne le plus, c'est que je ne puis comprendre pourquoi ma femme et ma fille sont allées plutôt en Barbarie qu'en France, où elles eussent pu vivre en chrétiennes.

— Eh ! cela n'a pas dû être en leurs mains, Ricote, repartit alors Sancho : car ce fut Juan Tiopieyo, le frère de ta femme, qui les emmena. Et, comme c'est un malin Maure, il fit ce qui lui sembla être le meilleur, et je te veux dire encore une autre chose, c'est qu'en vain tu vas chercher ce que tu as laissé caché, parce que le bruit courut que l'on avait ôté force perles et force or monnayé à ton beau-frère et à ta femme, qu'ils portaient pour le faire enregistrer. — Cela peut bien être, Sancho, répliqua Ricote ; mais je suis bien assuré qu'ils n'ont point touché à ma cachette, puisque je ne leur ai jamais découvert où elle était, dans la crainte de quelque malheur ; et partant, si tu t'en veux venir avec moi et m'aider à l'emporter et à la cacher, je te donnerai deux cents écus, avec lesquels tu pourras subvenir à tes nécessités ; tu sais bien que je n'ignore pas que tu n'es point trop à ton aise. — Je le ferais, répliqua Sancho, mais je ne suis nullement avare : car, si je l'étais, j'ai laissé échapper ce matin un office où j'eusse pu faire les murailles de ma maison de fin or et avant six mois manger dans de la vaisselle d'argent. C'est pourquoi, tant parce que je n'ai nulle ambition que parce qu'il me semble que je trahirais mon roi en favorisant ses ennemis, je n'irai pas avec toi quand au lieu de deux cents écus que tu me promets, tu m'en voudrais donner quatre cents. — Ho ! ho ! Sancho, et quel office est-ce que tu as aujourd'hui quitté ? dit Ricote. — L'office de gouverneur d'une île, répondit Sancho, qui est telle qu'en bonne foi on n'en trouverait pas une pareille d'ici à trois traits d'arbalète. — Et où est cette île ? demanda Ricote. — Où ? répliqua Sancho. A deux lieues d'ici, et elle se nomme l'île Barataria. — Tais-toi, Sancho, dit Ricote. Les îles sont là-bas, dans la mer ; il n'y a pas d'îles en terre ferme. — Et pourquoi, repartit Sancho, n'y en a-t-il point en terre ferme ? Je te dis, ami Ricote, que j'en suis parti ce matin, et qu'hier j'y gouvernais à mon aise comme un sagittaire. Mais avec tout cela je l'ai quittée parce que j'ai trouvé que c'est un office dangereux que celui de gouverneur. — Et qu'as-tu gagné dans ce gouvernement ? dit Ricote. — J'ai gagné, répondit Sancho, d'apprendre que je ne suis pas propre à gouverner, si ce n'est un troupeau de brebis, et que les richesses qui se gagnent en de tels gouvernements vous font perdre le repos et le sommeil, voire même le boire et le manger, parce que dans les îles les gouverneurs doivent manger peu, et principalement s'ils ont des médecins qui aient soin de leur santé. — Je ne t'entends nullement, Sancho, dit Ricote ; et il me semble que tout ce que tu dis n'est que pure folie. Et qui serait celui qui te voudrait donner des îles à gouverner ? Manquait-il d'hommes au monde plus capables d'être gouverneurs que toi ? Tais-toi, Sancho, et reviens en toi-même. Regarde, dis-je si tu veux venir avec moi m'aider à emporter le trésor que j'ai caché. Vrai, il est tel qu'à bon droit on peut l'appeler trésor. Je te donnerai de quoi vivre, comme je t'ai dit. — Je t'ai déjà déclaré, Ricote, répliqua Sancho, que je n'y veux pas aller : contente-toi que je ne te découvre point, et poursuis ton chemin à la grâce de Dieu et laisse-moi suivre le mien. Je sais que ce qui est bien acquis se perd, mais le mauvais gain aussi et son maître avec. — Je ne t'en parlerai plus, Sancho, répondit Ricote. Mais, dis-moi, étais-tu à notre village quand ma femme, ma fille et mon beau-frère en partirent ? — Vraiment j'y étais, repartit Sancho, et je te peux dire que ta fille était si belle que tous ceux qui étaient dans le village sortirent pour la voir ; il n'y avait aucun qui ne dît que c'était la plus belle créature du monde. Elle pleurait à chaudes larmes et embrassait toutes ses amies et ses compagnes, et tous ceux qui venaient pour la voir. Elle priait, dis-je, tout le monde de la recommander à Dieu et à la Vierge mère, et cela avec un si vif sentiment de douleur qu'elle m'en fit pleurer, encore que je ne sois point fort pleurard. Je te dis encore qu'il y en avait plusieurs qui avaient envie de la cacher et de l'aller enlever en chemin, si la crainte de désobéir au roi ne les en eût empêchés. Mais surtout don Pedro Gregorio, ce jeune homme très riche que tu connais, l'aîné de sa maison, se montrait extrêmement passionné, et le bruit est qu'il l'aimait grandement. Depuis qu'elle est partie, nous ne l'avons plus vu en notre village. Nous crûmes tous qu'il était allé après elle pour l'enlever ; mais on n'en a rien su jusqu'ici. — J'ai toujours eu le mauvais soupçon, répondit Ricote, que ce cavalier était amoureux de ma fille ; toutefois, l'assurance que j'avais de la bonne éducation de ma Ricota faisait que je ne m'inquiétais nullement de savoir qu'il l'aimait beaucoup. Tu as ouï dire, Sancho, que les Mauresques ne se sont jamais ou presque jamais liées d'amour avec les vieux chrétiens ; ma fille, qui, comme je pense, est plus chrétienne qu'amoureuse, ne se sera point souciée des recherches de ce jeune héritier. — Dieu le veuille, répondit Sancho, car cela ne vaudrait rien pour tous deux. Cependant, Ricote, laisse-moi partir ; il faut que j'aille ce soir au lieu où est mon maître don Quichotte.

— Dieu t'y accompagne, frère Sancho ; aussi bien, voilà mes compagnons qui s'agitent, il est l'heure de continuer notre chemin. » Ce disant, ils s'embrassèrent tous deux ; Sancho monta sur son grison, Ricote empoigna son bourdon, et ils se séparèrent.

CHAPITRE LV

DES CHOSES QUI ARRIVÈRENT À SANCHO EN CHEMIN, ET D'AUTRES QUI N'ONT PAS LEURS PAREILLES

Le temps que Sancho était resté avec Ricote fut cause que ce jour il ne put arriver au château du duc, parce que la nuit le surprit en chemin, et à une demi-lieue du château. Elle était fort noire et fort obscure ; mais Sancho ne s'en souciait guère, parce que c'était en été. C'est pourquoi il s'écarta du chemin en intention d'attendre le matin. Or, son malheur et sa mauvaise fortune voulurent qu'en cherchant quelque lieu pour s'y accommoder de son mieux, le grison et lui tombèrent tous deux dans une fosse très profonde et très noire, parmi de vieilles masures. Sancho se recommanda à Dieu de tout son cœur en tombant, car il croyait que, sans s'arrêter, il irait ainsi jusqu'au plus profond des enfers. Mais il n'en fut pas ainsi, parce qu'à un peu plus de trois toises au-dessous du sol le grison trouva fond, et Sancho se trouva dessus sans blessure ni aucun mal. Il se tâta tout le corps et retint son haleine pour voir s'il était sain ou percé à jour en quelque endroit et, se voyant en bon état, entier et parfaitement catholique, il ne se pouvait lasser de rendre grâces à Dieu de la grâce qu'il lui avait faite : car, sans le moindre doute, il croyait s'être brisé en mille pièces. Il tâta de même avec les mains les parois de la fosse pour voir si sans l'aide de personne il lui serait possible d'en sortir, mais il les trouva toutes rases et sans aucune aspérité.

Sancho en fut extrêmement fâché, et bien davantage lorsqu'il entendit le grison se plaindre de sa voix la plus tendre et la plus douloureuse. Il ne s'en fallait pas étonner, et la pauvre bête n'avait pas tort, car, en vérité, elle était en fort piteux état. « Hélas ! dit alors Sancho Pança, quelles aventures qu'on n'avait point imaginées arrivent à tout coup à ceux qui vivent en ce misérable monde ! Qui eût dit que celui qui se voyait hier intronisé comme gouverneur d'une île, qui commandait à des serviteurs et à des vassaux, se dût voir aujourd'hui enterré tout vif dans une fosse, sans assistance et sans secours de serviteur ni de vassal ? Hélas ! mon grison et moi, il nous faudra mourir ici de faim, si nous ne mourons auparavant, lui d'être tombé et de s'être brisé, et moi d'ennui. Pour le moins si j'étais aussi heureux que le fut mon maître don Quichotte de la Manche, lorsqu'il descendit dans la caverne de l'enchanteur Montésinos ! Il y rencontra des personnes qui le reçurent et lui firent meilleure chère qu'on ne lui eût fait en sa maison. Il y trouva la table mise et le lit dressé. Là il eut de belles et agréables visions, et je crois que je ne verrai ici que crapauds et couleuvres. Misérable que je suis ! à quel point m'ont réduit mes folies et mes chimères ! L'on tirera de cette fosse mes os, lorsqu'il plaira au Ciel de les découvrir, mes os, dis-je, tout nets, blancs et pelés, et ceux de mon bon grison pareillement. Et par ce moyen on saura qui nous sommes ; au moins ceux-là le sauront qui auront ouï dire que jamais Sancho n'abandonna son âne, ni son âne Sancho. Je répète : misérables que nous sommes ! pourquoi n'a-t-elle pas permis, notre malheureuse destinée, que nous mourions dans notre patrie et parmi les nôtres ? Si notre disgrâce eût été sans remède, au moins eussions-nous rencontré des gens qui nous eussent regrettés et qui nous eussent fermé les yeux à l'heure dernière de notre vie ! Ô cher ami et loyal compagnon ! que je t'ai mal payé de tes bons services ! Pardonne-moi, et demande à la fortune de la meilleure façon que tu sauras, qu'elle nous tire de ce misérable embarras où nous sommes tous deux. Je promets de te couronner la tête de laurier, de sorte que tu ressembleras à un poète lauréat, et de te donner encore double pitance. »

Ainsi se lamentait le bon Sancho, et son grison l'écoutait sans souffler mot, si grandes étaient la détresse et la douleur que le pauvret ressentait. Enfin, ayant passé cette nuit en plaintes et en lamentations, ils virent venir le jour. A sa clarté, Sancho connut fort bien qu'il lui était impossible, tout à fait impossible, de sortir de ce puits sans y être aidé. Cela fut cause qu'il commença à se plaindre et à pousser des cris, pour voir s'il ne serait point entendu de quelqu'un. Mais tous ses cris se perdaient dans le désert, car en tous lieux d'alentour il n'y avait personne qui le pût ouïr ; ce fut alors qu'il acheva de se donner pour mort. Le baudet était couché la mâchoire en l'air, et Sancho Pança l'accommoda de telle sorte qu'il le fit lever ; mais à peine se pouvait-il soutenir. Il tira de ses besaces, car elles avaient couru la même fortune et la même chute, un quignon de pain. Il le lui bailla, et l'âne le trouva bon, et Sancho lui dit, comme s'il eût entendu : « Tous les maux se guérissent avec du pain. »

Cependant il découvrit à un côté de la fosse un trou capable de contenir une personne qui eût voulu se baisser et se courber. Sancho y accourut et s'y fourra à quatre pattes, et vit que par le dedans il était large et spacieux. Or, il le pouvait aisément voir, d'autant que, par ce que l'on pouvait appeler un toit, les rayons du soleil entraient et le découvraient tout entier. Il vit aussi que ce trou s'étendait et donnait sur une autre grande concavité. Ayant vu ceci, il sortit du trou et s'en alla où était son âne, et avec une pierre commença de fouiller la terre qui était au-devant du trou, de sorte qu'en peu de temps il fit une ouverture capable d'y faire passer aisément le grison. Ce qu'il fit, en le menant par le chevêtre, et commença de cheminer plus avant par cette grotte pour voir s'il ne trouverait point quelque endroit par où il pût sortir. Parfois il allait à tâtons et parfois dans une demi-clarté, mais jamais sans crainte. « Dieu me soit en aide ! disait-il à part lui. Comme cet accident, qui est pour moi une mésaventure, eût été une bonne aventure pour mon maître don Quichotte ! Lui, sûr qu'il prendrait ces profondeurs et ces basses-fosses pour jardins fleuris et palais de Galiana [1] ! Il croirait de ces ténèbres et de cette prison passer dans quelque pré fleuri. Mais moi, pauvre diable sans esprit et sans courage, à chaque pas que je fais, il m'est avis que sous mes pieds va soudain s'ouvrir quelque autre fosse plus profonde que la première pour achever de m'engloutir. Sois le bienvenu, malheur, si tu viens seul. » En se lamentant de la sorte et avec ces pensées, il crut avoir cheminé un peu plus d'une demi-lieue, au bout de laquelle il découvrit une clarté confuse qui semblait provenir du jour et qui entrait par quelque part et témoignait d'une ouverture pour ce chemin qui était pour lui celui de l'autre vie.

Cid Hamet Ben Engeli le laisse là et s'en vient reparler de don Quichotte. Ce brave chevalier attendait avec autant d'impatience que de contentement le jour du combat qu'il devait soutenir contre le larron de l'honneur de la fille de dame Rodriguez, et croyait que par sa valeur elle aurait justice du tort et de la tromperie qu'on lui avait méchamment faits. Or, il arriva cependant qu'étant sorti un matin pour s'exercer et se disposer à ce qu'il devait faire au combat qu'il croyait soutenir le lendemain, comme il lançait Rossinante à la charge, il arriva, dis-je, que le bon cheval alla mettre ses pieds si près d'un trou que, si don Quichotte ne l'eût promptement tiré par les rênes, il lui eût été impossible de ne point tomber dedans. Enfin il le tira et ne tomba pas. S'étant approché plus près, il considérait cette profondeur sans descendre de cheval, et, pendant qu'il la considérait, il entendit de grands cris qui montaient du dedans. Il tendit plus attentivement l'oreille, et put ouïr ces mots : « Hé ! là haut ! N'y a-t-il point quelque chrétien qui m'écoute ? N'y a-t-il point quelque charitable chevalier qui prenne pitié d'un misérable pécheur enterré tout vif, d'un misérable gouverneur dégouverné ? »

Lors il sembla à don Quichotte qu'il entendait la voix de Sancho Pança, et cela le rendit tout confus et étonné. Néanmoins il éleva la voix le plus qu'il put et dit : « Qui est là-dedans ? Qui se plaint de la sorte ? — Qui peut être ici ou qui peut se plaindre, répondit-on, sinon le malheureux Sancho Pança, gouverneur, pour ses péchés et pour sa mauvaise et errante aventure, de l'île de Barataria ? Ce Sancho Pança, jadis écuyer du fameux chevalier don Quichotte de la Manche ! » Don Quichotte, entendant ce discours, fut encore plus étonné qu'auparavant, et son admiration s'accrût de la moitié : car il s'imagina que Sancho Pança devait être mort, et que son âme faisait là pénitence ; c'est pourquoi, emporté par cette imagination, il dit : « Je te conjure, par tout ce dont je te puis conjurer comme catholique chétien, que tu me dises qui tu es, et, si tu es quelque âme en peine, dis-moi ce que tu veux que je fasse pour toi : c'est ma profession de favoriser et secourir les nécessiteux de ce monde ; tu peux bien croire que je le ferai pareillement pour aider les nécessiteux de l'autre monde qui ne peuvent s'aider eux-mêmes. — Votre Grâce qui me parle est donc, répondit-on, monseigneur don Quichotte de la Manche, et à l'organe de la voix je vois bien que ce ne peut être un autre. — Je suis, repartit celui-ci, ce même don Quichotte qui fait profession de secourir et d'aider en leurs nécessités les vivants et les morts. C'est pourquoi dis-moi qui tu es, car tu me rends tout confondu, et, si par aventure tu es mon écuyer Sancho Pança, et que tu sois mort sans que les diables t'aient emporté ; si, dis-je, par la miséricorde de Dieu, tu es en purgatoire, notre sainte mère Église catholique romaine a des suffrages suffisants à te retirer des peines que tu souffres, et moi-même je m'emploierai envers elle pour ce regard et la solliciterai autant que mes moyens le pourront permettre. Ainsi donc achève de te déclarer et de me dire qui tu es. — Par la corbleu, répondit-on, et par la naissance de celui que Votre Grâce voudra, je jure que je suis son écuyer Sancho Pança, et que je ne suis jamais mort durant tous les jours de ma vie, mais bien que j'ai quitté mon gouvernement pour des causes et pour des choses dont le récit mérite plus de loisir ; je suis tombé la nuit passée dans ce trou où je suis gisant, et le grison avec moi, qui me gardera toujours de mentir, puisque pour plus grand témoignage il est ici avec moi. » Comme il achevait ces paroles, vous eussiez dit que le baudet les avait comprises, parce qu'aussitôt il commença à braire si haut que toute la caverne en retentissait.

« Fameux témoin ! dit alors don Quichotte. Je connais le braiment comme si je l'avais fait, et j'entends ta voix, ô mon cher Sancho ; aie un peu de patience, j'irai au château du duc, qui est ici proche, et j'amènerai avec moi quelqu'un qui te retirera de cette basse-fosse où tes péchés te doivent avoir précipité. — Allez monsieur, dit Sancho, et par le vrai Dieu revenez bientôt, parce que je ne puis plus souffrir de demeurer ici enterré vif, et je me meurs de peur. » Don Quichotte le quitta, et se rendit au château, où il conta au duc et à la duchesse l'aventure de Sancho Pança, dont ils s'émerveillèrent fort. Ils pensèrent qu'il devait être tombé dans cette grotte que l'on voyait de temps immémorial au même endroit. Toutefois ils ne se pouvaient imaginer comment il avait laissé son gouvernement sans leur donner avis de sa venue. Enfin, comme dit la chanson, on apporta cordes et câbles, et à force de gens et de travail, on tira le grison et Sancho Pança de ces ténèbres à la lumière du soleil. Ce que voyant un écolier qui était là présent, il dit : « Ainsi devraient sortir de leur gouvernement tous les mauvais gouverneurs, de même que ce pécheur sort du fond de cet abîme, mourant de faim, sans couleur et sans sous ni maille, comme je crois. » Sancho, qui l'entendit, lui fit cette réponse : « Il y a huit ou dix jours, frère médisant, que je pris le gouvernement de l'île que l'on m'avait donnée à gouverner, et durant ce temps-là je n'ai pas eu une seule heure mon soûl de pain. Durant ce temps, des médecins m'y ont persécuté, des ennemis mordu les os, et si n'ai-je pas eu loisir d'y faire des concussions ni d'y recouvrer des impôts. Et, cela étant, je ne méritais nullement, ainsi que je crois, d'en partir de la sorte. Mais quoi ! l'homme propose, et Dieu dispose. Le même Dieu sait ce qui est le meilleur et ce qui convient le mieux à chacun : tel le temps, tel le soin ; nul ne doit jamais dire : Fontaine, je ne boirai pas de ton eau, car là où l'on pense qu'il y a du lard, il n'y a pas seulement un pieu pour l'accrocher, et Dieu m'entend, et je n'en dis pas davantage, quoique je le pusse. — Ne te fâche pas, Sancho, ne te chagrine pas de ce que tu entendras dire : tu n'aurais jamais fini. Pourvu que ta conscience soit tranquille, que l'on dise tout ce que l'on voudra ; qui voudrait attacher les langues des médisants, ce serait vouloir mettre des portes en pleine campagne. Si le gouverneur sort riche de son gouvernement, on dit que ç'a été un larron, et, s'il en sort pauvre, on dit que c'était un propre à rien et un pauvre d'esprit. — Certes, répliqua Sancho, l'on me doit pour cette fois regarder plutôt comme un pauvre d'esprit. »

Tenant ces discours, ils parvinrent, environnés d'une infinité de galopins et autres gens, au château. Le duc et la duchesse étaient dans une galerie, attendant don Quichotte et Sancho, lequel ne voulut point se présenter au duc que premièrement il n'eût installé son grison à l'écurie ; car il disait que son pauvre âne avait passé une fort mauvaise nuit à l'auberge. Après il monta pour voir ses seigneurs, devant lesquels il se jeta à genoux, et dit : « Messeigneurs, j'allai par votre commandement, et sans que je l'eusse mérité, gouverner votre île de Barataria ; j'y entrai tout nu, et tout nu j'en sors ; je ne perds ni ne gagne. Pour ce qui concerne le bon ou le mauvais gouvernement que j'y ai fait, il y a eu des témoins qui en diront ce qu'ils voudront. J'ai éclairci des doutes, jugé des procès, toujours mourant de faim, pour l'avoir voulu ainsi le docteur Pedro Récio, natif de Tirteafuera, médecin insulaire et gouvernemental. Des ennemis nous ont assaillis de nuit et mis en grand péril. Ceux de l'île publient qu'ils les ont repoussés et qu'ils ont gagné la victoire par la valeur de mon bras ; et Dieu les sauve autant qu'ils disent vrai. Enfin, durant ce temps, j'ai pesé les charges et les obligations que traîne après soi le gouvernement, et j'ai trouvé pour mon compte que mes épaules ne sont pas capables de les porter. Ce ne sont pas là fardeaux pour mes reins ni pour mes côtes, ni flèches de ma trousse. C'est pourquoi, avant que le gouvernement fît naufrage avec moi, j'ai voulu faire naufrage avec le gouvernement, et hier matin je laissai l'île comme je l'avais trouvée : mêmes rues, mêmes maisons et mêmes toits qu'elle avait lorsque j'y entrai. Je n'ai rien emprunté à personne, ni ne suis entré dans aucun gain. J'avais envie d'y faire quelques ordonnances profitables, je n'y en ai fait aucune, craignant qu'elles ne fussent point observées : car alors les faire ou non, c'est tout un. Je sortis, comme je dis, de l'île sans autre compagnie que celle de mon grison. Je tombai dans une basse-fosse, où j'allai bien avant, jusqu'à ce que ce matin j'en visse la sortie à la lumière du soleil ; sortie qui n'était pas si aisée que, si le Ciel n'y eût amené mon maître don Quichotte, j'y fusse demeuré jusques à la fin du monde. Ainsi, monsieur le duc et madame la duchesse, voici votre gouverneur Sancho Pança qui, rien que dans les dix jours qu'il a tenu le gouvernement, a appris à connaître qu'il ne tient aucunement à être gouverneur non seulement d'une île, mais du monde entier. Adoncques, baisant les pieds à Vos Grandeurs et imitant le jeu des enfants, qui disent : « Saute, toi, et à mon tour », je saute hors du gouvernement et me remets au service de monseigneur don Quichotte : car enfin, bien que j'y mange quelquefois mon pain en sursaut, au moins je m'y rassasie. Et, pour moi, pourvu que je sois rassasié, peu m'importe que ce soit de carottes ou de perdrix. »

Sancho Pança acheva de la sorte sa longue harangue, tandis que don Quichotte tremblait qu'il ne vînt à lâcher mille extravagances. Et, quand il vit qu'il finissait après en avoir dit si peu, il rendit en son cœur grâces au Ciel, et le duc embrassa Sancho, et lui dit qu'il regrettait du fond du cœur qu'il eût quitté si tôt son gouvernement ; mais qu'il aviserait à ce qu'on lui donnât en son état quelque autre office de moins de charge et de plus de profit. La duchesse l'embrassa pareillement et commanda qu'on lui fît faire bonne chère : car il semblait être tout moulu et en fort mauvais point.

CHAPITRE LVI

DU COMBAT EXTRAORDINAIRE ET INOUÏ QUI SE FIT ENTRE DON QUICHOTTE DE LA MANCHE ET LE LAQUAIS TOSILOS, POUR LA DÉFENSE DE LA FILLE DE LA DUÈGNE RODRIGUEZ

Le duc et la duchesse ne se repentirent point de la charge qu'ils avaient faite à Sancho Pança touchant le gouvernement qu'ils lui avaient commis ; d'autant plus que le même jour leur majordome arriva et leur conta de point en point presque toutes les paroles et les actions que Sancho avait dites et faites. Et surtout il leur fit ressortir l'assaut de l'île, et la peur de Sancho, et sa sortie, dont ils rirent de bon cœur. Après quoi, l'histoire rapporte que le jour du combat convenu arriva : le duc avait déjà instruit son laquais Tosilos de la façon dont il devait procéder avec don Quichotte pour le vaincre sans le tuer ni le blesser ; il commanda qu'on ôtât les fers des lances, et dit à don Quichotte que la religion chrétienne, dont il faisait profession, ne permettait pas que ce combat se fît avec tant de risques et de périls pour leurs vies ; qu'il se contentât de ce qu'il lui donnait le champ libre en ses terres, quoiqu'il allât contre le décret du saint Concile qui prohibe de tels défis, et qu'il ne voulût pas pousser à l'extrémité une affaire si dangereuse. Don Quichotte lui dit que Son Excellence disposât des choses de cette affaire comme il lui plairait, qu'il lui obéirait en tout.

Quand le jour terrible fut arrivé, le duc commanda qu'on dressât sur la place qui était devant le château un grand échafaud pour les juges du champ et pour les dames, mère et fille, demanderesses. De tous les lieux et bourgs voisins, une infinité de peuple était venue pour assister à ce combat, dont en cette terre les vivants ni les morts n'avaient jamais vu ni ouï conter le pareil. Le premier qui pénétra dans le champ clos, ce fut le maître des cérémonies, qui visita la lice pour voir s'il n'y avait point quelque piège ou quelque artifice où l'on pût trébucher ou tomber. Les dames y parurent ensuite, et s'assirent sur les sièges, couvertes de leurs capes jusqu'aux yeux, et même jusqu'aux seins. Elles donnèrent des témoignages de grande émotion à voir don Quichotte pénétrer dans la lice. Peu de temps après, annoncé par des trompettes, le grand laquais Tosilos entra par une extrémité de la place, sur un puissant coursier, qui semblait écraser le sol sous son poids. Il allait, la visière baissée, avec pompe et majesté, et tout armé de fortes et luisantes armes. Le cheval semblait être frison, large et gris pommelé. Ce valeureux combattant, bien instruit par le duc, son maître, comment il se devait comporter contre ce valeureux don Quichotte de la Manche, et averti de fuir la première rencontre pour éviter le péril de la mort, que sans doute il lui donnerait, s'il le rencontrait en plein élan, se mit à faire des passades par la place, et, étant parvenu où les dames étaient, il se mit un peu à considérer celle qui le requérait pour époux. Le juge du camp appela don Quichotte, qui s'était déjà présenté dans la lice, et puis, s'étant approché des dames avec Tosilos, il leur demanda si elles consentaient que don Quichotte de la Manche prît leur cause en main. Elles dirent que oui, et tout ce que don Quichotte ferait en ce cas, qu'elles le tiendraient pour bien fait, ferme et valable.

Le duc et la duchesse s'étaient mis en même temps dans une galerie qui donnait sur les barrières, lesquelles étaient bordées d'une infinité de personnes qui attendaient le spectacle de ce combat périlleux et jamais vu. Il fut arrêté entre les combattants que, si don Quichotte était vainqueur, son adversaire se marierait à la fille de dame Rodriguez, et que, s'il demeurait vaincu, son ennemi demeurerait quitte de l'accomplissement qu'on lui demandait de sa promesse, sans aucune autre satisfaction. Le maître des cérémonies leur départit également le soleil, et assigna à tous deux le lieu où ils devaient se placer. Alors les tambours battirent, le son des trompettes remplit l'air : la terre tremblait sous leurs pieds ; les âmes des assistants étaient en suspens, les uns craignant et les autres espérant le bon ou le mauvais succès de cette aventure. Enfin don Quichotte, se recommandant de tout son cœur à Dieu et à sa dame Dulcinée du Toboso, attendait que l'on donnât le signal de la rencontre. Mais notre laquais avait de bien autres pensées, car il ne songeait qu'à ce que je dirai sur-le-champ. Il lui fut avis, pendant qu'il contemplait son ennemie, qu'il voyait la plus belle femme qu'il eût jamais vue. Ce fut alors que le petit aveugle, que l'on nomme communément Amour par chez nous, ne voulut par perdre l'occasion qui s'offrait de triompher d'une âme de laquais et la voulut mettre au rang de ses trophées, et de la sorte, s'approchant tout gentiment de lui, sans que personne le vît, il décocha sur le pauvre laquais une flèche de deux aunes par le côté gauche, et lui perça le cœur de part en part. Et il put le faire sans aucune crainte, parce que l'Amour est invisible, et il entre et sort par où il lui plaît, sans que personne lui demande compte de ses faits et gestes. Je dis donc que, quand on donna le signal du combat, notre laquais était tout transporté, pensant à la beauté de celle qu'il avait déjà élue pour maîtresse de sa liberté, si bien qu'il ne fit point attention au son de la trompette, comme don Quichotte, qui à peine l'eut-il ouïe qu'il partit et à toute course, et, autant que le permettait la légèreté de Rossinante, fondit sur son adversaire ; et, lorsque son bon écuyer Sancho le vit partir, il se mit à crier tout haut : « Dieu te garde, crème et fleur des chevaliers errants ! Dieu te donne la victoire puisque tu as le droit de ton côté ! » Néanmoins, bien que Tosilos vît don Quichotte venir sur lui, il ne bougea d'un pas de sa place, mais à haute voix, il appela le maréchal de camp, et, quand celui-ci fut venu voir ce qu'il voulait, lui tint ce discours : « Monsieur, ce combat ne se doit-il pas faire afin que je me marie, ou ne me marie point à cette demoiselle ? — Il est vrai, lui fut-il répondu. — Eh bien ! moi, dit le laquais, je suis fort scrupuleux, et chargerais mon âme d'un grand poids si je passais outre à ce combat. C'est pourquoi je dis que je me tiens pour vaincu et que je désire épouser sans délai cette jeune personne. » Le maréchal de camp demeura tout étonné des paroles de Tosilos, et, comme il était l'un de ceux qui étaient au fait de l'invention, il ne sut que lui répondre. Don Quichotte s'arrêta au milieu de sa course, voyant que son ennemi ne venait pas à lui. Le duc ne savait point la cause pour laquelle le combat ne se poursuivait pas ; mais le maréchal lui alla communiquer la déclaration de Tosilos, dont il fut grandement ébahi et très courroucé.

Pendant que ceci se passait, Tosilos s'approcha du lieu où était dame Rodriguez et dit très haut : « Madame, je veux épouser votre fille et refuse d'acquérir par débat et par procès ce que je puis obtenir paisiblement et sans péril de mort. » Le valeureux don Quichotte entendit ces paroles et dit : « Puisqu'il en est ainsi, je reste libre et quitte de ma promesse. Qu'ils s'épousent, à la bonne heure, et, puisque Dieu la lui donne, que saint Pierre la lui bénisse ! » Le duc était alors descendu à la place, et, étant près de Tosilos, il lui dit : « Chevalier, est-il vrai que vous vous teniez pour vaincu, et que, poussé par votre craintive conscience, vous voulez vous marier avec cette damoiselle ? — Oui, monseigneur, répondit Tosilos. — Il fait fort bien, dit là-dessus Sancho Pança, car ce que tu serais obligé de donner au rat, donne-le au chat, et il te tirera d'affaire. »

Tosilos délaçait son casque et priait qu'on lui aidât promptement, parce que la respiration lui manquait et qu'il ne pouvait supporter d'être si longtemps enfermé dans cette étroite demeure. On le lui ôta vitement, et, étant à découvert, tout le monde put voir sa face de laquais. A cette vue, dame Rodriguez et sa fille poussèrent des cris et dirent : Tromperie, tromperie ! L'on a substitué Tosilos, le laquais de monseigneur le duc, au lieu de mon vrai époux. J'en appelle à la justice de Dieu et à celle du roi contre tant de malice, pour ne pas dire de scélératesse. — Ne vous chagrinez point, mesdames, dit don Quichotte ; il n'y a là ni malice ni scélératesse. Et, s'il y en a, ce n'est point le duc qui en est la cause, mais les méchants enchanteurs qui me persécutent. Envieux de la gloire que j'eusse acquise par cette victoire, ils ont changé le visage de votre époux au visage de l'homme que vous dites être le laquais du duc. Suivez mon conseil, et, en dépit de la malice de mes ennemis, mariez-vous avec celui-ci, qui est sans doute le même que vous désirez pour époux. » Le duc, à ces mots, pensa dissiper toute sa colère en éclats de rire et dit : « Les choses qui arrivent au seigneur don Quichotte sont si extraordinaires que je me sens envie de croire que ce n'est pas ici mon laquais. Toutefois, voici la ruse à quoi il faut recourir : différons de quinze jours, si l'on veut, l'accomplissement du mariage et gardons sous clef ce personnage qui nous tient en suspens ; durant ce temps-là, il se pourrait faire qu'il reprît sa première figure : car la rancune que les enchanteurs ont contre le seigneur don Quichotte ne saurait aussi longtemps durer, et principalement quand il leur sert de si peu d'user de ces charmes et transformations. — Ô monseigneur, dit Sancho, ces maudits ont accoutumé de transformer de l'une en l'autre les choses qui touchent à mon maître. Et ils métamorphosèrent dernièrement un chevalier qu'il vainquit et qui s'appelait le Chevalier des Miroirs en la figure du bachelier Samson Carrasco, natif de notre village et notre grand ami ; et, quant à madame Dulcinée du Toboso, ils l'ont changée en une paysanne grossière, et par suite je m'imagine que ce laquais doit mourir et vivre laquais tout le temps de sa vie. » Lors la fille de la Rodriguez s'écria : « Quel que soit celui qui demande à m'épouser, quant à moi, je l'accepte, et j'aime mieux être la femme légitime d'un laquais que l'amie et l'amie dupée d'un chevalier, d'autant plus que celui qui m'a trompée ne l'est pas. »

En résumé, tous ces discours et tous ces événements eurent pour conclusion que l'on garderait Tosilos jusqu'à ce que l'on reconnût où aboutirait sa transformation. Tout le monde cria : « Victoire à don Quichotte ! » Et la plupart demeurèrent tristes et mélancoliques de voir que ces combattants tant désirés ne s'étaient point mis en pièces. Absolument comme les enfants qui sont fâchés lorsque le criminel qu'ils ont tant attendu n'est point pendu, et que sa partie ou la justice lui ont pardonné. Le peuple s'en alla chacun chez soi, et le duc et don Quichotte reprirent le chemin du château ; on enferma Tosilos, et dame Rodriguez et sa fille demeurèrent très contentes de voir que, d'une façon ou de l'autre, cette aventure devait se terminer par un mariage, et Tosilos n'en espérait pas moins.

CHAPITRE LVII

QUI DIT COMMENT DON QUICHOTTE PRIT CONGÉ DU DUC, ET DE CE QUI LUI ARRIVA AVEC LA SPIRITUELLE ET DÉLURÉE ALTISIDORE, DAMOISELLE DE LA DUCHESSE

Il semblait à don Quichotte qu'il était temps de sortir d'une aussi grande oisiveté que celle qu'il menait dans ce château. Il se représentait qu'il commettait une grande faute de laisser sa personne enfermée et paresseuse dans les délices et la bonne chère dont le duc et la duchesse le régalaient, comme un chevalier errant, et il lui semblait avoir à rendre au

Ciel un compte rigoureux de cette oisiveté et de cette retraite, de sorte qu'il demanda un jour à ces seigneurs congé de partir. Ils le lui accordèrent en lui témoignant néanmoins combien ils regrettaient son départ. La duchesse bailla à Sancho Pança les lettres que sa femme lui avait écrites. Il pleura en les lisant et dit : « Qui eût jamais pensé que des espérances aussi grandes qu'étaient celles que les nouvelles de mon gouvernement avaient engendrées en l'âme de ma femme Thérèse Pança dussent aujourd'hui aboutir à me rendre aux misérables aventures de mon maître don Quichotte de la Manche ? Néanmoins je suis content de voir que ma Thérèse s'est montrée digne d'elle-même en envoyant les glands à madame la duchesse : car, si elle ne les eût point envoyés, j'eusse été fort affligé qu'elle se montrât ingrate. Ce qui me console, c'est que ce don ne peut être appelé du nom de concussion, parce que j'étais déjà gouverneur quand elle les envoya. Et ceci est fondé en raison que ceux qui reçoivent quelque bienfait se montrent reconnaissants, fût-ce par des bagatelles. En effet, j'entrai tout nu au gouvernement et j'en sors tout nu, et je puis dire en toute conscience ce qui n'est pas peu : je suis né tout nu, et tout nu je me trouve, je ne gagne ni ne perds. » Tel est le discours que tenait à part soi Sancho le jour du départ ; et don Quichotte, qui avait pris congé la veille au soir du duc et de la duchesse, se présenta au matin en armes sur la place du château. Tous les gens du château le regardaient des galeries, et même le duc et la duchesse y parurent. Sancho était sur son grison avec sa besace, sa mallette et sa dépense, reposé et fort content, parce que le majordome du duc, celui qui avait joué le personnage de la Trifaldi, lui avait donné une bourse avec deux cents écus d'or, pour subvenir aux nécessités du voyage, et don Quichotte n'en savait encore rien. Or, comme tout le monde le regardait à l'envi, ainsi qu'on vient de le dire, tout à coup entre les autres duègnes et suivantes de la duchesse, qui avaient les yeux sur lui, la délurée et maligne Altisidore éleva sa voix et lui dit d'un ton plaintif :

COMPLAINTE D'ALTISIDORE
À DON QUICHOTTE

Chevalier de malheur, arrête,
Par la bride ton bon cheval.
Ce n'est pas une fière bête
Que tu fuis, ô grand animal :
C'est un agneau, grand cœur de lièvre,
Qui ne sera de longtemps chèvre.
Ô monstre ! tu vas abusant
La plus belle et chaste compagne
Que Diane ait en sa montagne,
Et Vénus en son bois plaisant.

Ô fugitif Énée, ô barbare Birène[1]*,*
Le grand diable t'emporte, et Barabbas te mène !

Dedans ta griffe de harpie
Tu tiens le cœur d'un agnelet.
Ô ravissement trop impie !
Tu ravis un petit poulet.
Trois coiffes de nuit tu m'as prises,
Et des jarretières exquises,
Et mille soupirs enflammés
Qui, n'étant moins prompts que la foudre,
Sont suffisants de mettre en poudre
Et Troie et mille autres cités.

Ô fugitif Énée, ô barbare Birène,
Le grand diable t'emporte, et Barabbas te mène !

Que de Sancho l'âme damnée
Soit plus dure qu'un diamant,
De sorte que ta Dulcinée
Ne sorte point d'enchantement.
Qu'elle porte la folle enchère
De ta cruauté trop sévère :
Car souvent un homme de bien,
Un homme rempli d'innocence
Endure et fait la pénitence
D'un autre qui ne vaudra rien.

Ô fugitif Énée, ô barbare Birène,
Le grand diable t'emporte, et Barabbas te mène !

Fasse Dieu qu'en toi l'on encense
Le plus grand charlatan qui soit
De Pampelune à Marchena
Et de Paris jusques en France.
Que le sang sorte en abondance
De tes pieds quand Sancho Pança
Tâchera les cors en ôter,
Et, si quelques dents on te tire,
Toujours la racine, beau sire,
Dans ta bouche en puisse rester !

Ô fugitif Énée, ô barbare Birène,
Le grand diable t'emporte, et Barabbas te mène !

Tandis que la dolente Altisidore se plaignait en ces termes, don Quichotte la regardait, et, sans lui répondre un mot, il se tourna vers Sancho et lui dit : « Mon cher Sancho, je t'en conjure sur le salut de tes aïeux, dis-moi la vérité, dis-moi, je te prie, emportes-tu par aventure les trois coiffes de nuit et les jarretières que réclame cette amoureuse damoiselle ? — Il est vrai, repartit Sancho, oui, j'ai les trois coiffes, mais, pour les jarretières, autant chez moi que dans les montagnes de Ubéda. » La duchesse demeura tout interdite de l'effronterie d'Altisidore : car, encore qu'elle la tînt pour hardie, rieuse et sans gêne, elle ne prenait pas plaisir à ce qu'on se portât à de pareilles libertés, et son étonnement était d'autant plus grand qu'elle n'était point avertie de cette plaisanterie. Le duc voulut encore y ajouter et dit : « Je ne trouve pas bon, seigneur chevalier, que, vous ayant si courtoisement reçu et traité dans mon château, vous ayez osé y prendre trois coiffes de nuit pour le moins, et pour le plus y ajouter les jarretières de cette mienne damoiselle. Ce sont là indices d'une très mauvaise intention, et marques qui ne répondent nullement à votre renommée. Rendez les jarretières, autrement je vous défie en combat mortel, sans avoir la moindre crainte que de méchants enchanteurs me changent et métamorphosent, ainsi qu'ils ont fait de mon laquais Tosilos, qui entra en combat singulier contre vous.

— A Dieu ne plaise, répondit don Quichotte, que je tire l'épée contre votre très illustre personne de qui j'ai reçu tant de faveurs. Je rendrai les coiffes, puisque Sancho dit les avoir ; mais pour les jarretières, il m'est impossible, parce que je ne les ai point eues, ni Sancho non plus. Si votre damoiselle prend la peine de fouiller dans tous ses coins, je suis assuré qu'elle les y trouvera. Quant à moi, monseigneur le duc, je ne fus jamais larron, ni ne le pense être de toute ma vie, tant que Dieu m'assistera. Cette damoiselle parle, ainsi qu'elle dit, en amoureuse, ce dont je ne suis point coupable, et par suite n'ai point à lui demander pardon, ni à elle ni à Votre Excellence, que je supplie de m'avoir en meilleure opinion et de me donner encore un coup congé de suivre mon chemin. — Dieu vous le donne si bon, dit alors la duchesse, seigneur don Quichotte, que toujours nous entendions de bonnes nouvelles de vos prouesses. Allez donc à la garde de Dieu : car plus vous vous arrêtez ici, et plus vous augmentez le feu en l'âme des damoiselles qui vous contemplent ; quant à celle qui est de ma maison, je la châtierai si bien que désormais elle ne s'oublie plus ni en regards ni en paroles. — Encore un mot sans plus, ô valeureux don Quichotte, dit alors Altisidore : c'est que je te demande pardon à propos du larcin des jarretières, parce que, sur mon Dieu et sur mon âme, je les ai à leur place, et j'étais tombée dans l'erreur de celui qui cherchait son âne, trottant dessus. — Ne l'ai-je pas dit ? reprit alors Sancho. Je suis encore un bon gaillard pour receler des larcins, moi qui, si j'avais voulu en faire, en avais le moyen à remuer à la pelle lorsque j'étais gouverneur ! » Don Quichotte baissa la tête et fit la révérence au duc et à la duchesse, et à tous les assistants ; puis, tournant la bride à Rossinante, et suivi de Sancho monté sur le roussin, il sortit du château en prenant le chemin de Saragosse.

CHAPITRE LVIII

QUI MONTRE COMMENT IL FONDIT SUR DON QUICHOTTE TANT D'AVENTURES QU'ELLES NE SE DONNAIENT POINT DE RELÂCHE L'UNE À L'AUTRE

Lorsque don Quichotte se vit en rase campagne, libre et débarrassé des poursuites d'Altisidore, il se sentit dans son centre, il sentit que les esprits lui revenaient pour se livrer de nouveau à ses chevaleries, et, se tournant vers Sancho, il lui dit : « La liberté, Sancho, est un des dons les plus excellents que les cieux aient faits aux hommes. Les trésors que la terre enferme et que la mer couvre ne s'y peuvent comparer. Pour la liberté, autant que pour l'honneur, on peut et l'on doit exposer sa vie : au contraire, la servitude est le plus grand malheur qui nous puisse jamais survenir. Je tiens ce discours, Sancho, parce que tu as vu le luxe et l'abondance dont nous avons joui en ce château que nous venons de laisser, et néanmoins, parmi ces viandes délicates et ces breuvages de neige, il me semblait que j'étais resserré dans les angoisses de la faim, car je n'en jouissais point avec la liberté dont j'en aurais joui si ces choses eussent été à moi. Les obligations que l'on a de récompenser les bienfaits et les faveurs reçus sont des liens qui ne laissent point en liberté un esprit libre. Heureux celui à qui le Ciel a donné un morceau de pain sans qu'il soit obligé de remercier qui que ce soit que le Ciel même ! — Mais, avec tout ce que Votre Seigneurie me vient de dire, repartit Sancho, il n'est pas bon que nous ne soyons pas reconnaissants des deux cents écus d'or que le majordome du duc m'a donnés dans une bourse que je porte sur mon cœur comme un cataplasme confortatif, et pour nous en servir en cas d'accident. Nous ne rencontrerons pas toujours des châteaux où l'on nous régale : quelquefois nous trouverons des tavernes où nous aurons du bâton. »

C'est ainsi qu'en causant de choses et d'autres le chevalier errant et son écuyer firent tant qu'ayant parcouru un peu plus d'une lieue, ils découvrirent une douzaine d'hommes habillés en paysans qui dînaient sur l'herbe molle et verte d'un pré, assis sur leurs capes. Près d'eux ils avaient comme des linges à peu près blancs, dont ils couvraient quelque chose, et ces linges étaient tendus et mis bout à bout. Don Quichotte s'approcha des dîneurs, et, après les avoir courtoisement salués, leur demanda ce que couvraient ces linges. « Ce sont, repartit l'un de la troupe, des images de relief et de sculpture qui doivent servir en un retable que nous faisons faire en notre village. Nous les portons couvertes de peur qu'elles ne se gâtent, et sur nos épaules de peur qu'elles ne se cassent. — S'il vous plaisait, dit don Quichotte, je les verrais fort volontiers, car des images que l'on porte avec tant de soin doivent être fort bonnes et fort belles. — Comment, bonnes ! répliqua un autre. Je vous assure qu'il n'y en a pas une qui ne coûte plus de cinquante ducats. Mais, afin que vous puissiez voir si je dis vrai, attendez, et vous les verrez de vos propres yeux. » Ce disant, il cessa de manger et alla ôter la couverture de la première image, qui était un saint Georges à cheval, ayant à ses pieds un grand dragon recourbé, et une lance qui lui perçait le gosier, et furieux comme on le peint d'ordinaire. Toute l'image semblait comme l'on dit, un brasier d'or. Lorsque don Quichotte la vit, il tint ce langage : « Ce guerrier fut l'un des meilleurs chevaliers errants qu'eut jamais la milice divine. Il se nomme saint Georges, et en outre il fut grand défenseur des dames. Voyons cette autre. » L'homme la découvrit, et l'on vit que c'était l'image de saint Martin à cheval qui donnait la moitié de son manteau à un pauvre, et à peine don Quichotte l'eut-il vue qu'il dit : « Ce chevalier fut aussi des aventuriers chrétiens, et je pense qu'il fut plus libéral que vaillant, ainsi que tu le peux voir, Sancho, en ce qu'il partage son manteau avec ce pauvre et lui en donne la moitié. Sans doute c'était alors en hiver : autrement, vu sa charité, il le lui aurait donné tout entier. — Il n'a pas dû en être ainsi, dit Sancho, mais il s'en dut tenir au proverbe qui dit : Pour donner et pour garder, il faut avoir de la cervelle. » Don Quichotte se mit à rire et pria qu'on ôtât l'autre toile sous laquelle on découvrit le patron des Espagnes à cheval, l'épée sanglante, foulant les Maures et marchant sur leurs têtes. Quand don Quichotte l'aperçut, il dit : « C'est celui-ci qui est vraiment chevalier et des escadrons du Christ. On le nomme don San Diègue Matamore, l'un des plus saints et des plus vaillants chevaliers qu'eut jamais le monde, et que le Ciel ait maintenant. » Après l'on ôta un autre voile ; et l'on vit qu'il couvrait saint Paul tombant de son cheval avec toutes les circonstances qu'on a coutume de représenter au tableau de sa conversion. Lorsque don Quichotte le vit représenté si bien au vif qu'il semblait que Jésus-Christ lui parlât et que saint Paul lui répondît, notre chevalier tint ce propos : « Celui-ci fut en son temps le plus grand ennemi qu'eut jamais l'Église de Dieu notre Seigneur, puis le plus grand défenseur qu'elle aura jamais : chevalier errant pour la vie et saint de pied ferme pour la mort ; ouvrier infatigable en la vigne du Seigneur, docteur des Gentils, qui eut pour école les cieux et pour précepteur Jésus-Christ même. »

Il n'y avait point d'autres images ; et par suite don Quichotte commanda qu'on les recouvrît et dit à ceux qui les portaient : « Ce m'est de très bon présage, mes frères, d'avoir vu ce que j'ai vu, parce que ces saints chevaliers faisaient même profession que moi, à savoir l'exercice des armes. Et il n'y a entre eux et moi que cette différence, qu'ils furent saints et qu'ils combattirent à la façon divine, au lieu que je suis pécheur et combats à la façon humaine. Ils conquirent les cieux à la force de leur bras, car le Ciel souffre violence, et je ne sais jusqu'à présent ce que je conquiers par mes travaux. Toutefois, si ma chère Dulcinée du Toboso était délivrée de ceux qu'elle endure, mon sort devenant meilleur et mon jugement fortifié, il se pourrait que je prisse un chemin meilleur que celui où je suis. — Dieu l'entende, et le péché soit sourd », dit Sancho là-dessus. Ces hommes furent étonnés tant de la figure que des raisons de don Quichotte, sans entendre la moitié de ce qu'il voulait dire. Ils achevèrent de manger, chargèrent leurs images, prirent congé de don Quichotte et suivirent leur chemin. Cependant Sancho demeura de nouveau comme si jamais il n'eût connu son maître, ébahi de ce qu'il savait, et lui semblant qu'il n'y devait avoir histoire au monde ni aventure qu'il ne sût sur le bout du doigt et qui ne fût gravée en sa mémoire. C'est pourquoi il lui dit : « A la vérité, monsieur notre maître, si ce qui nous est arrivé aujourd'hui se peut nommer aventure, elle a été des plus douces et des plus agréables que nous ayons rencontrées en tout le cours de notre voyage. Nous en sommes sortis sans coups de bâton ni transes ; nous n'y avons pas mis l'épée à la main ni battu la terre de nos corps, et moins encore y avons-nous ressenti la faim. Béni soit Dieu qui m'en a fait voir une pareille de mes propres yeux ! — Tu dis vrai, Sancho, repartit don Quichotte, mais tu dois remarquer que tous les temps ne sont pas les mêmes, ni ne courent tous de même sorte. Et ce que le vulgaire nomme ordinairement présage, qui n'est point fondé sur la raison naturelle, doit être toujours tenu et jugé pour heureux accident. Un de ces tireurs d'augures sort un jour de bon matin de chez lui, rencontre un frère de l'ordre du bienheureux saint François, et, comme s'il eût rencontré un griffon, il tourne le dos et rentre dans sa maison. Un autre voit sur sa table la salière se renverser, et soudain la mélancolie se répand dans son cœur, comme si la nature était obligée de donner des signes de futures disgrâces par des choses d'aussi peu d'importance que celles que nous avons rapportées. L'homme sage et chrétien ne doit point aller rechercher tant de minuties sur ce que le Ciel a résolu de faire. Scipion arrive en Afrique, il bute en sautant à terre ; ses soldats le tiennent à mauvais augure ; mais lui, embrassant la terre, s'écrie : « Ô

Afrique, tu ne me pourras échapper, puisque je te tiens entre mes bras ! » De sorte, Sancho, que la rencontre que j'ai faite de ces images a été pour moi le plus heureux événement. — Je le crois, répondit Sancho ; mais je voudrais bien que Votre Grâce m'apprît pourquoi les Espagnols, quand ils veulent donner quelque bataille, en invoquant ce saint Jacques le Tueur de Maures, profèrent tout haut ces mots : « Saint Jacques et ferme Espagne ! » L'Espagne est-elle par hasard ouverte, qu'il soit besoin de la fermer, ou bien quelle cérémonie est-ce là ? — Que tu es simple, Sancho ! répondit don Quichotte. Tu dois savoir que Dieu a donné à l'Espagne pour patron et pour protecteur ce grand chevalier de la Croix vermeille, et principalement durant les cruelles guerres que les Espagnols ont eues à soutenir contre les Maures, et c'est pour cela qu'ils l'invoquent en toutes leurs batailles comme leur défenseur. Et souvent on l'a vu visiblement dans les combats, renversant, foulant aux pieds, détruisant et tuant les escadrons des Sarrasins, et je pourrais, en preuve de cette vérité, t'alléguer une foule d'exemples que l'on trouve dans les véridiques histoires de l'Espagne. »

Sancho changea de discours et dit à son maître : « Monsieur, je suis émerveillé de l'effronterie d'Altisidore, la damoiselle de la duchesse. Oh ! que celui qu'on nomme Amour la doit bravement avoir blessée de part en part ! L'on dit que c'est un coquin un peu aveugle et qui, malgré ses yeux chassieux, ou pour mieux dire incapables d'y voir, s'il prend un cœur pour but, si petit que soit celui-ci, y arrive et le perce de part en part avec ses flèches. J'ai pareillement ouï dire que contre la pudeur et la modestie des filles, les flèches amoureuses s'émoussent ; mais il semble que sur cette Altisidore elles s'aiguisent plutôt qu'elles ne s'émoussent. — Remarque, Sancho, dit don Quichotte, que l'Amour ne connaît point le respect, ni ne garde aucune raison en ses discours ; il est de la même humeur que la mort : il s'en prend aux alcazars des rois comme aux humbles cabanes des bergers [1] et, quand il prend une entière possession de l'âme, la première chose qu'il fait, c'est de lui ôter la crainte et la pudeur. Altisidore, en étant privée, a déclaré ses désirs, qui ont engendré dans mon cœur plutôt de la confusion que de la pitié. — Ô cruauté notoire! dit Sancho, ô ingratitude inouïe! Quant à moi, je vous avoue que je me fusse rendu à la moindre de ses paroles amoureuses. Fils de putain, quel cœur de marbre, quelles entrailles de bronze et quelle âme de ciment! Toutefois, je ne puis imaginer ce qu'a vu cette damoiselle en vous qui la rendît ainsi amoureuse et en fît votre esclave. Quelle galanterie, quelle prestance, quelle bonne grâce et quel air de visage (toutes ces qualités prises chacune en particulier ou toutes ensemble) se trouve en vous qui la puisse rendre ainsi passionnée? En toute vérité, je vous dis que je regarde bien souvent Votre Seigneurie depuis la pointe des pieds jusques au bout des cheveux, et je n'y vois que des choses qui sont plus capables d'épouvanter que de donner de l'amour. Or, ayant pareillement ouï dire que la beauté est la première et la principale qui le fait, comme vous n'êtes beau à aucun titre, je ne sais de quoi la pauvrette est tombée amoureuse.

— Remarque, Sancho, répondit don Quichotte, qu'il y a deux sortes de beautés : la beauté de l'âme et celle du corps. Celle de l'âme réside et se manifeste en l'entendement, en l'honnêteté, en la bonne conduite, en la libéralité et en la bonne éducation, et toutes ces qualités peuvent être contenues en un homme laid. Et, lorsque c'est sur cette beauté, et non sur celle du corps, que s'arrête l'attention, ces qualités engendrent l'amour avec plus de passion et d'avantage. Quant à moi, Sancho, je vois bien que je ne suis pas beau; mais je sais que je ne suis pas difforme, et il suffit à un homme de bien de n'être point un monstre pour être chéri, pourvu qu'il possède les dons de l'âme que je viens de te dire. »

En tenant ces discours, ils entraient toujours plus avant dans une forêt qui était hors du chemin, de sorte que tout à coup, sans y penser, don Quichotte se trouva pris dans des filets de fil vert qui étaient tendus d'un arbre à l'autre, et, sans se pouvoir imaginer ce que cela pouvait être, il dit à son écuyer : « Il me semble, Sancho, que ces filets-ci sont une des plus étranges aventures que l'on puisse penser. Que je meure, si les enchanteurs qui me persécutent ne veulent m'y empêtrer et m'arrêter en mon voyage comme pour me punir de la rigueur dont j'ai usé envers Altisidore ; mais je leur fais savoir que, si ces filets étaient composés de durs diamants aussi bien qu'ils le sont de fil vert, et plus forts que les filets dont le jaloux dieu des forgerons enchaîna Vénus et Mars, je les romprais aussi facilement que si c'étaient des joncs marins ou de la filasse de coton. »

Comme il voulait passer outre et rompre tout, voilà que l'on vit sortir de l'épaisseur des arbres deux très belles bergères ; au moins elles étaient vêtues en bergères, si ce n'est que leurs cotillons et leurs robes étaient de riches jupes en moire d'or. Leurs cheveux épars sur les épaules étaient si blonds qu'ils pouvaient disputer d'éclat avec les rayons du soleil même. Ils étaient couronnés de deux guirlandes de vert laurier et de rouge amarante. Elles n'étaient pas âgées de plus de dix-huit ans, ni de moins de quinze. Cette vue soudaine étonna Sancho et confondit don Quichotte : elle arrêta pareillement le soleil en sa course afin de les voir, et ils se tinrent tous quatre en un merveilleux silence. Enfin, ce fut une des deux bergères qui la première le rompit et dit à don Quichotte : « Arrêtez-vous, seigneur, et ne rompez point les filets qui ne sont pas tendus pour votre dommage, mais pour notre passe-temps. Et, comme je sais que vous nous allez demander pourquoi on les a tendus et qui nous sommes, je veux vous le dire en peu de paroles. Il y a un village à quelque deux lieues d'ici. Beaucoup de seigneurs et de gentilshommes et autres personnes riches y font leur demeure. On résolut dernièrement, entre plusieurs amis et parents, qu'avec leurs femmes, leurs fils, leurs filles, voisins, amis et parents, on viendrait se récréer en ce lieu, qui est l'un des plus agréables de tous ces environs ; que nous y ferions ainsi une nouvelle Arcadie, les fillettes vêtues en bergères et les jeunes garçons en pasteurs. Nous avons appris par cœur deux églogues, l'une du fameux poète Garcilaso, et l'autre de l'excellent Camoëns, en sa propre langue portugaise, mais nous ne les avons pas encore représentées. Ce fut hier le premier jour que nous arrivâmes ici, où nous avons fait dresser parmi ces ramées des sortes de tentes de campagne, au bord d'un ruisseau courant, qui fertilise toutes ces prairies. La nuit passée, nous tendîmes à ces arbres ces filets pour y attraper les simples oiselets, qui, effarouchés de nos cris, viendraient à donner dedans. Si vous désirez, seigneur chevalier, être notre hôte, vous y serez accueilli avec plaisir et courtoisie : car pour le présent l'ennui ni la mélancolie ne doivent point entrer en ce site. » Elle se tut et n'en dit pas plus ; et don Quichotte lui fit cette réponse : « Certes, charmante dame, Actéon, ainsi que je crois, ne demeura pas plus ébahi et plus confus quand il vit à l'improviste Diane se baigner dans le courant, que je suis demeuré étonné en voyant votre beauté. Je loue vos passe-temps, et vous remercie de vos offres, et, si j'ai moyen de vous rendre service, vous n'avez qu'à me commander, sûres d'être obéies : car la profession que j'exerce ne tend qu'à me faire paraître plein de bon vouloir et d'obligeance à toute sorte de personnes, et principalement à celles de qualité, comme vous paraissez être. Et si ces filets, qui ne doivent occuper qu'un petit espace, occupaient toute la rondeur de la terre, je rechercherais de nouveaux mondes par où passer sans les rompre. Et, pour que vous donniez quelque créance à pareille hyperbole, sachez que celui qui vous le promet est pour le moins don Quichotte de la Manche, si tant est que ce nom soit parvenu à vos oreilles. — Ah ! ma chère amie, dit alors l'autre bergère, quel bonheur que celui qui nous est aujourd'hui arrivé ! Vois-tu le gentilhomme ici devant nous ? Sache que c'est le plus vaillant, le plus amoureux et le plus courtois du monde, si une histoire qui est imprimée de ses hauts faits d'armes, et que j'ai lue, ne ment ni ne nous trompe point. Je gagerais que le bonhomme qui le suit est un certain Sancho Pança, son écuyer, le plus plaisant de tous les mortels. — C'est la vérité, repartit Sancho. Je suis ce plaisant et cet écuyer dont vous parlez, et ce seigneur est mon maître don Quichotte de la Manche, ce même chevalier dont on a tant parlé et dont on a fait l'histoire. — Ah ! fit l'autre, supplions-le, ma chère, de s'arrêter ici. Nos pères et nos frères en recevront un extrême contentement. J'ai entendu parler de sa valeur, de ses rares qualités, juste comme tu viens de le faire, et surtout on dit que c'est le plus constant et le plus loyal amoureux que l'on sache, et que sa dame est une certaine Dulcinée du Toboso, à laquelle, par toute l'Espagne, on donne la palme de la beauté. — C'est avec raison qu'on la lui donne, répliqua don Quichotte, à moins que votre beauté sans pareille ne le mette en doute. Cependant, madame, ne vous fatiguez point à me retenir, parce que les obligations précises de ma profession ne me permettent de reposer en nul endroit. »

Sur ce, un frère de l'une des deux bergères arriva au lieu où ils étaient tous quatre, vêtu pareillement en berger, avec une richesse qui répondait à l'habit pompeux de ces deux filles. Elles lui contèrent que celui qu'il voyait avec elles était le valeureux don Quichotte de la Manche, et l'autre son écuyer Sancho, dont il avait lu l'histoire. Le gentil pasteur lui offrit ses services et l'invita à venir avec lui à leurs pavillons. Don Quichotte dut se rendre à sa courtoisie. Cependant voilà qu'on fit la huée, et les filets se remplirent d'oiselets différents, qui, trompés par la couleur des filets, tombaient dans le péril qu'ils allaient fuyant. Plus de trente personnes se trouvèrent réunies en ce lieu, et toutes étaient galamment vêtues en bergers et en bergères, et en un instant ils surent que don Quichotte et son écuyer étaient avec eux, et ils n'en reçurent pas peu de satisfaction : car ils le connaissaient déjà par son histoire. Ils accoururent aux tentes, trouvèrent les tables mises avec la magnificence, l'abondance et la netteté que l'on pouvait désirer. On fit asseoir don Quichotte à la première place, il n'y en avait pas un qui ne jetât les yeux sur lui et qui ne s'étonnât de le voir. Enfin, après qu'on eut levé les nappes, don Quichotte éleva la voix et dit :

« Parmi les plus grands péchés que commettent les hommes, certains prétendent que l'orgueil est le plus grand, et moi je soutiens que c'est l'ingratitude ; et je m'en tiens à ce que l'on a coutume de dire, que l'enfer est rempli d'ingrats. Sitôt que j'eus l'usage de raison, je tâchai de tout mon possible de fuir ce péché, et, quand je ne peux payer par d'autres bienfaits ceux que j'ai reçus, je mets à leur place le désir de les rendre. Et, si les désirs n'y sont pas suffisants, je publie ces bienfaits, parce que quiconque les dit et les publie les récompenserait sans doute avec d'autres s'il pouvait : car la plupart de ceux qui reçoivent sont inférieurs à ceux qui donnent. C'est pourquoi Dieu est sur tous, puisqu'il est le donneur au-dessus de tous. Mais il est impossible que les dons de l'homme égalent jamais ceux de Dieu, à cause de la distance infinie qui est entre eux ; de sorte que la reconnaissance supplée en quelque manière à la petitesse et à la faiblesse humaines. Or, moi, ayant ici reçu tant de courtoisie et ne pouvant rendre une mesure égale, mais me contenant dans les étroites bornes de mon pouvoir, j'offre ce que je puis de mon bien, et ainsi je dis que je soutiendrai deux jours entiers, au milieu de ce grand chemin qui va à Saragosse, que ces dames ici habillées en bergères sont les plus belles damoiselles et les plus courtoises qu'il y ait au monde, hormis la sans pareille Dulcinée du Toboso, unique dame de mes pensées, et cela soit dit sans offenser quiconque m'écoute. » Sancho, qui avait attentivement écouté ce que don Quichotte venait de dire, proféra alors tout haut ces paroles : « Est-il possible qu'il y ait au monde des personnes qui soient si téméraires de dire et de jurer que mon maître soit fou ? Messieurs les bergers, que Vos Grâces me disent, je vous prie, y a-t-il curé de village, si sage et si étudiant qu'il soit, qui puisse dire ce que mon maître a dit ? Y a-t-il chevalier errant, quelque renom de valeureux qu'il ait acquis, qui puisse offrir ce que mon maître vient d'offrir ? »

Don Quichotte se tourna alors vers Sancho, le visage tout rouge de colère, et lui dit : « Est-il possible, ô Sancho, qu'il y ait homme au monde qui dise que tu n'es pas un sot doublé du même, et avec cela assez volontiers coquin et malicieux ? Qui te fait si hardi de te mêler de mes affaires, et de vérifier si je suis un sage ou un bélître ? Tais-toi et ne réplique point. Va seulement seller Rossinante, s'il ne l'est pas, et allons mettre à effet mon offre. Ayant, comme j'ai, la raison de mon côté, tu dois déjà tenir pour vaincus tous ceux qui oseront soutenir le contraire. » Lors, il se leva en grande fureur du siège où il était assis, laissant émerveillés les assistants, qui ne savaient s'ils le devaient tenir pour fou ou pour sage ; enfin, ils le prièrent qu'il ne se mît pas tant en peine, puisqu'ils avaient assez de connaissance de sa bonne volonté, et qu'il n'était pas besoin de faire paraître de nouvelles preuves de son valeureux courage, celles qui étaient rapportées dans l'histoire de ses hauts faits d'armes étant suffisantes pour ce sujet. Mais, avec tout cela, don Quichotte poursuivit sa pointe, monta sur Rossinante, embrassa son écu, et, empoignant sa lance, se planta au milieu du grand chemin, qui n'était guère éloigné de cette verte prairie. Sancho le suivit sur son grison, avec toute cette troupe pastorale, désireuse de voir ce que deviendrait son offre arrogante et non encore vue. Don Quichotte, s'étant donc posé au milieu du chemin, ainsi que je vous ai dit, commença de frapper l'air avec ces paroles : « Eh ! vous autres, passagers, voyageurs, chevaliers, écuyers, gens à pied ou à cheval, qui passez ou devez passer ces deux jours suivants par ce chemin, sachez que don Quichotte de la Manche, chevalier errant, est ici présent pour soutenir que les nymphes qui habitent ces prairies et ces bocages surpassent en beauté et en courtoisie toutes les beautés du monde, excepté la maîtresse de mon âme, Dulcinée du Toboso. C'est pourquoi qui voudra dire le contraire, qu'il vienne, car je l'attends ici. »

Il répéta deux fois ces mêmes propos, et deux fois ils ne

furent entendus d'aucun aventurier. Toutefois, le sort, qui acheminait ses affaires de mieux en mieux, voulut que peu de temps après on vît venir par le même chemin une multitude d'hommes à cheval, et beaucoup d'entre eux avaient des lances à la main. Ils marchaient serrés les uns contre les autres et en grande hâte. Aussitôt que ceux qui étaient avec don Quichotte les découvrirent, ils s'écartèrent loin du chemin, parce qu'ils avaient peur qu'en les attendant quelque mal ne leur arrivât. Il n'y eut que don Quichotte qui tînt ferme d'un cœur intrépide, pendant que Sancho Pança, se faisait un rempart du derrière de Rossinante. Le troupeau des lanciers s'approcha, et l'un d'eux, qui marchait à la tête des autres, cria très haut à don Quichotte : « Homme du diable, écarte-toi du chemin, autrement ces taureaux te mettront en pièces. — Holà, canailles ! repartit don Quichotte, avec moi, il n'est taureaux qui vaillent, fussent-ils des plus furieux que le Jarama nourrisse sur ces rivages. Confessez, malandrins, tous en tas, que ce que je viens de publier est véritable, sinon apprêtez-vous à combattre ! » Le vacher n'eut pas le loisir de lui répondre, ni don Quichotte de se détourner du chemin, quand il l'eût voulu faire ; de sorte que le troupeau de ces furieux taureaux et celui des placides bœufs, avec toute la multitude des bergers et autres hommes qui les emmenaient pour les enfermer dans un certain lieu où ils devaient courir le jour suivant, passèrent sur don Quichotte et sur Sancho, sur Rossinante et sur le grison, les jetèrent à terre et les y roulèrent. Sancho demeura moulu, don Quichotte épouvanté, le grison tout foulé et Rossinante pas trop catholique. Mais enfin ils se levèrent tous, et lors don Quichotte, en toute hâte, trébuchant ici et tombant là, commença à courir après le troupeau en criant à pleine voix : « Attendez, méchante canaille, c'est un seul chevalier qui vous appelle, sans vous faire de conditions ! Il n'est pas de l'humeur de ceux qui disent qu'il faut faire un pont d'argent à l'ennemi qui fuit. » Mais, pour tout cela, les coureurs pressés ne s'arrêtèrent nullement, et ne firent guère plus de compte de ces paroles que des neiges d'antan. La lassitude arrêta don Quichotte, qui s'assit au bord du chemin, plus fâché que vengé, en attendant Sancho, Rossinante et le grison. Ils arrivèrent ; le maître et le valet montèrent chacun sur sa bête, et, sans retourner prendre congé de l'Arcadie feinte ou simulée, ils suivirent leur chemin avec plus de honte que de plaisir.

CHAPITRE LIX

OÙ L'ON CONTE L'ÉVÉNEMENT EXTRAORDINAIRE QUI ARRIVA À DON QUICHOTTE ET QU'ON PEUT TENIR POUR AVENTURE

Une claire et belle fontaine, que don Quichotte et Sancho rencontrèrent dans un frais bocage, vint bien à propos pour soulager de la poussière et de la lassitude le valeureux chevalier et son bon écuyer. Laissant aller sur ses bords en pleine liberté, sans bride ni licou, le grison et Rossinante, maître et valet s'assirent. Sancho recourut à la provision de sa besace et en tira ce qu'il avait accoutumé de nommer un morceau. Il se rinça la bouche, don Quichotte se lava le visage, et par ce rafraîchissement ils recouvrèrent un peu leurs esprits. Don Quichotte, de la colère qu'il éprouvait, ne mangeait nullement, et Sancho, par pure délicatesse, n'osait non plus toucher à la viande qu'il avait devant lui, car il attendait que son maître commençât. Mais, le voyant si bien emporté par ses rêveries qu'il ne se souvenait point de porter le pain à la bouche, sans ouvrir la sienne pour dire mot, et foulant aux pieds toute sorte de bonne éducation, il commença d'engloutir en son estomac le pain et le fromage qui se présentaient à lui. « Mange, ami Sancho, lui dit don Quichotte, et soutiens la vie qui t'importe plus qu'à moi, et laisse-moi succomber sous le poids de mes pensées et la violence de mes disgrâces. Pour moi, Sancho, je naquis pour vivre d'une mort continuelle, et toi pour mourir en mangeant. Et, afin que tu voies la vérité de ce que je te dis, considère-moi, je te prie, imprimé en des histoires, fameux en armes, courtois en mes actions, honoré des princes, sollicité des dames : et enfin, lorsque j'attendais des palmes, des triomphes, et des couronnes méritées par mes valeureuses prouesses, je me suis vu ce matin foulé, roulé et moulu sous les pieds d'animaux immondes et indignes. Cette réflexion m'émousse les dents, m'engourdit les mâchoires, me paralyse les mains, et m'ôte de tout point l'envie de manger, de sorte que je suis résolu de me laisser mourir de faim, mort la plus cruelle de toutes. — Par ainsi, dit Sancho, qui ne laissait pas de mâcher à grande hâte, Votre Grâce n'approuve point le proverbe qui dit : « Meure la poule, mais qu'elle meure gavée. » Quant à moi, je ne pense pas me tuer moi-même, j'aime mieux faire comme le cordonnier, qui tire le cuir avec les dents jusqu'à ce qu'il le fasse venir où il veut et je tirerai ma vie en mangeant jusqu'à ce qu'elle parvienne à la fin que le Ciel lui a destinée. Et sachez bien, monsieur, qu'il n'y a pas plus grande folie que celle qui consiste à se désespérer comme Votre Grâce. Croyez-moi, vous dis-je, et, après avoir mangé, dormez un peu sur les verts oreillers de ces gazons, et vous trouverez qu'à votre réveil vous vous sentirez quelque peu soulagé. »

Don Quichotte le fit, car il lui sembla que les raisons de Sancho tenaient plus du philosophe que du sot, et il lui dit : « Sancho, si tu voulais maintenant faire pour moi ce que je dirai, mon soulagement serait plus certain et mes ennemis moins grands. Voici : tandis que je dormirai en suivant ton conseil, je voudrais que tu t'écartasses un peu d'ici, et qu'exposant ta chair nue à l'air tu te donnasses avec la bride de Rossinante trois ou quatre cents coups de fouet de bon acompte sur les trois mille et tant que tu as à te donner pour le désenchantement de Dulcinée. Ce n'est pas peu de pitié

que cette pauvre dame demeure enchantée par ta négligence.
— En cela, il y a beaucoup à dire, repartit Sancho ; dormons pour cette heure un peu tous deux, et après Dieu y pourvoira. Votre Seigneurie doit savoir qu'il est cruel pour un homme de se fouetter de sang-froid, principalement si les coups de fouet tombent sur un corps mal entretenu et plus mal nourri. Que madame Dulcinée ait patience car, lorsqu'elle y pensera le moins, elle me verra devenu un crible à force de coups de fouet, et jusqu'à la mort tout est vie. Je veux dire que je suis encore en vie et aussi en désir d'accomplir ce que j'ai promis. » Don Quichotte, le remerciant, en mangea un peu, et Sancho beaucoup, et tous deux se mirent à dormir, laissant paître à leur gré l'herbe abondante de ce pré les deux continuels compagnons et amis, Rossinante et le grison.

Ils s'éveillèrent un peu plus tard, et, ayant remonté sur leurs bêtes, ils suivirent leur chemin, se hâtant pour arriver à une taverne qui semblait être à une lieue de là. Je dis que c'était une taverne, parce que don Quichotte la nomma ainsi, contre la coutume où il était de nommer châteaux toutes les tavernes. Enfin, ils y arrivèrent et demandèrent à l'hôte s'il y avait place pour y loger. Il leur fut répondu qu'ils y seraient aussi bien logés et aussi bien traités qu'aux meilleures hôtelleries de Saragosse. Ayant mis pied à terre, Sancho déposa ses hardes dans une chambre dont l'hôte lui bailla la clef. Après, il mena les bêtes à l'écurie et les pansa, et puis alla voir ce que lui commanderait don Quichotte, qu'il trouva assis sur un banc de pierre, et en allant vers lui il remerciait tout particulièrement le Ciel de ce que son maître n'avait point pris cette taverne pour un château. L'heure du souper vint ; ils montèrent à leur chambre, et Sancho demanda à l'hôte ce qu'il avait pour souper. Il lui répondit qu'il ne manquerait de rien pour lui remplir la bouche ; qu'il demandât donc ce qu'il voudrait, puisque cette taverne était pourvue des oiseaux de l'air, des volailles de la terre et des poissons de la mer. « Point n'est besoin de tant, dit Sancho ;

pourvu que nous ayons un couple de poulets rôtis, nous en aurons assez ; mon maître est délicat et mange peu ; et, pour moi, je ne suis pas des plus grands mangeurs du monde. » L'hôte lui répondit qu'il n'avait point de poulets, parce que le milan les avait ravagés. « Que monsieur l'hôte, dit Sancho, fasse donc mettre à la broche une poule, pourvu qu'elle soit tendre. — Une poule, mon père ! répliqua l'hôte. Je vous assure en toute vérité que j'en envoyai vendre hier plus de cinquante à la ville, mais, hormis les poules, demandez tout ce que vous voudrez. — Par ainsi, dit Sancho, nous ne manquerons point de veau ou de chevreau ? — Il n'y en a point pour le présent au logis, repartit l'hôte, parce qu'ils sont finis, mais la semaine prochaine il y en aura de reste. — Nous voilà bien lotis, dit Sancho. Je gage que tous ces absents vont se résoudre en abondance de lard et d'œufs. — Vraiment, répliqua l'hôte, vous avez bonne mémoire : comment ! je vous ai dit que je n'ai ni poulets ni poules, et vous voulez que j'aie des œufs ? Songez, s'il vous plaît, à d'autres délicatesses, et ne demandez plus de poules. — Finissons, je vous prie ! dit Sancho, et, sans plus discourir, dites-nous, monsieur l'hôte, ce que vous avez. — Je vous dirai, dit l'aubergiste, ce que j'ai réellement et véritablement. J'ai deux pieds de vache, qui semblent être des pieds de génisse ; ou bien deux pieds de génisse qui ressemblent à deux pieds de veau. Ils sont accompagnés de pois, de ciboules et de lard. Et pour le moment, ils disent : « Mangez-nous, mangez-nous ! » — Je les marque dès à présent, dit Sancho, pour moi. Que personne n'y touche, car je les payerai mieux qu'un autre. Il n'y a viande que j'aime autant que cela et, ne m'importe que ce soient pieds de bœuf ou de veau, pourvu que ce soient des pieds. — Nul n'y touchera, repartit le tavernier : car j'ai bien d'autres hôtes céans ; mais ce sont des personnes de qualité qui ont avec eux cuisinier, sommelier et provende. — S'il est question de qualité, dit Sancho, nul n'en a plus que mon maître. Toutefois, la profession qu'il exerce ne lui permet d'avoir ni dépense ni sommellerie. Nous couchons au milieu d'un pré, et là nous nous rassasions de glands ou de nèfles. »

Telle fut la conversation de Sancho Pança et du tavernier, que le même Sancho brisa sans vouloir répondre plus avant à ce que l'autre lui avait demandé de quel métier faisait profession son maître. L'heure du souper arriva, don Quichotte se retira dans sa chambre. L'hôte apporta le pot au feu comme il était. Et, comme notre chevalier s'était déjà assis à table, pour commencer à remuer les mâchoires, il ouït qu'en une chambre proche de la sienne, et dont quelques ais déliés faisaient toute la séparation, l'on tenait ce discours : « Je vous en prie, seigneur don Geronimo, lisons un autre chapitre de la seconde partie de *Don Quichotte de la Manche*, pendant que l'on apportera le souper. » A peine don Quichotte ouït-il son nom qu'il se leva, écouta attentivement ce que l'on disait de lui, et entendit que ce don Geronimo fit cette réponse : « Comment voulez-vous, seigneur don Juan, que nous lisions ces extravagances ? Il est impossible que celui qui a lu la première partie de l'histoire de don Quichotte de la Manche puisse prendre plaisir à la lecture de cette seconde partie. — Avec tout cela, répliqua don Juan, il ne faut pas laisser de la lire, puisqu'il n'y a si méchant livre qui n'ait quelque chose de bon. Mais ce qui me déplaît le plus en ce second volume, c'est qu'il dépeint don Quichotte comme revenu de son amour pour Dulcinée du Toboso. » Ce qu'entendant don Quichotte, tout plein de colère et de dépit, il proféra tout haut ces paroles : « Quiconque dira que don Quichotte de la Manche a oublié ou peut oublier Dulcinée du Toboso, je lui ferai entendre à armes égales qu'il est fort éloigné de la vérité, parce que la sans pareille Dulcinée ne peut être oubliée, ni en don Quichotte aucun oubli ne peut trouver place. La fermeté est sa devise, et sa profession est de la garder avec douceur et sans se faire violence. — Qui est celui qui nous répond ? dirent ceux de l'autre chambre. — Et qui ce peut-il être, repartit Sancho, sinon don Quichotte de la Manche lui-même, qui maintiendra toujours ce qu'il a dit et ce qu'il pourra dire ? A bon payeur les gages ne coûtent point. »

A peine Sancho eut-il ainsi parlé que deux gentilshommes, ou qui paraissaient tels, entrèrent par la porte de la chambre, et l'un d'eux, jetant les bras au cou de don Quichotte, lui dit : « Ni votre présence ne peut démentir votre nom, ni votre nom votre présence. Monsieur, vous êtes sans doute le vrai don Quichotte de la Manche, l'étoile polaire, l'astre de la chevalerie errante, en dépit de celui qui a osé usurper votre nom et anéantir vos hauts faits d'armes, ainsi qu'a fait l'auteur de ce livre que je vous apporte ici. » Et il lui mit entre les mains un livre que son compagnon tenait. Don Quichotte le prit, et, sans faire aucune réponse, commença de le feuilleter ; puis, au bout d'un moment, il le rendit en disant : « Au peu que j'ai vu de ce livre, j'ai trouvé en son auteur trois choses dignes de censure. La première, ce sont certaines paroles que j'ai lues dans le prologue ; la seconde, que le langage est aragonais : car il oublie quelquefois les articles en écrivant ; et la troisième, qui le fait reconnaître encore mieux pour un vrai ignorant, c'est qu'il erre et s'écarte de la vérité dans le plus important de l'histoire. Il dit que la femme de Sancho Pança mon écuyer se nomme Marie Gutierrez, et ce n'est pas ainsi qu'elle s'appelle, mais Thérèse Pança. Or, qui se trompe sur une si notable partie, il est bien à craindre qu'il ne se trompe pareillement en toutes les autres de l'histoire. — Voilà un plaisant historien, dit Sancho, et qui est bien au fait de nos aventures, pour appeler Marie Gutierrez ma femme Thérèse Pança ! Je vous prie, monsieur, reprenez un peu le livre, et voyez si je parais encore là-dedans et s'il a changé mon nom. — Suivant le discours que vous venez de tenir, dit alors don Geronimo, vous êtes sans doute Sancho Pança, l'écuyer du seigneur don Quichotte ? — Oui, je le suis, repartit Sancho, et m'en tiens pour fort heureux. — Ma foi, dit le chevalier, cet auteur moderne ne vous traite pas avec tout le soin qui se voit dans votre personne. Il vous peint gourmand et lourdaud, et nullement plaisant et facétieux, et bien autre que le Sancho décrit en la première partie de l'histoire de votre maître. — Dieu le lui pardonne, répliqua Sancho, il eût mieux fait de me laisser là dans mon coin sans parler de moi : car il faut savoir en jouer pour en pincer les cordes, et saint Pierre se trouve fort bien à Rome. »

Cependant les deux gentilshommes prièrent don Quichotte de venir dans leur chambre pour y souper avec eux, parce qu'ils savaient bien qu'il n'y avait chose digne de sa personne dans cette taverne. Lui, qui fut toujours plein de courtoisie, leur octroya la requête et soupa avec eux. Sancho, demeuré maître absolu et souverain juge de la marmite, s'assit au haut bout de la table, et proche de lui le tavernier, qui non moins que Sancho était amoureux des pieds de bœuf.

Durant le souper, don Juan demanda à don Quichotte quelles nouvelles il avait de madame Dulcinée du Toboso : si elle s'était mariée, si elle avait enfanté ou si elle était grosse, ou bien si, étant encore fille, elle se souvenait, conservant toujours son honnêteté et sa bienséance, des amoureuses pensées du seigneur don Quichotte. Lors il fit cette réponse : « Dulcinée est encore fille, et mes pensées plus fermes que jamais, et l'affection dont elle les paye en son ancienne vigueur. Quant à sa beauté, elle a été transformée en la laideur d'une humble paysanne. » Et il leur conta de point en point l'enchantement de madame Dulcinée, et ce qui lui était arrivé dans la caverne de Montésinos, ensemble l'ordre que le sage Merlin lui avait donné pour la désenchanter, ordre qui dépendait des coups de fouet que Sancho se devait donner. Grande fut la joie des deux gentilshommes lorsqu'ils entendirent conter à don Quichotte les étranges événements de son histoire, et ils n'étaient pas moins émerveillés de ses extravagances que de l'élégante façon dont il les contait. Tantôt ils le tenaient pour sage, tantôt il glissait dans le radotage, et ils ne se pouvaient résoudre au degré qu'ils lui devaient donner entre la sagesse et la folie. Cependant

Sancho Pança acheva de souper, et, laissant le tavernier marcher en zigzags, passa dans la chambre où était son maître, et y tint ce langage : « Messieurs, que je meure si l'auteur de ce livre que vous avez ne désire que nous ne fassions pas bon ménage. Je voudrais qu'au moins, comme il m'appelle glouton, ainsi que vous dites, il ne me nomme point encore ivrogne. — Il le fait aussi, dit don Geronimo, mais il ne me souvient pas en quel endroit ; je sais seulement que ses raisons sont malsonnantes et, en outre, mensongères, selon que je puis voir à la physionomie du bon Sancho, ici présent. — Messieurs, dit Sancho, croyez-moi, je vous en prie : le Sancho, le don Quichotte de cette histoire doivent être autres que ceux qui se promènent en celle qu'a composée Cid Hamet Ben Engeli, et c'est ce que nous sommes : mon maître vaillant, sage et amoureux, et moi plaisant, et non gourmand ni ivrogne. — Je le crois ainsi, dit don Juan, et, s'il était possible, on devrait faire défense que nul ne fût si osé que de traiter des choses du grand don Quichotte, si ce n'est Cid Hamet son premier auteur ; de même qu'Alexandre le Grand commanda qu'autre qu'Apelle ne fût si osé de le pourtraire. — Me peigne qui voudra, dit don Quichotte, mais qu'il garde bien de me maltraiter : car quelquefois on perd la patience lorsqu'on la charge d'injures. — On ne saurait, dit don Juan, offenser le seigneur don Quichotte, qu'il n'ait moyen de se venger, si ce n'est qu'il pare de l'écu de sa patience, qui à mon avis est grand et fort. »

Ils passèrent une grande partie de la nuit en tels et semblables discours. Et, bien que don Juan désirât que don Quichotte lût davantage de ce livre, afin d'entendre les commentaires qu'il en ferait, ils ne purent l'obtenir de lui : il disait qu'il le tenait pour lu, et le déclarait tout à fait sot et impertinent. Il disait encore qu'il ne voulait pas donner sujet à son auteur de se réjouir de ce qu'il l'avait lu, si par fortune on lui rapportait qu'il l'avait tenu entre ses mains, puisque les pensées, à plus forte raison les yeux, se doivent détourner des choses sales et vilaines. Ces gentilshommes lui demandèrent où il avait résolu pour le présent de poursuivre son voyage. Il leur répondit à Saragosse, aux joutes que l'on fait tous les ans en cette ville. Don Juan lui dit que cette nouvelle histoire racontait que don Quichotte, ou qui que ce soit, s'y était trouvé en une course de bagues, privé d'invention, pauvre de lettres, plus pauvre encore en livrées et fort riche de niaiseries. « Pour ce même motif, repartit don Quichotte, je ne mettrai nullement les pieds dans Saragosse, et par ainsi je ferai voir à tout le monde le mensonge de cet historien moderne, de sorte que toutes les nations verront que je ne suis point le don Quichotte dont il parle. — Ce sera fort bien fait, dit don Geronimo, et il y a d'autres joutes à Barcelone, où le seigneur don Quichotte pourra témoigner sa valeur. — Telle est mon intention, répliqua don Quichotte, et vous m'excuserez si avec votre congé je m'en vais coucher, puisqu'il en est l'heure, et veuillez me tenir toujours au nombre de vos plus grands serviteurs et amis. — Et moi pareillement, dit Sancho, car peut-être serai-je bon à quelque chose. » Ayant pris congé, don Quichotte et Sancho se retirèrent à leur chambre, laissant don Juan et don Geronimo émerveillés du mélange de sa sagesse et de sa folie, et ils crurent fermement que ceux-ci étaient les vrais don Quichotte et Sancho, et non ceux que décrivait l'auteur aragonais. Don Quichotte se leva de bon matin, et, ayant frappé contre la cloison de l'autre chambre, il dit adieu aux cavaliers. Sancho paya magnifiquement le tavernier et lui conseilla de louer moins la provision de sa taverne, ou bien de la tenir mieux pourvue.

CHAPITRE LX

DE CE QUI ARRIVA À DON QUICHOTTE EN ALLANT À BARCELONE

La matinée était fraîche, lorsque don Quichotte sortit de la taverne, et promettait une journée pareillement fraîche. Ce chevalier, avant que de partir, s'informa premièrement du chemin qui menait tout droit à Barcelone sans toucher Saragosse : car son désir était de rendre menteur le nouvel historien, qui, comme l'on disait, l'avait traité avec tant d'indignité. Il arriva donc que de six jours il ne lui survint chose aucune digne d'être mise par écrit ; au bout de quoi, marchant hors du chemin, la nuit le prit parmi des chênes épais ou des lièges ; car en ce fait Cid Hamet n'observe point la précision qu'il garde en d'autres endroits. Le maître et le valet descendirent de leurs bêtes, et, s'étant accommodés au pied des arbres, Sancho, qui avait goûté ce jour-là, se laissa couler tout droit par les portes du sommeil. Mais don Quichotte, que ses chimères éveillaient plus que la faim, ne pouvait fermer l'œil ; au contraire, sa pensée le portait en mille sortes de lieux. Tantôt il lui semblait qu'il se trouvait à la caverne de Montésinos, et qu'il voyait sauter sur son ânesse Dulcinée changée en paysanne. Tantôt les paroles du sage Merlin résonnaient en ses oreilles, qui étaient remplies des conditions et des diligences que l'on devait faire, et du moyen que l'on devait tenir pour le désenchantement de Dulcinée. Il se désespérait quand il se représentait la lâcheté et le peu de charité de Sancho, son écuyer, puisque, comme il croyait, il ne s'était donné que cinq coups de fouet, nombre inégal et ridicule en comparaison de l'infinité de ceux qui manquaient. Or, de ceci il reçut tant d'ennui et de fâcherie, qu'il fit ce discours : « Si Alexandre le Grand coupa le nœud gordien, en proférant ces paroles : *Il vaut autant couper que délier*, et pour cela ne laissa pas de se rendre seigneur universel de toute l'Asie, il pourrait bien maintenant n'en arriver ni plus ni moins dans le désenchantement de Dulcinée, si je fouettais Sancho malgré qu'il en eût. Car, si la condition de ce remède consiste en ce que Sancho reçoive trois mille et tant de coups de fouet, qu'importe qu'il se les donne ou qu'un autre les lui donne ? Le fin de l'affaire gît en ce qu'il les reçoive, qu'ils viennent d'où ils pourront venir. » Dans cette pensée, il s'approcha de Sancho, non sans s'être muni des rênes de Rossinante et les avoir accommodées de telle sorte qu'il l'en pouvait fort bien étriller. Puis il commença à lui dénouer l'aiguillette, car on pense qu'il n'en avait qu'une dont il attachait ses chausses par le devant. Mais à peine se fut-il approché que Sancho s'éveilla de tout son bon sens et dit : « Qu'est-ce ? Qui est-ce qui me touche et qui me détache ? — C'est moi, répondit don Quichotte, qui viens suppléer à tes fautes, et remédier à mes travaux. Je viens pour te fouetter, Sancho, et pour te décharger en partie de ce à quoi tu t'es obligé. Dulcinée périt, tu vis dans la nonchalance, et je meurs de désir. C'est pourquoi défais tes chausses de ta propre volonté, puisque la mienne est de te donner dans ce désert pour le moins deux mille coups de fouet. — Point du tout, dit Sancho ; que Votre Seigneurie se tienne en repos, ou, par le Dieu vivant, les sourds nous entendront. Les coups de fouet auxquels je me suis obligé doivent être volontaires et non pas forcés, et maintenant je n'ai pas envie de me fouetter. Il suffit que je vous aie donné ma parole de m'étriller lorsqu'il m'en prendra envie. — Je n'ai garde, répondit don Quichotte, de le laisser à ta courtoisie, puisque tu es dur de cœur, et, quoique vilain, tendre de chair. » Ce disant, il employait tous ses efforts à le détacher, ce que voyant, Sancho se mit debout, et, empoignant son maître à bras-le-corps, lui donna un croc-en-jambe ; ils allèrent tous deux en terre la bouche en l'air. Sancho lui mit le genou droit sur l'estomac, et de ses mains lui tenait les mains, de sorte qu'il ne lui permettait ni de se tourner ni de respirer. « Comment ! lui disait don Quichotte, traître que tu es, tu te révoltes contre ton maître et ton seigneur naturel ? Contre celui qui te donne son pain ? — Je ne quitte ni ne change mon roi, répliqua Sancho ; je ne fais que me secourir moi-même, qui suis mon vrai roi[1]. Que Votre Seigneurie me promette de demeurer coite et de n'entreprendre point de me fouetter pour cette heure, et je la laisserai en liberté ; autrement *tu mourras ici, traître ennemi de doña Sancha*[2]. » Don Quichotte le lui promit et jura par la vie de ses pensées qu'il ne le toucherait pas seulement au poil de la robe, mais le laisserait désormais en son franc arbitre pour se fouetter lui-même quand il voudrait. Sancho se leva donc, et, s'écartant de ce lieu, s'alla coucher à un autre arbre, où il sentit qu'on lui touchait la tête, et, haussant les mains, empoigna deux pieds qui avaient des souliers et des bas-de-chausses. La peur alors le saisit ; il courut à un autre arbre, il lui en arriva autant. Cela fit qu'il appela à haute voix don Quichotte, et implora son secours. Don Quichotte, s'étant approché de lui, lui demanda le sujet de sa peur. Sancho lui répondit que tous ces arbres étaient remplis de pieds et de jambes d'hommes. Don Quichotte les tâta, et reconnut soudain ce qu'il en était, si bien qu'il dit à Sancho : « Tu n'as point sujet d'avoir peur, parce que ces pieds et ces jambes que tu touches et que tu ne vois point sont sans doute de quelques bannis et bandoliers, que l'on a pendus à ces arbres, car c'est ici que la justice a accoutumé de les pendre, quand elle les peut attraper, par vingt et par trente, d'où je déduis que je suis près de Barcelone. » Et il était vrai, comme il l'avait imaginé. Au matin, ils levèrent les yeux et virent que les rameaux de ces arbres étaient des corps de bandoliers. Il fit enfin jour. Mais, si les morts les avaient épouvantés, plus de quarante bandoliers vivants leur donnèrent encore plus de tourment : car ils se jetèrent aussitôt sur eux, leur disant en langue catalane qu'ils demeurassent tranquilles jusques à l'arrivée de leur capitaine. Don Quichotte se trouva à pied, son cheval sans bride, sa lance appuyée contre un arbre, et enfin sans aucune défense, de sorte qu'il vit que le meilleur pour lui était de croiser les bras et de baisser la tête, se réservant pour une meilleure occasion. Pendant ce temps, les bandoliers allèrent fouiller le grison, et ne lui laissèrent rien de ce qu'il portait dans les besaces et dans la mallette. Bien en prit à Sancho de porter dans une ceinture, cachée sous ses vêtements, les deux cents écus que la duchesse lui avait donnés ainsi que l'autre argent que lui et son maître avaient pris en sortant de leur village. Mais avec tout cela ces bonnes gens l'eussent bien trouvé, quand même il l'eût caché entre la peau et la chair, si leur capitaine ne fût arrivé sur l'heure. Il paraissait être âgé de quelque trente-quatre ans, robuste, de taille plus que moyenne, le regard grave, la couleur brune, et il montait un grand et puissant cheval couvert d'une cotte de mailles, et armé de quatre de ces pistolets que l'on nomme en ce pays pistolets à pierre[3], qu'il portait à ses côtés. En arrivant, il vit que ses écuyers (car c'est ainsi qu'on appelle ceux qui se livrent à cet exercice) allaient dépouiller Sancho Pança. Il leur commanda soudain de s'arrêter, et les autres lui obéirent incontinent, ainsi la ceinture l'échappa belle. Il fut ébahi en voyant une lance appuyée contre un arbre, un écu à terre, et don Quichotte armé et pensif, avec la plus triste et mélancolique figure que la tristesse en personne pût former. Il s'approcha de lui et lui tint ce langage : « Bonhomme, ne soyez point si triste, vous n'êtes pas tombé au pouvoir de quelque cruel Osiris, mais en celui de Roque Guinart[4], homme qui tient plus de l'humeur pitoyable que de la rigoureuse. — Ma tristesse, repartit don Quichotte, ne vient pas d'être tombé en ton pouvoir, ô valeureux Roque, dont la renommée n'a point de limites qui la puissent enfermer par toute la terre, mais de ce que j'ai été si négligent que tes soldats m'aient pris sans bride, obligé comme je suis, et suivant l'ordre de la chevalerie errante, dont je fais profession, de vivre continuellement en alerte, me servant à toute heure de sentinelle à moi-même. Car je te dois faire savoir, ô grand Roque, que, si tes gens m'eussent rencontré sur mon cheval, avec ma lance et mon écu, il ne leur eût pas été aisé de me prendre : je suis don Quichotte de la Manche, celui qui de ses hauts faits d'armes tient tout le monde rempli. » Aussitôt Roque Guinart connut que la maladie de don Quichotte tenait plus de la folie que de la vaillance, et bien que quelquefois il l'eût ouï nommer, il n'avait pourtant pas tenu les faits pour véritables, ni ne s'était pu persuader que pareille humeur régnât en un cœur d'homme. Aussi fut-il extrêmement content de l'avoir rencontré, afin de toucher de près ce qu'il en avait entendu dire de loin, et il lui dit : « Valeureux chevalier, ne vous chagrinez point ni ne tenez à mauvaise fortune celle où vous vous trouvez maintenant ; il se pourrait faire qu'en ces heurts votre sort abattu se redressât, puisque le Ciel, par des retours étranges et que les hommes ne sauraient imaginer, relève ordinairement ceux qui sont abattus et enrichit les pauvres. »

Déjà don Quichotte s'apprêtait à le remercier, quand ils entendirent derrière eux comme le bruit d'une troupe d'hommes à cheval, et ce n'était qu'un cheval, que faisait courir à toute bride un jeune homme qui semblait âgé de quelque vingt ans. Son vêtement était de damas vert, enrichi de passements d'or, de larges hauts-de-chausses, une casaque fermée, un chapeau relevé à la wallonne ; des bottes justes et bien faites, des éperons, une dague et une épée dorée, à la main une petite escopette et deux pistolets aux côtés. Au bruit, Roque tourna la tête et vit cette belle figure qui, en s'approchant, lui dit : « Je te cherchais, ô valeureux Roque, pour trouver en toi, sinon remède, au moins un soulagement dans mon infortune ; et, pour ne te tenir plus longtemps en suspens, parce que je sais que tu ne me connais point, je te veux dire qui je suis. Je suis Claudia Géronima, fille de Simon Forte, ton ami intime, et l'ennemi particulier de Clauquel Torrellas, qui est pareillement le tien pour être l'un de ceux du parti contraire. Tu sais aussi que ce Torrellas a un fils qui se nomme Vincent Torrellas, ou pour le moins il se nommait ainsi il y a deux heures. Or, pour abréger le récit de ma disgrâce, je te dirai en peu de paroles celle que celui-ci m'a causée. Il me vit, me courtisa, je l'écoutai, je m'épris de lui à l'insu de mon père . car il n'y a femme au monde, quelque retirée qu'elle soit, qui n'ait du temps de reste pour mettre en exécution ses ardents désirs. Enfin, il me promit d'être mon époux, et je lui donnai parole de l'accepter, sans qu'il obtînt de moi autre chose. Je sus hier qu'oubliant ce qu'il me devait, il se mariait avec une autre et que c'était ce matin qu'il le faisait. Cette nouvelle me troubla les sens, et me fit perdre patience. Mon père n'étant point chez nous, je me mis en l'équipage où tu me vois. Ayant pressé ce cheval, j'ai rencontré don Vincent à une lieue d'ici : sans user de plaintes ni écouter d'excuses, je lui ai déchargé cette escopette, et encore ces deux pistolets, et, à ce que je crois, lui ai mis dans le corps plus de deux balles, et fait des ouvertures par où mon honneur pût s'échapper avec son sang. Je l'ai laissé parmi ses serviteurs qui n'ont osé ni pu se mettre à le défendre. Maintenant je viens à toi pour te prier de me conduire en France, où j'ai des parents avec qui vivre. Je te veux pareillement supplier que tu prennes la défense de mon père, afin que le grand nombre des parents et des amis de don Vincent n'ose tirer de lui une cruelle vengeance. »

Roque, étonné de la bravoure, de la bonne mine et de l'aventure de la belle Claudia, lui dit : « Viens, mademoiselle, et allons voir si ton ennemi est mort, et puis nous songerons au plus pressé. » Don Quichotte, qui avait écouté attentivement ce que Claudia avait dit et ce que Roque Guinart avait répondu, s'écria : « Nul ne se mette en peine de défendre cette dame : je la prends à ma charge. Qu'on me donne seulement mon cheval et mes armes, et qu'on m'attende ici ! J'irai chercher ce chevalier, et, mort ou vif, lui ferai accomplir la parole donnée à une si rare beauté. — Que personne n'en doute, dit alors Sancho, parce que mon maître a la main fort heureuse en fait de mariage, et il n'y a pas bien longtemps qu'il fit marier un autre qui refusait de tenir sa promesse à une autre damoiselle. Et n'était que les enchanteurs qui le persécutent changèrent la vraie figure de celui-là en celle d'un laquais, à cette heure cette fille ne le serait plus. » Roque, qui était plus occupé à penser à l'aventure de la belle Claudia qu'aux raisons du maître et du valet, ne les entendit point, et, commandant à ses écuyers de rendre à Sancho tout ce qu'ils avaient enlevé de dessus le grison, il leur enjoignit pareillement de se retirer au lieu où ils avaient logé cette nuit, et aussitôt il partit en toute hâte avec Claudia en quête du blessé ou du mort don Vincent. Étant parvenus au lieu où celle-ci l'avait rencontré, ils n'y trouvèrent que du sang fraîchement répandu. Lors ils jetèrent la vue de tous côtés et aperçurent sur une colline quelques hommes, qu'ils crurent être, comme ce l'étaient aussi, don Vincent et ses serviteurs, qui le portaient demi-mort, ou pour le faire panser, ou pour l'enterrer. Ils piquèrent leurs chevaux pour les atteindre, et, comme ceux-ci allaient doucement, ils le firent sans peine. Roque Guinart et la belle Claudia trouvèrent don Vincent entre les bras de ses serviteurs, lequel, d'une voix basse et faible, les priait de le laisser mourir en ce lieu, parce que la douleur de ses blessures ne lui permettait pas d'aller plus loin. Claudia et Roque, ayant sauté à terre, s'approchèrent de lui ; les serviteurs de don Vincent prirent peur quand ils aperçurent Roque, Claudia se troubla toute lorsqu'elle vit don Vincent, et ainsi elle lui prit la main, touchée également de douleur et de ressentiment, et elle lui dit : « Si tu m'eusses donné cette main suivant notre accord, tu ne te serais jamais vu en cette extrémité. » Le blessé ouvrit alors ses yeux presque fermés, et, reconnaissant Claudia, lui dit : « Je vois bien, ô belle et abusée Claudia, que tu es l'auteur de ma mort, peine imméritée et injuste de mes chastes désirs, qui jamais, non plus que mes actions, n'ont voulu ni su te faire aucune offense. — Eh quoi ! n'est-il pas véritable, dit alors Claudia, que ce matin tu allais te marier avec Léonore, la fille du riche Balbastro ? — Non certes, répondit don Vincent ; ma mauvaise fortune t'a dû apprendre ces nouvelles, afin que ta jalousie me donnât la mort. Néanmoins, puisque je laisse ma vie entre tes mains et entre tes bras, je tiens mon sort pour rempli d'heur et de félicité, et, pour t'assurer que ce que je dis est véritable, serre-moi la main, et reçois-moi si tu veux pour ton époux : je ne puis te donner plus grande satisfaction de l'offense que tu crois avoir reçue de moi. » Claudia lui serra la main, et son propre cœur se serra, de sorte qu'elle tomba évanouie sur le sang et sur l'estomac de don Vincent, lui-même saisi d'un mortel accès. Roque était tout confus et ne savait que faire. Les serviteurs coururent leur chercher de l'eau, et, en ayant trouvé, la leur jetèrent sur le visage. Claudia revint de sa pâmoison, mais non pas don Vincent de la syncope dans laquelle se termina son existence. A cette vue, Claudia, sûre que son cher époux n'était plus, commença à fendre les airs de ses soupirs, frappa les cieux de ses plaintes, arracha et épandit ses cheveux au vent, et déchira son visage de ses propres mains, témoignant autant de douleur et d'angoisse qu'on en peut imaginer en une âme justement affligée.

« Ô fille cruelle et inconsidérée, disait-elle, avec quelle facilité as-tu pu te décider à exécuter une si mauvaise pensée ! Ô force enragée de la jalousie, à quelle fin désespérée conduis-tu celui qui te donne entrée dans son cœur ! Ô mon cher époux, c'est parce que tu étais à moi que ton fatal destin t'a poussé du lit nuptial à la sépulture ! » Telles étaient les tristes plaintes que proférait Claudia, et elles tirèrent des larmes des yeux de Roque, qui n'avait guère accoutumé de pleurer. Les serviteurs pleuraient aussi, Claudia s'évanouissait à tout moment, et tout le lieu d'alentour semblait un champ de tristesse et de malheur. Enfin, Roque Guinart commanda aux serviteurs de don Vincent de porter le corps à la maison du père, qui était proche de là, afin de lui donner la sépulture. Claudia dit à Roque qu'elle voulait s'en aller à un monastère, dont une sienne tante était abbesse, et qu'elle y pensait achever le reste de ses jours en compagnie d'un meilleur et plus éternel époux. Roque loua son excellente résolution, offrit de l'accompagner partout où elle voudrait, et de défendre son père contre les parents de don Vincent et contre tous ceux qui voudraient lui nuire. Claudia ne voulut nullement qu'il l'accompagnât. Elle le remercia de ses offres le mieux qu'elle put, et puis en pleurant prit congé de lui. Les serviteurs de don Vincent enlevèrent son corps, et Roque alla retrouver ses gens. Voilà la fin des amours de Claudia Géronima, et sa lamentable histoire. Mais qu'y a-t-il d'étonnant, si les forces invincibles et cruelles de la jalousie en tissèrent la trame ?

Roque Guinart trouva ses écuyers où il leur avait dit de l'attendre. Don Quichotte, monté sur Rossinante, était parmi eux, et leur faisait un sermon pour leur persuader de laisser cette manière de vie périlleuse tant pour l'âme que pour le corps. Mais, comme la plupart étaient Gascons, gens rustiques et déréglés, le discours de don Quichotte ne leur plaisait guère. A son arrivée, Roque demanda à Sancho Pança si on lui avait rendu les hardes et tout ce qu'on lui avait pris sur son grison. Sancho répondit que oui, moins trois coiffes de nuit, qui valaient plus de trois cités. « Que dis-tu, l'ami ? dit un des assistants. Je les ai, et elles ne valent pas trois réaux. — Il est vrai, dit don Quichotte, mais mon écuyer les estime autant à cause de la personne qui me les a données. » Roque Guinart les lui fit rendre aussitôt, puis, ayant fait mettre ses gens en rang, il fit porter devant lui les accoutrements, les joyaux, l'argent, et tout ce qu'on avait pris depuis le dernier partage. Après en avoir fait une estimation rapide et réduit en argent tout ce qui ne se pouvait partager, il répartit le tout à sa compagnie avec tant d'équité et de prudence que personne ne se tint nullement pour fraudé dans la justice distributive. Quand cela fut fait et que tous furent contents, satisfaits et payés, Roque dit à don Quichotte : « Si l'on n'observait cette stricte justice envers ces hommes, il serait impossible de vivre avec eux. — A ce que j'ai vu, repartit Sancho, la justice est si bonne qu'il faut nécessairement en user, même parmi les larrons. » Un des écuyers entendit ce propos, et soudain leva la crosse de son arquebuse, dont il eût ouvert sans doute la tête à Sancho, si

Roque Guinart ne lui eût crié de s'arrêter. Sancho devint tout pâle et résolut de ne plus découdre les lèvres tant qu'il demeurerait parmi ces gens. Cependant un ou quelques-uns de ces écuyers qu'on avait mis en sentinelle par les chemins pour voir ceux qui y passaient et en donner avis à leur capitaine, survint et dit : « Monsieur, il y a tout près d'ici une grosse troupe d'hommes qui viennent par la route de Barcelone. — As-tu bien remarqué, repartit Roque, s'ils sont de ceux qui nous cherchent, ou de ceux que nous cherchons ? — Ce sont de ceux que nous cherchons, répondit l'écuyer. — Allons, tous en campagne, répliqua Roque, et que l'on me les amène tous ici, sans qu'aucun s'échappe. » Don Quichotte, Sancho et Roque demeurèrent seuls, attendant pour voir ce qu'amèneraient les écuyers, et pendant ce temps Roque dit à don Quichotte : « Notre genre de vie doit sembler fort étrange au seigneur don Quichotte, aussi bien que nos aventures et nos hasards, remplis de périls. Et je ne m'étonne pas qu'il lui en paraisse ainsi, parce que réellement je lui avoue qu'il n'y a genre de vie plus inquiet ni plus agité que le nôtre. Ce qui m'y a jeté, ce sont je ne sais quels désirs de me venger qui ont la puissance de troubler les cœurs les plus calmes. A la vérité, je suis de mon naturel d'une humeur douce et pitoyable. Mais, comme j'ai déjà dit, le désir de me venger d'une offense que l'on m'avait faite, foula aux pieds toutes mes meilleures inclinations, et je persévère en ce métier, en dépit de tout ce que j'entends. Puis, comme un abîme en appelle un autre et un péché un autre péché, les désirs des vengeances se sont tellement enchaînés les uns avec les autres, que non seulement j'ai pris à mon compte ma propre vengeance, mais celle d'autrui. Toutefois, grâces soient rendues à Dieu de ce que, bien que je me voie à moitié perdu dans le labyrinthe de mes désordres, je ne perds point l'espérance d'en sortir pour entrer dans un port assuré. »

Don Quichotte demeura ébahi d'entendre Roque proférer de si bonnes et si raisonnables paroles, parce qu'il croyait que, parmi ceux qui font métier de dérober, de tuer et de voler sur les grands chemins, on ne pouvait trouver personne qui eût un jugement droit, et il lui répondit : « Seigneur Roque, le commencement de la santé consiste à connaître la maladie et à ce que le malade ne refuse point de prendre les remèdes que le médecin lui ordonne. Votre Grâce est malade, elle connaît son mal et le Ciel, ou Dieu pour mieux dire, qui est notre médecin, lui appliquera les remèdes qui la guériront, remèdes qui guérissent peu à peu, et non soudainement et par miracle, et cela d'autant plus que les pécheurs éclairés sont plus près de se corriger que les simples. Et, puisque Votre Grâce témoigne par ces raisons sa prudence, il n'y a qu'à prendre bon courage et espérer l'amendement de la maladie de sa conscience. Si Votre Grâce veut abréger le chemin et se mettre aisément en celui de son salut, venez avec moi, et je vous apprendrai le métier de chevalier errant, métier où l'on rencontre tant de travaux et de disgrâces qu'en le prenant pour pénitence, en un instant il vous mènera au ciel. »

Roque se mit à rire du conseil de don Quichotte, et, changeant de discours, il lui conta le tragique événement de Claudia Géronima, ce qui fit beaucoup de peine au bon Sancho : car la beauté, la grâce et la bonne mine de la jeune fille lui avaient beaucoup plu. Sur ce, les écuyers arrivèrent avec leur butin, ramenant avec eux deux gentilshommes à cheval, et deux pèlerins à pied, et un coche plein de femmes avec quelque six serviteurs tant à pied qu'à cheval qui les accompagnaient, ensemble deux valets, qui étaient à ces cavaliers. Les écuyers les placèrent au milieu d'eux, et vaincus et vainqueurs gardèrent un grand silence, attendant que le grand Roque Guinart parlât. Il demanda aux gentilshommes qui ils étaient, où ils allaient, et ce qu'ils avaient d'argent. « Monsieur, repartit l'un d'eux, nous sommes, nous, deux capitaines d'infanterie espagnole. Nos compagnies sont à Naples, et nous allons nous embarquer dans quatre galères que l'on dit à Barcelone avec ordre de passer en Sicile. Nous pouvons avoir quelque deux ou trois cents écus, et avec cela il nous est avis d'être assez riches et contents, puisque la pénurie ordinaire aux soldats ne leur permet pas de plus grands trésors. » Roque fit aux pèlerins la même question qu'aux capitaines, et il lui fut répondu qu'ils allaient s'embarquer pour aller à Rome, et qu'entre eux deux ils pouvaient avoir quelque soixante réaux. Il voulut savoir pareillement qui était dans le coche, où il allait et quel argent on y portait. L'un des hommes à cheval lui fit cette réponse : « Ma maîtresse, madame Guyomar de Quiñones, femme du régent de l'intendance de Naples, avec une petit fille, une demoiselle et une duègne, sont les personnes qui sont dans le coche. Nous sommes six serviteurs qui les accompagnons, et l'argent que nous avons monte à environ six cents écus. — De sorte, repartit Roque Guinart, qu'à ce compte nous avons ici neuf cents écus et soixante réaux. Mes soldats doivent être environ soixante. Que l'on regarde combien il revient à chacun : car, pour moi, je suis un mauvais calculateur. » Quand les voleurs entendirent ces discours, ils élevèrent la voix et crièrent : « Puisse Roque Guinart vivre de nombreuses années en dépit des méchants ladres qui travaillent à sa mort ! » Lors les capitaines se montrèrent affligés, madame la régente devint triste, et les pèlerins ne furent guère aises de voir la confiscation de leurs biens. Roque les tint un moment en suspens. Néanmoins, il ne voulut point que leur tristesse, que déjà l'on pouvait remarquer à une portée d'arquebuse, passât outre, et, se tournant vers les capitaines, il leur dit : « Je prie Vos Grâces, messieurs les capitaines, de me faire la courtoisie de me prêter soixante écus, et madame la régente quatre-vingts, afin de contenter ce bataillon qui m'accompagne : car l'abbé dîne de ce qu'il chante, et ensuite vous pourrez continuer votre chemin en toute liberté avec un sauf-conduit que je vous donnerai, afin que, si vous rencontrez quelques-unes de mes compagnies que j'ai répandues par les lieux d'alentour, vous n'en receviez aucun dommage. Mon intention n'est pas de charger les soldats, ni les femmes, principalement celles qui sont de qualité. »

Les capitaines, avec tout plein de belles paroles, remercièrent Roque de sa courtoisie et de sa libéralité : car ils tinrent pour telle celle qu'il eut de leur faire rendre leur argent. Madame Guyomar de Quiñones se voulait jeter du coche en bas pour venir baiser les pieds et les mains du grand Roque ; mais il ne le voulut jamais permettre ; au contraire, il la pria de lui pardonner l'ennui qu'il lui avait donné, en lui disant qu'il était forcé de remplir les strictes obligations de son méchant métier. Madame la régente commanda à un sien serviteur de donner aussitôt les quatre-vingts écus auxquels elle était taxée ; et déjà les capitaines avaient déboursé leurs soixante. Les pèlerins allaient donner toute leur misère ; mais Roque leur dit de demeurer tranquilles, et, se tournant vers les siens, il leur dit : « De ces écus il en revient deux à chacun de vous, et il en reste vingt ; qu'on en donne dix à ces pèlerins, et les autres dix à cet écuyer, afin qu'il puisse dire du bien de cette aventure. » Après il se fit apporter une écritoire, dont il allait toujours pourvu, et leur donna par écrit un sauf-conduit pour les capitaines de ses bandes. Cela fait, il prit congé d'eux, les laissant aller libres et non moins ébahis de sa générosité et de sa bonne mine que de son étrange procédé : car il leur semblait être plutôt un Alexandre le Grand qu'un fameux voleur. L'un des écuyers dit alors en sa langue gasconne et catalane : « Ce notre capitaine est plutôt fait pour être *frade* que brigand. Si désormais il se veut faire paraître libéral, qu'il le fasse de son bien, et non du nôtre. » Le malheureux ne le dit pas si bas que Roque ne l'entendît, et soudain il mit l'épée à la main et d'un coup lui fendit presque la tête en deux, en lui disant : « Voilà comment je châtie les babillards et les téméraires. » Tous furent épouvantés, et nul n'osa dire un mot, tant était grande l'obéissance qu'ils avaient pour lui. Roque s'écarta un peu et écrivit une lettre à un de ses amis qui était à Barcelone, lui donnant avis que le fameux don Quichotte de la Manche, ce chevalier errant dont on disait tant de choses, était avec lui, et qu'il lui faisait savoir que c'était l'homme du monde le plus plaisant et le plus entendu, et qu'à quatre jours de là, qui serait la Saint-Jean-Baptiste, il le lui remettrait au milieu de la plage de la cité, armé de toutes pièces, sur Rossinante son cheval, suivi de son écuyer Sancho Pança, monté sur un âne ; qu'il le priait d'en donner avis aux Niarros ses amis, pour qu'ils s'en donnassent avec lui, et qu'il eût bien voulu que les Cadells, ses ennemis, fussent privés de cette joie ; mais cela était impossible, parce que les folies et les à-propos de don Quichotte, ensemble les bouffonneries de son écuyer Sancho Pança, étaient tels qu'ils ne pouvaient laisser de donner un plaisir général à tout le monde. Il dépêcha ces lettres par l'un de ses écuyers qui, changeant l'équipage de bandit contre celui de laboureur, s'en alla à Barcelone les porter à leur adresse.

CHAPITRE LXI

DE CE QUI ARRIVA À DON QUICHOTTE À SON ENTRÉE DANS BARCELONE, AVEC D'AUTRES CHOSES QUI TIENNENT PLUS DU VRAI QUE DE LA RAISON

Don Quichotte demeura trois jours et trois nuits avec Roque, et s'il y eût demeuré trois cents ans il n'eût pas manqué de quoi voir et de quoi admirer dans cette façon de vivre. Ils se levaient ici, ils mangeaient là-bas ; quelquefois ils fuyaient sans savoir devant qui, d'autres fois ils s'arrêtaient sans savoir qui ils attendaient. Ils dormaient debout, interrompaient le sommeil et changeaient à tout instant de lieu. Tout leur temps se passait à mettre des espions en campagne, à placer des sentinelles, à souffler les cordes de leurs arquebuses, quoiqu'ils en eussent peu, parce que presque tous se servaient de mousquets à pierre. Roque passait la nuit séparé des siens en des endroits qu'eux-mêmes ignoraient, parce que les proclamations infinies que le vice-roi de Barcelone avait faites contre sa vie le tenaient en inquiétude et en crainte. Il n'osait se fier à personne et craignait que les siens mêmes n'entreprissent sur sa vie, ou qu'ils ne le livrassent entre les mains de la justice. Vie assurément misérable et ennuyeuse.

Enfin, par des chemins détournés, par des sentiers couverts, Roque, don Quichotte et Sancho avec six écuyers arrivèrent à Barcelone et à sa plage la veille de la Saint-Jean, à la nuit. Roque embrassa don Quichotte et Sancho, auquel il donna les dix écus qu'il avait promis, et qu'il ne leur avait point donnés jusque-là, et il y eut mille compliments de part et d'autre. Roque s'en retourna, et don Quichotte demeura à cheval attendant le jour comme il était, et il ne tarda guère que l'on ne vit paraître par les portes de l'Orient la face de la blanche Aurore, réjouissant plutôt les herbes et les fleurs que l'oreille des hommes. Mais en ce même instant les oreilles furent aussi réjouies du son de plusieurs flûtes et tambours, et du bruit encore des grelots, et des : « Place ! place ! » des postes qui semblaient courir au sortir de la ville. L'aube donna peu après place au soleil, lequel avec un visage plus grand qu'une rondache paraissait au plus bas de l'horizon, et s'élevait petit à petit. Don Quichotte et Sancho jetèrent la vue de tous côtés, et aperçurent la mer, qu'ils n'avaient pas encore vue. Elle leur sembla fort spacieuse et fort large, voire plus que les lagunes de Ruidera, qu'ils avaient vues au pays de la Manche. Ils découvrirent après les galères qui étaient à la plage, lesquelles, abaissant les tentes, parurent remplies de banderoles qui flottaient au vent, baisaient et balayaient l'eau ; au-dedans résonnaient des clairons, des trompettes et des hautbois qui de près et de loin remplissaient l'air d'accents suaves et belliqueux. Elles commencèrent à s'émouvoir et à faire une espèce d'escarmouche sur les eaux calmes. Une infinité de cavaliers qui sortaient en même temps de la ville, montés sur de beaux chevaux et couverts de belles livrées, leur répondaient en même temps. Les soldats des galères déchargeaient l'artillerie à l'infini, et ceux qui étaient dans la ville, aux murailles et aux forteresses, en faisaient autant. Si la grosse artillerie fendait l'air d'un bruit épouvantable, les canons qui étaient sur le tillac des galères ne leur en devaient guère de reste. La mer pleine d'allégresse, la terre de joie et l'air de clarté, hormis que parfois il était obscurci de la fumée de l'artillerie, tout semblait verser un soudain contentement chez tout le monde. Sancho Pança ne se pouvait imaginer comment ces grandes machines qui se mouvaient sur la mer pouvaient avoir tant de pieds.

Sur cela ceux qui portaient des livrées arrivèrent en jetant des cris d'allégresse et des bravos au lieu où don Quichotte était, tout ébahi et tout étonné. Et lors, l'un d'eux, qui avait été averti par Roque, proféra tout haut ces paroles en s'adressant à don Quichotte : « Bienvenu soit à notre ville le miroir, le fanal, l'étoile et le nord de toute la chevalerie errante, celui chez qui elle est contenue le plus largement. Bienvenu soit, dis-je le valeureux don Quichotte de la Manche, non pas le faux, le feint, non pas l'apocryphe que ces jours passés l'on nous a montré dans de fausses histoires, mais le véritable, le loyal, le fidèle que Cid Hamet Ben Engeli, la fleur des historiens, nous a décrit ! » Don Quichotte ne répondit mot, et les cavaliers ne lui donnèrent pas non plus loisir de répondre. Mais, tournant et retournant avec ceux qui les suivaient, ils faisaient caracoler leurs chevaux autour de don Quichotte, qui, s'adressant à Sancho, lui dit : « Ces gens-là nous ont bien reconnus, et je gage qu'ils ont lu notre histoire, et même celle de l'Aragonais récemment imprimée. » Le cavalier qui avait premièrement parlé à don Quichotte lui dit encore : « Seigneur don Quichotte, nous vous supplions de venir avec nous, car nous sommes tous vos serviteurs et grands amis de Roque Guinart. — Si les courtoisies, repartit don Quichotte, engendrent d'autres courtoisies, la vôtre, monsieur, est fille ou fort proche parente de celle du grand Roque. Allons donc où il vous plaira. Je n'ai d'autre volonté que la vôtre, et bien plus si vous la voulez employer à votre service. » Le chevalier lui répliqua avec autant de civilité, et tous, l'ayant enfermé au milieu d'eux, ils prirent le chemin de la ville au son des hautbois et des tambours.

A l'entrée de la cité, le malin esprit d'où procède tout mal, et les enfants, qui sont plus malins que le malin même, jouèrent un tour de leur métier : car deux d'entre cette canaille entrèrent effrontément au milieu de cette assemblée ; l'un haussa la queue du grison, et l'autre celle de Rossinante, et puis ils leur mirent dessous une poignée de chardons. Les pauvres animaux sentirent ces nouveaux aiguillons, et, serrant leurs queues, augmentèrent leur déplaisir, si bien que, après mille ruades, eux et leurs maîtres allèrent par terre. Don Quichotte, bien en colère, comme un homme qui se sentait offensé, courut afin d'ôter le plumage de la queue de son bidet, et Sancho de son roussin ; ceux qui conduisaient don Quichotte voulaient châtier la témérité des polissons, mais cela ne fut pas possible, parce qu'ils disparurent parmi plus de mille qui les suivaient. Don Quichotte et Sancho remontèrent sur leurs bêtes, et avec autant d'applaudissements et de musique parvinrent à la maison de leur guide, qui était un grand hôtel fort pompeux. Aussi appartenait-il à un riche gentilhomme. Nous les y laisserons pour le moment, puisque Cid Hamet le veut ainsi.

CHAPITRE LXII

QUI TRAITE DE L'AVENTURE DE LA TÊTE ENCHANTÉE ET D'AUTRES BAGATELLES MÉMORABLES

L'hôte de don Quichotte se nommait don Antonio Moreno, gentilhomme riche et spirituel, qui aimait à passer le temps honnêtement et joyeusement. Lorsqu'il tint chez lui don Quichotte, il rechercha les moyens de s'amuser de ses folies, sans que don Quichotte lui-même y reçût aucun préjudice, car ce ne sont plus bourdes celles qui font mal et il n'y a passe-temps qui tienne quand il y va du dommage d'un tiers. Or, la première chose qu'il fit, ce fut de faire désarmer don Quichotte, et avec cet étroit pourpoint en peau de chamois que nous avons déjà plusieurs fois dépeint, le faire voir à la fenêtre, qui donnait sur une des principales rues de la ville, à tout le peuple, et surtout aux galopins, qui le regardaient comme un singe. Cependant ceux qui portaient les livrées se remirent à courir devant lui, comme si c'était pour lui seul, et non pour honorer ce jour de fête, qu'ils les eussent prises. Sancho Pança était fort content, parce qu'il lui semblait que, sans savoir pourquoi ni comment, il se trouvait en d'autres noces de Gamache, en une autre maison de don Diègue de Miranda et en un autre château du duc.

Don Antonio eut à dîner ce jour-là quelques-uns de ses amis, et tous honoraient et traitaient don Quichotte en chevalier errant, si bien que, tout gonflé de tant d'honneurs, à peine se pouvait-il tenir dans sa peau. Cependant tous les serviteurs de la maison étaient pendus aux bons mots de Sancho Pança, ainsi que tous ceux qui l'entendaient. Comme on était à table, don Antonio dit à Sancho : « Nous avons entendu dire, l'ami Sancho, que vous aimiez tellement le blanc-manger et les andouillettes que, lorsque vous en avez de reste, vous les gardez dans votre estomac pour le jour suivant. — Non, monsieur, cela n'est pas exact, repartit Sancho : car j'ai plus de propreté que de gourmandise ; et mon maître don Quichotte, qui est ici présent, sait bien qu'avec une poignée de glands ou de noix nous avons coutume de passer une huitaine à nous deux. Il est vrai que, si quelquefois on me donne la génisse, j'y cours aussitôt avec la cordelette : je veux dire que je mange ce qu'on me donne et use du temps selon que je le trouve. Et quiconque voudra dire que je suis un goulu et un malpropre, qu'il se tienne pour averti qu'il ne sait ce qu'il dit, et j'en dirais bien davantage, si je ne respectais ces barbes honorables qui sont ici à table. — Pour sûr, dit don Quichotte, l'économie et la propreté dont Sancho use en mangeant est digne d'être gravée sur des lames de bronze, afin de rester éternellement dans la mémoire des siècles à venir. Il est vrai que, quand il a faim, il paraît un peu glouton ; il avale à la hâte et mâche des deux côtés à la fois. Mais, pour la propreté, il l'a toujours à son point, et, durant qu'il était gouverneur, il apprit à manger en homme délicat : tant et si bien qu'il mangeait à la fourchette les grains de raisin, voire ceux de grenade. — Comment ! dit don Antonio, Sancho a été gouverneur ? — Oui-da, répondit Sancho, et d'une île nommée Barataria. Je la gouvernai l'espace de dix jours à bouche que veux-tu. J'y perdis mon repos et y appris à mépriser tous les gouvernements du monde. J'en sortis en fuyant, et je tombai dans une basse-fosse où je me tins pour mort, et d'où je sortis vivant par miracle. » Et sur ce, don Quichotte conta par le menu toute l'histoire du gouvernement de Sancho, ce qui donna un grand plaisir à tous les auditeurs.

Quand on eut ôté la nappe, l'on se leva de table, et don Antonio prit par la main don Quichotte et entra avec lui dans une chambre écartée, où pour tout ornement il n'y avait qu'une table qui semblait être de jaspe, laquelle était soutenue sur un pied de même matière. Sur cette même table on avait posé une tête à la manière des bustes des empereurs romains, et qui semblait être de bronze. Don Antonio et don Quichotte se promenèrent quelque temps par cette chambre, faisant plusieurs fois le tour de la table, après quoi ce gentilhomme lui tint ce langage : « Seigneur don Quichotte, maintenant que je suis assuré que nul ne nous entend ni ne nous écoute, et que la porte est fermée, je veux conter à Votre Grâce une des plus rares aventures, ou, pour mieux dire, nouveautés que l'on saurait imaginer, à la condition que ce que je vous aurai dit, Votre Grâce me promettra de le garder en dépôt dans les plus profonds replis du secret. — Je vous le jure, répondit don Quichotte, et même le scellerai d'un marbre pour plus de sûreté : car je veux, seigneur don Antonio (car il connaissait son nom), que Votre Grâce sache que celui à qui elle parle a des oreilles pour entendre et n'a point de langue pour parler, de sorte qu'en toute assurance vous pouvez verser en mon cœur tout ce que contient le vôtre, et faire fond que vous l'avez jeté dans les abîmes du silence. — Sur cette promesse, répliqua don Antonio, je veux ravir d'admiration Votre Seigneurie de ce qu'elle verra et entendra, et par ce moyen je me donnerai quelque soulagement de la peine de n'avoir personne à qui communiquer mes secrets, qui ne doivent pas être confiés à tout le monde. » Don Quichotte était en suspens, attendant à quelle fin se devaient réduire tant de préparatifs. Sur ce, don Antonio lui prit la main, et la lui passa sur la tête de bronze, et sur le pied de jaspe qui la soutenait, et puis lui dit : « Seigneur don Quichotte, cette tête a été fabriquée par un des plus grands enchanteurs et sorciers du monde. Je crois qu'il était Polonais et disciple du fameux Scot[1], de qui l'on raconte tant de merveilles. Il demeura quelque temps ici dans mon logis, et, pour mille écus que je lui donnai, il me fit cette tête, qui a la propriété et vertu de répondre à tout ce qu'on lui demande à l'oreille. Il observa les lignes, les caractères et les astres, considéra les points, et finalement fit paraître en cette tête la perfection que nous verrons demain matin : car les vendredis elle est muette, et, comme c'est aujourd'hui vendredi, il faut attendre jusqu'à demain. C'est pourquoi d'ici là vous pourrez songer à la demande que vous lui voudrez faire, et je sais par expérience qu'elle dit vrai en tout ce qu'elle répond. » Don Quichotte demeura ébahi de la vertu et de la propriété de la tête, et fut tenté de ne pas croire don Antonio. Néanmoins, se représentant le peu de temps qu'il y avait jusqu'à l'expérience, il ne voulut lui dire autre chose, sinon qu'il le remerciait de lui avoir découvert un si grand secret. Ils sortirent de la chambre ; don Antonio ferma la porte à clef, et ils allèrent à la salle où les autres cavaliers les attendaient. Durant ce temps, Sancho leur avait raconté quantité des diverses aventures qui étaient arrivées à son maître. Cet après-dîner-là, ils menèrent promener don Quichotte, non armé, par la ville : on lui avait baillé un manteau de drap tanné capable de faire suer en ce temps la glace même. Cependant ils commandèrent à leurs serviteurs d'entretenir si bien Sancho dans le logis qu'il n'eût pas moyen d'en sortir. Don Quichotte n'était pas monté sur Rossinante, mais sur un grand mulet de pas fort égal et bien dressé. On lui mit dessus le manteau, et sur les épaules, sans qu'il s'en aperçût, on lui cousit un parchemin où ces mots étaient écrits en grosses lettres : *Celui-ci est don Quichotte de la Manche.* A peine commençaient-ils leur promenade que cet écriteau attira les yeux de tous ceux qui venaient à le voir, et, comme ils lisaient : « Celui-ci est don Quichotte de la Manche », le chevalier s'étonnait de ce que tous ceux qui le voyaient le nommaient par son nom et le connaissaient, et, s'adressant à don Antonio qui marchait à son côté, il lui dit : « Grande est la prérogative que la chevalerie errante contient en soi, puisqu'elle rend connu et fameux par tous les coins de terre celui qui en fait profession ; çà ! regardez un peu, je vous prie, seigneur don Antonio : tous les habitants de cette ville, sans m'avoir jamais vu, me connaissent, voire même jusques aux marmousets. — Oui, seigneur don Quichotte, répondit don Antonio, parce que, comme le feu ne peut être caché ni enfermé, la vertu de même ne peut demeurer sans être connue, et celle qui s'acquiert par la profession des armes triomphe et resplendit au-dessus de toutes les autres. »

Or, il arriva peu après qu'un gentilhomme qui lut l'écriteau qu'on avait cousu derrière les épaules de don Quichotte éleva la voix et tint ce discours : « Au diable soit le don Quichotte de la Manche ! Et comment est-il possible que tu sois venu jusqu'ici sans être mort sous les coups de bâton sans nombre qui t'ont caressé les flancs ? Tu es un fou, et, si tu l'étais pour toi seul et derrière les portes de ta folie, le mal ne serait pas si grand ; mais tu as cette propriété de rendre fous et sans cervelle tous ceux qui ont commerce avec toi. Et, pour la preuve de mon dire, il ne faut que regarder ces gentilshommes qui t'accompagnent. Retourne chez toi, pauvre fou, et soignes-y ton bien, ta femme et tes enfants ; laisse ces folles imaginations qui t'épuisent la cervelle et t'écrèment l'intelligence. — Frère, dit alors don Antonio, passez votre chemin, et ne vous mêlez point de donner des conseils à qui ne vous en demande pas. Le seigneur don Quichotte de la Manche est fort sage, et nous qui l'accompagnons ne sommes pas fous. On doit honorer la vertu partout où on la rencontre. Allez vous faire pendre, sans vous mettre en des affaires où vous n'êtes pas appelé. — Pardieu, repartit le gentilhomme, Votre Seigneurie a raison ; vouloir conseiller ce bonhomme, c'est regimber contre l'aiguillon. Toutefois c'est grand-pitié que le bon entendement que ce fou possède en toute autre chose se perde dans les rêveries de sa chevalerie errante. Enfin que le malheur soit pour moi et pour tous mes descendants si dorénavant, quand je vivrais autant que Mathusalem, je donne conseil à homme du monde, me le demandât-il ! »

Sur ce, le conseilleur s'en fut et la promenade continua. Mais la presse des petits garçons et du peuple qui lisaient l'écriteau était si grande que don Antonio fut contraint de le faire ôter en feignant de lui ôter autre chose. La nuit arriva, et l'on revint à la maison où il y eut assemblée de dames, parce que la femme de don Antonio, qui était une des principales de la ville, de fort belle humeur, et au reste sage, discrète et belle, avait invité plusieurs de ses amies à venir rendre honneur à son hôte, et prendre leur passe-temps de ses étranges folies. Il en vint, on soupa fort splendidement, et le bal commença sur les dix heures du soir. Or, parmi ces dames, il y en avait deux qui étaient un peu gaillardes et fort bouffonnes, et même un peu libres, quoique fort honnêtes et pourvu que leurs plaisanteries divertissent sans fâcher. Ces deux dames mirent tant d'empressement à faire danser le pauvre don Quichotte qu'elles lui brisèrent non seulement le corps, mais encore l'âme. C'était chose plaisante à voir que la figure de don Quichotte, grand, mince, sec, olivâtre, serré dans son étroit accoutrement, maussade, et surtout fort peu léger. Ces damoiselles le prenaient comme à la dérobée et à l'envi l'une de l'autre, et lui pareillement les dédaignait comme à la dérobée. Mais, quand il se vit pressé par leurs mignardises, il éleva la voix et leur dit : « *Fugite, partes adversæ!* Laissez-moi en repos, mauvaises pensées. Mesdames, vous êtes ici mal venues avec vos désirs : car la sans pareille Dulcinée du Toboso ne permet pas que d'autres que les siens m'assujettissent et me captivent. » Ce disant, il s'assit à terre au milieu de la salle, tout moulu et tout brisé du dansant exercice. Don Antonio commanda qu'on le portât à son lit, et le premier qui aida à le lever ce fut Sancho, lequel lui dit : « Eh ! eh ! vous avez dansé, monsieur notre maître ! Croyez-vous que tous les braves soient des danseurs, et tous les chevaliers errants des baladins ? Certes, si vous le croyez, vous vous abusez bien fort. Il y a tel qui se risquera plutôt à tuer un géant qu'à faire une cabriole ; s'il était question de battre la semelle, je suppléerais à votre défaut, car je bats la semelle avec l'agilité d'un faucon ; mais, quant à la danse, je n'y entends rien. » Avec ces raisons et d'autres de même espèce, Sancho donna à rire à tous les invités, et il porta son maître au lit, et l'enveloppa de sa robe de chambre, afin qu'il transpirât la froidure de sa danse.

Le jour suivant, don Antonio trouva bon de faire l'expérience de la tête enchantée, si bien qu'étant accompagné de don Quichotte, de Sancho et de deux siens amis, ensemble des dames qui au bal avaient mis don Quichotte sur les dents, et qui étaient restées cette nuit-là chez la femme de don Antonio, il s'enferma dans la chambre où était la tête. Il leur en conta la propriété, et les pria de tenir la chose secrète. Au reste, il leur dit que c'était là le premier jour où il en fallait faire l'épreuve. Or, il n'y avait nul qui en sût l'artifice, si ce n'est les deux amis de don Antonio. Et, s'il ne le leur eût appris auparavant, eux-mêmes n'en eussent pas été moins étonnés que les autres, tant la chose avait été bien disposée et forgée. Le premier qui s'approcha de l'oreille de la tête enchantée, ce fut don Antonio, lequel lui dit tout bas, mais non point tellement qu'il ne fût entendu de la compagnie : « Dis-moi, Tête, par la vertu que tu as en toi, à quoi pensé-je maintenant ? » Lors la tête, sans remuer les lèvres, d'une voix claire et distincte et de façon à être entendue de tout le monde, fit cette réponse : « Je ne juge point des pensées. » Ces paroles rendirent étonnés tous les assistants, et d'autant plus qu'ils virent qu'en toute la chambre ni autour de la table, il n'y avait personne qui pût répondre. « Combien, poursuivit don Antonio, sommes-nous ici de personnes ? » Et il lui fut répondu de la même façon, lentement : « Vous êtes ici toi et ta femme, avec deux de tes amis et deux amies à elle, et avec un fameux chevalier appelé don Quichotte de la Manche, et un sien écuyer qui se nomme Sancho Pança. » Ce fut pour lors que chacun s'étonna de nouveau, et que d'épouvante les cheveux se dressèrent à plusieurs sur la tête. « Cela me suffit, dit alors don Antonio en s'éloignant de la tête, pour m'apprendre que je n'ai point été trompé par celui de qui je t'ai achetée, tête savante, tête bien parlante, tête répondeuse, admirable tête ! Au tour d'un autre à lui demander ce qu'il voudra. » Mais, comme les femmes sont d'ordinaire curieuses et impatientes de savoir, l'une des amies de la femme de don Antonio fut la première à s'approcher, et voici la demande qu'elle fit : « Tête, dis-moi, je t'en prie, que pourrai-je faire pour être extrêmement belle ? — Il faut, répondit la tête, que tu sois extrêmement honnête. — Je ne t'en demande pas davantage », dit la questionneuse. Sa compagne s'approcha et dit : « Tête, je voudrais bien savoir si je suis aimée ou non de mon mari. » Et on lui répondit : « Prends garde à ses procédés envers toi, tu le verras facilement. » Lors cette mariée, en s'éloignant, tint ce langage : « Cette réponse n'avait pas besoin de demande, parce qu'en effet les œuvres déclarent la volonté de celui qui les fait. » Un des amis de don Antonio s'approcha encore et demanda : « Qui suis-je ? » Et il lui fut répondu : « Tu le sais. — Ce n'est pas ce que je te demande, repartit le cavalier, mais bien que tu me dises si tu me connais. — Oui vraiment, repartit la tête, tu es don Pedro Noriz. — Je n'en veux pas, dit-il, savoir davantage, cela suffit pour me faire entendre, ô Tête, que tu sais tout. » Et, comme il s'éloignait, l'autre ami s'approcha et fit cette demande : « Dis-moi, Tête, quels désirs a mon fils, l'aîné ? — J'ai déjà dit, repartit la tête, que je ne juge point des pensées ni des désirs ; mais, avec tout cela, je te puis dire que ceux de ton fils sont de t'enterrer. — C'est cela, repartit le chevalier. Ce que je vois de mes yeux, je le touche du doigt. » Et il n'en demanda pas plus. Sur ce, la femme de don Antonio s'approcha et dit : « Tête, je ne sais que te demander. Seulement je voudrais savoir de toi si je jouirai de longues années de mon bon mari. » Et on lui répondit : « Oui, parce que sa santé et son régime de vivre lui promettent de longues années de vie ; et beaucoup de gens abrègent d'ordinaire la leur par leur intempérance. »

Don Quichotte s'approcha à son tour : « Toi qui réponds si bien, dis-moi : fut-ce vérité ou songe le récit que je fis de ce qui m'arriva dans la caverne de Montésinos ? Les coups de fouet de mon écuyer Sancho seront-ils certains ? Le désenchantement de Dulcinée aura-t-il lieu ? — Quant à la caverne, repartit la tête, il y a beaucoup à dire, et un peu de tout. Les coups de fouet de Sancho iront tout doucement, et le désenchantement de Dulcinée se fera en son temps. — Je ne désire point d'en savoir davantage, dit don Quichotte : car, pourvu que Dulcinée soit désenchantée, je fais compte que tous les bonheurs que je souhaite me sont venus d'un coup. » Sancho fut le dernier qui interrogea la tête : « Tête, aurai-je par hasard quelque autre gouvernement ? Sortirai-je du pénible métier d'écuyer ? Reverrai-je ma femme et mes enfants ? » On lui fit cette réponse : « Tu gouverneras chez toi, et, si tu y retournes, tu verras ta femme et tes enfants, et, en cessant de servir, tu cesseras d'être écuyer. — Pardieu, dit Sancho Pança, voilà qui est fort bon, je m'en serais bien dit autant ; le prophète Pero Grullo[2] n'en dirait pas davantage. — Sot, dit don Quichotte, que veux-tu que l'on te réponde ? Ne suffit-il pas que les réponses que cette tête a faites correspondent aux demandes qu'on lui fait ? — Il est vrai, répondit Sancho ; mais je voudrais bien qu'elle s'expliquât un peu mieux et qu'elle en dît plus long. »

Là, s'achevèrent les demandes et les réponses, mais non l'étonnement des assistants, qui étaient tous ébahis, excepté les deux amis de don Antonio, qui avaient connaissance de l'artifice. Celui-ci, Cid Hamet Ben Engeli l'a voulu aussitôt déclarer, pour ne pas tenir le monde en suspens et dans la croyance que quelque enchantement ou mystère extraordinaire était enfermé dans cette tête. Il dit donc que don Antonio Moreno, à l'imitation d'une autre tête qu'il vit à Madrid, fabriquée par un imagier, fit faire celle-ci dans sa maison pour s'amuser et étonner les ignorants. Et voici quelle en était la construction : le dessus de la table était de bois peint, et verni en façon de jaspe, le pied dont elle était soutenue était de même, avec quatre griffes d'aigle qui en sortaient pour en affermir le poids. La tête, qui ressemblait à une médaille et une effigie d'empereur romain, et de couleur de bronze, était toute creuse, comme aussi la couverture de la table, où elle était enchâssée si juste que l'on n'y remarquait aucune trace de jointure. Le pied de la table était pareillement creux, et il répondait au gosier et à la poitrine de la tête. Tout cet appareil venait répondre dans une autre chambre au-dessous de celle où était la tête. Il y avait dans ce creux du tréteau de la table, du gosier et de la poitrine de la médaille, un tuyau de laiton si juste et si bien agencé que nul ne le pouvait voir. Dans l'appartement inférieur, qui correspondait exactement à celui de dessus, se plaçait celui qui avait à donner réponse, la bouche dans ce même tuyau de laiton, de sorte que comme dans une sarbacane la voix allait de haut en bas et de bas en haut en paroles articulées et distinctes, sans que par ce moyen on pût reconnaître la tromperie. Don Antonio avait un neveu qui étudiait, et ce neveu était fin et adroit. Ce fut lui qui fit les réponses, ayant auparavant été instruit par son oncle touchant ceux qui devaient venir avec lui à la chambre de la tête ; de façon qu'il lui fut aisé de répondre avec célérité et exactitude à la première demande ; pour les autres, il y répondit par conjecture et fort à propos, en homme avisé qu'il était. Cid Hamet dit que ce merveilleux artifice dura dix ou douze jours ; mais qu'après, étant divulgué par la ville que don Antonio avait chez lui une tête enchantée qui répondait à tous ceux qui l'interrogeaient, il eut peur que cela ne parvînt aux oreilles des sentinelles toujours en éveil, de notre foi. Aussi en informa-t-il messieurs les inquisiteurs, lesquels lui commandèrent de la défaire et de ne passer point outre, de peur que le vulgaire ignorant ne se scandalisât. Néanmoins la tête demeura pour enchantée dans l'opinion de don Quichotte et de Sancho Pança, et pour bien parlante, mieux au contentement de don Quichotte que de Sancho.

Les gentilshommes de la ville, pour complaire à don Antonio et pour festoyer don Quichotte, et lui donner lieu de découvrir ses folies, résolurent de courir la bague à cinq ou six jours de là ; mais cela n'eut point lieu pour les raisons que nous dirons plus tard. Pendant ce temps, il prit envie à don Quichotte de se promener par la ville à pied, craignant, s'il allait à cheval, que les petits enfants ne le poursuivissent. Lui donc, Sancho et deux serviteurs que lui donna don Antonio sortirent du logis, et, comme ils passaient par une certaine rue, don Quichotte leva les yeux et vit en grosses lettres cet écriteau attaché à une porte : *Céans l'on imprime des livres.* Cela plut fort à don Quichotte, parce que jusqu'alors il n'avait vu aucune imprimerie, et désirait savoir comment c'était. Il entra avec toute sa compagnie : d'un côté l'on faisait le tirage, de l'autre on composait, là on corrigeait l'épreuve, bref tout ce que l'on voit faire dans les grandes imprimeries. Don Quichotte s'approcha d'un compositeur et lui demanda qu'est-ce qu'il faisait là, et les compagnons imprimeurs lui rendaient raison de leur ouvrage, dont il était tout émerveillé et passait outre. Il s'approcha d'un autre, et lui fit la même demande. Lors l'imprimeur lui répondit : « Monsieur, ce cavalier que vous voyez (et sur cela il montra un homme de fort bonne mine et assez grave) a traduit un livre toscan en notre langue espagnole, et maintenant je compose avec ces caractères pour le mettre sous presse. — Comment s'intitule ce livre ? demanda don Quichotte. — Monsieur, repartit l'auteur, ce livre, en toscan, s'intitule : *Le Bagatelle*[3]. — Et que veut dire cela en notre castillan ? demanda don Quichotte. — *Les bagatelles,* dit l'auteur, *les petits-riens.* Et, bien que le titre de ce livre soit modeste, néanmoins il contient de fort bonnes choses, et très substantielles. — Je sais, répliqua don Quichotte, parler quelque peu le toscan et prends plaisir à chanter quelques stances de l'Arioste. Mais dites-moi un peu, je vous prie, monsieur, et je vous dis ceci plutôt par curiosité que pour examiner votre bel esprit, n'avez-vous pas trouvé quelquefois le mot de *pignata ?* — Oui, bien souvent, répondit l'auteur. — Et comment le traduisez-vous en castillan ? dit don Quichotte. — Je ne le puis autrement traduire, répondit l'auteur, qu'en disant : *marmite.* — Ô Dieu ! dit don Quichotte, que vous êtes savant en la langue italienne ! Je fais une bonne gageure que, quand vous trouvez dans un livre italien *piace,* vous mettez en castillan *plaît,* et, au lieu de *più,* vous écrivez *plus,* au lieu de *sù* vous mettez *en-haut,* et, au lieu de *giù, en-bas.* — Il est vrai, repartit l'auteur, parce que ce sont les propres correspondances des mots. — J'oserais encore jurer, dit don Quichotte, que Votre Seigneurie n'est pas encore connue dans le monde, ennemi perpétuel des bons esprits, et qui ne récompense jamais les louables travaux. Oh ! qu'il y a d'habiletés perdues par le monde ! Que de rares esprits cachés et que de vertus méprisées ! Toutefois il me semble qu'en traduisant d'une langue en une autre, pourvu que ce ne soit point des reines des langues, la grecque et la latine, on fait justement comme celui qui regarde au rebours les tapisseries de Flandre : encore que l'on en voie les figures, elles sont pourtant remplies de filets qui les obscurcissent, de sorte que l'on ne les peut voir avec le lustre de l'endroit. Et la traduction que l'on fait des langues faciles ne fait pas paraître grand esprit ni grande éloquence, de même que celui qui fait quelque copie. Je ne veux pas pourtant inférer de là que cet exercice de traduire ne soit louable; on se pourrait bien occuper à des choses pires, et qui seraient de moins de profit. Cependant, je tire hors de ce compte deux fameux traducteurs : l'un, le docteur Cristoval de Figueroa en son *Pastor fido,* et l'autre don Juan de Jauréguy, en son *Aminte*[4], où ils ont heureusement mis en doute quelle est la traduction, quel est l'original. Mais dites-moi, je vous prie, faites-vous imprimer ce livre à votre compte, ou bien avez-vous vendu le privilège à quelque libraire ? — Je le fais imprimer à mon compte, répondit l'auteur, et fais état d'y gagner mille ducats au moins sur cette première impression, où je ferai tirer deux mille exemplaires qui se vendront six réaux la pièce, comme des petits pains. — Votre Grâce fait bien mal son compte ! répondit don Quichotte. Je vois que vous ne savez pas les entrées et sorties des imprimeurs, et les arrangements qu'ils ont entre eux. Je vous jure que, quand vous vous verrez chargé de deux mille exemplaires de livres, votre corps en sera si moulu qu'il n'en pourra plus, et surtout si le livre n'a pas beaucoup d'intérêt et de piquant. — Eh quoi ! Votre Grâce voudrait-elle donc, dit l'auteur, que je donnasse à un libraire mon privilège pour trois maravédis, et encore il croirait m'avoir fort bien payé ? Je ne fais point imprimer mes ouvrages pour acquérir de la renommée dans le monde, car j'y suis assez connu par mes ouvrages : c'est du profit que je veux, car sans cela je ne donnerais pas un liard de la bonne renommée. — Dieu vous donne bonne chance », répondit don Quichotte.

Et de là il passa à une autre case, où il vit que l'on corrigeait une feuille d'un livre intitulé *Lumière de l'âme*[5] ; et, en la voyant, il tint ce langage : « Quoiqu'il y ait beaucoup de livres de cette façon, néanmoins ce sont ceux que l'on doit imprimer, parce que les pécheurs qui s'en servent sont en grand nombre, et il est besoin de bien des lumières pour éclairer tant d'aveugles. » Puis il alla plus loin et vit que l'on corrigeait pareillement un autre livre. Il demanda le titre, et on lui dit que c'était la *Seconde Partie de l'Ingénieux Chevalier don Quichotte de la Manche*, composée par un tel, habitant de Tordésillas. « J'ai déjà eu connaissance de ce livre, dit don Quichotte, et, en vérité et sur ma conscience, je croyais qu'il était déjà brûlé et réduit en cendres à cause de son impertinence. Néanmoins, sa fête de Saint-Martin lui arrivera comme à tout pourceau : car les fictions ne sont bonnes et délectables qu'autant qu'elles s'approchent de la vérité ou de la vraisemblance ; et les histoires vraies sont d'autant meilleures qu'elles sont plus véridiques. » Ce disant, il sortit de l'imprimerie avec des marques de quelque dépit. Le même jour, don Antonio résolut de lui faire voir les galères qui étaient à la plage ; Sancho en fut fort aise, parce qu'il ne les avait jamais vues. Le même don Antonio avertit le capitaine des galères qu'après dîner il les ferait voir à son hôte, le fameux don Quichotte de la Manche, dont ce même capitaine et tous les habitants de la ville avaient déjà ouï parler, et l'on saura au chapitre suivant ce qui en arriva.

CHAPITRE LXIII

DU MALHEUR QUI ARRIVA À SANCHO PANÇA DANS LA VISITE DES GALÈRES, ET DE LA NOUVELLE AVENTURE DE LA BELLE MAURESQUE

Don Quichotte faisait une infinité de discours sur la réponse de la tête enchantée, sans que nul donnât, ni de loin ni de près, dans l'artifice, et tous aboutissaient à la promesse, qu'il tenait pour certaine, du désenchantement de Dulcinée. Il ne faisait qu'y aller et venir, et en lui-même se réjouissait extrêmement, persuadé qu'il verrait bientôt l'accomplissement de ses désirs. Quant à Sancho, bien qu'il abhorrât d'être gouverneur, ainsi que nous l'avons dit ci-dessus, toutefois il désirait reprendre le commandement et se voir obéi : mauvaise suite que traîne toujours après lui le commandement, même un commandement pour rire.

Enfin ce même soir, don Antonio Moreno, ses deux amis, avec don Quichotte et Sancho Pança, allèrent aux galères. Le capitaine était déjà averti de la bienvenue des deux fameux don Quichotte et Sancho Pança ; à peine furent-ils à la marine que toutes les galères abattirent leurs tentes et que les hautbois commencèrent à sonner ; puis on mit l'esquif à l'eau, et il était couvert de riches tapis et de carreaux de velours cramoisi. Aussitôt que don Quichotte y mit le pied, on déchargea de la Capitane le canon de poupe, et les autres galères en firent de même. Puis, comme don Quichotte montait par l'échelle de droite, toute la chiourme le salua, ainsi que l'on a accoutumé de faire quand une personne de qualité visite la galère, en poussant trois fois le : Hou, hou, hou ! Le général[1] (nous l'appellerons ainsi), qui était un des meilleurs gentilshommes de Valence, prit par la main don Quichotte, et en l'embrassant lui dit : « Je marquerai ce jour-ci d'une pierre blanche pour être le plus heureux que je pense rencontrer de ma vie, puisque j'y ai vu le seigneur don Quichotte de la Manche, lequel nous fait paraître qu'il renferme en lui toute la valeur de la chevalerie errante. » Don Quichotte, enchanté de se voir traité en prince, fit une réponse non moins courtoise. Ils allèrent tous à la poupe, qui était fort bien accommodée, et s'assirent sur les bancs du gaillard d'arrière. Sur ce, le comite alla dans l'entrepont, et avec un sifflet donna le signal que la chiourme se dépouillât : ce qui se fit en un instant. Sancho, qui vit à nu tant de gens, demeura bouche bée, et plus encore lorsqu'il vit dresser la tente avec tant de hâte qu'il lui semblait que tous les diables y travaillaient. Mais toutes ces choses ne furent que gâteaux et pain bénit en comparaison de ce que nous dirons tout à l'heure. Sancho était assis sur le pilier qui est près de la poupe de la galère, près du rameur d'arrière, à main droite, lequel, étant déjà instruit de ce qu'il avait à faire, saisit Sancho ; toute la chiourme debout le reçut, et en l'élevant le fit passer de main en main, et de banc en banc, entre les bras de ces galériens, avec tant de vitesse que le pauvre Sancho en perdit l'usage de la vue, et crut sans doute que les diables mêmes l'emportaient ; et ils ne s'arrêtèrent point que le dernier homme de gauche ne l'eût reçu et replacé sur la poupe. Le pauvre demeura si moulu qu'il tressuait d'ahan sans se pouvoir reconnaître, ni s'imaginer ce qui lui était arrivé. Don Quichotte, qui vit voler Sancho sans ailes, demanda au général si on pratiquait ces cérémonies avec ceux qui venaient pour la première fois visiter les galères, parce que, si cela était, lui, qui n'avait pas intention d'en faire profession, ne voulait pas faire un semblable exercice ; qu'au reste, il jurait Dieu que, si quelqu'un était si osé de lui mettre la main dessus pour le faire volter, il lui tirerait l'âme à coups de poignard. Ce disant, il se leva et mit la main à la garde de son épée.

Au même instant on abattit la tente, et avec un grand bruit on laissa choir l'antenne du haut en bas. Lors Sancho crut que le ciel se délivrait de ses gonds et lui tombait sur la tête. Et, tout rempli de frayeur, il la baissa et la mit entre ses jambes. Quant à don Quichotte, il n'en mena pas large ; lui aussi s'émut, plia les épaules et perdit la couleur du visage. La chiourme hissait la vergue avec autant de hâte et de bruit qu'elle l'avait amenée, et tout cela sans dire mot ni respirer qu'à peine. Le comite fit signe de lever l'ancre, et puis, sautant au milieu de la coursive, commença avec le nerf de bœuf à étriller les épaules de la chiourme, et la galère prit peu à peu le large. Quand Sancho vit mouvoir tout d'un coup tous ces pieds rouges (car pour tels il prit les rames), il se dit à lui-même : « Celles-ci, oui, sont des choses enchantées, et non celles dont parle mon maître. Que peuvent avoir fait ces malheureux qu'on les fouette de la sorte ? Et comment se peut-il faire qu'un seul homme qui s'en vient sifflant ait la hardiesse de fouetter tant de gens ? C'est maintenant que je dis que voici l'enfer, ou pour le moins le purgatoire. » Don Quichotte, qui vit l'attention avec laquelle Sancho regardait ce qui se passait, lui dit : « Ah ! mon bon ami Sancho, combien aisément et à peu de frais, voire en peu de temps, vous pourriez, si vous vouliez, vous dépouiller de la ceinture en haut, et vous mettre entre ces messieurs, et en finir avec le désenchantement de Dulcinée ! En compagnie de la peine de tant de gens, vous ne sentiriez guère la vôtre. Et peut-être le sage Merlin tiendrait-il en compte ces coups de fouet, et, parce qu'ils sont donnés de fort bonne main, il en recevrait un pour dix de ceux que finalement vous avez à vous donner. »

Le général lui voulait demander de quels coups de fouet il parlait, ou ce que c'était que le désenchantement de Dulcinée, quand la sentinelle lui dit : « On signale de Monjuich qu'il y a un navire à la rame sur la côte, par le Ponant. » A ces mots, le général sauta sur le tillac et cria : « Sus, enfants ! qu'il ne nous échappe pas ! C'est sans doute un brigantin des corsaires d'Alger que la vigie nous signale. » Les trois autres galères s'approchèrent de la Capitane pour recevoir ses ordres. Le général commanda que deux prissent la haute mer, pendant que lui et l'autre suivraient la côte, si bien que le vaisseau n'aurait garde de leur échapper. La chiourme commença alors à forcer de rames, poussant les galères avec tant de furie qu'on eût dit qu'elles volaient. Celles qui se mirent en mer, à peine eurent-elles vogué deux milles qu'elle découvrirent un vaisseau qui leur semblait être de quelque quatorze ou quinze bancs, et elles ne se trompaient pas. Ce vaisseau, ayant découvert les galères, se mit en chasse, avec le désir et l'espérance d'échapper par sa légèreté. Mal lui en prit, car la Capitane était un des plus légers vaisseaux qui voguaient sur mer, et elle le gagnait si bien que ceux du brigantin reconnurent bientôt clairement qu'il leur était impossible d'échapper. C'est pourquoi l'arraez aurait voulu qu'on quittât les rames et qu'on se rendît, afin de n'irriter point le capitaine qui conduisait nos galères. Mais le sort en disposa autrement : car, comme déjà la Capitane était si proche que ceux du brigantin pouvaient ouïr les paroles qui en venaient et qui les sommaient de se rendre, deux Toraquis, à peu près comme si l'on disait deux Turcs ivrognes, qui étaient avec douze autres dans le brigantin, déchargèrent deux escopettes, dont ils mirent à mort deux des nôtres qui étaient sur les bordages. Ce que voyant le général, il jura qu'il en coûterait la vie à tous ceux qui étaient dans le vaisseau. Il commença donc à l'assaillir avec furie, mais le corsaire lui échappa sous la bordée des rames. La galère alors le devança d'un grand espace. Ceux du vaisseau, se voyant perdus, firent voile pendant que la galère tournait, et de nouveau se mirent en chasse à voile et à rame. Toutefois leur diligence ne leur fut pas aussi profitable que leur témérité dommageable : car la Capitane, les attrapant à un peu plus d'un demi-mille, leur passa les rames dessus et les prit tous en vie. Sur cela, les deux autres galères arrivèrent, et toutes quatre, avec leur prise, retournèrent à la plage, où une infinité de personnes les attendaient, désireuses de voir le butin qu'elles avaient fait. Le général prit fond près de terre, et sut que le vice-roi de la ville était au port, et aussitôt il fit mettre la chaloupe à la mer afin de l'aller querir. Il commanda encore qu'on amenât la vergue, afin d'y pendre, sans tarder, l'arraez du brigantin avec tous les autres Turcs qu'on avait pris dans le bâtiment, et qui pouvaient être quelque trente-six personnes, tous beaux gaillards et pour la plupart escopettiers turcs. Le général demanda qui était l'arraez du brigantin, et l'un des prisonniers, qu'on sut depuis être un renégat espagnol, lui fit en castillan cette réponse : « Monseigneur, ce jeune homme que vous voyez ici est notre arraez. » Et il lui montra un des plus beaux et des plus gaillards jeunes hommes que l'imagination humaine saurait se représenter. Son âge, ainsi que l'on pouvait juger, ne parvenait pas à vingt ans. Le général l'interrogea : « Dis-moi, chien mal conseillé, qui t'a poussé à mettre à mort mes soldats, puisque tu voyais qu'il t'était impossible d'échapper ? Est-ce le respect que l'on rend aux Capitanes ? Ne sais-tu pas que la témérité n'est point de la vaillance, et que même les espérances douteuses peuvent rendre les hommes hardis, mais non pas téméraires ? » L'arraez voulait répondre, mais le général n'eut pas le loisir de l'entendre, parce qu'il allait recevoir le vice-roi, qui entrait déjà dans la galère, et avec lui quelques-uns de ses serviteurs et quelques habitants de la ville. « Bonne prise, monsieur le général ! dit le vice-roi. — Si bonne, répondit le général, que Votre Excellence la verra tout à l'heure pendue à cette antenne. — Comment cela ? répliqua le vice-roi. — Parce que, contre toute foi, contre toute raison et usage de guerre, ils m'ont tué deux des meilleurs soldats que j'avais en ces galères ; si bien que j'ai juré de les faire pendre tous, et principalement ce jeune homme qui est l'arraez du brigantin. »

Et sur cela il lui montra ce malheureux, qui, ayant déjà les mains liées et la corde au cou, n'attendait que la mort. Le vice-roi jeta les yeux sur lui, et, le voyant si beau, si gaillard et si modeste, sa beauté lui donna à l'heure même pour lui une lettre de recommandation, de manière qu'il eut désir de lui sauver la vie. C'est pourquoi il lui demanda : « Dis-moi, arraez, es-tu Turc de nation, ou Maure, ou renégat ? — Je ne suis, repartit le jeune arraez en langue également castillane, ni Turc, ni Maure, ni renégat. — Eh bien, qui es-tu donc ? répliqua le vice-roi. — Je suis, répondit le jeune homme, une fille chrétienne. — Une fille, dit le vice-roi, et chrétienne, et en tel équipage, et en tel lieu ? Voilà qui est plus admirable que croyable. — Ah ! messieurs, poursuivit le jeune homme, différez un peu l'exécution de ma mort, vous ne perdrez pas beaucoup à différer votre vengeance jusqu'à ce que je vous aie conté ma vie. »

Quel cœur de roche ne se fût amolli à ces paroles, ou pour

le moins n'eût écouté ce que ce triste et malheureux jeune homme voulait dire. Le général lui dit qu'il pouvait raconter ce qu'il voudrait, mais qu'il n'espérât pas obtenir pardon de sa faute reconnue. Avec cette permission, le jeune homme commença son discours en cette manière :

« J'ai pris naissance d'un père et d'une mère mauresques, parmi cette nation plus malheureuse que prudente, sur laquelle, ces jours passés, une mer d'infortune a plu. Durant le courant de son malheur, deux de mes oncles m'emmenèrent en Barbarie, sans qu'il me servît de rien de dire que j'étais chrétienne, comme en effet je le suis, et non de celles qui ne le sont qu'en apparence, et par dissimulation. Cette vérité, dis-je, ne me servit de rien envers ceux qui avaient la charge de notre misérable bannissement. Mes oncles mêmes n'en voulurent rien croire, mais il la regardèrent comme un mensonge et estimèrent que je disais cela pour demeurer au pays où j'avais pris naissance, si bien que par force plutôt que de bonne volonté ils m'emmenèrent avec eux. J'eus une mère chrétienne, et un père de même, sage et chrétien. Je suçai avec le lait la foi catholique, et je fus élevée dans de bons principes, de sorte que, ni par mon langage ni par mes manières, je ne témoignai jamais d'être Mauresque. Ma beauté, si tant est que je sois belle, croissait à l'égal de ces vertus que je crois en être de véritables. Et, bien que je vécusse fort retirée et ne sortisse guère de la maison, la retraite où je vécus ne fut pas assez profonde pour empêcher qu'un jeune cavalier, nommé don Gaspar Grégorio, fils aîné d'un gentilhomme de notre voisinage, ne me vît. Sa maison était proche de la nôtre, et il serait trop long de vous raconter comment nous nous parlâmes, comment il se vit perdu pour moi, et moi un peu gagnée par lui. Le temps ne le permet pas, et principalement maintenant que ce cruel cordeau se resserre entre ma langue et ma gorge. Je vous dirai seulement que don Grégorio me voulut accompagner en notre bannissement. Il se mêla donc parmi les Maures qui étaient sortis d'autres villages : car il savait fort bien leur langue. Durant le voyage, il se fit ami de mes deux oncles qui me menaient avec eux. Mon père sage et avisé, sitôt qu'il avait appris la première proclamation de notre bannissement, était sorti de notre bourg pour aller chercher quelque retraite aux royaumes étrangers. Or, il avait enterré, en un endroit dont moi seule ai connaissance, plusieurs perles et pierreries de grande valeur, et avec beaucoup d'argent en cruzades et doublons d'or, et avait commandé que je n'y touchasse nullement si par fortune nous étions bannis avant qu'il y retournât. Je n'en eus garde, et avec mes oncles, ainsi que j'ai déjà dit, et d'autres parents et gens de notre nation, nous passâmes en Barbarie. Le premier lieu où nous prîmes terre fut Alger, ou plutôt nous abordâmes dans l'enfer même. Le roi fut informé de ma beauté, la renommée lui apprit mes richesses, et cela fut en partie cause de mon bonheur. Il me fit venir devant lui, et me demanda de quelle contrée d'Espagne j'étais, et quel argent et quelles pierreries j'avais. Je lui dis le lieu de ma naissance, et lui appris que l'or et les joyaux précieux y étaient enterrés, mais qu'on les pourrait aisément recouvrer si moi-même je les allais querir. Je lui tins ce langage afin qu'il fût aveuglé plutôt de sa convoitise que de ma beauté. Comme nous étions en cet entretien, on lui vint dire qu'un des plus beaux et des plus gentils jeunes hommes qu'on saurait s'imaginer venait avec moi. Je compris soudain qu'on parlait de don Gaspar Grégorio, de qui la beauté surpasse les plus grandes beautés du monde. Lors je devins toute troublée, considérant le péril que courait don Grégorio, parce qu'entre ces Turcs barbares l'on fait plus d'estime d'un beau et jeune garçon que d'une femme, quelque belle qu'elle puisse être. Le roi commanda soudain qu'on le lui amenât afin de le voir ; et sur cela il me demanda si ce que l'on disait de ce jeune homme était véritable ; et lors, comme inspirée du Ciel, je lui dis qu'il en était ainsi, mais que je lui faisais savoir que ce n'était pas un homme, mais une fille comme moi. Cependant je le suppliai qu'il me permît de l'habiller de son vêtement naturel, afin qu'en cet équipage elle montrât mieux sa beauté et parût avec moins d'empêchement en sa présence. Le roi m'accorda cette requête, et me dit qu'un autre jour nous parlerions ensemble du moyen que nous pourrions tenir touchant mon retour en Espagne pour retirer le trésor caché. Je parlai à don Gaspar, lui contai le péril qu'il courait s'il montrait qu'il était homme, l'habillai en Mauresque. Le même jour et sur le soir je le menai au roi, qui fut émerveillé en le voyant, et fit dessein de le garder pour en faire un présent au Grand Seigneur. Or, pour éviter le péril qu'il pouvait courir au sérail de ses femmes et redouter de lui-même, il commanda qu'on le gardât dans la maison de l'une des principales Mauresques de la ville, et qu'on lui servît tout ce qui lui serait nécessaire. On ne tarda pas à l'y conduire. Je laisse au jugement de ceux qui s'aiment et qui se séparent la douleur que nous ressentîmes en cette séparation, car je ne puis nier que je l'aimais. Le roi ensuite donna ordre que je retournasse en Espagne dans ce brigantin, et que deux Turcs m'accompagnassent, qui sont ceux qui ont tué vos soldats. Ce renégat espagnol (et sur cela elle leur montra celui qui avait parlé le premier) est venu pareillement avec moi ; et je sais bien que dans son âme il est chrétien, et qu'il vient avec plus de désir de s'arrêter en Espagne que de retourner en Barbarie. L'autre chiourme du brigantin est composée de Maures et de Turcs qui ne nous servent que pour ramer. Les deux Turcs avares et insolents, sans se soucier du commandement qu'ils avaient de nous mettre à terre, moi et ce renégat, au premier rivage que nous découvririons d'Espagne et avec les vêtements chrétiens dont nous venions pourvus, ont voulu premièrement courir cette côte, et tenter d'y faire quelque prise, craignant que s'ils nous mettaient auparavant à terre nous ne découvrissions, par quelque accident qui nous pourrait arriver, que ce brigantin était en mer et que si, par fortune, il y avait des galères en cette plage, ils ne fussent pris. La nuit passée, nous découvrîmes celle-ci, et, sans avoir avis de ces quatre galères, nous avons été découverts, et vous avez vu ce qui nous est arrivé. Enfin, don Grégorio est demeuré en habit de femme parmi des femmes, en grand danger de périr, et moi, je me vois les mains liées, attendant, ou pour mieux dire craignant de perdre la vie, qui déjà m'est ennuyeuse. Telle est, messieurs, la fin de mon histoire lamentable. Elle n'est pas moins véritable que malheureuse. Tout ce dont je vous prie est que vous me laissiez mourir en chrétienne, puisque, comme je vous ai dit, je ne suis nullement coupable de la faute où ceux de ma nation sont tombés. »

L'infortunée se tut, les yeux gros de larmes, lesquelles firent pleurer plusieurs des assistants. Le vice-roi, rempli de compassion, sans lui dire mot, s'approcha d'elle et de ses mains ôta le cordeau qui liait les belles mains de la Mauresque chrétienne. Pendant qu'elle racontait son étrange histoire, un ancien pèlerin, qui était entré dans la galère lorsque le vice-roi y entra, tenait les yeux fixés sur elle, et à peine la belle Mauresque eut achevé son discours qu'il se jeta à ses pieds, et les tenant embrassés avec mille sanglots et soupirs, en paroles entrecoupées, proféra ce langage : « Ô Anna-Félix, ma misérable fille, je suis ton père Ricote qui allais à ta recherche, car je ne puis vivre sans toi, qui es l'âme de mon âme. » A ces mots, Sancho ouvrit les yeux, et leva la tête, qu'il tenait baissée en pensant à la disgrâce de sa promenade. Ayant bien considéré le pèlerin, il reconnut que c'était le même Ricote qu'il avait rencontré le jour qu'il quitta son gouvernement. Au reste, il fut incontinent assuré que c'était sa fille, laquelle, étant déjà détachée, embrassa son père, mêlant ses larmes avec les siennes. Lors Ricote dit au général et au vice-roi : « Messeigneurs, c'est ici ma fille, plus malheureuse en ses aventures qu'en son nom. On l'appelle Anna-Félix, son nom de famille est Ricote, et elle est renommée tant pour sa beauté que pour ses richesses. Je suis sorti de ma patrie pour chercher aux royaumes étrangers quelque lieu de retraite, et, l'ayant trouvé en Allemagne, je suis revenu avec cet habit de pèlerin, en compagnie de quelques Allemands, pour chercher ma fille et déterrer les richesses que j'avais cachées. Je ne trouvai point ma fille, mais bien le trésor que j'emporte avec moi. Et maintenant, par l'étrange accident que vous avez vu, j'ai retrouvé le trésor qui fait ma plus grande richesse, qui est ma chère fille. Si notre innocence, si ses larmes et les miennes peuvent, à travers l'intégrité de votre justice, ouvrir la porte à la miséricorde, usez-en envers nous, qui jamais n'avons eu la pensée de vous offenser, ni consenti en aucune manière à l'intention de ceux de notre nation qui ont été justement bannis.

— Je connais fort bien Ricote, dit alors Sancho, et sais que ce qu'il dit est véritable, quand il assure qu'Anna-Félix est sa fille ; pour ce qui est de toutes ces circonstances, ces allées et ces venues, de cette bonne ou mauvaise intention, je ne m'en mêle pas. » Tous les assistants étaient émerveillés de cet étrange cas ; lors le général tint ce discours : « Une à une vos larmes m'empêcheront d'accomplir mon serment. Vivez, belle Anna-Félix, les jours de vie que le Ciel vous réserve, et que les insolents et les téméraires qui ont commis la faute en portent la peine. » Et il commanda qu'on pendît à la vergue les deux Turcs qui avaient tué ses deux soldats ; mais le vice-roi le pria instamment de ne les point faire pendre, puisque leur crime avait été folie plus que valeur. Le général fit tout ce dont le vice-roi le requérait ; les vengeances s'exécutent mal de sang-froid. Cependant ils songèrent au moyen qu'il fallait tenir pour retirer don Gaspar Grégorio du péril où il était. Ricote offrit pour lui plus de deux mille ducats, qu'il avait, tant en perles qu'en pierreries. On mit en avant une foule de moyens, et le meilleur qu'on trouva ce fut celui du renégat espagnol, qui s'offrit de retourner à Alger dans un petit bateau à six bancs, armé de rameurs chrétiens : car il savait où, comment et quand il pouvait et devait débarquer, voire même il n'ignorait pas la maison où don Gaspar demeurait. Le général et le vice-roi eurent quelque doute sur la confiance à mettre dans le renégat, et faisaient difficulté de lui confier les chrétiens qui devaient ramer ; Anna-Félix se fiait pourtant à lui, et Ricote son père dit qu'il se soumettait à payer la rançon des chrétiens, si par fortune ils venaient à être pris. Cette résolution prise, le vice-roi débarqua, et don Antonio Moreno mena avec lui la Mauresque et son père. Le vice-roi le chargea de leur faire bonne chère et de leur procurer tout ce qui leur pourrait être agréable, que pour lui il leur offrait tout ce qu'il avait de meilleur en sa maison, si grandes furent la bienveillance et la charité que la beauté d'Anna-Félix avait fait naître dans son âme.

CHAPITRE LXIV

QUI TRAITE DE L'AVENTURE QUI DONNA LE PLUS D'ENNUI À DON QUICHOTTE DE TOUTES CELLES QUI LUI ÉTAIENT ARRIVÉES JUSQUES ALORS

La femme de don Antonio Moreno, à ce que conte l'histoire, reçut un extrême contentement de voir Anna-Félix en sa maison. Elle lui fit mille caresses, non moins charmée de sa beauté que de son esprit : car la Mauresque possédait au plus haut point l'une et l'autre qualité. Tout le peuple de la ville accourait, comme au son de la cloche, pour la voir. Cependant don Quichotte dit à don Antonio que le parti qu'on avait pris touchant la liberté de don Grégorio n'était pas bon, parce qu'il offrait plus de péril que d'à-propos, et qu'il serait bien mieux de le faire passer en Barbarie avec ses armes et son cheval : car il se faisait fort de le retirer de toute la Maurerie, comme avait fait don Gaïferos pour son épouse Mélisendre. « Que Votre Grâce, dit Sancho en entendant ceci, prenne garde que le seigneur don Gaïferos retira son épouse de terre ferme, et l'emmena en France par terre ferme ; tandis qu'ici, à supposer que nous délivrions don Grégorio, nous n'aurions pas le moyen de le conduire en Espagne, puisque la mer est entre deux. — Il y a remède à tout, repartit don Quichotte, excepté à la mort : car, comme notre vaisseau sera au rivage, nous nous y pourrons embarquer, quand tout le monde nous en voudrait empêcher. — Vous peignez bien et fort à l'aise, dit Sancho ; mais il y a loin de dire à faire, et je m'en tiens au renégat. C'est, à mon sens, un fort homme de bien et une bonne âme. » Don Antonio leur dit que, si le renégat ne mettait point heureusement fin à cette entreprise, l'on userait de l'expédient de faire passer le grand don Quichotte en Barbarie. A deux jours de là, le renégat partit sur un léger bâtiment à six rames de chaque côté, avec une vaillante chiourme et, trois jours plus tard, les galères prirent la route du Levant, le général ayant prié le vice-roi de prendre la peine de l'avertir de ce qui arriverait touchant cette entreprise qu'on avait faite pour rendre à la liberté don Grégorio, et aussi touchant la fin de l'aventure d'Anna-Félix. Le vice-roi promit de lui en écrire tout au long, et comme il le désirait.

Or, comme notre don Quichotte se promenait un matin sur la plage, armé de toutes ses armes, lesquelles, comme il avait dit plusieurs fois, étaient son ornement, de même que le combat son repos, de sorte que l'on ne le voyait jamais sans elles, il vit venir à lui un chevalier armé de même de toutes pièces. Il portait, peinte sur son écu, une lune resplendissante. S'étant approché de notre chevalier assez près pour en être entendu, il dit à voix haute en s'adressant à don Quichotte : « Illustre chevalier, qu'on ne loue jamais autant qu'il se doit, ô don Quichotte de la Manche, moi, *le Chevalier de la Blanche Lune*, dont peut-être les faits d'armes inouïs seront venus à ta connaissance, je viens ici pour te combattre et pour éprouver la force de ton bras, en intention de te faire reconnaître et confesser que ma maîtresse, quelle qu'elle soit, est sans comparaison plus belle que ta Dulcinée du Toboso. Si tu me confesses clairement cette vérité, tu éviteras la mort et m'épargneras la peine de te la donner. Et si tu combats et que je te vainque, je ne veux point d'autre satisfaction, si ce n'est que, quittant les armes et t'abstenant de chercher les aventures, tu te retires en ta maison et t'y tiennes, sans mettre la main à l'épée, en paix tranquille et en repos profitable, durant toute une année, parce que c'est ce qui convient tant pour l'accroissement de ton bien que pour le salut de ton âme. Au contraire, si je suis vaincu par toi, ma tête demeurera à ta discrétion ; mes armes et mon cheval seront tes dépouilles, et la renommée de mes prouesses s'ajoutera à la tienne. Regarde ce qui te convient le mieux et fais-moi promptement réponse, car je n'ai que ce jour ici pour tout délai afin de dépêcher cette affaire. »

Don Quichotte demeura tout ébahi et étonné, tant de l'arrogance du chevalier de la Blanche Lune que de la cause pour laquelle il le défiait ; de sorte que, d'une contenance calme et grave, il lui fit cette réponse : « Chevalier de la Blanche Lune, dont les prouesses ne sont point encore parvenues à mes oreilles, je vous ferai jurer que vous n'avez jamais vu l'illustre Dulcinée. Car si vous l'aviez vue, vous ne vous seriez point engagé dans cette querelle. Sa vue vous désabuserait, puisqu'il n'y eut jamais et qu'il ne peut y avoir beauté que l'on puisse comparer à la sienne. C'est pourquoi, sans dire que vous mentez, mais que vous vous trompez bien fort dans vos affirmations, j'accepte votre défi avec les conditions que vous avez proposées, et suis content que ce soit tout maintenant afin que le jour par vous déterminé ne se passe point qu'on ne vide cette affaire. Seulement j'excepte des conditions que ma renommée s'accroisse de la vôtre, parce que j'ignore quelles sont vos prouesses, et que je me contente des miennes telles qu'elles sont. Prenez donc du champ ce que vous voudrez, j'en ferai de même. Et saint Pierre bénisse celui que Dieu voudra favoriser. »

L'on avait aperçu de la ville le chevalier de la Blanche Lune, et dit au vice-roi qu'il parlait à don Quichotte de la Manche. Le vice-roi, croyant que ce devait être quelque nouvelle aventure que don Antonio Moreno ou quelque autre cavalier de la ville avait forgée, alla soudain à la plage, suivi de don Antonio et de plusieurs autres gentilshommes, à l'heure même où don Quichotte tournait la bride à Rossinante pour prendre de champ ce qu'il lui en fallait. Comme le vice-roi connut qu'ils donnaient des signes de courir l'un contre l'autre, il se mit au milieu et leur demanda la cause d'un si soudain combat. Le chevalier de la Blanche Lune lui répondit que c'était pour un fait de beauté, et en peu de mots lui apprit ce qu'il avait déjà dit à don Quichotte, avec les conditions du défi, acceptées des deux parts. Lors le vice-roi, s'adressant à don Antonio, lui demanda tout bas s'il connaissait ce chevalier de la Blanche Lune, ou si c'était là quelque bourde qu'on voulût donner à don Quichotte. Don Antonio lui répondit qu'il ne savait qui était ce chevalier, et qu'il ignorait si ce défi était une bourde ou une chose véritable. Cette réponse tint le vice-roi dans l'indécision de savoir s'il devait ou non donner permission aux deux combattants de passer outre. Néanmoins, ne se pouvant persuader que ce ne fût une cassade, il s'éloigna en leur disant : « Seigneurs, chevaliers, s'il n'y a point ici d'autre remède que de confesser ou mourir, puisque le seigneur don Quichotte est sur ses treize, et vous, chevalier de la Blanche Lune, sur vos quatorze, que chacun de vous fasse son devoir, et à la garde de Dieu ! » Le chevalier de la Blanche Lune, avec des paroles pleines de courtoisie, remercia le vice-roi de la permission qu'il leur donnait, et don Quichotte en fit autant ; puis, se recommandant de tout son cœur au Ciel et à sa Dulcinée, ainsi qu'il avait de coutume au commencement de ses combats, il prit encore un peu plus de champ, parce qu'il voyait que son adversaire en faisait autant. Lors, sans attendre que la trompette ni autre instrument de guerre les animât et leur donnât le signe de s'assaillir, tous deux en même temps ils tournèrent bride. Mais, comme le coursier du chevalier de la Blanche Lune était plus léger et plus vite, aux deux tiers de la carrière, il arriva sur don Quichotte, et l'y rencontra avec tant de force et de vigueur que, sans le toucher de la lance, que, comme l'on vit, il leva exprès en haut, il le renversa avec Rossinante, et l'étendit sur le sol d'une chute dangereuse, puis il se jeta sur lui, et, lui mettant la pointe de la lance sur la visière, il lui dit : « Chevalier, vous êtes vaincu, voire vous êtes mort, si vous ne confessez les conditions de notre défi. » Don Quichotte, tout moulu et tout étourdi, sans lever sa visière, comme s'il eût parlé du fond d'un tombeau, d'une voix faible et cassée, dit : « Dulcinée du Toboso est la plus belle femme du monde, et moi le plus malheureux chevalier de la terre ; il ne faut pas que, par ma faiblesse, cette vérité soit altérée. Chevalier, pousse ta lance, et m'ôte la vie, puisque tu m'as ôté l'honneur. — C'est ce que je ne ferai certes pas, dit alors le chevalier de la Blanche Lune ; que la réputation de beauté de madame Dulcinée du Toboso vive en son entier. Je me contente que le grand don Quichotte se retire chez lui durant toute une année, ou tout le temps que je lui aurai fixé, ainsi que nous en sommes convenus avant d'entrer en ce combat. » Le vice-roi, don Antonio, et beaucoup d'autres assistants entendirent tout ceci, et ils entendirent pareillement que don Quichotte fit cette réponse : que, pourvu qu'il ne le requît de chose qui fût au préjudice de Dulcinée, il accomplirait tout le reste en chevalier exact et sincère. Ayant obtenu cette confession, le chevalier de la Blanche Lune tourna bride, et, faisant la révérence au vice-roi, il rentra au trot dans la ville. Le vice-roi commanda à don Antonio de le suivre, et, quoi qu'il en fût, de savoir qui il était. Cependant on releva don Quichotte, on lui découvrit le visage, et on le trouva sans couleur et tout en sueur. Rossinante était en fort mauvais point et ne se pouvait bouger pour le présent. Sancho, tout triste et tout confus, ne savait que dire ni que faire. Il lui semblait que toute cette aventure n'était qu'un songe et toute cette machine affaire d'enchantement. Il voyait son seigneur vaincu et obligé de ne prendre point les armes d'une année ; il se représentait la lumière, la gloire de ses hauts faits obscurcie, les espérances de ses nouvelles promesses perdues et dissipées comme fumée au vent. Il avait peur que Rossinante ne fût estropié, et son maître disloqué, sinon, ce qui eût au moins été un bonheur, détoqué.

Enfin, on l'emporta à la ville dans une chaise à porteurs, que le vice-roi avait mandé querir, lequel y retourna pareillement, avec le désir de savoir qui pouvait être ce chevalier de la Blanche Lune qui avait laissé don Quichotte de la Manche en si mauvais point.

CHAPITRE LXV

OÙ L'ON FAIT SAVOIR QUI ÉTAIT LE CHEVALIER DE LA BLANCHE LUNE, AVEC LA DÉLIVRANCE DE DON GRÉGORIO ET AUTRES ÉVÉNEMENTS

Don Antonio Moreno suivit le chevalier de la Blanche Lune. Il fut encore suivi et même poursuivi de beaucoup d'enfants jusqu'à ce qu'il s'enfermât dans une maison au-dedans de la ville, où don Antonio entra avec le désir de le connaître. Un écuyer vint soudain recevoir ce chevalier et le désarmer. Il s'enferma dans une salle basse, et don Antonio avec lui : car il ne mangerait pas du pain blanc avant de savoir qui il était. Quand celui de la Blanche Lune vit que ce cavalier ne le quittait d'un pas, il lui dit : « Monsieur, je sais bien pourquoi vous venez ici ; c'est pour savoir qui je suis, et, comme il n'y a pas de motif de vous le nier, je vous le dirai pendant que mon serviteur me désarme, sans manquer d'un point à la vérité du fait. Sachez donc, monsieur, que l'on m'appelle le bachelier Samson Carrasco. Je suis du même endroit que don Quichotte de la Manche. Sa folie et sa simplicité nous touchent de pitié, nous tous qui le connaissons, et j'ai été l'un de ceux qui l'ont été le plus. Croyant que sa guérison dépend de son repos et qu'il faut pour cela qu'il demeure dans sa maison et sur sa terre, j'ai tâché de l'y ramener. C'est pourquoi il y a tantôt trois mois que j'allai à sa rencontre comme chevalier errant, me faisant nommer le chevalier des Miroirs, avec l'intention de le combattre et de le vaincre, sans toutefois lui faire aucun mal. J'avais mis pour condition à notre duel que le vaincu demeurerait à la discrétion du vainqueur, et comme je le tenais déjà pour vaincu, je pensais lui imposer qu'il retournât à son village et n'en sortît point de toute une année, pensant que durant ce temps-là on le pourrait guérir. La fortune en ordonna autrement : ce fut lui qui me vainquit et me fit vider les arçons, de sorte que mon désir n'eut point d'effet. Il suivit son chemin et je m'en retournai vaincu, courroucé et froissé par la chute, qui par-dessus fut périlleuse. Toutefois je ne perdis point le désir que j'avais de retourner à sa recherche et de le vaincre, comme on l'a vu aujourd'hui. Et, comme il est fort exact à observer les ordonnances de la chevalerie errante, sans aucun doute il tiendra la promesse qu'il a faite et accomplira sa parole. Voilà l'entière vérité de cette affaire sans que j'aie à vous en dire aucune autre chose. Je vous supplie de ne me découvrir point, ni ne dire à don Quichotte qui je suis, afin que mes bonnes intentions soient suivies d'un bon résultat, et qu'un homme qui l'a fort bon puisse recouvrer son jugement, lorsque les folies de la chevalerie l'auront quitté.

— Monsieur, dit don Antonio, Dieu vous pardonne le tort que vous avez fait au monde, en voulant que le plus plaisant fou qui y soit redevienne sage. Ne voyez-vous pas que le profit que l'on pourra retirer de la sagesse de don Quichotte n'égalera jamais le plaisir que l'on retire de ses extravagances ? Cependant je m'imagine que toute l'industrie de monsieur le bachelier ne sera pas capable de rendre sage un homme si incurablement fou ; et, si ce n'était contre la charité, je dirais que mon désir est que don Quichotte ne guérisse jamais, puisque par sa guérison non seulement nous perdons ses divertissantes folies, mais aussi celles de Sancho Pança, son écuyer, dont la moindre est suffisante à réjouir la mélancolie elle-même. Néanmoins je me tairai, et ne lui dirai rien, pour voir si je n'aurai point raison de douter que la diligence faite par le seigneur Carrasco ait un résultat. » Le bachelier lui répondit qu'en tout cas cette affaire était déjà en fort bon train et qu'il en espérait une heureuse issue. Don Antonio lui promit de faire tout ce qu'il lui commanderait. Samson Carrasco prit congé, fit lier ses armes sur un mulet, et, étant monté sur le cheval avec lequel il avait combattu, sortit de la ville et retourna à son village, sans qu'il lui arrivât rien qui mérite d'être raconté en cette véritable histoire.

Don Antonio raconta au vice-roi tout ce que Carrasco lui avait appris. Le vice-roi n'en fut pas trop satisfait, parce que, par la retraite de don Quichotte, on perdait tout le plaisir que pouvaient recevoir tous ceux qui avaient connaissance de sa folie. Don Quichotte demeura six jours au lit, marri, triste, pensif et de fort mauvaise humeur, pensant et repensant, en son imagination, au malheureux événement de sa défaite. Sancho le consolait, et entre autres raisons lui dit : « Mon maître, que Votre Grâce relève la tête, et se réjouisse si elle peut. Remerciez le Ciel de ce que, en vous jetant à terre, au moins il ne vous a rompu quelque côte. Et puis ne savez-vous pas que là où l'on donne on reçoit, et que là où il y a des chevilles il n'y a pas toujours du lard ? Faites la nique au médecin, puisque vous n'avez pas besoin de sa médecine pour vous guérir de cette infirmité. Retournons à notre maison, et n'allons plus chercher ces aventures par des contrées que nous ignorons, quoique, si l'on considère bien le tout, je suis celui qui y perd le plus, encore que vous soyez le plus courbatu. Moi qui ai quitté avec le gouvernement le désir d'être jamais gouverneur, je ne perdais point l'envie d'être comte, et jamais cela n'aura d'effet si Votre Seigneurie, en quittant l'exercice de la chevalerie, abandonne l'espoir d'être roi, de sorte que mes espérances se tournent en fumée.
— Tais-toi, Sancho, puisque tu vois que ma retraite ne doit

point dépasser une année ; ensuite je reprendrai mes honorables exercices, et je ne manquerai point de royaume à conquérir, ni de comté à te donner. — Dieu le veuille, dit Sancho, et le péché soit sourd : j'ai toujours ouï dire qu'une bonne espérance est meilleure qu'une vile possession. »

Ils en étaient sur ces devis lorsque don Antonio, entrant dans la chambre avec des signes de grand contentement, proféra ces paroles : « Bonnes nouvelles, seigneur don Quichotte ; don Grégorio et le renégat qui l'était allé chercher sont déjà dans le port. Que dis-je, dans le port ? Don Grégorio est déjà au palais du vice-roi, et sera ici tout à l'heure. » Don Quichotte montra quelque joie, et néanmoins il tint ce langage : « En vérité, je suis pour dire que je voudrais que cela fût arrivé tout au rebours, parce que, par ce moyen, j'eusse été obligé de passer en Barbarie, où par la force de mon bras j'eusse donné la liberté non seulement à don Grégorio, mais à tout autant d'esclaves chrétiens qu'il y a en Barbarie. Mais que dis-je, misérable ? Ne suis-je pas le vaincu ? ne suis-je pas celui qu'on a jeté à terre ? ne suis-je pas celui qui ne peut prendre les armes de toute une année ? Et alors qu'est-ce que je veux promettre, de quoi me glorifier, s'il me convient d'abord d'user de la quenouille plutôt que de l'épée ? — Monsieur, dit alors Sancho, laissons tout cela, et vive la poule, encore que ce soit avec la pépie ! Aujourd'hui pour toi et demain pour moi. Car, en ces choses de rencontres et de horions, il ne s'y faut point fier, puisque celui qui tombe aujourd'hui se peut demain relever, à moins qu'il ne veuille garder le lit, je veux dire s'il se laisse tellement aller à l'abattement qu'il n'ait point envie de recouvrer de nouvelles forces pour un nouveau combat. Que Votre Grâce se lève donc pour recevoir don Grégorio, car il me semble qu'il y a grande foule et l'homme doit déjà être à la maison. » Cela était vrai : don Grégorio et le renégat ayant déjà rendu compte au vice-roi de leur voyage et du retour, ce jeune gentilhomme désirait voir Anna-Félix, et était venu à l'hôtel de don Antonio. Et, bien que don Grégorio fût habillé en femme quand on le tira d'Alger, dans la barque il changea ses habits pour ceux d'un captif qui venait avec lui. Mais, en quelque équipage qu'il fût, il témoignait d'être homme qui méritait d'être recherché, servi et estimé : car il était extrêmement beau, et ne pouvait avoir que quelque dix-sept à dix-huit ans. Ricote et sa fille le vinrent recevoir, le père la larme à l'œil et la fille avec modestie. Ils ne s'embrassèrent point les uns les autres, parce que là où l'amour est grand on n'y voit point excès de hardiesse. Tous les assistants admiraient chacun en particulier la beauté de don Grégorio et celle d'Anna-Félix jointes ensemble. Ce fut le silence qui là parla pour les deux amants, et les yeux furent les langues qui découvrirent leur joie et leurs honnêtes pensées. Le renégat raconta l'adresse dont il avait usé pour délivrer don Grégorio ; et don Grégorio, les périls et les embarras où il s'était vu avec les femmes parmi lesquelles il était demeuré, et il ne le fit pas en longs discours, mais en peu de paroles, où il témoigna que son jugement surpassait ses années. Enfin, Ricote satisfit et paya libéralement tant le renégat que ceux qui avaient ramé dans l'embarcation. Le même renégat rentra au giron de l'Église, et, par le moyen de la pénitence et du repentir, de membre pourri devint un corps net et sain. Deux jours après, le vice-roi parla à don Antonio du moyen qu'ils devaient employer pour que Anna-Félix et son père demeurassent en Espagne : car il leur semblait qu'il n'y avait point d'inconvénient à ce qu'une fille si bonne chrétienne et un père qui paraissait être si homme de bien y fissent leur demeure. Don Antonio, qui pour d'autres affaires était obligé d'aller bientôt à la cour, s'offrit à négocier leur rétablissement, en donnant à entendre qu'à la cour, par le moyen de la faveur et des présents, on vient à bout de beaucoup de difficultés. « Non, dit alors Ricote, qui se trouva présent à cet entretien, il n'y a rien à attendre de la faveur ni des présents, parce que ni prières, ni promesses, ni dons, ni plaintes, ne trouvent aucun accès auprès du grand don Bernardino de Velasco, comte de Salazar, à qui Sa

Majesté a commis la charge de notre bannissement. Car, encore qu'il soit véritable qu'il mêle la miséricorde avec la justice, néanmoins, comme il voit que tout le corps de notre nation est contaminé et pourri, il use à son égard plutôt du cautère qui brûle que de l'onguent qui dulcifie. C'est pourquoi, avec prudence, avec sagesse, avec diligence, et avec la crainte qu'il inspire, il a mis sur ses fortes épaules le poids de cette grande affaire, sans que nos finesses, nos ruses et nos fraudes aient pu éblouir ses yeux d'Argus qu'il tient sans cesse ouverts afin qu'aucun des nôtres ne demeure ni se recèle, comme une racine cachée, qui par la suite des temps viendrait à se multiplier et à remplir de ses fruits vénéneux l'Espagne presque nette et hors de la crainte que notre multitude lui donnait. Généreuse et héroïque résolution du grand Philippe III, et prudence inouïe d'en avoir chargé un don Bernardino de Velasco[1] ! — Quoi qu'il en soit, repartit don Antonio, une fois là, je ferai pour ce sujet toutes les diligences possibles, et puis que le Ciel en dispose ce qui sera pour le mieux. Cependant don Grégorio s'en viendra avec moi consoler son père et sa mère, qui doivent être fort affligés de son absence ; Anna-Félix demeurera ici avec ma femme, ou bien dans un monastère, et je sais bien que monseigneur le vice-roi ne sera pas fâché que le bon Ricote demeure dans son hôtel, jusqu'à ce qu'il sache la fin de ma négociation. » Le vice-roi consentit à tout ce qu'on proposait ; mais don Grégorio, quand il sut ce qui se passait, dit qu'il ne pouvait ni ne désirait en aucune manière quitter Anna-Félix. Toutefois, comme il désirait voir son père et sa mère, et qu'il pourrait bien revenir auprès de sa maîtresse, il se rendit au projet arrêté. Anna-Félix demeura donc avec la femme de don Antonio, et Ricote dans le palais du vice-roi. Le jour du départ de don Antonio vint, et celui de don Quichotte et de Sancho, qui fut deux jours plus tard : car sa chute ne lui permit pas de se mettre plus tôt en chemin. Quand don Grégorio prit congé d'Anna-Félix, il y eut des larmes, des soupirs, des pâmoisons et des sanglots. Ricote offrit à don Grégorio mille écus s'il voulait, mais il n'en prit que cinq que lui prêta don Antonio, promettant de les lui rendre à la cour. Là-dessus, ils partirent tous deux, et ensuite don Quichotte et Sancho, ainsi que nous l'avons dit. Don Quichotte était sans armes, en costume de voyage, et Sancho allait à pied, parce que son grison était chargé des armes.

CHAPITRE LXVI

QUI TRAITE DE CE QUE VERRA CELUI QUI LE LIRA, OU ENTENDRA CELUI QUI L'ÉCOUTERA LIRE

Don Quichotte, en sortant de Barcelone, se retourna pour regarder le lieu de sa chute, et proféra ces paroles : « Là fut Troie ! là mon infortune, et non ma couardise, a emporté mes gloires conquises. C'est là que la fortune a usé contre moi de ses tours et détours ; là que mes prouesses se sont obscurcies ; là enfin que mon bonheur est tombé pour ne se relever plus ! » A ces paroles, Sancho lui dit : « Monsieur, il est d'un cœur vaillant d'avoir autant de patience dans les revers que de joie durant la prospérité. J'en fais le jugement par moi-même : car, si j'étais joyeux lorsque j'étais gouverneur, maintenant que je suis écuyer à pied, je n'en suis pas plus triste. J'ai ouï dire que celle qu'on nomme par ici la Fortune est une femme volage, fantasque, et surtout aveugle, de sorte qu'elle ne sait ce qu'elle fait, ni qui elle ravale, ni qui elle élève.

— Te voilà bien philosophe, Sancho, répliqua don Quichotte. Tu parles fort doctement ; je ne sais qui t'a enseigné. Ce que je puis te dire, c'est qu'il n'y a point de hasard au monde, et que les choses qui y arrivent, bonnes ou mauvaises, n'y arrivent point par hasard, mais par une providence particulière du Ciel : c'est pourquoi l'on dit communément que chacun est l'artisan de sa fortune. Je l'ai été de la mienne, mais non point avec la prudence nécessaire, de sorte que mes espérances ont tourné à ma confusion : car je devais considérer que la faiblesse de Rossinante ne pouvait résister au puissant coursier du chevalier de la Blanche Lune. Je me suis risqué, j'ai fait ce que j'ai pu, j'ai été jeté par terre, et, encore que j'aie perdu l'honneur, je n'ai point perdu ni ne puis perdre la vertu d'accomplir ma parole. Quand j'étais chevalier errant, courageux et vaillant, mes œuvres et mon bras témoignaient de mes prouesses ; maintenant que je suis écuyer pédestre, je ferai honneur à ma parole en accomplissant ce que j'ai promis. Chemine donc, ami Sancho, et allons à notre village accomplir notre année de noviciat. Durant cette retraite, nous recouvrerons de nouvelles forces pour retourner à l'exercice des armes que je n'oublierai jamais. — Monsieur, répondit Sancho, la route à faire à pied n'est pas assez agréable pour vous encourager à faire de grandes journées. Laissons ces armes attachées à quelque arbre au lieu d'un pendu, je m'installerai sur le dos du grison et, les pieds loin du sol, nous ferons les étapes comme vous voudrez et comme vous les mesurerez : car de croire que j'aille à pied et que je les fasse longues, c'est penser l'impossible. — Bien parlé, Sancho, répondit don Quichotte, faisons de mes armes un trophée, et dessous ou à l'entour nous graverons sur les arbres les vers qu'on avait écrits sous le trophée des armes de Roland :

Que nul n'ose y porter la main,
Sinon Roland le Paladin[1].

— Tout cela, dit Sancho, me semble d'or, et, n'était le défaut que va nous faire Rossinante tout le long du chemin, je serais d'avis de le pendre pareillement. — Eh bien ! ni lui ni les armes, répliqua don Quichotte, je ne souffrirais de les voir pendre, afin qu'on ne dise pas qu'un bon service trouve une pauvre récompense ! — Votre Grâce a raison, dit Sancho, car suivant l'opinion des gens d'esprit, le bât n'est pas cause de la faute de l'âne, et, puisque Votre Seigneurie est cause de tout ceci, il faut qu'elle se châtie elle-même, sans rejeter son courroux sur des armes rompues et sanglantes, ni sur la douceur de Rossinante ni sur la délicatesse de mes pieds, en leur demandant de cheminer plus que de juste. » Ils passèrent ce jour et encore quatre autres en ces conversations, sans qu'il leur arrivât chose qui empêchât leur chemin. Le cinquième jour, étant parvenus à un village, ils trouvèrent à la porte d'une hôtellerie une grande quantité de monde, qui prenait ses ébats parce que c'était jour de fête. Comme don Quichotte s'approchait d'eux, un paysan proféra tout haut ces paroles : « L'un de ces deux seigneurs qui viennent vers nous, et qui ne connaissent point les parties, dira ce que l'on doit faire en notre gageure. — Vraiment, répondit don Quichotte, je le dirai en toute équité, pourvu que je comprenne l'affaire. — Mon bon monsieur, dit le villageois, voici le cas : un paysan de ce village, si gras et si gros qu'il pèse pour le moins deux cent soixante-quinze livres, défia à courir un autre sien voisin, qui n'en pèse pas plus de cent vingt-cinq. La condition fut qu'ils devaient parcourir une carrière de cent pas avec des poids égaux. Quand il fut question de rendre le poids égal, celui qui avait défié dit à l'autre, qui ne pèse que cent vingt-cinq livres, qu'il mît sur son dos cent cinquante livres de fer : par ainsi le poids serait égal, et le gras et le maigre représenteraient poids égal de deux cent soixante-quinze livres. — Halte ! dit alors Sancho, avant que don Quichotte répondît. Il n'y a pas longtemps que j'étais juge et gouverneur, ainsi que tout le monde le sait ; c'est donc à moi d'éclaircir ce doute et de donner avis en tout procès. — A la bonne heure, ami Sancho ! dit alors don Quichotte. Réponds pour moi : car j'ai maintenant l'esprit si confus et le jugement si brouillé que je ne saurais donner la pâtée à un chat. — J'use de la permission, dit Sancho aux laboureurs qui étaient à l'entour de lui, la bouche béante, attendant sa sentence. Mes amis, ce que le gros demande ne peut aller et n'a pas l'ombre de justice, parce que, si ce que l'on dit est véritable, que celui qui est défié peut faire le choix des armes, l'équité ne veut pas qu'il les choisisse telles qu'elles l'empêchent d'être vainqueur. C'est pourquoi je suis d'avis que celui qui est gras et gros se coupe, se taille, se rogne, et s'ôte cent cinquante livres de sa chair, et de telle partie de son corps qu'il voudra. Par ce moyen il ne pèsera plus que cent vingt-cinq livres, il se réglera sur les cent vingt-cinq livres de son adversaire, et ils pourront courir tous deux à poids égal. — Par la corbleu ! dit alors un paysan qui écoutait la sentence de Sancho, ce monsieur a parlé comme un ange et jugé comme un chanoine. Mais pour sûr le gros ne voudra point s'ôter seulement une once de chair, tant s'en faut cent cinquante livres. — Le meilleur est, repartit un autre, qu'ils ne courent point, de peur que le maigre ne se froisse avec le poids, et que le gros ne se décharne. Cependant employons la moitié de la gageure en vin, et menons ces messieurs à la taverne pour y boire du meilleur, et sur moi la cape s'il vient à pleuvoir ! — Messieurs, dit alors don Quichotte, je vous remercie bien fort. Je ne me saurais arrêter ici un moment, parce que des pensées et des événements tristes me font paraître discourtois et accélérer le pas. » Ce disant, il piqua Rossinante et passa outre, laissant émerveillés ceux qui avaient vu et remarqué tant son étrange figure que le bon sens de son valet, car pour tel ils jugèrent Sancho Pança, et l'un des paysans dit : « Si le valet est si savant, que doit être le maître ? Je gage que, s'ils vont étudier à Salamanque, ils seront en moins de rien juges de cour : car tout est matière à rire, sauf l'étude, et encore l'étude, puis la faveur vient à la rescousse, et, lorsque moins on y pense, on se trouve la baguette en main ou la mitre sur la tête. »

Cette nuit-là, le maître et le valet la passèrent en pleine campagne, à ciel découvert, et le jour suivant, comme ils continuaient leur route, ils virent venir vers eux un homme à pied, qui portait à son col des besaces, et une espèce de javelot, ou bâton ferré, à la main, la tenue ordinaire d'un courrier à pied. Sitôt qu'il découvrit don Quichotte, il doubla le pas, et à demi courant s'approcha de lui, et, lui embrassant la cuisse droite, car il ne pouvait atteindre plus haut, il lui dit avec de grandes marques de joie : « Ô monseigneur don Quichotte de la Manche, quel plaisir pour monseigneur le duc quand il saura que vous revenez en son château, où il est encore maintenant avec madame la duchesse ! — Mon ami, repartit don Quichotte, je ne vous connais point, ni ne puis savoir qui vous êtes si vous ne me le dites. — Seigneur don Quichotte, répondit le courrier, je suis Tosilos, le laquais du duc mon maître, celui qui ne voulut point vous combattre pour le mariage de la fille de dame Rodriguez. — Dieu me soit en aide ! dit don Quichotte, est-il possible que vous soyez celui que les enchanteurs mes ennemis transformèrent en ce laquais que vous dites pour me ravir l'honneur de ce combat ? — Sauf Votre Grâce, mon bon seigneur, répliqua le porteur de lettres, il n'y eut aucun enchantement ni changement de visage. Tosilos entra dans la carrière aussi laquais que Tosilos en sortit. Je voulais me marier sans combattre, parce que la fille me semblait de bonne mine. Mais la chose tourna tout à l'envers de mes pensées : car le duc, mon maître, aussitôt que Votre Grâce fut partie de notre château, me fit donner cent coups de bâton pour avoir contrevenu aux ordres qu'il m'avait donnés avant d'entrer en lice. Enfin tout s'est terminé en ce que la jeune fille s'est faite religieuse, et dame Rodriguez, sa mère, s'en est retournée en Castille. Pour moi, je vais maintenant à Barcelone porter au vice-roi un paquet de lettres que lui envoie mon maître. Si vous désirez vous rafraîchir d'une petite gorgée de vin, j'en ai ici une pleine gourde, et du pur et du meilleur, quoique un peu chaud, avec je ne sais combien de tranches de fromage de Tronchon, qui serviront à rappeler et réveiller la soif, si par fortune elle est endormie. — J'accepte l'invite, dit Sancho, et laissons à part le reste de la courtoisie. Que le bon Tosilos soit l'échanson, en dépit de tous les enchanteurs qu'il y a aux Indes. — Enfin, dit don Quichotte, tu es le plus grand glouton du monde, Sancho, et le plus grand ignorant de la terre, puisque tu ne vois pas que ce courrier est enchanté, que ce n'est là qu'une imitation de Tosilos. Demeure avec lui et remplis ta panse ; je m'en irai devant tout doucement, en attendant que tu viennes. »

Le laquais se mit à rire, il déboucha sa gourde, débesaça son fromage avec un petit pain ; puis Sancho et lui s'assirent sur l'herbe verte, et de bonne compagnie ils eurent bientôt touché le fond des besaces, et avec tant d'entrain qu'ils en léchèrent le dessus du paquet de lettres, rien que parce qu'il sentait le fromage. Cependant Tosilos dit à Sancho : « Sans doute, l'ami Sancho, ton maître doit être un fou. — Comment, doit ? répliqua Sancho : il ne doit rien à personne : car il paye, et mieux encore quand c'est en monnaie de folie. Je le vois bien, et je le lui ai dit souvent ; mais à quoi cela sert-il, et principalement maintenant qu'il est fou achevé puisqu'il a été vaincu par le chevalier de la Blanche Lune ? » Tosilos le pria de lui raconter cette aventure. Mais Sancho lui dit que ce serait discourtoisie de faire attendre son maître ; qu'un autre jour, s'ils se rencontraient, ils en auraient le loisir Et, s'étant levé et ayant secoué son pourpoint et les miettes de sa barbe, Sancho toucha son grison, dit adieu à Tosilos et rattrapa son maître, qui l'attendait à l'ombre d'un arbre

CHAPITRE LXVII

DE LA RÉSOLUTION QUE PRIT DON QUICHOTTE DE SE FAIRE BERGER, ET DE MENER LA VIE DES CHAMPS JUSQU'À CE QUE FÛT ACHEVÉE L'ANNÉE DE SA PROMESSE, AVEC D'AUTRES ÉVÉNEMENTS VRAIMENT RÉCRÉATIFS ET PLAISANTS

Si beaucoup de pensées travaillaient don Quichotte avant d'être désarçonné, croyez qu'elles lui donnèrent beaucoup plus de peine depuis sa chute. Il était couché sous un arbre, ainsi que nous l'avons dit, et là une infinité de pensées l'assaillaient et le piquaient comme mouches à miel. Les unes s'adressaient au désenchantement de Dulcinée, et les autres à la vie qu'il devait mener durant sa retraite forcée. Sancho survint qui lui loua la libéralité du laquais Tosilos. « Est-il possible, lui dit don Quichotte, que tu aies encore cette croyance que celui-là soit un vrai laquais ? Il semble qu'il ne te souvienne plus de Dulcinée qui a été changée en paysanne, et du chevalier des Miroirs qui reçut la forme du bachelier Carrasco, toutes œuvres des enchanteurs qui me persécutent. Mais dis-moi un peu, je te prie, as-tu demandé à ce prétendu Tosilos ce que Dieu a fait d'Altisidore ? A-t-elle pleuré mon absence, ou bien si elle a mis en oubli les pensées amoureuses qui la travaillaient ? — Pensez-vous, repartit Sancho, que je fusse tant de loisir que je pusse m'informer de niaiseries ? Par la corbleu ! Êtes-vous maintenant en termes de vous enquérir des pensées d'autrui, et principalement de pensées d'amour ? — Considère, ami Sancho dit don Quichotte, combien il y a de différence entre les œuvres qui se font par amour et celles qui se font par reconnaissance. Il se peut qu'un chevalier se montre insensible, mais il ne saurait, à parler en toute rigueur, se montrer ingrat. Altisidore, au moins en apparence, me voulait du bien ; elle m'a donné les trois coiffes que tu sais, pleuré à mon départ, m'a maudit et injurié, et enfin s'est plainte publiquement, sans égard à la pudeur ; signes évidents qu'elle m'adorait, car le courroux des amants se satisfait en malédictions. Je n'avais nulle espérance à lui donner, ni nul trésor à lui offrir, puisque toutes mes espérances sont en la possession de Dulcinée, et que les trésors des chevaliers errants sont, comme ceux des esprits follets, apparents et faux. Je ne puis lui donner que ces souvenirs que je tiens d'elle, sans faire tort pourtant à ceux que je tiens de Dulcinée, laquelle tu offenses grandement par le délai que tu mets à fouetter et châtier cette chair, que puissé-je voir mangée des loups, puisque je te vois plutôt la réserver pour les vers de la terre que pour le remède de cette pauvre dame. — Monsieur, répondit Sancho, s'il faut dire la vérité, je ne me puis persuader que les coups infligés à mes fesses aient rien à voir avec les enchantements des enchantés. C'est comme si nous disions : Si vous avez mal à la tête, frottez-vous les genoux. Au moins j'oserai jurer que Votre Grâce n'a jamais lu en aucune des histoires qui traitent de la chevalerie errante qu'aucun ait été désenchanté à coups de fouet. Toutefois, quoi qu'il en soit, je me les donnerai quand l'envie m'en prendra, et que le temps m'en donnera la commodité. — Dieu le veuille, répondit don Quichotte, et le Ciel te donne la grâce de comprendre l'obligation où tu es d'aider ma dame, qui est aussi la tienne, puisque tu es à moi. »

Ils étaient en cette conversation, toujours cheminant, quand ils parvinrent au lieu même où les taureaux les avaient foulés aux pieds. Don Quichotte le reconnut et dit à Sancho : « Voici le pré où nous rencontrâmes, il y a quelque temps, les aimables bergères et les gentils bergers qui y voulaient renouveler et imiter l'Arcadie pastorale. Dessein non moins nouveau que judicieux. A leur imitation, si tu en es d'avis, ô Sancho, je voudrais que nous prissions l'habit de bergers durant le temps qu'il me faudra vivre dans la retraite. J'achèterai des brebis et tout ce qui est nécessaire à l'exercice pastoral. L'on m'appellera le pasteur Quichottin, et toi le pasteur Pancino, et nous irons par ces montagnes, ces forêts et ces prairies, ici chantant, là gémissant, buvant le liquide cristal des fontaines, ou bien des ruisseaux limpides, ou des fleuves profonds. Les chênes nous donneront à pleines mains de leurs doux fruits, les troncs des durs lièges nous serviront de sièges, et les saules ne nous refuseront point leur ombre, les roses, leur parfum, les prairies, leurs tapis diaprés de mille couleurs. L'air pur et serein nous rafraîchira de son haleine, et la lune et les étoiles nous éclaireront malgré l'obscurité de la nuit. Les chansons nous délecteront; les plaintes nous donneront de l'allégresse, Apollon nous inspirera des vers et l'amour des pensées qui nous rendront éternellement fameux, non seulement dans le siècle présent, mais dans les âges à venir. — Pardieu, dit alors Sancho, ce genre de vie me va extrêmement bien; et croyez que le bachelier Samson Carrasco et maître Nicolas le barbier ne l'auront pas plus tôt bien vu qu'ils voudront se faire pasteurs avec nous. Et Dieu veuille que notre curé ne se mette pas en tête d'entrer dans la bergerie, car c'est un homme allègre et qui aime à bien passer le temps. — Bien parlé, dit don Quichotte, et le bachelier Samson Carrasco, s'il entre dans le giron pastoral, comme il le fera sans doute, se pourra nommer Sansonet, ou bien le pasteur Carrascon. Pour maître Nicolas le barbier, nous le nommerons Niculoso, comme le vieux Boscan s'est appelé Nemoroso [1]. Je ne sais quel nom donner au curé, si ce n'est que par dérivation nous l'appelions le pasteur Curiambro. Quant aux bergères de qui nous devrons être les amants, nous pourrions trier leurs noms comme on fait des poires; et, puisque celui de ma dame convient autant à une bergère qu'à une princesse, il ne faut pas me travailler à la recherche d'un autre nom qui lui convienne mieux. Et toi, Sancho, tu donneras à la tienne le nom que tu voudras.

— Je ne pense pas, répliqua Sancho, lui donner un autre

nom que celui de Teresona, nom qui conviendra fort bien à son embonpoint[2] et avec celui qu'elle a, puisqu'on l'appelle Thérèse, et d'autant mieux qu'en la célébrant en mes vers je découvrirai mes chastes désirs, puisque je ne vais pas chercher mon pain blanc aux maisons d'autrui. Pour le bon exemple, il ne faut pas que le curé ait une bergère, mais si le bachelier en veut avoir une, à son aise. — Dieu m'assiste, fit alors don Quichotte, que nous mènerons une bonne vie, mon ami Sancho ! Que de flageolets charmeront nos oreilles ! que de cornemuses, que de tambours, que de sonnettes et de rebecs ! Que sera-ce si nous y avons encore ces manières de flûtes que l'on appelle albogues ? On y aura presque tous les instruments pastoraux. — Qu'entendez-vous par albogues ? demanda Sancho : car je n'en ai jamais ouï parler, ni ne les ai jamais vus de toute ma vie. — Des albogues, repartit don Quichotte, ce sont des instruments de métal faits en forme de chandeliers de laiton, tels que, frappant l'un contre l'autre, par le vide et le creux, il se produit un son, sinon fort agréable ni harmonieux, au moins qui n'est point déplaisant et qui se marie fort bien avec la rusticité du flageolet et du tambourin. Or, ce nom d'*albogue*[3] est mauresque, comme le sont tous ceux qui en notre langue castillane commencent par *al,* à savoir *almohaza, almorzar, alhombra, alguazil, alhuzema, almacen, alcancia,* et quelques autres semblables, et il n'y en a guère davantage. Et notre langue n'en a que trois qui soient mauresques et finissent en *i,* et ce sont *borcegui, zaquizami* et *maravedi;* car pour *alheli* et *aldaqui,* tant pour *al,* par lequel ils commencent, que pour *i,* par lequels ils finissent, on les reconnaît pour arabes. Je t'ai dit ceci exprès, parce que ce mot d'albogue m'en a donné le sujet et me l'a remis en mémoire. Cependant l'exercice de berger que nous devons faire viendra à propos, car je suis un peu poète, comme tu sais, et le bachelier Samson Carrasco l'est en perfection. Pour le curé, je n'en dis rien : toutefois, je gagerais qu'il tient un peu de la quinte poétique, et je ne doute point que maître

Nicolas le barbier n'en tienne aussi ; ils jouent tous ou la plupart de la guitare et rimaillent. Je me plaindrai de l'absence, tu loueras la constance en amour, le pasteur Carrascon se plaindra de la rigueur de sa maîtresse, le curé Curiambro de ce qu'il lui plaira ; et ainsi la chose ira si bien qu'il n'y aura rien à désirer.

— Monsieur, repartit Sancho, je suis si malchanceux que je crains que jamais ne vienne le jour où je me verrai en un si agréable exercice. Oh ! que de belles et gentilles cuillers je ferai quand je serai berger ! que de bouillies, que de crèmes, que de guirlandes, et que de drôleries pastorales, lesquelles m'acquerront sinon le bruit de sage et de prudent, au moins celui d'ingénieux ! Ma fille Sanchica nous apportera à manger dans la bergerie. Mais gare ! elle a bon air, et il y a des bergers qui sont plus malicieux que simples. Et je ne voudrais pas qu'elle y vînt pour de la laine et s'en retournât tondue. Les amours et les mauvais désirs vont d'ordinaire aussi bien leur train aux champs qu'à la ville, et dans les cabanes des bergers que dans les palais des rois, et, quand on ôte la cause, on ôte le péché. Et, quand les yeux ne voient point, le cœur ne s'éclate point ; et mieux vaut saut de haie que prière de gens de bien. — Assez de proverbes, Sancho, dit alors don Quichotte ; l'un quelconque de ceux que tu viens d'alléguer suffit pour expliquer ta pensée. Je t'ai souvent conseillé de n'être pas si prodigue de proverbes et d'être plus retenu à les débiter ; mais il me semble que c'est prêcher dans le désert. Et ma mère me châtie, et je fouette le sabot ! — Il me semble, répondit Sancho, qu'il en est de Votre Grâce comme on dit : La poêle dit au chaudron : « Ôte-toi de là, face noire. » Vous me reprenez de ce que je débite des proverbes, et Votre Seigneurie les enfile deux à deux. — Considère, Sancho, dit don Quichotte, que j'amène les proverbes à propos, et, quand je les dis, ils vont comme la bague au doigt ; tandis que toi, tu les tires tellement par les cheveux que tu les traînes au lieu de les mener. Si j'ai bonne mémoire, je t'ai appris, il y a quelque temps, que les proverbes sont de courtes sentences tirées de l'expérience et des observations de nos anciens sages ; si bien que le proverbe qui ne vient pas à propos est plutôt sottise que sentence. Toutefois brisons là, et, puisque la nuit vient, écartons-nous un peu de la grand-route, et mettons-nous en lieu où nous passions cette nuit, et Dieu sait ce que demain nous sera. »

Ils se retirèrent donc, soupèrent tard et fort mal, au grand regret de Sancho, à qui se représentèrent alors les frugalités et la vie de privations de la chevalerie errante, vie que l'on pratique aux forêts et sur les montagnes, quoique parfois on trouve l'abondance dans les châteaux et dans les maisons, comme en celle de don Diègue de Miranda, aux noces du riche Gamache et dans la maison d'Antonio Moreno. Nonobstant, il considérait qu'il n'est pas possible que toujours il soit jour ni toujours nuit, de sorte qu'il passa celle-ci en dormant et son maître en veillant.

CHAPITRE LXVIII

DE LA PORCINE AVENTURE QUI ARRIVA À DON QUICHOTTE

La nuit était quelque peu obscure, quoique la lune fût dans le ciel ; mais non dans une partie où l'on pût la voir : car parfois madame Diane s'en va promener aux antipodes, et laisse montagnes et vallons dans les ténèbres. Don Quichotte contenta la nature en dormant le premier sommeil sans se laisser aller au second, tout au rebours de Sancho que le second sommeil ne prenait jamais, parce qu'il dormait depuis le commencement de la nuit jusqu'au matin. En quoi il montrait sa bonne complexion et son peu de soucis. Ceux de don Quichotte le tinrent si bien éveillé qu'il poussa Sancho et lui dit : « Sancho, je suis étonné de la liberté de ton humeur. Je m'imagine que tu es fait de marbre ou d'airain, incapable de mouvement ou de sentiment aucun. Je veille quand tu dors, je pleure lorsque tu chantes, je suis exténué par la faim quand tu t'abandonnes à la paresse et que tu es si plein que tu n'en peux plus. C'est affaire aux bons serviteurs de ressentir les peines de leurs maîtres et de s'associer à leurs sentiments, ne fût-ce que pour la mine. Considère la sérénité de cette nuit, la solitude où nous sommes, qui nous invite à entremêler de quelque veille notre sommeil. Lève-toi donc, je t'en supplie, et t'écarte un peu de ce lieu ; donne-toi, de bon cœur et avec une ardeur reconnaissante, trois ou quatre cents bons coups de fouet, en déduction de ceux que tu te dois donner pour le désenchantement de Dulcinée. Je te demande cela en suppliant, car je n'ai pas envie d'en venir aux mains avec toi, comme l'autre fois, parce que je sais que tu les as un peu lourdes. Après que tu te seras fouetté, nous passerons le reste de la nuit, moi chantant mon absence et toi ta loyauté, donnant dès à présent commencement à l'exercice pastoral que nous devons faire en notre village. — Monsieur, repartit Sancho, je ne suis pas un religieux pour me lever au milieu de mon sommeil et me donner la discipline. Et il ne me semble pas non plus que de la douleur des coups de fouet on puisse passer au plaisir de la musique. Je vous prie, laissez-moi dormir, et ne me pressez point en ce qui concerne les coups de fouet, autrement vous me ferez faire serment que jamais je ne me toucherai poil de ma robe, tant s'en faut que je touche celui de ma peau. — Ô âme endurcie ! s'écria don Quichotte ; ô écuyer sans pitié ! ô pain mal employé ! ô faveurs mal considérées que les bienfaits que tu as reçus de moi, et ceux encore que je te pense faire ! Par moi tu t'es vu gouverneur, et par moi encore tu es en espérance d'être comte, ou d'avoir un autre titre équivalent. Or, cela ne te peut manquer après que cette année sera passée : car *post tenebras spero lucem*[1]. — Je n'entends pas ce langage, répliqua Sancho ; seulement je sais que pendant que je dors je n'ai ni crainte, ni espérance, ni travail, ni gloire. Dieu bénisse celui qui inventa le sommeil, manteau qui couvre toutes les humaines pensées, aliment qui ôte la faim, eau qui fait fuir la soif, feu qui réchauffe le froid et froid qui modère la chaleur, enfin, monnaie générale, avec laquelle l'on achète toutes choses ! C'est une balance et un poids qui rend égaux le berger et le roi, l'ignorant et le savant. Le sommeil n'a qu'une seule chose mauvaise, ainsi que je l'ai ouï dire : c'est qu'il ressemble à la mort, puisque d'un homme qui dort à un qui est trépassé il n'y a pas grande différence. — Sancho, dit don Quichotte, je ne t'ai jamais ouï parler avec autant d'élégance que tu le fais à cette heure, par où je viens à connaître que le proverbe est véritable, que tu as quelquefois accoutumé de répéter à savoir : non pas avec qui tu nais, mais avec qui tu pais. — Notre maître, répliqua Sancho, je meure si je ne suis pas seul maintenant à enfiler des proverbes : car ils tombent pareillement de votre bouche deux par deux, et mieux que de la mienne. Et il ne doit y avoir que cette différence des miens aux vôtres, que ceux de Votre Grâce viennent à propos, et les miens au contraire. Mais en somme tous sont proverbes. »

Ils en étaient là, quand ils entendirent un bruit sourd, un violent fracas, qui s'étendait par toutes ces vallées. Don Quichotte se dressa et mit la main à l'épée, et Sancho se blottit sous le ventre du grison, se mettant pour rempart le paquet des armes et le bât de sa bête, tout tremblant de peur, et don Quichotte fort troublé. Cependant le bruit allait croissant en s'approchant des deux peureux, au moins d'un des deux : car, pour l'autre, chacun connaît sa valeur. Le fait est que quelques hommes menaient vendre à une foire plus de six cents pourceaux, avec lesquels ils cheminaient à ces heures, et le bruit qu'ils menaient ainsi était si grand, le grognement et le hognement tels, qu'ils assourdirent les oreilles de don Quichotte et celles de Sancho, qui ne se donnèrent point de garde de ce que ce pouvait être. Cette horde grognante et sans fin s'approcha et, sans respect pour l'autorité de don Quichotte ni pour celle de Sancho, leur passa dessus, démolissant les tranchées de Sancho et portant à terre non seulement don Quichotte, mais Rossinante par-dessus le marché. La multitude, le grognement, la vitesse avec laquelle arrivèrent ces animaux immondes, mirent en confusion et renversèrent le bât, les armes, le grison, Rossinante, Sancho et don Quichotte. Sancho se releva le mieux qu'il put, et pria son maître de lui prêter son épée, lui disant qu'il voulait tuer une demi-douzaine de ces messieurs pourceaux malappris, car il avait déjà reconnu que c'en étaient. Mais don Quichotte : « Laisse-les aller, l'ami ; cet affront est la peine de mon péché. Le Ciel, par un juste châtiment, veut qu'un chevalier errant qui s'est laissé vaincre soit mangé des chacals, piqué des guêpes et foulé par les pourceaux. — Ce doit être aussi un châtiment du Ciel, répliqua Sancho, que les écuyers des chevaliers vaincus soient piqués des mouches, mangés des poux et assaillis par la faim. Si nous autres écuyers étions les fils des chevaliers que nous servons, ou leurs plus proches parents, il ne se faudrait pas étonner si la peine de leurs péchés nous atteignait jusqu'à la quatrième génération. Mais qu'ont à voir les Pança avec les Quichotte ? Cependant tâchons de nous arranger de nouveau, et dormons ce peu qui nous reste de la nuit. Après, Dieu enverra le jour, et nous aviserons. — Dors, Sancho, repartit don Quichotte, puisque tu es né pour dormir. Quant à moi, qui naquis pour veiller, pendant le peu qui reste de la nuit, je lâcherai la bride à mes pensées, et m'en déchargerai par un petit madrigal que, sans que tu le saches, j'ai composé cette nuit et gravé dans ma mémoire. — Il me semble, répondit Sancho, que les pensées qui donnent le loisir de faire des vers ne doivent pas être très importantes. Que Votre Seigneurie rime tant qu'elle voudra : je dormirai tant que je pourrai. » Et, ce disant, il prit de la terre ce qu'il voulut, et, s'étant étendu de son long, dormit à poings fermés, sans que cautions, ni dettes, ni douleur aucune, l'en empêchassent. Pendant ce temps don Quichotte, appuyé au tronc d'un hêtre ou d'un liège (car Cid Hamet Ben Engeli ne dit pas bien clairement quel arbre c'était), chanta ces vers entremêlés de ses propres soupirs :

Lorsque je pense à la douleur extrême
Que tu me fais souffrir incessamment,
Croyant finir l'excès de mon tourment,
Cruel Amour, je cours à la mort blême.

Mais, aussitôt que j'arrive au passage,
Port assuré de mon ardent désir,
Mon âme alors ressent un tel plaisir
Que je reprends la vie et le courage.

Ô cas étrange ! ô chose non ouïe !
Rare accident, admirable à nos yeux !
Que je sois mort, et vivant en tous lieux,
Et que ma mort procède de ma vie.

Don Quichotte accompagnait chacun de ces vers de plusieurs soupirs et de beaucoup de larmes, en homme qui a le cœur percé de la douleur d'avoir été vaincu et de l'absence de Dulcinée. Cependant le jour parut, et les rayons du soleil donnèrent dans les yeux de Sancho. Il s'éveilla, se détira, et, secouant et allongeant ses membres engourdis, aperçut le dégât qu'avaient fait les pourceaux en son garde-manger, et il maudit et remaudit ce dégoûtant troupeau et même alla plus outre. Enfin maître et valet reprirent leur chemin, et sur le tard ils virent dix hommes à cheval et quatre ou cinq à pied qui venaient à leur rencontre. Le cœur de don Quichotte commença de tressaillir, et celui de Sancho devint tout tremblant, parce que ceux qui les approchaient portaient des lances et venaient sur un pied de guerre complet. Don Quichotte, se tournant vers Sancho, lui dit : « Sancho, si je pouvais user de mes armes, et si ma promesse ne m'avait lié les bras, je ferais grand état de cet escadron qui vient sur nous comme pain bénit. Toutefois, il se pourrait faire que ce fût autre chose que ce que nous craignons. » Sur cela, les dix hommes à cheval s'approchèrent, la lance au poing, sans proférer une parole, environnèrent don Quichotte, lui mettant les lances droit à l'estomac et dans le dos, et le menaçant de mort. L'un des hommes à pied, mettant le doigt sur sa bouche pour lui dire de se taire, prit par la bride Rossinante et le tira du chemin, pendant que les hommes à pied, qui avaient d'abord empoigné Sancho et le grison, tous gardant un merveilleux silence, suivirent les pas de celui qui emmenait don Quichotte. Deux ou trois fois il leur voulut demander où on l'emmenait et ce qu'ils voulaient. Mais à peine ouvrait-il la bouche qu'on s'empressait de la lui fermer avec le fer des lances. Il en prenait autant au pauvre Sancho : car, comme il semblait vouloir parler, l'un de ses conducteurs le piquait avec un aiguillon, et aussi le grison, non moins que s'il eût voulu, lui aussi, dire quelque chose. La nuit vint, ils doublèrent le pas, et les deux prisonniers sentirent de même redoubler leur frayeur ; mais ce fut bien pis quand ils ouïrent que ceux qui les emmenaient leur disaient de temps en temps : « Cheminez, Troglodytes ! taisez-vous, barbares ! payez, anthropophages ! ne vous plaignez point, Scythes, ni n'ouvrez nullement les yeux, Polyphèmes meurtriers, lions carnassiers ! » Et autres noms semblables, dont ils tourmentaient les oreilles du malheureux maître et du misérable serviteur. Sancho disait en lui-même : « Nous des torticolis, nous des barbiers, nous des fromages et des olifants, nous de ces toutous à qui l'on fait psitt ! psitt ! Ces noms ne me contentent en aucune manière. Ce grain est exposé à mauvais vent. Tout le mal nous vient à la fois comme aux chiens les coups de bâton, et plût à Dieu que cette aventure si malencontreuse ne se terminât que par quelque bastonnade. »

Don Quichotte marchait tout étonné, sans pouvoir comprendre ce que c'était que ces noms injurieux dont on les vitupérait et dont il pensait clairement n'attendre aucun bien et craindre beaucoup de mal. Cependant ils arrivèrent à une heure de nuit ou environ à un château, que don Quichotte reconnut pour celui du duc, où quelques jours auparavant ils avaient fait séjour. « Dieu me soit en aide, dit-il alors qu'il l'eut reconnu, qu'est-ce à dire de tout ceci ? Certainement en cette maison il n'y a que courtoisie et bon accueil ; toutefois, je pense qu'en ce qui concerne les vaincus, le bien se change en mal, et le mal en pis ! » Ils entrèrent en la principale cour du château, et la virent parée et disposée de telle sorte que l'admiration s'accrut et que la crainte redoubla en eux, comme on le verra au chapitre suivant.

CHAPITRE LXIX

DE LA PLUS RARE ET LA PLUS ÉTRANGE AVENTURE QUI ARRIVA À DON QUICHOTTE DANS TOUT LE COURS DE CETTE GRANDE HISTOIRE

Les gens qui étaient à cheval mirent pied à terre, et, s'unissant à ceux du pied, enlevèrent brusquement don Quichotte et Sancho et les firent entrer dans la cour, autour de laquelle on voyait près de cent flambeaux allumés dans leurs chandeliers, et aux galeries de la cour plus de cinq cents luminaires, de sorte qu'en dépit de la nuit qui se montrait un peu obscure, on ne s'apercevait pas de l'absence du jour. Au milieu de la cour s'élevait un catafalque haut de quelque six pieds, et par-dessus un grand dais de velours noir, autour duquel, sur les degrés, flambaient des torches de cire blanche, sur plus de cent chandeliers d'argent. Au plus haut du catafalque apparaissait le cadavre d'une si belle damoiselle que sa beauté faisait sembler belle la mort même. Elle reposait sa tête sur un oreiller de brocart, et était couronnée d'une guirlande de fleurs diverses et odoriférantes. Elle tenait les mains croisées sur sa poitrine, et dans ses mains une jaune et triomphante palme.

A un côté de la cour étaient un théâtre et deux chaises où deux personnages étaient assis. Ils avaient des couronnes sur la tête et des sceptres aux mains, témoignant par là qu'ils étaient des rois, véritables ou feints. A l'autre côté du théâtre, où l'on montait par des degrés, il y avait deux autres chaises, où ceux qui menaient les prisonniers firent asseoir don Quichotte et Sancho, et tout cela sans dire mot, et en leur faisant signe à tous deux de se taire pareillement. Mais il n'était pas besoin de leur recommander le silence, parce que l'étonnement de ce qu'ils regardaient leur tenait la langue attachée. Deux personnes de qualité, suivies d'un grand cortège, montèrent sur le théâtre. Don Quichotte les reconnut bientôt pour le duc et la duchesse ses hôtes. Ils s'assirent sur deux chaises fort riches, tout proche des deux qui semblaient être des rois.

Et qui ne s'en fût ébahi, et plus encore, en ajoutant que don Quichotte reconnut que le cadavre qui était sur le catafalque était celui de la belle Altisidore ? Comme le duc et la duchesse montaient sur le théâtre, don Quichotte et Sancho se levèrent et leur firent une profonde révérence, et le duc et la duchesse en firent autant, en baissant un peu la tête. Sur ce, parut un officier qui, s'approchant de Sancho, lui vêtit une robe de boucassin noir, toute peinte de flammes de feu, et lui ayant ôté son capuchon, lui mit sur la tête une mitre semblable à celles que portent les pénitents du Saint-Office, et, en la lui posant sur le chef, il lui dit à l'oreille de ne pas desserrer les lèvres, sinon qu'on lui mettrait un bâillon à la bouche, ou bien qu'on lui ôterait la vie. Sancho se regardait de haut en bas, et se voyait brûler dans les flammes ; mais, comme elles ne le brûlaient point, il n'en faisait aucun compte. Il s'ôta la mitre de la tête, et, la considérant, vit qu'elle était toute peinte de diables. L'ayant remise, il dit en lui-même : « Aussi bien ni celles-là me brûlent ni ceux-ci m'emportent. » Don Quichotte le regardait pareillement, et, quoique la crainte lui ôtât tout sentiment, il ne laissa pourtant pas de rire en voyant la figure de Sancho. Sur ce, on ouït sortir, comme il semblait, du fond du catafalque un son étouffé et agréable de flûtes, qui, pour n'être empêché d'aucune voix humaine, parce qu'on eût dit qu'en ce lieu, le silence se faisait silence à lui-même, se montrait doux et amoureux. Lors, soudain, un beau jeune homme vêtu à l'italienne parut auprès de l'oreiller où reposait ce qui semblait un cadavre, et puis, au son d'une harpe que lui-même touchait, d'une voix douce et claire chanta ses stances :

Tandis que l'amoureuse et belle Altisidore
N'a point de mouvement,
Je chante sa disgrâce et son mérite encore
Près de ce monument.

Auprès de ce tombeau bâti comme un trophée,
Je chante sa beauté,
Mieux que ne fit jadis le Thracien Orphée,
En Grèce tant vanté.

Cependant qu'à la cour les dames sont vêtues
D'une serge d'ascot,
Je dis que ses amours furent mal reconnues
Du vaillant don Quichot.

Je veux doncque si bien sur ma lyre d'ivoire
Ses amours publier
Que les flots stygiens célébreront sa gloire
Au lieu de l'oublier.

« C'est assez, dit alors l'un des deux personnages qui semblaient des rois, c'est assez, chantre divin. Ce serait chercher l'infini que de nous représenter maintenant la mort et les mérites de la sans pareille Altisidore, qui n'est pas morte comme le croit le monde ignorant, mais vivante grâce aux mille langues de la renommée et à la peine que, pour la ressusciter, doit souffrir Sancho Pança, ici présent. C'est pourquoi, ô toi Rhadamante, qui juges avec moi dans les obscures cavernes de l'enfer, puisque tu sais tout ce que les impénétrables destinées ont déterminé pour redonner la vie à cette belle damoiselle, dis-le tout promptement et le déclare, afin que le bien que nous attendons de sa résurrection ne soit pas davantage différé. » A peine Minos, juge et compagnon de Rhadamante, eut-il proféré ces paroles que le même Rhadamante, se levant, s'écria : « Holà, ministres de cette maison, hauts et bas, grands et petits, venez les uns après les autres, et scellez le visage de Sancho de vingt-quatre nasardes, et douze pinçons, et six coups d'épingles aux bras et aux reins, car la résurrection d'Altisidore consiste en cette cérémonie ! » Sancho Pança, à ces mots, rompit le silence et dit : « Je jure Dieu qu'aussi peu me laisserai-je sceller le visage, ni manier la face comme je me ferai Maure ! Têtebleue ! Et qu'ont à voir mes nasardes avec la résurrection de cette damoiselle ? La vieille se régala de blettes[1]... On enchante Dulcinée, et puis l'on me fouette pour la désenchanter ; Altisidore meurt des maux qu'il a plu à Dieu de lui envoyer, et on la doit ressusciter par vingt-quatre nasardes que l'on me veut donner et en me criblant le corps avec des épingles et m'ensanglantant les bras avec des piqûres ! Ces farces-là à mon beau-frère ! Moi, je suis un vieux chien, et sur qui il n'y a que tondre ! — Tu mourras, fit alors tout haut Rhadamante. Adoucis-toi, tigre ; humilie-toi, superbe Nemrod, et souffre ; et tais-toi, puisque l'on ne veut point exiger de toi des choses impossibles. Ne te mets donc point en peine d'éclaircir les difficultés de cette affaire. Nasardé tu seras ; criblé tu te verras ; piqué tu gémiras. Sus donc, ô ministres, accomplissez mon commandement, ou, foi d'homme de bien, vous verrez pourquoi vous êtes nés ! » Comme on en était là, on vit entrer par la cour environ six duègnes en procession, les unes après les autres ; les quatre premières avaient des lunettes, et toutes la main droite en haut, avec un bon morceau de poignet dehors, afin de faire paraître les mains plus grandes, de même qu'on en use aujourd'hui. A peine Sancho Pança les eut-il aperçues que, mugissant comme un taureau, il proféra ces paroles : « Je veux bien que tout le monde me manipule, mais consentir que des duègnes me touchent, non, cela jamais ! Que l'on m'égratigne le visage, comme on fit à mon maître dans ce même château ; que l'on me perce le corps à coups de dagues bien fourbies ; que l'on me déchire les bras avec des tenailles de fer, je le supporterai avec patience, ou comme ces messieurs voudront : mais que ces duègnes me touchent je n'y consentirai jamais, dût le diable m'emporter ! »

Don Quichotte rompit à son tour le silence, et dit à Sancho : « Aie patience, mon fils, et fais plaisir à ces messieurs. Rends grâces au Ciel de ce que tu es doué d'une telle vertu que par le martyre de ton corps tu désenchantes les ensorcelés et ressuscites les morts. » Déjà les duègnes étaient autour de Sancho, lorsque lui, plus doux et plus traitable, se remettant en sa chaire, tendit le visage et la barbe à la première, laquelle lui donna une nasarde bien serrée, et après lui fit une grande révérence. « Madame la duègne, dit alors Sancho, moins de courtoisie et moins de pommade. Madame la duègne, par le Dieu qui m'a fait, il me semble que vos mains empoisonnent le vinaigre. » Enfin, toutes les duègnes lui donnèrent des nasardes, et plusieurs autres du logis le pincèrent. Mais ce qu'il ne put souffrir, ce fut la piqûre des épingles ; aussi se leva-t-il de sa chaire, l'air furieux, et, empoignant un flambeau allumé, qui était proche de lui, il commença de charger ces duègnes et tous ses bourreaux, en disant : « Hors d'ici, ministres d'enfer ! Je ne suis point de bronze pour ne sentir pas ces extraordinaires martyres ! » Sur cela Altisidore, qui sans doute se fatiguait d'être demeurée si longtemps couchée, se tourna d'un côté. Ce que voyant les assistants, ils se mirent à crier tout d'une voix · « Altisidore est vivante. Altisidore est ressuscitée ! » Rhadamante commanda alors à Sancho de déposer sa colère, puisque l'on avait obtenu ce que l'on désirait. Aussitôt que don Quichotte vit qu'Altisidore se remuait, il s'alla mettre à genoux devant Sancho, et lui tint ce discours : « Ô cher fils de mes entrailles plutôt que mon écuyer, il est temps que tu te donnes quelques-uns de ces coups de fouet que tu es obligé de te donner pour désenchanter Dulcinée. Je dis que maintenant est venu le temps où tu as la vertu bien à son point et remplie d'efficace pour produire le bien que l'on attend de toi. — Cela, repartit Sancho, me semble être fiel sur amertume, et non miel sur gâteau. Vraiment il ferait beau voir qu'après avoir été pincé, nasardé et piqué, je tâtasse des verges. On n'a plus qu'à prendre une grosse pierre et me l'attacher au cou, et puis me jeter dans un puits. Je ne m'en soucierais guère, si tant est que pour guérir les maux d'autrui je doive être la vache de la noce. Qu'on me laisse en repos, ou par le Dieu vivant, j'enverrai tout promener. » Cependant, Altisidore s'était déjà assise sur le sépulcre, et au même instant on ouït le son des hautbois, accompagné des flûtes et des acclamations de la foule : « Vive Altisidore ! vive Altisidore ! » Lors le duc et la duchesse, avec les rois Minos et Rhadamante, se levèrent, et tous ensemble avec don Quichotte et Sancho allèrent vers Altisidore, et la firent descendre de son catafalque. Elle, contrefaisant la pâmée, fit une grande révérence au duc, à la duchesse et aux deux rois, puis elle jeta les yeux sur don Quichotte, et, en le regardant de travers, lui dit : « Dieu te le pardonne, chevalier sans amour, puisque c'est par toi que j'ai demeuré en l'autre monde, à ce qu'il m'a semblé, plus de mille ans. Mais quant à toi, ô le plus compatissant écuyer qui soit au monde, je te rends grâces de la vie que je possède. Tu peux disposer désormais, mon ami Sancho, des six chemises à moi, que je te donne afin que tu en fasses faire six autres pour toi, et, si elles ne sont pas toutes bonnes et entières, au moins elles sont toutes nettes. » Pour la remercier, Sancho lui baisa les mains, tenant à l'une des siennes la mitre, et les genoux à terre. Le duc commanda qu'on la lui ôtât et qu'on lui rendît son capuchon, et pareillement qu'on lui mît sa casaque et qu'on le dévêtit de sa robe de flammes. Sancho supplia le duc qu'on lui laissât la robe et la mitre, parce qu'il avait envie de les emporter en son pays, en témoignage, et pour mémoire de cette aventure inouïe. La duchesse répondit qu'on les lui laisserait, d'autant qu'il savait combien elle était son amie. Cependant, le duc commanda que tout le monde quittât la cour, et que chacun se retirât dans sa chambre. Par son commandement encore on mena don Quichotte et Sancho à celles que le duc leur avait fait préparer.

CHAPITRE LXX

QUI SUIT LE SOIXANTE-NEUVIÈME, ET TRAITE DE CHOSES INDISPENSABLES À LA CLARTÉ DE CETTE HISTOIRE

Sancho dormit cette nuit sur un lit à roulettes, dans la même chambre que don Quichotte ; chose qu'il eût évitée s'il l'eût pu, parce qu'il savait bien que son maître ne le laisserait point dormir à force de questions et de réponses. Or, il ne se trouvait point en disposition de parler beaucoup, car les douleurs des martyres passés lui étaient encore présentes, qui lui paralysaient la langue. Et sans doute il eût mieux aimé dormir tout seul dans une cabane qu'en compagnie dans un riche appartement. Sa crainte fut si bien réalisée et si assuré son doute qu'à peine fut-il au lit que son maître lui tint ce discours : « Que te semble, Sancho, de l'événement de cette nuit ? Il faut bien dire que la force du dédain est grande et puissante, puisque (comme tu l'as vu de tes propres yeux) Altisidore était morte non par d'autres flèches ni par une autre épée, ni par autre instrument bellique ni par poison mortifère, mais par l'appréhension de la rigueur et du dédain avec lesquels je l'ai toujours traitée. — Elle aurait pu, repartit Sancho, mourir quand et comme elle eût voulu, et à son plaisir, et néanmoins me laisser dans ma maison, puisque je ne l'ai jamais rendue amoureuse, ni ne l'ai dédaignée de ma vie. Mais je ne sais ni ne puis imaginer comment il se peut faire que le salut d'Altisidore, damoiselle plus fantasque que discrète, ait rien à voir, comme je l'ai dit autrefois, avec les martyres de Sancho Pança. C'est maintenant que je me rends clairement et distinctement compte qu'il y a des enchanteurs et des enchantements au monde, dont Dieu me délivre, puisque je ne m'en sais point délivrer. Avec tout cela je supplie Votre Grâce de me laisser dormir, et de ne me demander plus rien, si elle n'a envie que je me jette par une fenêtre. — Dors, ami Sancho, répondit don Quichotte, si tant est que les piqûres que tu as reçues, les pincements et les nasardes te le permettent. — Il n'y a douleur, répliqua Sancho, comparable à l'affront des nasardes ; et cela par cette seule raison que je l'ai reçu de duègnes, que Dieu confonde ! Je vous supplie encore un coup de me laisser dormir, puisque le sommeil est l'allégement des misères. — Soit, dit don Quichotte, et Dieu te garde ! »

Ils s'endormirent tous deux, et, pendant qu'ils dormaient, Cid Hamet, auteur de cette grande histoire, voulut écrire et rapporter pourquoi le duc et la duchesse avaient échafaudé tout ce que vous avez vu ci-dessus. Il écrit donc que le bachelier Samson Carrasco, n'ayant point oublié ce qui lui était advenu lorsque, sous le nom du chevalier des Miroirs, il fut vaincu et abattu par don Quichotte, et par là même comme tous ses desseins s'en étaient allés en fumée, voulut néanmoins tenter de nouveau le combat, dans l'espoir d'un meilleur succès. C'est pourquoi, s'étant informé du page qui avait porté la lettre et le présent à Thérèse Pança, femme de Sancho, du lieu où don Quichotte faisait sa demeure, il se mit en quête de nouvelles armes et d'une monture et fit peindre sur son écu une blanche lune. Un mulet portait tout cet équipage, et un paysan le conduisait, et non plus, cette fois, Thomas Cécial, son ancien écuyer, de peur qu'il ne fût reconnu de Sancho et de don Quichotte. Il parvint enfin au château du duc, lequel lui apprit la route que don Quichotte avait prise, et comment il avait envie de se trouver aux joutes de Saragosse. Il lui dit pareillement les charges qu'il lui avait faites, avec l'invention du désenchantement de Dulcinée, qui se devait faire aux dépens des fesses de Sancho. Enfin, il lui conta la bourde que Sancho avait faite à son maître, en lui faisant croire que Dulcinée était enchantée et transformée en paysanne ; et comment la duchesse sa femme avait donné à entendre à Sancho que c'était lui-même qui se trompait, parce que Dulcinée était véritablement enchantée. Le bachelier ne se put empêcher de rire et de s'étonner beaucoup, considérant la subtilité et la simplesse de Sancho, ainsi que l'extrême folie de don Quichotte. Le duc le pria que, s'il le trouvait et le vainquait ou non, il repassât par là pour lui en rendre compte. Le bachelier le lui promit, et prit congé pour aller en quête de don Quichotte. Il ne le trouva point à Saragosse, poussa plus loin, et il lui arriva ce que vous avez ouï ci-dessus. Il revint au château du duc, et leur raconta le tout, ensemble les conditions du combat, et que don Quichotte revenait pour accomplir, en bon chevalier errant, la promesse qu'il avait faite de se retirer en son village et d'y séjourner l'espace d'une année ; durant ce temps-là il se pourrait faire, disait le bachelier, qu'il guérît de sa folie ; car ç'avait été là le but de son déguisement : n'était-ce pas grande pitié qu'un gentilhomme aussi intelligent en toutes choses que l'était don Quichotte fût devenu fou ? Avec cela il prit congé du duc, et s'en retourna à son village, où il attendit don Quichotte qui venait après lui. Et de là le duc avait pris occasion de lui faire cette charge, tant il goûtait un singulier plaisir aux actions de Sancho et de don Quichotte. C'est pourquoi il avait fait garder toutes les avenues de son château du côté qu'il imaginait que notre chevalier pouvait revenir et y avait commis plusieurs de ses serviteurs tant à pied qu'à cheval, afin que, s'ils le rencontraient, ils l'emmenassent au château de gré ou de force. Or, ils le rencontrèrent et en donnèrent avis au duc, lequel avait déjà résolu ce qu'il devait faire. Aussitôt qu'il sut sa venue, il fit allumer les torches et les chandelles qui étaient dans la cour, et mettre Altisidore sur le catafalque avec tout l'appareil que l'on a conté. Et cela était représenté tellement au vif et avec tant de perfectionnement qu'on eût remarqué bien peu de différence entre la vérité et cette chose contrefaite. Cid Hamet va plus avant : car il dit qu'il croit fermement que les moqueurs étaient aussi fous que les moqués, et qu'il ne s'en fallait pas deux doigts que le duc et la duchesse ne fussent privés d'entendement, puisqu'ils prenaient tant de peine à se moquer de deux fous. L'un desquels dormait alors d'un profond sommeil, et l'autre veillait, transporté de ses vagues pensées. Le jour enfin les surprit, et l'envie de se lever : car les plumes oisives ne plurent jamais à don Quichotte ni vaincu ni vainqueur. Altisidore, qui, comme don Quichotte le croyait, était revenue de la mort à la vie, se conformant à l'humeur de ses maîtres et couronnée de la même guirlande qu'elle avait au tombeau, couverte encore d'une petite tunique de taffetas blanc semée de fleurs d'or, et ayant les cheveux épars sur ses épaules, se soutenant aussi sur un bâton d'ébène noir et très fin, entra dans la chambre de don Quichotte ; sitôt qu'il la vit, il demeura si troublé et si confus qu'il se couvrit presque tout, et se cacha avec les draps et la couverture du lit, sans dire mot et sans parvenir à lui témoigner la moindre courtoisie.

Altisidore s'assit sur une chaise qui était proche de l'oreiller de don Quichotte, et, après avoir poussé un grand soupir, d'une voix tendre et affaiblie elle lui tint ce langage . « Quand les femmes de qualité et les filles sages foulent aux pieds l'honneur et donnent permission à leur langue de passer par-dessus tous les inconvénients et de publier les secrets que leur cœur enserre, elles se trouvent réduites en une grande extrémité. Seigneur don Quichotte, je suis une de celles-là, vaincue et amoureuse, et avec tout cela, qui souffre patiemment, et qui suis honnête : de sorte que, pour l'avoir trop été, le silence fut cause que mon âme éclata et que je perdis la vie. Il y a deux jours que la considération de la rigueur avec laquelle tu m'as traitée,

Ô plus dur que marbre à mes plaintes[1]

et chevalier de pierre, me fit mourir, ou au moins j'ai été jugée pour morte par ceux qui m'ont vue. Que si ce n'eût été

Amour, qui, ayant pitié de moi, déposa ma guérison dans les martyres de ce bon écuyer, j'eusse demeuré éternellement en l'autre monde. — Amour la pouvait bien déposer, dit Sancho, en ceux de mon âne, et j'en eusse été bien aise. Toutefois, dites-moi, je vous prie, mademoiselle (et puisse le Ciel vous accommoder d'un autre amant plus doux que mon maître !) qu'est-ce que vous avez vu en l'autre monde ? Qu'y a-t-il dans l'enfer ? Car celui qui meurt désespéré y doit nécessairement finir son voyage. — Il faut, repartit Altisidore, que je vous en dise véritablement ce qui en est. Je ne devais pas être complètement morte, puisque je ne fus point en enfer : car, si j'y fusse entrée, il n'y a point de doute que je n'eusse pu en sortir quand j'eusse voulu. La vérité est que je parvins jusqu'à la porte, où je trouvai une douzaine de diables qui jouaient à la balle, tous en chausses et en pourpoint. Ils portaient des tabards qui avaient des pointes à la flamande, avec des manchettes de même, laissant quatre doigts de bras dehors, afin que les mains en parussent plus grandes. Leurs raquettes étaient de feu. Mais ce qui me causa le plus d'étonnement, c'est qu'ils se servaient de livres au lieu de balles, et ces livres étaient remplis de vent et de bourre ; chose merveilleuse et nouvelle. Néanmoins cela ne me fit point tant ébahir que, bien qu'il soit naturel à ceux qui gagnent de se réjouir au jeu et à ceux qui perdent de s'affliger, là, en ce lieu, tous grondaient, tous grognaient et tous se maudissaient. — Ce n'est pas là merveille, repartit Sancho, puisque les diables, qu'ils jouent ou ne jouent point, qu'ils gagnent ou ne gagnent pas, ne peuvent être contents.

— Cela doit être, répondit Altisidore, mais il y a une autre chose qui m'étonne aussi (je veux dire qui m'étonna beaucoup alors), c'est qu'à la première volée la paume ne pouvait plus servir ; de sorte qu'à chaque coup les livres vieux et les nouveaux se multipliaient que c'était merveille. A l'un d'eux, qui était neuf et fort bien relié, ils donnèrent une telle pichenette qu'ils lui firent sortir les entrailles et en éparpillèrent les feuilles. Lors un diable dit à un autre :

Regardez un peu quel livre est ceci ? » et ce diable lui répondit : « C'est la *Seconde Partie de l'Histoire de don Quichotte de la Manche*, non composée par Cid Hamet, son premier auteur, mais par un Aragonais qui se dit natif de Tordesillas. — Qu'on me l'ôte d'ici, repartit l'autre diable, et que l'on me le jette au fond des abîmes de l'enfer, que mes yeux ne le revoient plus. — Eh quoi ! dit l'autre, est-il si mauvais ? — Si mauvais, répliqua le premier diable, que, si moi-même je me fusse employé à faire pis, je n'y aurais pas réussi. » Ils poursuivirent leur jeu, pelotant avec d'autres livres, et moi, pour avoir ouï nommer don Quichotte, que j'aime et recherche avec tant de passion, j'ai tâché de graver en ma mémoire cette vision. — Ce fut sans doute une vision, dit alors don Quichotte, parce qu'il n'y a d'autre que moi de ce nom au monde, et déjà cette histoire va partout de main en main, et toutefois elle ne s'arrête nulle part, parce que chacun la repousse du pied. Or, je ne me suis point fâché en entendant que je vais comme un corps fantastique parmi les ténèbres de l'enfer, ni à la clarté de la terre, puisque je ne suis point celui dont parle cette histoire. Si elle est bonne, fidèle et véritable, elle vivra plusieurs siècles ; mais, si elle ne vaut rien, de sa naissance à la sépulture, il n'y aura guère de chemin. »

Altisidore se préparait à poursuivre ses plaintes contre don Quichotte, lorsqu'il lui dit « Je vous ai dit plusieurs fois, madame, qu'il me pèse que vous ayez placé en moi vos pensées, puisque des miennes vous ne pouvez tirer que de la reconnaissance, et non du remède. Je suis né pour appartenir à Dulcinée du Toboso, et les destins, si tant est qu'il y en ait, m'ont consacré à elle. Penser qu'une autre beauté occupe le lieu qu'elle tient en mon âme, c'est penser l'impossible. Ceci suffise pour vous désabuser et vous faire retirer dans les bornes de votre honnêteté, puisqu'à l'impossible nul n'est tenu. » Altisidore, en entendant ces paroles, fit semblant d'être très fâchée, et, comme en colère, dit dit : « Vive Dieu ! monsieur la merluche, âme de mortier, noyau de datte, plus obstiné et plus dur qu'un vilain, quand on le prie et qu'il a fixé sa visée sur le but, si je me mets après vous, je vous arracherai les yeux ! Croyez-vous, par hasard, don Vaincu, don Moulu à coups de bâton, que je fusse morte pour vous ? Non, non, tout ce que vous avez vu cette nuit n'était qu'une fiction. Je ne suis pas fille à vouloir seulement souffrir le moindre mal au noir de l'ongle pour de pareils chameaux, encore moins mourir. — Quant à cela, je le crois fort bien, dit Sancho, toutes ces morts d'amoureux, c'est pour rire. Ils le peuvent bien dire, mais quant à le faire, Judas le croie s'il le veut. »

Comme ils étaient en ces devis, le musicien et poète qui avait chanté les deux stances précédentes entra dans la chambre. Il fit une grande révérence à don Quichotte, et lui dit : « Seigneur chevalier, je supplie Votre Grâce de me tenir au nombre de ses plus humbles serviteurs ; il y a longtemps que je lui suis fort affectionné, tant pour sa renommée que pour ses hauts faits d'armes. — Votre Grâce, repartit don Quichotte, me dise qui elle est, afin que ma courtoisie réponde à ses mérites. » Le jeune homme lui apprit qu'il était le musicien et le panégyriste de la nuit précédente. « A coup sûr, répliqua don Quichotte, vous avez une fort bonne voix. Toutefois, il me semble que ce que vous avez chanté n'était pas fort à propos : qu'ont à voir en effet les stances du Garcilaso avec l'amour de cette demoiselle ? — Monsieur, dit le musicien, il ne faut pas vous en étonner. Les plus habiles poètes de notre siècle en usent ainsi ; chacun écrit comme il lui plaît et pille celui qu'il veut, que cela vienne à propos ou non, et il n'est sottises qu'ils chantent et qu'ils écrivent, que l'on n'attribue à licence poétique. » Don Quichotte se préparait à répondre, mais il en fut empêché par le duc et la duchesse qui entrèrent pour le voir. Il se fit entre eux un si long et si plaisant entretien, et Sancho y débita tant de facéties et tant de malices, que le duc et la duchesse demeurèrent de nouveau tout ébahis tant de sa simplesse que de sa subtilité. Don Quichotte les pria de lui donner congé de partir le jour même, puisque des chevaliers vaincus comme lui devaient plutôt habiter dans une cabane que dans des palais royaux. Ils le lui donnèrent fort volontiers, et la duchesse lui demanda si Altisidore demeurait en ses bonnes grâces. « Madame, répondit don Quichotte, vous devez savoir que tout le mal de cette damoiselle prend naissance de l'oisiveté, et qu'une occupation honnête et continuelle en est le seul remède. Elle vient de me dire qu'en enfer on use de dentelle. Je crois qu'elle en sait faire : c'est pourquoi qu'elle s'y occupe et remue les fuseaux ; par ainsi l'image ou les images de celui à qui elle veut du bien ne se remueront point en son imagination. Et voilà la vérité : c'est mon sentiment et c'est mon conseil. — Et le mien aussi, ajouta Sancho, puisque je n'ai jamais vu dentellière qui soit morte d'amour. Les filles occupées pensent plus à finir leur tâche qu'à leurs amours. J'en parle d'après moi-même : pendant que je pioche, il ne me souvient nullement de mon petit œil, je parle de ma Thérèse Pança, que j'aime mieux mille fois que les cils de mes yeux. — C'est bien parlé, Sancho, dit la duchesse, et je veillerai à ce que mon Altisidore s'occupe désormais à quelque ouvrage de lingerie, car elle s'y entend à la perfection. — Madame, repartit Altisidore, il ne sera pas besoin de ce remède : la considération des cruautés dont a usé envers moi ce brigand vagabond, me les effacera bien assez de la mémoire sans autre artifice. Cependant, avec la permission de Votre Grandeur, je veux m'ôter d'ici pour n'avoir plus sous les yeux non seulement sa triste figure, mais sa laide et abominable tournure. — Les paroles, dit le duc, que vous proférez me font souvenir du proverbe qu'on répète d'ordinaire, que celui qui dit des injures est proche de pardonner. » Altisidore fit semblant de s'essuyer les yeux avec un mouchoir, et puis, sur une grande révérence à ses maîtres, elle sortit de la chambre. « Pauvre damoiselle, dit alors Sancho, mauvaise affaire, mauvaise affaire, d'être tombée sur une âme de jonc et sur un cœur de chêne ! Sur ma foi, si tu te fusses adressée à moi, tu eusses entendu chanter un autre coq ! » La conversation s'acheva, don Quichotte s'habilla, dîna avec le duc et la duchesse, et partit dans la soirée.

CHAPITRE LXXI

DE CE QUI ARRIVA À DON QUICHOTTE ET À SON ÉCUYER EN RETOURNANT À LEUR VILLAGE

Le vaincu et désorienté don Quichotte de la Manche cheminait tout pensif d'une part, et fort joyeux d'une autre. Sa tristesse venait de sa défaite, et son allégresse de la vertu qu'il voyait en Sancho, ainsi qu'il l'avait fait paraître en la résurrection d'Altisidore, quoiqu'il eût quelque scrupule à se persuader que l'amoureuse damoiselle eût été véritablement morte. Sancho n'était nullement joyeux, parce qu'il lui fâchait qu'Altisidore ne lui eût point tenu parole en lui donnant les chemises. C'est pourquoi, pensant et repensant à ceci, il dit à son maître : « Par ma foi, monsieur, je suis le plus malheureux médecin que l'on puisse trouver au monde, où il y a des docteurs qui, tout en tuant le malade qu'ils traitent, ont soin néanmoins de se faire payer de leur travail ; ce qui ne leur coûte que de signer une petite ordonnance de certains remèdes que l'apothicaire, et non eux, prend la peine de faire, et grand bien te fasse, imbécile ! Moi, à qui la guérison d'autrui coûte des gouttes de sang, des nasardes, des piqûres et des coups de fouet, je n'en retire pas seulement un liard. Mais je vous jure sur mon âme que, si quelque malade tombe encore dans mes mains, avant que je le guérisse on graissera les miennes : car l'abbé dîne où il chante, et je ne veux pas croire que le Ciel m'ait donné la vertu que j'ai, afin de la communiquer aux autres gratis. — Ami Sancho, repartit don Quichotte, tu as raison, et

Altisidore a fort mal fait de ne t'avoir point donné les chemises qu'elle t'avait promises ; et, même en supposant que la vertu que tu possèdes soit *gratis data*, puisqu'elle ne t'a coûté aucune étude, toutefois les martyres que tu as reçus en ta personne sont plus que toute l'étude que tu eusses pu y employer. Quant à moi, je te puis bien dire que, si tu avais voulu être payé des coups de fouet que tu te dois donner pour le désenchantement de Dulcinée, tu aurais déjà entièrement reçu ton salaire. Toutefois je ne sais s'il ne nuira point à la guérison, et je ne voudrais pas que la récompense fît tort à la médecine. Il me semble pourtant que l'on ne perdra rien à l'essayer. Regarde, Sancho, ce que tu veux, et puis fouette-toi, et te paye comptant et de ta propre main, puisque tu as mon argent. »

A cette offre, Sancho ouvrit les yeux et les oreilles d'un grand pied, et prit en son cœur la résolution de se fouetter de bon cœur. C'est pourquoi il dit à son maître : « C'est maintenant, monsieur, que je me veux disposer pour mon profit à contenter Votre Grâce en ce qu'elle désire : l'amour de mes enfants et de ma femme me convie à me montrer intéressé. Que Votre Grâce me dise donc combien elle me donnera pour chaque coup de fouet. — Si j'avais à te payer, Sancho, répliqua don Quichotte, suivant ce que méritent la grandeur et la qualité de ce remède, le trésor de Venise et les mines du Pérou n'y suffiraient pas. Fais toi-même le compte de ce que tu as à moi, et mets le prix à chaque coup. — Ils sont, dit Sancho, au nombre de trois mille trois cents et tant. Je m'en suis donné jusqu'à cinq : les autres restent. Que ces cinq servent en déduction de ces *et tant*, et que tout se réduise à trois mille et trois cents. J'entends que pour chaque coup j'aie une pièce d'un cuartillo (et je ne descendrais pas au-dessous quand tout le monde me le demanderait), cela fait trois mille et trois cents cuartillos, qui sont, les trois mille, mille et cinq cents demi-réaux, qui font sept cent et cinquante réaux ; et les trois cents font cent cinquante demi-réaux, qui reviennent à la somme de soixante et quinze réaux, qui, joints aux sept cent cinquante, montent en tout à la somme de huit cent vingt-cinq réaux. Je rabattrai cette somme sur ce que j'ai à Votre Grâce, et par ce moyen rentrerai chez moi riche et content, quoique bien fouetté : car on ne fait pas d'omelette sans[1]... et je n'en dis pas davantage.

— Ô honnête Sancho, ô aimable Sancho, répondit don Quichotte, combien Dulcinée et moi allons te devoir de reconnaissance durant tous les jours que le Ciel nous donnera de vie ! Si elle recouvre son premier être (et il est impossible que cela n'arrive point), son malheur aura été bonheur et ma défaite heureux triomphe. Regarde donc, Sancho, quand est-ce que tu veux commencer la discipline, et pour que tu la commences plus tôt j'ajoute cent réaux de surplus. — Quand ? répliqua Sancho ; ce sera cette nuit sans faute. Faites seulement que nous soyons cette nuit en plein champ, et je m'ouvrirai les chairs. »

Enfin vint la nuit, que don Quichotte avait attendue avec la plus grande impatience du monde : car il lui semblait que les roues du char d'Apollon s'étaient rompues, et que le jour s'allongeait plus que de coutume, ainsi qu'il arrive aux amoureux, qui croient n'obtenir jamais l'accomplissement de leurs désirs. Enfin ils entrèrent parmi des arbres délicieux, un peu à l'écart du chemin. Après qu'ils eurent ôté la selle et le bât à Rossinante et au grison, ils s'assirent sur l'herbe verte, et soupèrent de ce que Sancho avait dans son bissac. Ce bon écuyer, ayant fait du licou de Rossinante et de celui du grison un fouet vigoureux et flexible, s'éloigna de quelque vingt pas de son maître et se fourra parmi des haies. Don Quichotte, qui le vit aller d'un air si résolu, lui dit : « Prends garde, cher ami, à ne te mettre point en pièces, et que les coups de fouet s'attendent les uns les autres. Il ne faut pas te hâter tellement en la carrière que l'haleine te manque au milieu de la course. Je veux dire que tu ne t'en dois pas donner si dru que la vie vienne à te manquer avant d'arriver au nombre désiré. Mais, afin que tu ne perdes point, pour une carte de plus ou de moins, je me tiendrai ici à l'écart, comptant sur mon chapelet les coups de fouet que tu te donneras, et le Ciel veuille te favoriser selon que le mérite ta bonne intention. — A bon payeur, repartit Sancho, les gages ne coûtent point. Je pense m'en donner de sorte que sans me tuer il m'en cuise ; c'est en cela que doit consister la substance de ce miracle. »

Il se dépouilla de la ceinture en haut, et, empoignant le fouet, commença de s'en donner, et don Quichotte commença à compter les coups. Sancho pouvait s'en être donné quelque sept ou huit, quand il lui parut que la charge était lourde et le prix trop peu cher, et, s'arrêtant un peu, il dit à son maître qu'il en appelait pour cause d'erreur, parce que chaque coup de fouet méritait un demi-réal, et non un cuartillo. « Poursuis, ami Sancho, disait don Quichotte, et ne te rebute point, car je redouble le terme du prix. — A la garde de Dieu donc, repartit Sancho, et que coups de fouet pleuvent ! » Mais le coquin oublia de se fouetter les épaules, et donnait sur les arbres en soupirant de temps en temps de telle façon qu'il semblait à chaque coup s'arracher l'âme. Celle de don Quichotte était tendre, et craignant qu'il ne se privât de vie et que son désir ne vînt point à s'accomplir par l'imprudence de Sancho, il s'écria : « Sur ta vie, mon ami, que cette affaire en demeure là ! Cette médecine me semble fort dure et fort âpre. Il sera bien de donner du temps au temps : car on n'a pas pris Zamora en une heure. Tu t'es donné plus de mille coups, si j'ai bien compté ; cela suffit pour le moment : car l'âne, parlant grossièrement, souffre la charge, mais non pas la surcharge. — Non, non, monsieur, répondit Sancho, on ne dira jamais de moi : A deniers payés bras rompus. Que Votre Grâce s'écarte un peu, et me laisse me donner encore mille coups de fouet ; avec deux levées pareilles nous finirons ce compte, et il nous restera encore de l'étoffe. — Puisque tu te trouves en si bonne disposition, répliqua don Quichotte, je m'écarterai donc ; le Ciel te veuille assister et récompenser ! » Sancho retourna à sa tâche avec tant de passion qu'il avait déjà enlevé l'écorce à plusieurs arbres de la rigueur avec laquelle il se fouettait. Or, en donnant un coup démesuré sur une haie il se mit à crier tout haut : « C'est ici que mourra Samson, et tous ceux qui avec lui sont ! » Don Quichotte accourut au son de cette voix plaintive et au bruit de ce vigoureux coup de fouet. Lors il empoigna le licou qui servait à Sancho de nerf de bœuf, et lui dit : « Que le sort, ami Sancho, ne permette point que pour mon plaisir tu perdes la vie, qui doit servir à l'entretien de ta femme et de tes enfants. Que Dulcinée attende une meilleure conjoncture ; pour moi, je me renfermerai dans les limites de l'espérance prochaine, et j'attendrai que tu recouvres de nouvelles forces, afin que cette affaire se conclue au contentement de tous. — Monsieur, puisque vous le voulez ainsi, repartit Sancho, à la bonne heure. Cependant, je vous prie, jetez-moi votre manteau sur les épaules. Je suis en sueur, et ne voudrais pas me refroidir. Les disciplinants novices courent souvent ce danger. » Don Quichotte le fit, et demeurant en pourpoint, couvrit Sancho, lequel s'endormit jusqu'à ce que le soleil l'éveillât. Ils poursuivirent leur chemin jusqu'à ce qu'ils arrivèrent en un village éloigné de trois lieues. Ils descendirent dans une hôtellerie, que don Quichotte reconnut pour telle, et non pour un château à fossés, tours, herses et pont-levis : car, depuis sa défaite, il discourait avec plus de jugement sur les choses qui se présentaient à lui, ainsi qu'on le dira tout à l'heure. On les logea en une salle basse, à laquelle de vieux rideaux de serge peinte servaient de tapisserie, ainsi que l'on en use dans les villages. Sur l'un d'eux on voyait peint d'une fort mauvaise main le ravissement d'Hélène, lorsque son hôte téméraire l'enleva à Ménélas, et sur l'autre était l'histoire de Didon et d'Énée : elle, sur une haute tour, faisant signe avec un demi-drap de lit à son hôte fugitif, qui fuyait sur la mer porté dans une frégate ou dans un brigantin. Don Quichotte remarqua en ces deux histoires qu'en ce ravissement, Hélène n'y allait pas à regret, parce qu'elle riait sous cape et en rusée ; mais la belle Didon semblait verser par les yeux des larmes aussi grosses que des noix. Il dit alors : « Ces deux dames furent extrêmement malheureuses de n'avoir point pris naissance en ce siècle, et moi malheureux entre tous de n'être point né au leur. Si j'eusse rencontré ces messieurs, ni Troie n'eût été brûlée, ni Carthage détruite, puisque, rien qu'en mettant Pâris à mort, tant de malheurs ne fussent point arrivés. — Je gage, dit Sancho, qu'avant qu'il soit peu de temps, il n'y aura cabaret, taverne, hôtellerie, ni boutique de barbier, où l'on ne voie dépeinte l'histoire de nos exploits ; mais je désirerais qu'elle fût peinte d'une meilleure main que celle qui a dessiné ces figures. — Tu as raison, Sancho, dit don Quichotte, parce que ce peintre est comme Orbaneja, peintre qui demeurait à Ubeda. Quand on lui demandait ce qu'il peignait, il faisait cette réponse : « Ce qui viendra. » Et si par hasard il peignait un coq, il écrivait au-dessous : *Ceci est un coq,* afin qu'on ne crût pas que c'était un renard. Or, il me semble, Sancho, que tel doit être le peintre ou écrivain, car c'est tout un, qui a mis en lumière l'histoire de ce nouveau don Quichotte, parce qu'il a peint ou écrit au hasard. Il a imité un certain poète nommé Mauléon, qui, ces dernières années, était à la cour et rendait soudain réponse à tout ce qu'on lui demandait. Et, comme quelqu'un lui demanda un jour ce que voulaient dire ces paroles : *Deum de Deo,* il répondit : *De bas ou de haut.* Mais, laissant tout cela à part, dis-moi, Sancho, si tu penses remplir la même tâche cette nuit, et si tu veux que ce soit sous le toit d'une maison ou à ciel ouvert. — Pardieu, repartit Sancho, pour les coups que je pense me donner, je les aime autant au logis qu'à la campagne. Je préférerais toutefois que ce fût parmi des arbres, car il me semble qu'ils m'accompagnent et m'aident merveilleusement bien à supporter mon travail. — Ami Sancho, dit don Quichotte, cela ne sera pas ainsi, il faut les réserver plutôt pour le moment où nous serons arrivés à notre village, où pour le plus tard nous parviendrons après-demain, et où tu auras recouvré de nouvelles forces. »

Sancho lui dit qu'il en fît ce qu'il voudrait, que pour lui il avait envie de finir cette affaire pendant que le fer était chaud et que le moulin tournait, parce que le péril consiste souvent dans le délai, qu'en priant Dieu il faut frapper du maillet et qu'il vaut encore mieux un tiens que deux tu l'auras, et un moineau à la main que le vautour en l'air. — Pour Dieu, Sancho, dit don Quichotte, assez de proverbes ! Il semble que tu retournes au *Sicut erat.* Parle, je te prie, clairement, nettement et sans t'embrouiller, ainsi que je t'ai dit plusieurs fois, et tu verras qu'un pain t'en rendra plus de cent. — Je ne sais quelle misère est la mienne, répondit Sancho, que je ne saurais raisonner sans proverbes, ni alléguer proverbes qui ne me semblent être une raison. Mais je me corrigerai si je puis. » Là-dessus ils suspendirent leur entretien.

CHAPITRE LXXII

COMME QUOI DON QUICHOTTE ET SANCHO ARRIVÈRENT À LEUR VILLAGE

Don Quichotte et Sancho, attendant la nuit, demeurèrent toute la journée en cette hôtellerie : l'un pour achever en pleine campagne la tâche de sa discipline, et l'autre pour en voir la fin, dont dépendait celle de son désir. Durant ce temps-là un voyageur à cheval, suivi de trois ou quatre serviteurs, arriva à la porte de l'hôtellerie, auquel un des siens tint ce langage : « Seigneur don Alvar Tarfé, vous pouvez passer ici la plus grande chaleur du jour. Cette hôtellerie semble nette et fraîche. » Don Quichotte, oyant ce discours, dit à Sancho : « Vois, quand je feuilletai le livre de la seconde partie de mon histoire, il me semble qu'en passant j'y rencontrai ce nom de don Alvar Tarfé. — Cela pourrait bien être, repartit Sancho ; mais laissons-le mettre pied à terre, et puis nous le lui demanderons. » Le cavalier mit pied à terre, et l'hôtesse lui donna une salle basse proche de celle de don Quichotte, et parée des mêmes figures sur serge peinte. Le nouveau venu se mit à la légère, et, sortant sur le portail de l'hôtellerie, qui était spacieux et frais et où don Quichotte se promenait, il lui demanda : « Où s'en va Votre Grâce, seigneur gentilhomme ? — Je vais, répondit don Quichotte, à un village près d'ici et dont je suis natif. Et Votre Grâce ? — Moi, monsieur, dit le cavalier, je vais à Grenade, qui est mon pays. — Bon pays, répliqua don Quichotte. Cependant je prie Votre Grâce de me dire son nom ; il me semble qu'il m'importe de le savoir plus qu'on ne saurait dire. — Je m'appelle don Alvar Tarfé, répondit l'hôte. — Vous êtes, sans aucun doute, repartit don Quichotte, cet Alvar Tarfé de qui le nom est imprimé en la seconde partie de l'*Histoire de don Quichotte de la Manche*, qu'un auteur moderne a récemment imprimée et mise en lumière ? — C'est moi-même, dit le chevalier, et ce don Quichotte, sujet principal d'une telle histoire, fut mon plus grand ami. Ce fut moi qui le tirai de son village, ou au moins qui le poussai à se trouver à des joutes que l'on faisait à Saragosse, où j'allais. Et, en pure vérité, j'eus envers lui de bons procédés : car je fus cause que le bourreau ne lui frotta point le dos, ayant mérité cette punition pour son effronterie. — Mais dites-moi, je vous prie, dit alors don Quichotte, seigneur don Alvar, ressemblé-je en quelque manière à ce don Quichotte dont vous parlez ? — Non, certes, répondit l'hôte, d'aucune façon. — Et ce don Quichotte, poursuivit le nôtre, menait-il avec lui un écuyer nommé Sancho Pança ? — Oui, vraiment, répliqua don Alvar. On disait que cet écuyer était fort plaisant ; mais jamais je ne lui ouïs dire chose de bonne grâce, ni mot pour rire. — Je le crois bien, dit alors Sancho : car il n'appartient pas à tout le monde d'être plaisant. Et ce même Sancho dont vous parlez, monsieur le gentilhomme, doit être quelque grand coquin, gourmand et larron tout ensemble. C'est moi qui suis le vrai Sancho Pança, qui sais faire de bons contes, plus qu'il n'y a de gouttes d'eau quand il pleut. Si vous voulez, monsieur, vous en pourrez faire l'expérience et venir après moi pour le moins une année, et vous verrez que je dis à chaque pas tant et de si plaisantes choses que le plus souvent, sans le savoir, je fais rire tous ceux qui m'écoutent. Pour le vrai don Quichotte de la Manche, le vaillant et le discret, l'amoureux, le redresseur de torts, le tuteur des pupilles et des orphelins, le rempart des veuves, le meurtrier des damoiselles, celui qui a pour unique maîtresse la sans pareille Dulcinée du Toboso, c'est ce seigneur que vous voyez ici présent, et qui est mon maître. Tout autre don Quichotte et tout autre Sancho Pança ne sont que songe et que mensonge. — Par Dieu, je le crois, repartit don Alvar, parce qu'en quatre paroles que vous venez de proférer, vous avez fait paraître plus de grâce que n'a jamais fait l'autre Sancho Pança en tous les longs discours que je l'ai ouï tenir. Il sentait plus le gourmand que le bien disant, et plus le lourdaud que le plaisant. Je crois sans aucun doute que les enchanteurs qui persécutent le bon don Quichotte m'ont voulu aussi persécuter avec don Quichotte, le mauvais. Toutefois, je ne sais qu'en dire, puisque j'oserais jurer que je le laissai à Tolède, dans l'hôtel du Nonce[1], où je le fis mettre, afin qu'on le guérît ; et maintenant voici un autre don Quichotte, néanmoins bien différent du mien.

— De moi, dit don Quichotte, je ne sais si je suis bon, mais je sais bien que je ne suis point le mauvais. Et pour preuve de mon dire, vous saurez, s'il vous plaît, seigneur don Alvar Tarfé, que je n'allai jamais de toute ma vie à Saragosse. Et dernièrement, ayant appris que ce don Quichotte imaginaire s'était trouvé aux joutes de cette ville, je n'y voulus nullement entrer, afin de faire voir à la barbe de tout le monde son mensonge ; je m'en allai tout droit à Barcelone, trésor de la courtoisie, retraite des étrangers, hôpital des pauvres, pays des vaillants, vengeur de ceux qui sont offensés, lieu des plus fermes amitiés, ville unique enfin pour sa beauté et son site. Et, bien que ce qui m'y est arrivé ne m'apporte guère de contentement, toutefois je soulage cet ennui par le plaisir que j'ai reçu de l'avoir vue. Enfin, seigneur don Alvar Tarfé, c'est moi qui suis don Quichotte de la Manche, et celui-là même de qui parle la renommée, et non pas ce malheureux qui a voulu usurper mon nom et s'honorer de mes pensées. Cependant, je supplie Votre Grâce, par la profession que vous faites de chevalier, de me faire une déclaration, par-devant l'alcade de ce lieu, que de toute votre vie jusques à présent vous ne m'avez point vu, et que je ne suis point le don Quichotte imprimé en cette seconde partie, et que pareillement ce Sancho Pança mon écuyer n'est pas celui que vous connaissez. — Je le ferai de fort bon cœur, repartit don Alvar, encore que je sois tout ébahi de voir deux don Quichotte et deux Sancho en même temps, aussi conformes de nom que différents d'actions, et je redis encore et le crois assurément que je n'ai point vu ce que j'ai vu, et que ce qui m'est arrivé n'est nullement arrivé. — Sans doute, monsieur, dit alors Sancho, vous devez être enchanté de même que madame Dulcinée du Toboso. Plût à Dieu que votre désenchantement se pût faire en me donnant trois mille et tant d'autres coups de fouet, ainsi que je fais pour elle. Je me les donnerais fort volontiers et sans aucun intérêt. — Je n'entends rien, repartit alors don Alvar, à ces coups de fouet. » Et Sancho lui répondit qu'il serait trop long de le raconter ; que néanmoins il lui apprendrait l'histoire, si par fortune ils suivaient le même chemin.

Sur ce, l'heure du dîner vint ; don Quichotte et don Alvar mangèrent ensemble. Le hasard amena l'alcade du bourg dans l'hôtellerie avec un greffier. Et don Quichotte le requit de vouloir prendre une déclaration que ce chevalier don Alvar Tarfé lui voulait faire, parce que cela importait grandement à son honneur, à savoir que ce gentilhomme ne connaissait nullement don Quichotte de la Manche, là présent, et qu'il n'était pas celui qu'on avait imprimé en une histoire intitulée : *Seconde partie de don Quichotte de la Manche, composée par un tel de Avellaneda, natif de Tordesillas.* Finalement l'alcade y pourvut selon les formes de justice. De quoi don Quichotte et Sancho demeurèrent fort joyeux, comme si une pareille déclaration leur eût été grandement importante, et comme si leurs œuvres et leurs paroles ne faisaient pas clairement paraître la différence qui était entre les deux don Quichotte et les deux Sancho. Il y eut assaut de courtoisie et d'offres de service entre don Alvar et don Quichotte ; dans ces civilités notre grand chevalier de la Manche fit paraître tant de discrétion qu'il détrompa don Alvar Tarfé de l'erreur où il était : celui-ci se persuada qu'il était enchanté, puisqu'il touchait de la main deux don Quichotte si contraires. La soirée vint : ils partirent. Au bout d'environ une demi-lieue, ils rencontrèrent deux chemins qui allaient de côtés différents. L'un menait au village de don Quichotte, et l'autre était celui que don Alvar devait suivre. Durant ce peu d'espace, don Quichotte lui raconta le malheur de sa défaite, l'enchantement et le remède de Dulcinée, toutes choses qui causèrent une nouvelle admiration à don Alvar, lequel, embrassant don Quichotte et Sancho, poursuivit son chemin, et don Quichotte le sien.

Notre chevalier passa cette nuit parmi les arbres, afin de donner moyen à Sancho d'accomplir sa pénitence, ce qu'il fit de même que la nuit passée, aux dépens des écorces des haies et des arbrisseaux plus que de ses épaules : car il les conserva si bien que les coups de fouet qu'il s'y donnait n'en eussent pas fait fuir une mouche si elle s'y fût posée. L'abusé don Quichotte ne perdit pas un seul coup du compte, et trouva que ceux de la nuit passée, joints aux présents, faisaient trois mille vingt-neuf. Il semblait que le soleil se fût levé plus matin que de coutume pour voir ce sacrifice, et à sa clarté ils se remirent en route, devisant entre eux de l'erreur où était don Alvar et de l'heureuse idée qu'ils avaient eue d'en prendre si authentiquement une déclaration devant la justice.

Ils marchèrent ce jour et cette nuit sans qu'il leur arrivât chose digne d'être contée, si ce n'est que la nuit même Sancho acheva sa tâche au grand contentement de don Quichotte, qui attendait le jour pour voir si en leur chemin ils ne rencontreraient point sa maîtresse Dulcinée déjà désenchantée. Aussi, en cheminant, ils ne rencontraient femme aucune qu'il ne s'approchât d'elle pour la reconnaître et pour savoir si ce n'était point Dulcinée du Toboso, tenant pour vérité infaillible que les promesses du prophète Merlin ne pouvaient mentir. Avec ces pensées et ces désirs, ils gravirent un coteau d'où ils découvrirent leur village. Aussitôt que Sancho l'eut découvert, il se mit à genoux et proféra ces paroles : « Ô désirée et chère patrie ! ouvre les yeux et regarde comme ton fils Sancho Pança revient à toi, sinon guère riche, pour le moins bien fouetté. Ouvre les bras et reçois pareillement ton fils don Quichotte ; et, s'il vient vaincu par la force d'un bras étranger, il vient pour le moins vainqueur de soi-même ; et, selon que lui-même m'a dit autrefois, c'est la plus grande victoire que l'on puisse désirer. J'ai de l'argent : car, si l'on me donnait de bons coups, j'allais toujours bon cavalier. — Laisse là ces folies, dit alors don Quichotte, et entrons du pied droit en notre village ; nous y donnerons libre essor à nos imaginations, et au projet de la vie pastorale que nous pensons exercer. » Là-dessus, ils descendirent le coteau et s'en allèrent à leur village.

CHAPITRE LXXIII

DES PRÉSAGES QUI ADVINRENT À DON QUICHOTTE À L'ENTRÉE DE SON VILLAGE, AVEC D'AUTRES ÉVÉNEMENTS QUI SERVENT À ORNER ET ACCRÉDITER CETTE GRANDE HISTOIRE

Cid Hamet raconte que, comme ils furent à l'entrée de leur village, don Quichotte aperçut que dans les aires du lieu il y avait deux jeunes garçons qui se battaient ensemble. L'un disait à l'autre : « Periquillo, ne te mets pas en nage, tu ne la reverras plus de toute ta vie. » Don Quichotte, oyant ceci, tint à Sancho ce langage : « Ami, n'entends-tu pas ce que dit ce jeune garçon : « Tu ne la reverras plus de toute ta vie ! » — Eh ! qu'importe, répondit Sancho, ce que vient de dire ce jeune garçon ? — Quoi ! répliqua don Quichotte, ne vois-tu pas qu'appliquant cette parole à mon intention, il veut dire que je ne verrai jamais Dulcinée ? » Sancho lui voulait répondre ; mais il en fut empêché par un lièvre qui venait fuyant par cette campagne. Il était suivi de plusieurs lévriers et de chasseurs ; de sorte que tout craintif il s'alla tapir sous les pieds du grison. Sancho le prit librement et le présenta à don Quichotte qui murmurait : « *Malum signum, malum signum.* Un lièvre fuit, des lévriers le poursuivent, Dulcinée ne paraît point. — Votre Grâce est bien étrange, dit alors Sancho : supposons que ce lièvre soit Dulcinée du Toboso, et que ces lévriers qui la poursuivent soient les scélérats d'enchanteurs qui l'ont transformée en paysanne. Elle fuit, je l'attrape et la remets en votre pouvoir. Vous la tenez en vos bras et la caressez : quel mauvais signe est-ce là, et quel mauvais augure peut-on en tirer ? » Cependant les deux gamins qui étaient en dispute s'approchèrent pour voir le lièvre, et Sancho demanda à l'un d'eux le sujet de leur différend. Lors, celui qui avait dit : « Tu ne la verras point de ta vie », apprit à Sancho qu'il avait ôté à l'autre jeune garçon une petite cage à grillons, et qu'il pensait bien ne jamais la lui rendre. Sancho tira alors de sa pochette quatre cuartos, et les donna au garçon pour la cage, qu'il remit entre les mains de don Quichotte, en lui disant : « Voici, monsieur, rompus et défaits tous ces mauvais présages qui n'ont pas plus à voir avec nos aventures (selon que je m'imagine, encore que je sois un sot) qu'avec les neiges d'antan. Et, si j'ai bonne mémoire, il me semble avoir ouï dire au curé de notre village que ce n'est pas aux personnes chrétiennes et prudentes de s'arrêter à de telles niaiseries. Dernièrement Votre Grâce me le disait, et me donnait à entendre que tous les chrétiens qui s'amusaient aux présages étaient des sots. C'est pourquoi il est inutile de s'entêter là-dessus ; mais passons outre, et entrons dans notre village. » Sur ce, les chasseurs vinrent : ils demandèrent leur lièvre et don Quichotte le leur rendit. Puis, Sancho et lui passèrent outre, et à l'entrée du village rencontrèrent dans un petit pré le curé et le bachelier Carrasco, qui priaient, le chapelet à la main. Il faut savoir que Sancho Pança avait mis sur le grison et sur le paquet des armes, comme une couverture, la jupe de boucassin, peinte de flammes de feu, dont on l'avait vêtu au château du duc, la nuit où Altisidore ressuscita. Il avait encore mis sur la tête de son âne la mitre dont nous avons ci-dessus parlé : et c'était bien la plus nouvelle transformation et la plus digne parure dont âne au monde se soit jamais vu affublé. Le curé et le bachelier les reconnurent soudain, et coururent à eux les bras ouverts. Don Quichotte mit pied à terre, et les embrassa étroitement. Mais les petits enfants, qui voient aussi clair que de vrais lynx, ayant découvert la mitre de l'âne, accoururent aussitôt la voir, se disant les uns aux autres : « Accourez, camarades, et vous verrez l'âne de Sancho Pança plus galant que Mingo[1], et la bête de don Quichotte plus maigre aujourd'hui qu'elle n'était le premier jour. » Finalement, entourés des galopins et accompagnés du curé et du bachelier, ils entrèrent dans le village, et s'en allèrent à la maison de don Quichotte. Ils rencontrèrent à la porte la gouvernante et la nièce, qui avaient déjà reçu des nouvelles de sa venue. Thérèse Pança, femme de Sancho, en avait pareillement été avertie. Elle y courut pour voir son mari, tout échevelée et demi-nue, menant par la main sa fille Sanchica. Et, quand elle vit qu'il n'était pas si bien costumé qu'elle s'imaginait que devait être un gouverneur, elle lui tint ce discours : « Eh ! quoi ? Il me semble que vous venez à pied et tout recru de tant cheminer ? Et m'avez plutôt la mine d'un dégouverné que d'un gouverneur ! — Tais-toi, Thérèse, repartit Sancho : car bien souvent où il y a des chevilles il n'y a point de lard. Allons à la maison, et là tu entendras des merveilles. Tant il y a que j'ai de l'argent, ce qui est le plus important, et je l'ai gagné pour mon industrie sans faire tort à personne. — Vous avez donc de l'argent, mon bon mari ? répliqua Thérèse. Voilà qui va fort bien, que vous l'ayez gagné d'une façon ou d'une autre : car en quelque manière que vous l'ayez attrapé, vous n'aurez pas introduit au monde une coutume nouvelle. » Sanchica embrassa son père et lui demanda s'il ne lui apportait point quelque chose, et qu'elle l'attendait comme rosée du mois de mai. Ainsi sa femme le tenant par la main, et sa fille par la ceinture d'une main, et de l'autre main menant le grison, ils entrèrent en leur logis, laissant don Quichotte dans le sien, au pouvoir de sa nièce et de sa gouvernante, et en compagnie du curé et du bachelier.

Don Quichotte, sans plus long délai, tira à part le bachelier et le curé, et en peu de mots leur raconta sa défaite, et la promesse qu'il avait été contraint de faire de ne sortir pendant un an de son village ; son intention était de la tenir au pied de la lettre, sans l'outrepasser d'un atome, puisque, comme chevalier errant, il y était obligé par l'ordre et par la règle de la chevalerie errante. C'est pourquoi il avait résolu de se faire berger durant cette année, et de vivre dans la solitude des champs, où, la bride sur le cou, il pourrait se laisser aller à ses pensées amoureuses en s'adonnant au vertueux exercice pastoral. Or, il les suppliait, s'ils n'avaient guère à faire et n'étaient embarrassés de soins plus importants, d'être ses compagnons ; il achèterait des brebis et un troupeau suffisant pour avoir droit au titre de berger ; cependant le principal de cette affaire était déjà exécuté, parce qu'il leur tenait déjà tout prêts des noms si propres et si convenables qu'ils leur iraient comme des gants. Le curé voulut savoir ces noms, et don Quichotte lui dit que lui s'appellerait le berger Quichotin, le bachelier le berger Carrascon, le curé le berger Curiambro, et pour Sancho Pança, qu'on l'appellerait Pansino. Tous s'ébahirent en voyant la nouvelle folie de don Quichotte : néanmoins, afin qu'il ne sortît pas encore une fois de son village ni ne retournât à ses chevaleries, et dans l'espoir que durant cette année il pourrait être guéri, ils approuvèrent sa bonne résolution, traitèrent sa folie de sagesse et lui offrirent leur compagnie en cet exercice. « Et d'autant plus, ajouta Samson Carrasco, que, comme tout le monde le sait, je suis un excellent poète, et à chaque pas je composerai des pastorales, ou des poèmes à la mode de la cour, ou comme il viendra le plus à propos. Et par ainsi nous nous entretiendrons par ces chemins déserts où nous nous proposons d'aller. Mais ce qui est le plus nécessaire, messieurs, c'est que chacun choisisse le nom de la bergère qu'il veut célébrer en ses vers, et qu'il n'y ait arbre, quelque dur qu'il soit, où nous ne gravions son nom, ainsi qu'ont accoutumé de faire les bergers amoureux. — Voilà qui est parfait, repartit don Quichotte, encore que je n'aie pas besoin de rechercher le nom d'une bergère imaginaire, puisque j'ai la sans pareille Dulcinée du Toboso, gloire de ces rivages, ornement de ces prairies, soutien de la beauté, crème de la bonne grâce, et enfin sujet sur lequel peut bien se fonder toute louange, quelque hyperbolique qu'elle soit.

— Cela est vrai, dit le curé, mais pour nous, nous chercherons par ici des bergères plus faciles qui, si elles ne nous vont point en carré, nous iront en rond. » A quoi Samson Carrasco ajouta : « Et si leurs noms ne vont pas, nous leur donnerons ceux des bergères gravées et imprimées dont le monde est plein : Philis, Amaryllis, Diane, Floride, Galatée et Bélise ; puisqu'on les vend en place publique, nous les pouvons bien acheter, et les tenir pour nôtres. Si ma maîtresse, ou pour mieux dire ma bergère, se nomme Anne, je la célébrerai sous le nom d'Anarda ; si c'est Françoise, Francine, et Lucinde, si son nom est Lucie : tout cela s'accommode fort bien. Quant à Sancho Pança, s'il vient à entrer en cette confrérie, il pourra célébrer sa femme Thérèse Pança sous le nom de Thérésine. » Don Quichotte se mit à rire de l'application de ce nom, pendant que le curé loua infiniment sa résolution honorable et glorieuse, et lui offrit

de nouveau de lui tenir compagnie tout le temps qui lui resterait après s'être acquitté de ses obligations. Sur ce, ils prirent congé de lui, le prièrent et lui conseillèrent d'avoir soin de sa santé et de faire bonne chère. Le hasard voulut que la nièce et la gouvernante ouïrent cette conversation ; et, quand le curé et le bachelier furent sortis, toutes deux entrèrent avec don Quichotte, et sa nièce lui tint ce discours : « Qu'est ceci, monsieur mon oncle ? Ores que nous croyions que vous allez vous tenir dans votre maison, et y mener une vie paisible et honorable, vous avez envie de vous jeter dans de nouveaux labyrinthes en vous faisant un vagabond de berger qui vient, berger qui va ? En vérité, les blés sont déjà trop durs pour en faire des chalumeaux. » A quoi la gouvernante ajouta : « Pourrez-vous bien passer en pleine campagne la sieste de l'été et la froidure de l'hiver, et pareillement entendre les hurlements des loups ? Non certes, parce que cette besogne n'appartient qu'à ceux qui sont d'une santé robuste, élevés et tannés pour un tel métier dès les langes. Au pis aller, mieux vaudrait être chevalier errant que berger. Je vous prie, monsieur, suivez le conseil que je vous donne, non pas après être gorgée de pain et de vin, mais à jeun et comme une personne qui a plus de cinquante ans sur la tête. Demeurez dans votre maison, veillez aux affaires domestiques, confessez-vous souvent, faites du bien aux pauvres, et si cela vous tourne mal, je le prends sur mon âme.
— Taisez-vous, mes filles, répliqua don Quichotte, je sais bien ce que j'ai à faire. Cependant que l'on me couche dans le lit ; il me semble que je ne me trouve pas trop bien. Mais tenez pour assuré que chevalier errant ou berger, je ne laisserai pas de vous pourvoir de tout ce dont vous aurez besoin, et vous le verrez à l'œuvre. » Les deux bonnes filles (car elles l'étaient toutes deux, assurément), le mirent dans le lit, où elles lui donnèrent à manger et le traitèrent aussi bien que possible.

CHAPITRE LXXIV

COMME QUOI DON QUICHOTTE TOMBA MALADE, DU TESTAMENT QU'IL FIT, ET DE SA MORT

Comme les choses humaines, n'étant point éternelles, vont toujours en déclinant depuis leurs principes jusqu'à leur dernière fin, et principalement la vie des hommes, et comme celle de don Quichotte n'avait pas ce privilège du Ciel de pouvoir arrêter sa course, sa fin arriva lorsqu'il y pensait le moins. Je ne sais si cela procéda de la mélancolie que lui causait le souvenir d'avoir été vaincu, ou bien de la volonté du Ciel qui l'ordonnait ainsi : tant il y a qu'une fièvre le saisit, laquelle le retint six jours au lit. Durant ce temps le curé, le bachelier et le barbier, ses amis, le visitèrent plusieurs fois, sans que Sancho Pança, son bon écuyer, abandonnât jamais son chevet. Eux, croyant que la peine d'avoir été vaincu et de ne voir pas l'accomplissement de son désir touchant le désenchantement de Dulcinée lui causait cette maladie, tâchaient par tous moyens de le réjouir. Le bachelier lui disait qu'il eût bon courage, et qu'il se levât pour commencer leur exercice pastoral, et qu'il avait déjà composé une églogue qui n'en devait rien à toutes celles que le Sannazar avait composées. Que pour ce même sujet il avait acheté de sa bourse deux fort beaux chiens, et de grand renom, pour garder le troupeau, l'un se nomme Barcino, l'autre Butron, qu'un pasteur du Quintanar lui avait vendus. Mais pour tout cela don Quichotte ne quittait point ses tristesses. Ses amis appelèrent le médecin, lequel ne fut pas fort content du pouls qu'il lui trouva. Aussi lui dit-il que, quoi que c'en fût, il pensât au salut de son âme, parce que la santé du corps courait un grand péril. Don Quichotte écouta sans se troubler ce discours, ce que ne firent ni sa nièce, ni sa servante, ni son écuyer, lesquels commencèrent à pleurer tendrement, comme s'ils l'avaient déjà mort devant les yeux. L'avis du médecin fut que mélancolies et peines le faisaient mourir. Don Quichotte pria qu'on le laissât seul, parce qu'il voulait un peu dormir. On le fit, et il dormit tout d'une traite, comme on dit, plus de six heures, si bien que la gouvernante et la nièce croyaient qu'il devait être parti pendant le sommeil. Il s'éveilla pourtant au bout de ce temps, et poussant un cri, se mit à proférer ces paroles : « Béni soit le Dieu puissant, qui m'a fait tant de bien ! Enfin ses miséricordes n'ont point de limites, elles ne sont point accourcies ni empêchées par les péchés des hommes. » La nièce demeura attentive aux paroles de son oncle, et, lui semblant qu'elles étaient mieux disposées que celles qu'il avait accoutumé de proférer, au moins depuis sa maladie, elle lui demanda : « Que dites-vous, monsieur mon oncle ? Y a-t-il quelque chose de nouveau ? De quelles miséricordes parlez-vous, ou de quels péchés des hommes ? — Ma nièce, répliqua don Quichotte, ces miséricordes sont celles dont Dieu a usé envers moi en ce même instant, sans que mes péchés y aient donné aucun empêchement. Je possède à cette heure un jugement libre et clair, et qui n'est plus couvert des ombres épaisses de l'ignorance que la lecture triste et continuelle des détestables livres de chevalerie avait mise sur moi. Je reconnais leurs extravagances et leurs duperies. Je n'ai qu'un regret, c'est que cette désillusion soit venue si tard, qu'elle ne me donne pas le loisir pour réparer ma faute, par la lecture que je ferais d'autres livres qui serviraient de lumière à mon âme. Ma nièce, je me sens proche de la mort, et je voudrais bien qu'elle fût d'une façon qui donnât à entendre que ma vie n'avait pas été si mauvaise que le nom de fou m'en demeurât : car, encore que je l'aie été en ma vie, je ne voudrais point confirmer cette vérité à ma mort. C'est pourquoi, ma mie, faites venir mes bons amis, le curé et le bachelier Samson Carrasco, et maître Nicolas le barbier. Je veux me confesser et faire testament. » La nièce fut relevée de cette peine par la venue de tous trois, qui entrèrent alors dans la chambre. A peine don Quichotte les vit qu'il leur dit : « Mes bons messieurs, félicitez-moi de n'être plus don Quichotte de la Manche, mais Alonso Quixano, auquel sa bonne vie donna autrefois le surnom de Bon. Je suis l'ennemi d'Amadis de Gaule et de tout l'infini bataillon de sa race. Maintenant les histoires profanes de la chevalerie errante me sont odieuses. Je reconnais ma folie, et le péril où m'a mis leur lecture. Mais aujourd'hui, par la miséricorde de Dieu, ayant été fait sage à mes propres dépens, je les abhorre. » Quand ses trois amis entendirent cela, ils crurent que sans doute il était possédé de quelque nouvelle folie. « Seigneur don Quichotte, lui dit Samson, à présent que les nouvelles nous sont venues que madame Dulcinée du Toboso est désenchantée, parlez-vous de la sorte ? Et maintenant que nous sommes si proches d'être bergers, afin de mener en chantant une vie de princes, avez-vous envie de vous faire ermite ? Taisez-vous, je vous prie, revenez à vous, et laissons ces rêveries. — Celles que j'ai poursuivies jusqu'ici, répliqua don Quichotte, qui ont été mon vrai dommage, ma mort, par l'assistance du Ciel, va les tourner à mon profit. Messieurs, je sens que la mort me talonne. Quittons toute raillerie, et que l'on m'amène un prêtre qui me confesse, et un notaire qui fasse mon testament. Aux extrémités où je me trouve réduit il ne faut pas que l'homme se moque de l'âme. C'est pourquoi, tandis que monsieur le curé me confessera, que l'on m'aille tôt querir un notaire. »

Ils se regardèrent les uns les autres, étonnés des raisons de don Quichotte, encore qu'ils fissent doute de le croire. Mais l'un des signes qui leur fit conjecturer qu'il s'en allait mourir fut qu'avec tant de facilité de fou il était devenu sage : car aux paroles que nous avons déjà rapportées, il en ajouta d'autres si belles, si chrétiennes et si bien conçues, que sans aucun doute ils crurent que don Quichotte était devenu sage. Le curé fit sortir tous ceux qui étaient dans la chambre, et, étant demeuré seul avec lui, le confessa. Le bachelier Carrasco alla chercher un notaire, lequel vint peu de temps après avec lui et avec Sancho Pança. Ce bon écuyer, ayant déjà appris de la bouche du bachelier que son maître était en fort mauvais état, et trouvant sa gouvernante et sa nièce en larmes, commença de se donner des coups de poing et de verser des pleurs. La confession s'acheva, et le curé sortit en disant : « Véritablement il se meurt, et véritablement aussi Alonso Quixano le Bon est devenu sage : nous pouvons entrer pour qu'il fasse son testament. » Ces nouvelles firent alors lâcher la bonde aux yeux gonflés de la gouvernante, de la nièce et de Sancho Pança son bon écuyer, de sorte qu'il en jaillit des fontaines de pleurs, et de l'estomac mille profonds soupirs : car en effet, ainsi que nous avons déjà dit quelque part, tant que don Quichotte fut simplement Alonso Quixano le Bon, aussi bien que tant qu'il fut don Quichotte de la Manche, il fut toujours d'une nature douce et d'agréables rapports. Pour ce sujet, il était non seulement fort aimé de ceux de sa maison, mais encore de tous ceux qui le connaissaient.

Le notaire entra avec les autres, et, après qu'il eut écrit l'en-tête du testament, et que don Quichotte eut recommandé son âme à Dieu, avec toutes les circonstances chrétiennes requises et nécessaires, on en vint aux legs, et il fit écrire ceci : « Item, et pour le regard de certains deniers que Sancho Pança, que j'avais fait mon écuyer pendant ma folie, a en son pouvoir, parce qu'entre lui et moi il y a certains comptes à faire de dépenses et recettes, ma volonté est qu'il n'en rende aucunement compte, ni n'en demeure pareillement obligé : au contraire, si quelque chose en reste, après qu'on lui aura payé ce que je lui dois, qui est bien peu de chose, qu'elle soit sienne, et bon bénéfice lui fasse. Et comme, étant alors fou, je fus cause du gouvernement de l'île qu'on lui donna, je voudrais avoir le pouvoir, maintenant que je suis sage, de lui donner un royaume, parce que la sincérité de son âme et la fidélité de sa conduite le méritent. » Lors, en s'adressant à Sancho, il lui tint ce langage : « Ami, pardonne-moi de t'avoir donné occasion de paraître fou comme moi, en te faisant tomber en l'erreur où je suis tombé qu'au monde il y a eu et il y a des chevaliers errants. — Ah ! monsieur, dit alors Sancho en pleurant, ne mourez point, mais suivez mon conseil et vivez beaucoup d'années. La plus grande folie que puisse faire un homme en ce monde, c'est de se laisser mourir sans plus ni moins, et sans qu'aucun le tue, ni qu'autres mains l'achèvent que celles de la mélancolie. Je vous en prie encore un coup, ne faites point le paresseux, levez-vous de ce lit, et allons aux champs vêtus en bergers, ainsi que nous l'avions résolu. Peut-être trouverons-nous derrière quelque buisson madame Dulcinée désenchantée, de sorte qu'il n'y aura rien plus à imaginer. Si c'est la fâcherie de vous voir vaincu qui vous donne la mort, jetez-en la faute sur moi, en soutenant partout que vous fûtes battu parce que j'avais mal sanglé Rossinante. D'autant plus que Votre Grâce aura vu en ses livres de chevalerie que c'est chose ordinaire qu'un chevalier fasse vider les arçons à un autre, et que celui qui est aujourd'hui vaincu soit demain vainqueur. — Il est vrai, dit alors Samson, et le bon Sancho Pança rapporte fort bien la vérité de ces accidents. — Messieurs, repartit alors don Quichotte, je vous prie, n'allons pas si vite ; aux nids de l'an passé il n'y a point d'oiseaux de cette année. Je fus fou, et maintenant je suis sage. Je fus don Quichotte de la Manche, et je suis maintenant, comme j'ai dit, Alonso Quixano le Bon. Que ma repentance et ma sincérité me rendent votre estime, et que monsieur le notaire poursuive.

« Item, de tous et chacun de mes biens, je fais héritière universelle Antonia Quixana, ma nièce, qui est ici présente, distrait premièrement du plus clair ce qui sera nécessaire pour accomplir les legs que j'ai faits, et la première chose qu'on payera, j'entends que ce soit le salaire que je dois à ma gouvernante, et qu'on lui baille encore vingt ducats de surplus pour un vêtement. Je laisse pour exécuteurs de mon testament monsieur le curé et monsieur le bachelier Samson Carrasco, ici présents.

« Item, je désire que, si Antonia Quixana, ma nièce, veut se marier, ce soit à un homme de qui l'on aura premièrement fait enquête qu'il est ignorant des livres de chevalerie, et qu'il n'en a jamais ouï parler. Et avenant le cas qu'il le sache, et qu'avec tout cela ma nièce veuille se marier à lui, ou s'y marie, elle perde tout ce que je lui ai donné, et que mes exécuteurs pourront distribuer en œuvres pies et à leur volonté.

« Item, je supplie lesdits sieurs exécuteurs de mon testament que si par bonne fortune ils viennent à connaître l'auteur que l'on dit avoir composé une histoire qui court, avec le titre de *Seconde Partie des exploits de don Quichotte de la Manche,* ils le prient de ma part, le plus affectueusement qu'ils pourront, de me pardonner, pour l'occasion que sans y penser je lui ai donnée d'écrire d'aussi grandes folies, et en si grand nombre, parce que je sors de cette vie avec le scrupule de lui avoir donné sujet de les mettre en lumière. »

En achevant ces mots il ferma le testament, et, un évanouissement l'ayant pris, s'étendit de son long dans son lit. Tous en furent émus et coururent soudain pour le secourir, et, durant trois jours qu'il vécut depuis qu'il eut fait son testament, il s'évanouissait à tout instant. La maison était sens dessus dessous ; mais avec tout cela la nièce ne laissait pas de manger, la gouvernante de boire d'autant, et Sancho de se réjouir. Car d'hériter de quelque chose, cela efface ou modère dans l'âme de l'héritier la mémoire de la douleur qu'il est raisonnable que laisse le mort. Enfin, le dernier jour de don Quichotte arriva, après qu'il eut reçu tous les sacrements, et après avoir maudit par plusieurs et belles raisons les livres de chevalerie : le notaire se trouva présent à sa mort, et dit que jamais il n'avait trouvé en livre de chevalerie qu'aucun chevalier errant fût mort dans son lit aussi paisiblement et chrétiennement que don Quichotte. Lequel, parmi les plaintes et les larmes des assistants, rendit l'âme, c'est-à-dire mourut. Ce que voyant le curé, il requit le notaire de lui faire une attestation qu'Alonso Quixano surnommé le Bon, et que l'on appelait communément don Quichotte de la Manche, avait passé de cette vie à l'autre, et était mort de mort naturelle, qu'il requérait un tel témoignage pour ôter toute occasion à des auteurs autres que Cid Hamet Ben Engeli de le ressusciter faussement et d'écrire d'interminables histoires de ses hauts faits.

Telle fut la fin de l'ingénieux gentilhomme de la Manche, de qui Cid Hamet ne nous a point voulu apprendre ouvertement le lieu de sa naissance, afin que tous les villages et les bourgs de la Manche disputassent entre eux l'honneur de l'avoir produit, de même que firent les sept villes de Grèce pour l'amour d'Homère. On n'a pas voulu mettre ici les plaintes de Sancho, de la nièce et de la gouvernante de don Quichotte, ni les nouvelles épitaphes que l'on grava sur sa sépulture. Contentez-vous de celle-ci, qu'y mit le bachelier Samson Carrasco :

Passant, dans ce tombeau gît un homme de marque,
Le vaillant don Quichotte ; il fut si valeureux
Que, par ses dignes faits grands et chevalereux,
Sa vie a triomphé de l'invincible Parque.

Ce fier épouvantail avait tant de courage
Qu'à lui les gros géants n'étaient que des moineaux :
Il fit, à son trépas, des miracles nouveaux,
Car, s'il vécut en fol, il mourut homme sage.

Cependant le sage et prudent Cid Hamet Ben Engeli, parlant à sa plume, lui tint ce discours : « C'est ici, ô ma petite plume, bien ou mal taillée, que tu demeureras pendue à ce ratelier et à ce fil de cuivre. Tu y vivras de longs siècles, si de téméraires et méchants historiens ne te dépendent pour te profaner. Néanmoins, avant qu'ils te touchent, tu leur peux dire par forme d'avertissement et le mieux que tu pourras :

Arrière, arrière, coquins !
De nul je ne sois touchée.
Prince, pour mes seules mains
Cette emprise était gardée.

« Pour moi seul, naquit don Quichotte, et moi pour lui. Il sut agir, moi écrire. Enfin, lui et moi ne sommes qu'une même chose, en dépit du menteur écrivain tordesillesque qui a osé témérairement écrire d'une plume d'autruche mal taillée les prouesses de mon valeureux chevalier. Ce fardeau est trop pesant pour ses épaules, et son entendement trop froid et trop glacé pour une telle entreprise. Si par fortune tu le connais, tu l'avertiras qu'il laisse reposer dans le sépulcre les os lassés et déjà pourris de don Quichotte et, contre tous les décrets de la mort, ne le fasse voir à la Castille Vieille, le faisant sortir de la fosse, où véritablement et réellement il gît, étendu de son long et incapable de faire une troisième journée et une nouvelle sortie. Il suffit, pour se moquer de celles que tant de chevaliers errants ont faites, de ces deux qu'il fit au contentement universel des peuples et des nations qui en ont eu connaissance, tant par toutes les Espagnes qu'aux royaumes étrangers. Ainsi tu agiras selon ta chrétienne profession, en donnant bon conseil à qui te désire du mal. Quant à moi, je demeurerai content et satisfait d'avoir été le premier qui ait joui du fruit de ses écrits pleinement et selon mon désir, puisque jamais je n'ai désiré autre chose que de faire abhorrer aux hommes les fabuleuses et extravagantes histoires des livres de chevalerie qui, par le moyen de l'histoire de mon véritable don Quichotte, s'en vont déjà chancelants : et sans aucun doute ces fables tomberont et ne se relèveront jamais. *Vale.* »

FIN

NOTES

Page 9. DÉDICACE AU COMTE DE LEMOS

1. Le comte de Lemos, vice-roi de Naples, fut pour Cervantès un protecteur efficace, différent en cela du duc de Béjar à qui est dédiée la *Première partie.*

2. La vogue de la *Première partie* du *Quichotte* allait croissant lorsque, en 1614, parut une *Seconde partie,* signée d'un pseudonyme : *Le licencié Alonso Fernández de Avellaneda.* Cette mainmise étrangère sur la création de Cervantès excita celui-ci à achever sa *Seconde partie* et à rendre au public la suite des aventures de l'authentique et vivant don Quichotte.

3. Cette « histoire septentrionale » est la dernière œuvre de Cervantès et ne parut qu'après sa mort. Ce devait être dans sa pensée « le pire livre ou le meilleur » de la langue espagnole. En tout cas, ce roman de chevalerie sérieux, inspiré d'Héliodore, c'est-à-dire des sources premières de la littérature chevaleresque, écrit après la parodie de la même littérature, est un curieux témoignage du génie ambigu, équivoque, ironique, dialectique de Cervantès. Au reste, ce n'est pas un ouvrage négligeable que le *Persiles.* Il a trouvé, parmi les dernières générations littéraires, des apologistes qui ont su goûter son caractère paradoxal et extrême, y découvrir un délire de l'imagination et un fantastique qui rapprocheraient la vieillesse de Cervantès de celle du Greco. Ce qu'il faut, en tout cas, y reconnaître, c'est le perfectionnement achevé du style de Cervantès.

Page 11. PROLOGUE AU LECTEUR

1. C'est à Tarragone que parut le *Quichotte* d'Avellaneda, natif, selon sa propre déclaration, de Tordesillas. On a beaucoup discuté

autour de l'identité de cet Avellaneda. Son livre fut traduit en français, ou plutôt adapté par Le Sage (1704).

2. Allusion à Lope de Vega. Au sujet d'une insinuation d'Avellaneda, Cervantès semble ici remettre les choses en place, protester de sa dévotion envers le Phénix des Esprits tout en laissant entendre qu'il sait à quoi s'en tenir sur « l'étude vertueuse et continue » de celui-ci. Les occupations de Lope de Vega, en effet, n'étaient point toutes vertueuses.

3. Cet intermède de la *Perendenga* a disparu. Il devait y figurer un des Vingt-Quatre, c'est-à-dire un des *regidores* ou officiers municipaux de Séville, Grenade et Cordoue.

4. Couplets satiriques composés contre le gouvernement d'Henri IV l'Impuissant.

Page 17. CHAPITRE PREMIER

1. Dans son *Colloque des chiens,* Cervantès a fait la satire de ces donneurs d'avis ou *arbitristas,* semblables à ceux que Molière devait peindre plus tard dans l'Ormin des *Fâcheux.*

2. Nous avons déjà vu Cervantès, à propos de l'université de Sigüenza, railler les petites universités.

3. Faut-il dire que ceci est une plaisanterie ? On n'a jamais attribué de cosmographie à Turpin et cet appel érudit à une *Cosmographie* à propos d'histoires de cette farine est une des choses les plus plaisantes du monde.

4. Le poète andalou est Barahona de Soto, que nous avons déjà rencontré. Le castillan, Lope de Vega.

Page 29 CHAPITRE II

1. *Quando caput dolet, cetera membra dolent.*

2. On ne donnait du *don* qu'aux gentilshommes. Aujourd'hui, il se met devant le prénom et garde un caractère de dignité.

3. Sancho déforme *Ben-Engeli* en *Berenjena.*

Page 35. CHAPITRE III

1. *Gramática. Grama* signifie chiendent. Quant à *tica,* cela ne signifie rien et c'est chose dont, naturellement, Sancho n'a jamais entendu parler.

2. *Tostado* ou le Grillé. Surnom de certain évêque d'Avila, qui fut prodigieusement fécond.

Page 43 CHAPITRE IV

1. *Santiago y cierra España!* vieux cri de guerre des Espagnols contre les Maures. On sait que l'apôtre saint Jacques, sur un cheval blanc, assista les Espagnols dans un de leurs combats contre les Maures. Mais que signifie l'expression : *Cierra España?* Au chapitre LVIII de cette *Seconde partie,* Sancho posera la question à don Quichotte, lequel semble n'en pas savoir davantage là-dessus que son écuyer. *Cierra* peut passer, en effet, comme le pense Sancho, pour l'impératif de *cerrar : fermer.* D'après le grammairien Puigblanch, il coïncide avec le français *serrer,* du latin *serare : garder, sauver.* Le cri de guerre pourrait donc se traduire comme une adjuration à saint Jacques : *Santiago, sauve l'Espagne!* Rodriguez Marin apporte la solution en montrant, après confrontation de divers textes, qu'il y a une virgule entre *cierra* et *España,* et rappelle la définition du *Trésor* de Covarrubias : « *Cerrar con el enemigo : envestir con él, de do manó el proverbio militar : Santiago, y cierra, España.* » Le sens exact dudit *proverbe militaire* est donc : *A nous, Santiago, et sus, Espagne!* ou : *tiens ferme, Espagne!*

2. *Cristiano Viejo.* On sait le prix que les Espagnols attachaient alors à la *limpieza de la sangre,* la pureté du sang.

3. Cette moitié de poète est sans doute Cervantès. Quant a la détermination des trois entiers, on se perd en conjectures.

Page 49. CHAPITRE V

1. Doña Urraca, dont tant de romances ont popularisé l'aventure, fut déshéritée par son père, le roi Fernando Ier de Castille, au profit de ses frères. Elle prit alors le bourdon du pèlerin et menaça son père de quitter l'Espagne. Puis ayant obtenu la concession de Zamora, elle y soutint un long siège contre ses frères.

Page 56. CHAPITRE VI

1. Garcilaso de la Vega (1503-1536).

Page 71. CHAPITRE VIII

1. Le même Garcilaso.
2. Cervantès veut parler de l'obélisque égyptien placé, par ordre

de Sixte-Quint, au centre de la colonnade de Saint-Pierre. C'est tort qu'il suppose que ce monument reçut les cendres de César.

Page 79. CHAPITRE IX

1. Ce vaudeville, comme dit François de Rosset, est un des plus populaires *romances :*

Mala la huvistes, franceses,
La caza de Roncesvalles...

Le *romance* de Calaínos, qui conte comment ce Maure parcourut le monde et fut tué par Roland, est également très populaire, et entrait dans des locutions courantes qui, comme l'explique Viardot, reviennent à peu près à notre : « C'est comme si vous chantiez ! »

Page 83. CHAPITRE X

1. Vers d'un autre *romance*, devenus proverbe.

Page 93. CHAPITRE XI

1. Dans le *Colloque des chiens (Nouvelles exemplaires),* Cervantès fait également allusion à ce directeur de troupe ambulante, né à Tolède, vers 1550.

2. Rosset a traduit par *mystère : auto sacramental.* Il existe justement un *auto* de Lope de Vega intitulé *Las Cortes de la Muerte*

Page 100. CHAPITRE XII

1. Vandalie : Andalousie.

Page 114. CHAPITRE XIV

1. La *Giralda* est cette statue de la Foi ou de la Victoire qui fut placée en 1568 sur la tour arabe de Séville devenue chrétienne. Dès lors le nom fut donné à la tour tout entière. Et celle-ci, merveille de Séville et son plus cher trésor, continue de garder ce caractère d'incarnation féminine que nous lui voyons dans ce chapitre.

2. Les taureaux de Guisando sont quatre blocs de pierre grossiè-

rement travaillés qui se trouvent dans la région d'Avila. On discute sur l'origine de ces blocs dont on trouve d'autres exemples en Espagne.

3. Le gouffre de la Sierra de Cabra se trouve dans la province de Cordoue.

4. Vers de la *Araucana* d'Ercilla.

Page 129. CHAPITRE XVI

1. Le laurier.

Page 140. CHAPITRE XVII

1. Les épées à la marque du petit chien étaient fabriquées au XVe siècle par Julián del Rey, armurier tolédan

Page 152. CHAPITRE XVIII

1 C'est encore Garcilaso qui, dans ce moment d'effusion, revient à la mémoire de don Quichotte.

2. Sans doute, comme le pensent Cardaillac et Labarthe, don Quichotte ne pouvait-il supporter un ceinturon serré autour de la taille.

3. Cet extraordinaire nageur vivait à Catane au XVe siècle. Il mourut en allant chercher au fond du golfe de Messine une coupe d'or qu'y avait jetée le roi de Naples, don Fadrique. Viardot, à ce propos, rappelle cet autre homme-poisson, dont parle le P. Feijóo et qui vécut plusieurs années en pleine mer. Des pêcheurs de la baie de Cadix le prirent dans leurs filets ; il fut ramené dans son pays, un village près de Santander ; mais il s'échappa, retourna à la mer et ne reparut plus.

4. La *glose* est un genre poétique propre à l'Espagne : on en a un exemple plus loin. Ces variations autour des éléments successifs d'un thème initial ont excité la virtuosité des poètes conceptistes. Les plus brillants morceaux lyriques de Calderon, par exemple, ne sont autre chose que des gloses.

5. On n'a pas retrouvé l'origine de cette locution saugrenue, ni le nom du poète auquel Cervantès fait ici allusion, à moins qu'il ne s'agisse, comme le prétend Rodríguez Marín, d'un certain Juan Bautista de Vivar, contemporain de Cervantès, qui se dit *laureado por Chipre y por Gaeta.*

Page 170. CHAPITRE XX

1. *Alcancías :* petites boules dorées emplies de parfum que l'on se lançait au cours des fêtes comme aujourd'hui les confetti.

Page 180. CHAPITRE XXI

1. Les bancs de sable qui bordent la côte des Flandres étaient redoutés des marins espagnols. Mais comme *banco* signifie aussi *banque*, cette expression des *banques des Flandres* peut entrer dans certaines plaisanteries. Aussi Filleau de Saint-Martin traduira-t-il le passage en disant de Quiteria : « Je ne crois pas qu'on la refusât à la banque de Bruxelles. » D'autre part, l'ingénieux Rodríguez Marín a retrouvé qu'on appelait *bancos de Flandes* des lits en bois fabriqués dans les Flandres ou décorés de tentures flamandes. « Cette application toute spéciale, dit Cardaillac, concorderait avec l'esprit grossier et facétieux de Sancho, qui peut-être voulut employer le dicton dans un double sens. »

Page 187. CHAPITRE XXII

1. L'Ange de la Madeleine, à Salamanque, servait de girouette comme la Giralda de Séville. Les fontaines de Leganitos et leurs sœurs, plus loin citées, ornent divers endroits de Madrid.

2. Polydore Virgile et non Virgile Polydore, savant italien, publia en 1499 le traité *De rerum inventoribus.*

3. Il y a, dans le texte espagnol, la *Roche de France,* monastère de Dominicains, situé sur une haute montagne de la province de Salamanque. La Trinité de Gaète consiste en une chapelle et un couvent fondés par le roi d'Aragon Ferdinand V, au sommet d'un promontoire, en avant du port de Gaète.

Page 196. CHAPITRE XXIII

1. L'histoire de Montésinos, fils du paladin français Grimaldos et l'un des douze pairs, est racontée par d'anciens *romances* recueillis dans le *Cancionero general.* Il épousa une demoiselle espagnole et vécut avec elle au château de Roca Frida, près de la caverne qui porte encore son nom.

2. Nous n'avons aucun renseignement sur cet artisan que Sancho tient en si particulière estime.

3. Adaptation espagnole du nom des Fugger, les fameux banquiers d'Augsbourg.

Page 208. CHAPITRE XXIV

1. Le comte de Lemos.

2. Don Quichotte écorche à l'espagnole le mot italien *spilorceria :* ladrerie.

Page 215. CHAPITRE XXV

1. Cet aubergiste a sans doute fait les guerres d'Italie et en a rapporté quelques expressions plus ou moins exactes.

Page 226. CHAPITRE XXVI

1. Premier vers de la traduction espagnole du second livre de l'*Énéide,* par Gregorio Hernández de Velasco (1557).

Comment ne pas rappeler ici la magnifique interprétation et mise en scène musicales que Manuel de Falla a faite de ce chapitre ?

2. On a cherché à rendre par ce mot qui évoque en même temps la *ribaude,* féminin de *ribaud,* et une joyeuse frairie, le jeu de mots espagnol sur *mona :* guenon, et *tomar la mona :* prendre la guenon, boire à s'en soûler.

Page 235. CHAPITRE XXVII

1. On a identifié les villes auxquelles se rapportent ces surnoms assez innocents : les *cazoleros* ou marmiteux seraient les habitants de Valladolid, grands fabricants de poterie ; les *berenjeneros,* aubergi-nois, les tolédans, dont le terroir produisait beaucoup d'aubergines, etc.

Page 270 CHAPITRE XXXII

1. Les habitants de Sayago, bourg de la province de Zamora, passaient pour fort grossiers. On a vu plus haut une allusion à leur mauvais accent.

2. Voir la note 4 du chap. XLI de la *Première partie.*

Page 285. CHAPITRE XXXIII

1. Banc d'ivoire dont le Cid s'empara quand il prit Valence.

2. Expression proverbiale. Courir par les coteaux d'Ubeda (qui étaient une région d'accès difficile), c'est tenir des discours inconsidérés, sans suite et faits de termes impropres.

3. Encore une allusion à Rodrigue, ou Roderick, le dernier roi goth, dont l'histoire est mêlée de traditions populaires et de légendes, et qui, par ses amours, perdit l'Espagne. Parmi ces traditions, celle qui rapporte sa fin tragique et que rappelle ici dame Rodríguez était particulièrement répandue : Rodrigue mourut dévoré par des serpents, châtiment que l'on veut avoir été assez exactement conforme à la loi du talion pour le toucher au point le plus sensible et le plus coupable. La *Chronique Sarrazine* conte que les serpents le mangèrent « au cœur » et « à la nature ». Les vers hardiment cités par l'honnête duègne ne sont pas moins précis :

Ya me comen, ya me comen
Por do más pecado había.

4. Citation d'une églogue d'Ange Politien sur Miguel Verino, enfant prodige, auteur du *De puerorum moribus disticha,* mort à dix-sept ans.

Page 293. CHAPITRE XXXIV

1. On appelait ainsi l'humaniste Hernán Núnez de Guzmán, qui professait à Salamanque au début du XVIe siècle. Il est plus souvent connu sous le nom du *Pinciano.*

2. Le texte espagnol dit *lelili.* Ce cri, selon le *Diccionario de la Academia,* vient de l'invocation : *La ilah ile alah : il n'y a pas d'autre dieu que Dieu.* De là viendrait notre *hallali.*

Page 309. CHAPITRE XXXVI

1. La plupart des traducteurs ont négligé cette phrase, qui avait été supprimée par l'Index.

Page 316. CHAPITRE XXXVII

1. Jeu de mots sur le nom de la duègne Trifaldi. *Falda* signifie pan ou queue.

Page 325. CHAPITRE XXXIX

1. *Énéide*, II.

Page 329. CHAPITRE XL

1. J'ai gardé la traduction de Rosset, qui me paraît assez heureuse pour rendre l'illustre nom de Clavileño.

Page 335. CHAPITRE XLI

1. « On aurait dit, en France : à Montfaucon. » (Viardot). Peralvillo est un lieu de la Manche, près de Ciudad-Real, où la Santa Hermandad Vieja, que nous avons déjà rencontrée, faisait exécuter à coups de flèches les malfaiteurs surpris en flagrant délit.

2. Sorcier condamné à mort par l'Inquisition en 1531. Il avait à son service un diable nommé Zéchiel, avec qui il conversait en italien et qui le transportait dans les lieux les plus divers.

3. Cardaillac observe que dans le sud-ouest de la France on donnait également le nom des Sept Chèvres à la constellation des Pléiades.

Page 346. CHAPITRE XLII

1. Les vieux alphabets portaient en tête une croix imprimée que les enfants appelaient le *Christus*.

Page 359. CHAPITRE XLIV

1. Juan de Mena, poète du XVe siècle. Signalons, en passant, que le maître Unamuno a admirablement glosé cet émouvant passage dans son commentaire : *Vida de Don Quijote y Sancho*.

2. Saint Paul, Cor. VII, 30

Page 370. CHAPITRE XLV

1. Jeu de mots. *Barato :* à bon marché.

2. Ici encore Cervantès s'est trompé en transcrivant ses brouillons.

Page 383. CHAPITRE XLVII

1. Le vieil aphorisme, naturellement, ne parle pas de perdrix, mais dit *panis autem pessima.*

2. *Tirteafuera :* ôte-toi de là.

3. Les provinces basques étaient une pépinière de secrétaires du roi et de fonctionnaires administratifs.

Page 393. CHAPITRE XLVIII

1. *Montañés,* de cette région de la province de Santander qu'on appelle la Montaña et qui forme avec les Asturies les monts Cantabres. Ce fut le suprême refuge de la résistance espagnole, lors de l'invasion des Maures, et le foyer de la Reconquête. Aussi les Montagnards se targuent-ils de descendre tous du roi Pélage et de ses compagnons.

2. Cautères. Cf., dans le *Gil Blas* de Le Sage, la béate Jacinte qui doit son teint frais à une « fontaine » qu'elle a à chaque jambe (II, I).

Page 414. CHAPITRE L

1. Le proverbe complet dit : Le chien se vit en collier d'or et ne voulut plus reconnaître son compagnon.

Page 441. CHAPITRE LIII

1. *Tarde piache.* Correas, spécialiste en proverbes, donne l'origine de celui-ci : un étudiant avalant un œuf quelque peu avancé, le poussin se mit à piauler. *Tarde piache,* aurait dit gravement le glouton.

Page 447. CHAPITRE LIV

1. L'expulsion totale des Morisques avait été ordonnée en 1609 par Philippe III. Quelle était l'opinion exacte de Cervantès au sujet de cet événement ? Américo Castro a montré qu'il ne faut pas prendre au pied de la lettre toutes les déclarations de Cervantès. Celui-ci semble souvent déguiser sa pensée à cause de l'Inquisition, et justement il y a dans le présent passage une émotion et quelque

chose de nuancé et de prismatique, qui donnent à réfléchir. Par contre il se montre, au *Colloque des chiens,* fort sévère pour les Morisques, mais en paraissant adopter un ton officiel. Je renvoie sur cette question au livre, lui-même infiniment subtil, d'Américo Castro : *El Pensamiento de Cervantes.*

2. Prononciation espagnole de *caviar.*

Page 456. CHAPITRE LV

1. Galiana est cette princesse maure pour laquelle son père Gadalfe avait fait construire à Tolède, sur les bords du Tage, un palais somptueux, entouré de jardins. Les *Palais de Galiana* entrèrent depuis dans des locutions proverbiales.

Page 469. CHAPITRE LVII

1. Birène, duc de Zélande, abandonna dans une île déserte son amante Olympie (*Orlando furioso,* ch. VII et IX).

Page 474. CHAPITRE LVIII

1. L'excellent Rosset avait eu l'idée ingénieuse de traduire cette phrase par la stance de Malherbe : *Le pauvre en sa cabane...* Nous avons suivi le texte espagnol.

Page 495. CHAPITRE LX

1. *No quito rey, ni pongo rey, mas ayudo a mi señor.* Cette phrase aurait été prononcée par Du Guesclin, lorsqu'il aida Henri de Transtamare, renversé dans sa tente par son frère Pierre le Cruel, à reprendre le dessus et à tuer ce dernier.

2. Vers tirés du *romance* des sept infants de Lara.

3. Il s'agit de petites escopettes, garnies d'une pierre (*pedernal*) au lieu d'une mèche.

4. Ce célèbre bandit catalan est un précurseur de tous les brigands romantiques. Il était de bonne race et, après avoir été mêlé à une de ces querelles de familles qui divisaient Barcelone, la querelle des Niarros et des Cadells, s'était fait voleur de grands chemins. Il fut, plus tard, amnistié et transporté avec ses partisans dans le royaume de Naples, où il put guerroyer au service du roi.

Page 511. CHAPITRE LXII

1. *Escotillo,* le petit Scot, ou, selon les Français, Lescot, ou, selon les Italiens, Michele Scotto, astrologue du XIIIe siècle, protégé de Frédéric II. Dante le cite dans son *Enfer.* Selon d'autres commentateurs, il s'agit d'un astrologue contemporain de Cervantès, qui vivait en Flandre pendant le gouvernement d'Alexandre Farnèse.

2. Notre La Palice correspond exactement à l'Espagnol Pero Grullo.

3. Le mot italien est passé en français.

4. Cristobal Suárez de Figueroa et Juan de Jáuregui, poètes estimés. Ce dernier fut ami de Cervantès.

5. *Luz del alma cristiana contra la ceguedad e ignorancia,* par Fr. Felipe de Meneses, dominicain, Salamanque, 1564.

Page 524. CHAPITRE LXIII

1. Don Luis Coloma, comte de Elda.

Page 540. CHAPITRE LXV

1. Ce Bernardino de Velasco, comte de Salazar, fut spécialement chargé de l'expulsion des Maures de la Manche. Sur l'étrange éloge de ce personnage prononcé par l'infortuné Morisque, je renvoie encore une fois au livre d'Américo Castro. Faut-il voir dans ce dithyrambe un morceau officiel, imposé par les circonstances, ou l'expression même de l'opinion que Cervantès pouvait avoir en commun avec l'opinion courante de ses contemporains ? Par ailleurs, on est frappé de la compassion qu'il ne cesse de manifester envers les expulsés. Attitude ambiguë et de laquelle il est impossible de tirer une conclusion claire.

Page 546. CHAPITRE LXVI

1. Nous avons déjà vu, au chapitre XIII de la *Première partie,* cette citation de l'Arioste, que, pour varier, on a traduite ici différemment.

Page 552. CHAPITRE LXVII

1. Le poète Boscán († 1542) est à l'origine du lyrisme italianisant

espagnol. Selon la tradition, c'est lui que son illustre ami Garcilaso aurait fait figurer dans sa première *Églogue* — son chef-d'œuvre — sous le nom du pasteur Nemoroso, par un jeu inspiré de l'identité du mot italien *bosco* avec le latin *nemus*.

2. La terminaison *on*, *ona* est augmentative.

3. Les albogues, d'après la description de Cervantès, seraient donc des cymbales. D'après une description arabe citée par le cervantiste Cejador, ce seraient des trompettes, avec des trous pour les doigts. Cardaillac nous signale la trompette basque nommée *alboka*, dont on trouve deux exemplaires au musée ethnographique basque de Saint-Sébastien. — Pour ce qui est de la leçon de philologie arabe qui suit ce passage, il n'y a rien à relever sauf que le *Diccionario de la Academia española* et Littré s'accordent à faire venir *borcegui*, brodequin, du vieux flamand *brosekin*.

Page 557. CHAPITRE LXVIII

1. Cette devise latine, empruntée au livre de Job, était aussi celle de Juan de la Cuesta, premier imprimeur de *Don Quichotte* et ami de Cervantès.

Page 563. CHAPITRE LXIX

1. Le proverbe s'achève ainsi : ... et ne laissa ni les vertes ni les sèches.

Page 569. CHAPITRE LXX

1. Vers célèbre de cette première *Églogue* de Garcilaso dont il a justement été question dans une note précédente.

Page 577. CHAPITRE LXXI

1. *No se toman truchas...* Le proverbe entier est : *On ne prend pas des truites sans se mouiller les braies.* Nous l'avons rendu par notre : *On ne fait pas d'omelette sans casser des œufs.*

Page 583. CHAPITRE LXXII

1. L'hôpital des fous. Par cette fin misérable, on juge de tout ce

qu'il y a de grossier et d'injurieux dans le *Don Quichotte* d'Avellaneda, livre qui, par ailleurs, ne manque pas de certaines qualités littéraires moyennes et qui a trouvé quelques admirateurs.

Page 588. CHAPITRE LXXIII

1. Nous avons rencontré au Prologue de la *Seconde partie* (v. note 4) ce personnage de Mingo Revulgo, auquel on attribua, sous Henri IV, roi de Castille (1454-74), certains *couplets* satiriques A cette sorte de Cadet-Rousselle on criait, entre autres choses : « Qu'as-tu fait de ton pourpoint bleu ? »

SECONDE PARTIE

DÉDICACE AU COMTE DE LEMOS 9
PROLOGUE AU LECTEUR 11
I. De ce qui se passa entre le curé, le barbier et don Quichotte, touchant sa maladie 17
II. Qui traite de la mémorable querelle qui intervint entre Sancho Pança et la gouvernante et la nièce de don Quichotte, avec d'autres sujets plaisants 29
III. Du ridicule entretien qui eut lieu entre don Quichotte, Sancho Pança et le bachelier Samson Carrasco 35
IV. Où Sancho Pança satisfait le bachelier Samson Carrasco sur ses doutes et ses demandes, avec d'autres événements dignes d'être sus et contés 43
V. Du sage et plaisant devis qu'eut Sancho Pança avec sa femme Thérèse Pança, et autres événements dignes d'heureuse mémoire 49
VI. De ce qui se passa entre don Quichotte, sa nièce et sa gouvernante ; et c'est l'un des plus importants chapitres de toute l'histoire 56
VII. De ce qui se passa entre don Quichotte et son écuyer, avec d'autres événements très fameux 63
VIII. Où l'on conte ce qui arriva à don Quichotte allant voir sa maîtresse Dulcinée du Toboso 71
IX. Où l'on conte ce qui s'y verra 79
X. Où l'on conte le stratagème qu'employa Sancho

pour enchanter la dame Dulcinée, et autres événements non moins ridicules que véritables 83
XI De l'étrange et périlleuse aventure qui arriva au valeureux don Quichotte avec le char ou charrette des Cortès de la mort 93
XII. De l'étrange aventure qui survint au valeureux don Quichotte avec le brave chevalier des Miroirs 100
XIII. Suite de l'aventure du chevalier du Bois, avec le colloque facétieux, étrange et suave des deux ecuyers 107
XIV. Suite de l'aventure du chevalier du Bois 114
XV. Où l'on dit et rend compte de ce que c'était que le chevalier des Miroirs et son écuyer 127
XVI. De ce qui arriva au valeureux don Quichotte avec un sage chevalier de la Manche 129
XVII. Où se montre le point extrême qu'atteignit et put atteindre le courage inouï de don Quichotte, et l'heureuse issue de l'aventure des lions 140
XVIII. De ce qui arriva à don Quichotte dans le château ou la maison des champs du chevalier du Vert Caban, avec autres choses extravagantes 152
XIX. Où l'on conte l'aventure du berger amoureux, avec d'autres événements vraiment plaisants 162
XX. Où l'on conte les noces de Gamache le Riche, avec l'aventure de Basile le Pauvre 170
XXI. Où l'on continue les noces de Gamache, et autres événements agréables 180
XXII. Où l'on conte la grande aventure de la caverne de Montésinos, qui est au cœur de la Manche, à laquelle le valeureux don Quichotte donna heureuse fin 187
XXIII. Des choses admirables que l'inépuisable don Quichotte de la Manche raconta avoir vues en la profonde caverne de Montésinos, dont l'impossibilité et la grandeur font qu'on tient cette aventure pour apocryphe 196
XXIV. Où l'on conte mille balivernes non moins impertinentes que nécessaires pour la véritable intelligence de cette grande histoire 208

XXV. Où l'on raconte l'aventure du braiment de l'âne et la gracieuse histoire du joueur de marionnettes, avec les mémorables divinations du singe devin 215
XXVI. Où l'on continue l'agréable aventure du joueur de marionnettes, avec d'autres choses en vérité assez bonnes 226
XXVII. Où l'on explique qui étaient maître Pierre et son singe, et le mauvais succès qu'eut don Quichotte dans l'aventure du braiment, qui ne se termina pas pour lui comme il l'aurait voulu et comme il l'avait pensé 235
XXVIII. Des choses que dit Ben Engeli et que saura celui qui les lira, s'il les lit attentivement 243
XXIX. De la fameuse aventure de la barque enchantée 249
XXX. De ce qui advint à don Quichotte avec une belle chasseresse 256
XXXI. Qui traite de beaucoup de grandes choses 261
XXXII. De la réponse que fit don Quichotte à celui qui le reprenait, avec d'autres événements graves et plaisants 270
XXXIII. Du savoureux entretien que la duchesse et ses damoiselles eurent avec Sancho Pança, entretien digne d'être lu et remarqué 285
XXXIV. Qui rend compte de la connaissance que l'on eut de la façon de s'y prendre pour désenchanter la sans pareille Dulcinée du Toboso, ce qui est une des plus fameuses aventures de ce livre 293
XXXV. Continuation de ce qu'apprit don Quichotte sur le désenchantement de Dulcinée, avec d'autres événements admirables 301
XXXVI. Où l'on raconte l'aventure étrange et jamais imaginée de la duègne Doloride, alias comtesse Trifaldi, avec une lettre que Sancho Pança écrivit à sa femme Thérèse Pança 309
XXXVII. Où l'on poursuit la fameuse aventure de la duègne Doloride 316
XXXVIII. Où l'on conte ce que dit de sa mauvaise fortune la duègne Doloride 318

XXXIX. Où la Trifaldi continue sa surprenante et mémorable histoire 325
XL. De choses qui touchent à cette aventure et à cette mémorable histoire 329
XLI. De la venue de Chevillard, avec la fin de cette longue aventure 335
XLII. Des conseils que donna don Quichotte à Sancho Pança avant que celui-ci allât gouverner l'île, et autres choses bien mûrement pesées 346
XLIII. Des seconds conseils que donna don Quichotte à Sancho Pança 352
XLIV. Comment Sancho Pança alla prendre possession de son gouvernement, et de l'étrange aventure qui arriva à don Quichotte au château du duc 359
XLV. Comment le grand Sancho Pança prit possession de son île et de la manière dont il commença de la gouverner 370
XLVI. Du périlleux épouvantement tintamarrois et chatesque que reçut don Quichotte dans le cours des amours de la passionnée Altisidore 377
XLVII. Où l'on continue d'exposer la conduite de Sancho Pança en son gouvernement 383
XLVIII. De ce qui arriva à don Quichotte avec dame Rodriguez, la duègne de la duchesse, ainsi que d'autres accidents dignes d'être gravés dans la mémoire des hommes 393
XLIX. De ce qui arriva à Sancho Pança en faisant la ronde dans son île 402
L. Où l'on déclare qui furent les enchanteurs et les bourreaux qui étrillèrent la duègne Rodriguez, et caressèrent et égratignèrent don Quichotte, ensemble le succès qu'eut le page qui porta la lettre à Thérèse Pança, femme de Sancho Pança 414
LI De la suite du gouvernement de Sancho Pança, avec d'autres événements assez bons 424
LII. Où l'on raconte l'aventure de la seconde duègne Doloride ou affligée, autrement dite dame Rodriguez 433
LIII. De la pénible fin qu'eut le gouvernement de Sancho Pança 441

LIV. Qui traite de choses touchant à cette histoire et non à aucune autre 447
LV. Des choses qui arrivèrent à Sancho en chemin, et d'autres qui n'ont pas leurs pareilles 456
LVI. Du combat extraordinaire et inouï qui se fit entre don Quichotte de la Manche et le laquais Tosilos, pour la défense de la fille de la duègne Rodriguez 464
LVII. Qui dit comment don Quichotte prit congé du duc, et de ce qui lui arriva avec la spirituelle et délurée Altisidore, damoiselle de la duchesse 469
LVIII. Qui montre comment il fondit sur don Quichotte tant d'aventures qu'elles ne se donnaient point de relâche l'une à l'autre 474
LIX. Où l'on conte l'événement extraordinaire qui arriva à don Quichotte et qu'on peut tenir pour aventure 486
LX. De ce qui arriva à don Quichotte en allant à Barcelone 495
LXI. De ce qui arriva à don Quichotte à son entrée dans Barcelone, avec d'autres choses qui tiennent plus du vrai que de la raison 508
LXII. Qui traite de l'aventure de la tête enchantée et d'autres bagatelles mémorables 511
LXIII. Du malheur qui arriva à Sancho Pança dans la visite des galères, et de la nouvelle aventure de la belle Mauresque 524
LXIV. Qui traite de l'aventure qui donna le plus d'ennui à don Quichotte de toutes celles qui lui étaient arrivées jusques alors 535
LXV. Où l'on fait savoir qui était le chevalier de la Blanche Lune, avec la délivrance de don Grégorio et autres événements 540
LXVI. Qui traite de ce que verra celui qui le lira, ou entendra celui qui l'écoutera lire 546
LXVII. De la résolution que prit don Quichotte de se faire berger, et de mener la vie des champs jusqu'à ce que fût achevée l'année de sa promesse, avec d'autres événements vraiment récréatifs et plaisants 552

LXVIII. De la porcine aventure qui arriva à don Quichotte 557
LXIX. De la plus rare et la plus étrange aventure qui arriva à don Quichotte dans tout le cours de cette grande histoire 563
LXX. Qui suit le soixante-neuvième, et traite de choses indispensables à la clarté de cette histoire 569
LXXI. De ce qui arriva à don Quichotte et à son écuyer en retournant à leur village 577
LXXII. Comme quoi don Quichotte et Sancho arrivèrent à leur village 583
LXXIII. Des présages qui advinrent à don Quichotte à l'entrée de son village, avec d'autres événements qui servent à orner et accréditer cette grande histoire 588
LXXIV. Comme quoi don Quichotte tomba malade, du testament qu'il fit, et de sa mort 594

Notes 603

DU MÊME AUTEUR

dans la même collection

NOUVELLES EXEMPLAIRES. *Préface et traduction de Jean Cassou*

DON QUICHOTTE, tome I. *Préface de Jean Canavaggio. Traduction de César Oudin revue par Jean Cassou.*

COLLECTION FOLIO

Dernières parutions

3676. Jeanne Benameur — *Les Demeurées.*
3677. Patrick Chamoiseau — *Écrire en pays dominé.*
3678. Erri De Luca — *Trois chevaux.*
3679. Timothy Findley — *Pilgrim.*
3680. Christian Garcin — *Le vol du pigeon voyageur.*
3681. William Golding — *Trilogie maritime, 1. Rites de passage.*
3682. William Golding — *Trilogie maritime, 2. Coup de semonce.*
3683. William Golding — *Trilogie maritime, 3. La cuirasse de feu.*
3684. Jean-Noël Pancrazi — *Renée Camps.*
3686. Jean-Jacques Schuhl — *Ingrid Caven.*
3687. *Positif,* revue de cinéma — *Alain Resnais.*
3688. Collectif — *L'amour du cinéma. 50 ans de la revue* Positif.
3689. Alexandre Dumas — *Pauline.*
3690. Le Tasse — *Jérusalem libérée.*
3691. Roberto Calasso — *La ruine de Kasch.*
3692. Karen Blixen — *L'éternelle histoire.*
3693. Julio Cortázar — *L'homme à l'affût.*
3694. Roald Dahl — *L'invité.*
3695. Jack Kerouac — *Le vagabond américain en voie de disparition.*
3696. Lao-tseu — *Tao-tö king.*
3697. Pierre Magnan — *L'arbre.*
3698. Marquis de Sade — *Ernestine. Nouvelle suédoise.*
3699. Michel Tournier — *Lieux dits.*
3700. Paul Verlaine — *Chansons pour elle* et autres poèmes érotiques.
3701. Collectif — *« Ma chère maman... »*
3702. Junichirô Tanizaki — *Journal d'un vieux fou.*
3703. Théophile Gautier — *Le capitaine Fracassse.*
3704. Alfred Jarry — *Ubu roi.*

3705.	Guy de Maupassant	*Mont-Oriol.*
3706.	Voltaire	*Micromégas. L'Ingénu.*
3707.	Émile Zola	*Nana.*
3708.	Émile Zola	*Le Ventre de Paris.*
3709.	Pierre Assouline	*Double vie.*
3710.	Alessandro Baricco	*Océan mer.*
3711.	Jonathan Coe	*Les Nains de la Mort.*
3712.	Annie Ernaux	*Se perdre.*
3713.	Marie Ferranti	*La fuite aux Agriates.*
3714.	Norman Mailer	*Le Combat du siècle.*
3715.	Michel Mohrt	*Tombeau de La Rouërie.*
3716.	Pierre Pelot	*Avant la fin du ciel.*
3718.	Zoé Valdès	*Le pied de mon père.*
3719.	Jules Verne	*Le beau Danube jaune.*
3720.	Pierre Moinot	*Le matin vient et aussi la nuit.*
3721.	Emmanuel Moses	*Valse noire.*
3722.	Maupassant	*Les Sœurs Rondoli* et autres nouvelles.
3723.	Martin Amis	*Money, money.*
3724.	Gérard de Cortanze	*Une chambre à Turin.*
3725.	Catherine Cusset	*La haine de la famille.*
3726.	Pierre Drachline	*Une enfance à perpétuité.*
3727.	Jean-Paul Kauffmann	*La Lutte avec l'Ange.*
3728.	Ian McEwan	*Amsterdam.*
3729.	Patrick Poivre d'Arvor	*L'Irrésolu.*
3730.	Jorge Semprun	*Le mort qu'il faut.*
3731.	Gilbert Sinoué	*Des jours et des nuits.*
3732.	Olivier Todd	*André Malraux. Une vie.*
3733.	Christophe de Ponfilly	*Massoud l'Afghan.*
3734.	Thomas Gunzig	*Mort d'un parfait bilingue.*
3735.	Émile Zola	*Paris.*
3736.	Félicien Marceau	*Capri petite île.*
3737.	Jérôme Garcin	*C'était tous les jours tempête.*
3738.	Pascale Kramer	*Les Vivants.*
3739.	Jacques Lacarrière	*Au cœur des mythologies.*
3740.	Camille Laurens	*Dans ces bras-là.*
3741.	Camille Laurens	*Index.*
3742.	Hugo Marsan	*Place du Bonheur.*
3743.	Joseph Conrad	*Jeunesse.*
3744.	Nathalie Rheims	*Lettre d'une amoureuse morte.*
3745.	Bernard Schlink	*Amours en fuite.*

3746. Lao She	*La cage entrebâillée.*
3747. Philippe Sollers	*La Divine Comédie.*
3748. François Nourissier	*Le musée de l'Homme.*
3749. Norman Spinrad	*Les miroirs de l'esprit.*
3750. Collodi	*Les Aventures de Pinocchio.*
3751. Joanne Harris	*Vin de bohème.*
3752. Kenzaburô Ôé	*Gibier d'élevage.*
3753. Rudyard Kipling	*La marque de la Bête.*
3754. Michel Déon	*Une affiche bleue et blanche.*
3755. Hervé Guibert	*La chair fraîche.*
3756. Philippe Sollers	*Liberté du XVIIIème.*
3757. Guillaume Apollinaire	*Les Exploits d'un jeune don Juan.*
3758. William Faulkner	*Une rose pour Emily* et autres nouvelles.
3759. Romain Gary	*Une page d'histoire.*
3760. Mario Vargas Llosa	*Les chiots.*
3761. Philippe Delerm	*Le Portique.*
3762. Anita Desai	*Le jeûne et le festin.*
3763. Gilles Leroy	*Soleil noir.*
3764. Antonia Logue	*Double cœur.*
3765. Yukio Mishima	*La musique.*
3766. Patrick Modiano	*La Petite Bijou.*
3767. Pascal Quignard	*La leçon de musique.*
3768. Jean-Marie Rouart	*Une jeunesse à l'ombre de la lumière.*
3769. Jean Rouaud	*La désincarnation.*
3770. Anne Wiazemsky	*Aux quatre coins du monde.*
3771. Lajos Zilahy	*Le siècle écarlate. Les Dukay.*
3772. Patrick McGrath	*Spider.*
3773. Henry James	*Le Banc de la désolation.*
3774. Katherine Mansfield	*La Garden-Party* et autres nouvelles.
3775. Denis Diderot	*Supplément au Voyage de Bougainville.*
3776. Pierre Hebey	*Les passions modérées.*
3777. Ian McEwan	*L'Innocent.*
3778. Thomas Sanchez	*Le Jour des Abeilles.*
3779. Federico Zeri	*J'avoue m'être trompé. Fragments d'une autobiographie.*
3780. François Nourissier	*Bratislava*

3781.	François Nourissier	*Roman volé.*
3782.	Simone de Saint-Exupéry	*Cinq enfants dans un parc.*
3783.	Richard Wright	*Une faim d'égalité.*
3784.	Philippe Claudel	*J'abandonne.*
3785.	Collectif	*«Leurs yeux se rencontrèrent...». Les plus belles premières rencontres de la littérature.*
3786.	Serge Brussolo	*Trajets et itinéraires de l'oubli.*
3787.	James M. Cain	*Faux en écritures.*
3788.	Albert Camus	*Jonas ou l'artiste au travail* suivi de *La pierre qui pousse.*
3789.	Witold Gombrovicz	*Le festin chez la comtesse Fritouille* et autres nouvelles.
3790.	Ernest Hemingway	*L'étrange contrée.*
3791.	E. T. A Hoffmann	*Le Vase d'or.*
3792.	J. M. G. Le Clezio	*Peuple du ciel* suivi de *Les Bergers.*
3793.	Michel de Montaigne	*De la vanité.*
3794	Luigi Pirandello	*Première nuit et autres nouvelles.*
3795.	Laure Adler	*À ce soir.*
3796.	Martin Amis	*Réussir.*
3797.	Martin Amis	*Poupées crevées.*
3798.	Pierre Autin-Grenier	*Je ne suis pas un héros.*
3799.	Marie Darrieussecq	*Bref séjour chez les vivants.*
3800.	Benoît Duteurtre	*Tout doit disparaître.*
3801.	Carl Friedman	*Mon père couleur de nuit.*
3802.	Witold Gombrowicz	*Souvenirs de Pologne.*
3803.	Michel Mohrt	*Les Nomades.*
3804.	Louis Nucéra	*Les Contes du Lapin Agile.*
3805.	Shan Sa	*La joueuse de go.*
3806.	Philippe Sollers	*Éloge de l'infini.*
3807.	Paule Constant	*Un monde à l'usage des Demoiselles.*
3808.	Honoré de Balzac	*Un début dans la vie*
3809.	Christian Bobin	*Ressusciter.*
3810.	Christian Bobin	*La lumière du monde.*
3811.	Pierre Bordage	*L'Évangile du Serpent.*
3812.	Raphaël Confiant	*Brin d'amour.*
3813.	Guy Goffette	*Un été autour du cou.*

3814. Mary Gordon	*La petite mort.*
3815. Angela Huth	*Folle passion.*
3816. Régis Jauffret	*Promenade.*
3817. Jean d'Ormesson	*Voyez comme on danse.*
3818. Marina Picasso	*Grand-père.*
3819. Alix de Saint-André	*Papa est au Panthéon.*
3820. Urs Widmer	*L'homme que ma mère a aimé.*
3821. George Eliot	*Le Moulin sur la Floss.*
3822. Jérôme Garcin	*Perspectives cavalières.*
3823. Frédéric Beigbeder	*Dernier inventaire avant liquidation.*
3824. Hector Bianciotti	*Une passion en toutes Lettres.*
3825. Maxim Biller	*24 heures dans la vie de Mordechaï Wind.*
3826. Philippe Delerm	*La cinquième saison.*
3827. Hervé Guibert	*Le mausolée des amants.*
3828. Jhumpa Lahiri	*L'interprète des maladies.*
3829. Albert Memmi	*Portrait d'un Juif.*
3830. Arto Paasilinna	*La douce empoisonneuse.*
3831. Pierre Pelot	*Ceux qui parlent au bord de la pierre (Sous le vent du monde, V).*
3832. W.G Sebald	*Les émigrants.*
3833. W.G Sebald	*Les Anneaux de Saturne.*
3834. Junichirô Tanizaki	*La clef.*
3835. Cardinal de Retz	*Mémoires.*
3836. Driss Chraïbi	*Le Monde à côté.*
3837. Maryse Condé	*La Belle Créole.*
3838. Michel del Castillo	*Les étoiles froides.*
3839. Aïssa Lached-Boukachache	*Plaidoyer pour les justes.*
3840. Orhan Pamuk	*Mon nom est Rouge.*
3841. Edwy Plenel	*Secrets de jeunesse.*
3842. W. G. Sebald	*Vertiges.*
3843. Lucienne Sinzelle	*Mon Malagar.*
3844. Zadie Smith	*Sourires de loup.*
3845. Philippe Sollers	*Mystérieux Mozart.*
3846. Julie Wolkenstein	*Colloque sentimental.*
3847. Anton Tchékhov	*La Steppe. Salle 6. L'Évêque.*
3848. Alessandro Baricco	*Châteaux de la colère.*
3849. Pietro Citati	*Portraits de femmes.*

3850.	Collectif	*Les Nouveaux Puritains.*
3851.	Maurice G. Dantec	*Laboratoire de catastrophe générale.*
3852.	Bo Fowler	*Scepticisme & Cie.*
3853.	Ernest Hemingway	*Le jardin d'Éden.*
3854.	Philippe Labro	*Je connais gens de toutes sortes.*
3855.	Jean-Marie Laclavetine	*Le pouvoir des fleurs.*
3856.	Adrian C. Louis	*Indiens de tout poil et autres créatures.*
3857.	Henri Pourrat	*Le Trésor des contes.*
3858.	Lao She	*L'enfant du Nouvel An.*
3859.	Montesquieu	*Lettres Persanes.*
3860.	André Beucler	*Gueule d'Amour.*
3861.	Pierre Bordage	*L'Évangile du Serpent.*
3862.	Edgar Allan Poe	*Aventure sans pareille d'un certain Hans Pfaal.*
3863.	Georges Simenon	*L'énigme de la* Marie-Galante.
3864.	Collectif	*Il pleut des étoiles...*
3865.	Martin Amis	*L'état de L'Angleterre.*
3866.	Larry Brown	*92 jours.*
3867.	Shûsaku Endô	*Le dernier souper.*
3868.	Cesare Pavese	*Terre d'exil.*
3869.	Bernhard Schlink	*La circoncision.*
3870.	Voltaire	*Traité sur la Tolérance.*
3871.	Isaac B. Singer	*La destruction de Kreshev.*
3872.	L'Arioste	*Roland furieux I.*
3873.	L'Arioste	*Roland furieux II.*
3874.	Tonino Benacquista	*Quelqu'un d'autre.*
3875.	Joseph Connolly	*Drôle de bazar.*
3876.	William Faulkner	*Le docteur Martino*
3877.	Luc Lang	*Les Indiens.*
3878.	Ian McEwan	*Un bonheur de rencontre.*
3879.	Pier Paolo Pasolini	*Actes impurs.*
3880.	Patrice Robin	*Les muscles.*
3881.	José Miguel Roig	*Souviens-toi, Schopenhauer.*
3882.	José Sarney	*Saraminda.*
3883.	Gilbert Sinoué	*À mon fils à l'aube du troisième millénaire.*
3884.	Hitonari Tsuji	*La lumière du détroit.*
3885.	Maupassant	*Le Père Milon.*

3886. Alexandre Jardin	*Mademoiselle Liberté.*
3887. Daniel Prévost	*Coco belles-nattes.*
3888. François Bott	*Radiguet. L'enfant avec une canne.*
3889. Voltaire	*Candide ou l'Optimisme.*
3890. Robert L. Stevenson	*L'Étrange Cas du docteur Jekyll et de M. Hyde.*
3891. Daniel Boulanger	*Talbard.*
3892. Carlos Fuentes	*Les années avec Laura Díaz.*
3894. André Dhôtel	*Idylles.*
3895. André Dhôtel	*L'azur.*
3896. Ponfilly	*Scoops.*
3897. Tchinguiz Aïtmatov	*Djamilia.*
3898. Julian Barnes	*Dix ans après.*
3899. Michel Braudeau	*L'interprétation des singes.*
3900. Catherine Cusset	*À vous.*
3901. Benoît Duteurtre	*Le voyage en France.*
3902. Annie Ernaux	*L'occupation.*
3903. Romain Gary	*Pour Sgnanarelle.*
3904. Jack Kerouac	*Vraie blonde, et autres.*
3905. Richard Millet	*La voix d'alto.*
3906. Jean-Christophe Rufin	*Rouge Brésil.*
3907. Lian Hearn	*Le silence du rossignol.*
3908. Kaplan	*Intelligence.*
3909. Ahmed Abodehman	*La ceinture.*
3910. Jules Barbey d'Aurevilly	*Les diaboliques.*
3911. George Sand	*Lélia.*
3912. Amélie de Bourbon Parme	*Le sacre de Louis XVII.*
3913. Erri de Luca	*Montedidio.*
3914. Chloé Delaume	*Le cri du sablier.*
3915. Chloé Delaume	*Les mouflettes d'Atropos.*
3916. Michel Déon	*Taisez-vous... J'entends venir un ange.*
3917. Pierre Guyotat	*Vivre.*
3918. Paula Jacques	*Gilda Stambouli souffre et se plaint.*
3919. Jacques Rivière	*Une amitié d'autrefois.*
3920. Patrick McGrath	*Martha Peake.*
3921. Ludmila Oulitskaïa	*Un si bel amour.*
3922. J.-B. Pontalis	*En marge des jours*

3923. Denis Tillinac — *En désespoir de causes.*
3924. Jerome Charyn — *Rue du Petit-Ange.*
3925. Stendhal — *La Chartreuse de Parme.*
3926. Raymond Chandler — *Un mordu.*
3927. Collectif — *Des mots à la bouche.*
3928. Carlos Fuentes — *Apollon et les putains.*
3929. Henry Miller — *Plongée dans la vie nocturne.*
3930. Vladimir Nabokov — *La Vénitienne* précédé d'*Un coup d'aile.*
3931. Ryûnosuke Akutagawa — *Rashômon* et autres contes.
3932. Jean-Paul Sartre — *L'enfance d'un chef.*
3933. Sénèque — *De la constance du sage.*
3934. Robert Louis Stevenson — *Le club du suicide.*
3935. Edith Wharton — *Les lettres.*
3936. Joe Haldeman — *Les deux morts de John Speidel.*
3937. Roger Martin du Gard — *Les Thibault I.*
3938. Roger Martin du Gard — *Les Thibault II.*
3939. François Armanet — *La bande du drugstore.*
3940. Roger Martin du Gard — *Les Thibault III.*
3941. Pierre Assouline — *Le fleuve Combelle.*
3942. Patrick Chamoiseau — *Biblique des derniers gestes.*
3943. Tracy Chevalier — *Le récital des anges.*
3944. Jeanne Cressanges — *Les ailes d'Isis.*
3945. Alain Finkielkraut — *L'imparfait du présent.*
3946. Alona Kimhi — *Suzanne la pleureuse.*
3947. Dominique Rolin — *Le futur immédiat.*
3948. Philip Roth — *J'ai épousé un communiste.*
3949. Juan Rulfo — *Llano en flammes.*
3950. Martin Winckler — *Légendes.*
3951. Fédor Dostoïevski — *Humiliés et offensés.*
3952. Alexandre Dumas — *Le Capitaine Pamphile.*
3953. André Dhôtel — *La tribu Bécaille.*
3954. André Dhôtel — *L'honorable Monsieur Jacques.*
3955. Diane de Margerie — *Dans la spirale.*
3956. Serge Doubrovski — *Le livre brisé.*
3957. La Bible — *Genèse.*
3958. La Bible — *Exode.*
3959. La Bible — *Lévitique-Nombres.*
3960. La Bible — *Samuel.*
3961. Anonyme — *Le poisson de Jade*
3962. Mikhaïl Boulgakov — *Endiablade.*

3963.	Alejo Carpentier	*Les Élus et autres nouvelles.*
3964.	Collectif	*Un ange passe.*
3965.	Roland Dubillard	*Confessions d'un fumeur de tabac français.*
3966.	Thierry Jonquet	*La leçon de management.*
3967.	Suzan Minot	*Une vie passionnante.*
3968.	Dann Simmons	*Les Fosses d'Iverson.*
3969.	Junichirô Tanizaki	*Le coupeur de roseaux.*
3970.	Richard Wright	*L'homme qui vivait sous terre.*
3971.	Vassilis Alexakis	*Les mots étrangers.*
3972.	Antoine Audouard	*Une maison au bord du monde.*
3973.	Michel Braudeau	*L'interprétation des singes.*
3974.	Larry Brown	*Dur comme l'amour.*
3975.	Jonathan Coe	*Une touche d'amour.*
3976.	Philippe Delerm	*Les amoureux de l'Hôtel de Ville.*
3977.	Hans Fallada	*Seul dans Berlin.*
3978.	Franz-Olivier Giesbert	*Mort d'un berger.*
3979.	Jens Christian Grondahl	*Bruits du coeur.*
3980.	Ludovic Roubaudi	*Les Baltringues.*
3981.	Anne Wiazemski	*Sept garçons.*
3982.	Michel Quint	*Effroyables jardins.*
3983.	Joseph Conrad	*Victoire.*
3984.	Emile Ajar	*Pseudo.*
3985.	Olivier Bleys	*Le fantôme de la Tour Eiffel.*
3986.	Alejo Carpentier	*La danse sacrale.*
3987.	Milan Dargent	*Soupe à la tête de bouc.*
3988.	André Dhôtel	*Le train du matin.*
3989.	André Dhôtel	*Des trottoirs et des fleurs.*
3990.	Philippe Labro/ Olivier Barrot	*Lettres d'amérique. Un voyage en littérature.*
3991.	Pierre Péju	*La petite Chartreuse.*
3992.	Pascal Quignard	*Albucius.*
3993.	Dan Simmons	*Les larmes d'Icare.*
3994.	Michel Tournier	*Journal extime.*
3995.	Zoé Valdés	*Miracle à Miami.*
3996.	Bossuet	*Oraisons funèbres.*
3997.	Anonyme	*Jin Ping Mei I.*
3998.	Anonyme	*Jin Ping Mei II.*
3999.	Pierre Assouline	*Grâces lui soient rendues.*

Impression Bussière Camedan Imprimeries
à Saint-Amand (Cher),
le 3 mai 2004.
Dépôt légal : mai 2004.
1er dépôt légal dans la collection : janvier 1988.
Numéro d'imprimeur : 042180/1.
ISBN 2-07-037901-9./Imprimé en France.